*ein Ullstein Buch*

# PROPYLÄEN WELTGESCHICHTE

*Eine Universalgeschichte*
*Herausgegeben von*
**GOLO MANN**
*unter Mitwirkung von*
**ALFRED HEUSS**
*und*
**AUGUST NITSCHKE**

Band I
**Vorgeschichte · Frühe Hochkulturen**
Band II
**Hochkulturen des mittleren und östlichen Asiens**
Band III
**Griechenland · Die hellenistische Welt**
Band IV
**Rom · Die römische Welt**
Band V
**Islam · Die Entstehung Europas**
Band VI
**Weltkulturen · Renaissance in Europa**
Band VII
**Von der Reformation zur Revolution**
Band VIII
**Das neunzehnte Jahrhundert**
Band IX
**Das zwanzigste Jahrhundert**
Band X
**Die Welt von heute**
Band XI
**Summa Historica**

*Elf Bände in zweiundzwanzig Halbbänden*

**Erster Band**
*2. Halbband*

# Vorgeschichte
# Frühe Hochkulturen

**WOLFRAM VON SODEN**

**JOHN A. WILSON**

Karten, Zeichnungen und graphische Darstellungen im Text
von Elisabeth Armgardt, Uli Huber und Dr. Alfred Rust.

Der Beitrag von John A. Wilson ist von Dr. A. R. L. Gurland
in die deutsche Sprache übertragen worden.
»Die Hieroglyphenschrift und das Alphabet«, die Zeittafel
»Ägyptische Spätzeit« und die ägyptischen Dynastien – Übersicht hat
Dr. Erik Hornung verfaßt. Die Übertragung der Gesetze
des Hammurabi übernehmen wir in leichter Veränderung aus:
Wilhelm Eilers, Die Gesetzesstele Chamurabis (Leipzig, Hinrichs, 1933)
mit freundlicher Genehmigung des Übersetzers.

CIP-Kurztitelaufnahme der Deutschen Bibliothek

**Propyläen-Weltgeschichte:**
e. Universalgeschichte; 11 Bd. in 22 Halbbd. /
hrsg. von Golo Mann unter Mitw.
von Alfred Heuss u. August Nitschke. –
Frankfurt/M, Berlin, Wien: Ullstein.
  ([Ullstein-Bücher] Ullstein-Buch;
  Nr. 4720)
  ISBN 3-548-04720-3
NE: Mann, Golo [Hrsg.]
Bd. 1. → Vorgeschichte, frühe Hochkulturen

**Vorgeschichte, frühe Hochkulturen.** –
Frankfurt/M, Berlin, Wien: Ullstein.
Halbbd. 2. Wolfram von Soden;
John A. Wilson. – 1976.
  (Propyläen-Weltgeschichte; Bd. 1)
  ([Ullstein-Bücher] Ullstein-Buch;
  Nr. 4722)
  ISBN 3-548-14722-4
NE: Soden, Wolfram von [Mitarb.]

Ullstein Buch Nr. 4722
im Verlag Ullstein GmbH,
Frankfurt/M – Berlin – Wien

Der Text der Taschenbuchausgabe
ist identisch mit dem der
Propyläen Weltgeschichte

Umschlag: Hansbernd Lindemann
Alle Rechte vorbehalten
© 1961 by Verlag Ullstein GmbH,
Frankfurt a. M./Berlin
Printed in Germany 1976
Gesamtherstellung: Ebner, Ulm
ISBN 3 548 14722 4

# INHALTSVERZEICHNIS

*John A. Wilson*

323 ÄGYPTEN

Geographische Faktoren *(325)* Vorgeschichte *(331)* Die ersten drei Dynastien *(349)* Vierte bis sechste Dynastie *(363)* Siebente bis zehnte Dynastie *(390)* Elfte und zwölfte Dynastie *(399)* Dreizehnte bis siebzehnte Dynastie *(414)* Anfänge der achtzehnten Dynastie *(422)* Ausgang der achtzehnten Dynastie *(446)* Neunzehnte und zwanzigste Dynastie *(466)* Spätes Weltreich und Verfallszeit *(500)*

*Wolfram von Soden*

523 SUMER, BABYLON UND HETHITER
BIS ZUR MITTE DES ZWEITEN JAHRTAUSENDS V. CHR.

Der Schauplatz *(526)* Quellen, Chronologie *(528)* Mesopotamien im vierten vorchristlichen Jahrtausend *(531)* Die frühsumerische Hochkultur und die Erfindung der Schrift *(534)* Die frühdynastische Zeit Babyloniens (etwa 2800–2414 v.Chr.) *(540)* Das Großreich von Akkade *(547)* Die Fremdherrschaft der Gutäer und das neusumerische Reich *(553)* Die sumerische Kultur: Religion und Literatur *(558)* Syrien und das östliche Kleinasien von 2000 v.Chr. *(566)* Die ersten Staatenbildungen der Kanaaniter. Die Hethiter in Kleinasien *(568)* Assyrien und Anatolien im 19.Jahrhundert v.Chr. *(571)* Die Staaten Babyloniens 2000 bis 1800 v.Chr. *(574)* Mari und das Reich Schamschiadads I. von Assyrien *(579)* Hammurabi von Babylon *(586)* Die Staaten Mesopotamiens nach Hammurabi *(595)* Die Kultur der altbabylonischen Zeit *(597)* Das ältere Hethiterreich und die Eroberung Babylons 1595 v.Chr. *(605)*

613 UNIVERSALGESCHICHTE IN STICHWORTEN

621 NAMEN- UND SACHREGISTER
(Von *Bruno Banke*)

655 QUELLENVERZEICHNIS DER ABBILDUNGEN

*John A. Wilson*

ÄGYPTEN

> Dies ist die Last über Ägypten: Siehe, der Herr wird auf einer schnellen Wolke fahren und über Ägypten kommen.
>
> *Jesaja* 19, 1
>
> Was sagt ihr doch zu Pharao: »Ich bin der Weisen Kind und komme von alten Königen her?« Wo sind denn nun deine Weisen?
>
> *Jesaja* 19, 11—12

## Geographische Faktoren

Die meisten Ägypten-Besucher spüren sogleich die Eigenart der klimatisch-topographischen Verhältnisse am Nil. Sie kommen aus Gegenden mit normalen Niederschlägen, wo Wiesenland vom Tal zum Berg emporklimmt und wo die Wolken mitunter tage- und wochenlang Sonne und Mond und Sterne verdecken. Sie kommen aus Gegenden, wo die Wege in allen Richtungen verlaufen können. Was Gelände und Wetter angeht, sind sie gewöhnt, mancherlei Wechselfälle zu erwarten: sie halten in allen Himmelsrichtungen Ausschau; sie kennen Regen im März oder im August; wenn sie einen Wochenendausflug planen, wissen sie nicht, was ihnen das Wetter bescheren wird; in ihrem Erfahrungsbereich läßt sich Getreide in Flußniederungen ebensogut wie auf Hochlandplateaus anbauen. Nun finden sie ein Land vor, in dem es eigentlich nie regnet, ein Land, das ins Niltal eingezwängt ist und sich an der Nordsüdachse entlangschlängelt. Hier ist das Wiesenland der Stromniederung von der Wüste des Hochlands scharf geschieden. Wo die Gewässer des Nils nicht mehr hinkommen, da hört die fruchtbare schwarze Erde auf und fängt der rote Wüstensand an. Mit dem einen Fuß kann man auf fruchtbarem Alluvialboden und mit dem anderen im leblosen Sand der Wüste stehen. Blickt man ins Stromtal, so gewahrt man sprießendes, lautes, bewegtes Leben. Blickt man zu den Sandsteinhügeln hin, so sieht man auf weite Strecken nur Wüstenei, wo kein Leben möglich ist. Was die Aufmerksamkeit fesselt, ist der große schlammige Fluß, der mit dem Wasser und der Erde Leben anschwemmt. Wäre der Nil abgeschnitten, so würde die Erde zu Staub austrocknen und verweht werden. Vom Land Ägypten bliebe nur ein riesiges ausgedörrtes Wadi der großen nordafrikanischen Wüste übrig.

Weil sich Wüste und Fruchtland so scharf voneinander abheben, gilt das Wort Herodots, Ägypten sei die Gabe des Nils. Man nimmt kaum Notiz von den kleinen Oasen, die in die Libysche Wüste eingesprenkelt sind. Mit pulsierender Üppigkeit flutet der Nil aus Äquatorialafrika und den Hochplateaus Abessiniens heran und breitet märchenhaften Reichtum über eins der ärmsten Gebiete des Erdballs aus. Nur das brausende sommerliche Hochwasser macht die Öde zum Land; die jährliche Gabe des belebenden Wassers und des Schlamms, der den Boden befruchtet, erzeugt hier im halbtropischen Klima einen zu allen Zeiten sprichwörtlichen landwirtschaftlichen Überfluß. Bei richtiger Bodenbehandlung kann man frohen Sinnes mit zwei bis drei Ernten im Jahr rechnen.

Aber wer in Ägypten lebt, weiß, daß die Gabe des Nils dem Bauern schwere Lasten aufbürdet. Das Hochwasser braust durchs Tal auf dem Weg zur See. Wird es nicht eingefangen, so hält die Fruchtbarkeit des Bodens nur wenige Monate vor. Im Frühjahr hört man unaufhörlich das ächzende Wasserrad, das aus tiefen Brunnen das Naß heraufholt; man sieht, wie sich am Brunnenrand der Rücken des Bauern den ganzen lieben Tag krümmt und emporreckt und mit welch schwerer Mühe die kleinen Abflußgräben instand gehalten werden, die abgelegene Felder berieseln. Unablässige Fron ist die Verantwortung, die des Nils große Gabe dem Bauern auferlegt. Plagte sich der Bauer nicht ständig ab, um das Wasser möglichst lange vorhalten zu lassen, so gäbe es nur eine einzige Ernte gleich nach dem Hochwasser, und Ägypten, das Land des Niltals, würde schrumpfen.

Was mag das Tal in der fernen vorgeschichtlichen Zeit gewesen sein, in der keinerlei Bewässerungsanlagen existierten? Das Leben muß noch mehr auf schmale Uferstrecken konzentriert gewesen sein. Jeden Sommer muß die Überschwemmung ungehindert hindurchgestürmt, muß über die Ufermarschen hinweg nur wenig Wasser verströmt und bald versiegt sein. Die rote Wüste wird viel dichter am Fluß gelegen haben, fast am Rand des dschungelartigen Sumpfdickichts der Marschen. Die beiden Ufer werden mit Schilf und Busch überwachsen gewesen sein, ein Versteck für viele Fluß- und Dschungelvögel und ein Jagdgehege für kleinere Raubtiere. Jagdszenen aus den Sümpfen, in historischer Zeit bildlich festgehalten, bezeugen mit ihrem Gewirr von Schilf und Busch und ihrem Gewimmel von Wild und Vögeln, daß es hier früher, bevor Menschen das Sumpfgelände trockengelegt und das Wasser bis an den Fuß der Hügel geleitet hatten, ein Dschungellabyrinth gegeben haben muß. Bis in die geschichtliche Zeit hinein glich die Flora und Fauna Ägyptens der heutigen Flora und Fauna im südlichen Sudan. Der Ibis und die Papyrusstaude, die das alte Ägypten symbolisieren, sind heute im dschungelähnlichen Nilgelände zweieinhalbtausend Kilometer weiter südlich zu Hause.

Die frühesten Einwohner Ägyptens waren zwischen dem vordringenden Wüstensand und dem wuchernden Flußdschungel wie in einer Falle. Um festen Boden unter den Füßen zu haben, mußten sie die Marschen trockenlegen und ausroden, aber dem gewonnenen Boden mußte zum Schutz vor dem gefräßigen Wüstensand jahraus, jahrein Wasser zugeleitet werden, das nicht versickern durfte. Dazu bedurfte es in vorgeschichtlichen Zeiten langsamer, beharrlicher Anstrengungen in Tausenden von Jahren. Eindeutige Spuren systematischer Bewässerung, zu der gesellschaftlich organisierte Arbeit an Kanälen und Staubecken gehört, haben sich aus prähistorischer Zeit nicht erhalten. Die Trockenlegung der Sümpfe muß damals Zoll um Zoll vor sich gegangen sein, und man kann nur vermuten, daß der Übergang zu organisierter Bewässerung in das Endstadium der vorgeschichtlichen Entwicklung fällt.

Mit der Bewässerung allein ist es nicht getan. Der Strom hält sich an keine festen Hochwassertermine und an keinen einheitlichen Wasserstand. Vor seinen unberechenbaren Launen muß der Mensch immer auf der Hut sein. Vor allem der Wasserstand ist ein Anlaß zu ständiger Sorge. Geringe Abweichungen nach unten oder nach oben verwandeln den »Normalnil« in ein Instrument der Aushungerung oder reißender Zerstörung. In neuerer Zeit (allerdings vor den Staudammbauten bei Assuan) konnte man bei einem Wasserstand von siebeneinhalb bis acht Meter über dem theoretischen Nullpunkt am Ersten Katarakt mit normalem, ausreichendem Hochwasser rechnen, das leicht zu regulieren ist und genug Boden überflutet, um eine reiche Ernte zu sichern. Blieb das Hochwasser etwa fünfundsiebzig Zentimeter darunter, so bedeutete das eine kärgliche Ernte und ein Notjahr; sank aber der Wasserspiegel um anderthalb Meter, also auf achtzig Prozent des normalen Hochwasserstandes, so war Hungersnot unausweichlich: ein Jahr lang drohte dann der Hungertod. Aber auch ein zu hoher Wasserstand ist gefährlich. Die Tiefe der Kanäle und die Höhe der Schutzdeiche ist auf einen guten, normalen Hochwasserstand berechnet. Steigt das Wasser auch nur dreißig Zentimeter höher, so wird die Erdaufschüttung angegriffen; bei einem Wasserstand von neun Meter über dem Nullpunkt, also knapp zwanzig Prozent über dem Normalstand, werden Deiche und Kanaleinfassungen hinweggeschwemmt und die Dörfer mit ihren Lehmhütten zerstört. Die Legende von den sieben fetten und sieben mageren Jahren war für Ägypten nie reine Phantasie; die Drohung war stets akut.

Das war der Rahmen, in dem die alte ägyptische Zivilisation gedieh, und solcherart waren die Antriebe, die die Ägypter dazu brachten, um das reichere Leben zu kämpfen, das der fruchtbare Boden verhieß. Ägypten war kein warmes, schläfriges Land von Lotosessern; es gab hier genug Probleme, die nach und nach gelöst werden mußten. Ein wesentlicher Milieufaktor war die physische Isolierung des Landes. Die Nilebene gleicht einem für die Außenwelt unzugänglichen Schlauch. Im Osten und im Westen liegt die Wüste, die auch schon in vorgeschichtlichen Zeiten kleine Händlerkarawanen durchqueren mochten, die aber jeder Masseninvasion eine uneinnehmbare Barriere entgegensetzte. An den nördlichen Grenzen engte die Wüste Sinai die Möglichkeit der Berührung mit Asien ein; nur die Küste Libyens bot wenig angriffslüsternen Hirtenvölkern etwas leichteren Zugang. Auf dem Landweg war die Außenwelt mit fünf- bis achttägiger Karawanenwanderung durch die Wüste zu erreichen: im Osten Palästina (über die Sinai-Halbinsel) oder das Rote Meer (über das Wadi Hammamat), im Westen einige Wüstenoasen. Auch der Seeweg war beschwerlich. Große Mittelmeerexpeditionen werden vorgeschichtliche Menschen in ihren nicht druckbeständigen Fahrzeugen und ohne Seefahrererfahrungen nicht riskiert haben. Die Ägypter zimmerten Flußboote und richteten sie recht unzulänglich für die See her. Die frühesten Boote dürften sich um der Sicherheit und der Orientierung willen im wesentlichen an die Küstengewässer gehalten haben. Unter solchen Umständen dauerte die Seereise vom Nildelta bis zur Küste Phöniziens nicht vier Tage, sondern doppelt solange. Schwierig muß die Reise nach Kreta gewesen sein, die nur auf offener See zu bewerkstelligen war. Möglicherweise haben die Kreter, die mitten im Meer lebten, die Verbindung aufgenommen. Das wäre immerhin eine Seereise von vier oder mehr Tagen gewesen. Auch im Süden gab es Schranken. Kein großes Hindernis war der Erste Katarakt: ihn konnte man leicht passieren oder umgehen. Aber wenig gastfreundlich war das Land weiter südlich: hier schneiden sich die Wüstenklippen dicht am Nil ins Land hinein und lassen nur schmale

Landstreifen für die Bebauung übrig; Ackerbau im größeren Umfang war zwischen dem Ersten und dem Dritten Katarakt nicht möglich. Erst südlich des Dritten Katarakts öffnet sich das Land mit größeren Flächen für Acker und Weide. Der Dritte Katarakt, der Zweite Katarakt und die Nubische Wüste behinderten jede Fortbewegung in nördlicher oder südlicher Richtung. Gewiß konnten Fremde aus dem Süden ebenso wie aus Libyen oder über die Sinai-Wüste einsickern, doch war der Zugang überall beengt, und ein gut funktionierender ägyptischer Staat konnte einer solchen Bedrohung mit Polizeimitteln Herr werden. In der frühesten Zeit war Ägypten nach außen gut abgedichtet.

Natürlich gilt das nur in räumlicher und zeitlicher Begrenzung. Es gab auch in der Frühgeschichte Zeiten, in denen der Druck der Völkerwanderungen die schützenden Schranken der Wüste oder der See durchbrach. Aber für die Geschichte Ägyptens sind solche Massenwanderungen – so der Einzug der Hyksos oder der Angriff der seefahrenden Völker – erst viel später wichtig; in der Frühzeit bestimmte ein ungetrübtes Sicherheitsgefühl die Haltung der Ägypter. Freilich gab es Landesteile, in denen das Eindringen fremder Kräfte ein ständiges Problem sein mochte: am Ersten Katarakt, an der Nordwestgrenze, wo die Libyer, oder an der Suezgrenze, wo die Asiaten bedrohlich werden konnten. In solchen Gebieten war Grenzschutz nötig; hier formte der Zwang, stets auf der Hut zu sein, die Mentalität der Menschen.

Die Vorteile der geographischen Isolierung unterschieden die Ägypter von ihren Nachbarn, den Mesopotamiern, den Syro-Palästinensern, den Anatoliern. Die Ägypter brauchten keine große bewaffnete Macht, um sich vor Angriffen zu schützen. Jede potentielle Bedrohung war weithin sichtbar; ein Einfall, der beträchtlichen Schaden anrichten könnte, war nicht wahrscheinlich. Das Gefühl relativer Sicherheit trug dazu bei, daß die Ägypter ihre Aussichten auf Erden und in einer jenseitigen Welt grundsätzlich optimistisch beurteilten. Allerdings lauerte stets die Gefahr eines niedrigen Nilstandes, der Hunger bedeutete. Aber sie wurde durch die Hoffnung auf einen hilfreichen Nil im nächsten Jahr neutralisiert. Gegen den niedrigen Wasserstand konnte man sich mit sparsamer Bewirtschaftung aller Hilfsquellen wappnen und so die Hungermonate überstehen, bis das nächste Hochwasser kam, und Hochwasser gab es jedes Jahr zur vorgeschriebenen Jahreszeit. Die Periodizität der lebenspendenden Überflutung stärkte die zuversichtliche Haltung. Nicht minder tröstlich war die periodische Wiederkehr der Sonne. An einem fast unbewölkten Himmel ging die Sonne jeden Abend in Finsternis unter, erstand aber jeden Morgen wieder in all ihrer Macht. Der Ägypter mochte die Glut der Mittagssonne scheuen und dem Nordwind und dem strömenden Wasser für die Abkühlung danken; doch nach dem kalten Dunkel der Nacht freute er sich der wärmenden Sonnenstrahlen. Dankbar reckte er sich ihnen am frühen Morgen entgegen, und es entging ihm nicht, daß sich die Tiere genauso verhielten. Im Alltag der alten Ägypter war die Sonne der große beherrschende Faktor. Daß sie jede Nacht über den Tod siegte und morgens strahlend auferstand, bestärkte den Ägypter in dem Glauben, daß auch er, gleich der Sonne und dem Nil, den Tod werde bezwingen können.

Im heutigen Ägypten sind über fünfundneunzig Prozent der Fläche leblose Wüste; nur ein Dreißigstel des Staatsgebiets ist schwarze Erde, wo Menschen leben und Getreide an-

Das Nil-Tal bei Theben
Blick vom westlichen Wüstenrand über das Fruchtland zur östlichen Wüste

Die Tierwelt im Papyrusdickicht des Nils
Aus einem Relief im Grab des Mereruka in Sakkara, 6. Dynastie

bauen können. Hier wohnen neunundneunzig Prozent der Bevölkerung, und zwar je Quadratkilometer mehr als sechshundertfünfzig Einwohner (über dreimal soviel wie in der Bundesrepublik Deutschland). Ägypten ist immer noch ein Agrarland, aber die Bevölkerung ist außerordentlich stark konzentriert: die kleinen landwirtschaftlichen Siedlungen liegen dicht beieinander und sind mit Menschen vollgepfropft. Außer in ganz abgelegenen Bezirken herrscht infolge der Intensität der Kontakte ein halb städtischer Lebenszuschnitt. Freilich ist die Bevölkerung im letzten Jahrhundert besonders schnell gewachsen, und zweifellos war die Bevölkerungsdichte im alten Ägypten sehr viel niedriger. Indes muß man auch die anderen Lebensumstände der Frühzeit bedenken. Auch damals hob sich das pulsierende Leben der bebauten Gegenden von der Leblosigkeit der Wüste dramatisch ab. Ägypten hatte 1960 eine Bevölkerung von vierundzwanzig Millionen. Wenn das alte Ägypten auch nur ein Fünfzehntel dieser Bevölkerungsziffer hatte, so muß die Bevölkerungsdichte in den kultivierten und besiedelten Bezirken etwa anderthalbmal so groß gewesen sein wie heute in der Türkei und immer noch etwas größer als heute in Irland. Eine solche Zusammenballung von Menschen am Rande der toten Wüste intensivierte Gemeinschaftsleben und gesellschaftliche Kontakte, weitete den Horizont und förderte geistige Beweglichkeit.

Sehr früh schon nannten die Ägypter ihr Land die »Zwei Länder«. Darin kam ein realer geographischer Sachverhalt zum Ausdruck. Soweit Ägypten vom Nil abhing und von anderen Kulturen isoliert blieb, war es *ein* Land; im Innern dagegen zerfiel es in zwei unterschiedliche Regionen, die lange, schmale Wanne Oberägypten im Süden und das weite, auseinanderstrebende Deltaland Unterägypten im Norden. Im Ablauf der Geschichte blieben diese beiden Gebiete verschieden und waren sich auch dessen bewußt. Ostwestlich mißt Oberägypten nur etwa sechs bis dreißig Kilometer; es ist immer in Reichweite des Nils und in unmittelbarer Nähe der Felswände der Wüste, die es umschließen; es hat nur eine Nordsüdachse. In Unterägypten verliert sich diese Achse in den weiten Flächen, die sich, so weit das menschliche Auge sehen kann, in jeder Richtung erstrecken. Das immer noch in Fäulnis verwesende Marschland im heutigen Delta erinnert an den vorgeschichtlichen Zustand, als ganz Unterägypten eine einzige Dschungelebene gewesen sein muß. Im Norden teilt sich der große Strom in eine Anzahl kleinerer Arme oder Kanäle; die einheitliche Stromader hört hier auf. Unterägypten blickt nach dem Mittelmeer, nach Asien und Europa; sein landwirtschaftlicher Reichtum weckt aktive Handelsinteressen; hier entstehen Berührungen mit der Außenwelt, die einen mehr kosmopolitischen Anstrich haben. Oberägypten, von den beiden Wüsten schraubstockartig umklammert, ist an Afrika gefesselt; sein Handel geht nach dem Süden oder nach Unterägypten; sein reiches landwirtschaftliches Potential verrät Spuren einer Vergangenheit, in der die Viehzucht eine größere Rolle spielte. In der alten wie in der neuen Zeit sprachen die beiden Landesteile merklich verschiedene Dialekte und vertraten wesentlich verschiedene Lebensanschauungen. Es waren tatsächlich, zu einer staatlichen Einheit zusammengefaßt, »zwei Länder«.

Inwieweit sich Zeugnisse vom alten Ägypten erhalten haben, hängt von der Entfernung der Siedlungsgebiete von der Wüste oder vom sumpfig-fruchtbaren Deltaland ab. In Oberägypten war die Wüste immer nahe genug für die Bestattung der Toten und für den Bau der großen Tempel; die Menschen mochten auf der schwarzen Erde leben und arbeiten, aber sie wurden im konservierenden Sand der Hügelabhänge begraben, und ihre Tempel lagen am Fuße der Sandsteinhügel. Deswegen ist das verfügbare Material über die alten Ägypter unverhältnismäßig reich an Zeugnissen über ihre Todesvorstellungen, ihren Totenkult und ihre Tempelriten und überaus arm an Berichten über weltliche Angelegenheiten: Arbeit, Wirtschaft, Verwaltung, gesellschaftliche Organisation. Die Vorstellung, daß sich die alten Ägypter über alle Maßen mit Tod und Jenseits beschäftigten, beruht auf dem Zufall, daß das einschlägige Material im Wüstensand vergraben war und sich bis auf den heutigen Tag erhalten hat. Dagegen lag Material, das dem Leben in dieser Welt galt, hauptsächlich im fruchtbaren Alluvialboden, war der Feuchtigkeit, der chemischen Zersetzung und menschlichem Verschleiß ausgesetzt und hat die Jahrtausende nicht überdauert. Damit haben sich auch die regionalen Proportionen verschoben. Die große Masse dessen, was überliefert worden ist, kommt aus dem konservierenden Sand Oberägyptens, des provinzielleren Landesteils. Im feuchten Boden des Nordens ist das entsprechende Material der Verwesung anheimgefallen, so daß wir von dem Teil Ägyptens, der mit Asien und dem Mittelmeerbecken am engsten verbunden war, am wenigsten wissen. Zu einem erheblichen Teil muß die Geschichte des Deltas auf Grund von Zeugnissen rekonstruiert werden, die aus dem Süden stammen. Dabei war gerade das Delta der Angelpunkt aller Kontakte zwischen Ägypten und anderen Kulturen. Ins Delta verlegt die Bibel den ägyptischen Aufenthaltsort der Kinder Israel; im Delta siedelten die Griechen; im Delta lag in der Periode der ägyptischen Weltherrschaft die eigentliche Hauptstadt Ägyptens, während Theben nur noch eine Saison- oder Provinzresidenz war.

In ihrer charakteristischen Gestalt war die ägyptische Kultur ein Gemenge aus asiatisch-mittelländischen Einflüssen, wie sie in Unterägypten zur Geltung kamen, und afrikanischen Einflüssen, die auf Oberägypten einwirkten. Die alten Ägypter waren den Semiten verwandt, ohne echte Semiten zu sein; sie waren den Hamiten verwandt, ohne echte Hamiten zu sein. Auch wenn sich Gelehrte über den Anteil asiatischer und afrikanischer Elemente an der ägyptischen Kultur streiten, sind sie sich über ihr dualistisches Wesen einig. Sogar im Delta machten sich neben den über den Sinai eindringenden asiatischen Einflüssen auch – von Libyen her – afrikanische Einflüsse geltend. Elemente gemeinsamen kulturellen Ausdrucks verbanden die Ägypter mit den Hamiten im Süden, den Libyern im Westen, der minoischen Kultur im Norden und den Semiten im Osten. Trotz seiner relativen Isolierung empfing Ägypten Einwirkungen aus verschiedenen Richtungen und strahlte seinerseits in verschiedenen Richtungen Einfluß aus.

Auf die geographische Parallelität der beiden Flußufer und der beiden Gebirgslinien läßt sich die Vorliebe der alten Ägypter für geometrische Parallelen in Kunst und Literatur nur zum Teil zurückführen. In der langgestreckten Wanne Oberägypten, wo die Flußachse für die Polarität sorgt, ist die Balance der östlichen und westlichen Teile augenscheinlich. Das gilt aber nicht im Deltaland, wo das Auge überall nur Flachland wahrnimmt und keine parallellaufenden Felsklippen den Horizont begrenzen. Vielleicht war für das Dualistische in der ägyptischen Mentalität, die ästhetische Freude an der Gegenüberstellung, Parallele, Balance in den Künsten und in der Mythologie, der Dualismus de

»Zwei Länder« von größerer Bedeutung. Vielleicht wirkten andere, nicht minder wesentliche Momente mit.

Bei alledem ist die physische Umgebung nicht die einzige und auch nicht die entscheidende Determinante kultureller Gestaltung. Nur sind geographische Faktoren mit ihrem Einfluß auf die Schicksale der Völker leicht zu erkennen und zu beschreiben. Von ihnen kann eher ausgegangen werden als von den mächtigen seelischen und geistigen Gestaltungskräften, von denen manche im Verlauf der Darstellung deutlicher hervortreten werden.

## *Vorgeschichte*

Gewaltiges Kalksteinplateau, endloser Regenfall, in allen Richtungen verströmende Fluten: das waren die Uranfänge des afrikanischen Nordostens. Mit der Zeit hob sich das Plateau, und das Wasser mußte sich einen Weg zum Meer bahnen. Der Sandstein wurde ausgehöhlt, eine riesige Schlucht entstand, und in diese Schlucht ergoß sich ein mächtiger Strom, die Kraft, die das Niltal einebnete. Mehr Zeit verging, und das Land senkte sich, bis das Meer die Sandsteinschlucht überflutete. Auf einer Strecke von rund tausend Kilometern (bis zum heutigen Esne) wurde aus dem Tal ein Fjord: das spätere Ägypten. Das Meer hinterließ seine charakteristischen Ablagerungen, und noch in Assiut in Mittelägypten sind Seefossilien zu finden. Aber dann machte die Natur kehrt, und das Landmassiv hob sich von neuem. Immer noch hielt der Regenfall an, doch war die Wassermenge nicht mehr so groß wie im Oligozän oder im Miozän. Der neue Nil floß durch die Meeresablagerungen der Pliozän-Zeit.

Noch gab es keine Menschenspuren. Indes konnten im Regenwald, der das Plateau bedeckte, Pflanzen und Tiere gedeihen. Da es weniger regnete, begann in weitem Umkreis ein langsamer Austrocknungsprozeß. Das Schrumpfen des Nils ist an den vielstufigen Ufern abzulesen, die immer niedriger wurden und immer enger zusammenrückten. In den Meeresablagerungen sind acht stufenförmige Terrassen erkennbar, die von den Kalksteinfelsen zum heutigen Nilbett hinabsteigen. Der sich verengende Strom muß Pflanzen- und Tierleben magnetisch angezogen haben. Aber Spuren menschlichen Lebens fehlen immer noch in den vier oberen Terrassen. Auf der Nahrungssuche mag der Mensch in der Zeit, da der Wald sich lichtete, an den Ufern eines der immensen Nilvorgänger haltgemacht haben; jedenfalls war seine Habe so kärglich, daß sie keine Überbleibsel hinterlassen hat. Erst auf der fünften Stufe von oben enthalten die geologischen Formationen Erzeugnisse von Menschenhand; Geologie schlägt in Vorgeschichte um: im Gestein sind Handbeile aus Feuerstein eingebettet, dem Typ nach fast identisch mit den europäischen Abbeville-Funden. Aus den Wäldern war endlich, dem Wild folgend oder sich am Schilf entlangtastend, ein Lebewesen hervorgekommen, das bereits mit schlagkräftigen Waffen von einiger technischer Vollendung hantierte. Skelettreste dieses Urmenschen haben sich nicht erhalten; wie er ausgesehen hat, läßt sich nur aus dem Äußeren des Steinzeitmenschen anderer Regionen schließen. Wahrscheinlich hat er sich am Rande des ihm fremden Dschungeldickichts, das seine Jagdgründe im Hochland vom unbekannten, angsterregenden Strom trennte, nur kurz aufgehalten.

Die nächste Terrasse zeigt einen späteren Typ von Feuersteingeräten, der dem europäischen Acheuléen entspricht. In den zwei untersten Terrassen finden sich Spuren noch späterer Techniken, ähnlich denen des Levalloisien und des Moustérien. Das ist alles, was wir an Spuren entdeckt haben, wenn wir beim Abstieg unten auf der schwarzen Alluvialerde angelangt sind. Immerhin deutet diese Hinterlassenschaft, so spärlich sie ist, darauf hin, daß dieser Mensch ein ähnliches Dasein gefristet hat wie seine Zeitgenossen in anderen Teilen der Welt: offenbar hat er voller Angst oder mit verwegenem Mut im weiten Waldgelände nach Tieren gejagt, sich eßbare wilde Pflanzen in den Mund gesteckt oder nach Knollenwurzeln gegraben. Am Nil sah er keine glanzvolle Zukunft winken. Nur eine erbarmungslose Natur konnte ihn mit stetem Druck hinab zu den Flußufern drängen.

Das geschah, als Afrika austrocknete, als der Wald den Savannen, die Savannen den Grasebenen, die Grasebenen der Wüste wichen und die letzten Wassertümpel in der Wüste versiegten. Die Trockenheit setzte zuerst im Süden ein: im Sudan, in Nubien, in Oberägypten; in den nördlichen Regionen nahe dem Mittelmeer blieb das Klima noch längere Zeit regnerisch. Darum strömte der Nil aus dem Innern Afrikas in einem trägeren Tempo, so daß der fruchtbare Schlamm, den er ausschwemmte, nicht ins Meer hinausgeschleudert, sondern unterwegs abgelagert wurde: im Strom selbst – in einem sich höher schichtenden Strombett – und mit der Hochwasserüberflutung am Stromufer. Dem Schlamm ist das interessante vorgeschichtliche Material zum Opfer gefallen: vom Alluvium überlagert sind alle Spuren der endgültigen Ansiedlung des Menschen an den Ufern des Nils, die ersten Zeugnisse des Übergangs von den Wanderungen, auf denen Nahrung verfolgt oder aufgelesen wurde, zu einem seßhaften Dasein, das dem Menschen erlaubte, seine Nahrung wachsen zu lassen. Man kann nur vermuten, wie das vor sich gegangen ist. Mit der Verödung des Hochlands muß pflanzliche Nahrung überall außer an den Ufern des Nils ausgestorben sein, und auf der Suche nach pflanzlicher Nahrung und in gegenseitiger Verfolgung werden die Tiere des Hochlands – wie auch der Mensch – zum Fluß hinabgestiegen sein. Da sie nun dicht zusammengedrängt waren, lernten sie einander besser kennen. Vermutlich fand es der Mensch vorteilhaft, bestimmte Tiere als Nahrungsquelle in seiner Nähe zu halten; er mußte auch darauf gestoßen sein, daß sich manchen Pflanzen größere Erträge abgewinnen ließen: für seine Ernährung und für die Fütterung der Tiere, die er bei sich behielt.

Wenn der Schleier sich wieder lüftet, steht der Mensch bereits mit beiden Beinen im schwarzen Schlamm am Nil: er hält Haustiere, baut Pflanzen an und hat, was die Hauptbestandteile der Nahrung und die materiellen Lebensgrundlagen betrifft, manche Ähnlichkeit mit dem Menschen der Neuzeit vor dem Einbruch der industriellen Revolution. Die Lücke im vorgeschichtlichen Material verdeckt eine bahnbrechende Umwälzung: an die Stelle der Jäger, Fischer, Fallensteller, Knollensucher und Beerenleser waren Ackerbauer und Viehzüchter getreten, die ihre Nahrung erzeugten. Vorher war der gesellschaftliche Verband notwendigerweise auf die Familien- oder Stammesgemeinschaft beschränkt, die ein weites Gebiet durchwanderte und deren Habe deswegen leicht tragbar sein mußte. Erst der seßhafte Mensch konnte anfangen, Güter aufzuhäufen. Als Nahrungsproduzent hatte er einen Einfluß auf die verfügbare Lebensmittelmenge und konnte den Nahrungsspielraum erweitern. Mehr Menschen konnten sich auf einem Fleckchen Erde behaupten; die Familie, der Stamm brauchte nicht mehr die gesellschaftliche Verbandseinheit zu sein: Familien ohne Stammesbande konnten friedlich nebeneinander existieren. Diese Umwälzung muß Tausende von Jahren gedauert haben.

Grabungen an der Peripherie besiedelten Landes im Fayûm, am Saum des Deltas und in mittelägyptischen Siedlungsenklaven haben Material zutage gefördert, das den Kampf des vorgeschichtlichen Menschen um ein besseres Dasein illustriert. Von wandernden Nahrungssammlern aus der nordafrikanischen Prärie, die längere Zeit an den Ufern des Fayûm-Sees gehaust haben müssen, zeugt eine Küchenhöhle, in der sich neben Elefanten- und Nilpferdknochen auch spärliche Reste menschlicher Artefakte finden: mikrolithische Feuersteine, wenige Tongefäße. Dann – wahrscheinlich Jahrhunderte später – vertrieb die ungastliche Wüste die Wanderer, und sie zogen in die Nähe der Dschungelsümpfe am Nil. Hier gab es mehr, allerdings immer noch primitive Gerätschaften: Werkzeuge und Waffen, Perlen, Körbe, Tongefäße, Kornkammern, Haustierknochen. Bei Merimde-Beni Salâme am südwestlichen Deltarand haben sich sogar die Überreste eines Dorfes mit einigen aus Lehmklumpen gezimmerten ovalen Hütten erhalten. Das Dorf erstreckte sich über nicht ganz zweieinhalb Hektar; die Hütten waren unansehnlich, jede nur ein etwa vier mal zweieinhalb Meter großer Raum, ständig voller Rauch; das Dach ließ das Regenwasser durch, das ein in den Boden eingelassenes Gefäß auffing. Eine vergnügliche Behausung war das nicht.

Der Versorgung des Dorfes diente eine gemeinsame Kornkammer: in die Erde versenkte Binsenkörbe. Eigene Kornbehälter hatten die einzelnen Hütten nicht. Anscheinend erhielten sich in den Anfängen des Dorflebens noch alte Stammesbräuche: Bevorzugung des Gemeineigentums, wenig Sinn für individuellen Besitz. Unter den Getreidearten fanden sich Gerste, wie wir sie heute kennen, Emmer, Sandwicke. Auch Flachs wurde angebaut, zu Fäden versponnen und auf primitiven Webstühlen zu Leinen verarbeitet. Die Entdeckung, daß Pflanzen gehegt, großgezogen und ertragreicher für Nahrung und Bekleidung gemacht werden können, hatte ihre umwälzende Wirkung bereits getan. Ebenso war bereits bekannt, daß sich manche Tiere zähmen lassen und dem Menschen dann Fleisch, Häute und Wolle liefern. Dennoch hatten sich die Menschen weder in der Fayûm-Höhle noch im Merimde-Dorf vollständig auf Nahrungserzeugung umgestellt. Das wenige Getreide, das in den Kornkammern aufbewahrt werden konnte, und die vielen Knochen wilder Tiere lassen darauf schließen, daß die angebauten Feldfrüchte und das Fleisch der Rinder und Schweine zur menschlichen Ernährung nicht ausreichten. Dschungel und Wüste waren noch in greifbarer Nähe, und noch hatte der Mensch die Unrast des Nomaden nicht überwunden; um mehr Eßbares zu finden, ging er jagen und fischen. Vermutlich waren seine Felder nur Einsprengsel, die der Nil gleichsam zufällig bewässerte; er hatte sich noch nicht an die gigantische Arbeit gemacht, die Marschen trockenzulegen und das Wasser zu den ausgerodeten Lichtungen zu leiten.

Versetzen wir uns mit einem Sprung in die historische Zeit, so können wir den Wandbildern des Alten Reiches entnehmen, daß der Prozeß der Seßhaftwerdung auch zweitausend Jahre später noch nicht abgeschlossen war. Hier sieht man die Vornehmen in wildreichen Sümpfen auf die Nilpferd-, Krokodil- und Sumpfvögeljagd gehen. Dafür muß es, auch wenn man künstlerische Übertreibung unterstellt, eine Vorlage im wirklichen Leben gegeben haben: ein noch nicht völlig trockengelegtes und bezähmtes Land. Noch immer wurden Zähmungsexperimente unternommen: die Wandgemälde zeigen Ställe mit künstlich gemästeten Gazellen und Hyänen. Den Versuch, dem privaten Viehhof neue Tiergattungen hinzuzufügen, gab der Mensch erst auf, nachdem ein weiteres Jahrtausend dahingegangen war und die schwere Hand der Tradition weiterem Experimentieren Einhalt geboten hatte.

Kehren wir zu den Anfängen zurück. Das Ringen um ein reicheres Dasein war eine vorwiegend innerägyptische Entwicklung; wesentliche Einwirkungen von außen sind bis zum Ende der vordynastischen Periode kaum spürbar. Allmählich setzten sich kulturelle Veränderungen aus unbewußtem innerem Antrieb durch, ohne daß »höherstehende« fremde Völker eingebrochen wären oder die Ägypter angespornt hätten. Ethnische Veränderungen waren im frühen Niltal weder quantitativ noch qualitativ von Bedeutung. »Der Ägypter«, von dem wir Kunde haben, war ein Mischprodukt Afrikas, Asiens und des Mittelmeerbeckens, von kleinem Wuchs, schlank, langschädlig, dunkelhaarig. Zivilisatorische Antriebe erwuchsen aus seinem Innern, ein langsam glimmendes Feuer, dessen er kaum gewahr wurde. Schritt für Schritt fand er aus eigenem den Weg zu einem Leben von größerer Fülle, Verflochtenheit, Vielfalt und Bequemlichkeit. Das war – bis zum Ende der vordynastischen Zeit – ein unbewußter und erschreckend langsamer Prozeß. Der Mensch steckte mit den Füßen im Schlamm des Nilufers und mußte seine Schritte bedächtig wählen.

Der Archäologe verzeichnet unterdes eine ganze Kette vordynastischer Kulturen: Tasa-, Badâri-, Amratien-, Gerzeenkultur, und zu jeder gibt es das entsprechende Zubehör an materiellen Belegen: Feuersteine, Tongefäße, frühe Metallerzeugnisse, Amulette, Grabstätten, Häuser, Kunstwerke. Immer wieder traten Veränderungen ein, die zumeist einen Gewinn bedeuteten. Bestimmte Gebilde – so etwa Häuser und Metallgeräte – vermehrten ihre Erscheinungsformen, wurden größer und vielgestaltiger. Andere erfuhren Rückschläge infolge der Konkurrenz neuer Erzeugnisse; so wurden bei Feuersteinwaffen und bemalten Tongefäßen schon in einem frühen Stadium Höchstleistungen erzielt, denen später, als die Schaffenskraft der Menschen in andere Richtungen gelenkt wurde, qualitativer Niedergang folgte. Vor allem in der Töpferei hatte der schöpferische Mensch Werke von handwerklicher Vollendung, großer Schönheit und hohem Gebrauchsnutzen hervorgebracht; als sich das handwerkliche Interesse anderen Objekten zuwandte, wurde aus der Keramik unbedeutende, nur zweckbestimmte Töpferware.

Über den ägyptischen Menschen, wie er in der Ausgangsperiode der vordynastischen Zeit geworden war, läßt sich einiges Konkrete aussagen. Seiner Statur nach war er kein Riese. Die Männer waren etwa ein Meter fünfundsechzig groß, die Frauen an die anderthalb Meter. Beide waren von schmächtiger Gestalt, aber starkknochig, mit verhältnismäßig langen Köpfen und ovalen, fast vogelartigen Gesichtern. Die Männer waren im Gesich und am Körper wenig behaart; ihr Bart dürfte schütter gewesen sein oder nur aus Stoppeln bestanden haben. Ihre Bekleidung war spärlich, dafür aber aus Leinen. Bei festlichen Gelegenheiten behängten sie sich mit einfachen Perlenschnüren und schmückten das Gesicht mit Augenschminke (mit Vorliebe grün). Äußerlich, aber auch in manch anderer Hinsicht, hatten sie gemeinsame Züge mit Hamiten, Semiten und Angehörigen der Mittelmeervölker.

Aus den ovalen Lehmklumpenhütten waren inzwischen rechtwinklige Häuser aus gepreßten Lehmziegeln geworden. Auf der Nachbildung eines Hauses, die sich erhalten hat, sind eine Holztür und in Holz eingefaßte kleine Fenster angebracht. Das Original muß groß genug gewesen sein, um die Abtrennung einzelner Zimmer zu gestatten. Ein Mittelbalken trägt das Flachdach. Das Modell zeigt bereits die wichtigsten Elemente der aus der historischen Zeit bekannten Wohnhäuser.

Seiner Beschäftigung nach war der vordynastische Ägypter Ackerbauer. Zum Verkaufen oder Tauschen hatte er vermutlich nur wenig landwirtschaftliche Erzeugnisse übrig; der Einzelhaushalt muß sich mit allem Lebensnotwendigen selbst versorgt haben. Für die Feldarbeit wurden selbstgemachte Holzrechen und Sicheln mit Feuersteinzinken benutzt. Jede Familie dürfte ein oder zwei Haustiere gehalten haben, zur Weide möglicherweise zu einer Dorfherde zusammengefaßt. Nur wenige Reiche mögen eigene Herden besessen haben. Gehalten wurden langhörnige afrikanische Rinder, Schafe, Gänse, Ziegen, Esel und – hauptsächlich im Norden – Schweine. Wahrscheinlich gebührt den vorgeschichtlichen Ägyptern das Verdienst, eine ursprünglich ungehörnte Rinderart und den ägyptischen Windhund gezüchtet zu haben. Fleisch dürfte trotz der Familientierhaltung nicht zur täglichen Nahrung gehört haben, sondern für Feste und Opfer vorbehalten gewesen sein. Aufgebessert wurde die Versorgung mit animalischer Nahrung durch Fischfang, Wildvögeljagd in den Marschen und Wildtierjagd in der Wüste.

Seine Haushalts- und Ackergeräte fertigte der Landwirt selbst an, nur Werkzeuge mit Metallteilen mußten im Handel beschafft werden. Metallbearbeitung war Sache qualifizierter Spezialisten. Das Schmelzen von Kupfer erforderte große Wärmeentwicklung in geschlossenen Räumen; die Technik mag ähnlich gewesen sein wie beim Zusammenschmelzen von Sand und Erzen für Glasurarbeiten. Das Kupfer wurde in Formen gegossen, wobei die geschlossene Form bald die offene ablöste. Nachdem der Mensch das Metall bezwungen hatte, konnte er den eigenen Zwecken entsprechend Messer, Dolche, Äxte, Meißel und andere Werkzeuge herstellen; nun brauchte man sich auch nicht mehr an die alten Formen der Steinwerkzeuge zu halten, sondern konnte dem Metall die zweckdienlichste Form geben. Steinerne Werkzeuge und Waffen wichen nach und nach denen aus Kupfer; bevor jedoch das Material Stein endgültig abtrat, feierte es noch Triumphe: vor allem religiöses Brauchtum sperrte sich gegen den neuen Rohstoff und hielt bei Kulthandlungen (Beschneidung, Darbringung von Opfern) an steinernen Geräten fest. Die späten Feuersteinklingen waren Meisterwerke: dünn, vorzüglich geschliffen und ausgezeichnet geriffelt. Für den Bauern fielen allerdings nur hölzernes Werkzeug oder mit Steinspitzen oder Steinkanten versehene Holzgeräte ab. Metallgeräte und das Beste an Flintwerkzeugen waren Eigentum der Gemeinde oder des Fürsten.

Gewiß hatte auch der kleine Mann seine Abenteuer und Raufhändel. Die Archäologie hat eine große Anzahl von Pfeilspitzen und Keulenknäufen zutage gefördert, und die Skelette der vorgeschichtlichen Ägypter weisen reichlich viel gebrochene Knochen auf. Augenscheinlich herrschte Rivalität zwischen den einzelnen Ortschaften; es wurden bereits Kriege geführt, in denen aus kleinen Staaten größere entstanden und am Ende ein nationales Gebilde geschmiedet werden sollte. Wer die kämpfenden Ägypter angeführt hat, ist nicht bekannt. Zum Unterschied von den Stammeshäuptlingen einer früheren Zeit gab es jedenfalls schon territoriale Herrscher, die theoretisch die kleinen Lokalstaaten regierten.

Will man als »mechanisches Gebilde« ein Werkzeug definieren, in dem sich zwei Bestandteile zu einer gemeinsamen Kraft vereinen, so stellt man fest, daß der vordynastische Ägypter mit einigen Instrumenten dieser Art zu hantieren wußte. Pfeil und Bogen hatte er von seinen Urahnen geerbt. Daneben kannte er die Harpune mit festgemachter Leine, den Rechen, die Spindel und – als komplizierteres Arbeitsgerät – den Bohrer zur Aushöhlung steinerner Gefäße oder zum Durchbohren kleiner Kügelchen. Das sind noch sehr elementare mechanische Vorrichtungen, aber sie stellen einen bemerkenswerten Fortschritt gegenüber der Keule, dem Handbeil oder dem zum Graben verwendeten spitzen Knüppel dar. Hinter den Leistungen seiner Vorfahren blieb der spät-vordynastische Ägypter auf einem Gebiet zurück: in der Herstellung von Behältern und Gefäßen aus Ton und Stein. Seine Tongefäße hatten in der Qualität, Formkühnheit und Verzierung nachgelassen. Seine steinernen Gefäße waren selten aus dem härtesten Material und in der Form wenig glücklich; er begnügte sich mit Behältern aus weicherem Stein ohne jede Formeigenart. Das künstlerische Talent hatte sich dem Modellieren von Figürchen und der Verzierung von Schiefer-Schminkpaletten zugewandt, einem Kunsthandwerk also, das eine neue Technik – Reliefskulptur – voraussetzte. Die Kunst war im Begriff, sich vom gegenständlichen Zweck zu trennen und zu einer besonderen Fertigkeit im Dienste des Staates oder des Fürsten zu werden.

Sofern er nicht in den Krieg ziehen mußte, war der Ägypter dieser Periode an die Scholle gebunden. Trotzdem war er von der Berührung mit fernen Regionen nicht völlig abgeschnitten. Die Nilkähne hatten jetzt Segel, und manche mögen sich sogar aufs »Große Grüne« Meer – möglichst in Küstennähe – hinausgewagt haben. Handelsverkehr gab es von einem Ende Ägyptens zum anderen, und auch aus fremden Gebieten sickerten Waren ein: Gold und Kupfer aus dem östlichen Gebirge, Elfenbein und Weihrauch aus dem fernen Süden, Olivenöl aus Libyen und Palästina, Zedernholz von der phönikischen Küste, Lapislazuli und Obsidian aus weit östlich gelegenen Ländern. Solche Waren mögen von einer Gemeinde zur anderen weitergegeben worden sein; anderseits hatte die Schiffahrt aber auch schon direkte Kontakte zwischen verschiedenen Kulturen hergestellt und die Möglichkeit gegenseitiger Beeinflussung geschaffen. In den Formen der Töpfe, Steinvasen und Schieferschminkpaletten zeichnet sich bereits eine merkliche Verwandtschaft zwischen Ägypten und Palästina ab.

Das wenige, was über die Religion des vordynastischen Ägypters bekannt ist, haben seine Grabstätten verraten. Wichtig war ihm zweifellos der Glaube an ein Weiterleben nach dem Tod. Immer sorgsamer stattete er seine Gräber aus, und immer mehr Gegenstände nahm er mit ins Grab. Am wichtigsten waren Speise und Trank, aber auch Kleidung, Zierat, Kosmetika, Waffen und Werkzeuge begleiteten ihn in die nächste Welt. Bisweilen wurden die Gegenstände zerbrochen oder durchbohrt; solchermaßen »getötet«, konnten sie das Schicksal ihres Besitzers teilen. Gelegentlich wurden Hunde mit ihren Besitzern begraben. Ob auch Bedienstete getötet und mit der Herrschaft beigesetzt wurden, wissen wir nicht. Diese Praxis, die die Fortführung des Haushalts im ferneren Dasein ermöglichen sollte, hat am Anfang der historischen Zeit aufgehört. Man kann vermuten, daß sie aus der vordynastischen Zeit stammte; Belege für diese Vermutung haben sich nicht erhalten.

Das Leben des vordynastischen Ägypters muß eine fast pausenlose Fron gewesen sein. Die Eintönigkeit des Daseins durchbrachen Feste, die an wichtigen Wendepunkten in den Schicksalen des Nils und im Ablauf des Landwirtschaftsjahrs veranstaltet wurden. Dann gab es natürlich den Fischfang, die Jagd und die Kriege. Es gab sogar Spiele. Bei Ausgrabungen ist das Gestell eines primitiven Brettspiels zum Vorschein gekommen: ein Tischchen aus ungebranntem Ton auf vier niedrigen klobigen Füßen, die Platte in achtzehn Rechtecke eingeteilt, dazu eine Anzahl von Spielsteinen aus Ton, mit Wachs überzogen. Es gab schon einigen Reichtum, der den Druck der Arbeitslast milderte, und Menschen, die Zeit hatten, sich zu vergnügen. Für eine solche Übergangssituation mit den entsprechenden psychologischen Auswirkungen spricht auch die Entstehung einer nicht zweckgebundenen Kunst.

Zuerst zeigt sich der Schönheitssinn bei der Herstellung nützlicher Gegenstände: da wird eine Schüssel mit einer aufgetragenen Zeichnung versehen oder bei der Arbeit an einem Steinkrug von der natürlichen Aderzeichnung des Gesteins kunstvoll Gebrauch gemacht. Ein gerundeter Topf bot dem frühen Künstler eine Fläche, der er schwerlich zu widerstehen vermochte. Er konnte die Form mit aufgetragenem Ton ausbauen, in den noch feuchten Ton Zeichnungen einritzen, dem Gefäß durch Brennen zwei Farbtöne geben, Glanz oder Mattierung hineinbringen, die Oberfläche bemalen. Es gab eine Vielfalt von Erzeugnissen, mit einer Vielzahl von Motiven verziert. Eine Schüssel mag in einem primitiv stilisierten Bild einen Jäger mit Hunden an der Leine zeigen, ein Krug den Nil mit einem in festlichem Schmuck dahingleitenden Boot. Die Sujets der Malerei auf Tongefäßen legen mannigfaches Zeugnis ab von der Kultur der vordynastischen Zeit. Da hat der Prähistoriker Stoff zum Grübeln. Beweisen »Kreuzlinien« Beziehungen mit Afrika im Süden und mit der Sahara im Westen? Deutet »Ornamentierung« auf nordägyptischen Ursprung hin? Welche Art Palästina-Kontakte bezeugen Töpfe mit »gewellten Griffen«? In einer noch primitiven Kultur sind vielerlei Reflexe auswärtiger Einflüsse denkbar. Bei aller Selbständigkeit der inneren Entwicklung werden Zusammenhänge mit der Außenwelt sichtbar, die bei den Beteiligten Neues gebracht haben müssen. Töpfe mit Bootszeichnungen belegen die Ausdehnung des Handelsverkehrs: auf den Booten ist die Bezeichnung des Heimathafens zu sehen. Lange vor der Vereinigung der ägyptischen Reiche umspannte demnach der Flußhandel den gesamten Nillauf vom Mittelmeer bis zum Ersten Katarakt. Als es staatliche Organisation erst im lokalen Maßstab gab, bewegten sich die ägyptischen Bootskaufleute mit ihren Waren ziemlich frei im ganzen Land. Und nicht nur das Niltal war einbezogen. Die fremden Erzeugnisse in den vordynastischen Gräbern zeigen, daß das Handelsnetz sehr weit reichte, sogar bis nach Persien. Das besagt nicht, daß ägyptische Karawanen bis Persien vordrangen oder daß persische Kaufleute nach Ägypten kamen; das besagt auch nicht, daß Handelsschiffe viele Jahrhunderte vor der historischen Zeit das Mittelmeer umsegelten. Wahrscheinlicher ist, daß die Waren aus der Ferne die großen Entfernungen in Etappen zurücklegten. Hermetisch war der Niltalschlauch von der Außenwelt nicht abgeschlossen.

Schriftliche Urkunden hat das vordynastische Ägypten nicht hinterlassen. Auch seine Religion, die, ohne in einem ausgebildeten System zu gerinnen, das gesamte Leben durchdrang, muß aus gegenständlichen Belegen erschlossen werden. In den Gräbern haben sich Kunstgegenstände erhalten, die einen Glauben an mächtige unsichtbare Kräfte kundtun, vor allem Figürchen, die Menschen, Tiere und standardisierte Symbole darstellen. Aus Analogien mit primitiven Völkern, die der Anthropologie heute bekannt sind, darf man darauf schließen, daß in der Religion der vordynastischen Ägypter drei Motive überwogen: Schutz vor bekannten und unbekannten Gefahren, Erfolgsförderung beim Sammeln der Nahrung und ihrer Erzeugung und Beistand bei der Erhaltung und Vermehrung des Volkes. Als ackerbauendes Volk müssen die Ägypter die Hilfe der Kräfte angerufen haben, die das Reifen der Ernte und die Vermehrung der Herden begünstigten. Sie müssen sich um die Fortpflanzung des eigenen Stammes gesorgt haben. Und sie müssen sich große Mühe gegeben haben, die in einer großen Welt so zahlreichen Gefahrbringer zu besänftigen. Diese Haltungen gegenüber teilweise beeinflußbaren, aber im wesentlichen doch von den undurchschaubaren Launen der Natur beherrschten Mysterien des Daseins müssen die Anfänge der ägyptischen Religion bestimmt haben. Ein Niederschlag solcher Haltungen zeigt sich in weiblichen oder tierischen Figuren, die mit Fortpflanzung zu tun haben. Andere Figuren und Amulette sind weniger sinnklar; sie mögen Kräfte dargestellt haben, von denen Schutz vor den vielen Daseinsgefahren erwartet wurde. Diese Religion war in ihren Wesenselementen ebenso einfach und in ihren täglichen und stündlichen Bekundungen ebenso kompliziert wie die Religionen der meisten anderen primitiven Völker.

Welche politischen Kämpfe im vordynastischen Ägypten ausgetragen wurden, ist nicht überliefert. Ohne Zweifel haben kleinere Gebilde Macht begehrt, und ohne Zweifel haben Eroberungs- und Eingliederungsprozesse immer größere Gebilde geschaffen. Theoretisch müßte sich da eine aufsteigende Entwicklung vollzogen haben: Heranwachsen der Dorfstaaten zu Bezirksstaaten und der Bezirksstaaten zu großen organisierten Provinzstaaten und – zu Beginn der historischen Zeit – Herausbildung eines nationalen Staatsgebildes. Ob die Staatsbildung tatsächlich so verlaufen ist, wissen wir nicht. Natürlich veränderte sich die gesellschaftliche Organisation, als die Menschen als Ackerbauer seßhaft wurden, und sicher ist irgendwann der auf Familienbanden und der Unmittelbarkeit des Zusammenlebens beruhende Stammesverband von einem weitergestreckten Staatsverband abgelöst worden, dessen Angehörige nicht mehr durch Verwandtschaft verbunden waren, dafür aber genug gemeinsame Interessen hatten, um einen gemeinsamen Herrscher zu akzeptieren. Indes ist es möglich, daß die Herrschaftsverbände wenige Jahrhunderte vor der dynastischen Zeit immer noch relativ klein waren und daß die großen Provinzstaaten erst am Ausgang dieser Periode ins Leben getreten sind. Damit hängt die nicht minder spekulative Frage zusammen, wann die großen Bewässerungsanlagen entstanden sein könnten. Von den ersten

Niltalsiedlern vermuten wir, sie hätten am Rande der Dschungelsümpfe gelebt und den wenigen festen Boden bebaut, den sie vorfanden. Einer solchen Lebensweise hätten angesichts des knappen Nahrungsspielraums kleine, miteinander nicht zusammenhängende gesellschaftliche Einheiten entsprochen. Die Ausweitung der landwirtschaftlich nutzbaren Fläche setzte die Trockenlegung und Ausrodung der Sümpfe voraus, eine mühselige Arbeit, die viele Jahrhunderte in Anspruch genommen haben mag. Es mußte aber noch ein zweiter Schritt hinzukommen: die Schaffung eines Bewässerungssystems mit großen Staubecken und verzweigten Kanälen, die das Nilwasser bis an den Fuß der Wüstenhügel heranbringen konnten. Ein so umfassendes Bewässerungssystem verlangte Planung und Instandhaltung durch eine starke staatliche Organisation; war es einmal da, so erhielt und förderte es seinerseits einen starken Staat.

In welchem Stadium seiner langen vordynastischen Existenz hatte der Ägypter einen so hohen Grad gesellschaftlichen Zusammenhalts, ein so großes Talent, lange im voraus zu planen und Pläne zu verwirklichen, und ein so starkes Verlangen nach der Macht, Land und Nahrung entwickelt, daß er gewaltige Bewässerungsvorhaben zu unternehmen vermochte? Wie intelligent, wie vorausschauend in diesem Sinne war der vordynastische Ägypter? Die frühere Annahme, er habe viele Jahrhunderte vor der dynastischen Zeit das Kalenderjahr von dreihundertfünfundsechzig Tagen erfunden, hat sich als unhaltbar erwiesen. Die für die Entwicklung des Kalenders nötigen Beobachtungen und Notierungen brauchen nicht lange vor der dynastischen Zeit begonnen zu haben. Als Beweis außerordentlicher geistiger Leistungen des Ägypters der mittleren vordynastischen Epoche kann der Kalender nicht dienen. Gibt es andere Beweise? Der vordynastische Ägypter legte mancherlei Fertigkeiten an den Tag, die ohne logisches Denken und Experimentierfreudigkeit nicht hätten entwickelt werden können. Als Biologe konnte er neue Pflanzen- und Tierarten züchten. Als Chemiker konnte er Brot herstellen, Bier brauen, Farben und Tonsorten mischen. Als Geologe wußte er Gestein für Messer und Krüge und Mineralien für Kosmetika zu finden, Gold- und Kupfererze aufzuspüren. Als Techniker konnte er feingeschliffene Feuersteinmesser anfertigen, kleine Kügelchen durchbohren, Stein und Ton glasieren, Kupfer schmelzen und gießen. Als Mathematiker handhabte er die Parzellierung der Felder und entwarf Baupläne. Er hatte es bis zu kombinierten mechanischen Instrumenten gebracht, von denen der Gesteinsbohrer am beachtlichsten ist, weil er gleichzeitig die Schneide, den nach unten gerichteten Druck und die pendelnde oder rotierende Bewegung in den Dienst einer Arbeitsverrichtung stellt; dieser Bohrer muß schon in der Frühphase der vordynastischen Zeit entwickelt worden sein. Anderseits ist die Drehscheibe des Töpfers offenbar erst in der historischen Zeit in Ägypten eingezogen. Wann die Ägypter zum Pflug und zum feststehenden Webstuhl gekommen sind, ist nicht mit Genauigkeit festzustellen.

Entwicklungsfähige Begabungen und die Bereitschaft zum Experimentieren hatte unser ägyptischer Primitiver jedenfalls mitgebracht. Weil er noch nicht gebildet und zivilisiert war, mag man ihn einen »Barbaren« nennen; ein stumpfsinniger Wilder war er nicht. Er mochte als Bauer erdgebunden sein, mit engumgrenztem Horizont und Vorstellungsvermögen, aber bisweilen schweifte sein Blick über den Schlamm hinweg; er sehnte sich, und sei es auch nur unklar, nach Lebensbereicherung. Und doch haben wir nicht genug

Anhaltspunkte, um sagen zu können, wann und wie er zu den entscheidenden Schritten – Bewässerung und Staatsaufbau – vorgestoßen ist.

Dem, was da geschehen sein mag, läßt sich an Hand einiger Geschichtsdeutungsversuche nachspüren. Eine Interpretation der altägyptischen Gesellschaft hat Arnold J.Toynbee in seinen charakteristischen Kategorien – Anforderungen des Milieus und Stellungnahme der Menschen zu ihnen – versucht. Auf die Anforderungen, die die physischen Existenzbedingungen am Nil an sie stellten, hätten die Menschen mit der Ausrodung des Dschungels, der Hochwasserregulierung und der Wasserbewirtschaftung reagiert und damit eine einheitliche Kultur geschaffen; danach hätten ihre Energien bis in die historische Zeit unvermindert fortgewirkt und die großen Leistungen des Zeitalters der Pyramiden vollbracht. Unzweifelhaft ist hier ein wichtiger Entwicklungsfaktor hervorgehoben. Aber warum haben die vorgeschichtlichen Bewohner Ägyptens dieselben Anforderungen des Milieus beherzigt, die ihre südlichen Nachbarn im Sudan unberücksichtigt gelassen haben? Und warum erst so spät? Offenbar haben wir es hier mit einem geistigen Wirkstoff zu tun, der wohl im nachhinein beschrieben, aber nicht im voraus erraten werden kann. Offenbar können Gelegenheiten, die ein Milieu bietet, lange Zeit vernachlässigt bleiben, bis ein Katalysator die Energien der Menschen in die zweckentsprechende Richtung drängt. Was aber kann als Katalysator wirken? Die Häufung gradueller wirtschaftlicher Veränderungen? Der Druck fortgesetzter Bevölkerungszunahme? Ein Anreiz von außen? Allmähliches geistiges Reifen? Oder hat im alten Ägypten nicht ein Katalysator gewirkt, sondern das Zusammentreffen mehrerer?

Eine andere Konzeption liegt der Idee der »städtischen Revolution« von V.Gordon Childe zugrunde. In seiner Sicht beginnt geschichtliches Sein mit einem grundlegenden sozialen Wandel: der Konzentration der undifferenzierten agrarischen Gesellschaft rund um die Dörfer als landwirtschaftliche, politische und soziale Brennpunkte. In erheblicher Verallgemeinerung erscheint jeder Einzelmensch in der vorgeschichtlichen Gesellschaft als Selbstversorger, der Nahrung und Kleidung erzeugt, Werkzeuge, Waffen und Behälter anfertigt und seine Erzeugnisse selbst absetzt. Mit der städtischen Revolution kommt nach Childe die Spezialisierung der Einzelfunktionen: verschiedene Individuen werden zu Waffenherstellern, Töpfern, Webern, Bauhandwerkern, Seefahrern, Kaufleuten; eine leistungsfähigere Landwirtschaft bringt einerseits mehr Reichtum und eine herrschende Klasse mit Muße und künstlerischen Interessen, anderseits mehr Menschen hervor, aus denen sich die neuen Handwerks- und Kunstspezialisten rekrutieren; in den größeren Gemeinden wird das gemeinsame Interesse einer durch persönliche Bande zusammengehaltenen Gruppe durch eine Vielzahl unpersönlicher, aber voneinander abhängiger Interessen verdrängt, deren Nebeneinander der Steuerung durch eine staatliche Organisation, ein unpersönliches Gesetz und die Zwänge einer nationalen Religion bedarf, so daß ein verästelter Staat mit ziviler und kirchlicher Bürokratie und polizeilichem Zwang zur Befolgung des Religions- und Gesetzesrituals entsteht; einerseits entfaltet das Individuum mit der Spezialisierung der Funktionen größeres Können und größere Fähigkeiten, anderseits wird es entpersönlicht und sinkt zu einer bloßen Ziffer in den Posten der staatlichen Statistik hinab. Für Ägypten ist diese Theorie, soviel Richtiges und Scharfsinniges sie auch enthalten mag, zu absolut. Wenn das Prädikat »städtisch« andeuten soll, daß die Landwirtschaft ihre grundlegende Bedeutung einbüßt und der Handel ihr den Rang abläuft, so trifft das auf Ägypten nicht zu, wo es in der Frühzeit nicht eine einzige Ortschaft gab, die mit Fug eine »Stadt« hätte genannt werden dürfen; eine Stadt im modernen Sinne wird man in Ägypten erst sehr viel später finden können, kaum vor der achtzehnten Dynastie. Spezialisierung der Berufe dagegen gab es, wenn auch in geringerem Umfang, schon in der frühesten Zeit: auch die kleine Stammesgemeinschaft muß Bauern gehabt haben, die sich besser als andere auf die Herstellung von Waffen verstanden, Bauern, deren Hände besser mit Malgeräten zu hantieren wußten, Bauern, die Funktionen von Priestern und Medizinmännern verrichteten. Überhaupt sind die Unterschiede zwischen der frühen Landwirtschaftsperiode und der historischen Zeit nicht qualitativer, sondern gradueller Art. Nur insofern paßt Childes »städtische Revolution« auf Ägypten, als sich die Bevölkerung tatsächlich um bestimmte Zentren herum zusammenballte, eine berufliche Differenzierung vor sich ging, mehr Reichtum erzeugt wurde und mit der Zeit eine Verwaltungsmaschinerie zur Regulierung der neuen Elemente des gesellschaftlichen Daseins entstand.

In diesem Zusammenhang bedarf noch der Prüfung Robert Redfields Theorie der »Volkstumsgesellschaft« *(folk society)*. Die »Volkstumsgesellschaft« ist eine Konstruktion, die das Verständnis der modernen städtischen Gesellschaft durch Konfrontierung mit einer einfacheren, primitiveren Gesellschaft erleichtern soll. Die ideale »Volkstumsgesellschaft« ist homogen, klein und von einem starken Gemeinschaftsgefühl getragen. Sie entbehrt der Bildungsgrundlage, ihre Wirtschaft ist keine Tausch-, sondern eine Selbstversorgerökonomie, ihren Zusammenhalt stellen primär Familienbande her, ihre Wurzeln liegen im religiösen Glauben und Brauchtum, die gesellschaftlichen Beziehungen in ihr sind persönlicher Natur, das Weltliche und Unpersönliche ist noch nicht hervorgetreten. Die Verhaltensweisen dieser Gesellschaft sind traditionsbestimmt, und spekulatives Denken und Experimentieren sind unerwünscht, weil die sakrosankte Tradition auf alles eine Antwort weiß. Im Gegensatz zur »Volkstumsgesellschaft« erscheint die moderne städtische Gesellschaft als groß, amorph, heterogen, des Gemeinschaftsgefühls beraubt; sie ist weltlich, unpersönlich in ihren inneren Beziehungen, in ihrem Wirtschaftsgetriebe äußerst komplex und mannigfach verflochten; Familie und Tradition haben in ihr nur geringe Bedeutung; sie ist bildungsbeflissen und im Idealfall spekulativ, experimentell und fließend. Mißt man das alte Ägypten an diesem Schema, so ist offenkundig, daß es sich im Übergang von dem einen zum anderen Typ befand. Das Stadium der ausgebildeten städtischen Gesellschaft hatte es auch am Ende seiner Geschichte nicht erreicht. Obgleich es sich zunehmend verweltlichte, räumte es dem Überweltlichen stets den größten Einfluß ein. Es hat wenig Kulturen gegeben, in denen die Macht der Tradition so verpflichtend war; nach dem ersten geschichtlichen Durchbruch der Neuerungsenergien wurden gefährliche Neigungen zum spekulativen Denken und zum Experimentieren aufgegeben. Dennoch war auch schon das vordynastische Ägypten keine »Volkstumsgesellschaft«. Die Gesellschaft war weitgehend im Fluß, stets bereit, Neues in Ackerbau, Viehzucht, Architektur, Kunst auszuprobieren. Das vorgeschichtliche Ägypten scheint sogar Neuerungen weniger abhold gewesen zu sein als das geschichtliche, das an einem kodifizierten und verbindlich gemachten Dogma festhielt und Abweichungen vom

Traditionellen verurteilte. Schon das vordynastische Ägypten erlebte die Intensivierung des Handelsverkehrs und damit das Zusammenrücken nicht stammverwandter Individuen und Gemeinden. Neben der Selbstversorgung vieler Produktionseinheiten spielte der Markt eine große Rolle. Stark angenagt war bereits das für die »Volkstums«kultur überaus wichtige Gruppensolidaritätsgefühl gegenüber Außenstehenden. Zu einem erheblichen Teil waren das vorgeschichtliche Entwicklungen, und insofern bezeichnete der Beginn der Geschichte keinen entscheidenden Einschnitt.

Zur Aufhellung des Übergangs von der vorgeschichtlichen »Barbarei« zur historischen »Zivilisation« tragen die drei erörterten Geschichtskonzeptionen Nützliches und Lehrreiches bei, aber keine von ihnen vermag zu erklären, auf welche Weise dieser Übergang in einer relativ kurzen Zeitspanne zustande gekommen ist. Eine befriedigende Erklärung ist nicht möglich, weil wir erstens nicht genug über die Übergangsepoche wissen und weil zweitens geistig-seelische Imponderabilien wirksam gewesen sein müssen, über die sich nur spekulieren läßt.

Die Entwicklung des vordynastischen Ägyptens ist wie ein langsamer chemischer Vorgang mit abrupt einsetzender Endreaktion. Es ist so, als ob Tropfen einer chemischen Flüssigkeit lange Zeit einer Lösung hinzugefügt würden, ohne deren Zusammensetzung feststellbar zu verändern. Dann plötzlich erfolgt die Reaktion, und wir haben in der Lösung eine strukturell andere Substanz vor uns. Nur wissen wir nicht, ob die Veränderung quantitativ oder qualitativ war. Ging es nur um den Sättigungsgrad, so daß plötzlich genug Tropfen zusammengekommen waren, um die Reaktion herbeizuführen? Oder war da zum genau richtigen Zeitpunkt eine neue Substanz hinzugetreten, die als Katalysator das Zustandekommen einer anderen chemischen Verbindung bewirkte? Wahrscheinlich war der eigentliche Entwicklungsvorgang im vordynastischen Ägypten quantitativ und hatte das Land bis zu einem Punkt gebracht, an dem die Häufung kleiner Veränderungen die Kultur wahrnehmbar anders erscheinen ließ. Genug quantitative Veränderungen können einen Unterschied bewirken, der qualitativ zu sein scheint. Es ist aber auch nicht unmöglich, daß ein neues Element, das am Ausgang der vordynastischen Periode hinzugekommen ist, eben der Katalysator war, der zivilisiertes Dasein im Niltal entstehen ließ. Solch ein neues Element gab es in kulturellen Einflüssen mesopotamischen Ursprungs.

Wird die Gesamtdauer der vordynastischen Zeit auf zweitausend Jahre geschätzt (5000–2900 v.Chr.), so entfällt der allergrößte Teil davon – etwa achtzehnhundert Jahre – auf die von außen völlig unbeeinflußte innerägyptische Kulturentwicklung. Es bestanden zwar Handelsbeziehungen zur Außenwelt, doch die Aufeinanderfolge der sichtbaren Kulturelemente zeigte zusammenhängende einheimische Züge und könnte fast als Kurve des Auf und Ab autochthoner physischer Formen gezeichnet werden. Sogar eine neuartige Keramik, die auf einer bestimmten Stufe der prähistorischen Entwicklung auftritt, scheint im Nordosten Afrikas beheimatet gewesen zu sein. Gewiß lassen sich Formanalogien zwischen ägyptischen und palästinensischen Ton- und Steingefäßen beobachten, aber für einen Herkunfts- oder Beeinflussungsnachweis reichen sie nicht aus. Am Ausgang der vorgeschichtlichen Entwicklung hat jedoch Ägypten unverkennbar fremde Kulturelemente übernommen, Elemente eindeutig mesopotamischer Herkunft. Da ist ein zylindrisches Siegel, dessen Idee und Gestaltung eine eigene Geschichte in Mesopotamien hatte. Da sind Baudenkmäler, bei denen Ziegel als dekorative Täfelung Verwendung gefunden haben, eine Technik, die sich bis nach Mesopotamien verfolgen läßt und die in Ägypten in der letzten vordynastischen Phase in vollentwickelter Form erscheint. Da sind schließlich bestimmte Motive in der bildenden Kunst, in Ägypten bis dahin unbekannt, aber in Mesopotamien heimisch: in Balance gehaltene antithetische Gruppen; ein Held, zwei Tiere bezwingend, die in der Komposition einander das Gleichgewicht halten; zusammengesetzte Mischtiere, Fabeltiere oder Tiere mit umeinandergerankten Hälsen; Kähne von deutlich mesopotamischem Bautyp. Alle diese Elemente, die sich in Babylonien in einer langen Entwicklungsgeschichte geformt hatten, tauchten in Ägypten in fertiger Gestalt als sichtbare Entlehnungen auf.

Andere Elemente mochten zur selben Entlehnungsperiode gehören, verrieten jedoch den Entlehnungsvorgang weniger eindeutig. So ist bei ägyptischen Töpfern die Drehscheibe erst in der dynastischen Zeit belegt; die mesopotamischen Töpfer hatten sie schon viel früher. Auch die Bearbeitung der Metalle war in Asien viel weiter gediehen; Ägypten mag durch die höherentwickelte Technik beeinflußt worden sein. Auch noch etwas viel Wichtigeres mag Ägypten von Mesopotamien übernommen haben: die Grundelemente der Schrift. Mesopotamien kannte schon seit einigen Jahrhunderten Eintragungen auf Tontäfelchen, die sich allmählich zu umfassenden Registraturen entwickelten. In Ägypten tauchte die Schrift ziemlich abrupt an der Wende zwischen Vorgeschichte und Geschichte auf; sie enthielt aber bereits einige Elemente, die in der Theorie der Schrift einer höheren Stufe des Schriftgebrauchs zugerechnet werden. Die erste Stufe ist nach der Theorie reine Bilderschrift, in der jedes Schriftzeichen einen selbständigen Begriff vermittelt: die Abbildung eines Hauses bedeutet »Haus«, die Abbildung eines Sternes »Stern«. Erst auf der zweiten Stufe tritt als neues Element das Prinzip des Rebus hinzu, um Sprachgebilde wiederzugeben, die sich direkter bildlicher Darstellung entziehen: zusammengesetzte Bildzeichen vertreten nunmehr gleichlautende Wortkombinationen, die eine andere Bedeutung haben. Schon die erste bekannte ägyptische Hieroglyphenschrift aus den ersten Anfängen der historischen Zeit verwendete aber auf Stein und Ton das Rebusprinzip. Sie war also ihrer Kindheit, von der es keine Spuren gibt, bereits entwachsen, und dabei waren alle Bilder, die sie benutzte, ausschließlich ägyptischen Ursprungs: Rechen, Pflug und Gesteinsbohrer finden sich hier in ihren ägyptischen Formen. Wie hat nun diese Schrift das Jünglingsalter erreichen können, ohne irgendwelche Spuren ihrer Kindheit hinterlassen zu haben? Einigen Forschern zufolge hat es diese Kindheit gegeben, nur seien ihre Zeugnisse auf vergängliches Material – Holz oder Häute – aufgetragen worden und deswegen verlorengegangen. Wahrscheinlich steckt darin ein wahrer Kern. Es gibt jedoch eine andere Theorie, die das Kindesalter der ägyptischen Schrift viel kürzer ansetzt: Ägypten habe die Grundelemente der Bilderschrift mitsamt dem Rebusprinzip von der schon ausgebildeten babylonischen Schrift zur Zeit der anderen Entlehnungen, also am Ausgang der vordynastischen Zeit, fertig übernommen, und zwar eben nur die Grundprinzipien, nicht die mesopotamischen Bildzeichen. Die höherentwickelte Schrift, die mithin mesopotamischen Ursprungs sein mag, hat Ägypten zu einer Hebung des Bildungsniveaus verholfen und ist zu einem bedeutsamen Faktor im Werden der ägyptischen Geschichte geworden.

Während Ägypten manche beweisbaren und manche wahrscheinlichen Entlehnungen aus Mesopotamien aufzuweisen hat, sind von der Archäologie keinerlei babylonische Entlehnungen aus Ägypten entdeckt worden. Die Kulturgeschichte Mesopotamiens zeigt einen normalen geradlinigen Aufstieg während der gesamten Dauer der vordynastischen und dynastischen Perioden – ohne scharfe Einschnitte oder Kehrtwendungen. Denselben normalen geradlinigen Aufstieg, der auf einheimischem Material und einheimischen Techniken beruhte, zeigt Ägypten während des größten Teils der vordynastischen Zeit, aber am Ende dieser Zeit machen sich eine auffällige Tendenz zur Wiederholung und unsicheres Schwanken in der Benutzung einheimischer Formen und einheimischer Kunst bemerkbar. Möglicherweise spiegelte sich in dieser müden Ratlosigkeit nichts anderes wider als das Verlangen nach neuen Ausdrucksmitteln. Und gerade um diese Zeit kamen fruchtbare künstlerische, intellektuelle und technische Antriebe aus Mesopotamien. Binnen wenigen Generationen kam die Einigung Ägyptens unter den Dynastien.

Die mesopotamischen Elemente haben aber nur unter den ersten zwei Dynastien der ägyptischen Kultur als Ausdrucksmittel gedient. Später, als unter der dritten und vierten Dynastie der klassische Stil geschaffen wurde, streifte Ägypten die fremden Formelemente ab. Nun hatte es bereits die Zuversicht der Reife erlangt und wußte die Formen zu bestimmen, die dieser Reife Ausdruck verleihen sollten; es entwickelte seine eigenen Formen und begründete einen Stil, den es fast durch seine gesamte Geschichte hindurch pflegen und mit rigoroser Strenge beibehalten sollte. Von mesopotamischen Vorbildern war dieser Stil in keiner Weise mehr beeinflußt. Die Kunst Ägyptens in der Periode des Alten Reichs, in der der klassische Stil geboren und entwickelt wurde, war selbstsicherer und in sich geschlossener als die zeitgenössische Kunst Mesopotamiens.

Besagt das alles, daß Ägypten den Aufstieg von der Barbarei zur Zivilisation nur Mesopotamien zu verdanken hatte? Oder wäre Ägypten nicht auch ohne mesopotamische Befruchtung zur Zivilisation aufgestiegen? Innere Impulse haben eine größere zwingende Wirkung als äußerer Druck; ohne drängendes inneres Bedürfnis tritt kein Wandel ein, und auch der größte Druck von außen kann eine epochemachende geistige Umorientierung nicht erzwingen. Einem Wilden kann man Formen und Techniken beibringen, aber wenn er mit Kopf und Herz ein Wilder ist, wird er es bleiben. Doch wer einen Wandel ersehnt, wird, um bessere Ausdrucksmöglichkeiten zu erlangen, Formen und Techniken anderer bereitwillig übernehmen und aus dem Gebrauch der neuen Ausdrucksmittel genug Selbstvertrauen schöpfen, um eigene Formen und Techniken entwickeln zu können. Ägypten muß demnach dabeigewesen sein, das Reifen seines Weltbilds und die Verdichtung seiner wirtschaftlichen und gesellschaftlichen Zusammenhänge bis zu der Stufe vorzutreiben, von der aus der nächste Schritt nur das sein konnte, was wir »Zivilisation« nennen.

Auf welche Weise – müssen wir uns fragen – haben die Einflüsse von außen überhaupt eine Wirkung ausgeübt? Unterlag Ägypten mesopotamischer Eroberung und Kolonisierung? War es Ausbeutungsobjekt des mesopotamischen Handels? Oder wurde es von Mesopotamien kulturell überrannt? Es war für niemanden einfach, in Ägypten einzufallen. Jedes

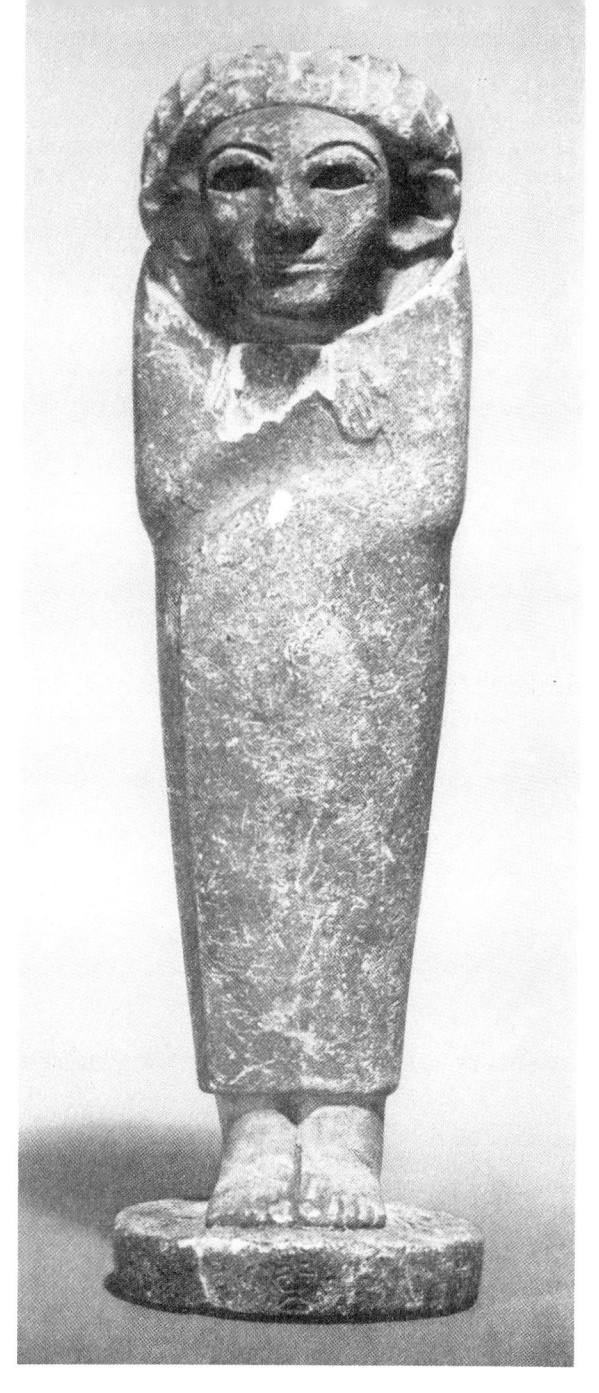

Männliche Gestalt im Mantel
Kalkstein, um 2900. Luzern, Sammlung Kofler-Truniger

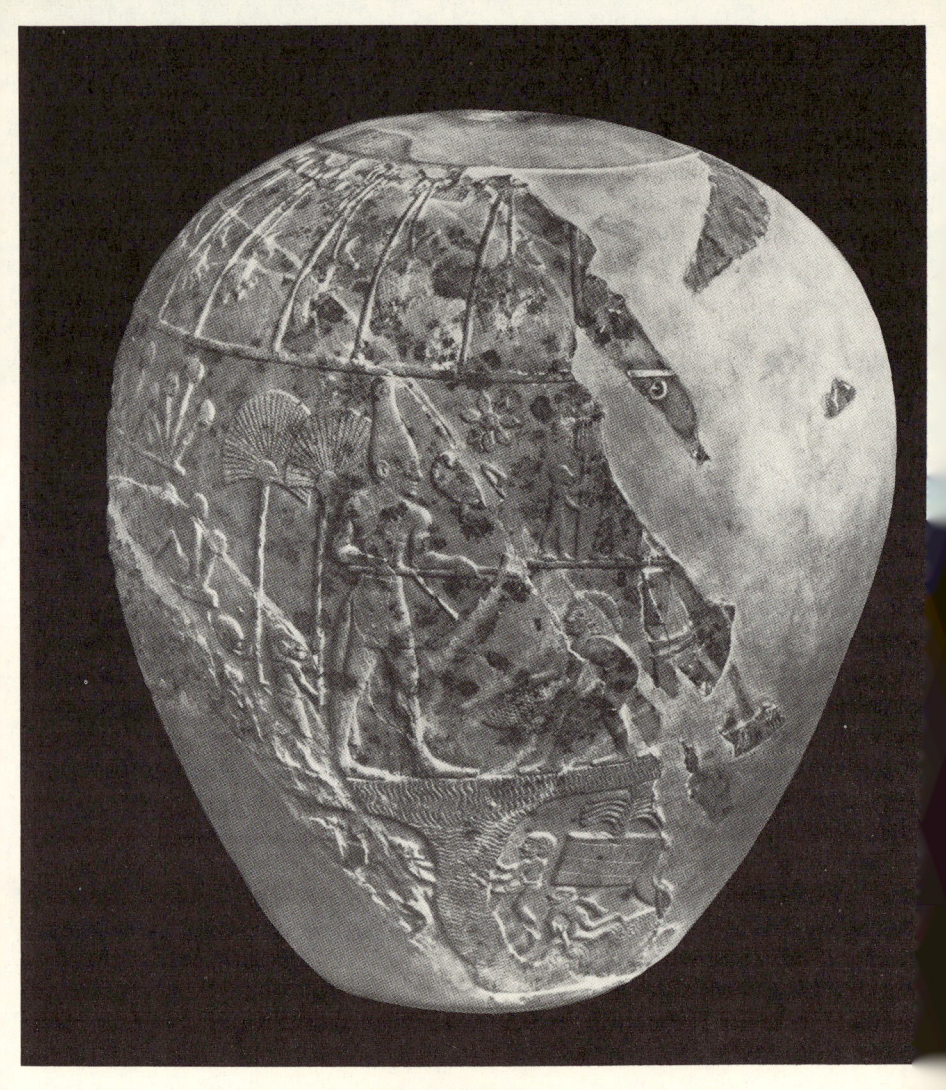

König »Skorpion«
Relief auf einem Keulenkopf aus Hierakonpolis, um 2900
Oxford, Ashmolean Museum

Eroberungsheer hätte die schwierigen Barrieren der Wüste oder der See passieren müssen und wäre dann von seinen Stützpunkten und Nachschubquellen abgeschnitten gewesen. Versucht man sich vorzustellen, wie eine solche Heerschar in der vordynastischen Zeit ausgesehen haben müßte, so kann man nicht glauben, daß eine Invasionsmacht ins Niltal eingedrungen sein könnte, die stark genug gewesen wäre, die Ägypter zu überwältigen und eine eigene Herrschaftsordnung zu errichten. Nicht so leicht von der Hand zu weisen ist die Möglichkeit der Kolonisation – sei es durch das Einsickern wandernder Völker, sei es durch die Errichtung von Handelspunkten. Tatsächlich waren in Ägypten um diese Zeit neue ethnische Elemente aufgetaucht: Menschen mit fast viereckigen Schädeln. Doch dürften diese breitschädligen Stämme vom Norden nach Ägypten gekommen sein, während lokalisierbare Spuren mesopotamischen Einflusses nur in Oberägypten zu finden sind; es ist keineswegs sicher, daß die Breitschädligen Babylonier waren. Wichtiger ist vielleicht die Darstellung von Kähnen mesopotamischen Typs auf Denkmälern im Niltal, die zum mindesten darauf schließen läßt, daß solche Wasserfahrzeuge in Ägypten oder in nächster Nähe bekannt waren: Babylonier oder Menschen, die mit Babyloniern in enger Verbindung standen, dürften als seefahrende Händler nach Ägypten gekommen sein. Wahrscheinlich segelten sie an den Küsten entlang vom Persischen Meerbusen bis zum Roten Meer; in Berührung mit Ägyptern kamen sie vermutlich in einem der Häfen am Roten Meer – etwa in Suez oder in Kosseir am östlichen Zipfel des Wadi Hammamat – oder, sofern sie mit einer Karawane die östliche Wüste durchqueren konnten, im Niltal selbst. Solche Händler mußten mit den neuesten Entwicklungen in Mesopotamien vertraut sein, und die Ägypter werden sich begierig auf die Elemente der mesopotamischen Kultur gestürzt haben, die ihnen zupaß kamen. Ohne physische Eroberung kann auf diese Weise die kulturelle Durchdringung vor sich gegangen sein. Freilich ist auch das nur eine Vermutung.

Verschiedene Kräfte haben daran mitgewirkt, den Ägypter aus dem Schlamm seiner Vorgeschichte auf die Pflastersteine geschichtlichen Daseins emporzuheben. Auf die umfassende Bewässerung folgten tiefgehende wirtschaftliche und soziale Veränderungen, die eine größere Bevölkerung, größeren Wohlstand, eine herrschende Klasse und spezialisierte Berufe mit sich brachten. Die Anregungen aus Mesopotamien waren der letzte Katalysator, der die Endreaktion auslöste. Ein Geheimnis bleiben die inneren Kräfte, die den Ägypter zum neuen Leben drängten, und wir wissen nicht, ob die »städtische Revolution« und der mesopotamische Katalysator eine wirklich erschöpfende Erklärung in sich bergen. Bleibt da nicht noch ein unbekannter Faktor – das geistig-seelische Verlangen nach einer neuen Lebensweise? Manche Kulturen haben von Chance und Ansporn Gebrauch gemacht, und manche anderen sind halsstarrig im Schlamm der Vergangenheit steckengeblieben. Warum? Die Diskrepanz läßt sich deuten, aber die Deutung ist gefährlich, denn sie schreibt den Prozessen der Kulturentwicklung ein gleichsam ewig wiederholbares Gefüge zu. Danach gäbe es so etwas wie das altersmäßige Reifen des Kulturlebens: eine Jugend, die nach Veränderung und Experiment greift, und ein gesetztes, bedächtigeres Alter, das alles Neue verwirft. Wäre das aber die allgemeine Regel, so müßte man doch auch vernünftigerweise im Auge behalten, daß Kulturen so wesensverschieden sind wie Einzelmenschen und daß es ebenso konservative Jugend wie abenteuerlustiges Alter gibt. Alles in allem scheint es

Die ägyptische Schrift ist nicht das Ergebnis einer allmählichen Entwicklung, sondern eine Erfindung, die in einem genau zu bestimmenden Augenblick der kulturellen Entwicklung gemacht wurde. Zweierlei war dafür Voraussetzung: die keineswegs selbstverständliche Idee, daß man überhaupt schreiben könne (nachdem man schon seit Jahrtausenden Figuren gemalt und modelliert hatte), und das Gefühl der Notwendigkeit, bildlich nicht darstellbare Aussagen festzuhalten. Da das Schreiben schon etwas früher zuerst von den Sumerern erfunden wurde, könnte der zündende Funke der Schrifterfindung von Sumer auf Ägypten übergesprungen sein.

Wie dem auch sei, die ägyptische Hieroglyphenschrift, wie sie uns mit der Gründung des geeinten Staates um 2850 v. Chr. vollausgebildet entgegentritt, ist eine originale Schöpfung, die in ursprünglicher Zielsetzung, in Formenschatz und Struktur andere Wege geht als die sumerische Schrift.

Am Ende der Vorgeschichte finden sich auf steinernen Schminkpaletten Reliefs, die von Jagd und Krieg, vom Triumph tiergestaltiger Mächte über menschliche Feinde künden, aber keine andere Aussage vermitteln können als etwa: »Es wurde gekämpft, es wurden Leute erschlagen und gefangen.« Nur ein bis zwei Generationen später können wir auf einem der frühesten geschichtlichen Denkmäler ganz klar »lesen«: »König Narmer von Oberägypten hat den Harpunengau geschlagen.« Dargestellt sind König und »Feind« und der Vorgang des »Schlagens«; das, was sich von dieser Darstellung nicht »ablesen« läßt, bieten die Schriftzeichen: sie nennen geographische Bezeichnungen und Eigennamen.

Die ägyptische Schrift ist in keinem ihrer Stadien eine reine Bilderschrift gewesen; sie ist aber auch nie eine reine Lautschrift geworden. Ihre »Hieroglyphen« zeigen beide Aspekte, und auch die reinen Lautzeichen haben teil an der magischen Beseeltheit, die jedem Bild innewohnt. Das Zeichen ∾ etwa bezeichnet eigentlich nur den Konsonanten f und findet sich nie als selbständiges Wortzeichen; daneben aber bleibt es das Bild einer gefährlichen Schlange, der Hornviper, und wird in manchen Totentexten durch Verstümmeln »unschädlich« gemacht. Dementsprechend gibt es keine strenge Trennung zwischen Bildern der Schrift und Bildern der Kunst. Beide ergänzen einander, aber gehen auch ineinander über. Schon auf der Narmerpalette mußten wir Schrift und Darstellung zusammen lesen, um die vollständige Aussage zu erhalten, und auch in späteren Epochen der ägyptischen Geschichte sind häufig Menschen, Tiere oder Gegenstände als »Deutzeichen«, Handlungen als Verben zusammen mit den eigentlichen Schriftzeichen zu »lesen«.

In ihrer Anordnung ist die monumentale, in Stein eingemeißelte oder in Holz eingeschnittene Hieroglyphenschrift anfangs noch nicht als Schrift zu erkennen: die Zeichen stehen als Beischrift neben größeren Figuren und sind wie diese beliebig auf der Fläche verteilt. Zusammenhängende, in Zeilen gegliederte Texte werden erst seit der dritten Dynastie geschrieben, und in der Zeile, deren Entdeckung eine neue Phase des Schreibens einleitet, gewinnen die Zeichen ihre ausgewogene Proportion und ihre endgültige Gestalt. Auch jetzt aber gibt es keine feste Regel für die Richtung der Schrift: die Schriftzeilen können senkrecht oder waagerecht verlaufen, rechts oder links beginnen oder auch von der Mitte einer Zeile symmetrisch ausgehen. Ausschlaggebend für die Anordnung sind künstlerisch-ästhetische oder religiöse Gesichtspunkte.

Auf weicherem, nachgiebigerem Material nehmen die Hieroglyphenzeichen eine andere, flüssig-kursivere Form an und werden mit der Rohrfeder von rechts nach links geschrieben. So entsteht das *Hieratische*, das sich als Gebrauchsschrift auf Papyri und Scherben (dem »Konzeptpapier« jener Zeit) von der ersten Dynastie an findet. Seit dem 7. Jahrhundert v. Chr. wird es im profanen Bereich von dem noch stärker kursiven *Demotisch* verdrängt und nur noch für religiöse Texte benutzt, weshalb es die Griechen als »heilige« Schrift von der »Volksschrift« des Demotischen unterschieden.

Die Entzifferung der Hieroglyphen wurde erst möglich, als man sich von dem jahrhundertealten Vorurteil befreite, es handele sich um eine reine Bild- oder Symbolschrift. In Wirklichkeit ist die ägyptische Schrift eine Mischung und Kombination von drei Zeichenarten: Bildzeichen, Lautzeichen und Deutzeichen.

*Bildzeichen* (Ideogramme) sind Zeichen, die als der dargestellte Gegenstand zu »lesen« sind — also ein Haus als »Haus«, ein Soldat als »Soldat«, ein Stier als »Stier«... Für allgemeine Begriffe wählt man besonders charakteristische Formen: für »Ohr« ein Kuhohr, für »Zahn« einen Elefantenzahn. Tätigkeiten wie »sitzen«, »schlafen«, »tragen« können durch einen Mann, der die betreffenden Tätigkeiten ausführt, dargestellt werden. Durch Bedeutungsübertragung ist die Wiedergabe weniger anschaulicher Begriffe möglich: ein Segel ⛵ steht für »Wind«, ein Bierkrug 🍺 für »Bier«, eine Schreibpalette 🖋 für »schreiben«.

*Lautzeichen* (Phonogramme) sind unabhängig vom dargestellten Gegenstand als ein bestimmter Laut oder eine Folge von Lauten zu lesen: eine Hand ⌐

als d, eine Hacke ⌐ als m + r, ein Rippenstück ⌒ als s + p + r. Da die ägyptische Schrift wie die meisten semitischen Schriftsysteme (etwa das Arabische oder Hebräische) die Vokale als nicht wesentlich für das Wortgefüge vernachlässigt, handelt es sich bei dieser Lautfolge nur um Konsonanten; die Lautzeichen geben also eine Folge von ein, zwei oder drei Konsonanten wieder, ohne die Vokale zu berücksichtigen. Um ägyptische Worte, deren Vokalisierung wir daher nicht kennen, überhaupt aussprechbar zu machen, spricht man die Halbvokale (wie j und w) als Vokale (also als i und u) und fügt dort, wo es nötig ist, ein -e- ein. So lesen wir die Hacke ⌐ »mer«, das Rippenstück ⌒ »seper«. Mit Hilfe dieser phonetischen Zeichen lassen sich nun auch Abstrakta wiedergeben: *meri* ⌐ »lieben« schreibt man mit der Hacke, *seper* ⌒ »gelangen« mit dem Rippenstück. Dabei fügt der Ägypter den Mehrkonsonantenzeichen gern Einkonsonantenzeichen als »phonetisches Komplement« zu, schreibt also etwa die Lautfolge m + r mit der »Hacke« und einem komplementären ⌒ (Mund in Vorderansicht) für den Konsonanten r. Diese Ergänzungen sind zweifellos nicht nur »Lesehilfen«, wie man sie gern bezeichnet. Oft entspringen sie der Absicht, ein ausgewogenes Schriftbild zu schaffen und eine Schriftzeile aus lauter quadratischen Einheiten aufzubauen, also etwa statt eines einfachen ▭ (Opfermatte) für die Lautfolge h + t + p ein ausgewogneres, blockhafteres ▭ zu schreiben (wobei die ergänzenden Zeichen t und p darstellen).

Die *Deutzeichen* (Determinative) sind »stumm«, sie werden nicht gelesen. Ihre sehr wichtige Funktion beschränkt sich darauf, die Vieldeutigkeit, der eine vokallose Schrift notwendig ausgesetzt ist, in Eindeutigkeit zu verwandeln. An einem Beispiel aus unserer eigenen Sprache wird das sofort klar; die Konsonantenfolge l + b findet sich in mehreren Wörtern, etwa in »Lob«, »Liebe«, »Elbe« oder »Alb«. Würden wir keine Vokale schreiben, dann müßten diese so ganz verschiedenen Möglichkeiten, die Konsonantenfolge l + b zu »lesen«, auf irgendeine Weise auseinandergehalten werden. Der Ägypter täte das, indem er hinter »Lob« einen Orden, hinter »Alb« einen Berg, hinter »Elbe« Wasserlinien und hinter »Liebe« etwa ein Herz malt — diese »stummen« Zeichen entsprächen dann genau den ägyptischen Deutzeichen. So determiniert der Ägypter alle Wörter, die Tätigkeiten des Kopfes bezeichnen (essen, trinken, sprechen; aber auch: denken, erkennen) durch einen hockenden Mann mit der Hand am Mund 𓀁; alle Ortsnamen mit dem Grundriß einer Siedlung ⊗, alle Abstrakta mit einer verschnürten Papyrusrolle ⌒ usw. Jedes Deutzeichen steht also für eine bestimmte Gruppe von Begriffen, wobei es ein hohes Maß an Abstraktion erfordert, um aus der Fülle möglicher Formen etwa für die Gruppen »Fisch« oder »Vogel« ein solches Gruppenzeichen auszuwählen.

Ein und dasselbe Zeichen kann durchaus Bildzeichen, Lautzeichen und Deutzeichen zugleich sein. Als Beispiel das Zeichen ▭, das den Grundriß eines umfriedeten Gehöftes darstellt. Wir können es als Bildzeichen *per* »Haus, Gehöft« lesen, als Lautzeichen *per* (p + r), etwa in dem Verbum ▭ ∧ *peri* »herausgehen« (das zweite Zeichen ist das »phonetische Komplement« r, das dritte Deutzeichen für alle Verben der Bewegung; der Halbvokal j wird meist nicht geschrieben), und schließlich als Deutzeichen am Ende der meisten Wörter, welche Gebäude oder Teile von Gebäuden wiedergeben, etwa in ⌒||▭ *arerit* »Tor«. Bei der Verwendung als Bildzeichen kommt noch ein senkrechter Strich hinzu, also ▯ »Haus« im Unterschied zu ▭ als Lautzeichen.

So unfähig wir heute sind, die ausgestorbene Sprache wieder zum Klingen zu bringen — der Ägypter wird kaum je im Zweifel gewesen sein, wie er das Konsonantengerippe der Schrift mit dem Fleisch der Vokale zu umkleiden hatte. Probleme konnten nur bei der Wiedergabe ausländischer Namen und Begriffe in ägyptischer Schrift auftreten, wie es im Neuen Reich immer häufiger vorkam, als auch viele asiatische Lehnwörter in die ägyptische Sprache eindrangen. Um auch diese Worte eindeutig lesbar zu machen, entwickelte man die »syllabische« Schrift, in der die üblichen Hieroglyphen nicht mehr ein oder mehr Konsonanten wiedergeben, sondern auch Vokale andeuten. Ebenso wurden später die Vokale griechischer Namen wie Alexandros oder Ptolemaios mit ursprünglich konsonantischen Hieroglyphenzeichen wiedergegeben.

Schon diese Entwicklung zeigt, daß der Ägypter durchaus imstande war, sein »schwerfälliges« Schriftsystem neuen Erfordernissen anzupassen. Aber nicht alle Möglichkeiten, die in ihm lagen, wurden ausgeschöpft. Zwar finden sich unter den Lautzeichen neben Zwei- und Dreikonsonantenzeichen auch vierundzwanzig Hieroglyphen, die nur einen einzigen Konsonanten wiedergeben, also faktisch »alphabetische« Zeichen sind; aber niemals hat der Ägypter daraus die Konsequenz gezogen, die Fülle seiner über tausend Zeichen auf vierundzwanzig, also auf ein »Alphabet«, zu reduzieren. Aus Unfähigkeit?

Sicher nicht. Seine Anpassungsfähigkeit wird doch schon an den erwähnten Beispielen deutlich. Vielmehr wird er sich bewußt gewesen sein, daß er durch eine solche Reduzierung wenig gewinnen, aber viel verlieren würde. Denn der Formenreichtum der Hieroglyphenschrift ist zugleich auch ein Reichtum an Ausdrucksmöglichkeiten, wie sie keinem alphabetischen Schriftsystem gegeben sind. Welchen Genuß muß der Kenner an den Anspielungen, an dem Doppelsinn von Wort und Bild gehabt haben! Eine Fülle von »Schriftspielereien« legt davon Zeugnis ab. Schon allein die doppelte oder gar dreifache Möglichkeit, Konsonanten zu schreiben, zeigt, daß die Vereinfachung der Schrift offensichtlich kein erstrebenswertes Ziel für die Ägypter war; im Gegenteil, gerade die Spätzeit brachte immer neue Bereicherungen und damit auch Komplizierungen in das Schriftsystem. Entscheidend wird zudem die religiöse Bindung gewesen sein: die »Gottesworte« der Schrift konnte man nicht um »praktischer« Vorteile willen in das starre System eines Alphabets pressen. Das wurde erst möglich, als die ägyptische Religion tot war.

In einer ganz anderen Lage befanden sich westsemitische Fremdarbeiter, die zu Beginn des Neuen Reiches in den Türkisgruben und Kupferbergwerken des Sinai arbeiteten. Ihnen traten die Hieroglyphen lediglich als eine Möglichkeit des Schreibens entgegen, die sie für ihre privaten Zwecke nutzbar machten: sie schrieben ihre westsemitischen Gebete an die Göttin Ba'alat mit ägyptischen Hieroglyphen. Der Vorgang war einfach genug und erforderte doch eine ganz neue Abstraktion. Sie ignorierten den Lautwert der ägyptischen Zeichen und lasen die ihnen vom Bild her vertrauten Zeichen als Bildzeichen: etwa einen Ochsenkopf ⨯ als »*Aleph*« (Rind), ein Haus □ als »*Bêt*« (Haus, eigentlich ein Thronsitz), eine Wellenlinie ᴡᴡᴡ als »*Mîm*« (Wasser) (obwohl die Wellenlinie ägyptisch den Lautwert n hat), einen Kopf ⌬ als »*Rêsch*« (Kopf). Auf diese Weise wäre eine reine Bilderschrift entstanden, in der die ägyptischen Zeichen westsemitische »Namen« = Lesungen gehabt hätten. Nun aber setzte die Abstraktion ein: man entdeckte die Möglichkeit des Buchstabierens und begann damit eine ganz neue Phase der Schriftgeschichte. Jedes Wort ließ sich aus einzelnen Konsonanten aufbauen (die Vokale fielen immer noch als entbehrlich fort), und es genügte also je ein Zeichen für jeden der fünfundzwanzig bis siebenundzwanzig Konsonanten einer westsemitischen Sprache, um jedes beliebige Wort schreiben zu können; auf alle anderen Zeichen konnte man verzichten. So begnügte man sich, von den Bildlesungen Aleph, Bêt, usw. jeweils nur den ersten Konsonanten »gelten« zu lassen, mit Aleph also den als konsonantisch empfundenen Stimmabsatz (wie in be'antworten), mit Bêt den Laut b, mit Mîm das m, usw. zu schreiben. Übrigens kannten auch die Ägypter dieses Prinzip der »Akrophonie« und haben es schon vorher in ihrer »änigmatischen« Geheimschrift gebraucht.

Ob die umwälzende Erfindung des Alphabets wirklich auf der Sinaihalbinsel gemacht wurde, ist nach unserer heutigen Kenntnis nicht mehr so sicher, wie man in der ersten Begeisterung über die Entdeckung der »Proto-Sinaitischen« Schrift glaubte. Denn auch an mehreren Orten Palästinas haben sich ganz ähnliche alphabetische Inschriften gefunden, die wahrscheinlich noch der Hyksoszeit (vor 1570 v. Chr.) angehören. Und die in Ras Schamra, dem alten Ugarit, zutage geförderten Tontafeln zeigen, daß man in Nordsyrien etwa im 15. Jahrhundert v. Chr. das Buchstabieren an der Keilschrift entdeckte und aus ihr eine alphabetische Keilschrift schuf. Die Erfindung des Alphabets muß damals »in der Luft gelegen« haben und wurde vielleicht an mehreren Orten Palästinas und Syriens zugleich gemacht. Funde der Hyksoszeit zeigen, daß die Kenntnis ägyptischer Hieroglyphen in diesem Gebiet damals weit verbreitet war. Erste Ansätze, sie als Möglichkeit des Schreibens eigenen Zwecken dienstbar zu machen, blieben im Keime stecken, als Palästina und das südliche Syrien Teile des ägyptischen Weltreichs wurden und man in den Kanzleien ägyptisch schrieb. Erst als das Weltreich in der späten Ramessidenzeit zusammenbrach, kam die schlummernde Idee zum Durchbruch und wurde in den phönikischen Küstenstädten verwirklicht. Das muß etwa im 12. oder 11. Jahrhundert v. Chr. gewesen sein. Für dieses neue, »phönikische« Alphabet stand nicht die in Ugarit erreichte Keilschrift, sondern die ägyptische Hieroglyphenschrift in ihrer westsemitischen Vergröberung Pate.

Eine Unvollkommenheit haftete der phönikischen Schrift noch an: als reine Konsonantenschrift blieb sie vieldeutig. Konsonantisch gleichlautende Wörter wurden nicht wie in Ägypten durch Deutzeichen unterschieden. Dieser Nachteil wurde erst durch Einfügung von Vokalen und Satzzeichen in der griechischen Schrift behoben.

Im griechischen Alphabet und seinen aus dem Phönikischen übernommenen Buchstabennamen (Alpha = »Rind«, Beta = »Haus« usw.) lebten ägyptische Schriftzeichen weiter, ihres bildhaften Charakters aber fast völlig entkleidet. Der Kreis schloß sich, als im 2. Jahrhundert n. Chr. die inzwischen christlich gewordenen Ägypter, denen die Hieroglyphen ein heidnisches Relikt geworden waren, die griechische Schrift übernahmen, ihr sieben zusätzliche Zeichen für fehlende Laute aus dem Demotischen hinzufügten und von nun an »koptisch« schrieben.

icherer, über das Wie historischen Geschehens zu berichten und von einem fachlichen
Interesse am Warum abzusehen. Man bleibt auf festem Grund, wenn man nur davon ausgeht, daß Ägypten mit dem Beginn der Dynastien seine lange vordynastische Periode abgeschlossen hatte und in die Weltgeschichte hinausgetreten war.

## *Die ersten drei Dynastien*
*(etwa 2900–2580 v. Chr.)*

Irgendwann vollzieht sich der Übergang von der Vorgeschichte zur Geschichte: der Prolog
ist gesprochen, aber die Bühne bleibt noch im Halbdunkel. Was hat sich in den Anfängen
der ersten Dynastie ereignet? Worauf stützt sich die ägyptische Überlieferung, wonach ein
König namens Menes ungefähr um das Jahr 2900 vor unserer Zeitrechnung die Zwei Länder
zu einem einheitlichen Staat vereinigt und die erste der vielen regierenden Dynastien
begründet habe? Es ist immer etwas Willkürliches in der Wahl eines einzelnen Datums als
Ausgangspunkt der Geschichte eines nationalen Gebildes; unterstellen kann man nur, daß
das staatliche Dasein zu diesem Zeitpunkt bereits begonnen hatte: ein langer Vorbereitungsprozeß muß voraufgegangen und ein langer Konsolidierungs- und Legitimierungsprozeß
gefolgt sein. Was wir wirklich wissen, ist fragmentarisch und wenig aufschlußreich. Da ist
eine in Oberägypten herrschende Familie nach dem Norden gezogen, hat die beiden Teile
des Landes durch Eroberung zusammengefügt, in Memphis, an der Scheidelinie der vordem
selbständigen Länder eine Hauptstadt errichtet und so den Anfang gemacht mit einer
langen Reihe von Dynastien, die sich über drei Jahrtausende fortpflanzte. Aber was diese
Eroberer aus dem Süden vorher getrieben hatten, ob Menes wirklich existiert hat, ob sich
die »Eroberung« während der Lebensdauer einer oder zweier Generationen durchsetzte
oder viele Jahrhunderte in Anspruch nahm, ob Memphis mit einem Sprung in den Mittelpunkt rückte oder seine führende Stellung erst allmählich erlangt hatte: das alles wissen wir
nicht. Vor allem wissen wir nicht, was der Vorgang psychologisch bedeutete: mußte sich
hier eine Fremdherrschaft mühselig gegen einen zähen und lange anhaltenden Widerstand
behaupten, oder war Ägypten bereits reif für ein staatliches Dasein und nur noch der faktische Besitz der Staatsgewalt umstritten?

Es sieht so aus, als sei die Ära der beiden ersten Dynastien eine Zeit der Konsolidierung
gewesen; etwa vier Jahrhunderte nach der Gründung der ersten Dynastie wirkte noch die
Kultur der spätvordynastischen Periode fort; erst unter der dritten und vierten Dynastie
war das Staatsgebilde Ägypten so stabil geworden, daß es eigene, neue, charakteristisch
»ägyptische« Ausdrucksformen hervorzubringen vermochte. Der Wandel im kulturellen
Ausdruck scheint ziemlich abrupt gekommen zu sein. Vermutlich konnte sich der neue
Staat der Architektur, Kunst und Literatur nicht zu einer Zeit zuwenden, da er Regierung
und Verwaltung aufbauen und die neue Ordnung im Bewußtsein der Regierten verankern
mußte. Diese Vermutung wird dadurch erhärtet, daß sich aus dieser Zeit Spuren innerer
Kämpfe und eines offenen Aufstandes erhalten haben.

Welche Rolle die Königsgewalt im neuerrichteten Staat spielte, ist nicht ohne weiteres zu sagen. In späteren Zeiten erhob das offizielle Dogma den König zu einer Wesenheit eigener Art, zu einem Gott, der über die Menschen herrschte. War er von Anfang an als Gott anerkannt? Wahrscheinlich nicht, sonst hätte die Eroberung nicht so lange Zeit gebraucht. Hatte die offizielle Lehre den Herrscher von vornherein zum Gott machen wollen, aber sich angesichts konkurrierender Ansprüche nur langsam durchsetzen können? Oder haben die frühen Dynastien das Dogma vom göttlichen Wesen des Pharaos erst nach und nach als Mittel zur Stabilisierung ihrer Herrschaft herausgebildet? Wurde die Autorität des sterblichen Königs so stark angefochten, daß er sich zum Gott machen mußte, gegen den sich gewöhnliche Sterbliche nicht mehr würden auflehnen können? Die Lehre von der göttlichen Natur des Herrschers gehört nicht notwendigerweise zu einer bestimmten Stufe der kulturellen Entwicklung: die mit den ägyptischen vergleichbaren gleichzeitigen Kulturen Mesopotamiens und Israels sahen ihre Könige nicht als Götter, sondern als Vertreter der Götter. Warum wurde gerade der Pharao zum Gott? Aus welcher Zeit stammt das Dogma vom Gott-König?

Als Antwort müssen Hypothesen herhalten. Da ist zunächst die geographische Eigenart Ägyptens, das von der Außenwelt isoliert und im Innern geteilt war. Das Land war von intensiverer Berührung mit anderen Ländern abgeschnitten und konnte sich seiner Sicherheit freuen und sich auserwählt wähnen: sein Schicksalsweg mußte einzigartig sein, denn die göttliche Vorsehung hatte es von seinen Nachbarn getrennt und ihnen gegenüber bevorzugt. Die Götter des größeren Universums brauchten nicht ängstlich über Ägypten zu wachen und sich mit einer abstrakten Hoheits- und Kontrollfunktion zu begnügen, während sie die tatsächliche Herrschaft einem Sterblichen delegierten. Sie konnten sich in aller Ruhe ihrem kosmischen Geschäft widmen, solange einer von ihnen als Pharao Macht und Herrschaft in Ägypten ausübte und selbst im Lande residierte. Die geographische Sicherheit des Landes, das so ganz anders beschaffen war als Israel oder Mesopotamien, stimmte die Götter zuversichtlich: in Ägypten konnten sie von Rechts wegen herrschen, ohne sich durch einen sterblichen Beauftragten vertreten lassen zu müssen.

Überdies war Ägypten zwar in seiner Abgeschlossenheit von der Außenwelt eine Einheit, ein Land für sich, aber zugleich ein zerrissenes, gespaltenes Land. Es war für den Ägypter gleichzeitig »das Land« und die »Zwei Länder«. Zu allen Zeiten waren sich Oberägypten und Unterägypten ihres Verschiedenseins bewußt. War die staatliche Herrschaft geschwächt, so fielen sie auseinander. Was sie zusammenhielt, war einmal ihre gemeinsame Abhängigkeit vom Nil, zum andern die Anerkennung der Lehre, daß Ägypten weder von einem Oberägypter noch von einem Unterägypter regiert werde, sondern von einem Gott, in dem sich die Wesenselemente aller Bestandteile des Zweiländerstaates verkörperten. War Unterägypten mit dem Prinzip einverstanden, so konnte es nichts gegen einen gesamtägyptischen Regenten haben, dessen Familie Oberägypten zu entstammen schien, der aber seinem Wesen nach nicht der einen oder anderen geographischen Region der irdischen Welt, sondern dem Reich der Götter angehörte. Wenn diese Hypothese zutrifft, wird es wohl eine Weile gedauert haben, ehe sich das Dogma vom jenseitigen, göttlichen Wesen des Herrschers im ganzen Land durchsetzte. Der Herrscher proklamierte, er sei Horus, ein Gott der fernen Räume, wie der Falke ein Gott des Himmels. Er proklamierte, er sei die »Zwei Herrinnen«, eine Verkörperung der Wesenheit der beiden Göttinnen, die Ober- und Unterägypten symbolisierten. Der doppelte Anspruch hob ihn über jeden Teil des ägyptischen Bodens hinaus und ließ ihn doch zugleich in beiden Teilen Ägyptens verwurzelt sein. Später, zur Zeit der fünften Dynastie, würde er verkünden, er sei der göttliche Sohn des Sonnengottes Re, der obersten Gottheit. Wie hatte sich eine solche Lehre Geltung verschaffen können?

Als allgemeine Theorie vom Ursprung der staatlichen Herrschaft dürfte die Lehre vom Gott-König in der besonderen Art der frühägyptischen Mentalität einen fruchtbaren Nährboden gehabt haben. Die alten Ägypter waren weder Mystiker noch moderne wissenschaftliche Rationalisten. Sie waren vornehmlich praktische Menschen, geneigt, das zu akzeptieren, was sich in der Praxis bewährte, und die verschiedensten Wege einzuschlagen, um zum Ziel zu kommen. Ihr Denken ging nicht darauf aus, bis zum Wesen der Erscheinungen vorzudringen: ihrem wendigen Pragmatismus widerstrebte die Vorstellung, daß es jeweils nur einen Weg geben könne, der zum Ziel führe; verschiedene, auseinanderstrebende Wege schienen annehmbar, wenn man sich von ihnen einen praktischen Nutzen versprechen konnte. Anders als ihren asiatischen Nachbarn, den Babyloniern und Hebräern, lag den Ägyptern wenig daran, ihre Vorstellungen im Rahmen eines starren zusammenhängenden Schemas – mit verschiedenen Kategorien für verschiedenartige Phänomene – systematisch zu ordnen. Da sie unter einer wärmeren Sonne lebten, neigten sie dazu, Erscheinungen, die sich hätten scharf auseinanderhalten lassen, übergangslos ineinanderfließen zu lassen. Sie waren auf bequeme Weise tolerant und universalistisch. Die Mentalität des Frühzeitmenschen verlieh jedem Ding im Universum – der Sonne, dem Wind, dem Wasser, dem Baum, dem Felsen – einen beseelten Charakter und zog keine scharfen Grenzen zwischen verschiedenen Seinsweisen, der menschlichen und der tierischen, der lebenerfüllten und der toten, der menschlichen und der göttlichen. So sah denn der Ägypter in seinem weitgespannten Universalismus keine Wesensunterschiede zwischen den mannigfachen Elementen, aus denen sich die Welt zusammensetzte. Die verschiedenen sichtbaren und greifbaren Phänomene seines Daseins waren für ihn nur oberflächenhaft oder vorübergehend verschieden, in ihrem Wesen eine Substanz: in seinem Spektrum gingen die Farbschattierungen ohne schroffe Abgrenzungen ineinander über, fast miteinander verschmelzend. Da er nicht die Notwendigkeit verspürte, klar abgezirkelte Kategorien zu konstruieren, fiel es ihm leicht, zwanglos vom Menschlichen zum Göttlichen hinüberzugleiten und sich auf den Glaubenssatz zu verlassen, der den Pharao, obgleich er unter Menschen lebte, als sei er selbst ein sterbliches Wesen von Fleisch und Blut, zu einem Gott machte, der nur freundlicherweise auf Erden residiere, um das Land Ägypten zu regieren.

Fraglich ist aber, ob die oberägyptische erste Dynastie, als sie mit dem Anspruch, die Gottheit für ganz Ägypten zu verkörpern, Unterägypten eroberte, auch in den eroberten Gebieten mit der gewohnten leichtlebigen und leichtgläubigen Toleranz aufgenommen wurde. Fanden sich die neuen Untertanen als praktische Menschen mit den Gott-Königen aus dem Süden deswegen ab, weil das Regierungssystem gut funktionierte? Wir wissen die Antwort nicht. Wir wissen auch nicht, ob es stimmt, daß schon einige Jahrhunderte vor der dynastischen Zeit der Versuch gemacht worden sei, beide Teile Ägyptens zu einem einheitlichen Staat zusammenzuschließen. Wenn es stimmt, so ist auf die erste Vereinigung offenbar eine lange Zeit erneuter Spaltung gefolgt. Stimmt es nicht, so kann man vermuten, daß eine solche Legende unter den frühen Dynastien zur mythologischen Legitimierung der dynastischen Zusammenlegung der zwei Staaten erdichtet wurde. Im wesentlichen scheinen sich die beiden ersten Dynastien mit Eroberung und Konsolidierung beschäftigt zu haben. Hypothetisch ließe sich vielleicht festhalten, daß die Idee des göttlichen Königtums in Ägypten heimisch war, in einer vagen Form schon vor den Dynastien existiert hatte und von den ersten Dynastien dazu benutzt wurde, dem neuen politischen System eine solidere Basis zu verschaffen; im einzelnen dürfte dann das Dogma vom göttlichen Pharao im Zuge der Konsolidierung der Herrschaft der frühen Dynastien ausgebaut worden sein und zunehmende Anerkennung gefunden haben.

Bevor der dünne Faden der historischen Erzählung weitergesponnen wird, muß noch ein Begriff eingeführt werden, der für die Festigung und Machtsicherung des neuen Staatsgebildes von erheblicher Bedeutung war: der Begriff *ma'at*, in abweichenden Übersetzungen mit Wahrheit, Gerechtigkeit, Rechtschaffenheit, Ordnung und auch noch anders wiedergegeben. Wiewohl jede dieser Varianten für einzelne Anwendungsbereiche gelten mag, gibt es kein deutsches Wort, das allen mitschwingenden Sinnbedeutungen Rechnung trüge; und wenn sich auch *ma'at* eindeutig auf gutes Regieren oder Verwalten bezieht, läßt es sich auch nicht mit Herrschaft, Regierung, Verwaltung oder Gesetz übersetzen. All diesen Aufgabenbereichen sollte *ma'at* als Qualität anhaften; es hatte damit aber auch etwas von der Vieldeutigkeit an sich, die unsere Begriffe »richtig«, »gerecht«, »wahr«, »ordnungsmäßig« kennzeichnet. *Ma'at* war die kosmische Kraft der Harmonie, Ordnung, Stabilität, Sicherheit, bei der Ur-Schöpfung als die organisierende Qualität aller Schöpfungsgebilde begründet und beim Herrschaftsantritt jedes Gott-Königs von Ägypten von neuem bestätigt. In den Tempelszenen bezeugte der Pharao *ma'at* den anderen Göttern gegenüber tagtäglich zum Beweis dafür, daß er seine göttliche Funktion in ihrem Namen verrichte. Der *ma'at* wohnte etwas Unwandelbares, Ewiges, Kosmisches inne. Geben wir *ma'at* mit »Ordnung« wieder, so war es die Ordnung der geschaffenen Dinge, der physischen und geistigen Dinge, am Beginn der Zeiten hergestellt und für alle Zeit gültig. Geben wir es mit »Gerechtigkeit« wieder, so war es nicht einfach Gerechtigkeit im Sinne eines geordneten Staatswesens, sondern eher die gerechte und richtige gegenseitige Beziehung aller kosmischen Phänomene einschließlich der Beziehung zwischen Herrschern und Beherrschten. Geben wir es mit »Wahrheit« wieder, so müssen wir im Auge behalten, daß den Alten etwas nicht deswegen als wahr galt, weil es nachprüfbar und verifizierbar war, sondern weil sie glaubten erkennen zu können, daß es sich in die von den Göttern geschaffene und aufrechterhaltene Ordnung an seiner wahren und richtigen Stelle einfügte. *Ma'at* war also eine geschaffene und ererbte Richtigkeit, von der Tradition zwecks Bestätigung und Konsolidierung des *Status quo*, namentlich der Erhaltung der Herrschaft des Pharaos, zum Begriff der geordneten Stabilität ausgeweitet. Das Gegenteil drückten Begriffe aus, die sich mit »lügenhaft«, »falsch«, »betrügerisch« übersetzen ließen. Das, was mit der etablierten und anerkannten Ordnung nicht übereinstimmte, konnte als falsch angefochten werden. Am nächsten kommt *ma'at* den moralischen Sinngehalten unseres Wortes »gut«.

Für den Menschen heftet sich an die Zukunft die Vorstellung des Ungewissen, die Furcht einflößt. Mit dem Ablauf der Zeit kommt Veränderung, vielleicht Verfall. Könnte der Mensch das Verrinnen der Zeit anhalten, wäre er von manchen Ungewißheitsahnungen und Unsicherheitsgefühlen befreit. Gegen die Verwüstungen der Zeit und die Fährnisse der Zukunft kann man einen Riegel vorschieben, indem man sich an das Ewige und Unwandelbare hält. Bringt man es fertig, die vergänglichen und zeitgebundenen Erscheinungen mit dem Zeitlosen und Stabilen zu verknüpfen, so kann man Zweifel und Ängste bannen. Die Alten erreichten das, indem sie Mythen schufen, in denen die Erscheinungen und Geschehnisse ihrer kleinen Welt als bloße Augenblicksspiegelungen der ewigen, felsartig stabilen Ordnung der Götter hingestellt wurden. Dann war der Pharao, der da auf dem ägyptischen Thron saß, gar kein vergänglicher Mensch, sondern derselbe »gute Gott«, der er von Anbeginn an war und für alle Zeit sein würde. Dann waren aber auch die Beziehungen der Lebewesen zueinander nicht etwas, was sogar im Rahmen einer Entwicklung zu besseren Zuständen unter Schmerzen und Mühen zuwege gebracht werden mußte, sondern sie waren dem Wandel, dem Experiment, der Entwicklung in großartiger Weise entzogen, denn sie waren vom Beginn der Zeit an vollendet gut und brauchten in ihrer unwandelbaren Richtigkeit nur von neuem besiegelt zu werden. Einzelne Aspekte des göttlichen Königtums und der *ma'at* mochten vorübergehendem Mißgeschick ausgesetzt sein oder angefochten werden, aber das Allgemeingültige der beiden Gefüge mußte als grundlegend allseitige Anerkennung finden, denn dank dem Wirken des Unveränderlichen gewährte es dem verängstigten Menschen Freiheit vom Zweifel.

Die beiden Vorstellungskomplexe müssen im Bewußtsein der Ägypter schon vor den Dynastien gegenwärtig gewesen sein. Sie konkret zu formen und anwendbar zu machen war die Aufgabe, die den frühen Dynastien zufiel. Solange sich die beiden Gefüge nicht in all ihren Verästelungen und Deutungen auf das neue Staatsgebilde anwenden ließen, blieb dies Gebilde im Stadium des Versuchs und des Werdens. Erst als sie in ihrer Anwendung zur gültigen Tradition geworden waren, war der Staat fertig und hatte das alte Ägypten seine Jugend hinter sich gebracht und den Lebensweg eingeschlagen, auf dem es fünfzehnhundert Jahre lang seine Wesensgleichheit beibehalten sollte. Vermutlich hatte die Periode des jugendlichen Wachstums etwa drei Jahrhunderte gedauert; vermutlich war Ägypten erst mit der dritten Dynastie wirklich (um 2650 v. Chr.) Ägypten geworden.

Wir unterstellen also, daß die Entwicklung unter den ersten zwei oder drei Dynastien in hohem Maße zentripetal verlaufen ist: es ging um die Schaffung des Staates, dessen eigentlicher Kern der Pharao war. Als Gott war er der Staat. Natürlich brauchte er Beamte für ein Staatsgebilde, das sich ständig ausdehnte und zunehmend komplex wurde, aber diese Beamten waren seine Beamten: er ernannte sie, ihm allein waren sie verantwortlich, und nur nach seiner göttlichen Fügung konnten sie ihr Amt ausüben. Natürlich mußte ein neuer Staat Normen und Regeln für seine Verwaltungspraxis haben, aber offenbar gab es kein kodifiziertes Gesetz, das von den Beamten nach objektiven Maßstäben und ohne Rücksicht auf die Wünsche des Königs hätte angewandt werden können. Was als herkömmliches Recht galt, war das Wort des Pharaos, wie er es in Übereinstimmung mit der Idee der *ma'at* äußerte; es hing ausschließlich von seinem göttlichen Willen ab – im Rahmen seiner

Auslegung der *ma'at* und seiner Funktion als Gott. Auch in späteren Zeiten gab es bis zu den Tagen der Perser und Griechen weder ein von der Person des Königs unabhängiges Gesetz noch eine Kontinuität des Gesetzes, wie wir sie etwa aus den mesopotamischen Gesetzbüchern kennen und wie sie mit der schrankenlosen Allmacht des Gott-Königs hätte kollidieren müssen. Wir vermuten, daß sich Beamte und Richter nach den ihnen jeweils bekannten Bräuchen und Verfahren richteten, die sie als Ausdruck des königlichen Willens, nach königlichem Geheiß willkürlicher Abänderung unterworfen, begriffen. Als einzige Schranke stand diesem persönlichen, aufs höchste zentralisierten Regiment die Idee der *ma'at* entgegen, die Idee des Richtigen, Wahren und der göttlichen Ordnung Gemäßen; da aber der König selbst Gott war, war er auf Erden der einzige berufene Interpret der *ma'at* und unterstand – wenigstens in der Theorie – der Kontrolle durch die *ma'at* nur nach Maßgabe seines eigenen Gewissens, sofern ein Gott überhaupt eines Gewissens bedarf.

Unter den frühesten Dynastien sind diese Herrschaftsformen noch nicht sichtbar. Nur aus der Analogie sichtbarer Formen läßt sich vermuten, daß an den unsichtbaren schon gearbeitet wurde. Den materiellen Niederschlag der Kultur der ersten drei Dynastien zeigen Architektur, Bildhauerei, Gewerbe und wenige Schriftdenkmäler. Diese Spuren deuten unter den ersten zwei Dynastien die Fortführung der letzten vordynastischen Periode an. Die Entlehnungen aus Mesopotamien in Monumentalbauten, in zylindrischen Siegeln und in manchen Motiven der Reliefskulptur beginnen unter der dritten und vierten Dynastie zu weichen. Am sichtbarsten sind die Kulturmerkmale in den Gräbern der Könige und der Beamten aus der spät-vordynastischen und früh-dynastischen Periode, die die Archäologie Mastabas nennt: niedrige Gewölbe mit flacher Decke, mächtigen Ziegelmauern und abfallenden Seiten, durch dekorative Täfelung und Nischen durchbrochen. Das alles ist noch mesopotamisch: Mesopotamien kannte nur Ziegel, während Ägypten auch an Gestein reich war und damit umzugehen wußte. Aber Steine setzten sich als Baustoff nur langsam durch, fast als Beigabe zu Ziegelbauten. Ein Pharao der ersten Dynastie ließ seine Grabstätte mit Granitfliesen pflastern. Unter der zweiten Dynastie ließ ein anderer Pharao bereits eine ganze Kammer seines Ziegelgrabbaus aus Kalksteinblöcken mauern, und aus derselben Zeit gibt es schriftliche Hinweise auf einen steinernen Tempel. Unter der dritten Dynastie triumphiert das Material Stein – man kann es am großen Komplex rund um die Stufenpyramide des Königs Djoser in Sakkara (2620 v. Chr.) sehen. Allerdings werden hier Steine noch wie Lehmziegel gehandhabt: Baumeister und Maurer wagen offenbar noch nicht, sich auf das Massive, Tragfähige und Dauerhafte des neuen Materials zu verlassen. Auch die vom Ziegelbau übernommenen dekorativen Elemente zeigen noch die konservative Tradition. Die Säulen, die die Dachblöcke tragen, setzen sich aus ziegelförmigem Kalkstein zusammen und sind kanneliert, so daß sie einem mit Lehm beworfenen Bündel von Schilfstengeln gleichen, wie es in älteren, einfacheren Bauten verwandt wurde. Die Steinblöcke, die das Dach bilden, sind so gehauen und angestrichen, daß sie wie Palmstämme – auch ein älteres Material – aussehen. Alles in allem eine großartige Leistung, von einem genialen, kühnen und einfallsreichen Baumeister entworfen.

Doch war der alte Ägypter weder abenteuerlich noch allzu experimentierfreudig: lieber hielt er sich an überlieferte Vorlagen. Freilich müssen auch die Vorlagen irgendwann aus dem Experiment entstanden sein, und gerade die frühen Dynastien waren Zeiten des Versuchs und der Entdeckung, in denen die Ägypter die Ausdrucksformen entwickelten, die ihnen so gut gefielen, daß sie sie während der gesamten Dauer ihres Kulturdaseins beizubehalten suchten. Was später hinzukam, stammte aus dem Ausland, war entliehen oder in abgewandelter Form übernommen, nicht wirklich in Ägypten entstanden. Aber natürlich war das, woran sich die Ägypter klammerten, zu einer früheren Zeit – zum größeren Teil unter den ersten fünf Dynastien – geschaffen worden. Sollen auch das Entlehnungen gewesen sein wie am Ausgang der vordynastischen Periode? War der den frühen Dynastien zugeschriebene »kulturelle Ausdruck Ägyptens« auch ein Produkt ausländischen Ursprungs?

Im Kulturschaffen Ägyptens in dieser Zeit ist kaum etwas zu entdecken, was auf ein Nachbarland zurückginge; jede neue Entwicklung ließe sich einheimischer Eigentätigkeit zuordnen, denn es fehlten fremde Vorbilder. Die charakteristisch abfallenden Grab- und Tempelmauern waren den abschüssigen Felswänden nachgebildet, die den Nil umrahmen; ob die Bauwerke vom Felsplateau in die Höhe strebten oder aus der Felswand herauswuchsen: sie waren künstlerisch dem äußeren Rahmen angepaßt. Die abgeschrägte Mauer fand ihre logische Weiterführung in der abschüssigen Seite der Pyramide, und zu diesem echt ägyptischen Gebilde findet sich nirgends ein Pendant, das sinnvoll angeführt werden könnte.

Ähnlich die großen Statuen und die Reliefs. Vor der vierten Dynastie hatte sich in Skulptur und Malerei die typisch ägyptische Gestalt noch nicht herausgebildet. Die Statuen vermittelten den Eindruck eines massiven Zylinders mit angemessen sphärischer Oberfläche. Die Gestalten in der Flachdarstellung waren wie weiche, schlüpfrige Teigfiguren: knetbar, biegsam, geschmeidig. Erst mit der vierten Dynastie hatten die neuen Formen feste Konturen gewonnen; ein Kanon der würdevollen Kunst, auf Beständigkeit und Dauer ausgerichtet, war nunmehr festgelegt. Die neuen Formen wurden so bedingungslos anerkannt, als sei ihnen ein königliches Dekret mit Geboten und Verboten für künstlerische Technik und künstlerischen Ausdruck vorausgegangen. Ganz so ist es sicher nicht gewesen, aber eine oder zwei Generationen lang werden bestimmte Formen das königliche Plazet gefunden haben, und das wird nicht minder verbindlich gewesen sein als ein Gesetz. Wie dem auch sei: das Zylindrische in den Statuen wich dem Kubischen, mit Flächen und Winkeln. Die Statuen sollten nur von vorn oder nur in scharfem Profil gesehen werden. Wahrscheinlich wurden sie nie frei im Raum aufgestellt, wo man sie aus jeder beliebigen Perspektive hätte betrachten können; wahrscheinlich wurden sie als Elemente eines architektonischen Gebildes entworfen, zu dem sie in ihrer künstlerischen Komposition gehörten, und nur in diesem Rahmen sollte man sie sehen. So mochte eine Statue in eine Nische hineingestellt werden, wo sie nur von vorn zu sehen war, oder sie mochte an eine Wand gerückt werden, wo sie nur von vorn gesehen werden sollte. Die Fläche wurde wesentlich, und es entstand das prononciert Eckige, das die ägyptische Kunst kennzeichnet. Fremde Einflüsse sind hier nicht zu erkennen: die Formen, die zustande kamen, waren bedingt durch die Verwendung von Steinblöcken jeder Größe, die es in Hülle und Fülle gab, und durch die Aufstellung von Standbildern, die die Religion vorschrieb.

Das Standbild läßt sich nicht vom Relief und das Relief nicht von der Malerei sondern. Das Kubische der Statue brachte die viereckige, statische, geschlossene Flächenfigur mit sich, wie sie die Wände der ägyptischen Gräber und Tempel schmückt. Die Flächen der Statue sind hier kunstvoll verschoben: Augen und Schultern in der Vorderansicht, der übrige Körper im Profil. Für ihre besonderen Zwecke eignete sich diese Gestalt vortrefflich. Wie die Statue selbst war sie für die Ewigkeit komponiert. Alles in ihr proklamierte die Ewigkeit des Lebens: ihre Schwere und Unverrückbarkeit; der Verzicht auf jede Elastizität, jede Augenblickshandlung, jedes vergängliche Gefühl; die Ruhe der bewegungslosen Masse, die in ihrer Überdimensionalität weder an einen festen Ort im Raum noch an einen festen Punkt im Ablauf der Zeit gebunden scheint. Wie die ägyptischen Mythen das Augenblicksgeschehen zum zeitlosen und ewig dauernden machten, verwandelte die ägyptische Kunst das Individuum in etwas Stereotypes und damit Unsterbliches. Nicht daß die ägyptische Kunst auf die Charakterisierung des Individuums verzichtete; aber das Individuelle im Porträt durfte das Substantielle – die Ruhe des Ewigen – nicht durchbrechen. Es ging nicht um das Porträt im heutigen Sinne, das Photographisches, Momentanes, Affektives hineinbringt: was der Ägypter des Altertums wollte, war ein Konterfei, das den Zwecken des ewigen Lebens am besten gerecht wurde, und das setzte notwendigerweise Statik und Idealisierung voraus. Spielende Kinder, Dienstboten und Personen von geringer Würde mochten handelnd oder erregt dargestellt werden; der Herr, dem die Kunst diente, mußte in zeitloser, nie ermüdender Majestät erscheinen. Wunderbar erfüllte diesen Zweck das rechtwinklig geschnittene, vorwärtsstrebende Profil mit dem weiten, unbeweglichen Blick.

Die neue Kunst wuchs ungewöhnlich rasch empor und erreichte sehr bald vollendete Anmut und Feinheit in Linienführung und Gefühlsausdruck. Wenige künstlerische Kompositionen sind so erfolgreich in der Darstellung der erhabenen Majestät wie die sitzende Gestalt des Pharaos Chephren im Museum von Kairo, und wenige drücken massive, ewige Gelassenheit so treffend aus wie die Statue des Hemôn in Hildesheim (beides vierte Dynastie, um 2500 v. Chr.). Auch im Rahmen des starren Kunstkanons wurde freilich Neues versucht. Der Dorfschulze in Kairo und die Büste des Anchhaf in Boston sind keine sklavischen Schablonen.

Wahrscheinlich gab es noch andere Kulturmedien, in denen diese Zeit der Neuerung Werke von echtem Wert hervorbrachte. Die Pyramiden und pyramidenförmigen Tempel wurden in der Frühperiode mit größerer Wahrhaftigkeit und Gewissenhaftigkeit gebaut als in der Spätphase des Alten Reiches. So ist die gewaltige Steinmasse der Großen Pyramide (Anfang der vierten Dynastie, 2540 v. Chr.) ein Werk von der delikatesten Präzision. Über sechs Millionen Tonnen Steine wurden hier zusammengetragen – mit Fassadequadern von zweieinhalb Tonnen Durchschnittsgewicht; aber diese Quader waren mit der minuziösen Sorgfalt des Goldschmieds bis auf Bruchteile von Millimetern genau gearbeitet und ineinandergefügt. Die Fehlerquelle bei der Berechnung der Flächenlinie überschritt nicht 0,09 Prozent auf der Nord- und Südseite und 0,03 Prozent auf der Ost- und Westseite. Die gewaltige Steinmasse ruhte auf einem Fliesenfundament, das, aus entgegengesetzten Winkeln gemessen, von einer mathematisch ebenen Fläche um nicht mehr als

Die Stufenpyramide des Königs Djoser bei Sakkara, 3. Dynastie

König Djoser
Sitzbild, 3. Dynastie. Kairo, Ägyptisches Museum

0,004 Prozent abwich. Gewissenhafter konnte gar nicht gebaut werden. Die trockenen Zahlen offenbaren eine geradezu übermenschliche Hingabe an die zu bewältigende Aufgabe. In späteren Zeiten gab es diese Exaktheit und Gewissenhaftigkeit nicht mehr, da wurde mit Prunk und Pomp, aber hastig und unsolide gebaut. Seine wirkliche Bewährungsprobe hatte Ägypten unter den frühesten Dynastien abgelegt: physische Leistung paarte sich mit der größten Ehrlichkeit und Sorgfalt. Eine Zeitlang gab es hier sogar das, was wir den »Geist der Wissenschaftlichkeit« nennen. Später, als Ägypten seine Stärke entdeckt und die Formen, die ihm behagten, geschaffen hatte, erschöpfte sich dieser Geist in konservativer Wiederholung bekannter und erprobter Formen. Vielleicht äußerte sich darin der mythenbildende Geist der Alten, die, um Sicherheit zu erlangen, der Zeit Stillstand geboten, an den göttlich gegebenen Ursprüngen festhielten, die Zukunft ignorierten und in Unbekanntes nicht zu intensiv eindringen: das Unbekannte gehörte den Göttern, nicht den Menschen. Das frühe Ägypten strebte nach Stabilität; es schuf eine Kultur, die ihm anderthalb Jahrtausende genügen sollte.

Mit einzelnen Daten aus dem Bereich der Architektur und bildenden Kunst ist eine solche These schwer zu erhärten. Es gibt noch andere Beweise: einen wissenschaftlichen Traktat, eine philosophische Abhandlung. Ließe sich das Alter dieser Funde in der Ära der vier ersten Dynastien fixieren, so wäre eine frühe ägyptische Kultur nachgewiesen, von der man sagen könnte, sie stelle alle intellektuellen Leistungen des Altertums bis zu den Griechen in den Schatten. Von diesen Dokumenten hat sich der chirurgische Papyrus Edwin Smith nur in einer Abschrift erhalten, die wahrscheinlich aus dem 17. vorchristlichen Jahrhundert stammt. Sprache, Grammatik, Satzbau weisen jedoch darauf hin, daß ein Originaldokument aus den Anfängen des Alten Reiches existiert haben muß; unbestreitbar ist der Text viel älter als die Abschrift, und manche Elemente belegen seinen sehr frühen Ursprung: aus einer Zeit, in der die ägyptische Sprache ihre klassische Form noch nicht erreicht hatte. Wahrscheinlich stammt der Haupttext aus der Zeit vor der fünften Dynastie, möglicherweise aus der der ersten zwei Dynastien. Wie auch andere ägyptische medizinische Urkunden behandelt der Papyrus Smith mancherlei Hausmittel, in denen sich Heilkräuter mit sympathetischer Magie vermengen, und allerhand Zauberkünste mit Beschwörungen und Amuletten, enthält daneben aber auch scharfsinnige Betrachtungen über die Funktionen des menschlichen Körpers. Sowohl im chirurgischen Papyrus Smith wie im medizinischen Papyrus Ebers findet sich eine Abhandlung über die Funktion des Herzens, die darauf hinweist, daß das Herz in verschiedenen Körperteilen »spricht« und daß der Arzt in diesen Körperteilen »das Herz messen« kann. Hier fehlt noch die Vorstellung vom Blutkreislauf, und es wird noch angenommen, daß das Herz nicht nur Blut, sondern auch andere Flüssigkeiten liefert. Indes geht die Erkenntnis, daß zwischen dem Herzen und anderen Körperteilen ein organischer Zusammenhang besteht und daß das Herz die Quelle des Lebensstoffes ist, über alles hinaus, was vor den Griechen an physiologischen Beobachtungen bekannt war. Man darf vermuten, daß der ägyptische Arzt beim »Messen des Herzens« nicht den Puls zählte, sondern mit der Feststellung eines zu schnellen oder zu langsamen Herzschlags nur einen allgemeinen Eindruck vom Zustand des Patienten gewann. Aber auch diese Einschränkung mindert nicht die Bedeutung des erzielten Fortschritts.

In der Hauptsache befaßt sich der Papyrus Smith mit Knochenbrüchen. Der Chirurg beschreibt jeden einzelnen Bruch, äußert seine Meinung über die Heilungsaussichten und gibt Behandlungsvorschriften. Zaubermedizin gibt es hier kaum noch. Die Empfehlungen des Arztes beziehen sich vornehmlich auf manuelle Behandlung, Ruhe, Diät und Medikamente. In schweren Fällen, in denen der Chirurg an erfolgreiche Behandlung nicht glaubt, beschreibt er das Leiden in seinen einzelnen Stadien. Auch den hoffnungslosen Fall führt er nicht auf üble Einflüsse göttlicher oder dämonischer Kräfte zurück; er veranstaltet keinen magisch-religiösen Hokuspokus; mit objektivem wissenschaftlichem Interesse stellt er die Aufeinanderfolge der physischen Symptome fest. Das objektive, deskriptive Verfahren hebt sich vorteilhaft von der mythologisierenden Haltung des Zeitalters ab. Ein charakteristischer Fall bekundet den praktischen Geist des frühen Chirurgen. Sein Patient hatte sich einen komplizierten Schädelbruch zugezogen, der eine schwere Lähmung zur Folge hatte; ungewöhnlich war, daß die Haut unverletzt war, der Patient nicht blutete und nur eine Körperseite von der Lähmung betroffen war. Der Chirurg gesteht, er könne den Bruch nicht heilen, sondern nur Ruhe und ständige Beobachtung anraten. Er sieht sich aber zu allgemeineren Betrachtungen veranlaßt: »Du solltest ihn von demjenigen unterscheiden, den etwas getroffen hat, was von außen in ihn eingedrungen ist...« Und er erläutert: »Was dasjenige angeht, was ›von außen eingedrungen ist‹, so bedeutet es den Atem eines Gottes oder des Todes und nicht das Eindringen von etwas, was sein Fleisch erzeugt hat.« Anders ausgedrückt: der Arzt bestreitet, daß der unsichtbare Bruch und die partielle Lähmung etwa durch den unberechenbaren und unkontrollierbaren Geist eines Gottes oder des Todes verursacht sein könnten; er will die Erkrankung nur als physisches Phänomen sehen: eine für die damalige Zeit erstaunliche wissenschaftliche Haltung, die von der ägyptischen Medizin auch später nicht übertroffen worden ist.

Wie der Papyrus Smith hat sich auch die erwähnte philosophische Abhandlung, die »Memphitische Theologie«, nur in einer späten Abschrift erhalten; hier spricht aber noch mehr dafür, daß das Original aus den Anfängen des Alten Reiches stammen muß. Nicht nur gehören Sprache und Aufbau des Werkes einer sehr frühen Periode an, sondern auch der innere Zusammenhang läßt es als Produkt der Anfangszeit der ägyptischen Geschichte erscheinen. Der Text beschäftigt sich zu einem erheblichen Teil mit der Bedeutung der Stadt Memphis, mit dem memphitischen Gott Ptah und den Zeremonien, die in Memphis veranstaltet wurden. Memphis war zu Beginn der dynastischen Ära die neue Landeshauptstadt, und der Text gab die theologische Begründung für ihre Wahl, womit die frühe Entstehung des Dokuments hinreichend belegt ist.

Der Teil der »Memphitischen Theologie«, der für uns von Interesse ist, befaßt sich mit der Erschaffung der Welt. Daß ein bedeutender Tempel an der Schöpfung beteiligt gewesen sein wollte, war nichts Außergewöhnliches: in Ägypten hatte fast jeder namhafte Schrein seinen eigenen Schöpfungshügel, und verschiedene Götter wurden zur Legitimierung ihres Erstgeburtsrechts mit dem Gott-Schöpfer zusammengekoppelt. Warum sollte nicht auch Ptah, der »Öffner«, mit der sonst Atum, dem kosmischen »All«, zugeschriebenen Schöpfung zu tun gehabt haben? Das Außergewöhnliche an der Schöpfungsgeschichte von Memphis ist die Darstellung des Mechanismus der Schöpfung und ihres Zweckes.

Nach dem üblichen Schöpfungsmythus hatte vor der Schöpfung nur eine wässerige Leere existiert, finster, gestaltlos und unsichtbar. Dann lichtete sich die Leere, und aus dem Nichts erstand der erste ursprüngliche Erdhügel, genauso wie jedes Jahr als Zeichen des neusprießenden Lebens das Überschwemmungswasser des Nils zu weichen beginnt und die ersten Lehmhügel zum Vorschein kommen. Auf dem ersten Inselhügel thronte der Schöpfer-Gott Atum, dessen Name besagte, daß er alles war, und außer ihm war kein anderes Wesen; allen anderen Wesen und Erscheinungen des Universums gab er Leben ein. Nur darin, wie er das tat, unterschieden sich die Varianten des üblichen Mythus: nach einer recht profanen Version mußte der männliche Atum in Ermangelung eines weiblichen Wesens seinen Samen selbst hervorbringen, woraus erst die männlichen und weiblichen Gottheiten entstanden, die weitere Zeugungsaufgaben übernehmen konnten; nach einer anderen, vom Physischen etwas entfernteren Vision war Atum alles in einem und schuf andere Götter, indem er Teile seiner selbst mit Namen belegte; auch das war ein Schöpfungsakt, der dem, was vorher nicht gewußt wurde, Form und Identität verlieh, aber er blieb noch insofern im Physischen, als Atum sich selbst zergliedern mußte, um andere Wesen ins Leben zu rufen. Im Gegensatz zu all diesen Mythen brachte die »Memphitische Theologie« in die Schöpfungsgeschichte ein völlig neues Element hinein: sie etablierte ein Urprinzip. Danach war Ptah, der Gott von Memphis, das Herz und die Zunge der Götter. In der Denkweise der Ägypter, die zwar mit Abstraktionen umzugehen wußten, aber dazu neigten, ihnen konkrete Ortsbestimmungen zuzuweisen, war »Herz und Zunge« die bildliche Bezeichnung für Geist und Sprache. Der Schöpfung war demnach artikulierte Vernunft vorausgegangen. Dank dem Denken des Herzens und der Ausdruckgebung der Zunge waren Atum selbst und alle anderen Götter entstanden. Diese Idee eines in der Schöpfung wirksamen rationalen Prinzips bringt die Ägypter ganz nahe an die Lehre vom Logos heran: »Im Anfang war das Wort,... und das Wort war Gott.« Das Herz, nach ägyptischer Vorstellung der Sitz des Geistes, des Willens und des Gefühls, hatte die Idee eines Universums gefaßt, das sich in seine verschiedenen Erscheinungsweisen sondert, von verschiedenen Wesen bevölkert wird und nach göttlichem Geheiß geordnet ist. Und die Zunge gebar diese Idee, indem sie einen Befehl äußerte:

> Es (das Herz) verursacht das Erscheinen jedes vollendeten (Begriffes), und die Zunge verkündet, was das Herz denkt. So sind alle Götter geformt worden... In der Tat ist die gesamte göttliche Ordnung durch das entstanden, was das Herz dachte und was die Zunge gebot. ... (So widerfuhr Gerechtigkeit) dem, der das tut, was gewünscht wird, (und Strafe) dem, der das tut, was nicht gewünscht wird. So wurde Leben dem gegeben, der Frieden in sich hat, und Tod dem, der Sünde in sich hat. So wurden alle Arbeit und alle Gewerbe, die Tätigkeit der Arme, die Bewegung der Beine und die Betätigung jedes Gliedes des Körpers gemäß dem Gebot geschaffen, das das Herz dachte, das durch die Zunge hervorkam und das den Wert aller Dinge bestimmte. So geschieht es, daß von Ptah gesagt wird: »Der, der alles geschaffen hat und die Götter hat entstehen lassen.« ... So war denn Ptah zufrieden, nachdem er alles wie auch die göttliche Ordnung geschaffen hatte.

Was uns die »Memphitische Theologie« darbietet, ist überaus bedeutsam: sie entdeckt als das Urprinzip das Geistige, das dem Weltall zugrunde liegt. Hier wurde tiefer geschürft, als der ägyptischen Gepflogenheit entsprach, die Welt so hinzunehmen, wie sie erschaffen wurde. Auch in dem gegebenen begrenzten Rahmen war das philosophischer als alles, was in Ägypten noch kommen sollte: das grenzte an abstraktes Denken, wenn auch erst annäherungsweise, denn trotz allem blieb der pragmatische Ägypter beim Aufspüren von Sinn und Zweck in der Erschaffung des Kosmos und des menschlichen Seins immer noch im engen Bereich seiner physischen Vorstellungen vom »Herzen« und von der »Zunge« stecken. Aber man soll auch nicht vergessen, daß die »Memphitische Theologie« den Griechen und Hebräern um zweitausend Jahre vorausgeeilt war. Die Vorstellungen vom schöpferischen und alles beherrschenden Geist, der die Naturphänomene formt und von Anbeginn an Vernunft und Ordnung herstellt, waren Höhepunkt des vorgriechischen Denkens, der im späteren Verlauf der ägyptischen Geschichte nicht mehr überschritten wurde. Hat das alte Ägypten sein Allerbestes zu Beginn seiner Geschichte, unter den ersten drei oder vier Dynastien hervorgebracht, zu einer Zeit, da seine Kultur noch unfertig war, nach einem eigenen Ausdruck erst fahndete?

Diesen ersten Dynastien schreiben wir dazu noch eine andere Leistung von großer kultureller Tragweite zu: die Erfindung des 365-Tage-Kalenders. Gewiß sollte man seine Bedeutung für die Ägypter nicht überschätzen: er diente lediglich der Präzision in der amtlichen Rechnungslegung und hatte im Alltag wenig zu suchen; die Landarbeit richtete sich nach dem Steigen und Fallen des Nils, und für kurzfristigere Zeiteinteilung im Werktag der Massen, ja sogar für die Bestimmung der Feste galt der Mondmonat. Freilich war das Niljahr launisch, bald kürzer, bald länger als das Sonnenjahr, und das nach Mondmonaten berechnete fiel nicht mit dem durchschnittlichen Niljahr zusammen; der Staat brauchte für sein Rechnungswesen genauere Maßstäbe. Im Verlauf von Jahrhunderten werden die Ägypter jahraus, jahrein die Zahl der Tage von einem Höchststand des Nils zum anderen notiert, den Durchschnitt von rund 365 errechnet und willkürlich ein Jahr festgesetzt haben, dessen Beginn sie zunächst auf einen jährlich wiederkehrenden Tag legten: den Tag, an dem der Sirius zum erstenmal bei Sonnenaufgang am östlichen Horizont erscheint. Größere Präzision war noch nicht nötig. Aber auch ohne sie war die Leistung, die die Ägypter mit ihren Beobachtungen und Berechnungen vor nahezu fünf Jahrtausenden vollbrachten, eine Großtat.

Was die staatlichen Institutionen und die gesellschaftlichen Verhältnisse in dieser Zeit betrifft, so sind wir zum großen Teil wieder einmal auf Mutmaßungen angewiesen, denen viel Subjektives anhaftet. Es ist anzunehmen, daß landwirtschaftlich nutzbares Land vor der Schaffung eines einheitlichen Staates verhältnismäßig knapp war. Erst mit der Vereinheitlichung der staatlichen Ordnung hatte Ägypten den inneren Frieden erlangt, der es möglich machte, die Nutzung von Wasser und Boden zu regulieren, Bewässerung und Anbau zu fördern und um höherer Steuererträge willen die landwirtschaftliche Erzeugung zu steigern. Daraus mußten sich größere Handelsumsätze, die Schaffung städtischer Zentren der Güterverteilung und ein wachsender Binnenmarkt ergeben. Ein starker, zentralisierter und die Wirtschaft regulierender Staat mußte dem die Gesellschaft revolutionierenden Urbanisierungsprozeß einen mächtigen Auftrieb geben. Trockenlegung der Sümpfe, Bewässerung neuen Bodens, steigende Ernteerträge, Bevölkerungswachstum, Aufblühen des Handels, zunehmende Arbeitsteilung, Entstehung einer begüterten und über Mußezeit

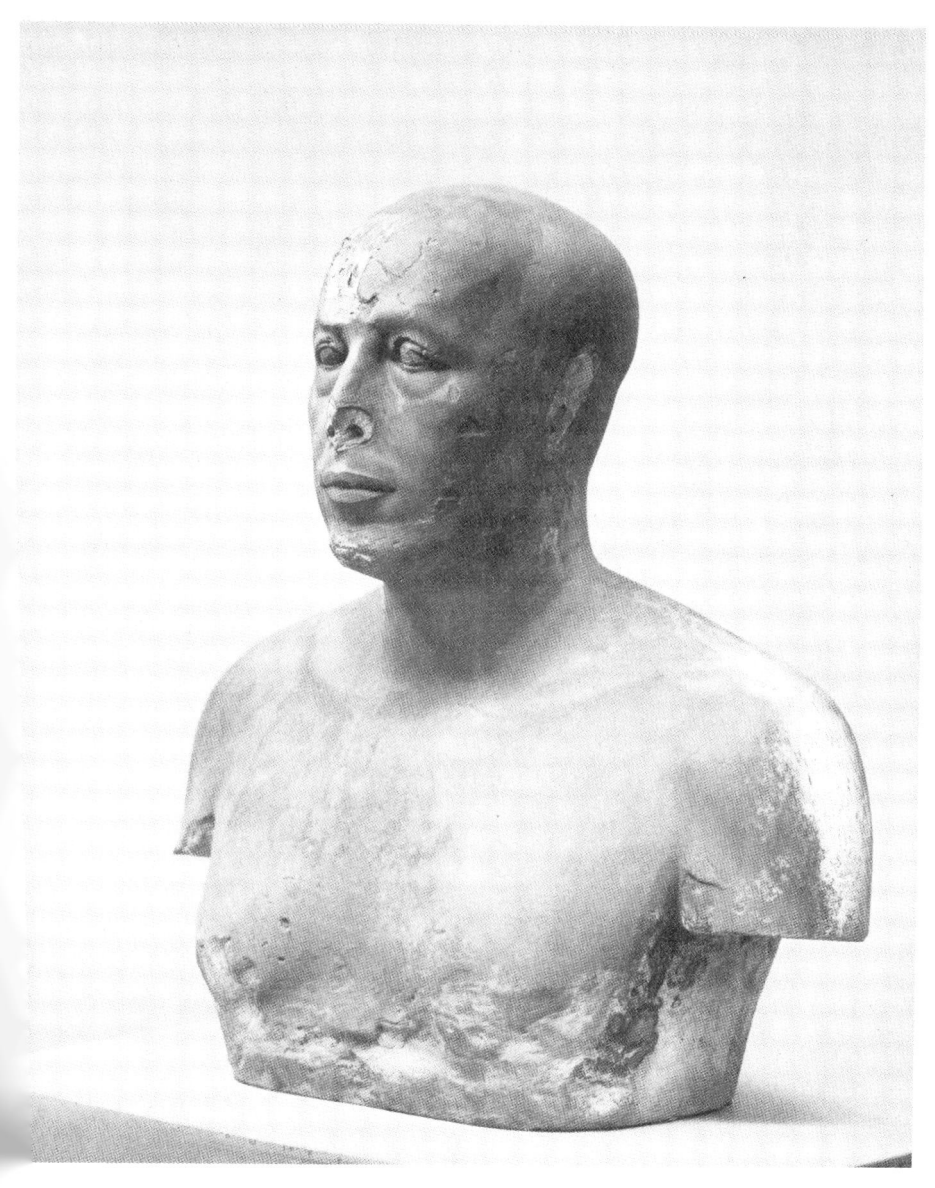

Der Prinz Anchhaf
Steinbüste, 4. Dynastie, Boston, Museum of Fine Arts

Geflügelhof und Tischlerwerkstatt. Grabreliefs aus Sakkara, 5. Dynastie

verfügenden Klasse: das alles wäre demnach nicht die Vorbedingung, sondern das Ergebnis staatlicher Einheit gewesen.

Bei den Bemühungen um die Gewinnung neuen landwirtschaftlichen Bodens war der Pharao die zentrale Figur. Als der personifizierte Staat konnte er die Vorsorge für das lebenspendende Wasser auf sein Verdienstkonto buchen. Sein Staatsapparat hatte ein direktes Interesse am hohen Wasserstand des Nils und an der mit seiner Hilfe erschlossenen Fruchtbarkeit des Bodens. Die frühen königlichen Annalen enthalten Jahr für Jahr Messungsnotierungen, die sich nur auf den Wasserstand beziehen können. Der Wohlstand des Landes war das Werk des Pharaos und mußte seiner göttlichen Fürsorge gutgeschrieben werden; Not und Elend dagegen waren nur mit der Feindschaft anderer Götter zu erklären, die der Pharao würde beschwichtigen müssen, um sein Land zu retten. Die verschiedentlich angeführten »königlichen Annalen« bestehen aus fragmentarischen, zum Teil undurchsichtigen Notierungen aus der Regierungszeit einiger Könige von der ersten bis zur fünften Dynastie: die Ereignisse, die da für erwähnenswert gehalten wurden, waren hauptsächlich religiöse Zeremonien, die mit dem Königtum zu tun hatten; nur selten war von Kriegen und Eroberungen die Rede. Für die Jahreschronik schien das Friedensgeschehen – königliche Riten, Reisen, Bauten – von überragendem Interesse zu sein.

Aus der Zeit der ersten drei Dynastien wissen wir wenig über die Könige, weniger über die Beamtenschaft und so gut wie gar nichts über das Volk. Einer Reihe von Zeugnissen über das Verhältnis von Pharao und Volk im Angesicht des Todes kommt deswegen als praktisch einzigem Quellenmaterial besondere Bedeutung zu. Der Glaube an Leben nach dem Tode, an eine Unsterblichkeit, in der sich die besten Züge des diesseitigen Lebens wiederfinden sollten, war ein wesentlicher und richtiger Bestandteil der ägyptischen Kultur. In seiner entwickelten Form versprach dieser Glaube dem »guten Menschen« ewige Glückseligkeit. Daß solche Vorstellungen schon in der Frühzeit der vordynastischen Entwicklung verbreitet waren, kann man aus den Gebrauchsgegenständen schließen, die den Toten bei der Bestattung mitgegeben wurden, und daraus, daß die Begräbnisstätten in einem bestimmten Winkel zur aufgehenden Sonne lagen. In der vordynastischen Zeit hatte die Wahl des Begräbnisortes in den verschiedenen Provinzen mit der Lage der Herrschergräber nichts zu tun. Das wurde in der spät-vordynastischen Periode und unter den ersten Dynastien anders: die Prominenz ließ sich jetzt in nächster Nähe der königlichen Grabstätte beerdigen. Anscheinend brachte die Entfaltung der Staatsidee und der Lehre vom göttlichen Wesen des Königs Bestattungssitten mit sich, in denen die Vornehmen ihre Verbundenheit mit dem Gott-König bekundeten. Wie das gedacht war, sagt uns ein neuerer Fund aus der Zeit der ersten Dynastie: die Grabstätte einer Prinzessin und ihrer Hausbedienten mit ihren Werkzeugen und Arbeitsgegenständen; offensichtlich war das Hauspersonal eigens zur Bestattung der Prinzessin getötet worden. Als Tochter, Frau oder Mutter des Gott-Königs sollte die Prinzessin im Jenseits ebenso leben, wie sie vorher gelebt hatte, und dazu brauchte sie ihre persönliche Habe und ihr Gesinde; beides mußte ihr mitgegeben werden. Wie sich die Todeskandidaten bei der Aussicht, zu Ehren ihrer Herrin geschlachtet zu werden, vorkamen, ist nicht überliefert. Vermutlich galt die Vorstellung, daß ihnen gar kein oder nur befristetes Weiterleben zustand, sofern sie nicht von einem höhergestellten und mit dem

Recht auf Unsterblichkeit ausgestatteten Toten benötigt wurden, so daß sie selbst auf Unsterblichkeit nur rechnen konnten, wenn sie mit ihm in den Tod gingen. Später wurde die Praxis des Kollektivopfers offenbar aufgegeben, und die Herrschaft wurde von der Dienerschaft nur noch symbolisch – in rituellen und magischen Formen – ins Jenseits begleitet. Aber der Sinn des »Mitgenommenwerdens« ist auch in der Wahl des Begräbnisortes der Edlen in der Nähe ihres königlichen Herrn zu erkennen, namentlich in der Frühzeit, bis zur fünften Dynastie. Beim Tode des Königs wurde sein Gefolge nicht geopfert, aber es blieb doch, wenn auch nicht in absoluter Gleichzeitigkeit, räumlich in seiner Nähe. Als Gott war dem Pharao ewiges segensreiches Dasein verbürgt; der Beamte hatte zu Beginn der ägyptischen Geschichte diese Garantie nicht; seine Aussicht auf Unsterblichkeit beruhte auf seiner engen Beziehung zum König und den Diensten, die er leistete. Ruhte er in der Nähe der königlichen Mastaba oder Pyramide, waren seine Verdienste durch die an den Grabwänden eingemeißelten Titel eindeutig belegt und seine Hoffnung auf die königliche Gnade klar bekundet, so konnte er damit rechnen, daß der tote Pharao auch bei der Herrschaftsausübung im Jenseits seine Dienste benötigen würde. Garantiert war die Unsterblichkeit unter den frühen Dynastien nur denen, die die Keime des Königtums in sich trugen: Königen und Königinnen, Prinzen und Prinzessinnen; für die Beamten gab es ewiges Leben sozusagen nur unter der Voraussetzung der fortgesetzten Erfüllung der Amtspflicht. Was die unteren Gesellschaftsschichten – Händler, Handwerker, Bauern, Leibeigene und Sklaven – nach dem Tode zu erwarten hatten, verschweigen die Zeugnisse aus dieser Zeit. Wahrscheinlich hing auch ihr Weiterleben von herrschaftlichen Bedürfnissen ab.

Ähnlich läßt sich auch über politische Spannungen und Kämpfe unter den ersten Dynastien spekulieren. Was feststeht, ist die größere oder geringere Popularität verschiedener Götter und deren Zuordnung zu bestimmten Sachbereichen oder geographischen Regionen. So galt der Pharao als der Gott Horus, Inbegriff weitreichender Herrschaft; aber unter der zweiten Dynastie war der Pharao eine Zeitlang auch der Gott Seth, ein dem Horus entgegengesetztes Prinzip. Da wir nicht wissen, ob hier ein Landesteil aufbegehrte, in dem der Seth-Kult vorherrschte, oder ob Anhänger verschiedener Lehrmeinungen aufeinandergeraten waren, können wir den Vorgang nur als Hinweis auf das Ringen des Staates um gesamtnationale Anerkennung registrieren. Von größerer Tragweite war offenbar die Auseinandersetzung zweier Religionssysteme, des Sonnenkults und des Osiris-Kults, die sich auch noch in der historischen Zeit fortgesetzt haben muß. Sichtbar ist da vor allem der Konflikt in der Ebene des Totenkults: im Mittelpunkt steht in dem einen Fall die Beziehung der Toten zur Sonne, die jeden Abend untergeht, aber jeden Morgen strahlend von neuem aufgeht, in dem anderen die Beziehung der Toten zu Osiris, einem Todesgott dunklen Ursprungs. Ungewiß ist, ob Osiris anfänglich ein irdischer König war, der nach dem Tod zum König der Toten wurde, oder der Gott der Erde, in der die Toten bestattet wurden, oder der Gott des Nils, der gleichfalls starb und wieder zum Leben kam. Zu Beginn der dynastischen Periode war Osiris bereits der tote König, der noch lebte, und damit der tote Herrscher und der Herrscher der Toten. Eben darum wurde der verstorbene Pharao zum Osiris, und der Sohn, der ihm auf dem Thron nachfolgte, zu seinem ergebenen Sohn Horus, bemüht, den toten Vater im Jenseits am Leben zu erhalten. Zunehmend verdrängte diese Vorstellung vom Tode die andere, die den Verstorbenen in den Bereich der Sonne eingehen ließ. Daß die duldsamen, eklektischen Ägypter diese beiden Vorstellungen für unvereinbar hielten, ist keineswegs sicher. Daß es eine Alternative gab, daß dem Verstorbenen ein weiter Spielraum und verschiedene Seinsphasen geboten wurden, mag für sie eine bloße Ausweitung der Idee vom Leben im Tode gewesen sein. Und vielleicht ist die Begegnung der beiden Totenkulte gar kein erbitterter Kampf gewesen.

Bestimmt war der Konflikt zwischen dem Sonnengott Re und dem Totengott Osiris kein gesellschaftlicher oder wirtschaftlicher Klassenkampf zwischen Besitzenden und Nichtbesitzenden, zwischen König und Staatsreligion auf der einen und Volk und Massenreligion auf der anderen Seite. Dem Pharao allein waren in der frühesten Totenreligion die beiden Phasen des künftigen Lebens vorbehalten: die Sonnenphase ebenso wie die Osiris-Phase. Nur er konnte als Gott den Sonnengott auf seinen Wanderungen begleiten; nur er wurde als toter König zum Osiris, zum König der Toten. Beide Totenreligionen waren im Alten Reich lange Zeit Königsreligionen, die den Massen verschlossen blieben. Die am Ausgang des Alten Reiches einsetzende »Demokratisierung« mochte sich zwar des Osiris-Glaubens bedienen, um die Glückseligkeit des Jenseits größeren Teilen des Volkes zuteil werden zu lassen, aber keineswegs war der Osiris-Kult selbst »demokratisch« oder auch nur »demokratischer« als der Re-Kult.

Es ist zu beklagen, daß wir über die Werdezeit der altägyptischen Geschichte nur wenig wissen: gerade in dieser Zeit war das ägyptische Bewußtsein ausnahmsweise von Abenteuerlust und Elan beflügelt. In dem Moment, da sich das Dunkel lichtet, ist die Kultur des alten Ägyptens bereits geworden; sie ist mit dem, was sie ist, zufrieden und will es vor Verschleiß und Wandel bewahren. Ganz sollte ihr das nie gelingen. Die Jahrhunderte brachten immer wieder Veränderungen, der Kulturgehalt wurde neu gedeutet. Aber die Lebensperspektive blieb zwischen 2580 und 1200 v. Chr. im wesentlichen dieselbe, und das war eine lange Zeit. Grundlegend für das Politische und Soziale war der Glaube, daß ein Gott Ägypten besitze und regiere, daß er dem Lande den göttlichen Segen garantiere und daß sein Wissen, seine Macht und seine Lenkungsgewalt total und absolut seien. Grundlegend für das Geistige war die Vorstellung, daß Ägypten das glücklichste aller Länder sei, daß es nur vorübergehend Rückschläge erleiden könne und daß man die Chance habe, sich des Lebens in seinem einfachen und anspruchslosen Gepräge zu erfreuen. Schon sehr früh hatte sich dieser optimistische Ausblick in dieser Welt auch auf das Leben im Jenseits – nun ewig gesegnet für alle guten Ägypter – übertragen.

## *Vierte bis sechste Dynastie*
*(2580–2150 v. Chr.)*

Auf dem Felsenplateau von Gise nördlich der Hauptstadt Memphis erheben sich die drei großen Pyramiden der vierten Dynastie. Zweierlei drückte sich in diesen von Menschenhand erbauten Bergen aus, die schon der Anlage nach jeglichem Verfall den größten Widerstand entgegensetzen sollten: die Unvergänglichkeit ihrer Gestalt und ihres Aufbaus meldete für das sterbliche Wesen, das im Innern begraben war, den Anspruch auf ewiges Leben an, und die ungeheure Menge an Arbeitskraft und Material, die in jede einzelne Pyramide eingegangen war, verkündete vernehmlich, daß es die vornehmste Aufgabe des Staates sei, dem König zu dienen. Keine andere Tätigkeit beanspruchte die Kraftanstrengung des ägyptischen Volkes so sichtbar und so nachhaltig. Die Pyramide war das ewige Heim ihres Gott-Königs; sie verdiente den allergrößten Aufwand an Zeit, Material, Arbeitsleistung und technischem Können. Mit sublimer Arroganz beherrschten die königlichen Pyramiden das Alte Reich, und über die Jahrhunderte, die folgen sollten, senkte sich ihr Schatten.

In Ausmaßen und technischer Vollendung erreichen die königlichen Gräber und großen Pyramiden von Gise mit der Pyramide des Cheops ihren Höhepunkt; von ähnlicher Überdimensionalität sind unmittelbar vor ihnen die Denkmäler Snefrus und unmittelbar danach das Grabmal des Chephren. Diese Gipfelleistungen wurden in erstaunlich kurzer Zeit zuwege gebracht. Die erste ägyptische Maurerarbeit mit Steinmaterial dürfte etwa hundert oder hundertfünfundzwanzig Jahre vor Cheops in Angriff genommen worden sein; der erste bedeutende Steinbau – die Stufenpyramide des Djoser – wurde etwa fünfundsiebzig Jahre vor Cheops errichtet. In dieser kurzen Zeitspanne hatten die Ägypter gewaltige Steinmassen zu bewegen und zu bearbeiten gelernt – ohne all die Gerätschaften, die uns heute unentbehrlich scheinen. Sie behandelten Steine nicht mehr wie Lehmziegel; sie wußten mittlerweile, was den Eigenschaften des neuen Materials, seiner Festigkeit, Härte und Haltbarkeit, abzugewinnen war. Sie bearbeiteten Millionen von riesigen Steinquadern mit einer Vollkommenheit, die es erlaubte, sie zu einer gewaltigen einheitlichen Masse zusammenzufügen. Diese sprungartige Entwicklung scheint ausschließlich innerägyptisch gewesen zu sein, ausgelöst vermutlich durch zweifache Hingabe: an den Gott-König, dem die Höchstleistung an Kraft und Können geweiht werden sollte, und an das aufwühlende Erlebnis des neuen künstlerischen und technischen Wagnisses. Nach Cheops und Chephren schrumpfte der Umfang der Pyramiden; auch die technische Meisterschaft erfuhr einen Rückschlag. Die Gräber der späten vierten, der fünften und der sechsten Dynastie waren viel kleiner und schlechter gebaut. Im geringeren Aufgebot an Mühe und Leistung deutet sich die beginnende Dezentralisierung des Staatswesens an.

Wesentlich beim Pyramidenbau war das Fehlen all der Maschinen, die heute als unerläßlich für das Hantieren mit so riesigen Steinmassen gelten. Vor allem fehlte das Rad – sei es für Fahrzeuge, um Steine heranzuschaffen, sei es für Flaschenzüge, sei es für Hebekräne. Wie konnte das Gestein, wie konnten die massiven Steinblöcke, ohne solche Geräte angeliefert und in eine genau bezeichnete Höhe gehoben werden? Die Ägypter schichteten dazu abschüssige Rampen aus Ziegeln und Lehm auf, die nach Vollendung der Bauarbeiten wieder abgetragen werden konnten und über die die Steinblöcke hinaufgezogen wurden. Zum Bewegen der Steine dienten Seile, Hämmer, Hebel und trogartige Gestelle; als Bindemittel wurde Mörtel aus Sand und Gips benutzt. An Arbeitskräften wurde nicht gespart: für jeden Arbeitsvorgang wurden so viele Menschen eingesetzt, wie nebeneinander arbeiten konnten. Die Ägypter ließen sich genug Zeit, jede Verrichtung auch mit ihren primitiven Mitteln zu bewältigen, und der Verrichtungen gab es viele: Berechnung der bautechnischen Aufgabe, Aufschüttung und Umbau der Rampe zur Beförderung von Fünf- oder Zehn-

Die Pyramiden von Gise
Die Grabbauten der Könige Mykerinos, Chephren und Cheops, 4. Dynastie

Reiseboot, Bäckerei und Brauerei
Modelle aus dem Grab des Hofbeamten Meketre, 11. Dynastie
New York, Metropolitan Museum of Art

Tonnen-Blöcken an die richtige Stelle, präzises Messen, Behauen und Glätten der Steine, die lückenlos aneinandergefügt werden mußten. Der Bauingenieur, dem die Statik noch nicht begegnet war, mußte Probleme des Spannungsgefälles und der Tragfähigkeit lösen. Bei einer Höhe von hundertsechsundvierzig Metern war allerdings die Form der Pyramide für die Überwindung des nahezu unvorstellbaren Gewichts der riesigen Steinmasse ideal. Die Grabkammern waren gegen den Druck des Berges von Steinen sicher abgeschirmt. Die einzelnen Segmente des Bauwerks stützten sich auf massive, als Stufenpyramiden konstruierte Mauern im Innern der Pyramide.

Den bautechnischen Berechnungen lagen ursprünglich primitive Maße zugrunde, aus denen allmählich als standardisierte Einheit die königliche Elle (52,32 Zentimeter), in 7 Hände oder 28 Finger unterteilt, entwickelt wurde. In der Großen Pyramide stellten sich die wichtigsten Abmessungen, in königlichen Ellen ausgedrückt, in schönen runden Zahlen dar: Höhe 280, Seitenlänge der quadratischen Grundfläche 440, Länge des längsten Stollenganges 90, Grabkammerdimensionen 20 mal 10 mal 11. Komplikationen besonderer Art erschwerten die Arbeit des Baumeisters und Bauingenieurs von der mathematischen Seite her. Addiert und subtrahiert wurde zwar im alten Ägypten nicht anders als heute, aber multipliziert und dividiert wurde in einem umständlichen und schwerfälligen Verfahren. Die Ägypter multiplizierten, indem sie den Multiplikanden so lange verdoppelten, bis der Verdoppelungskoeffizient dicht an den Zahlenwert des Multiplikators herangekommen war; die Differenz zwischen Multiplikator und Verdoppelungskoeffizient zeigte dann an, welches Verdoppelungs-Teilprodukt auf das höchste erreichte Verdoppelungsprodukt aufgeschlagen werden mußte. Wollte man zum Beispiel das Produkt 35 mal 18 ermitteln, so mußte man folgendermaßen vorgehen:

| Verdoppelungs-koeffizient | | Verdoppelung des Multiplikanden | |
|---|---|---|---|
| 2 | | 70 | |
| 4 | | 140 | |
| 8 | | 280 | |
| 16 | | 560 | |
| Multiplikator | 18 | Höchstes Verdoppelungs- | |
| Höchster Verdoppe-lungskoeffizient | 16 | produkt (16 × 35) | 560 |
| | | Teilprodukt-Aufschlag | |
| Aufschlags-koeffizient | 2 | (2 × 35) | 70 |
| | | 18 × 35 = | 630 |

Analog wurde beim Dividieren verfahren: der Divisor wurde so lange verdoppelt, bis das Produkt einen dem Dividenden benachbarten Zahlenwert erreicht hatte; um den Quotienten zu ermitteln, mußte man dann den der Differenz zwischen Dividend und Höchstprodukt entsprechenden Verdoppelungskoeffizienten vom höchsten erreichten Zahlenwert abziehen oder ihm zuschlagen. Eine weitere Komplikation hing mit der Bruchrechnung zusammen: die Ägypter kannten – außer $2/3$ und $3/4$ – nur Brüche mit der Eins als Zähler. Was sich uns als $3/8$ darstellt, mußte als $1/4$ plus $1/8$ umschrieben werden; statt $11/16$ dachten und rechneten die Ägypter $1/2$ plus $1/8$ plus $1/16$. Bei aller Umständlichkeit des Systems kann man, wenn man sich einmal daran gewöhnt hat, auch mit ihm arbeiten. Mit ihrer Art

Arithmetik konnten die Ägypter das Volumen eines Pyramidenstumpfes genau und das Volumen eines Zylinders mit ziemlicher Annäherung berechnen. Ihre Leistungen sind um so imposanter, je genauer man weiß, wie beschränkt die Mittel waren.

Für den Alltag dieses in den Pyramiden verewigten Staates gab es keine geschriebene, in einzelnen Regeln konkretisierte Staatskunst; keine wurde benötigt, denn alles staatliche Dasein verdichtete sich in der Person des Gottes, der mit seinem göttlichen Diktum Ziel und Praxis des Regierens zu allen Zeiten bestimmte. Nach der geltenden Lehre war er die einzige Autorität: er allein war für die Erhaltung und Instandhaltung seines Besitzes verantwortlich. Er allein konnte zwischen dem Volk und den Göttern vermitteln. Ob gut oder schlecht regiert wurde, hing nur davon ab, ob es ihm gelang, für die Fruchtbarkeit des Bodens, für gewinnbringenden Handel und für ein Leben in Frieden Vorsorge zu treffen. Natürlich konnte der Pharao weder jede behördliche und richterliche Funktion im Lande wahrnehmen noch jeden Tag in allen Tempeln allen Göttern huldigen. Verantwortung mußte im Namen des Königs gewöhnlichen Sterblichen übertragen werden. Den Zustand von Staat und Gesellschaft beschreibt am besten das Symbol der Pyramide mit einem einzigen Stein an der Spitze. Ganz oben war der Pharao, unter ihm waren die Staatsminister, darunter die Statthalter der einzelnen Provinzen und ganz unten die Dorfschulzen. Sozial ragte der Pharao hoch über den Aristokraten, und tief unter den Aristokraten waren die Leibeigenen; unklar bleibt, ob Handwerker, kleine Händler und Verwalter eine besondere Klasse bildeten. In der staatlich-religiösen Organisation stellte der Pharao den einzigen Berührungspunkt mit den Göttern dar; damit stand er auch hoch über den Priestern, die ihrerseits über dem Volk standen.

Über die große Masse des Volkes, die aus Analphabeten bestand und ihren Gefühlen und Vorstellungen keinen artikulierten Ausdruck gab, wissen wir sehr wenig; da müssen häufig aus neueren Erfahrungen Rückschlüsse gezogen werden. Wahrscheinlich ist, daß der ägyptische Bauer im 27. Jahrhundert v. Chr. nicht viel anders lebte als sein Nachfahre im 19. Jahrhundert n. Chr., so groß die äußeren Veränderungen auch gewesen sein mögen. Beschaut man sich nach dieser Überlegung die Grabreliefs des Alten Reiches, so zeigt sich der Bauer als genügsam, wenig auf wirtschaftliche Sicherung bedacht, leicht aufbrausend, aber nicht lange zornig, leichtlebig und jederzeit bereit, fröhlich zu sein, fähig, überschwere Arbeit zu leisten, aber wenig dazu geeignet, sich lange, konzentriert, zielstrebig anzustrengen. Mit den Füßen ewig im Schlamm des Flußufers, säte er und erntete er für seinen Herrn, baute er aus Lehmziegeln Häuser und Scheunen für seinen Herrn, hütete er die Herde seines Herrn. Er lebte naturnah, in mystischer, abergläubischer Kommunion mit Pflanzen und Tieren. Er war schmächtig und unterernährt, seine Arbeit war zumeist schwere Fron, seine Naturalentlohnung kärglich. Zur schlechtesten Zeit des Jahres, vor der ersten Herbsternte, war er nicht selten am Verhungern. Periodische Hungersnöte und Seuchen machten aus ihm ein furchtsames Opfer unsichtbarer und undurchschaubarer Mächte, die ihn mit unberechenbaren Gefahren bedrohten und die er für Götter hielt. Überall lauerten auf ihn mißgünstige böse Kräfte: auf der Schwelle seiner Hütte, im Wirbel des Sandsturms, im Feuer, im dahinströmenden Wasser, in den Tieren, die er aufzog, und in den Früchten, die er anbaute. Sie beherrschten seinen Alltag, und er lebte in Furcht vor ihnen. Dennoch konnte er lachen und singen. Wenn er sein Vieh durch die Sümpfe trieb, sprach er in seinen kleinen Liedern mit den Fischen und den Krokodilen. Wenn er seinen Herrn in der Sänfte trug, sang er vom Ruhm und Glanz des Edlen, aber er grinste dabei und schielte nach dem herrschaftlichen Geschenk. Wenn er sich müde unter dem Schlepptau krümmte, fiel er in die mehrstimmige Litanei der Fronarbeiter ein, deren Rhythmus die Last der Mühsal leichter machte. Bei den großen Festen der Jahreszeiten entlud sich sein überschäumendes Lebensgefühl in Tanz und Spiel, und am Festmahl, das der Herr gab, konnte er sich auch einmal mit guten Dingen vollstopfen. Sein Leben berührte sich in vielem mit dem Leben der Tiere, die er Tag und Nacht bei sich hatte. Er selbst war Arbeitsvieh und Zugtier, und sein Dasein hing von der Menge des Grünfutters im Flußtal ab. Ihm boten sich viel weniger Lebenschancen als dem geschulten Handwerker, dem Haushaltsbedienten oder dem Leibsklaven des großen Herrn. Aber typisch für Ägypten war, daß sein Schicksal eins war mit dem seines Herrn, daß sie beide vom Nil und von der Sonne, von den Kräften des Wachstums und der Fortpflanzung lebten. In dem kontinuierlichen Spektrum, das sich dem Ägypter ohne scharfe Trennungslinien präsentierte, stand der Bauer zwischen den Tieren und den Grundbesitzern: er nahm an beider Leben teil, und es gab in seinem Dasein kein Aufbegehren – weder gegen die Tiere noch gegen die Herren.

Die ewige Wiederkehr des gleichen im Leben der Bauern illustriert das Moment des Unveränderlichen im Daseinsrhythmus des alten Ägyptens. Aber hätte nicht eine Lebensweise, die sich beharrlich an die göttliche Offenbarung hielt und deswegen als gerecht und befriedigend hingenommen werden mußte, angesichts des Wandels der Zeiten an der eigenen Starre und Unnachgiebigkeit auseinanderbrechen müssen? Wahrscheinlich war sie im Alltag doch nicht so starr und unnachgiebig, wie sie es im Sinne der offiziellen Lehre hätte sein sollen. Ein duldsames und leichtlebiges Volk kann sich nicht kategorisch ans Absolute binden. Das System war so allgemein, daß es Ausnahmen erlauben mußte, und so elastisch, daß es Veränderungen einschloß. So wurden in der Kunst von der vierten Dynastie bis zur hellenistischen Zeit die allgemeinen Regeln und Bräuche getreulich befolgt, ohne daß sie Wechsel und Individualität unterbunden hätten; es gab immerhin so viel Wandel, daß es modernen Kunstbetrachtern ein leichtes ist, die Werke der ägyptischen Skulptur nach ihrem Stil der einen oder andern Periode zuzuschreiben. Mit den weniger klar erkennbaren Lebensformen wird es nicht anders gewesen sein. Einer Toleranz, die das Geschenk der Sonne war, und der lebensfrohen Ablehnung scharfer und verbindlicher Kategorien verdankten die Ägypter einen Lebensstil, der sich dem zeitbedingten Wandel anpaßte. Das Dogma konnte in noch so starre, ewige und absolute Formen gegossen werden, aber es hatte nur allgemeine Geltung, und die konkrete Praxis war geschmeidig und eklektisch, duldsam und pragmatisch.

Es gehörte zu diesem Geschmeidigen und Fließenden, daß allen Erscheinungen eine gemeinsame Substanz zugeschrieben wurde: eben das Spektrum des Seienden, das von den obersten Göttern über die Menschen, die Tiere und die Pflanzen bis zu anorganischen Dingen reichte. Auf das gesellschaftliche Sein angewandt, besagt diese Hypothese, daß das alte Ägypten kein absolut starres Kastensystem kannte und daß Beamte, Handwerker, Bauern und Sklaven nicht unbedingt von Generation zu Generation an eine und dieselbe Klasse gebunden blieben. Ererbte und kontinuierliche Beziehungen waren zwar die Norm: der Sohn eines Bauern blieb Bauer und brachte weiterhin künftige Bauern zur Welt; auch für die Beamtenschaft war eine solche Kontinuität das Normale. Aber ein pragmatisches und duldsames Volk zwingt den Einzelnen nicht zum ewigen Verbleiben in der ererbten Klassenlage, wenn sich die Gelegenheit zum Hinüberwechseln aus den Zeitumständen ergibt oder von ihnen forciert wird. Die Zeiten, in denen der ägyptische Staat größer und aktiver wurde, verlangten nach Begabten und Tüchtigen. Aus den Reihen der Bauern kamen neue Handwerker, Haushaltssklaven wurden zu Verwaltern, und besonders tüchtige Handwerker und Verwalter wurden mit Eigentum, Stellungen und Vorrechten belohnt und stiegen allmählich in die Reihen der Aristokratie auf. Die einzige hermetisch abgeschlossene Domäne war das Königtum, dessen Träger nicht als Mensch, sondern als Gott galt. Aber da es Kinder und Verwandte des Königs gab, wurde auch diese Trennungslinie beweglicher; es gab Streit über die Erbfolge, und die Beamtenschaft eignete sich Privilegien an, die ursprünglich dem Pharao allein vorbehalten waren. Eine im wesentlichen zeitlose, unveränderliche und dogmatisch festgelegte Kultur verspürte dennoch den Einfluß des Zeitgeschehens. Das alte Ägypten erhielt sich Jahrhunderte hindurch »unveränderlich«, weil es sich ständig veränderte und dabei so tat, als habe sich nichts verändert.

Sprache und Literatur bezeugen anschaulich das Statische und zugleich Fließende der ägyptischen Kultur. Im Alten Reich entstand eine klassische Sprache, die sich auch noch zweieinhalbtausend Jahre später als offizielle Sprache mit ziemlicher Verbreitung behaupten sollte. Als sich unter der fünften und sechsten Dynastie der Gebrauch der Schrift in weitem Umkreis durchsetzte, war die ursprüngliche Sprache mit ihren starken Beugungen bereits im Absterben; nur noch sporadisch kam sie in bestimmten archaischen Formen, beispielsweise in religiösen und medizinischen Texten, zum Vorschein. Das klassische »Mittelägyptisch« des Alten Reiches hielt sich mit geringen Abwandlungen bis zur Weltreichsära der kosmopolitischen Einflüsse und wurde auch später noch, solange noch Hieroglyphen in Tempelmauern eingeritzt wurden, für den Religions- und Amtsgebrauch beibehalten. Trotzdem lassen sich Inschriften in dieser langen Zeit nach den Kriterien der Paläographie, des Wortschatzes, der »Rechtschreibung«, der Syntax oder des Stils unterscheiden und verschiedenen Abfassungsperioden zuordnen; man kann in klassischen Texten Ausdrücke aus der jeweils vorherrschenden Umgangssprache und in Dokumenten der Umgangssprache archaische Wendungen erkennen. Da es sich um einen Zeitraum von drei Jahrtausenden handelt, ist allerdings das Erstaunliche nicht der Wandel, sondern die weitgehende Übereinstimmung und Kontinuität. In einem Text aus dem Jahre 700 v. Chr. hat sich die Sprache des Jahres 2500 mit bemerkenswerter Treue und Frische – mit nur wenigen Eindringseln aus der Vulgärsprache der neueren Zeit – erhalten. Eine gewollte Vulgarisierung, wie sie nach dem Zerfall des Weltreichs eintreten sollte, mußte als ketzerisch empfunden werden; langsamer Wandel im Rahmen einer äußerlich unverrückbaren Ordnung wurde dagegen immer gelassen hingenommen. Ähnlich läßt auch die Literatur den Wandel wie das Unwandelbare hervortreten. In einzelnen Perioden tauchten bestimmte literarische Moden und Stileigenarten auf, die sich nicht lange halten konnten, wie etwa die von Skepsis und sozialem Protest gefärbten didaktischen Erzählungen aus der Ersten Zwischenzeit und den Anfängen des Mittleren Reiches oder die schneidig aufschneiderischen Autobiographien in den Gräbern der frühen Weltreichszeit. Aber die unvergänglichen Pyramidentexte des Alten Reiches wurden auch noch in den Tagen der Könige von Saïs und der persischen Eroberung weidlich benutzt, und sieben Jahrhunderte nach dem Tode Amenemhets I. (1991-1961 v. Chr.) waren Schulbuben gehalten, seine Unterweisungssprüche abzuschreiben.

Echt weltliche Erzeugnisse hat das frühe Ägypten ebensowenig hinterlassen wie reine Unterhaltungsliteratur oder zweckfremd ästhetisierende Kunstwerke. Kunst und Literatur dienten konkreten Zwecken, die mit der Religion untrennbar verbunden waren. Vom Beginn der ägyptischen Geschichte bis zur Periode der Weltherrschaft hatten alle Lebensbereiche eine deutliche sakrale Färbung. Jedes Kunstwerk – in Schrift und Bild – paßte sich auf diese oder jene Weise der alldurchdringenden Religiosität des Zeitalters an. Sogar Geschichten wie die Erzählung vom Schiffbrüchigen, die uns wie Unterhaltungslektüre anmuten, haben ihr streng mythologisches Gefüge; sie dienten didaktischen Zwecken, indem sie Ägyptens zentrale Stellung herausstrichen. In einer Gesellschaft, die lange Zeit wesentlich religionsbezogen blieb, waren Heiliges und Weltliches keine gegensätzlichen, ja noch nicht einmal getrennte Bereiche.

Auffallend ist das schnelle Tempo, in dem die Kunst zu voller Reife gelangte. Unter den ersten drei Dynastien war der Charakter des Werkes oft durch das benutzte Medium bedingt: Figürchen aus Elfenbein waren geschmeidig, frei, fließend, naturalistisch, steinerne Statuen klobig und massiv. Die verfeinerten Ausdrucksformen der vierten Dynastie machten jedes Material dem künstlerischen Zweck dienstbar. Für die Königsstatuen des Chephren und des Mykerinos wurde der härteste wie der weichste Stein benutzt, aber das Kunstwerk war nicht mehr vom Material geformt, sondern souverän gehandhabtes Ausdrucksmittel der religiösen Intentionen des Bildhauers. Statuen und Reliefs aus der vierten und fünften Dynastie erzielten den erstrebten Eindruck von Würde, Autorität und ewigem Leben mit einer Vollkommenheit, die den Werken anderer Perioden in nichts nachsteht. Woher dies plötzliche Emporblühen technischer Reife und geistiger Ausdrucksfähigkeit? Ägypten war unter den ersten zwei oder drei Dynastien seiner selbst bewußt geworden; es hatte sich eine Identität gegeben und ein starkes Selbstgefühl entwickelt. Mit dem Erwachsenwerden kam ein selbstbewußter Optimismus empor, der fast ans Rüpelhafte grenzte: das spezifisch Ägyptische schien so gut, daß es für alle Ewigkeit gestaltet und festgehalten werden mußte.

Ein Wort noch über das ägyptische Lebensgefühl. Die große Intensität, mit der sich die Ägypter mit dem Tod zu beschäftigen schienen, und die liebevolle Mühe, die sie den Bestattungseinrichtungen und Begräbnisriten zuwandten, mögen den Eindruck erwecken, sie seien von peinigenden Todesängsten besessen gewesen und hätten ihr Leben morbid damit zugebracht, sich auf das Lebensende vorzubereiten. Nichts könnte von der Wahrheit weiter entfernt sein. Tatsächlich verwandten die Ägypter ungewöhnlich viel Zeit und Energie darauf, den Tod zu leugnen und zu umgehen, aber sie taten es nicht aus einem Gefühl dumpfer Vorahnung. Im Gegenteil: was sie erfüllte, war hoffnungsfreudiges Siegesbewußtsein, kraftgeladene Lebensfreude, erwartungsvolle Bejahung eines Weiterlebens, das die Endlichkeit und Unerbittlichkeit des Todes bezwingen mußte. Aus Selbstsicherheit,

Optimismus und Lebenslust erwuchs das Bekenntnis zur ewigen Verlängerung des Lebens, nicht das Bedürfnis nach Schutzvorkehrungen gegen einen gefürchteten Tod. Die Bilder und Texte in den Gräbern des Alten Reiches sprechen eine unmißverständliche Sprache. Der Gesamteindruck ist zuversichtlich, lebhaft, fröhlich. Die Ausdrucksmittel der Sprache und der Kunst bekunden ein unbändiges Vergnügen am bunten Getriebe eines bewegt tätigen Lebens nicht minder als den geradezu selbstverständlichen Willen, das Leben nach dem Tod fortzuführen. Die Grabmalszenen heben nicht die Bestattungs- und Todesriten hervor, sondern die Freude an einer üppigen Ernte, den Naturgenuß, das Vergnügen an der Jagd, das Aufregende der Feste und Spiele. Hier herrscht Leben und leidenschaftliches Verlangen nach üppigerem Leben. Die Ägypter waren kein hypochondrisches, von Todesvorstellungen geplagtes Volk. Sie waren ein Volk, das das irdische Dasein freudig und zuversichtlich bejahte und von der Gunst der Götter, vor allem des einen Gottes, den es zum König hatte, überzeugt war. Dieser dynamische Optimismus erhielt sich, solange sich Ägypten seiner Sicherheit und seiner Vorzugsstellung erfreute; er zerbröckelte, als das Gefühl der Unsicherheit chronisch zu werden begann.

Der äußere Rahmen des freudig bejahten Lebens war der Staat, der mit dem König identisch war. Die Sprache der Ägypter hatte gar keine Bezeichnungen für eine unpersönlich begriffene »Regierung«, für »Staat« oder »Nation«; ihr genügten geographische Vorstellungen (»das Land«, »das Schwarze Land«) und Begriffe, die sich auf den Pharao bezogen (»Königtum«, »Herrschaft«). Im Sinne der akzeptierten Staatstheorie führten viele Beamte Titel, die ihre direkte Unterstellung unter den Alleinherrscher ausdrückten: »Aufseher der Palastdomäne«, »Aufseher der königlichen Bauten«, »Siegelbewahrer des Königs von Unterägypten«. Der zuletzt genannte Titel bezog sich auf die delegierte Amtsbefugnis königlicher Amtsträger außerhalb der Hauptstadt; anfänglich wohl dem Sohn des Königs vorbehalten, fand dies Amt in späteren Zeiten erhebliche Verbreitung. Überhaupt nahm die Zahl der königlichen Beamten, die die Geschäfte eines umfangreichen und vielseitigen Regierungsgetriebes zu besorgen hatten, ständig zu. Praktisch ließ sich die Fiktion einer direkten Delegierung der Amtsbefugnisse und eines direkten Vortrags beim König schwerlich aufrechterhalten; sie galt nichtsdestoweniger in der offiziellen Staatslehre und im Bewußtsein der Beamten. Bevollmächtigte, die nach dem Sudan entsandt wurden, mußten in ihren Beziehungen mit fremden Stammeshäuptlingen nach eigenem Ermessen handeln; sie erklärten jedoch gläubig, sie seien nur ausführende Organe des königlichen Willens. Wie die königliche Pyramide die in den Himmel ragende Oberhoheit des Königs versinnbildlichte, so waren auch die rings um die Pyramide angeordneten Gräber der Adligen und der Beamten Symbole der Zentralisation des Staates und der Untertänigkeit auch der höchsten Würdenträger. Unter der vierten und im Anfang der fünften Dynastie bemühten sich hohe Beamte um das Privileg, ihre Heimstätten für die Ewigkeit in der Einfriedung der königlichen Pyramide zu errichten.

In der Frühzeit des Alten Reiches scheint die königliche Bürokratie verhältnismäßig klein gewesen zu sein und in einem vertraulicheren Verhältnis zum König gestanden zu haben. Zwar war die Person des göttlichen Königs unberührbar und unzugänglich, doch war der Zutritt zum König zu der Zeit, da das amtliche Gefolge einen bescheidenen Umfang

## DYNASTIENÜBERSICHT · ÄGYPTEN

### I. Dynastie 2900—2760
Narmer (= Menes?)
Aha (= Atothis?)
Djer
Djet
Den (Udimu)
Adj-ib (Miebis)
Semerchet
Ka-a

### II. Dynastie 2760—2650
Ra-neb
Hetepsechemui
Ni-netjer
Peribsen
Senedj
Cha-sechem
Cha-sechemui

### III. Dynastie 2650—2580
| | |
|---|---|
| Nebka | 2650—2632 |
| Djoser | 2632—2613 |
| Djoser-teti | 2613—2608 |
| Sechem-chet | 2608—2603 |
| Huni | 2603—2580 |

### IV. Dynastie 2580—2465
| | |
|---|---|
| Snefru | 2580—2553 |
| Chufu (Cheops) | 2553—2530 |
| Re-djedef | 2530—2522 |
| Re-chaf (Chephren) | 2522—2496 |
| Baf-rê | 2496—2489 |
| Menkaurê (Mykerinos) | 2489—2471 |
| Schepseskaf | 2471—2467 |
| Ptahdjedef | 2467—2465 |

### V. Dynastie 2465—2328
| | |
|---|---|
| Userkaf | 2465—2458 |
| Sahurê | 2458—2446 |
| Neferirkarê | 2446—2427 |
| Schepseskarê | 2427—2420 |
| Neferefrê | 2420—2419 |
| Niuserrê | 2419—2396 |
| Menkauhor | 2396—2388 |
| Isesi (Asosis) | 2388—2360 |
| Unas | 2360—2328 |

### VI. Dynastie 2328—2150
| | |
|---|---|
| Teti | 2328—2296 |
| Userkarê | 2296—2281 |
| Merirê Phiops I. | 2281—2261 |
| Merienrê I. | 2261—2255 |
| Neferkarê Phiops II. | 2255—2161 |
| Merienrê II. | 2161—2160 |
| etwa 7 weitere Könige | 2160—2150 |

### VII. Dynastie 2150—2140
nur bei Manetho überliefert

### VIII. Dynastie 2140—2100
in Memphis

### IX. und X. Dynastie 2140—2040
in Herakleopolis

| | |
|---|---|
| Cheti (Achthoes) III. | 2100—2070 |
| Merikarê | 2070—2040 |

### XI. Dynastie 2133—1991
in Theben

| | |
|---|---|
| Sehertaui Antef I. | 2133—2118 |
| Wahanch Antef II. | 2118—2069 |
| Nebtepnefer Antef III. | 2069—2061 |
| Nebhepetrê Mentuhotep I. | 2061—2010 |
| Sanchkarê Mentuhotep II. | 2010—1998 |
| Nebtauirê Mentuhotep III. | 1998—1991 |

# DYNASTIENÜBERSICHT

### XII. Dynastie  1991—1786

| | |
|---|---|
| Sehetepibrê Amenemhet I. | 1991—1961 |
| Cheperkarê Sesostris I. | 1971—1927 |
| Nubkaurê Amenemhet II. | 1929—1895 |
| Chacheperrê Sesostris II. | 1897—1878 |
| Chakaurê Sesostris III. | 1878—1840 |
| Nimaatrê Amenemhet III. | 1842—1797 |
| Maacherurê Amenemhet IV. | 1797—1790 |
| Sobekkarê Sobeknofru | 1790—1786 |

### XIII. Dynastie  1786—1680

| | |
|---|---|
| Amenemhet Sobekhotep I. | 1786—1784 |
| Sanchtaui Sechemkarê | 1784—1778 |
| Sechemrê Chutaui Penten | 1778—1775 |
| Sechemkarê Amenemhet Senbuf | |
| Sanchibrê Ameni Antef Amenemhet | |
| Sedjefakarê Kai Amenemhet | |
| Chutauirê Ugaf | |
| Seneferibrê Sesostris IV. | |
| Sechemrê Suadjtaui Sobekhotep II. | |
| Chasechemrê Neferhotep I. | |
| Chaneferrê Sobekhotep III. | |
| Chaanchrê Sobekhotep IV. | |
| Chaheteprê Sobekhotep V. | |
| Mersechemrê Neferhotep II. | |
| Wahibrê Iaib | |
| Merneferrê Eje | |
| Merheteprê | |
| Mersechemrê Ined | |
| Merkaurê Sobekhotep VI. | |
| Suahenrê Senebmiu | |
| Djedanchrê Montuemsaf | |
| Menchaurê Seschib | |
| Hetepibrê Siamun Hornedjheriotef | |
| Djedneferrê Didumes I. | |
| Djedheteprê Didumes II. | |

### XIV. Dynastie  1760—1700?
nur im Delta (Xoïs)

### XV. und XVI. Dynastie  1715—1580
Hyksos

....

| | |
|---|---|
| Nebchepeschrê Apophis I. | um 1660 |
| Sewoserenrê Chian | um 1640 |
| Aakenenrê Apophis II. | um 1620 |
| Aawoserrê Apophis III. | 1615—1580 |

### XVII. Dynastie  1680—1580
in Theben

....

| |
|---|
| Senachtenrê Ta-â I. |
| Sekenenrê Ta-â II. |
| Wadjcheperrê Kamose |

### XVIII. Dynastie  1580—1321

| | |
|---|---|
| Nebpehtirê Ahmose | 1580—1550 |
| Djoserkarê Amenophis I. | 1550—1528 |
| Aacheperkarê Thutmosis I. | 1528—1515 |
| Aacheperenrê Thutmosis II. | 1515—1502 |
| Maatkarê Hatschepsut | 1502—1481 |
| Mencheperrê Thutmosis III. | 1502—1448 |
| Aacheperurê Amenophis II. | 1448—1422 |
| Mencheperurê Thutmosis IV. | 1422—1413 |
| Nebmaatrê Amenophis III. | 1413—1375 |
| Nefercheprurê Amenophis IV. (Echnaton) | 1375—1358 |
| Anchchepururê Semenchkarê | 1360—1358 |
| Nebchepururê Tutanchamun | 1358—1350 |
| Chepercheprurê Eje | 1350—1346 |
| Djosercheprurê Haremhab | 1346—1321 |

### XIX. Dynastie  1321—1200

| | |
|---|---|
| Menpehtirê Ramses I. | 1321—1319 |
| Menmaatrê Sethos I. | 1319—1304 |
| Usermaatrê Ramses II. | 1304—1238 |
| Baenrê Merenptah | 1238—1219 |
| Menmirê Amenmose | |
| Satrê Tausret | 1219—1200 |
| Userchepruê Sethos II. | |
| Achenrê Merenptah-Siptah | |

# ÄGYPTEN

### XX. Dynastie 1200—1075

| | |
|---|---|
| Userchaurê Sethnacht | 1200—1198 |
| Usermaatrê Ramses III. | 1198—1166 |
| Hekamaatrê Ramses IV. | 1166—1159 |
| Usermaatrê Ramses V. | 1159—1154 |
| Nebmaatrê Ramses VI. | 1154—1149 |
| Usermaatrê Ramses VII. | 1149—1142 |
| Usermaatrê Ramses VIII. Neferkarê Ramses IX. | 1142—1107 |
| Chepermaatrê Ramses X. | 1107—1104 |
| Menmaatrê Ramses XI. | 1104—1075 |

### XXI. Dynastie 1075—945

| | |
|---|---|
| Hedjcheperrê Smendes | 1075—1049 |
| Aacheperrê Psusennes I. | 1049—1004 |
| Neferkarê Amenmose? | 1004—1000 |
| Usermaatrê Amenemope | 1000—991 |
| Netjercheperrê Siamun | 991—959 |
| Hedjhekarê Psusennes II. | 959—945 |

### XXII. Dynastie 945—730

| | |
|---|---|
| Hedjcheperrê Scheschonk I. | 945—924 |
| Sechemcheperrê Osorkon I. | 924—885 |
| Usermaatrê Takelothis I. | 885—860 |
| Usermaatrê Osorkon II. | 860—832 |
| Hedjcheperrê Takelothis II. | 837—813 |
| Usermaatrê Scheschonk III. | 823—772 |
| Usermaatrê Pimai | 772—767 |
| Aacheperrê Scheschonk IV. | 767—730 |

### XXIII. Dynastie 817—730

Usermaatrê Petubastis
Aacheperrê Scheschonk V.
Usermaatrê Osorkon III.
Usermaatrê Takelothis III.
Usermaatrê Amunrud
Aacheperrê Osorkon IV.

### XXIV. Dynastie 740—715

| | |
|---|---|
| Schepsesrê Tefnacht | 740—721 |
| Wahkarê Bocchoris | 721—715 |

### XXV. Dynastie 740—655

| | |
|---|---|
| Kaschta | |
| Usermaatrê Pianchi | 740—716 |
| Neferkarê Schabaka | 716—701 |
| Djedkaurê Schabataka | 701—690 |
| Chunefertumrê Taharka | 690—663 |
| Bakarê Tanutamun | 663—655 |

### XXVI. Dynastie 663—525

| | |
|---|---|
| Wahibrê Psammetich I. | 663—609 |
| Uhemibrê Necho | 609—594 |
| Neferibrê Psammetich II. | 594—588 |
| Haaibrê Apries | 588—567 |
| Chnumibrê Amasis | 569—526 |
| Anchkaenrê Psammetich III. | 526—525 |

### XXVII. Dynastie 525—404

Perserkönige

### XXVIII. Dynastie 404—398

| | |
|---|---|
| Amyrtaios II. | 404—398 |

### XXIX. Dynastie 398—380

| | |
|---|---|
| Nepherites I. | 398—393 |
| Muthis | 393 |
| Psammuthis | 393—392 |
| Hakoris | 392—380 |
| Nepherites II. | 380 |

### XXX. Dynastie 380—343

| | |
|---|---|
| Nektanebos I. | 380—362 |
| Tachos | 362—360 |
| Nektanebos II. | 360—343 |

hatte, nicht ganz so erschwert wie in späteren Zeiten. Bis zur fünften Dynastie war nur der höchste Beamte, der Wesir, zugleich »Siegelbewahrer des Königs von Unterägypten« mit der Vollmacht, die Reisen von Amtspersonen und die Beförderung von Gütern innerhalb Ägyptens zu überwachen; in der Spätphase der fünften und unter der sechsten Dynastie gab es bereits Dutzende solcher Siegelbewahrer. Ähnlich gab es bis zu den Anfängen der sechsten Dynastie nur einen »Statthalter Oberägyptens« als Vizekönig für die entfernteren Teile des Landes; am Ausgang der sechsten Dynastie führten diesen Titel mehrere lokale Herrscher; vermutlich war damit angedeutet, daß ihr Herrschaftsbereich über eine kleine Provinz hinausging. Darin äußert sich einmal die Umwandlung von Amtsbezeichnungen in erbliche Titel, zum andern die beginnende Dezentralisation des Staates und der gesteigerte Machtanspruch lokaler Herrscher, nicht zuletzt aber auch die Ausweitung der Regierungsgeschäfte und die entsprechende Vermehrung der Ämter.

Daß auch das Wirtschaftsleben im Zeichen der Lehre vom göttlichen Königtum stand, kann aus vielen Tatsachen geschlossen werden. Wenn auch der Güteraustausch innerhalb des Dorfbereichs und zwischen benachbarten Dörfern keiner königlichen Sondergenehmigung bedurfte, muß angenommen werden, daß der bedeutendere Güterverkehr, der über den Hauptwasserweg des Landes ging, unter der Kontrolle des königlichen Siegelbewahrers stand. Ob sich das auf die Transportüberwachung beschränkte oder ob sich der Staat den Güterumschlag auf dem Nil bezahlen ließ, steht nicht fest. Der Außenhandel dürfte ein königliches Monopol gewesen sein. Königliche Unternehmungen waren die Karawanen, die nach Nubien und nach dem Sudan wanderten, und die Schiffe, die zu den Zedernwaldgebieten Phöniziens segelten; von privaten Unternehmungen außerhalb der Landesgrenzen ist nichts bekannt. Ohne Zweifel waren seit der ersten Dynastie die Türkis- und Kupferbergwerke auf der Sinai-Halbinsel königlicher Besitz unter königlicher Verwaltung und militärischem Schutz; daraus kann man schließen, daß auch die Goldgewinnung in den östlichen Wüsten ein königliches Monopol war. Kupfer und Gold müssen dem königlichen Haushalt erhebliche materielle Vorteile gebracht haben; noch in späteren Zeiten bestaunten fremde Herrscher den Goldüberfluß des ägyptischen Staates, und wichtiger noch war der Kupferreichtum. Bis zur Zeit des Mittleren Reiches war Kupfer das wichtigste Metall der alten Welt, und die Bronze behielt ihre Vorzugsstellung bis zum 14. oder 13. vorchristlichen Jahrhundert. Auf dem Kupfer beruhte Ägyptens Vormachtstellung im östlichen Mittelmeerraum. In einem Königsgrab der ersten Dynastie in Sakkara wurde vor einigen Jahrzehnten ein reiches Werkzeug- und Waffenlager entdeckt, das den Kupferüberfluß illustriert: viele Dutzende von zwanzig bis sechzig Zentimeter langen Messern und Schwertern mit hölzernen Griffen, eine Unmenge von Sägen, Dutzende von Kupferdolchen mit Holzgriffen, zahlreiche Vasen, Schüsseln und Eimer, Dutzende von Rechen, Hunderte von Beilen, Meißeln, Bohrern, Nadeln und anderen Werkzeugen, dazu fünfundsiebzig Kupferbarren, aus denen der Pharao im Jenseits weiteres Kupfergerät schmieden lassen konnte. Daß sich nur dies eine Kupferlager unversehrt erhalten hat, besagt nicht, daß es nicht schon im Alten Reich viele seiner Art gegeben hat.

Das Alte Reich entsandte Handels- und Kriegsexpeditionen nach Libyen, in den Sudan und nach Asien, ohne den Versuch zu machen, fremde Gebiete zu erobern. Über Handelsbeziehungen ging der Umgang mit Nachbarländern nicht hinaus. Auf fremdem Boden haben sich – außer in der ägyptischen Handelsniederlassung im phönikischen Byblos – nur wenig ägyptische Spuren aus der Zeit des Alten Reiches finden lassen. Der Pharao sandte Geschenke an den Fürsten von Byblos, und ein ägyptischer Tempel bezeugt, daß die Hafenstadt eine Anzahl von Ägyptern ständig beherbergte. Wahrscheinlich waren sie vom Pharao entsandte Handelsleute, die Waren aus Phönikien und anderen Teilen Asiens zu beschaffen hatten. In weiteren Teilen Asiens haben sich Gegenstände ägyptischen Ursprungs aus dieser Zeit kaum erhalten: ein einziges Beweisstück aus dem Alten Reich fand sich auf palästinensischem Boden – gegenüber zwanzig Funden aus dem Mittleren Reich und fünfhundert Funden aus der Zeit des Weltreichs. Im Süden Ägyptens war Nubien ein kulturell stagnierendes Gebiet, das sich vom großen Aufschwung des Pharaonenlandes nicht beeindrucken ließ. Soweit Ägypten in dieser Zeit in fremde Gebiete vorstieß, galten auch seine militärischen Unternehmungen nur der Sicherung des Handels und der Wasserwege für die Güterbeförderung. Seine Sicherheit wurde von keiner fremden Macht bedroht; seine kulturelle Überlegenheit genügte zur Aufrechterhaltung vorteilhafter Handelsbeziehungen, und für die Sicherung der Handelswege reichten – ohne jegliche Eroberung – bescheidene Polizeimaßnahmen.

Wirtschaft und Finanzen beruhten auf Naturalaustausch: auf dem Markt wurden Waren gegeneinander getauscht, und Steuern wurden in Naturalien entrichtet. Alle zwei Jahre, später sogar jährlich, fand eine fiskalische Zählung statt: der Staat zählte die Nutzfläche, die Viehbestände und die Goldvorräte seiner Untertanen. Nach den Zählungsergebnissen wurden die Abgaben – sei es in Getreide, Häuten und Gold, sei es in Arbeitsleistung – festgesetzt; anscheinend wurden die Steuererträge von den Provinzen an die Zentralregierung abgeführt. Obwohl der Naturalaustausch die einzige Form der Eigentumsübertragung war, kannte das Alte Reich bereits ein anerkanntes Tauschmittel: ein »Stück« Metall von festgesetztem Material und Gewicht (allerdings noch ohne Prägezeichen). Ein Mann, der ein Haus in der Nähe der Großen Pyramide verkaufte, berechnete dafür zehn »Stück«; was er tatsächlich in Zahlung nahm, war ein Bett im Werte von vier »Stück« und zwei Abschnitte Leinen im Werte von je drei »Stück«. Es bestand also eine feste Werteinheit für Preisnotierungen, obschon sich der Tauschvorgang zumeist *in natura* vollzog und keine »Stücke« von Hand zu Hand gingen.

Die erwähnte Festsetzung von Staatsabgaben in Form von Arbeitsleistung berührt das umfassendere Problem der Zwangsarbeit und der Zwangsaushebung von Arbeitskräften für die Unternehmungen des Staates. Die griechische Überlieferung stellt den Pyramidenbau als unerträgliche Belastung der ägyptischen Massen hin: Fronarbeit für einen wirtschaftlich unrentablen Zweck. Umgekehrt wurde vor einigen Jahren die Meinung vertreten, daß das gewaltige Arbeitsaufgebot für den Bau der größten Pyramiden eine Wohltat des autokratischen Pharaonenstaates gewesen sei: die Vereinigung der getrennten Landesteile im dynastischen Staat habe dem Land Sicherheit und Wohlstand gebracht und einen so großen plötzlichen Bevölkerungszuwachs verursacht, daß die Nahrungsmitteldecke für die Versorgung der vermehrten Bevölkerung nicht mehr ausgereicht habe; mit dem forcierten Pyramidenbau habe der Staat Tausenden von überzähligen Bauern Arbeit geben und auf seine Kosten Nahrung und Wohngelegenheit verschaffen wollen. Die Wahrheit dürfte irgendwo in der Mitte liegen, aber eher in der Nähe der griechischen als der erwähnten modernen Deutung. Richtig ist, daß die bei den Riesenbauten beschäftigten Arbeitskräfte vom Staat ernährt und untergebracht werden mußten, doch war das keine Arbeitsbeschaffungsmaßnahme im heutigen Sinne. Da der stark zentralistische Staat die Vorstellung durchgesetzt hatte, daß das Staatswesen mit allem Zubehör dem Pharao gehöre und daß man mit Dienstleistungen für den König und für die Sicherung seiner Unsterblichkeit die Aussicht auf Belohnung im Jenseits erwerbe, war es nicht allzu schwer, alle Kräfte des Volkes für die Errichtung der ewigen Heimstätte des Pharaos zu mobilisieren. Als Nebenprodukt kam dabei auch eine Art Arbeitsbeschaffung zustande: die Hauptarbeit am Pyramidenbau fiel in die Überschwemmungssaison, denn nur zur Flutzeit konnten die großen Steinblöcke von den Steinbrüchen zum Pyramidenplateau geflößt werden; für die Ernährung der Massen war es die schlimmste Zeit, denn der Nil verhieß erst eine neue Ernte, aber die Kornvorräte vom Vorjahr waren bereits aufgebraucht, und der Frondienst, bei dem man vom Staat ernährt wurde, brachte eine gewisse Linderung der Hungersnot. Der Zweck des Ganzen war jedoch ausschließlich Dienst am Gott-König; die Pyramidensklaven wurden zwangsweise ausgehoben und bis zur äußersten Grenze ihrer physischen Leistungsfähigkeit ausgepreßt. Ob die Hingabe an den Gott-König den Frondienst und die Knute des Aufsehers versüßte, mag man bezweifeln; nach der Lehrmeinung des Pharaonenstaates war jedenfalls der Aufwand durch den Zweck – Mehrung des Ruhmes des Herrschers – gerechtfertigt.

Nicht minder deutlich tritt die Sorge um den höheren Ruhm des Gott-Königs in den Grabtexten zutage. Seit der vierten Dynastie kennen wir Inschriften aus Beamtengräbern, in denen die Vornehmen ihre Hoffnungen auf jenseitiges Leben kundtun. Aus der Zeit der fünften Dynastie kennen wir die »Pyramidentexte« der Königsgräber (etwa 2350 v. Chr.), die in Form und Inhalt auf einen älteren Ursprung des charakteristischen Totenmanifests (vordem vielleicht nicht an Grabwänden angebracht) hinweisen. Zwischen den Grabtexten für die Vornehmen und denen für die Pharaonen zeigen sich nun im Alten Reich wesentliche Unterschiede. Die Beamteninschriften sind mehr weltlicher Natur: sie verlängern die irdische Lebensbetätigung mitsamt den dem König erwiesenen Diensten bis ins fernere Dasein. Zu einem erheblichen Teil sind sie biographisch und berichten über den dienstlichen Aufstieg des Toten, der damit seine Eignung für die jenseitige Tätigkeit nachweist und auch dem toten Pharao seine Dienste anbietet. Bilder und Texte aus dem Werktag betonen Wohlstand und weltlichen Erfolg: auch der irdische Reichtum soll sich im ferneren Leben erhalten und vermehren. Aufstieg auf der dienstlichen Stufenleiter und Ansammlung von Reichtum bleiben auch nach dem Tod das eigentliche Ziel.

Im Vergleich zum realistisch-nüchternen Inhalt der Beamteninschriften sind die Pyramidentexte der Könige viel mehr auf die Abwehr dunkler Gefahren und auf Zeremonielles bedacht. Grundsätzlich änderte der Tod an der Stellung des Königs nicht das geringste; wer auf Erden Gott und König war, würde auch im Jenseits zum Kreis der Götter gehören und weiterhin Herrscher sein. Dennoch sind die Pyramidentexte unermüdlich mit Vorkehrungen beschäftigt, die dem König Glück und Erfolg im nächsten Leben verbürgen sollen. Diesem Zweck dienen die verschiedensten rituellen, religiösen, magischen Beschwörungen. Rituelle Formeln werden wiedergegeben, die bei der Speisung, Versorgung und Bedienung des toten Königs zu sprechen sind. Beschwörungsformeln sollen Schlangen, Skorpione und sonstige gefährliche Kräfte bannen, die den Bestattungsgrund verseuchen könnten. Uralte Hymnen, Mythenfragmente und vordynastisches Ritual setzen den toten König in eins mit der glorreichen Vergangenheit und verleihen seinem Königtum ein festes Fundament für das jenseitige Leben. Lobes- und Werbetexte wollen dem Pharao Anerkennung und Autorität in der nächsten Welt verschaffen und ihn zu einem *ach*, einem »ruhmreichen Wesen« und einer immerdar »wirksamen Persönlichkeit«, machen. Als Gott soll sich der tote Gott zu den Göttern versammeln. Der Verheißung der göttlichen Zukunft gelten die demütigsten und die arrogantesten Texte: der tote König wird die Barke des Sonnenkönigs ziehen, als Schreiber des Sonnenkönigs wirken, als häßlicher, possierlicher Zwerg vor den Göttern tanzen, kurzum alles tun, um den Göttern zu gefallen; anderseits wird er aber auch zum mächtigsten aller Götter werden, den Thron des Sonnengottes besteigen oder gar die Götter aufessen und ihre Kräfte in sich aufnehmen. Die verschiedenen theologischen Systeme stehen nebeneinander: die einen Texte führen den Toten zum Sonnengott Re, die anderen machen ihn zum Totengott Osiris. Alle Mittel sind recht, wenn sie dem toten Pharao ewiges Leben und große Erfolge garantieren können.

Diese Schwingungsweite fehlt in den Gräbern der Beamten des Alten Reichs. Sie verwandeln sich, wenn sie sterben, weder in Osiris noch in andere Götter. Sie werden nur *ach*, wirksame und ruhmreiche Wesen. Das heißt: sie führen nach dem Tod ihr wirksames und erfolgreiches irdisches Leben weiter, ohne in ein transzendenteres Dasein emporgehoben zu werden. Anders als der König haben sie im ferneren Dasein keinen *ba*, keine »Seele«, die an diesem oder jenem Aspekt des göttlichen Wesens teilnimmt. Mit Macht und Reichweite ausgestattet und in seinem Ursprung göttlich, kann *ba* einem Gott-König, aber nicht gewöhnlichen Sterblichen in ihrer Begrenztheit zuteil werden. Dafür hat jeder Beamte – genau wie der König – einen *ka*, eine Führungs- und Schutzkraft in Leben und Tod. Im Alten Reich scheint der *ka* des Adligen außerhalb seiner Persönlichkeit zu stehen, und manche Namen des Alten Reiches deuten auf den Pharao oder einen der Götter als den persönlichen *ka* des Namensträgers hin. Was bedeutet das anderes, als daß das Schicksal des Adligen weder im Leben noch im Tod in seiner Person verankert, sondern an die Gunst eines Gottes oder des Gott-Königs gebunden ist?

Von der Volksmasse wissen wir nicht direkt, welche Erwartungen sie an das fernere Leben knüpfte. Nur eine generalisierende Vermutung läßt sich anstellen. Offenbar erschien das jenseitige Leben allen Gesellschaftsklassen im Vergleich zum irdischen Dasein als Aufstieg. Die Pharaonen, die auf Erden Götter waren, wurden zu größeren Göttern in der nächsten Welt. Die Beamten, die auf Erden Diener des Gott-Königs waren, wurden im Jenseits zu glücklicheren und erfolgreicheren Dienern des größeren Gottes. So mochten die Bauern, auf Erden Knechte der Vornehmen zu glücklicheren und erfolgreicheren Knechten der beförderten Adligen nach dem Tod werden. Ewiges Leben wäre somit gleichbedeutend mit der Hoffnung auf Rangerhöhung innerhalb der jeweiligen Rangklasse der irdischen Ordnung.

Ein solches System birgt schon den Keim des Wandels in sich. Konnte mit der erwarteten Beförderung im nächsten Leben nicht auch der Übergang in eine höhere Klasse verbunden sein? Wenn alle Erscheinungen aus einer Substanz hervorgingen, war es nicht nötig, einen solchen Aufstieg kategorisch auszuschließen. Tatsächlich kam er für die Vornehmen in der nächsten Periode: sie eigneten sich im Jenseits das früher dem König vorbehaltene Privileg an und wurden ebenfalls zu Göttern. Auch darin deutete sich der Niedergang des zentralistischen Staates an, der den König zum Mittelpunkt hatte. Der stürmische Aufschwung der ägyptischen Kultur unter den ersten vier Dynastien brachte die individuellen Begabungen der ägyptischen Menschen zu hoher Entfaltung. Die gesamte Nation machte politisch, wirtschaftlich, materiell, künstlerisch und intellektuell gewaltige Fortschritte. Das war ein kollektiver Aufstieg, der in der Gestalt des Pharaos ein persönliches Symbol fand und zunächst ihm zum Ruhme gereichte und seine Macht vermehrte; aber dieser Aufstieg verlangte auch die individuellen Anstrengungen aller tüchtigen, intelligenten und ehrgeizigen Ägypter, denn mit der wachsenden Macht und Aktionssphäre des Staates erweiterte sich auch sein Organisationsbereich; immer mehr Amtsträger erhielten selbständige Entscheidungsbefugnisse und erlangten größeren Einfluß. Im Streben nach individueller Selbstbehauptung erwuchs dem zentralistischen Absolutismus ein starker Gegenspieler. Menschen, die neue Aufgaben übernahmen und sich ihrer eigenen Kraft bewußt wurden, mußte größere Selbstbestimmung eingeräumt werden. Das ganze Alte Reich hindurch war dieser Prozeß wirksam, wenn er sich auch nur langsam und evolutionär, niemals im explosiven Durchbruch einer sozialen oder politischen Revolution, bemerkbar machte. In der Periode des Ersten Interregnums (2150–2040 v. Chr.), die auf das Alte Reich folgte, fiel der zentralistische Staat auseinander; Ägypten beschritt den Weg des Feudalstaats und der »Demokratisierung des Jenseits«.

Schon im Alten Reich hatte sich der politischen Allmacht des Königs ein anderer Gott, der Sonnengott Re, in den Weg gestellt. Die Erhebung Res gegen den Pharao zeichnete sich zuerst zu Beginn der fünften Dynastie ab; die rivalisierenden Monumentalbauten verliehen ihr einen sichtbaren materiellen Ausdruck. Unter der vierten Dynastie hatte sich die Große Pyramide mit ihren hundertsechsundvierzig Metern emporgereckt und alles in weitem Umkreis in ihren Bann gezogen; das Geleit gab ihr auf felsigem Grund die »Sonnenbarke«, die es dem toten Pharao ermöglichen sollte, den Sonnengott Re auf seiner täglichen Wanderung um die Erde zu begleiten. Gemessen an der Pyramide, dem Symbol des Pharaos, war die Sonnenbarke ein bescheidenes Bauwerk; einen Re geweihten Sonnenobelisken hat es als Begleitstück zur Großen Pyramide offenbar nie gegeben. Unter der fünften Dynastie wurde es anders. Die Pyramide des Niuserrê (um 2400 v. Chr.) erreichte eine Höhe von nur fünfzig Metern, und ihr zur Seite erhob sich ein zwei Meter höherer Sonnenobelisk. Die königliche Pyramide hatte eine Grundfläche von fünfundsiebzig mal fünfundsiebzig Metern, aber der sie flankierende Tempel des Sonnengottes überspielte sie mit einer Grundfläche von fünfundsiebzig mal hundert Metern. Unter der vierten Dynastie hatte der Pharao den Sonnengott Re beherrscht; unter der fünften Dynastie beherrschte Re den Pharao.

Einen zusätzlichen Beweis liefern die Namen der Pharaonen. Vor der fünften Dynastie hatten die wenigsten Pharaonen den Namen Re in den ihrigen aufgenommen; sie hießen

Udimu, Neferkasokar, Djoser, Snefru, Cheops. Zu Beginn der vierten Dynastie drang Re in die Königsnamen ein: Re-chaf (griechisch: Chephren), Menkaurê (griechisch: Mykerinos); und von der fünften Dynastie an wurde es zum regulären Brauch, den Namen des Sonnengottes in den Thronnamen des Königs einzufügen: Sahurê, Niuserrê und so fort. Außerdem wurde unter der fünften Dynastie zum erstenmal die Abstammung des Pharaos vom Sonnengott proklamiert: Dem Geburtsnamen des Königs wurde nunmehr der Titel »Sohn des Re« angehängt; damit wurde allen kund und zu wissen getan, der König sei als leiblicher Sohn des Re zur Welt gekommen und habe daher das legitime Recht, über Ägypten zu herrschen. Auch die Legende weiß von der Beschränkung der Königsmacht unter der fünften Dynastie und vom Machtzuwachs der Priesterschaft des Re von Heliopolis. Ein Papyrus berichtet über eine Weissagung aus der Zeit der vierten Dynastie, wonach die Frau eines Re-Priesters dem Sonnengott drei Söhne geboren habe, die die Thronfolge in Ägypten antreten würden: »Da ist die Frau eines Priesters des Re ..., die drei Kinder von Re empfangen hat ... Und er hat von ihnen gesagt, daß sie dies wohltätige Amt (des Königs) in diesem ganzen Land ausüben sollen und daß der älteste von ihnen Hoherpriester in Heliopolis werden soll.«

Das Werk der Schaffung und Legitimierung eines mit der Person des Königs identischen Staates schien zu Beginn der vierten Dynastie abgeschlossen zu sein. Der Druck konnte gelockert werden. Die Aufgaben des Königtums nahmen nicht mehr die ganze Kraft des Königs in Anspruch, und aus seiner Macht erwuchsen Forderungen an den Staat; vor allem verlangte der Pharao Dienste, die viel kosteten und keinen wirtschaftlichen Nutzen erbrachten. Einen Bewässerungskanal zu bauen oder eine Handelsexpedition auszurüsten hatte zwar auch viel gekostet, aber dafür den Wohlstand des Landes erhöht; für jede Königsgeneration ein neues und jedesmal größeres persönliches Grabmal zu bauen war schiere Verschwendung. Sofern nicht der plötzliche Machtgewinn der Re-Priesterschaft in Heliopolis auf eine Auflehnung einflußreicher Kreise gegen den Pyramidenbau zurückging, wird man jedoch schwerlich annehmen können, daß es einen revolutionären Protest gegen diesen wirtschaftlichen Raubbau gegeben habe. Obgleich der Adel Arbeitskräfte und Abgaben für den Pyramidenbau zu stellen hatte, wird er kaum offen protestiert haben. Dabei müssen die Lasten sehr drückend gewesen sein, wie sie es auch in Palästina waren, als Salomo seinen Tempel baute, und an Salomos exorbitanten Ansprüchen ist sein Staat zerbrochen. Es ist möglich, daß die lokalen Provinzfürsten, die für den Bau des königlichen Grabmals Arbeitskräfte hergeben sollten, solchen Verpflichtungen später zu entgehen suchten. In der Spätzeit des Alten Reiches, als die lokale Aristokratie größeren Einfluß gewonnen und ein starkes Selbstbewußtsein entwickelt hatte, wäre ein solcher Widerstand nicht unmöglich gewesen.

Bei aller Ehrerbietung gegenüber dem Pharao machten die Vornehmen in ihren Grabmalbiographien kein Hehl aus ihrem Stolz auf den eigenen Erfolg, aus dem triumphierenden Gefühl, es durch persönliche Leistung zu Rang und Reichtum gebracht zu haben. Der Aufstieg auf der politischen und sozialen Stufenleiter ist an solchen Inschriften leicht zu verfolgen. Da beginnt ein Mann namens Uni seinen Dienst in der bescheidenen Stellung eines staatlichen Lagerhausverwalters; er wird zum Verwalter der Ländereien der königlichen Pyramide befördert und mit der Leitung der Steinbrucharbeit und der Heranschaffung der Steine für den Pyramidenbau betraut; später steht er als Einzelrichter einem bedeutenden Gerichtsverfahren in Sachen des königlichen Harems vor; noch später wird er zum General und befehligt einen asiatischen Feldzug; von da aus führt sein weiterer Aufstieg zur Statthalterschaft von Oberägypten: nun unterstehen ihm Güterverkehr und Steuerwesen für halb Ägypten; er endet, mit Ehren überschüttet, als Höfling – anscheinend königlicher Erzieher und Kammerherr – im Palast des Gott-Königs.

Nicht minder erfolgreich ist der Baumeister Nechebu. So blumig er in seiner Lebensbeschreibung seinem göttlichen Gebieter dankt, so überzeugt ist er von seiner persönlichen Leistung: »Seine Majestät fand mich vor als einfachen Arbeitsmann beim Bau. Seine Majestät übertrug mir die Ämter des Baugesellen, des Baumeisters und des Obermeisters eines Gewerks. Seine Majestät verlieh mir die Ämter des königlichen Konstrukteurs und Bauherrn, des königlichen Beigeordneten und des königlichen Baumeisters und Architekten ... Seine Majestät tat all dies, denn Seine Majestät hielt mich hoch in Gnaden.« Ob Nechebu den beruflichen Aufstieg fleißigen Bemühungen um die königliche Gunst, ererbtem Rang oder besonderem Arbeitseifer verdankte, ist nicht zu ersehen. Er berichtet jedenfalls von seiner Bereitschaft, ganz unten anzufangen und sich nach oben emporzuarbeiten: »Als ich meinen Bruder begleitete, der Aufseher bei der Bauarbeit war, ... arbeitete ich als Schreiber und trug die Schreiberpalette bei mir. Als er zum Baugesellen ernannt wurde, trug ich seinen Zollstock. Als er zum Baumeister ernannt wurde, begleitete ich ihn. Als er zum königlichen Konstrukteur und Baumeister ernannt wurde, verwaltete ich die Arbeitersiedlung für ihn. Dabei war ich in allem gründlich ... Was diejenigen betraf, mit denen ich dort zu verhandeln hatte, stellte ich sie zufrieden, und niemals ging ich in Zorn gegen andere zu Bett.«

Über die in der ägyptischen Gesellschaft herrschenden Vorstellungen, über Moral und Lebensweisheit unterrichten uns in den meisten Abschnitten der ägyptischen Geschichte literarische Dokumente, die man Weisheitssprüche oder Unterweisungsbücher nennen könnte: Abhandlungen, in denen der Vater den Sohn über Leben und Lebensart belehrt, dem Heranwachsenden Ratschläge über gutes und zweckmäßiges Verhalten erteilt. Diese von den Ägyptern sehr geschätzten literarischen Erzeugnisse befassen sich weder mit offiziellen Religionslehren noch mit abstrakter Ethik. In der Regel behandeln sie typische Situationen, denen ein unterer Beamter im Umgang mit Vorgesetzten, vor Gericht, bei unerwartetem Mißgeschick, bei Heiratsplänen oder beim Versuch, einen eigenen Haushalt zu gründen, begegnen mag. In zwei Jahrtausenden hat diese literarische Gattung ihre allgemeine Form beibehalten und dabei dennoch den geschichtlichen Wandel widergespiegelt. In den einzelnen Perioden zeigen die Bücher nicht unerhebliche Unterschiede. An ihnen läßt sich am besten verfolgen, wie bei aller Konservierung der Wesenszüge des Kultursystems ständige Anpassungen und Veränderungen in seinem Rahmen vorgenommen wurden. Man kann sich fragen, wie lange an einem System herumgebastelt und geflickt werden kann, ohne daß es sein Wesen verändert. Gerade das aber war für das alte Ägypten charakteristisch, daß es den Wandel leugnen konnte, während es ständige Veränderungen stillschweigend akzeptierte, ähnlich wie es die unabänderliche Tatsache des Todes mit der

Hoffnung auf ein erneuertes Leben zu neutralisieren vermochte. Das Unterweisungsbuch des Wesirs Ptahhotep war im Geiste des Alten Reiches abgefaßt; das Unterweisungsbuch des kleinen Beamten Amenemope war im Geiste der Jahrhunderte abgefaßt, die auf Ägyptens Weltreichsperiode folgten. Anderthalb bis zwei Jahrtausende waren vergangen, und immer noch enthielt die Unterweisung manche der alten Lehren in fast unveränderter Gestalt. War die Lebensweisheit der Ägypter, war die Anwendung ihrer Sittenlehre im Alltag in der Tat unwandelbar? Erst bei näherer Betrachtung zeigen sich die wesentlichen Unterschiede. Dann erscheint Ptahhotep als unreligiös, geschäftig, am bunten Treiben der Welt interessiert, betont selbstbewußt: die Aufstiegszuversicht des Alten Reiches ist unverkennbar. Im Gegensatz dazu präsentiert sich Amenemope als fromm, weltabgewandt, zurückhaltend, genügsam: sein Charakterbild paßt gut zur pietistischen Resignation der Spätperiode.

Das Unterweisungsbuch des Ptahhotep liefert viele Illustrationen zum Thema des wachsenden Selbstbewußtseins des Individuums im Alten Reich. Sein Sohn soll im Leben vorankommen; er soll keine Mühe scheuen: worauf es ankommt, ist der Erfolg. Wer sich in das bestehende staatliche und soziale System einfügt, den verlangten Fleiß aufbringt und die geltenden Ehrlichkeitsmaßstäbe befolgt, kann Reichtum, Position und Anerkennung erlangen. Die Weltordnung hat der Initiative des »Weisen« genügend Raum gelassen; es fällt dem »Weisen« nicht schwer, es mit dem »Unwissenden« aufzunehmen. Die Ratschläge sind überschrieben: »Anfang der Darlegung einer guten Rede, ... in der der Unwissende über die Weisheit und die Regeln der guten Rede belehrt wird, die vorteilhaft sind für den, der sie befolgt, und nachteilig für den, der sie vernachlässigt.« Und im Text heißt es: »Der weise Mann erhebt sich früh am Morgen, um sich zu bewähren, aber der Narr erhebt sich früh am Morgen, um sich zu zerstreuen ... Wenn ein Sohn beherzigt, was sein Vater sagt, wird keiner seiner Pläne fehlschlagen ..., er wird in den Augen der Amtspersonen eine gute Figur abgeben ... Was den Närrischen betrifft, der nicht hinhört: der kann nichts vollbringen. Er betrachtet Weisheit als Unwissenheit und Gewinn als Verlust. Er tut alles, was tadelnswert ist, und man wird an ihm jeden Tag etwas zu tadeln finden.«

Man soll die Lehren der alten Zeit befolgen, aber es auch nicht an selbständigem Bemühen fehlen lassen, denn auch die alten Lehren billigen ein gewisses Maß an individueller Initiative. Wichtig ist vor allem zweckvolle Beredsamkeit, wirksame und die Sache treffende Rede: »Rede, wenn du eine Lösung weißt. Wer in Beratungen sprechen kann, ist ein Meister seines Werks, denn Reden ist schwerer als irgendeine Arbeit.« »Wenn du so viel Vertrauen genießt, daß ein Hochgestellter dich zu einem anderen schickt, sei überaus zuverlässig, sobald er dich schickt. Erfülle deinen Auftrag für ihn, so wie er gesprochen hat. Sei nicht zurückhaltend in bezug auf das, was dir gesagt wird ... Klammere dich an die Wahrheit und gehe nicht über sie hinaus.« In einer Auseinandersetzung soll man einem Höhergestellten die nötige Achtung erweisen und einem Niedrigergestellten gegenüber freundlich und nachsichtig sein, aber einem Gleichgestellten soll man mit Energie gegenübertreten: »Zeige dich selbst: sei nicht schweigsam, wenn er Übles spricht. Die Rede wird groß sein für die Zuhörenden, und dein Ruf wird gut sein im Urteil der Amtspersonen.«

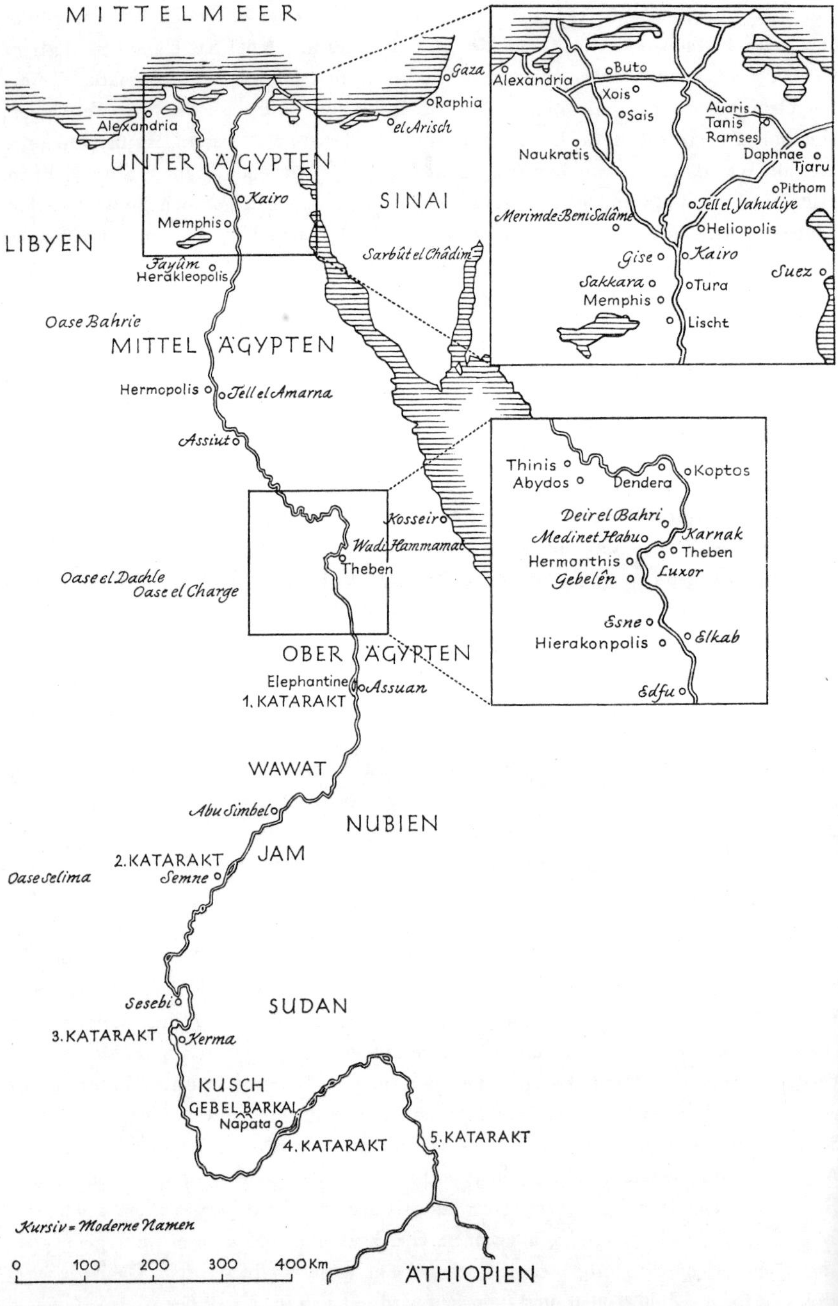
MITTELMEER
Gaza
Raphia
el Arisch
Alexandria
UNTER ÄGYPTEN
Kairo
Memphis
SINAI
LIBYEN
Fayûm
Herakleopolis
Sarbût el Châdim
Oase Bahrie
MITTEL ÄGYPTEN
Hermopolis
Tell el Amarna
Assiut
Kosseir
Wadi Hammamat
Theben
Oase el Dachle
Oase el Charge
OBER ÄGYPTEN
Elephantine
Assuan
1. KATARAKT
WAWAT
Abu Simbel
NUBIEN
2. KATARAKT
JAM
Oase Selima
Semne
Sesebi
SUDAN
3. KATARAKT
Kerma
KUSCH
GEBEL BARKAL
Napata
4. KATARAKT
5. KATARAKT
Kursiv = Moderne Namen
0
100
200
300
400 Km
ÄTHIOPIEN
Alexandria
Buto
Xois
Sais
Auaris
Tanis
Ramses
Naukratis
Daphnae
Tjaru
Pithom
Tell el Yahudiye
Merimde Beni Salâme
Heliopolis
Gise
Kairo
Suez
Sakkara
Tura
Memphis
Lischt
Thinis
Abydos
Dendera
Koptos
Deir el Bahri
Medinet Habu
Karnak
Theben
Hermonthis
Luxor
Gebelên
Esne
Hierakonpolis
Elkab
Edfu

KILIKIEN
ARZAWA
MITANNI-REICH
Karkemisch
NAHARINA
Halab
(Aleppo)
Antiochia
Euphrat
Ugarit
Tunip
Orontes
CYPERN
Qatna
Kadesch
MITTELLÄNDISCHES MEER
LIBANON
ANTILIBANON
Byblos
Beirut
Sidon
Chaschabu
Tyros
DJAHI
Jenoam
Hazor
HULE-SEE
Akka
Achschaph
Ebene von Jesreel
Kapernaum
SEE GENEZARETH
Dor
Megiddo
Chirbet Kerak
Ebene Saron
Beth Schan
Rehob
Pella
PALÄSTINA
KANAAN
Hamath
Schechem
Joppe
Schilo
Jordan
Jericho
Gezer
Jerusalem
Beth Schemesch
Askalon
Lachisch
Gaza
Beth Zur
TOTES MEER
Raphia
Tell Beit Mirsim
Scharuhen
ÄGYPTEN
EDOM
SINAI
0
100
200
250 Km

Bei alledem darf man sich nie mit dem Erreichten begnügen: »Dulde nicht, daß sich dein Herz wegen deines Wissens aufblähe; sei nicht deswegen allzu zuversichtlich, weil du ein weiser Mensch bist. Berate dich mit dem Unwissenden ebenso wie mit dem Weisen. Die Grenze der Meisterschaft kann nie erreicht werden, und es gibt keinen Meister, der das Zeug hat, all seine Fähigkeiten zu nutzen. Beredsamkeit ist verborgener als Smaragde, und doch kann man sie bei Mägden am Mühlstein finden.«

Wer die Grundsätze der *ma'at*, des Richtigen, Wahren, Gerechten, beachtet, wird mit Eigentum und Stellung belohnt. »Die *ma'at* ist groß, und ihre Wirkung ist von Dauer ... Übles Tun hat sein Unterfangen nie in den Hafen gebracht. Betrug erwirbt Reichtum, aber die Stärke der *ma'at* ist, daß sie andauert, und einer darf sagen: ›Es hat schon meinem Vater gehört.‹« Wie soll *ma'at* im täglichen Leben angewandt werden? Ein Weiser sollte für die Menschen sorgen, die von ihm abhängen, denn er könnte später auf ihre freundliche Gesinnung angewiesen sein: »Befriedige deine Klienten mit dem, was dir zugewachsen ist, was dem zuwächst, den Gott begünstigt ... Man weiß nicht, was geschehen kann, und so hat man keinen Einblick in das Morgen. Wenn Mißgeschick diejenigen trifft, die begünstigt waren, so werden die Klienten sie immer noch willkommen heißen.« Habgier führt nie zum erwünschten Erfolg: »Wünschest du, daß dein Betragen gut sei, daß du von allem Bösen frei seiest, so hüte dich vor der Habsucht, die eine verseuchende und unheilbare Krankheit ist. Man kann mit ihr nicht auf vertrautem Fuß stehen, sie macht den süßen Freund bitter, sie entfremdet den Vertrauten seinem Herrn, sie macht Vater und Mutter schlecht und die Brüder der Mutter, und sie trennt einen Mann von seinem Weib ...« Dennoch ist gesunder Egoismus gut; auf sein gutes Recht sollte der Weise nicht verzichten: »Sei nicht habgierig bei einer Teilung; sei nicht raffsüchtig – außer um deinen Anteil.«

Dem Beamten, der Karriere machen will, gelten besonders rigorose Ermahnungen: »Beuge deinen Rücken vor dem Vorgesetzten, vor dem Aufseher aus dem Palast. Nur so wird dein Haushalt in seinem Eigentum gesichert sein, und dein Lohn wird dir zukommen, wie er soll. Widerspruch gegen einen Vorgesetzten ist eine Schwierigkeit, denn man lebt, solange er sanft ist.« Dem empfohlenen Wohlverhalten sind keine Charaktergrenzen gesetzt: »So du einer von denen bist, die an der Tafel eines Höhergestellten sitzen, nimm, was er dir geben mag, wenn es dir vor die Nase gesetzt wird. Blicke auf das, was vor dir ist; durchdringe ihn nicht mit vielen Blicken, denn das ist ein Verstoß gegen ihn, der dem *ka* ein Greuel ist. Laß dein Antlitz hängen, bis er sich an dich wendet, und du sollst reden, wenn er sich an dich wendet. Lache, wenn er lacht, und es wird sein Herz erfreuen, und was du tun magst, wird seinem Herzen gefällig sein.« Da es auf gute Stellung und materiellen Gewinn ankommt, muß man mit dem, was man hat, pfleglich umgehen; man darf die Ehefrau, ein wertvolles Stück Eigentum, das der Erzeugung von Kindern dient, nicht vernachlässigen: »So du im Wohlstand bist, sollst du deinen Haushalt gründen und dein Weib lieben, wie es sich gehört. Fülle ihren Wanst; bedecke ihren Rücken; Salbe ist vorgeschrieben für ihren Körper. Mache ihr Herz freudig, solange du lebst, denn sie ist ein nützliches Feld für ihren Gebieter.«

Die Ratschläge, die er seinem Sohn zugedacht hat, beschließt Ptahhotep mit einer respektvollen Verbeugung vor dem König: »Mögest du mich (im Jenseits) wiederfinden, wenn dein Leib gesund ist und wenn der König zufrieden ist mit allem, was vollbracht worden ist. Mögest du meine Lebensjahre erreichen. Was ich auf Erden getan habe, ist nicht unbedeutend. Ich habe hundertzehn Lebensjahre erreicht, die der König mir gegeben hat; meine Ehre hat die der Ahnen dadurch übertroffen, daß ich bis zur verehrten Todesstunde an meinem König recht gehandelt habe.« An Selbstbewußtsein mangelte es dem weisen Wesir in keiner Weise. Mit einigem Scharfblick hätten die Könige erkennen können, daß das Vollbrachte zwar für die Vornehmen, die hohen Beamten und die Spitzen der Tempelhierarchie, nicht aber für den Gott-König zufriedenstellend war. Die Folgen des Erstarkens der wichtigsten Stützen des Thrones konnten nicht ausbleiben.

Zunächst machte sich eine deutliche geographische Dezentralisierung geltend. Die Gruppierung der Gräber der Würdenträger rings um die königliche Pyramide wurde immer mehr aufgelockert, und am Ende zogen es die meisten Beamten vor, ihre Grabgewölbe in ihren Heimatprovinzen zu errichten. Unter der vierten Dynastie war der Provinzfriedhof eine Seltenheit, zur Zeit der sechsten Dynastie war er die Regel geworden. Die hohen Beamten und die Provinzaristokraten fanden es nicht mehr unerläßlich, sich um des ewigen Lebens willen an die Rockschöße des Pharaos zu heften. Die Provinzfriedhöfe, fern der Hauptstadt, hatten indes auch viele provinzielle Schwächen. Während die Gräber auf dem königlichen Bestattungsgrund in Sakkara bei Memphis immer noch, auch wenn die einstige sakrale Würde und Gelassenheit zerbröckelte, hohe künstlerische Qualität zeigten, litten die Provinzfriedhöfe an der Ferne von den besten Vorbildern der Hauptstadt und von der kontinuierlichen Disziplin der höfischen Tradition. Sie verloren an Reinheit der Linienführung und thematischer Kontinuität, wurden dadurch allerdings auch bewegter und vielfältiger. Die Dezentralisation in Architektur und Bildhauerei hielt Schritt mit der Schwächung des politischen, sozialen und wirtschaftlichen Zentralismus.

Die Ausweitung und Funktionszerlegung der königlichen Ämter führte dazu, daß Ämter, die früher Einzelnen vorbehalten waren, nunmehr vielen zufielen. Ob das auf königlichem Patent oder Amtsanmaßung beruhte, läßt sich nicht sagen. Die Aufsplitterung einiger der höchsten und verantwortlichsten Ämter deutete das Ende der königlichen Alleinherrschaft an. Die Autorität – oder der Autoritätsanspruch – begann sich auf das ganze Land zu verteilen. Damit war aber auch der Monopolanspruch des Königs auf die göttliche Existenz im Jenseits erschüttert. In der Zeit des Zerfalls des Alten Reiches, in der sich verschiedene Prätendenten um die Herrschaft stritten und Provinzstatthalter sich selbständig machten, griffen die Vornehmen nach den Pyramidentexten, die der Seligsprechung des Gott-Königs gedient hatten. Allerdings war die Ausschließlichkeit des königlichen Göttlichkeitsprivilegs schon früher, am Ausgang der sechsten Dynastie, durchbrochen worden: einige Königinnen hatten ihre Gräber auch mit Pyramidentexten versehen.

Nicht ganz geklärt ist die Stellung der Frau und besonders der Königin im Alten Reich. Aus den Bemerkungen Ptahhoteps über die Frau als produktives Eigentum könnte geschlossen werden, daß das Alte Reich in ihr nicht mehr gesehen habe als hochwertiges lebendes Inventar. Indes hatte nach der offiziellen Lehre die Königin als Tochter eines Gottes, Frau eines Gottes und Mutter eines Gottes eine Stellung von hohem Rang inne, die in der Ära der Dezentralisierung auch anderen Frauen zugute gekommen sein mag. Die erste Frau des Pharaos war die Gemahlin eines Gottes: ihr mußte das Sondervorrecht der körperlichen Berührung des Gottes gewährt werden. War sie zugleich die Tochter des vorigen Königs, so war sie vom göttlichen Leib gezeugt und mußte etwas vom göttlichen Wesen in sich haben. Hiermit hängt die ausgeprägte Matriarchatstendenz in der ägyptischen Lehre von der königlichen Erbfolge zusammen: die Legitimität des Herrschers beruhte auf der königlichen Abstammung sowohl der Mutter als auch des Vaters. Die Pharaonen durften viele Frauen von verschiedener Herkunft haben, aber nur die Linie des königlichen Hauses, die von einer Mutter aus demselben Hause stammte, konnte den Samen des Sonnengottes Re am reinsten fortpflanzen. Das war der Grund für die Geschwisterehen mancher Pharaonen: die Tochter des Gott-Königs verbürgte als Mutter des Thronfolgers die Reinerhaltung des göttlichen Stammes; zugleich konnte auf diese Weise die Zahl der möglichen Thronprätendenten auf das Mindestmaß reduziert werden.

Was stellte sich der Ägypter im Alten Reich vor, wenn er sagte, der Pharao sei der leibliche Sohn des Re, dem Leib des Sonnengottes entsprossen? Wir wissen es nicht. Später, unter der achtzehnten Dynastie, wurde gelehrt, der Sonnengott habe die Gestalt des herrschenden Königs angenommen, in dieser Gestalt das Lager der Ersten Großen Gemahlin geteilt und den göttlichen Samen gezeugt, der zum nächsten Pharao werden sollte. Der höchste Gott selbst hätte somit den göttlichen Stamm der Pharaonen begründet. Die »Mutter des Gottes« wäre dann von anderen Frauen als besonders begnadet unterschieden und schwerlich als Haremseigentum ihres Gebieters anzusehen gewesen. Schon vor den späteren Königinnen, deren Gräber mit den Pyramidentexten ausgezeichnet wurden, hatte das Alte Reich der Königin und ihrer Autorität eine Vorzugs- und Ausnahmestellung gesichert. Unter der vierten Dynastie war den Damen der königlichen Familie auf dem königlichen Friedhof von Gise ein prominenter Sonderplatz zugewiesen worden. Unter der sechsten Dynastie herrschte die Mutter Phiops' II., der als Knabe auf den Thron gekommen war, als legitime Regentin; in den frühen Inschriften Phiops' II. wurde sie an hervorragender Stelle erwähnt.

Der interessanteste Fall ist die angebliche Herrschaft einer blonden Kurtisane am Ausgang der vierten Dynastie. Natürlich könnte die Legende aus griechischen und römischen Zeiten, die davon berichtet, eine romantische Erfindung sein. Doch gibt es zwei Indizienketten, die beachtet werden wollen. Einem Grabmal der vierten Dynastie ist zu entnehmen, daß Cheops Tochter Hetepheres II. blondes Haar hatte. Die Farben, die sich auf der Grabwand erhalten haben, zeigen sie mit gelbem Haar, durch das sich feine rote Striche ziehen, während alle anderen Abbildungen im selben Grabgewölbe – wie auch in anderen Gräbern des Friedhofs – nur Schwarz als Haarfarbe verwenden. Möglicherweise stammte diese blonde Beimischung von westlich vom Niltal siedelnden Tjemeh-Libyern, die mit europäischen Völkern verwandt waren und den Ägyptern mit ihrem beträchtlichen Besitz an Rinderherden imponierten. Einen zweiten Hinweis gibt die sogenannte »vierte Pyramide« von Gise, in Wirklichkeit ein bankförmiges Grab, das einem gewaltigen Sarkophag gleicht. Dieser letzte bedeutende Bau der vierten Dynastie war für die Königin Chentkaus errichtet worden, die Tochter des Mykerinos, letzte legitime Erbin der vierten und Begründerin der fünften Dynastie (2465 v. Chr.). Hier ist offenbar der Ursprung der späten Legende von der Kurtisane Rhodopis, der »rosenwangigen«, zu suchen, von der gesagt wird, sie, mit ihrem hellen Teint und ihren rosigen Wangen die edelste und schönste ihrer Zeit, habe die dritte Pyramide erbaut. So romantisch ungenau die Legende auch ist, die Ausnahmestellung der Königinnen im Alten Reich gibt sie nicht unzutreffend wieder. Daß diese Ausnahmestellung auch die Frauen des Vornehmen und Gemeinen über den Stand wertvollen Inventars hinausgehoben und von der Pflicht befreit habe, ihren Herren und Gebietern eine lange Reihe von Söhnen zu gebären, ist kaum anzunehmen. Erst mit der Auflösung des zentralistischen Staates und der Lockerung alter Bindungen sollte sich auch ihre Position verbessern. Im Mittleren Reich erhielten mit den Vornehmen auch ihre Frauen das früher königliche Vorrecht, nach dem Tode zu göttlichen Wesen zu werden.

Das Alte Reich, dem sein bemerkenswerter Aufstieg ein langes Leben zu verheißen schien, ist an einer Verkettung mannigfacher Umstände gescheitert. Zu den Auswirkungen der ruinösen Monumentalbauten und zu den Selbständigkeitsbestrebungen der Amts-, Grundbesitz- und Tempelaristokratie gesellten sich drei weitere Faktoren: die Lasten der Sonderfonds, aus denen die Instandhaltung der Gräber der Könige, Königinnen und Beamten für alle Ewigkeit bestritten wurde, die hohen Kosten, mit denen die Loyalität der allzu selbständigen Provinzen erkauft werden mußte, und das Schrumpfen der Überschüsse des Handelsverkehrs mit fremden Ländern.

Aus der Gesamtperiode des Alten Reiches und namentlich aus seiner Spätphase haben sich zahlreiche Privilegienverfügungen erhalten, mit denen einzelnen Institutionen besondere Vorrechte eingeräumt wurden. Wichtig sind vor allem Privilegienverfügungen, die die Arbeitsleistungsverpflichtungen (aber anscheinend nicht die Naturalabgaben) einzelner Tempel aufhoben und ihnen Schutz vor Anschlägen beamteter Personen auf ihre Güter oder ihre Arbeitskräfte zusicherten. Schutz vor Amtsmißbrauch und Übergriffen verbürgte gewiß nur den Genuß normaler Rechte; dagegen war die Befreiung der Tempel von Arbeitsverpflichtungen ein kostspieliges Geschenk, das ein fühlbares Loch in den Haushalt der königlichen Schatzkammer riß. Mit solchen Geschenken suchte der Pharao, dessen Macht bereits angenagt war, die Unterstützung einzelner einflußreicher Tempel oder Bezirke zu erkaufen. Ein typisches Beispiel ist die Verfügung Phiops' I. (sechste Dynastie) über die Abgabenfreiheit zweier »Pyramidenstädte«, womit landwirtschaftliche Siedlungen gemeint waren, die für die Instandhaltung der zwei Pyramiden König Snefrus (vierte Dynastie) Arbeitskräfte und Naturalien lieferten. Zu Ehren dieses entfernten Vorfahren verfügte Phiops I.: »Meine Majestät hat befohlen, daß diese beiden Pyramidenstädte um seinetwillen für alle Ewigkeit davon befreit werden, Arbeit für den Palast zu leisten, für alle Ewigkeit davon befreit werden, Zwangsarbeit für irgendeinen Teil der königlichen Residenz zu leisten, und für alle Ewigkeit davon befreit werden, irgendeine Fronarbeit auf Geheiß von wem auch immer zu leisten.« Ausdrücklich wurden die Personen, Güter und Dienste aufgeführt, denen die Fronfreiheit galt, und die Leistungen genannt, zu denen sie nicht herangezogen werden durften; darunter fielen im besonderen jegliche Leistungen für den Pharao selbst, die königliche Familie oder für königliche Beamte. Zum höheren Ruhme eines Königs, der seit dreieinhalb Jahrhunderten tot war, wurden umfangreiche Ländereien und die Arbeitskraft vieler Menschen jeder produktiven Verwendung entzogen und aus dem wirtschaftlichen Zusammenhang herausgerissen. Eine Seltenheit war die Fron- und Abgabenfreiheit nicht. Die Lasten aber, von denen die mächtigeren Tempel und Pyramidenbezirke befreit wurden, mußten weniger einflußreichen Institutionen zusätzlich aufgebürdet werden. Das Gewicht der toten Hand lastete schwer auf der Wirtschaft des Landes.

Nicht anders liest sich die Privilegienverfügung zugunsten des Tempels des Gottes Min in Koptos in Oberägypten: »Für den obersten Propheten und den nachgeordneten Propheten des Min in Koptos, ... für alle Knechte, die dem Hause des Min dienen, für das Gesinde, die Gefolgschaft und die Wache des Min, für die Insassen des Arbeitshauses und für die beiden Architekten dieses Tempels – für alle, die dort sind – verfügt meine Majestät, daß sie für keinerlei Tätigkeiten für den König herangezogen werden dürfen, weder sie noch ihre Rinderherden, Eselsherden oder Kleinviehherden; ... vielmehr möge jede Arbeit auf Zeit und jede Zwangsarbeit in alle Ewigkeit dem Hause des Min zugute kommen. Heute von neuem sind sie befreit für den Min von Koptos durch eine Verfügung des Königs von Ober- und Unterägypten, der für immer und ewig leben wird. Der Statthalter von Oberägypten soll, wenn er die Verfügung wegnimmt und in ein Amt des Hauses der königlichen Urkunden oder des Hauses des Prüfungsmeisters oder eines Archivs oder eines siegeltragenden Hauses überführt, um den Tempel zu irgendeiner Arbeit für den Palast zu bringen, mit dem Wort ›Verrat‹ verflucht sein!« Um sich der Unterstützung mächtiger Priestergruppen zu versichern und so dem wankenden Thron eine solide Basis zu verschaffen, fügten die Pharaonen der Wirtschaft des Landes nicht geringen Schaden zu. Sie bewirkten damit zugleich, daß außerhalb des königlichen Bereichs starke Kräfte mit eigenem Besitz entstanden, ihre Position festigten und die Möglichkeit erlangten, die Herrschaft des Königs zu untergraben. Das System arbeitete auf seine eigene Zerstörung hin.

Ein weiterer bedrohlicher Faktor kam von außen. Das Alte Reich hatte nie versucht, ein Imperium zu errichten, sondern sich mit der Sicherung der internationalen Handelswege begnügt, die Ägypten dank seiner kulturellen und wirtschaftlichen Überlegenheit gewinnbringenden Handel zuführten. Das Außenhandelsmonopol dürfte dem Königtum wirtschaftlich sehr beträchtlich geholfen haben. In der Spätphase des Alten Reiches sprechen aber die Texte von Schwierigkeiten in den fremden Ländern, die für den ägyptischen Handel wesentlich waren. In Obernubien und im Sudan mußte militärisch eingegriffen werden. Eine passive, stagnierende einheimische Kultur wurde dort von einer starken primitiven (vermutlich mit den Tjemeh-Libyern verwandten) Kultur bedroht, die aus der Sahara einströmte. Der friedliche Handel früherer Zeiten wurde behindert. Ähnliches bahnte sich in Asien an, ohne daß Strafexpeditionen (unter der sechsten Dynastie) Grundsätzliches hätten ändern können. Neue Völker drängten aus der Wüste nach, neue Josefs, die keinen Pharao kannten. In Palästina und Syrien genügte zunächst die Sicherung des Handelsweges ohne Garnisonen und Kolonien. Wichtig aber war die Handelsniederlassung Byblos, von wo Zedernholz und Zedernerzeugnisse verschifft wurden und das wohl auch für Kupfer und Zinn von den Mittelmeerinseln, für kleinasiatisches Silber, für Wein und Olivenöl aus dem östlichen Mittelmeer und für Lapislazuli aus weiter östlich gelegenen Ländern als Transitzentrum diente. Hier kam das Ende am Ausgang der sechsten Dynastie. Der ägyptische Tempel in Byblos wurde niedergebrannt, der ägyptische Handel stillgelegt

Offenbar hatte der Druck der neuen Völkerschaften aus der Wüste die innere Situation in Vorderasien chaotisch werden lassen. Die Unterbrechung des wichtigsten Handelsweges zwischen Ägypten und Asien war für den Pharao politisch und wirtschaftlich ein empfindlicher Schlag.

Es ist nicht einfach, das Auseinanderfallen eines zentralistischen Absolutismus und das Vordringen individuellen Selbstbewußtseins oder sozialer Interessen zu beschreiben, ohne Sympathiegefühle durchschimmern zu lassen. Sie dürfen nur nicht das Negative verdecken. Die Abkehr vom Zentralismus hatte durchaus nicht nur gute Seiten: sie brachte einen Qualitätsverlust im kulturellen Schaffen und führte zu einer schweren sozialen und wirtschaftlichen Notlage, die einiges am spezifisch ägyptischen Charakter des Staatsgebildes unwiderruflich zersetzte. Im übrigen werden hier in hypothetischer Schärfe historische Tendenzen skizziert, die sich im tatsächlichen Geschichtsablauf in relativen Übergängen verwischen. So müssen denn auch die emotional gefärbten Begriffe relativ verstanden werden. Wenn von Demokratisierung die Rede ist, darf nicht unterstellt werden, daß Ägypten je in einem politischen Zustand gelebt habe, der einer Volksherrschaft ähnlich sähe; nur auf einen Wandel im Vergleich zu einer früheren Periode wird hingewiesen. Und bei aller Betonung der Wirksamkeit zentrifugaler Kräfte ist unbestritten, daß der staatliche Aufbau des alten Ägyptens, über längere Zeiträume gesehen, im wesentlichen zentralistisch blieb.

\*

Von Pharaonen schon vor der Weltreichsperiode zu sprechen ist nur unter Vorbehalt möglich. Das Wort Pharao bedeutete »großes Haus« und bezog sich ursprünglich eher auf den königlichen Palast als auf seinen Bewohner. Erst in einer späten Phase der achtzehnten Dynastie wurde diese Umschreibung auf den König selbst angewandt. Die Lehre von der göttlichen Natur des Königs von Ägypten brachte es mit sich, daß dem König offizielle Titel von verschiedener Bedeutung und verschiedenem Gewicht beigegeben wurden. Die volle Titulatur bestand aus fünf Titeln, von denen jeder von einer didaktischen Bezeichnung oder einem Namen begleitet war. Als Ganzes beruhte die Titulierung auf der These vom Recht des Königs, beide Teile Ägyptens als Einheit zu beherrschen; in den einzelnen Epitheta und Namen, die in verschiedenen Phasen der ägyptischen Geschichte benutzt wurden, fand das Wechselvolle des politischen Kurses seinen Ausdruck. Als der »Horus« war der König der jeweilige Herrscher Ägyptens, der Himmelsgott, legitimer Nachfolger seines zum »Osiris« gewordenen Vaters. Als die »Zwei Herrinnen« hatte der König die Göttinnen der beiden Landesteile, Nechbet von Oberägypten und Buto von Unterägypten, in sich aufgenommen. Der Titel »Gold-Horus« deutete eine Art überragende Macht oder Glorie an; seine genaue Sinnbestimmung bleibt unklar. Die beiden weiteren Titel gingen den gebräuchlichsten Namen des Königs voraus, die in der Schrift umrandet – in »Kartuschen« – wiedergegeben wurden. Als »Träger der *Sut*-Pflanze und der Biene«, gewöhnlich mit »König von Ober- und Unterägypten« wiedergegeben, benutzte der König die anerkannten Symbole Ober- und Unterägyptens, um wiederum die dynastische Einheit der

Landesteile kundzutun; daran schloß sich häufig noch ein weiterer Ausdruck derselben Idee: »Herr der Zwei Länder.« Erst diese Titel leiteten zum »Vornamen in der Kartusche« über, zum Thronnamen, den der König bei der Krönung annahm und dessen inhaltlicher Aussage programmatische Bedeutung zukam. Von der vierten Dynastie an enthielt der »Vorname« gewöhnlich eine Bezugnahme auf Re. Als »Sohn des Re« berief sich der König schließlich auf seine Abstammung vom Sonnengott; auch daran schloß sich oft ein zweiter Titel, vielleicht mit »Herr der Erscheinung« zu übersetzen. Wiederum war dies die Überleitung zum »Namen in der Kartusche«; gewöhnlich war das der persönliche Name, den der König seit seiner Geburt trug, oft ein Dynastiename – wie bei den Amenemhets oder Sesostris der zwölften, den Amenophis und Thutmosis der achtzehnten oder den Ramses der neunzehnten und zwanzigsten Dynastie.

Unserem Wort »König« kam eine Bezeichnung am nächsten, die ursprünglich »Träger der *Sut*-Pflanze« bedeutete. Ebenso hieß der Herrscher »der gute Gott« oder »der Herr«. Eine direkte Erwähnung der geheiligten Person des Königs konnte vermieden werden, indem man ihn »Großes Haus«, »Haus des Königs«, »Residenz« oder »Geschützte Stätte« nannte. Das Wort, das wir mit »Majestät« übersetzen, ist dasselbe wie die Bezeichnung für »Diener« und mag ursprünglich die Tätigkeit des Königs im Dienste der Götter angezeigt haben. Oft wurde dem Titel oder Namen des Königs ein frommer Wunsch angehängt: »er lebe, sei heil und gesund!« Die drei göttlichen Attribute des Königtums waren *hu* (»autoritative Äußerung« oder »schöpferischer Befehl«), *sia* (»Wahrnehmen« oder »Verstehen«) und *ma'at* (»Gerechtigkeit«).

## *Siebente bis zehnte Dynastie*
*(etwa 2150–2040 v. Chr.)*

Lebensenergie, Lebensart und Selbstvertrauen hatten dem Alten Reich die besondere Note gegeben, die dies prosperierende und schöpferische Zeitalter – wenn man die Entwicklung typischer eigener Lebensformen als Maßstab nimmt – zur »ägyptischsten« Periode der ägyptischen Geschichte machte. Ein von äußeren Gefahren oder inneren Konflikten noch nicht gehemmter Aufstieg schuf die Voraussetzungen für die Ausbreitung eines mächtigen Sicherheitsgefühls, ohne das hochentwickelte kulturelle Gestaltung kaum möglich ist. Bestimmend für Ägyptens kulturelles Schaffen waren aber in dieser Zeit sein Pragmatismus und sein Materialismus. Seiner entfalteten Kraft bis zur Überheblichkeit bewußt, glaubte sich der Ägypter stark genug, mit der Welt fertigzuwerden; er brauchte weder den ständigen Beistand der Götter noch einen abstrakten Sittenkodex; im Rahmen seines Erfahrungsbereichs traute er sich zu, jede beliebige Situation anpacken und meistern zu können. Vor allem ging er mit seiner materialistischen Haltung an das große Ziel des ewigen Lebens heran. Ein imposantes Grabmal, ein großes Legat für Grabpflege und Totendienste, der fortwirkende dynamische Schwung des irdischen Erfolgsstrebens und die wohlverdiente Gunst des Gott-Königs waren die Investitionen, die ihm Unsterblichkeit eintragen sollten

Daß diese materialistische Zielsetzung auch durch Religion, Magie und ein bißchen *ma'at*-Anrufung befördert wurde, ändert nichts an der Tatsache, daß sich das Alte Reich im wesentlichen an den irdischen Werten Erfolg und Reichtum orientierte. So wurde die gottgegebene Weltordnung gesehen. Daraus ergaben sich einfache und eindeutige Verhaltensnormen ebenso wie die Ansicht, daß Reichtum und irdische Anerkennung ihren Wert in alle Ewigkeit behalten würden.

Dem Einzelmenschen mag zwar ein solches System einen gewissen Selbständigkeitsdrang eingegeben haben, aber seine Grundlage war die einmal errichtete wohlvertraute Ordnung mit dem Pharao als Schlüsselfigur. Dem Pharao gehörte alles; das Volk konnte kein anderes Schicksal haben als der König. Alles politische, soziale und wirtschaftliche Geschehen war durch diese Glaubenssätze bestimmt. War der Eckstein, das göttliche Königtum, zerschlagen oder aus dem Bauwerk herausgebrochen, so mußte das stolze Staatsgebäude zusammenstürzen. Nach der Überlieferung hatte der letzte Pharao der sechsten Dynastie, Phiops II. (mit dem Thronnamen Neferkarê), vierundneunzig Jahre regiert; unmittelbar nach seinem Tod, irgendwann um 2150 v. Chr., fiel das Alte Reich auseinander. Vielleicht konnten die Zerfallstendenzen überhaupt nicht mehr niedergehalten werden, vielleicht hatte die zu lange Regierungszeit eines schwächlichen, müden Königs den Zerfall beschleunigt.

Dann kam Chaos. Von Memphis wollten die siebente und die achte Dynastie, die nach einer späteren Überlieferung siebzig Könige in siebzig Tagen verbraucht haben sollen, weiterhin das ganze Land regieren, aber das Land nahm davon keine Notiz. Alles in allem dürften die beiden Dynastien mit einem tatsächlich beträchtlichen Verschleiß an schwachen Königen etwa fünfundzwanzig Jahre regiert haben. Unterdes versuchten die einzelnen Provinzfürsten, in ihren Bezirken Ordnung zu schaffen, hier und da auch den eigenen Machtbereich auszudehnen. Zwei Generationen lang erhob ein oberägyptisches Fürstengeschlecht in Koptos Anspruch auf den ägyptischen Thron, aber weiter als eine oder zwei Tagereisen stromaufwärts und -abwärts dürfte seine Domäne nicht gereicht haben.

Zwei Generationen nach dem Sturz des Alten Reiches hatte sich die Lage insofern geklärt, als nunmehr die wichtigsten miteinander rivalisierenden Kräfte zu erkennen waren. Ab 2100 herrschte ein halbes Jahrhundert ein einflußreiches Fürstengeschlecht in Herakleopolis im Fayûm-Gebiet über ein Stück Ägypten, das irgendwo im Delta anfing und im Süden einen Teil Oberägyptens einschloß. Unter diesen Herrschern (neunte und zehnte Dynastie) stabilisierten sich die Zustände in Mittelägypten so erheblich, daß eine lebenskräftige literarische Bewegung entstand, der die klassische ägyptische Literatur ihre ersten fruchtbaren Anfänge verdankt. Als die herakleopolitanischen Könige mit der aufstrebenden Macht Thebens zusammenstießen, kamen ihnen die einflußreichen und eigenwilligen Fürsten von Assiut in Mittelägypten zu Hilfe. Aber Theben erwies sich als stärker.

Was sich in dieser Ersten Zwischenzeit im Delta abspielte, ist zweifelhaft. Der Zerfall des zentralen Staates hatte zur Folge, daß im Delta die Unruhe spürbar wurde, die die Völker Vorderasiens ergriffen hatte. Auch ohne bewaffnete Invasion waren die Asiaten im Delta so zahlreich geworden, daß sie für die herakleopolitanischen Herrscher zumindest ein

Polizeiproblem waren. Es ist möglich, daß der eine oder andere Einwanderer, dem Vorbild kleinerer ägyptischer Fürsten folgend, Ansprüche auf den Thron erhob; ein für die Zeitwirren entscheidender Faktor war das nicht. Die in einigen ägyptischen Texten aufgestellte Behauptung, daß die Asiaten die Schwächung des ägyptischen Staates verursacht hätten, stellt die Dinge auf den Kopf: sie profitierten lediglich vom Zerfall der Staatsautorität, indem sie sich auf dem fruchtbaren Boden des Deltas ansiedelten. Am Ende des Interregnums waren sie bereits völlig assimiliert oder konnten, soweit sie es nicht waren, mühelos vertrieben werden.

Als der Hauptbewerber um die Herrschaft erwies sich ein thebanisches Fürstengeschlecht, das um 2133 v. Chr. schon so mächtig war, daß es sich als kleine Pharaonendynastie etablieren konnte. Fast hundert Jahre dauerte der Kampf des südlichen Thebens gegen die nördlich-mittelägyptische Koalition der Könige von Herakleopolis und der Fürsten von Assiut. Um die Mitte des 21. Jahrhunderts siegten schließlich die Thebaner über den Norden; ihre elfte Dynastie dehnte in der folgenden Zeit ihren Herrschaftsbereich so beträchtlich aus, daß sie ihrer Nachfolgerin, der zwölften Dynastie, ein fast geeintes Land hinterlassen konnte. Anfänglich war der neue Staat allerdings stark dezentralisiert und wird nicht zu Unrecht als »Feudalstaat« bezeichnet: die alte Übermacht der Pharaonen war noch nicht wiedergekehrt.

Die Erste Zwischenzeit hat eine beachtliche Literatur hinterlassen, in der sich das ratlose Entsetzen der Ägypter ob des Zusammenbruchs ihrer einst stabilen Welt spiegelt. Im Alten Reich hatten trotz allen Veränderungen feste Ordnungsprinzipien geherrscht, die allen Wandel regulierten: Aufstieg und Erfolg erreichte man durch Verstand, Fleiß und königliche Gunst. Aber nun war ein Zeitalter der Gewalt hereingebrochen: jetzt suchte man sich dadurch hervorzutun, daß man die althergebrachten Normen und Regeln mit Füßen trat. Der Prophet Ipuwêr sagte: »Fürwahr, das Land dreht sich wie die Töpferscheibe. Der Räuber ist Besitzer des Reichtums... Fürwahr, alle Dienstmägde lassen ihrer Zunge freien Lauf; sprechen die Herrinnen, so ist es den Dienerinnen lästig... Wahrlich, ihre Wege sind keine bewachten Straßen. Menschen lauern im Gebüsch, bis ein im Dunkel Irrender kommt, um ihm seinen Packen wegzunehmen und zu stehlen, was er bei sich trägt. Er wird mit Stockschlägen bedacht und verbrecherisch erschlagen... Wahrlich, die Kinder der Vornehmen werden gegen die Mauern geschleudert... Siehe, vornehme Damen lesen Früchte auf, und Vornehme sind im Arbeitshaus. Wer nie auf einer Pritsche geschlafen, besitzt ein Bett... Siehe, die Besitzer von Gewändern sind in Lumpen... Schlagen drei Menschen einen Weg ein, so werden nur zwei gefunden: die mehr sind, erschlagen die, die weniger sind...«

Was dieser und andere »Propheten« zuvörderst im Auge haben, ist die Auflösung des Staates, in dem der Gott-König allmächtig war, die Abwertung des Königsmysteriums durch die Herrschaftsansprüche vieler. Dort, wo Steuern noch gezahlt werden, werden die Schatzämter ausgeplündert: »Das Lagerhaus des Königs ist ein Platz, wo sich jeder holt, was er will, und der gesamte Palast ist ohne Abgaben.« Aber je weniger Einnahmequellen es gibt, um so mehr werden die wenigen ausgepreßt, die übrigbleiben. Erlöse aus dem Handel mit fremden Ländern waren zusammengeschmolzen, nur kümmerliche Tauschgeschäfte mit den armen kleinen Oasen im Westen geblieben. »Keiner«, klagt Ipuwêr, »segelt heute nach Byblos im Norden. Woher sollen wir Zedern für unsere Mumien nehmen?... Mit dem Öl daraus wurden die Vornehmen auch im fernen Keftiu einbalsamiert, aber sie kommen nicht mehr. Gold fehlt...« Mit dem Mangel war auch die Mißachtung der einst geheiligten königlichen Ämter und Verwaltungen – der »Erhabenen Einfriedung« – eingezogen. Nicht einmal das Eigentum der Toten wurde respektiert, auch nicht das der toten Könige, deren Pyramiden beraubt wurden. Aus den verwahrlosten Grabstätten der Ahnen wurden Steine für den Bau neuer Gräber herausgebrochen. Ein König von Herakleopolis warnt seinen Sohn Merikarê: »Füge dem Denkmal eines anderen keinen Schaden zu. Du solltest deine Steine aus den Steinbrüchen in Tura holen. Errichte nicht dein Grab aus Trümmern!« Nicht nur waren die alten Gräber zerfallen und von den Totenpriestern im Stich gelassen worden; nicht nur waren die Legate und Sonderfonds für ihre Instandhaltung im allgemeinen Chaos zerronnen. Schlimmer noch: wer jetzt starb, wurde nicht mehr ordnungsgemäß bestattet. »...Viele Tote«, sagt Ipuwêr, »werden im Fluß begraben. Der Strom ist ein Grab, der Strom ist zur Einbalsamierungsstätte geworden.« Von Selbstmördern ist die Rede, die verzweifelt auf Grab und Totendienst verzichten: »Wahrlich, die Krokodile gehen unter, weil sie soviel davontragen, denn Menschen gehen zu ihnen aus freien Stücken.« Alte Bindungen sind zerrissen, und so mancher denkt an Selbstmord, weil er vereinsamt ist: »Mit wem kann ich heute sprechen? Kummer drückt mich nieder, weil ich keinen vertrauten Freund habe. Mit wem kann ich heute sprechen? Die Sünde, die auf Erden wandelt, nimmt kein Ende.«

In dem Bestreben, den Staat zu festigen und auszubauen, hatten die Pharaonen das Selbstbewußtsein, den Selbständigkeitssinn der Oberschicht gefördert, die dem Thron am nächsten stand. Das war ihnen gelungen, und nun waren sie auf die Unterstützung der Mächtigen angewiesen. Der König von Herakleopolis zog die Konsequenzen, als er seinem Sohn riet: »Erhebe deine großen Männer, auf daß sie deine Gesetze ausführen mögen... Der Arme spricht nicht in dem Sinn, in dem es für ihn richtig wäre, ... sondern ist dem zugetan, der für ihn eine Belohnung hat. Groß ist der Große, wenn seine großen Männer groß sind; mächtig ist der König, der Höflinge hat; erhaben ist der, der reich an Adligen ist.« Persönliche Tüchtigkeit schien immer noch lobenswert: »Mache keinen Unterschied zwischen dem Sohn eines Edlen und einem Armen, nimm einen Mann wegen der Arbeit seiner Hände zu dir.« Aber eben die Förderung der Tüchtigen und Initiativreichen züchtete potentiellen Widerstand gegen die Alleinherrschaft des Königs. Was gesteigertes Selbstbewußtsein mit sich brachte, bejammerte der Lebensmüde, der an den neuen Sitten kein Gefallen fand: »Die Herzen sind raubgierig. Jedermann nimmt, was seinem Nächsten gehört.«

Alles Stabile geriet ins Wanken; plötzlich stand man fassungslos vor einer Welt des Ungewissen. Warum die vertraute Ordnung der Dinge nicht mehr funktionierte, begriffen die Ägypter nicht. Aber das Zerbröckeln des staatlichen Panzers hatte auch noch die Grenzen entblößt, und Scharen von Fremden waren ins Delta eingesickert. Sie waren keine unwiderstehlichen Horden von Eroberern wie später in der Zweiten Zwischenzeit die Hyksos, aber sie waren fremdartig und lebenshungrig, kamen wohl auch hier und da zu Einfluß und Geltung, und es war verlockend, sie für alles Böse verantwortlich zu machen. Die Ägypter, die sich in unerschütterlicher Überheblichkeit als »das Volk« im Gegensatz zu allen Fremden zu bezeichnen pflegten, entdeckten dabei plötzlich, daß sie als »das Volk« nicht mehr unter sich waren. Aber die Eindringlinge verschmolzen mit »dem Volk«, eigneten sich die Arbeitsweise der Einheimischen an und wurden mit der Zeit zu echten Ägyptern. Damit verblaßte der erste Schock; wieder konnten sich die Ägypter als die Überlegenen aufspielen. Das Unterweisungsbuch des herakleopolitanischen Königs für seinen Sohn hatte für die Asiaten und ihre Heimat nur souveräne Verachtung übrig: »Siehe den elenden Asiaten – schlecht ist es um die Gegend bestellt, wo er ist: vom Wasser befallen, unzugänglich wegen der vielen Bäume, und die Wege darin beschwerlich wegen der Berge. Er lebt nicht an einem Ort, seine Beine sind dazu da, in die Irre zu gehen. Er hat gefochten seit den Zeiten des Horus, aber er erobert nicht... Mache dir keinen Kummer seinetwegen: er ist ein Asiate, an seiner eigenen Küste verachtet. Er kann einen Einzelnen berauben, nicht gegen eine Stadt mit vielen Bürgern kämpfen.«

Eine einheitliche Reaktion auf die erschütternde Entdeckung, daß die Welt, in der man lebte, weder stabil noch ewig war, brachte Ägypten nicht hervor. Mit welchen Problemen sich der Einzelmensch auseinandersetzen mußte, zeigt ein literarisches Dokument, in dem der vorhin schon zitierte Lebensmüde mit seinem *ba*, der nach dem Tod tätig werdenden »Seele«, diskutiert, der im Jenseits die Aufgabe zufällt, die Verbindung zwischen dem *ach* des Toten, seinem »wirksamen Wesen«, und seiner Leiche, seinem Grab und seinen Hinterbliebenen herzustellen. Im Mittelpunkt des Streites um die Berechtigung des Selbstmords steht die Frage, ob der *ba* bei einem Menschen, der durch Verbrennung Selbstmord begangen hat, verbleiben und ihn betreuen könne. Der *ba* warnt vor einer Todesart, die ordnungsgemäße Bestattung und richtigen Totendienst ausschließt, und rät dem Lebensmüden, seine Kümmernisse im Sinnengenuß auszulöschen. Ausführlich werden die Einwände des Selbstmordkandidaten wiedergegeben: unbedachter Sinnengenuß werde ihn in Verruf bringen; in der Welt der Habgier und Gewalttätigkeit finde er keine Freunde; auch der Tod sei ein Genuß, da er Schmerz und Leid hinwegnehme und den Toten wichtige Vorrechte zuständen. Im Gegensatz zu aller Tradition läßt sich der *ba* von diesen höchst unägyptischen Argumenten überzeugen und räumt seinem Schützling das Recht ein, die hergebrachte Weltordnung in Frage zu stellen und für sich eine individuelle Lösung zu beanspruchen. Dennoch darf man hier keine ausländische Beeinflussung unterstellen. Was uns unägyptisch anmutet, ist die pessimistische Grundhaltung, aber gerade sie war das Produkt der für Ägypten untypischen Zeit des materiellen Zerfalls und der geistigen Enttäuschung. In späteren Zeiten fand der sanftmütige Pessimismus keinen Widerhall.

Die gegenteilige Reaktion auf die chaotische Zeit äußert sich im Agnostizismus und im Appell an hedonistische Lustbefriedigung. Der Harfner, der nach einem Festmahl die müde vor sich hindösenden Vornehmen mit melancholischem Gesang unterhält, spricht davon, daß die Gräber der Ahnen verfallen, daß also auch das ausgesuchteste Begräbniszeremoniell das Gedächtnis der Toten nicht lebendig erhält. Welche Sicherheit bleibt dann noch dem Menschen? »Niemand kommt von dort zurück, uns von ihrem Ergehen, von ihren Bedürfnissen zu erzählen, unsere Herzen zu beschwichtigen, bis auch wir zu dem Ort wandern, wohin sie gegangen sind. Laß deine Begierde erblühen, damit dein Herz nicht an die Totensegnung denke, die dir bevorsteht, und folge deiner Begierde, solange du lebst... Befriedige deine Bedürfnisse auf Erden nach dem Geheiß deines Herzens... Wehklagen errettet nicht das Herz des Menschen von der Unterwelt... Mache dir einen Festtag und ermüde nicht darin! Siehe, es ist niemandem beschieden, seine Habe mit sich zu nehmen. Und keiner, der davongeht, kehrt wieder zurück.«

Verzweiflung und Zynismus waren nicht die einzigen Antworten des Zeitalters zum Problem des Leidens, auch nicht die fürs Überleben hilfreichsten. Tatsächlich entdeckte Ägypten am Ende der Ersten Zwischenzeit und zu Beginn des Mittleren Reiches an Stelle der angeschlagenen materialistischen Werte neue, moralische Werte. Nachdem sich sichtbare und faßbare Dinge – Gräber, Legate, Einfluß bei Hofe – als vergänglich erwiesen hatten, drängte sich den Ägyptern nach und nach die Vorstellung auf, daß Dinge, die nicht zu sehen sind, ewig sein mögen. Hätten sie aus dieser Entdeckung die praktische Konsequenz gezogen, daß es wichtig sei, möglichst vielen Menschen ein auskömmliches Dasein zu sichern, so hätte Ägypten das erste Land der Achtung vor dem einfachen Menschen sein können. Aber die Einsicht in die Eigenbedeutung jedes menschlichen Wesens war in Ägypten nur kurzlebig: als die Zeit der Wirren vorbei war, fand Ägypten bald den Weg zu den alten Erfolgsvorstellungen zurück.

Die Zeit des Interregnums war die einzige Periode der ägyptischen Geschichte, in der der Pharao als fehlbarer und irrender Mensch erschien und ein gewöhnlicher Sterblicher die Schwächen des Königs anprangern durfte. Demütig bekannte der König von Herakleopolis dem Sohn Merikarê, er habe Unrecht getan und verdiene, von den Göttern gezüchtigt zu werden: »Ägypten rauft sogar in der Totenstadt, indem es die Gräber erbricht... Auch ich tat solches, und es ist das geschehen, was einem geschieht, der gegen Gottesgebote verstößt.« »Siehe, ein Unglück ist in meiner Zeit geschehen: die Gebiete von Thinis wurden zerhackt. Das geschah wirklich wegen der Dinge, die ich getan hatte, und ich erfuhr davon, nachdem es getan war. Siehe, mein Entgelt entsprang dem, was ich getan hatte.«

Während der Gott-König von sich selbst und von anderen vermenschlicht wurde, hob sich der Status der Vornehmen – mit ihnen aber auch des gewöhnlichen Bürgervolkes – fast bis in die Ebene des göttlichen Herrschers empor. Besonders deutlich wird das im Totenkult sichtbar. Gerade in der Ersten Zwischenzeit bemächtigten sich die Beamten der Pyramidentexte und ließen sie auf ihren Särgen anbringen. Ursprünglich waren diese Texte für die Könige entworfen worden, um ihr gesteigert göttliches Dasein im Jenseits zu proklamieren; daß diese Texte jetzt auch nichtköniglichen Personen dienten, bedeutete, daß, wer prominent und reich genug war, sich einen beschrifteten Sarg und priesterlichen Begräbnisdienst zu leisten, der Mitwirkung der Religion und Magie bei seiner Erhebung zum Gott im künftigen Leben sicher sein konnte: auch er wurde nun nach dem Tode zum Osiris. Sogar die königlichen Bestattungsriten wurden anderen zugänglich: wie auf Grabbildern zu sehen ist, wurden bestimmte Tänze, die früher nur bei Königsbegräbnissen zulässig waren, in die Sterberiten für Beamte aufgenommen. Dem Weiterleben nach dem Tode wurden für König und Volk die gleichen Züge aufgeprägt. Quantitative Differenzen in der Ausstattung der Begräbniszeremonie und in Totengebeten und -beschwörungen mochten noch bestehen, aber die gleichen Texte, Riten und Zauberformeln verhießen fortan die nämliche Seligkeit dem König wie dem Gemeinen.

Wie weit die »Demokratisierung des Jenseits« bis nach unten vordrang, ob auch Handwerker und Bauern, die sich schwerlich ausgiebige Totenfeiern und beschriftete Särge erlauben konnten, des göttlichen Daseins nach dem Tode teilhaftig wurden, ist nicht mit Gewißheit zu ermitteln. Vielleicht galten Angehörige der unteren Klassen in der Praxis auch weiterhin als postumes Eigentum ihrer Herren. Doch gibt es Hinweise darauf, daß die demokratischen Vorstellungen dieser ungewöhnlichen Periode keine Klassengrenzen kannten und auch noch dem niedersten Bauern wenigstens die theoretische Möglichkeit eröffneten, im Jenseits zum Gott zu werden. In dem gleichen Sinne, in dem das Unterweisungsbuch für Merikarê die Menschen nicht nach ihrer Abkunft, sondern nach ihren Fähigkeiten beurteilt wissen wollte, verkündete König Amenemhet: »Ich gab den Notleidenden und zog das Waisenkind auf. Ich half dem, der nichts war, sein Ziel zu erreichen, wie einem, der etwas war.« In einem Sargtext nimmt der Gott-Schöpfer für sich in Anspruch, alle Menschen mit den gleichen Möglichkeiten geschaffen zu haben: »Ich habe die vier Winde gemacht, auf daß ein jeder zu seiner Zeit darin atmen könne wie sein Nächster... Ich habe die große Überschwemmung gemacht, auf daß der Arme darin sein Recht haben möge wie der Große... Ich habe einen jeden geschaffen wie seinen Nächsten; ich hieß sie nicht Böses tun, vielmehr verstießen ihre Herzen gegen das, was ich gesagt hatte...« Diese erstaunliche Erklärung der Menschenrechte findet sich in sechs Inschriften aus der Ersten Zwischenzeit und den Anfängen des Mittleren Reiches, scheint aber danach aus den Totentexten verschwunden zu sein. Die sogenannten »Sargtexte«, die Toteninschriften dieser Periode, zeichnen sich allerdings sonst keineswegs durch ein waches soziales Gewissen aus. Die Aneinanderreihung von Hymnen, Gebeten und magischen Beschwörungen ist kaum anders als in den Pyramidentexten. Jedoch stechen die Sargtexte vorteilhaft vom späteren »Totenbuch« ab. Während sich manche Sätze in den Sargtexten wie moralische Bekenntnisse der Verstorbenen lesen, hat ihnen das Totenbuch erläuternde Bemerkungen hinzugefügt, die den Text als Meldung des Toten über bestimmte rituelle Verrichtungen, die ihm gutzuschreiben wären, interpretieren. Wo der Sargtext sagt: »Meine Sünde ist aufgehoben; mein Irrtum ist hinweggewischt«, setzt das Totenbuch auseinander, daß die Zerschneidung der Nabelschnur des Neugeborenen gemeint sei; den Satz aus den Grabtexten: »Das Trügerische, das mit mir war, ist ausgetrieben«, will das Totenbuch als Umschreibung der Waschung des Säuglings verstanden wissen, und in der Erklärung: »Ich mache mich auf den Weg, von dem ich auf der Insel der Rechtschaffenen erfahren habe«, sieht es nur eine Anspielung auf eine Pilgerfahrt nach Abydos, der Stadt des Totengottes. Dabei ist es freilich nicht ausgeschlossen, daß die Sargtexte tatsächlich rituelle Handlungen beschreiben und keine moralische Beichte darstellen. Da sie sich zum größeren Teil in Magie und Ritual erschöpfen, wäre es gewagt, einige Sätze als ethisch intendiert herauszugreifen.

Daß in dieser Zeit moralische Lauterkeit als Voraussetzung der ewigen Seligkeit angesehen und materiellen Gütern geringere Bedeutung als charakterlicher Bewährung beigemessen wurde, geht indes auch aus anderen Quellen als den Sargtexten hervor. Bevor der Tote ins Paradies eingelassen wurde, mußte er von einem Göttergericht für würdig befunden werden. Später sollte Osiris zum Totenrichter werden und der Prüfung vorstehen, bei der das Herz des Toten – Sitz des Verstandes und des Willens – in die eine und das Symbol der *ma'at* in die andere Waagschale gelegt werden würde. Vorerst stand das Totengericht noch unter dem Vorsitz des Sonnengottes Re, und das Wiegen des Herzens hieß »Aufrechnung des Charakters«, wobei von der »Waage des Re, auf der er *ma'at* abwägt«, die Rede war. Wogen die Tugenden des Toten schwerer als seine Fehler, so waren die Fehler damit gelöscht, und der Tote durfte zu den Göttern eingehen: »Er wird den Rat der Götter erreichen, den Ort, wo die Götter sind, und sein *ka* wird mit ihm und seine Opfergaben werden vor ihm sein, und seine Rede wird durch die Aufrechnung des Übergewichts als wahr erwiesen sein. Er soll seine Fehler aufzählen, aber sie werden durch das Ganze, was er sagt, zu seinen Gunsten ausgeschieden werden.« Von dieser Zeit an wurden die Verstorbenen »wahr an Stimme« oder »siegreich« genannt; damit sollte gesagt sein, daß sie die Prüfung vor dem Totengericht bestanden hatten.

*Ma'at* war zum Kriterium dafür geworden, ob man die ewige Glückseligkeit verdiente. Merikarê wurde von seinem Vater ermahnt, »*ma'at* zu tun, solange du auf Erden fortdauerst«. Ob der König auf Erden gerecht war oder nicht, würde beim Totengericht den Ausschlag geben. Am anschaulichsten tritt die neue Vorstellung von sozialer Gleichheit und von *ma'at*-Pflichten in der Parabel vom »beredten Bauern« zutage. In der Zeit der Könige von Herakleopolis wurden einem Bauern auf dem Wege zur Stadt von einem Mann mit Beziehungen am königlichen Hof seine für den Markt bestimmten Waren geraubt. Der Bauer wandte sich mit einer Beschwerde an den Vorgesetzten des Missetäters, den Oberverwalter des Palastes. Da sich der Bauer energisch und redegewandt zeigte, traf der Oberverwalter des Palastes keine Entscheidung, sondern ließ den Beschwerdeführer seine Sache in neun Audienzen immer von neuem vortragen. Da der Bauer nichts weiter wollte als die Rückgabe seines rechtmäßigen Besitzes, fand er, daß *ma'at* auf seiner Seite sei, und glaubte *ma'at* von einem Mann fordern zu dürfen, dessen hohes Amt ihn dazu verpflichtete, *ma'at* zu verbreiten. Er sah in der *ma'at*-Gerechtigkeit nicht die neutrale Pflicht zur Erhaltung der gerechten Ordnung und zur Beseitigung von Verstößen, sondern gleichsam den Auftrag, aktiv ein neues Prinzip des Guten zu suchen und zu verwirklichen. In diesem Sinne wurden seine Argumente von einem Mal zum andern zusehends schärfer und pointierter. Da seinem Verlangen nach Gerechtigkeit nicht stattgegeben wird, bringt er den Mut auf, den Oberverwalter des Palastes mit Vorwürfen zu überhäufen. Zunächst weist er mit frommer Überzeugung darauf hin, daß ein Richter, dessen Amt es ist, *ma'at* zu gewähren und dessen Gegenteil, den »Trug«, zu zügeln, in der Linderung menschlicher Not seine Belohnung finden müsse: »Wenn du eine Barke besteigst auf dem See der *ma'at*, mögest du mit gutem Wind segeln! Ein Sturm soll dein Segel nicht hinwegreißen, und dein Boot soll nicht sinken... Der furchtsame Fisch soll zu dir kommen, und du sollst das fetteste Geflügel fangen, denn du bist der Vater der Waise, der Gemahl der Witwe, der Bruder der geschiedenen Frau und die Schürze für den, der keine Mutter hat,... ein Führer, frei von Besitzgier, ein großer Mann, frei vom Übel, einer, der den Trug zerstört und *ma'at* lebendig macht und zu dem kommt, der um Hilfe ruft.« Der Sachwalter der *ma'at* müsse ebenso unparteiisch, gewissenhaft und genau sein wie die Waage oder das Getreidemaß oder Thot, der

Gott des gerechten Maßes: »*Ma'at* zu tun ist der Atem der Nase. Vollziehe die Strafe an dem, der bestraft werden soll, und keiner wird deiner Gewissenhaftigkeit gleichkommen.« »Betrügerei beeinträchtigt *ma'at*. Aber *ma'at* ist das gerechte volle Maß, es ist weder zu leicht, noch fließt es über.«

Wiedergutmachung und Bestrafung des »Truges« genügen nicht, zur *ma'at* gehört auch das positive Streben nach Gerechtigkeit. Wer berufen ist, *ma'at* zu gewähren, darf nicht warten, bis die Opfer des »Truges« zu ihm kommen, sondern muß die Fälle suchen, die sein Eingreifen erfordern, und er muß sich nach dem Grundsatz richten, daß man anderen Gutes erweisen müsse, damit sie es auch für uns tun. *Ma'at* hat hier nicht die traditionelle Bedeutung einer statischen Ordnung, in der sich der Pharao bei den Göttern für Stabilität und Unveränderlichkeit bedankt; es ist das aktive Prinzip der sozialen Gerechtigkeit, der Menschlichkeit des Menschen dem Mitmenschen gegenüber. Nicht das Recht des Herrschers wird betont, sondern das Recht des Beherrschten. Es versteht sich fast von selbst, daß der beredte Bauer nicht nur das gestohlene Gut zurückerhielt und sich über die Bestrafung des Diebes freuen konnte, sondern auch noch mit der großzügigen Schirmherrschaft des hohen Würdenträgers belohnt wurde, den er so heftig angegriffen hatte. Auch ein Mann von niederem Rang konnte sich also gegen Unrecht auflehnen und sein Recht erkämpfen. Daß sich die Parabel im Mittleren Reich einer gewissen Popularität erfreute und später aus dem Umlauf verschwand, hat seinen Grund: die Vorstellungen über soziale Gerechtigkeit behielten nicht den Inhalt, den sie im Interregnum erhalten hatten. Noch ein anderes war indes für diese Zeit des Umbruchs bezeichnend. Immer hatte Beredsamkeit im alten Ägypten einen hohen Wert gehabt. In der Parabel vom beredten Bauern hatte sie eine neue Bedeutung erlangt: nicht als Schrittmacher des Erfolges, sondern als Werkzeug der Gerechtigkeit. Das Zeitalter legte Wert darauf, daß sich die Menschen in eigener Sache äußerten.

Es war Ägyptens demokratisches Zeitalter, demokratisch nicht im Sinne einer Regierungsform, bei der die souveräne Macht beim Volke liegt oder liegen soll, sondern demokratisch im Sinne des Strebens nach sozialer Gleichheit, der Geringschätzung politischer oder wirtschaftlicher Scheidewände, des Glaubens, daß allen Menschen die gleichen Rechte und die gleichen Chancen zustehen oder zustehen sollten. Von politischer Demokratie war allerdings keine Rede. Der Gott-Schöpfer hatte allen Menschen gleichen Zugang zu den Winden und zu den Gewässern gegeben – und gleichen Anspruch auf die gute Herrschaft des Gott-Königs oder seiner Beauftragten. *Ma'at* gehörte immer noch den Göttern, war eins der göttlichsten Attribute des Königtums und wurde als Göttin verehrt. Aber dies Zeitalter proklamierte, daß *ma'at* auch den niedersten Ägypter einschließen müsse und daß auch er das Recht habe, von seinen Herrschern soviel demokratisches Einbezogensein zu fordern.

Die geistige Stärke der ägyptischen Kultur in dieser Zeit erwies sich darin, daß der Staat seine erste schwere Erkrankung überstand und aus ihr zwar magerer und nüchterner, aber mit einer in die Höhen blickenden Vision hervorging. Die fröhliche und bewegte Welt des materiellen und sozialen Erfolges, die im Alten Reich so unerschütterlich schien wie die Pyramiden, war zusammengebrochen und hatte Konfusion und Richtungslosigkeit hinterlassen. Die Ägypter mußten ihren Wertkodex neu durchdenken. Es gereicht ihnen zur Ehre daß sie ein positives, optimistisches Ergebnis hervorbrachten: das Recht eines jeden auf Gutes und Besseres. Aber dies Neue war aus einer Zeit der Not geboren und verlor sich in der Atmosphäre des erneuten nationalen Aufstiegs, der das Streben und Wollen der Menschen von neuem in die Bahnen des materiellen Erfolges lenkte. Als später die nationalen Gefahren der Zweiten Zwischenzeit und der aggressive Nationalismus der Weltreichsära staatliche Disziplin und Einheit auf Kosten der Rechte und Ansprüche der Individuen in den Vordergrund treten ließen, gingen die Vorstellungen von Gleichheit und sozialer Gerechtigkeit endgültig unter. Auch das ist eine Geschichte von dem Volk, das das gelobte Land von fern erblickt, aber am Ende doch die Wanderung durch die Wüste antritt.

## *Elfte und zwölfte Dynastie*
*(etwa 2040–1786 v. Chr.)*

Um das Jahr 2040 hatte Theben die feindliche Koalition, das Bündnis der Könige von Herakleopolis mit den Herrschern von Assiut (Mittelägypten), Hierakonpolis und Edfu (südliches Oberägypten), besiegt und beanspruchte nunmehr die Herrschaft über ganz Ägypten. Wir wissen nicht, wie dieser Sieg zustande gekommen ist. Vom Standpunkt der wirtschaftlichen Leistungsfähigkeit und der Verfügbarkeit von Arbeitskräften war Theben viel schwächer als das fruchtbare Fayûm-Gebiet, zumal sich dessen herakleopolitanische Herrscher auf die Unterstützung Unter- und Mittelägyptens glaubten verlassen zu können. Auch als Hauptstadt schien Herakleopolis – an der Grenzscheide zwischen Unter- und Oberägypten – Theben gegenüber im Vorteil: es war zentral gelegen, überdies in einer für den Handel mit Asien und den Mittelmeerländern günstigeren Position. Theben war eine kleine Provinzstadt, mehrere Tagereisen vom Delta entfernt, vom Handel nicht begünstigt. Gemessen am vielseitigen Handelsverkehr, der im Fayûm zusammenlief, war der spärliche Handel, der vom Roten Meer über das Wadi Hammamat nach Theben hinsickerte, bedeutungslos. Soweit literarischer Aufschwung ein Indiz ist, hatte Herakleopolis auch kulturell beträchtliche Energien entfaltet. Allein das Unterweisungsbuch für Merikarê und die Parabel vom beredten Bauern vermitteln den Eindruck kultureller Überzeugungskraft und Geschlossenheit. Solche Eindrücke mögen zwar subjektiv sein, aber jedenfalls fehlen in Theben um dieselbe Zeit vergleichbare kulturelle Leistungen. Theben und sein Gott Amun, der gerade erst größere lokale Bedeutung erlangt hatte, hatten bis dahin überhaupt kaum Aufmerksamkeit auf sich gezogen. Im Vergleich zu Herakleopolis, das mit gutem Grund Memphis' kulturelle und politische Tradition fortführen zu können glaubte, war Theben ein ländlicher Parvenü mit geringen Leistungen und ohne jeglichen überlieferten Anspruch auf die Botmäßigkeit ganz Ägyptens.

Drei Momente geben wenigstens einige Hinweise, die den Sieg Thebens verständlicher machen. Während sich die Selbständigkeitsbestrebungen der Provinzen und Gaue im ganzen Land bemerkbar machten, dürfte der Geist des Separatismus im höherentwickelten Norden stärker gewesen sein als im provinziellen Süden: es ist zu vermuten, daß die

Bundesgenossen der Könige von Herakleopolis störrisch und wenig verläßlich waren. Der Süden war verhältnismäßig arm und hatte von einer Eroberung nördlicher Bezirke mehr zu erhoffen; größere Macht- und Beutegier und skrupelloserer Ehrgeiz mögen den thebanischen Truppen mehr Angriffslust und Schlagkraft verliehen haben. Die Periode des Interregnums war durch starke feudale Tendenzen gekennzeichnet; die lokalen Herrscher machten nicht nur von weitgehender Autonomie Gebrauch, sondern maßten sich auch königliche Titel und Vorrechte an. Die Wiederherstellung des Staatsgebildes des Alten Reiches, die das Regime des Überzentralismus und der bedingungslosen Bindung der Provinzen an den Pharao zu neuem Leben erweckt hätte, wird ihnen wenig verlockend erschienen sein. Eher mögen sie die Neigung verspürt haben, dem mächtigsten und ehrgeizigsten Feudalherrn aus ihren eigenen Reihen ihre Unterstützung zu leihen, wenn auch widerstrebend, unter Vorbehalt und mit wachem Mißtrauen. Im Rahmen einer solchen selbstgewählten Botmäßigkeit wäre der thebanische Herrscher nicht mehr als *primus inter pares* und der neue Staat ein bloßer Schutzverband unter der Leitung des energischsten Teilnehmers gewesen.

Das ist gewiß nur eine Rekonstruktion aus moderner Perspektive. Die sichtbare Form der Herrschaft im Mittleren Reich brachte den thebanischen Fürsten Anerkennung als Göttern und Söhnen des Re, und das traditionelle Dogma machte sie zu absoluten Herrschern. Aber wenn individuelle Selbstbestimmung und soziale Gleichheit wirklich die vorherrschenden Ideen waren, brauchte die Beibehaltung des Dogmas vom göttlichen Absolutismus des Pharaos nicht mehr als ein Oberflächenaspekt des Mittleren Reiches gewesen zu sein, hinter dem sich ein beträchtliches Maß an separatistischen Tendenzen verbarg. In Wirklichkeit haben sich die separatistischen Tendenzen nur eine oder zwei Generationen lang, bis zur zwölften Dynastie, gehalten; dann kam wieder die Zeit größerer Selbständigkeit der zentralen Königsgewalt. Der Sieg Thebens muß ziemlich durchschlagend gewesen sein: die Generation des thebanischen Eroberers Mentuhotep Nebhepetrê erlebte vierzig Jahre Frieden und Normalisierung. Unter der Herrschaft seiner beiden Nachfolger brachen allerdings von neuem innere Unruhen aus, und eine unterirdische Rebellion schwelte während der gesamten Regierungszeit Amenemhets I., des ersten Pharaos der zwölften Dynastie (1991-1961). Mit dem Sieg Thebens war die elfte Dynastie in einem gespaltenen Ägypten auf den Thron gekommen. Im Laufe von neun oder zehn Jahren hatte sie das ganze Land erobert und wiedervereinigt. Entweder war Mentuhotep Nebhepetrê ein bemerkenswerter Organisator und Herrscher – oder das Land war der inneren Zwistigkeiten müde geworden. Eine Zeitlang herrschte Ruhe.

Diese Ruhe ermöglichte energische Versuche zur Wiederherstellung des politischen und gesellschaftlichen Rahmens des Alten Reiches. In Deir el Bahri im westlichen Theben errichtete Mentuhotep Nebhepetrê einen gewaltigen Totentempel, der stufenförmig in den Bergabhang hineingebaut und in der Konstruktion im Vergleich zu den älteren Tempeln der Memphis-Region geradezu revolutionär war. Einen neuen Auftrieb erhielt der Ausbau der Bergwerke und Steinbrüche. Von Koptos am Nil marschierte über das Wadi Hammamat nach Kosseir am Roten Meer eine Militärexpedition von dreitausend Mann; jeder Krieger trug einen ledernen Wasserschlauch und an einer Tragstange zwei Wasserkrüge und zwanzig

Brotlaibe, Vorrat genug für eine Wüstenwanderung von vier oder fünf Tagen. Um die kahle Wüstenstrecke von über hundertfünfzig Kilometer für künftige Karawanen passierbar zu machen, grub die Expedition in der Wüste ein Dutzend Brunnen, vermutlich dieselben, die man heute noch im Wadi Hammamat sehen kann. In Kosseir wurde ein seetüchtiges »Byblos-Schiff« gebaut und vom Stapel gelassen: es segelte, vielleicht als erster Träger eines wiederhergestellten königlichen Außenhandelsmonopols, zum Märchenland Punt, dem Myrrhengebiet an der afrikanischen Küste südlich des Roten Meers. Nach einem Aufenthalt in den Bergen, wo in den Steinbrüchen hartes Gestein zu Bauzwecken zu beschaffen war, kehrte die Expedition ins Niltal zurück. Eine andere Expedition stieß auf der Suche nach dem Granit, einst dem Stolz des Pyramidenzeitalters, südlich bis nach Unternubien vor. Die Arbeit in den Steinbrüchen wurde von den Beduinen der Wüste behindert, und eine Militärexpedition mußte für »Befriedung« sorgen. Ein anderer Trupp ging zur Sinai-Halbinsel: ein Beamter aus Theben nahm die alten Bergwerksschächte wieder in Betrieb und brachte Kupfer, Türkis, Lapislazuli und verschiedene Erze mit seltsamen und unbekannten Namen nach Ägypten. Auch das war ein Feldzug: »Ich hielt die Asiaten in ihren fremden Ländern zurück.« Und wieder begannen die untertänigen Lobgesänge auf den Pharao: »Die Angst vor ihm flößte ihnen Respekt vor mir ein, sein Einfluß war es, der den Schrecken vor mir verbreitete...« Normales Leben nach alter Art schien wieder einzukehren.

Die wichtigsten Belege für die Wiederherstellung friedlicher Zustände und sicherer Verkehrswege innerhalb Ägyptens haben sich in Theben in einem Bündel privater Briefe aus der Zeit der elften Dynastie erhalten. In Theben lebte ein griesgrämiger alter Mann namens Hekanacht, dem außer in Theben Güter sowohl im Bezirk von Memphis als auch im Delta gehörten. Jedes Jahr verbrachte er geraume Zeit auf seinen Besitzungen im Norden, von wo er herrische, aber auch geschwätzige Briefe an die Familie in Theben schrieb. Daß man nach dem Chaos des Interregnums Güter im Norden und im Süden besitzen und ungehindert hin und her reisen konnte, war ein großer Erfolg der thebanischen Eroberung und Reorganisation des Landes. Die Briefe zeichnen ein buntes Bild des Familienlebens und der Interessen eines kleineren Grundbesitzers. Was Pachtbeträge, Ernte, Küchenklatsch oder Verwandtenintrigen anging, entging dem scharfen Auge Hekanachts kein noch so belangloses Detail. Seinen ältesten Sohn, der die Familiengeschäfte in Theben verwaltete, hielt der alte Mann scharf an der Kandare: »Was etwaige Überschwemmungen auf unserem Boden betrifft: du bist derjenige, der das Land bebaut. Wehe allen meinen Leuten, die mit dir sind! Ich werde dich dafür verantwortlich halten. Sei tatkräftig bei der Landbestellung und sehr vorsichtig. Paß auf den Ertrag meines Getreides auf, paß auf alles auf, was mein ist, denn ich werde dich dafür zur Verantwortung ziehen.« Der Sohn durfte nichts selbständig entscheiden; daß er mit dem väterlichen Besitz zu großzügig sein könnte, versetzte den Alten in panische Angst: »Du darfst meine Lebensmittel meinen Leuten nur geben, wenn sie ihre Arbeit tun. Achte darauf! Hole das meiste aus meinem Land heraus, bemühe dich bis zum äußersten, pflügt den Boden mit der Nase in der Arbeit. Siehe, wenn ihr fleißig seid, wird man Gott für euch loben. Es ist ein Glück, daß ich euch ernähren kann. Und wenn eine der Frauen oder einer der Männer die Lebensmittel bemäkeln sollte, laß ihn hierherkommen und bei mir bleiben und so leben, wie ich lebe –, nicht daß es jemanden gäbe, der hierher zu mir kommen wollte!... Schon haben sie hier begonnen, Männer und Frauen zu essen! Nirgends sonst gibt es Menschen, denen solche Nahrungsmittel gegeben werden.« Ob der alte Geizkragen mit der Mär vom Kannibalismus im Norden auf seine Leibeigenen und Pächter im Süden den gewünschten Eindruck machte, ist aus den Briefen nicht zu ersehen.

Unverdrossen mischte sich Hekanacht in alle Haushaltsangelegenheiten ein, wußte aber auch in jeder Handels- oder Zahlungssache schlaue Ratschläge zu erteilen. Wahrscheinlich hat es im alten Ägypten nicht wenig Grundbesitzer gegeben, die dem öffentlichen Schreiber endlose Briefe über Haushalts- und Familienangelegenheiten diktierten. Wieviel mehr wüßten wir, wenn sich mehr erhalten hätte als dieser eine Stoß!

Nach der langen Regierungszeit Mentuhotep Nebhepetrês bestanden stabile Verhältnisse nicht lange weiter; es gab dann wieder sieben wirre Jahre (1998–1991), über die nicht viel bekannt ist, und als sie vorbei waren, war eine neue Dynastie am Ruder: die zwölfte Dynastie der Amenemhets und Sesostris. Ihr Stifter, Amenemhet I., hatte dem letzten Pharao der elften Dynastie als Wesir gedient; die Details seines Aufstiegs kennen wir nicht; wichtig ist, daß in seiner Regierungszeit ein neuer, bis dahin wenig bekannter Gott seinen Siegeszug zur Universalherrschaft antrat: Amun, von dem der neue Pharao seinen Namen herleitete. Amun hieß »verborgen«; der Name deutete an, daß der neue Gott ein unsichtbares Wesen sei, das allen Dingen innewohnen könne. Als das Unsichtbare galt Amun einem der alten theologischen Systeme als einer der acht Urgötter des vor der Schöpfung herrschenden Chaos; er konnte unsichtbar oder gestaltlos oder der Gott der Luft sein und ließ sich als kosmisches Wesen – ein Gott von großer Reichweite – leicht aus einem theologischen System ins andere verpflanzen. Bald verdrängte er die anderen thebanischen Götter, stieg dann auch zum Gott des gesamten Staatsgebildes auf und wurde schließlich auf den Sonnengott Re aufgepfropft, mit dem er zu »Amun-Re, König der Götter«, verschmolz. In der Weltreichsperiode sollte er als Gott des ägyptischen Staates zum großen imperialen Gott werden und damit Weltgeltung erlangen. Der massivste Tempelkomplex aller Zeiten, Karnak, wurde für ihn errichtet und im Laufe von zwei Jahrtausenden – vom Mittleren Reich bis zur Römerzeit – ständig erweitert. Am Ausgang der Weltreichsperiode war Karnak die reichste Institution der Welt, und die Macht seines Hohenpriesters konnte sich mit der des Pharaos messen.

Es war keine einfache Aufgabe, Pharao im Mittleren Reich zu sein. Ägypten war ein lose aneinandergefügter feudaler Staat geworden, in dem die lokalen Statthalter ihre eigene Souveränität behaupteten. In den Provinzen zählte die amtliche Zeitrechnung nicht nur nach Regierungsjahren des Pharaos, sondern auch nach denen des lokalen Herrschers, als seien die beiden von gleichem Gewicht. Die zwölfte Dynastie war aus einem Bürgerkrieg hervorgegangen, und gleich unter ihrem ersten König gab es eine Palastverschwörung, über die das Unterweisungsbuch Amenemhets I. für seinen Sohn berichtet. Dort heißt es, der verräterische Anschlag sei erfolgreich gewesen, die Verschwörer hätten den Pharao ermordet. Hatte das Unterweisungsbuch, das den Thronfolger vor den bösen Folgen der Vertrauensseligkeit warnte, einen toten König zum Verfasser? Für die ägyptische Mentalität wäre das nichts Widersinniges gewesen: die Stimme eines toten Königs war nicht minder ernst zu nehmen als die eines lebenden. Wir wissen allerdings heute, daß der Weise Cheti das Buch geschrieben hat. Hinweise auf eine Verschwörung am Ende der Regierungszeit Amenemhets I. gibt es auch in anderen Quellen; ein gewisser historischer Wert ist dem Unterweisungsbuch nicht abzusprechen. Der tote König schrieb seinem Sohn: »Halte dich fern von Untergebenen, sonst wird dasselbe geschehen, was in seiner Furchtbarkeit nicht beachtet worden ist. Wende dich nicht an sie, wenn du einsam bist. Schließe keinen Bruder in dein Herz und kenne keinen Freund... Wenn du schläfst, behüte dein Herz selbst, denn kein Mensch hat Anhänger am Tage seiner Not... Der mein Brot aß, führte Truppen gegen mich, und der, dem ich meine Hand gereicht hatte, stiftete dadurch Schrecken... Es war nach dem Nachtmahl, als der Abend gekommen war. Ich hatte mir, auf meinem Bett liegend, eine Stunde der Rast gegönnt, denn ich war müde geworden. Mein Herz begann dem Schlaf nachzugeben. Dann wurden Waffen, die um mich hätten besorgt sein sollen, gegen mich geschwungen, und ich war wie einer, der in Stücke zerbricht, zu Staub zerfällt, wie eine Schlange in der Wüste. Das Gefecht machte mich wach, ich fand mich allein und sah, daß es ein Handgemenge mit der Wache war. Hätte ich in Eile zu den Waffen gegriffen, ich hätte die Feiglinge zur wilden Flucht gezwungen. Aber niemand ist ein Held in der Nacht, und man kann nicht allein kämpfen... Ich war darauf nicht vorbereitet, ich hatte nicht an solches gedacht, mein Herz hatte die Sorglosigkeit der Bedienten nicht in sich aufgenommen.«

Ein verblüffender Bericht: der Pharao hatte die Feinde nicht geschlagen, die Gefahr nicht vorausgesehen, er war verwundbar, konnte von sterblicher Menschenhand gefällt werden, ein gebrechlicher Mensch, der sein Unglück bejammern mußte. Wo war die stolze Vorstellung des Alten Reichs vom Pharao als allweisem und allmächtigem höchstem Wesen, dem Unberührbaren, Unantastbaren, Unverletzlichen, dem menschlichen Zugriff Entzogenen geblieben? Das Unterweisungsbuch betont die Vereinsamung und Bürde des Königtums, mahnt an die Unumgänglichkeit ständiger Wachsamkeit. Die gleiche ruhelose Wachsamkeit hat sich in die faltigen, zerfurchten Gesichter der Könige eingegraben, die uns die Statuen der zwölften Dynastie zeigen. Scharfe Falten um die Mundwinkel, tiefe Höhlen unter den Augen: das sind die charakteristischen Züge eines »Realismus«, der von der gelassenen Ruhe und majestätischen Stille der Pharaonenporträts der vierten Dynastie weltenweit entfernt ist. Haben wir statt der Porträts von Einzelpersonen das Abbild eines Zeitalters vor uns? Das Mittlere Reich sieht den König als den stets wachsamen Hirten oder als den großen Einsamen, dessen waches Gewissen sich um Staat und Volk sorgt. In einer Kultur, die erst vor kurzem die Rechte der Individuen betont hatte und in der ein auflehnungsbereiter Unabhängigkeitssinn noch lebendig war, mußte der Pharao ein nie schlummerndes Gewissen zur Schau tragen und die Intensität des ewig Wachenden bekunden. Was sich in der Darstellung der Königsgesichter als Realismus kundtut, ist in Wirklichkeit vielmehr der Niederschlag einer idealisierten Vorstellung vom pflichtbewußten Herrscher.

Aufschlußreich sind in Ägypten oft die Namen der Könige. Nicht zufällig gelangten zur selben Zeit die Namen Amun und Amenemhet zu Ansehen. Einer der Namen, die sich Amenemhet I. gab, war »Wiederholung der Geburten« oder »Wiedergeburt«: offenbar hatte er eine Vorstellung davon, daß er eine neue Ära eröffnete, die Ägypten einiges von seinem alten Ruhm wiederbringen sollte. In den Namen der Könige der zwölften Dynastie wiederholen sich häufig die Begriffe *ma'at* (»Wahrheit« oder »Gerechtigkeit«) oder *ma'a* (»wahr« oder »gerecht«). Amenemhet II. gab sich die Namen »Der an Gerechtigkeit Gefallen findet« und »Der von der gerechten Stimme«. Sesostris II. war »Der die Gerechtigkeit erscheinen läßt«. Amenemhet III. hieß »Gerechtigkeit gehört Re«, Amenemhet IV. »Re ist von gerechter Stimme«. Auch diese Namen sind Zeichen der Zeit. Die Erste Zwischenzeit hatte auf sozialer Gerechtigkeit für alle bestanden und vom Herrscher die Qualität der *ma'at* verlangt; in ihren Thronnamen bekannten sich die Könige zu der Pflicht, Menschen und Göttern *ma'at* widerfahren zu lassen.

Die zwölfte Dynastie hat Ägypten gute Herrscher gegeben. Ihr Interesse an Theben bezeugten sie mit großen Bauten, aber die Hauptstadt verlegten sie nach Lischt im Fayûm, in die Nähe des Deltas. In dieser fruchtbaren Gegend führten sie zur Hebung des gesamtnationalen Wohlstands umfassende Bewässerungsprojekte durch: im Fayûm wurde ein großer Damm errichtet, der die reißenden Gewässer der Nilüberschwemmung in einem Stausee auffangen und in Bewässerungskanäle leiten sollte; die Zunahme der landwirtschaftlichen Nutzfläche im Fayûm im Gefolge dieser Maßnahmen wird auf elftausend Hektar geschätzt. Da die Speicherung und planmäßige Verwendung des Nilwassers genaue Kenntnis des Hochwasserbeginns und der Ausmaße der jährlichen Überschwemmung voraussetzt, sorgten die Pharaonen der zwölften Dynastie für entsprechende Maßnahmen: am Zweiten Katarakt im fernen Süden wurde der Wasserstand jährlich an den Felsvorsprüngen der Wasserfälle gemessen; wich er von der Norm ab oder kam die Flut zu früh oder zu spät, so wurde die Hauptstadt benachrichtigt, so daß rechtzeitig Abhilfe geschaffen werden konnte. Es war in der Tat eine Zeit wachsamen und gewissenhaften Regierens.

Bronze mit dem zweckmäßigen Zinn-Kupfer-Verhältnis hatte sich als das wichtigste Metall durchgesetzt, und die Sinai-Bergwerke wurden mit großem Fleiß ausgebeutet. Der Handel mit fremden Ländern dürfte noch königliches Monopol gewesen sein. Die Nachbarländer wurden eifrig hofiert. Keine Eroberungs- oder Besatzungstruppen wurden nach Asien geschickt und weder Kolonien noch Militärregierungen auf asiatischem Boden errichtet. Nur einmal wird unter der zwölften Dynastie über eine Militärexpedition nach Palästina berichtet; auch das ist wahrscheinlich kein Eroberungsfeldzug, sondern eine Strafexpedition zur Sicherung des Handelsweges gewesen. Eher war Handels- und Kulturimperialismus an der Tagesordnung. In Mesopotamien war die Zeit Hammurabis noch nicht gekommen; noch war Ägyptens kulturelle Vormachtstellung im östlichen Mittelmeer unangetastet. Häufig wurden Gaben des Pharaos, der königlichen Familie und des königlichen Hofes an syrische Fürsten geschickt: das erhielt die lokalen Herrscher bei guter Laune und verschaffte der ägyptischen Politik wichtige Stützpunkte in den asiatischen Stadtstaaten.

Neben den in Palästina und Syrien gefundenen ägyptischen Erzeugnissen, die königliche Gaben oder Spuren des Aufenthalts eines ägyptischen Handelsagenten oder Beraters darstellen, ist das wichtigste ägyptische Dokument über Asien ein literarisches Erzeugnis, die Geschichte des Sinuhe, eines Hofbeamten, der, wie es scheint, zur Zeit des Todes Amenemhets I. (1961 v. Chr.) politisch aufs falsche Pferd gesetzt hatte und geflohen war. Hätte er zu den Verschwörern gehört, die den König bei Nacht überfielen und ums Leben brachten, so wäre er nie begnadigt worden; aber vermutlich war er auch kein überzeugter Anhänger der Partei des Kronprinzen und Mitregenten Sesostris I. Jedenfalls hatte die Nachricht vom Tode des alten Königs Sinuhe so erschreckt, daß er bei Nacht und Nebel nach Asien entkam. Er fand Asyl auf unabhängigem Territorium, anscheinend irgendwo im palästinensisch-syrischen Hochland. In dem Land wuchsen Feigen, Weintrauben, Oliven, Gerste und Hartweizen, es gab Rinderherden, und in der nahe gelegenen Wüste konnte man auf die Jagd gehen. Im Lande lebten noch andere Ägypter, möglicherweise Emigranten wie Sinuhe. An seinem Zufluchtsort vor der Verfolgung sicher, ließ Sinuhe den Kontakt mit der Heimat nicht abreißen. Er bewirtete ägyptische Kuriere, die von oder nach der ägyptischen Hauptstadt unterwegs waren.

Sein Wohnort könnte in der Nähe der großen Straße gelegen haben, die den Libanon mit dem Antilibanon verbindet. Der asiatische Scheich, der sich Sinuhes angenommen hatte, machte ihn zum Kommandeur der lokalen Truppen: »Als die Asiaten so kühn wurden, daß sie sich den Herrschern der fremden Länder widersetzten, beriet ich sie bei ihren Aktionen.« Wer die »Herrscher der fremden Länder« waren, hat Sinuhe für die Nachwelt nicht aufgezeichnet. Es kann die neue Gefahrenquelle für den Nahen Osten gemeint gewesen sein: das Einströmen einer gemischten Horde rastloser Völkerschaften nördlicher und östlicher Abkunft, die später als die Hyksos bekannt wurden. Der von Sinuhe für diese Fremdherrscher benutzte ägyptische Ausdruck *hekau chasut* ist die etymologische Quelle des Namens Hyksos, und der Hinweis auf den bewaffneten Widerstand der seßhaften Asiaten legt die Vermutung nahe, daß die Eindringlinge bereits im Anrollen waren – über Syrien und Palästina südwärts.

Sinuhe hatte sich im »guten Land« des Exils angesiedelt und war dort alt, reich und berühmt, aber nicht glücklich geworden. Er litt an Heimweh. Für einen Ägypter gab es nur ein Land, das Mittelpunkt und Gipfel des Weltalls war; keine neue Heimat konnte es ersetzen. Als Sinuhe alt wurde, quälte ihn die Vorstellung, die für den Ägypter selbstverständlichen Vorkehrungen für die »verehrte Stunde« des Hinüberwechselns ins Jenseits nicht treffen zu können. Wie konnte jemand, der in der Fremde begraben war, auf ewige Glückseligkeit rechnen? Er muß sich große Mühe gegeben haben, einen Gnadenerlaß zu erwirken; vielleicht hatte er auch noch Fürsprecher am Hofe. Jedenfalls wurde er vom Pharao amnestiert und eingeladen, an den Hof zurückzukehren. Gegen Sinuhe, schrieb er, liege nichts vor; dagegen könne er doch wohl nicht auf die tröstlichen Freuden einer echten ägyptischen Totenbestattung verzichten: »Denn heute bist du sicherlich schon dabei, alt zu werden; du hast deine Mannbarkeit eingebüßt. Gedenke des Tages der Bestattung, des Übergangs zu dem verehrten Zustand, wenn dich der Abend mit Salbungen und Umhüllungen aus den Händen der Göttin Tait erwartet. Eine Bestattungsprozession wird für dich am Tage der Beerdigung veranstaltet, du bekommst einen goldenen Mumienkasten mit einer Kopfstütze aus Lapislazuli, der Himmel ist über dir, wenn du auf die Bahre gelegt wirst und Ochsen dich ziehen und Sänger dir vorausgehen, wenn der *muu*-Tanz an der Schwelle deines Grabes aufgeführt wird, wenn das, was auf den Gabentisch gehört, für dich aufgeboten und neben deinen Opfersteinen ein Opfer dargebracht wird, nachdem Säulen aus weißem Stein inmitten der Gräber der königlichen Kinder für dich errichtet worden sind. Es darf nicht geschehen, daß du in einem fremden Lande stirbst. Asiaten sollen dich nicht geleiten. Du sollst nicht in einen Schafspelz gehüllt werden, wenn deine Mauer gebaut wird. Du bist schon zu lange auf der Erde umhergestreift. Sei eingedenk der Krankheit, auf daß du zurückkehren mögest.«

Eine Generation war dahingegangen, die Gefahr, die dem Thron gedroht hatte, war gewichen. Sesostris I. war mächtig und seine Herrschaft gesichert. Warum sollte man nicht politisch Verbannte zurückholen, die keinen Hochverrat, sondern höchstens Dummheiten begangen hatten? So überließ denn Sinuhe die asiatischen Besitzungen seinen Kindern, kehrte heim und fiel im Angesicht des Pharaos zu Boden. Jetzt war er endlich wieder Ägypter! »Die Jahre wurden von meinem Leib genommen. Mein Bart wurde gerupft und mein Haar gekämmt. Der Staub wurde der Wüste wiedergegeben und mein Gewand den Wanderern im Sand. Ich wurde mit feinem Leinen bekleidet und mit dem besten Öl gesalbt. Ich schlief auf einem Bett. Ich gab den Sand zurück an die, die darin sind, und ich gab Baumöl dem, der damit gesalbt wird.« Nein, es gab kein schöneres Land! Vom Empfang überwältigt, dankte Sinuhe der königlichen Majestät. Und er »genoß die Gunst der königlichen Gegenwart, bis der Tag des Todes kam«.

Wenn das Mittlere Reich keine Anstalten machte, Asien über die Sinai-Halbinsel hinaus zu erobern, so lagen die Dinge in Nubien und im Unteren Sudan ganz anders. Im Süden wurde der Kurs auf Angriff und Eroberung gesteuert. Der Druck von Libyen und vom Süden her hatte sich verstärkt; in Nubien entfaltete sich von neuem eine einheimische Kultur. Von der Idee geleitet, daß das gesamte Niltal *ein* Land sei und als Einheit regiert werden müsse, setzte Ägypten zur Eroberung der weiten Strecken zwischen dem Ersten und dem Zweiten Katarakt an. In Nubien wurde eine Kette von Festungen gebaut. Die offizielle Landesgrenze wurde bis zum Zweiten Katarakt vorgeschoben: hier mußte der zunehmende Druck der nach dem Norden drängenden Nehsiu, wie die Ägypter die Hamiten und Neger des Südens nannten, abgefangen werden.

Erhalten haben sich zwei Grenzstelen, die Sesostris III. 1870 v. Chr. in Semne am Zweiten Katarakt als Warnschild gegen die Nehsiu hatte errichten lassen. Eine der Inschriften lautet: »Südgrenze, errichtet im Jahr 8,... auf daß keinem Nehsi erlaubt werde, sie auf dem Wege nach dem Norden zu Lande oder zu Schiff zu passieren, auch nicht Herden der Nehsiu, es sei denn, ein Nehsi komme, um in Iqen Handel zu treiben oder einen Auftrag auszuführen oder etwas zu tun, was mit ihnen in Güte getan werden kann; aber keinem Schiff der Nehsiu soll erlaubt werden, jemals auf dem Wege nach Norden Semne zu passieren.« Die Inschrift auf der zweiten Stele behandelt die Menschen aus dem Süden mit beinahe noch größerer Verachtung, als sie im Unterweisungsbuch für Merikarê den Asiaten zuteil wurde: »Jahr 16, im dritten Monat der zweiten Jahreszeit: Errichtung der Südgrenze in Semne durch Seine Majestät. Ich habe meine Grenze gezogen, indem ich weiter südlich gegangen bin als meine Väter; ich habe vermehrt, was mir hinterlassen war... Wenn man schweigt, nachdem man angegriffen worden ist, ermutigt man das Herz des Feindes. Angriffslustig sein heißt kampftüchtig sein; Rückzug ist Sache eines Elenden. Wirklich feige ist, wer an seiner

Grenze zurückgedrängt wird, denn der Nehsi hört nur zu, um sich auf ein Wort hin zu Boden zu werfen. Die bloße Erwiderung zwingt ihn zum Rückzug. Greift man ihn an, so kehrt er den Rücken. Ziehe dich zurück, und er wird angriffslüstern. Sie sind nicht wirklich Menschen, die Respekt heischen; sie sind arm und im Geiste gebrochen. Meine Majestät hat sie gesehen: es ist keine falsche Darstellung!«

Die Grenze hielten ägyptische Soldaten mit Hilfe sudanesischer Pfadfinder, der Medjai. In Grenzmeldungen aus der Festung »Abwehr des Landes der Medjai« am Zweiten Katarakt heißt es: »Die Patrouille, die ausgezogen war, den Saum der Wüste... zu überwachen, meldet sich bei mir und sagt: ›Wir haben die Spuren von zweiunddreißig Menschen und drei Eseln gefunden.‹« »Zur gefälligen Kenntnis, daß zwei männliche und drei weibliche Medjai... aus der Wüste gekommen sind. Sie sagten: ›Wir sind gekommen, dem Palast zu dienen.‹ Sie wurden befragt über die Lage in der Wüste. Sie sagten: ›Wir haben nichts gehört, die Wüste stirbt Hungers‹, so sagten sie. Alsdann hat dein Diener sie am heutigen Tage wieder in die Wüste entlassen.« Mit den Kriegsdiensten der Sudanesen beginnt die Zeit der zunehmenden Verwendung Fremder im ägyptischen Heer. Schon unter der sechsten Dynastie hatten zwar Libyer und Nehsiu bei Einfällen in asiatisches Gebiet gefochten, aber das war nur kurzfristiger Gelegenheitsdienst. Dagegen wurden die sudanesischen Medjai in den ständigen Dienst übernommen und als Stoßtrupps und Polizeimannschaften eingesetzt, so daß mit der Zeit das Wort »Medjai« gleichbedeutend mit »Polizei« wurde. Noch unter der siebzehnten Dynastie wurden sudanesische Kundschafter bei den Kämpfen um die Vertreibung der Hyksos erwähnt. In der Frühzeit des Imperiums scheint die Eroberung fremder Gebiete von ägyptischen Soldaten durchgeführt worden zu sein, während die Medjai als Polizei im Innern dienten. Das Prinzip der Verwendung fremder Söldner war jedenfalls akzeptiert, und das Imperium verließ sich immer mehr auf Sklaventruppen und fremde Söldner als Bestandteil seiner regulären Streitkräfte.

Der Vorstoß nach dem Süden machte an der bewachten und befestigten Grenze am Zweiten Katarakt nicht halt. Nur ein schmaler und wenig freundlicher Streifen Land ist zwischen dem Zweiten und dem Dritten Katarakt für Landwirtschaft und Ansiedlung geeignet. Erst südlich des Dritten Katarakts wird das Niltal breiter und gibt Ackerboden und vor allem Weideland her. Der Dritte Katarakt mit den zackigen Klippen seiner Wasserfälle ist nicht eigentlich schiffbar; vom verlockenden Teil des Südens ist Ägypten also praktisch abgeschnitten, wenn er auch durchaus ein Anziehungspunkt für den Handel bleibt. Unmittelbar südlich des Dritten Katarakts liegt die heutige Stadt Kerma, der nördlichste Vorposten des fruchtbaren Südlandes, als Landwirtschafts- und Handelszentrum von gewisser Bedeutung. Im Mittleren Reich diente Kerma als Handelsniederlassung und zugleich als Umschlagsplatz für Schiffe und Karawanen; zu Handelszwecken und im Hinblick auf politische Geschäfte hatte Ägypten dort eine Siedlung gegründet, zu der die Festung »Mauern Amenemhets des Gerechtfertigten« mit einem Handelskontor gehörte. Nördlich des Dritten Katarakts behauptete sich eine einheimische, im wesentlichen hamitische primitive Kultur, die manche Einflüsse aus Libyen und der Sahara erkennen ließ. Südlich des Dritten Katarakts war der Anteil der Neger sehr viel höher; hier begegneten die Ägypter Völkern, die ihnen wenig bekannt waren.

Durch die Wüste führten von Kerma relativ brauchbare Wege. Der Zweite Katarakt mit Anschluß an den schiffbaren Nil war von hier auf einer östlich des Stroms führenden Route mit Eselskarawanen in sechs Tagen ziemlich bequem zu erreichen. In westlicher Richtung konnten Karawanen bis zur Oase Selime gelangen und von dort auf einer vielbegangenen Wüstenstraße, dem heutigen Darb al-Arbain, gen Norden ziehen, wobei sie fast jeden Tag auf einen Brunnen stießen; die Straße führte bis zur Region des Ersten Katarakts und von dort weiter nach Abydos oder westlich zu den nördlichen Oasen. Bis zum fruchtbaren Land am Vierten Katarakt waren es schließlich von Kerma aus mit Eselskarawanen nur zwei Tagesmärsche.

Die Festung »Mauern Amenemhets des Gerechtfertigten« war ein großer Ziegelbau mit Befestigungsanlagen, mächtig genug, Angriffen aus der Wüste standzuhalten und die Sicherheit der Handelskolonie zu gewährleisten. Diesem Vorposten wurde große Bedeutung beigemessen; als Kommandanten fungierten hier ägyptische Offiziere und Beamte von hohem Rang, von denen der interessanteste ein hoher Militär und reicher Gutsbesitzer aus Assiut namens Djefaihap war. In Assiut hatte er sich ein Riesengrab mit sieben Kammern und einer Achsenlänge von fünfzig Metern bauen lassen, zweifellos eins der imposantesten privaten Grabmäler aus dem Mittleren Reich. Berühmt sind seine Inschriften: die Totenverträge, in denen Djefaihap genaue Bestimmungen über die nach seinem Tod durchzuführenden Riten und priesterlichen Zeremonien niedergelegt hatte; dazu gehörten neben vielem anderem auch nächtliche Fackelprozessionen von Priestern zum Grab mit feierlichem Totendienst vor seinem Standbild. Trotz allen Vorkehrungen, für deren Finanzierung Djefaihap die Erträge aus seinen Assiut-Besitzungen abgezweigt hatte, blieb das Grabmal unvollendet, und Djefaihap wurde nicht in ihm beigesetzt. Seinen »verehrten Zustand« fand er dreizehnhundert Kilometer weiter südlich in einem gewaltigen Erdhügel in Kerma, wo er als politischer Kommissar, Handelsagent und Militärgouverneur im Rang eines »Obersten Hauptmanns für den Süden« gewirkt hatte.

Das unbenutzte Grabmal in Assiut mit seinen nüchternen geschäftsmäßigen Finanz- und Zeremoniellklauseln war typisch für die wohlgeordnete, in Jahrhunderten minuziös entwickelte Bestattungsprozedur der ägyptischen Vornehmen. Das wirkliche Erdhügelgrab in Kerma, innerhalb einer befestigten Ziegeleinfriedung mit einem Durchmesser von fast hundert Metern, bezeugte dagegen den einfachen und schrecklichen Pomp der Barbaren. Über die Vorgänge bei der Beerdigung Djefaihaps erzählt der Gelehrte, der die Totenstätte entdeckt hat: »Ein großes Bestattungsfest wurde abgehalten; über tausend Ochsen wurden geschlachtet und ihre Schädel rund um die Südhälfte des äußeren Kreises vergraben. Dann wurde die Leiche des Fürsten mit seinen Opfergaben in der überwölbten Kammer zur Ruhe bestattet und die hölzerne Tür verschlossen. Die geweihten Opfer, alles einheimische Nubier, die während des Gelages durch ein Gift betäubt oder erwürgt worden waren, wurden hineingetragen und im Stollengang auf den Boden gelegt: zwei- bis dreihundert Männer, Frauen und Kinder. Diesen Nubiern zur Seite wurden einige Töpfe und Pfannen, hier und da ein Schwert und in vielen Fällen persönlicher Schmuck untergebracht. Dann wurde der Gang mit Erde vollgefüllt so daß er einen niedrigen kuppelförmigen Hügel bildete. Das Ganze wurde mit einem Belag aus Lehmziegeln überdacht. Ganz oben wurde ein Quarzit-

Sesostris III.
Bildniskopf aus Theben, um 1860 v. Chr. Kairo, Ägyptisches Museum

Bastionen der Wüstenfestung Buhen in Nubien, 12. Dynastie

pyramidion errichtet, und mir scheint, daß um das Steingebilde herum eine Kapelle aus Lehmziegeln erbaut wurde.« Auch im Mittleren Reich waren die Ägypter bei der Überzeugung geblieben, daß Fremde eher Tiere als Menschen seien, und das neuerwachte Interesse an persönlichen Rechten ließen sie, wenn sie neues Gebiet eroberten, gut verwahrt zu Hause. Massenschlachtung von Bedienten bei der Beisetzung der Herrschaft hatte es im Lande selbst seit der ersten Dynastie nicht mehr gegeben. In Kerma diente das möglicherweise an lokale Menschenopferbräuche anknüpfende Massenopfer beim fürstlichen Begräbnis des königlichen Militärgouverneurs dem Zweck, unter den Einheimischen furchtsamen Respekt vor dem göttlichen Pharaonenstaat zu verbreiten. Auf Gewinnung von Sympathien kam es nicht an.

Auch an den anderen Grenzen des Landes waren die Ägypter wachsam und aktiv. Ein neuer Grenzwall an der Suez-Grenze hieß »Mauer des Herrschers, aufgeführt zur Abwehr der Asiaten und zur Vernichtung der Wanderer im Sand«. Ein »Oberster Jäger der Wüste und Befehlshaber der westlichen Wüsten, Kai, Sohn des Beschet«, auf einem Gedenkstein mit seinen fünf Windhunden abgebildet, proklamierte: »Ich bin Bürger des Angriffs, Führer des Heeres am Tag des Bedrängnisses, gepriesen von seinem Gebieter. Ich bin bis zu den westlichen Oasen gekommen, habe ihre Straßen erforscht und die Flüchtlinge, die ich dort fand, zurückgebracht. Mein Heer blieb heil und ohne Verluste; was mir anvertraut war, kehrte erfolgreich zurück.«

Es war eine energiegeladene Ära, die die besten Kräfte mobilisierte. Ägypten hatte das Gefühl, im Vormarsch zu sein; jeder mußte sein Teil beitragen. Man glaubte an eine nationale Sendung, man fühlte sich von den Göttern gesegnet, man gab dem Staat einen vorwärtstreibenden Impuls. Die zentrifugalen Tendenzen waren am Ende des Interregnums zwar noch nicht ganz abgeklungen, aber die erfolgreiche Politik der energischen und gewissenhaften Pharaonen der zwölften Dynastie wurde mit ihnen bald fertig. Der Zug zum Zentralismus setzte sich erneut durch, und der Machtanspruch der Gaufürsten und Aristokraten wurde zurückgedrängt. Mit dem Wiedererstarken des Königtums wurden die Selbstanpreisungen der Beamten in den Grabinschriften bescheidener und ihre Gräber kleiner, während die königlichen Gräber größer und dominierender wurden. Der Unabhängigkeitssinn der Ersten Zwischenzeit wich vor den wiederauflebenden Abhängigkeits- und Untertänigkeitsgefühlen zurück. Typisch für die Zeit des Interregnums war der Gedenkstein eines einfachen Bürgers aus Mittelägypten: »Ich war ein ausgezeichneter kleiner Mann, der auf seinen Besitzungen lebte, mit seinen Ochsen pflügte und in seinem Schiff segelte und nicht von dem lebte, was ich im Besitz meines Vaters, des ehrwürdigen Uha, vorgefunden hatte.« In grellem Kontrast zu dieser Gewißheit, daß das gute Leben auf eigenen Leistungen beruhe, steht der Grabtext, den uns ein Provinzfürst aus der Zeit Sesostris' II. (1897–1878) hinterlassen hat: »Die Gunst, die ich am Hofe erfuhr, war größer als die aller anderen Gefährten. Der Pharao zeichnete mich vor allen anderen Würdenträgern aus, als er mich über die stellte, die über mir gestanden hatten... Ich verneigte mich gehörig, da die Gunst, die mir in der Residenz zuteil geworden war, auf dem Wort des Königs selbes beruhte. Ähnliches war Bedienten, die von ihren Gebietern gelobt worden waren, einst widerfahren, denn er kannte die Tätigkeit meiner Zunge und die Bescheidenheit meines

Wesens. Ich war ein geachteter Mann der königlichen Residenz, meine Ehre ruhte in seinem Hof, und meine Liebenswürdigkeit galt seinen Gefährten.« Das gute Leben hing wieder ganz und gar von der Gnade des Königs ab.

Als Sinuhe in die Verbannung ging, fürchtete er, seine Treue zum neuen Pharao könnte angezweifelt werden. Von seinem asiatischen Gönner über die Aussichten Ägyptens unter dem neuen Herrscher befragt, überschlug er sich in Lobpreisungen: »Er ist ein Gott, der nicht seinesgleichen hat, es gibt keinen anderen, der größer wäre als er. Er ist ein Meister im Verstehen, seine Planung ist wirksam, und seine Verfügungen sind wohltätig... Er ist dazu ein mächtiger Mann, der mit seinem eigenen Arm handelt, ein energischer Mann, dem niemand gleicht.« Als der Individualismus in der Ersten Zwischenzeit blühte, hatten sich die »ausgezeichneten kleinen Leute« damit gebrüstet, daß sie »mit dem eigenen Mund« sprächen und »mit dem eigenen Arm« handelten. Unter der zwölften Dynastie waren Selbstbewußtsein und Selbständigkeitssinn wieder zur Prärogative der königlichen Autorität geworden. Mit der wachen Vorsorge des guten Hirten hatte der Pharao die Prämie des Individualismus, die ihm das Volk in der Zeit der Wirren abgerungen hatte, wieder an sich gerissen.

Ein besonders auffälliges Beispiel der Kapitulation der Aristokratie findet sich in einem Text, der einem Oberschatzmeister Amenemhets III. zugeschrieben wird. In den Unterweisungssprüchen, die er seinen Kindern hinterließ, predigte er: »Ehret den König, den ewig lebenden, in eurem Leib und verbindet euch seiner Majestät in eurem Herzen. Er ist die Wahrnehmung, die in den Herzen ist, und seine Augen durchdringen jeden Leib. Er ist Re, dank dessen Strahlen man sieht; er ist es, der die Zwei Länder strahlender erleuchtet als die Sonnenscheibe... Er gibt Nahrung denen, die in seinem Dienst stehen, und er versorgt die, die auf seinen Pfaden wandern... Wer leben soll, ist seine Schöpfung, denn er ist Chnum für alle Leiber, der Erzeuger, der die Menschen schafft... Er ist Sechmet gegen die, die seine Gebote mißachten, und wen er haßt, wird Kummer leiden... Wen der König geliebt hat, wird verehrt sein; es gibt kein Grab für den gegen seine Majestät Aufsässigen, und seine Leiche wird ins Wasser geworfen.«

Für die Friedens- und Wohlstandssegnungen des Mittleren Reiches mußte Ägypten mit dem Verlust großer geistiger Entfaltungsmöglichkeiten büßen. Es war bis an die Schwelle einer großartigen Entdeckung herangekommen: es hatte beinahe schon die Heiligkeit, den Wert, die Menschenrechte des Individuums erkannt. Vielleicht war die Zeit für die Verwirklichung des Traumes noch für kein Volk gekommen. Babylonien bemühte sich um ein System, in dem das Gesetz die Rechte des Individuums schützen sollte; Ägypten versuchte es mit der Gerechtigkeit. Aber Gerechtigkeit, *ma'at*, war göttlichen Ursprungs und gehörte dem Reich der Götter an; es war nicht einfach für die Göttin Ma'at, ihre Heimstätte unter den Sterblichen zu finden. Als die Erfolge der Pharaonen der zwölften Dynastie ihre göttliche Natur erwiesen hatten, wurden sie von neuem zu Schiedsrichtern und Verteilern der *ma'at*. Das ägyptische Volk war damit zufrieden. Der Pharao brauchte beim Hüten seiner Herde nicht mehr schlaflos und hungrig zu sein; die Herde war zu fett geworden, als daß sie zu weit weg von seinem Thron hätte wandern können.

Unser Bericht nähert sich jetzt einer Zeit, in der der ägyptische Charakter den Einfluß starker umformender Kräfte von außen erfahren und einen radikalen Wandel durchmachen sollte. Das Ethos der Ägypter, wie es unter der vierten Dynastie geformt worden war, war unter der zwölften Dynastie älter geworden, aber im wesentlichen unverändert geblieben. In der folgenden Periode verwandelte es sich fast in sein Gegenteil. Unter der achtzehnten Dynastie sollte es zwar noch bei den alten Ausdrucksformen bleiben, aber mit so bedeutenden inhaltlichen Veränderungen, daß dann unter der zwanzigsten Dynastie auch die äußeren Formen anders werden und das eigentliche Wesen der alten ägyptischen Kultur seinem Ende entgegengehen mußten. Bis dahin blieben die hervorstechenden Merkmale der ägyptischen Mentalität Zuversicht, Sicherheit, das Gefühl des Auserwähltseins; daraus flossen individuelle Selbstbehauptung, die Freude am Leben, so wie es sich darbot, und Toleranz gegenüber Abweichungen von der starren Norm. Der Blick des Ägypters war nie nach innen gekehrt, und weil er frei von Angst war, stellte er keine übermäßig großen Anforderungen an sich oder an andere. Noch war er der Schmied seines eigenen Schicksals. Er hatte eine stolze, reiche und erfolgreiche Kultur geschaffen, und er war nach einer Zeit innerer Wirren in ein neues, volleres, reicheres Leben getreten. Das Gefühl der Sicherheit und der Befähigung zu freier Schicksalsgestaltung kann ein Produkt der geographischen Isolierung gewesen sein; es kann seine Wurzeln in der fruchtbaren schwarzen Erde gehabt haben; es kann durch die segensreiche afrikanische Sonne gefördert worden sein; es kann sich am Kontrast mit dem spröden und dürftigen Leben in den Ägypten umgebenden Wüsten genährt haben. Es kann aber auch sein, daß sein Ursprung zu komplex war, als daß wir Heutigen ihn bis zu seinem Quell verfolgen könnten. Dies Gefühl war da, und es verlieh der ägyptischen Zivilisation das für sie charakteristische Frohsinnige und Urbane. Der dogmatische Ausdruck der freudig bejahten Bevorzugung durch das Schicksal war der Glaube, das Land werde in alle Ewigkeit vom leiblichen Kind des Sonnengottes beherrscht und beschirmt werden. Wovor sollte man sich da fürchten?

Aus ihrem vorzivilisierten Zustand waren die Ägypter recht abrupt zu einer ausgeglichenen und harmonischen Lebensweise aufgestiegen, die sie mit geübter Lässigkeit genossen. Der ägyptischen Zivilisation haftete eine Verfeinerung und eine genialische Komplexität an, die nur aus Selbstsicherheit und Lebensfreude erwachsen sein konnten. Aus derselben Quelle schöpften die Ägypter eine nachlässige Eleganz und eine Selbstüberschätzung, wie sie oft »zivilisiertes« Dasein kennzeichnen. Aber dieselben Qualitäten, die uns behaupten lassen, daß Ägypten in hohem Maße zivilisiert gewesen sei, rechtfertigen auch eine negative Aussage: Ägypten fehlte es an Selbstkritik und Tiefgründigkeit, und es hat nie ein brennendes Verlangen nach neuen Vorstößen und neuen Eroberungen in der Ebene des Geistigen und Seelischen verspürt. Das seelische Gleichgewicht, das man von den Göttern am Anfang der Zeit empfangen hat und das bis ans Ende der Zeit gesichert ist, kann ein Volk von Ängsten befreien, aber es enthebt es zugleich der Notwendigkeit, die Götter und die Zwecke, die sie den Menschen aufgeben, immer von neuem zu entdecken.

Für die alten Ägypter war das frohe, aktive, nach außen gerichtete und von Erfolg gekrönte Leben, das sie lebten, die große Realität, und sie weigerten sich leichten Herzens, die Idee zu akzeptieren, daß dies Leben erlöschen könne. Wohl am besten kommt das Zivilisierte, Geschliffene, Urbane, das den Charakter der Ägypter so stark bestimmte, in ihrem stets lebendigen Humor zum Ausdruck. Das Spöttisch-Launische in jeder literarischen Äußerung, sogar in religiösen Texten, oder die leicht burleske Färbung der Grabszenen: das war allgegenwärtig. Meistens waren solche humoristischen Wendungen unauffällig und beiläufig; sie riefen eher verhaltenes Lächeln als lautes Gelächter hervor. Künstlerische Erzeugnisse mit scharf gezeichneten Karikaturen und literarische Werke mit der rüpelhaftesten Satire kennen wir erst aus späteren Perioden der ägyptischen Geschichte, etwa seit der Mitte der Weltherrschaftsperiode. Diese späteren Perioden waren Zeiten starker Gefühlsaufwallung, Zeiten, in denen das, was früher als heilig gegolten hatte, vulgarisiert wurde. In früheren Zeiten hatte sich der humoristische Anflug leichter, sanfter bemerkbar gemacht.

Natürlich wissen wir nie genau, ob der Humor gewollt war und ob das, was uns humorvoll dünkt, die Menschen im Alten und Mittleren Reich zum Lächeln brachte. So gibt es in den Pyramidentexten einen »Kannibalenhymnus«, in dem der verstorbene Pharao Menschen und Götter zu verspeisen und sich ihre Kräfte anzueignen droht. Von den Göttern, die er verschlingen möchte, wird gesagt: »Die größten von ihnen sind für sein Frühstück, die von mittlerer Größe für sein Mittagsmahl und die kleinsten für sein Abendessen. Die männlichen und weiblichen Alten sind für ihn nur gut zum Feueranmachen.« Uns kommt das spaßig vor, aber es ist nicht unwahrscheinlich, daß das blutig ernst gemeint war und daß der tote Pharao noch als brutaler und erbarmungsloser Eroberer galt. Und gewiß waren Zeremonien von der Art des »Ritualtanzes«, in dem ein kompliziert ausgeputzter Pharao schweren Schrittes um ein Feld herumging, für die Ägypter kein Gegenstand der Belustigung. Doch auch wenn wir im Hinblick auf Unterschiede im kulturellen Ausdruck die nötigen Abstriche machen, bleibt in der ägyptischen Kunst und Literatur genug gewollt Humoristisches.

Viele Illustrationen finden sich in Szenen und Texten in den Gräbern der Aristokraten aus dem Alten und Mittleren Reich. Die Würde des Toten und seiner Familie durfte freilich durch Humor nicht angetastet werden: für sie gab es immer respektvolle, sogar sakrale Klischees. Doch die Ausstattung des künftigen Lebens der Vornehmen war auf Üppigkeit bedacht, und zur Üppigkeit gehörten Unterhaltung und Kontraste. Da wird der langsam einherschreitende Vornehme von einem geschäftig eilenden Zwerg begleitet, dessen pompöse Arroganz für die gelassene Ruhe seines Herrn eine wirksame Folie abgibt. Da liefern lebhafte, stürmisch bewegte Spiele der Kinder das effektvolle Gegenstück zur bewegungslosen Gestalt des Vornehmen, der seine Totengaben empfängt. Die Kontraste sollten die Würde des Aristokraten plastisch hervortreten lassen, aber sie bedienten sich künstlerischer Tricks, die die Absicht mit mildem Humor unterstrichen. Der schläfrige Ackerknecht, der störrische Esel und der bösartige Affe gehörten zum normalen Repertoire. Mitunter ist der Humor aufdringlicher: ein großer Affe klammert sich an das Bein eines Dieners, um ihn zu Fall zu bringen. Öfter beruht der Effekt auf schroffer Gegenüberstellung: der ausgemergelte Viehhüter, verwildert und mit wirrem Haar, so schwach, daß er sich auf seinen Stab stützen muß, bringt seinem Herrn fette, geschniegelte und gestriegelte Kühe; der kräftigen jungen Schiffszimmermann hält ein dicker alter Nichtstuer mit müßigem Gered von der Arbeit ab. Zur selben Tradition gehören Szenen in thebanischen Gräbern aus de Anfängen der achtzehnten Dynastie: die goldene Üppigkeit der Erntearbeit wird durc eine Vignette hervorgehoben, in der zwei Ernteleserinnen um die Garben raufen; mit kahlem Kopf, Bäuchlein, Hand vor dem Mund bildet der »oberste Vogelfänger Ptahmosis« eine lustig karikierende Parallele zur Aufgeblasenheit seiner gravitätischen fetten Pelikane.

Inschriften zu den Grabszenen aus dem Alltag erläutern die Vorgänge oder legen den dargestellten Personen Worte in den Mund, die nicht selten einen spöttischen Kommentar enthalten. Zwei Handwerker sind mit dem Gesteinsbohrer dabei, Steinkrüge herzustellen; der eine bewundert sein schönes Werk, der andere meint ironisch, er solle doch nur fertig werden. Ein Kranker, dessen Fuß vom Arzt behandelt werden soll, schreit ängstlich, der Arzt möge ihm bloß nicht weh tun, worauf der Arzt schnippisch erwidert, er sei nur dazu da, dem hohen Herrn zu Diensten zu sein. Der leise Spott, der in die würdevollen Gräber die Tonart eines satirischen Witzblattes hineinträgt, ist auch in der ägyptischen Literatur ein beliebtes Ausdrucksmittel.

In der Weisheitsliteratur wird man weniger Humor als lächelnde Toleranz finden, aber auch da gibt es Ratschläge mit Augenzwinkern: »Wenn ihr mit einem Trunkenbold trinkt, beteiligt euch, und sein Herz wird zufrieden sein. Regt euch nicht in Gesellschaft eines Geizigen über das Essen auf; nehmt, was er euch gibt, und lehnt es nicht ab; dann wird ihn das trösten.« Eine Erzählung über die Taten von Magiern stellt uns einen spaßigen Lebegreis namens Djedi vor: »Er ist ein Bürger von hundertzehn Jahren, er ißt jeden Tag fünfhundert Brote und eine Rinderkeule und trinkt hundert Krüge Bier.« Als der Sohn des Königs das greise Wundergeschöpf aufsuchte, »fand er ihn an der Schwelle seines Hauses auf einer Matte liegend vor, wobei ein Diener ihn salbte und ein anderer seine Füße massierte. Da sagte der Königssohn Hordedef: ›Dein Zustand ist wie der eines Menschen, der lebt, bevor er alt wird: sogar angesichts hohen Alters, zur Zeit des Todes, zur Zeit des Begräbnisses, zur Zeit der Beerdigung schläfst du bis in den Tag hinein, frei von Krankheit, frei vom Krächzen des Hustens. So begrüße ich einen Verehrungswürdigen!‹« Ein seltsamer Weiser soll geschildert werden, aber mit nachsichtigem Humor wird ein Methusalem vorgeführt, der sich an leiblichen Genüssen delektiert.

Sogar die Pyramidentexte haben einen Anflug von Leichtsinn. Natürlich enthalten sie keine zwerchfellerschütternden Späße, aber sie bringen Bilder und Redewendungen, die der Ernsthaftigkeit des Bemühens um die Unsterblichkeit des Pharaos ein Schnippchen schlagen. Statt in seiner dominierenden Majestät wird der tote Pharao bisweilen als hilfsbedürftige Kreatur gezeigt, mit der man Mitleid haben muß.

Verspieltheit war das Lebenselement des historischen Ägypters. Er liebte Spiele, ob er nun vor dem Spielbrett saß oder Kinder beim Spiel beobachtete oder eine Ringkämpfertruppe für einen Wettkampf anheuerte. Auch in Kunst und Literatur ist das Spielerische augenfällig. Die Bilderschrift bot immer wieder Gelegenheit, den dargestellten Zusammenhang mit kleinen Vignetten zu beleben oder die Schriftzeichen so zu manipulieren, daß sich ein zweiter, untergründiger Sinn ergab. Überdies war die Literatur reich an bildlichfarbigen Redewendungen und stilistischen Kunstgriffen.

Die Wortspielerei war nicht nur Zeitvertreib. In der Nebeneinandersetzung und Verbindung von Ähnlichem hatte sie eine religiös-magische Wirkung. In der mit Wortspielen überladenen religiösen Literatur diente die Klangverwandtschaft der gewollten religiösen

Identifizierung. Während dem toten König zwei Schalen Buto-Wein *(imti)* dargeboten wurden, sagte der Priester: »Nimm du die Jungfrau, die im *(imit)* Auge des Horus ist«; bei zwei Schalen Mareotis-Wein *(hamu)* hieß es: »Nimm du das Auge des Horus, das er gefangen hat *(ham)*«, und bei zwei Schalen Pelusium-Wein *(senu)*: »Nimm du das Auge des Horus, es verläßt *(senu)* dich nicht.« Wenn auch Humoristisches mit diesen Wortspielen nicht erstrebt wurde, amüsierten sie gleichwohl Götter und Menschen mit ihrem artistisch geschickten Spiel.

Das Spielerische, der nichtätzende Humor, das flüchtige Lächeln sind wichtig, wenn man verstehen will, was im ägyptischen System stark und was in ihm schwach war. Leichtigkeit und Toleranz machten das System biegsam und geschmeidig. Die Ägypter nahmen sich nie so ernst, daß ihre Welt im Chaos hätte zusammenstürzen müssen, sobald von der Norm abgewichen wurde. Ernst nahmen sie die Lehre vom göttlichen Pharao, aber sie waren duldsam gegenüber dem Pharao, der von der Schwäche der Sterblichen befallen wurde. Die beschwingte Weigerung, unbedingt dogmatisch und starr zu sein, verlieh der ägyptischen Lebensweise die Qualität der Dauer, die ihr hätte abgehen müssen, wäre das ägyptische Volk so ernst und so folgerichtig gewesen wie seine asiatischen Nachbarn.

Die Kehrseite der Medaille war, daß dieselben Qualitäten auch frivole Leichtlebigkeit und Mangel an Gründlichkeit bedeuteten. Vergleicht man die Ägypter etwa mit den Hebräern, so offenbart sich sogleich die Tragödie der großen Gaben, die man auf die leichte Schulter nimmt. Beiden Kulturen war die Vorstellung vom auserwählten Volk eigen. Die Hebräer waren ein kleines Volk, von den Nachbarn hin- und hergestoßen und schließlich in fernen Landen auseinandergetrieben; am Ende war Auserwähltsein für sie unausweichliche Verantwortlichkeit sowohl des Ganzen als auch des Individuums. Die Ägypter waren ein reiches Volk, von keiner äußeren Gefahr bedroht; Auserwähltsein war für sie ein Privileg: der Anspruch auf zivilisiertes Dasein unter Duldung geringer Abweichungen innerhalb des Systems, zugleich aber etwas in der Urschöpfung Angelegtes, das jeden Drang nach Veränderung, nach dem, was wir Fortschritt nennen, ausschloß.

## *Dreizehnte bis siebzehnte Dynastie*
### *(etwa 1786–1580 v. Chr.)*

Das Mittlere Reich, das als Feudalstaat angefangen und viele Elemente der lokalen Selbständigkeit beibehalten hatte, war damit vermutlich in seinem inneren Zusammenhalt von vornherein geschwächt. Wurde der Pharao nur als Haupt eines Schutzverbandes auf Gegenseitigkeit anerkannt, so hieß das, daß er nur so lange anerkannt blieb, wie er mächtig und wachsam war. Die meisten Pharaonen der zwölften Dynastie hatten diese Qualitäten; nur über die Herrscher aus der letzten Phase der Dynastie ist wenig überliefert: entweder war ihre Macht bereits durch Druck von außen beschnitten, oder es fehlten ihnen die Talente, deren der Staat bedurfte. Waren sie schwach, so war es unvermeidlich, daß sich der latente Selbständigkeitsdrang der lokalen Fürsten von neuem durchsetzen und der Staat in seine

Bestandteile zerfallen mußte. Allerdings trat der Separatismus hinter den Gemeinschaftsbindungen innerhalb des Staatsganzen noch zurück; das auslösende oder entscheidende Moment beim Zusammenbruch des Mittleren Reiches kann er kaum gewesen sein. Andere Faktoren müssen ihm einen Auftrieb gegeben haben. Anscheinend herrschten Zwistigkeiten innerhalb des Königshauses, und es ist nicht unwahrscheinlich, daß die Schwäche des Thrones in der Endphase durch innere Rivalität bedingt war.

Auch äußere Faktoren müssen zur Schwächung des Staates beigetragen haben. Ägypten beherrschte den Handel zu Lande und zur See im östlichen Mittelmeerraum und heimste auf diese Weise beträchtliche Vorteile ein. Außer mit den Waren, die es lieferte (Getreide, Kupfer, Gold), konnte es auf die asiatischen und ägäischen Länder mit dem organisierten, militärisch geschützten Handelsdienst der Karawanen und Flotten wie auch mit den Verlockungen einer überlegenen und anziehenden Kultur Eindruck machen. Die Nachbarstaaten in Asien und im Mittelmeerraum waren schwach und schlecht organisiert; gute Beziehungen zum ägyptischen Partner waren für sie geistig und wirtschaftlich von Vorteil. Diese vorteilhafte Position zu halten und auszubauen war die Aufgabe der ägyptischen Zentralregierung. Solange der Handelsverkehr unbehindert war, wuchsen dem Pharao Profit und Macht zu. In einer stabilen und übersehbaren Welt aufgebaut, mußten jedoch die Handelsbeziehungen mit dem Einbruch neuer und unbekannter Kräfte – ob in Asien, ob in Afrika – empfindliche Störungen erleiden. In Afrika machte sich der Druck der Negervölker geltend, die allmählich nach dem Norden durchsickerten. Asien erlebte einen noch rapideren, größeren und mächtigeren Einbruch. Die Wanderungen in Asien, die »Kassiten« nach Mesopotamien und »Hyksos« nach Ägypten drängten, zerrütteten die hergebrachte Ordnung im gesamten nahöstlichen Raum. In ihrem Ursprung kam diese große Massenwanderung vom Norden und Nordosten, möglicherweise über den Kaukasus; vieles davon ist in Dunkel gehüllt. Jahrhundertelang bewegten sich diese Völker schrittweise auf den Fruchtbaren Halbmond zu; die dort seßhaften Völker wurden erobert oder verdrängt. In dem Augenblick, da die Einwanderer im 18. vorchristlichen Jahrhundert als Eroberer nach Ägypten gelangen, werden sie Hyksos genannt, und die Archäologen übertragen diesen Namen auf die erkennbar neue Kultur in Palästina und Syrien. Die eindringenden Völker brachten in den Nahen Osten eine Anzahl neuer Machtelemente, vor allem Pferd und Kampfwagen. Sie stifteten Unruhe in Asien zu der Zeit, da das Mittlere Reich noch mächtig war; diese äußere Unruhe mag einer der Faktoren gewesen sein, die den Untergang der zwölften Dynastie herbeiführten.

Wer die Feinde des ägyptischen Staates in der Spätzeit des Mittleren Reiches waren, zeigen Ächtungstexte, in denen der Pharao seine tatsächlichen und möglichen Feinde mit magisch-zeremoniellen Beschwörungen verfluchte; sie können nicht früher entstanden sein als um die Mitte der zwölften Dynastie, vielleicht stammen sie erst aus der dreizehnten Dynastie. Die Texte haben sich auf zweierlei Gegenständen erhalten: roten Tonschüsseln und aus Lehm gekneteten ungefügen Menschenfigürchen; Schüsseln und Figürchen trugen die Namen der zu ächtenden Feinde und wurden mit bestimmten Zeremonien zerschlagen: aller Widerstand gegen den Pharao mußte zertreten werden! Wichtig für unseren Zusammenhang sind zwei Gruppen von Funden aus dem Mittleren Reich: rote Schüsseln aus Theben,

Menschenfigürchen aus Sakkara. Die Ächtungsformel war allumfassend: der Fluch traf nicht nur bekannte, sondern auch hypothetische Gefahren. Ein Beispiel der ausführlichen Variante bietet der Bannfluch gegen einen nubischen Fürsten – mit folgender Aufzählung: »Bakuait, genannt Tjai, Herrscher der Ubaten, Sohn von Ihaasi und Unkat, und alles Gefolge, das bei ihm ist, und alle ihre mächtigen Männer, ihre Schnelläufer, ihre Verbündeten und ihre Genossen, die rebellieren mögen, die sich verschwören mögen, die kämpfen mögen, die an Kampf denken mögen oder die an Rebellion denken mögen – in diesem gesamten Land!« Wie das Tongefäß oder das Menschlein aus Lehm in Scherben zerbrach, so sollten auch sie durch die magische Wirkung des Fluches zerbrechen und vom Erdboden getilgt werden. Alle erdenklichen Feinde beim Namen zu nennen war schwierig, und so gab es denn auch Texte, die allen Eventualitäten Rechnung trugen: »Alle Menschen, alles Volk, alle Volksangehörigen, alle Männer, alle Eunuchen, alle Weiber und alle Adligen, die rebellieren mögen, die sich verschwören mögen, die kämpfen mögen, die an Kampf denken mögen oder an Rebellion denken mögen, und jeder Rebell, der an Rebellion denkt – in diesem gesamten Land! Jedes böse Wort, jede böse Rede, jede böse Verleumdung, jeder böse Gedanke, jede böse Verschwörung, jeder böse Kampf, jeder böse Streit, jeder böse Plan, jedes böse Ding, jeder böse Traum und jeder böse Schlaf!«

Wer wurde nun verflucht? Ziemlich glimpflich kamen im Westen die Libyer weg – offenbar galten sie noch nicht als besonders gefährlich. Im Süden traf der Fluch mehrere namentlich bezeichnete Fürsten, mehr Sudanesen als Nubier, soweit sich aus identifizierbaren Ortsnamen schließen läßt; gezielt wurde wohl auf die Nehsi-Gefahr, gegen die Sesostris III. die strenge militärische Bewachung des Zweiten Katarakts angeordnet hatte. Besonders interessant, aber auch in vielem undurchsichtig sind die Listen der asiatischen Feinde. Unter den Fürstennamen ist der sichtbare semitische Einschlag beträchtlich, und auch die semitischen Götter Schamasch, Hadad, El und Ammu sind leicht zu erkennen. Darüber hinaus tauchen aber zahlreiche Namen auf, deren Ursprung dunkel ist; es müßten demnach unter den Herrschern der asiatischen Stadtstaaten viele Nichtsemiten gewesen sein. Waren Palästina und Syrien bereits von einem Gemenge fremder Völker überflutet?

Außer auswärtigen Feinden sind in den Ächtungstexten, die bis jetzt zum Vorschein gekommen sind, auch acht Ägypter mit Namen und Titel aufgeführt; bezeichnenderweise ist bei diesen inneren Feinden ausdrücklich vermerkt, daß die magische Wirkung des Fluches sie ums Leben bringen soll: »Ameni, von Hetep geboren und Sohn des Sesostris, muß sterben!« Von den acht Ägyptern werden vier als Erzieher oder Kanzler ägyptischer Frauen bezeichnet. Die vorkommenden Namen sind durchweg unter der späten zwölften und der dreizehnten Dynastie im ägyptischen Königshaus übliche Namen: Sesostris, Amenemhet, Hetepibrê, Sebekhotep. Es geht hier offenbar um die Auswirkungen eines Konflikts oder Komplotts im königlichen Harem, dem zweierlei zugrunde gelegen haben kann: Bemühungen ehrgeiziger Mütter, ihren prinzlichen Kindern Thronansprüche zu sichern, und Intrigen beschäftigungsloser Höflinge im Hinblick auf mögliche Posten in der zukünftigen Regierung eines nicht unbedingt erbberechtigten Thronprätendenten. Wir wissen von anderen Haremsverschwörungen, die vielleicht nur zufällig in Zeiten des Niedergangs eines Regimes fallen, etwa am Ausgang der sechsten oder unter der zwanzigsten

Dynastie. Ähnliches mag sich als Ausdruck einer inneren Krise in der Spätzeit des Mittleren Reiches abgespielt haben. Namen und Schrift weisen darauf hin, daß die Ächtungstexte nicht vor 1850 v. Chr. entstanden sein können; ihre Entstehungszeit muß aber auch vor der Eroberung des Deltas durch die Hyksos liegen, die etwa um 1730 v. Chr. stattgefunden haben dürfte: die Texte nennen viele Asiaten, die sich aber noch in Asien aufhielten; Gründe, Asiaten in Ägypten als Feinde des Pharaos zu verwünschen, scheinen noch nicht bestanden zu haben. Hier haben wir also Dokumente zur Lage des Mittleren Reiches am Vorabend seines Zusammenbruchs, der den einfallenden Horden die Grenzen öffnen sollte.

Der Zersetzungsprozeß hatte offenbar etwa eine oder zwei Generationen vor dem Hyksos-Einbruch eingesetzt. In der Zweiten Zwischenzeit, deren komplizierte Chronologie hier nicht näher untersucht werden soll, traten verschiedene rivalisierende Dynastien zu gleicher Zeit mit Herrschaftsansprüchen auf; wann und wie, läßt sich nicht mit Exaktheit sagen. In dieser oder jener Form gab es während der Gesamtperiode eine funktionierende königliche Regierung in Theben, eine Zeitlang als Vasallenregime der Hyksos. Möglich ist auch, daß zu Beginn der Periode eine konkurrierende ägyptische Dynastie zu Xois im Delta regierte. Während der letzten drei Viertel der Periode behaupteten verschiedene aufeinanderfolgende Hyksos-Dynastien ihre Herrschaft über Ägypten vom Delta aus. Anscheinend konnten die thebanischen Herrscher die Position Ägyptens in Nubien halten, wo ihre Denkmäler zu finden sind, kaum aber das Handelszentrum am Dritten Katarakt: die Grenzzitadelle in Kerma wurde kurz nach dem Ende der zwölften Dynastie zerstört. Die Xois-Dynastie, deren Auftreten zuerst den Zerfall des Staatsgebildes angezeigt hatte, muß kurz nach der Errichtung der Hyksos-Herrschaft im Delta verschwunden sein.

Über die Hyksos-Herrschaft selbst fehlen zeitgenössische ägyptische Berichte restlos. Das scheint angesichts der Bedeutung der großen nationalen Demütigung für die Entwicklung der ägyptischen Kultur verblüffend. Doch nur auf den ersten Blick: die ägyptischen Texte beschäftigten sich grundsätzlich nicht mit dem Vergänglichen, sondern mit dem Ewigen und hielten für die Ewigkeit nur das fest, wovon angenommen wurde, daß es die wahren Absichten der Götter in bezug auf Ägypten wiedergebe. Von diesem Standpunkt aus wäre es widersinnig gewesen, die Chronik der nationalen Katastrophe niederzuschreiben; ihre Darstellung konnte, wenn überhaupt, erst später, nach der Überwindung der Krise, kommen. Material für den Historiker gibt es – außer in den physischen Spuren der Hyksos-Herrschaft – tatsächlich erst in der späteren Literatur.

Ein wichtiger ägyptischer Hinweis auf die Hyksos-Zeit findet sich in einem Dokument der neunzehnten Dynastie, einer Jubiläumsstele zu Ehren der Hauptstadt Tanis im nordöstlichen Delta, die auch den Hyksos in der Zweiten Zwischenzeit als Hauptstadt (damals Auaris genannt) gedient hatte. Unter der neunzehnten Dynastie konnte man diese historische Tatsache verschweigen –, oder man mußte sie in einen Ruhmestitel für die Dynastie umfälschen. Die Herrscher der neunzehnten Dynastie zogen in einer eigenartigen Aussöhnung mit der schmerzlichen Vergangenheit die Umfälschung vor: sie feierten das Jubiläum ihrer Hauptstadt als Jubiläum des ägyptischen Gottes Seth, der auch als Gott der Asiaten anerkannt war. Auf dem aus diesem Anlaß errichteten Gedenkstein war der Pharao bei der Ehrung des in sichtlich asiatische Gewänder gekleideten Gottes abgebildet, und die Inschrift stellte Seth als ägyptischen Herrscher vor: »Jahr 400, vierter Monat der dritten Jahreszeit, Tag 4, des Königs von Ober- und Unterägypten Seth, des an Stärke Großen, des Sohnes des Re, des von Re-Harrachte geliebten Herrn von Ombos, möge er immer und ewig leben.« Dieser Gedenkstein dürfte aus den Jahren 1330 bis 1325 v. Chr. stammen; der Anfang der Herrschaft des Gottes Seth in Tanis wäre damit in die Jahre 1730 bis 1725 verlegt. So konnte die Tatsache, daß die Hyksos das spätere Tanis zur führenden Stadt des Landes gemacht hatten, in verschleierter Form festgehalten werden, ohne daß die Hyksos dabei auch nur mit einer Silbe erwähnt worden wären.

Nach der späten Überlieferung, wie sie Flavius Josephus wiedergegeben hat, sollen die Hyksos ein östliches Volk unbekannter Herkunft gewesen sein; sie seien in Ägypten überraschend eingefallen, hätten das Land kampflos erobert und es von einer bewaffneten Hauptstadt aus mit barbarischer Strenge regiert; sie hätten die ägyptischen Götter mißachtet und ihre Tempel zerstört; ihre Hauptstadt Auaris, ein befestigter, von Mauern umgebener Platz von gewaltiger Ausdehnung, sei von einer zweihundertvierzigtausend Mann starken Garnison verteidigt worden. Nachdem es den Ägyptern gelungen sei, die Hyksos aus fast ganz Ägypten zu vertreiben, hätten sie das mächtige Auaris nicht einnehmen können und mit den Hyksos ein Abkommen vereinbaren müssen, das deren friedlichen Abzug garantierte. Danach seien die Hyksos nach Judäa gezogen und hätten Jerusalem erbaut. Zieht man von Josephus' Bericht das offensichtlich Tendenziöse ab (ihm kam es darauf an, die Identität der Hyksos mit den Kindern Israel plausibel zu machen), so bleiben die Elemente einer Überlieferung, die sich im Altertum hartnäckig hielt: danach waren die Hyksos östliche Eroberer ungeklärten Ursprungs, die befestigte Militärlager bauten, um Ägypten mit Gewalt zu beherrschen, mit der ägyptischen Religion im Kampf lagen und schließlich gezwungen wurden, nach Asien abzuziehen.

Etwa ein Jahrhundert nach der Vertreibung der Hyksos erwähnte die Königin Hatschepsut die Eindringlinge in einer Darstellung, die die feindliche Haltung der Eroberer gegenüber der ägyptischen Kultur bestätigt: »Ich habe wiederhergestellt, was zerstört war. Ich habe aufgerichtet, was zerfallen war, seit die Asiaten mitten in Auaris im Delta waren und entwurzelte Strolche unter ihnen, die das umstürzten, was geschaffen war, denn sie herrschten ohne Re, und er handelte nicht durch göttliches Geheiß bis zur Regierung Meiner Majestät... Ich habe die in die Ferne getrieben, die den Göttern ein Greuel sind, und die Erde hat ihre Fußspuren hinweggetragen.« Daneben handelt nur noch ein Dokument von der Herrschaft der Hyksos: ein unter der neunzehnten Dynastie aufgezeichnetes Volksmärchen, das von der Anmaßung erzählt, mit der die Hyksos-Könige ihre Souveränität über den Fürsten von Theben geltend machten. »Große Not«, heißt es da, »war in der Stadt der Asiaten, denn der Fürst Apophis war in Auaris, und das ganze Land war ihm tributpflichtig... Und König Apophis machte Seth zu seinem Herrn und wollte keinem anderen Gott im Lande dienen außer Seth.« Für die Würde der tributpflichtigen Pharaonen in Theben hatte Apophis, der Hyksos-König, wenig übrig: er sandte ihnen eine Botschaft, in der er sich mit beleidigenden Worten darüber beschwerte, daß ihn der Lärm der Nilpferde im königlichen Teich in Theben (sechshundert Kilometer von Auaris entfernt) in seiner Ruhe störe. Leider bricht die Geschichte mitten im Satz ab, und wir erfahren nicht, wie die Nilpferdaffäre ausgegangen ist.

Daß es sich um eine übermächtige, der ägyptischen Religion feindliche Fremdherrschaft gehandelt hat, wissen wir aber auch aus anderen Quellen. Anders als zur Zeit des Ersten Interregnums ging es bei diesem Asiateneinfall im Delta nicht mehr um kleine Häuflein von Beduinen und schlecht ausgerüsteten Wanderern aus dem Osten, die für die Chance der Ansiedlung auf fruchtbarem Boden dankbar waren und von der ägyptischen Kultur bald aufgesogen werden konnten. Jetzt strömten größere Massen ein, die auf die Beherrschung des Landes ausgingen und sich von der höheren ägyptischen Kultur nicht imponieren ließen. Das bedeutete die Unterjochung Ägyptens durch Barbaren. Die Eindringlinge hatten dank ihrer Übermacht die Ägypter bezwungen und sie schweren Tributen unterworfen. Sie lebten getrennt von den Einheimischen in bewaffneten Lagern. Sie ignorierten die alten Tempel der Götter und führten einen eigenen Gott ein, den die Ägypter mit ihrem halbabtrünnigen Gott Seth identifizierten. Sie streckten ihre Hände nicht begierig nach der ägyptischen Zivilisation aus. Aber statt alle ägyptischen Fürsten zu eliminieren und die gesamte göttlich-irdische Herrschaft in Auaris zu konzentrieren, ließen sie in Theben Schattenpharaonen walten. Was sie wollten, waren ägyptische Tributzahlungen, nicht Eingliederung in die ägyptische Kultur. Um so unerträglicher war diese arrogante Haltung für die noch unlängst nicht minder überheblichen Ägypter.

Ziemlich viel ist über die materielle Seite der Hyksos-Herrschaft bekannt. Einige der festungsartigen Lager der Hyksos haben sich in Ägypten und Asien erhalten: große rechteckige Anlagen mit festgestampftem Erdboden. Die quadratische Lagerfläche in Tell el-Yahudiye im südlichen Delta hat eine Seitenlänge von etwa dreihundertfünfzig Metern mit einem aufgeschütteten Bollwerk von etwa dreizehn bis achtzehn Meter Höhe; das Lager Hazor in Nordgaliläa hat eine Fläche von vierhundertfünfzig mal neunhundert Metern, das hervorragend ausgebaute quadratische Lager in Qatna in Nordsyrien Seitenabmessungen von rund neunhundert Metern. Auch kleinere Lager sind in Palästina und Syrien gefunden worden, und ähnliche Befestigungswerke scheinen in Iran und im Kaukasus festgestellt worden zu sein.

Außer dem befestigten Lager, dem Pferd und dem Kampfwagen werden den Hyksos noch mancherlei andere Gegenstände zugeschrieben: bestimmte Arten von Nadeln und Schmuckstücken, Waffen und Panzern, Töpferware von besonderem Typ, eigene Ornamentmotive. Nach den materiellen Beweisstücken unterscheiden die Archäologen einen frühen, seinem Wesen nach fremdartigeren, und einen späten, mit der churritischen Kultur in Nordmesopotamien in vielem verwandten Hyksos-Typ. Unterstellen darf man, daß die in Ägypten einfallende Eroberhorde nicht aus unvermischten und unverwässerten Abzweigungen irgendeines jenseits des Kaukasus beheimateten Volkes bestand. Der Zug nach dem Süden war zweifellos langsam vor sich gegangen und in Vorderasien durch den Anschluß verschiedener zersprengter oder vertriebener Völkerbruchstücke verstärkt worden. Als die Hyksos schließlich Ägypten erreichten, dürften unter ihnen nur noch wenige der ursprünglichen Wanderer, dafür aber viele Churriter und Semiten neben anderen verdrängten Stammesgruppen aus Syrien und Palästina gewesen sein. Infolgedessen spiegelte sich in ihrer Kultur ein ziemlich buntes Gemisch heterogener ethnischer Elemente wider. (Dasselbe gilt vom Ursprung der Hyksos-Namen, soweit sie uns bekannt sind.)

Dennoch waren die Hyksos keine ungeschlachten Wilden; auch der Zivilisation der von ihnen eroberten Länder hatten sie sich nicht unzugänglich gezeigt. Sicher waren mit ihnen viele Menschen mitgezogen, die mit den Kulturen Mesopotamiens und Ägyptens in Berührung gekommen waren. Keineswegs lehnten die Hyksos alle ägyptischen Lebensformen verächtlich ab, und sie erschienen in ihrer neuen Umgebung auch nicht als erschreckend fehl am Platze. Sie legten auch nicht allen Handel mit fremden Ländern lahm. Krüge von einem Typ, der auf die Hyksos hinweist, sind weit weg im Süden, am Dritten Katarakt, und in ziemlicher Entfernung nördlich – auf Cypern – gefunden worden. Der Name eines der Hyksos-Könige, Chayan (in anderer Schreibung Chian), findet sich auf Denkmälern in Gebelên in Südägypten, in Gezer in Palästina, auf einem Basaltlöwen, der in Bagdad zum Vorschein gekommen ist, auf einem Alabasterkrug, der sich in Knossos auf Kreta angefunden hat, und auf einem zylindrischen Siegel in Athen. Und alle diese Hyksos-Relikte sind in einwandfreien ägyptischen Hieroglyphen beschriftet! Man möchte annehmen, daß es unter den späten Hyksos eine einflußreiche Handelsschicht gegeben hat: in der Zweiten Zwischenzeit kam in Ägypten ein wichtiges Gewichtsmaß aus dem Gebrauch und wurde durch ein anderes, das mesopotamischen Einfluß vermuten läßt, ersetzt. Auch die Künste erfuhren keinen Niedergang; manche wichtigen wissenschaftlichen Dokumente wurden zu der Zeit, da die Hyksos im Lande waren, sorgfältig kopiert.

Jedoch beruhten die nachhaltigen Wirkungen der Hyksos-Herrschaft darauf, daß sie die ersten Fremden waren, die Ägypten hatten erobern und unter ihre Herrschaft bringen können, und daß sie den Ägyptern als gotteslästerliche, feindselig gesinnte Barbaren erschienen, die »ohne Re herrschten«. Das Gefühl der Sicherheit vor jeglichem Angriff, auf dem das ägyptische System basiert hatte, war erschüttert; Ägypten war von der Außenwelt nun nicht mehr so isoliert, daß es sich auch weiterhin hätte leisten können, tolerant und sorglos zu sein. Im Gegensatz zu den Leiden der Ersten Zwischenzeit, die aus inneren Faktoren erwachsen waren und ohne Antastung der optimistischen Grundhaltung hatten bewältigt werden können, fügten die neuen Nöte der traditionellen ägyptischen Selbstsicherheit einen vernichtenden Schlag zu. Wo gab es noch sichere Lebensfundamente, wenn fremde Barbaren, denen die ägyptischen Götter völlig gleichgültig waren, es fertigbrachten, Ägypten so empfindlich zu demütigen?

Ohnmacht oder Versagen der eigenen Macht ist Grund genug, den Überlegenen lange und ausdauernd zu hassen, und die Hyksos waren den Ägyptern, was Machtmittel und Methoden der Kriegführung anging, zweifellos überlegen. Ihr größter Vorteil waren die Geschwindigkeit und Schlagkraft des Streitwagens mit seinem Pferdegespann, und die Zusammenfassung ihrer Streitkräfte in befestigten Lagern machte sie gegenüber Angreifern mit schwächeren Waffen so gut wie unverletzlich. Nach vorliegenden Schätzungen faßte das Hyksos-Lager Tell el-Yahudiye zehntausend Mann mit Pferden und Kampfwagen, eine für die damalige Zeit sehr große Streitmacht. Hinzu kam, daß die Hyksos Panzerhemder trugen und mit neuartigen Schwertern und Dolchen ausgerüstet waren. Vielleicht noch wichtiger für ihren überraschenden Erfolg war der zusammengesetzte Bogen aus zusammen-

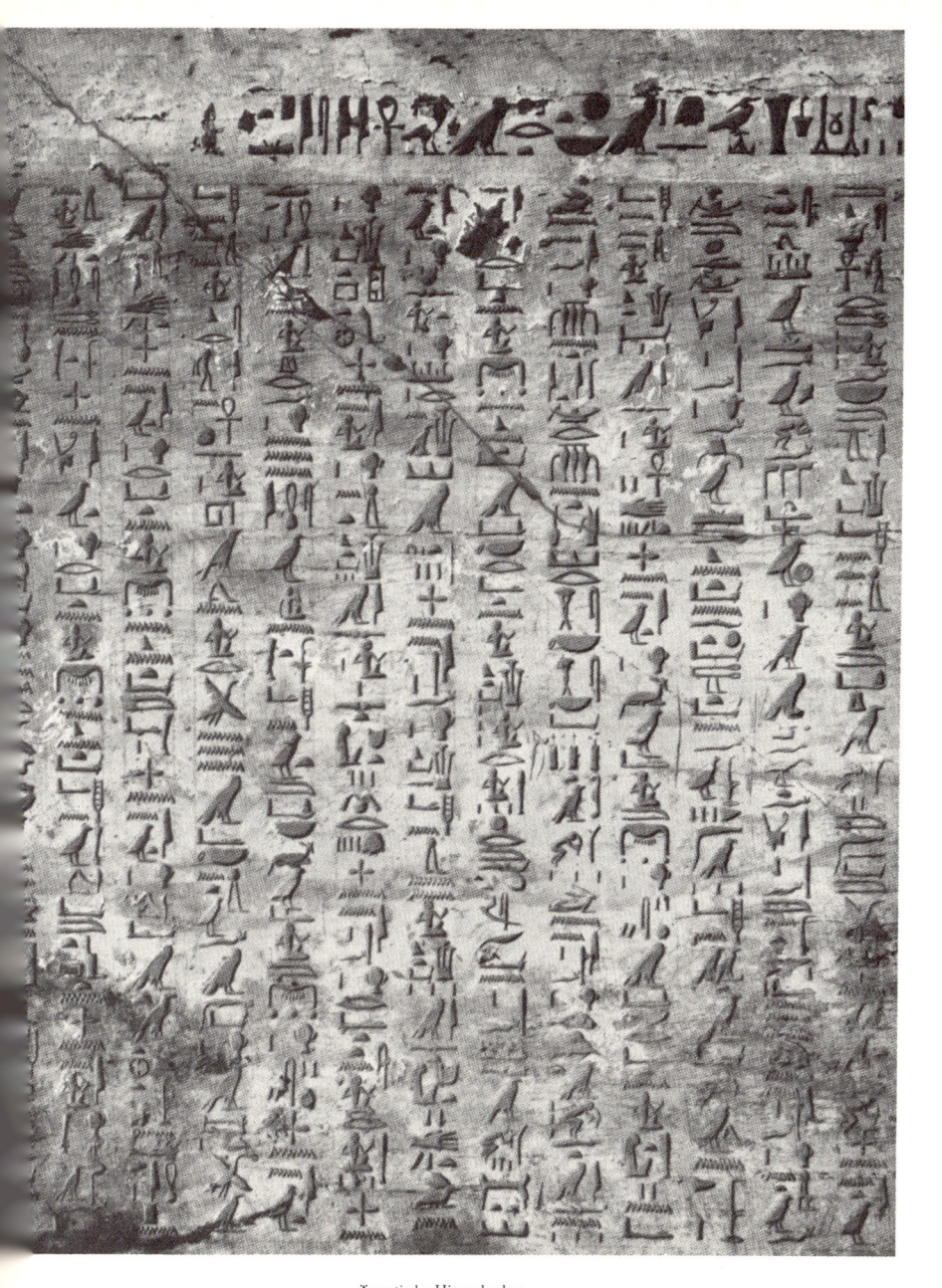

Ägyptische Hieroglyphen
Autobiographie des Ahmose in seinem Grab in Elkab, um 1520 v. Chr.

Gott Amun und die Königin Hatschepsut
Relief von der Spitze des gestürzten Obelisken der Königin in Karnak, 18. Dynastie

geleimten Holzschichten, Sehnen und Horn, der eine wesentlich größere Schußweite und Durchschlagskraft hatte als der einfache Bogen der Ägypter. Ein solcher Gegner hatte es nicht schwer, die große Überlegenheit, deren sich Ägypten gegenüber all seinen Widersachern gerühmt hatte, verächtlich zu Staub zu zertreten.

Zähneknirschend zahlten die Ägypter den Tribut an die Hyksos-Herrscher, aber sie gaben sich trotz allem nicht geschlagen. Von chauvinistischen Gefühlen und Revanchegeist beseelt, erwarben sie die neuen Waffen und erlernten ihren Gebrauch. Das war nicht einfach und dürfte gut ein Jahrhundert beansprucht haben, etwa bis 1600 v. Chr. Nun konnte die Probe aufs Exempel gemacht werden. Seinen Ausgang nahm der Befreiungskampf von der alten Hauptstadt Theben, wo noch eine ägyptische – wenn auch tributpflichtige – Dynastie am Ruder war. Möglicherweise war Theben ein Bündnis mit der führenden mittelägyptischen Stadt Hermopolis eingegangen: da Hermopolis die Hauptstätte des Mondkults (Ah) und des Mondgottes (Thot) war, würde sich daraus das häufige Auftreten der Elemente »Thut« und »Ah« in den Namen des thebanischen Königshauses unter der siebzehnten und achtzehnten Dynastie erklären lassen.

Vielleicht ist das früheste Beweisstück aus dem Befreiungskrieg die Mumie des Königs Sekenenrê aus der siebzehnten Dynastie; ihr Kopf zeigt Wunden, die von Pfeilen und einem Schwert oder Dolch stammen, und die Spuren eines tödlichen Keulenhiebs. Die Vermutung liegt nahe, daß Sekenenrê im Kampf gegen die Hyksos gefallen ist; bewiesen ist das allerdings nicht. Festzustehen scheint dagegen, daß sich ein thebanischer Herrscher namens Kamose mit der Stellung eines tributpflichtigen Vasallen nicht mehr abfinden wollte und gegen die Hyksos rebellierte. Freilich ist der wichtigste Text darüber – eine königliche Inschrift – nur in einer Schülerabschrift überliefert, die ihre Tücken hat.

Der Bericht ist nach einem Schema angelegt, das in der Weltreichsperiode beliebt war: die Vorgänge werden als Gegenstand einer Beratung am königlichen Hof dargestellt, bei der sich der Pharao als göttlich weise und mutig erweist und seine kurzsichtigen und zaudernden Minister und Generale beschämt. Trotz diesem Reklamekunstgriff hat das Dokument seinen Wert als Geschichtsquelle. »Seine Majestät«, heißt es da, »sprach in seinem Palast zum Rat der Vornehmen, die in seinem Gefolge waren: ›Sagt mir, wozu meine Stärke gut ist. Ein Fürst regiert in Auaris, ein anderer in Äthiopien, und ich sitze hier als Partner eines Asiaten und eines Negers! Jeder hat sein Stück Ägypten und teilt das Land mit mir... Niemand kann in Ruhe seinen Geschäften nachgehen, solange er mit den Abgaben an die Asiaten ausgeplündert wird. Ich werde mit ihm ringen, bis ich seinen Leib aufschlitze. Es ist mein Wunsch, Ägypten zu retten und die Asiaten zu schlagen.‹« Dagegen wandten die Ratgeber des Königs ein, die Lage sei gar nicht so schlimm: die Hyksos hätten große Entfernungen zu überwinden, während »wir in unserem Teil Ägyptens gut aufgehoben sind«; nach den geltenden Vereinbarungen könnten die Oberägypter ihre Herden im Delta weiden, im Norden Felder bestellen lassen und von dort Hartweizen als Schweinefutter beziehen. Kämpfen solle man nur, wenn man angegriffen werde: »Er hält das Land der Asiaten, wir halten Ägypten. Sollte jemand kommen und gegen uns vorgehen, dann werden wir gegen ihn vorgehen.« Empört verwarf Kamose diese zahmen Ratschläge und kündigte an, er werde nach dem Norden segeln und als »Beschützer Ägyptens« die Offensive aufnehmen. »Auf Geheiß Amuns« griff er einen Hyksos-Vasallen in Mittelägypten, nördlich von Hermopolis, an. »Ich riß seine Mauern nieder, ich tötete seine Leute, und ich ließ seine Frau zum Flußufer hinabsteigen. Meine Soldaten waren wie Löwen mit ihrer Beute, sie hatten Sklaven, Vieh, Milch, Fett und Honig und teilten die Habe untereinander, ihre Herzen waren fröhlich.« Unvermittelt bricht hier der Text ab. Wahrscheinlich wurden Siege nur in Mittelägypten erfochten, vielleicht nur ägyptische Vasallen der Hyksos bezwungen. Der Krieg ging weiter.

Es ist eine Ironie der Geschichte, daß offizielle Quellen über die Vertreibung der Hyksos schweigen. Das ergiebigste Dokument ist die fragmentarische Autobiographie eines bescheidenen Kriegsteilnehmers, des Schiffskapitäns Ahmose, Sohn der Eben, aus Elkab in Oberägypten, in der über eine Reihe von Feldzügen in Ägypten und – nach dem Fall von Auaris – über die weiteren Kämpfe in Palästina berichtet wird. Auaris war nach drei Belagerungskampagnen gefallen. Der Krieg verlagerte sich nach Asien; in Südwestpalästina wurde die Stadt Scharuhen drei Jahre lang belagert: offenbar hatten sich in diesem Teil Asiens – in nächster Nähe Ägyptens – die Hauptkräfte der Hyksos konzentriert. Kapitän Ahmose erhielt zur Belohnung für seine Kriegsverdienste dreißig Hektar Land in seinem Heimatbezirk und neunzehn Sklaven. Die fremden Herren waren vertrieben, Ägypten war frei. Sollte das alte unbekümmert-sorglose Leben von neuem beginnen?

## *Anfänge der achtzehnten Dynastie*
## *(etwa 1580–1375 v.Chr.)*

In den äußeren Bekundungen kulturellen Schaffens fuhr die achtzehnte Dynastie genau dort fort, wo die zwölfte abgebrochen hatte; einen echten kulturellen Einschnitt hatte die Zweite Zwischenzeit nicht herbeigeführt. In Architektur und Kunst wiederholten sich die Formen und Motive früherer Zeiten. Die kleine, von einer Säulenreihe umgebene Kapelle wurde aus früheren Modellen entwickelt, und der terrassenförmige Tempel der Königin Hatschepsut war in manchem dem benachbarten Tempel des Mentuhotep aus der elften Dynastie nachgebildet. Bedeutsame Unterschiede zwischen den Reliefszenen der zwölften und der frühen achtzehnten Dynastie sind mit bloßem Auge nicht wahrzunehmen. In der Literatur verrät die Inschrift des Kamose eine gewisse Neigung zur Laxheit der Umgangssprache, aber die meisten Texte waren in gutem »Mittelägyptisch« abgefaßt und hielten sich getreulich – und nicht ohne Erfolg – an die klassischen Vorbilder. Die Gräber der Vornehmen griffen das Thema des guten, frohen Lebens und seiner Weiterführung im Jenseits von neuem auf.

Dennoch machte sich schon in den Anfängen der achtzehnten Dynastie etwas Neues bemerkbar. Es war vorbei mit der alten geruhsamen Innenschau. Das Niltal war nicht mehr die Welt. Am Horizont der Ägypter leuchtete plötzlich die Vision ferner Grenzen in Asien und Afrika auf. Konnte man sich noch damit begnügen, den fremden Ländern die Überlegenheit der ägyptischen Kultur vorzuführen und damit Handelsvorteile einzukassieren,

## ÄGYPTEN

Die Fremden waren nicht mehr nachsichtig zu behandelnde Untertanen. Sie hatten sich aufsässig gezeigt, und der Pharao mußte sich nun die Zeit nehmen, ihnen in ihren eigenen Ländern Disziplin beizubringen.

Ahmose hatte die Hyksos aus dem Lande getrieben. Eine Steinbruchinschrift aus dem zweiundzwanzigsten Jahr seiner Regierungszeit zeigt sechs höckrige Ochsen, die einen großen Steinblock ziehen, mit dem Kommentar: »Der Stein wurde von Rindern geschleppt, die Seine Majestät durch die Länder der Fenchu davongetrieben hatte«, womit offenbar Phönikier gemeint waren. Bloße Einfälle in Palästina genügten nicht mehr, so energisch sie auch betrieben wurden. (Tell el-Ajjul, Beth-Schemesch, Schilo und Beth Zur wurden von Ägyptern im 16. vorchristlichen Jahrhundert zerstört.) »Rebellen« saßen nicht nur in Palästina. Ihr Gebiet zog sich nördlich bis nach Naharina, dem Land im Norden Syriens, wo der Euphrat nach dem Norden abbiegt. Lange vor 1500 v. Chr. führte Thutmosis I. seine Krieger bis an die Euphratbiegung, woran eine Triumphstele an den Ufern erinnert.

Eine nicht unauffällige Neuerung zeigen die Texte der achtzehnten Dynastie. Wo früher Bezeichnungen wie »Armee Seiner Majestät« oder »Heeresabteilung des Amun« die Autorität des göttlichen Feldherrn proklamiert hatten, war plötzlich von »unserer Armee« die Rede, als wollten die Texte andeuten, daß persönliche Feldzüge des Königs von gesamtstaatlichen, gesamtnationalen Kriegen abgelöst worden seien. Revanchegeist, Befreiungstriumph, Beutegier, neuentdecktes Machtbewußtsein: das alles gab der Periode einen eigenartig nationalistischen und patriotischen Anstrich.

Gegen wen wurde zu Felde gezogen? Die in Palästina und Syrien bekriegten Asiaten dürften kaum mit denen identisch gewesen sein, die Ägypten seine demütigende Schlappe beigebracht hatten, aber noch lange Zeit hielt das Revanchemotiv vor. Auf dem heute in New York ausgestellten Obelisk Thutmosis' III., der mehr als hundert Jahre nach der Vertreibung der Hyksos entstanden war, bezeichnete sich der Pharao als »Besieger der *hekau chasut*, die ihn angegriffen hatten«. Schon bei Sinuhe hatten wir diese »Herrscher fremder Länder« als etymologische Stammväter der Hyksos kennengelernt. Und noch Amenophis II. prahlt, daß »niemand in seiner eigenen Armee, unter den *hekau chasut* oder unter den Fürsten von Retenu (Palästina-Syrien)« stark genug sei, seinen Bogen zu spannen. Die Hyksos waren es, die den so schwer zu spannenden zusammengesetzten Bogen nach Ägypten gebracht hatten. Noch immer war die Wunde nicht verheilt.

Zu Beginn der unter Thutmosis III. um 1480 eingeleiteten Serie von Feldzügen zur Gründung und Verteidigung des ägyptischen Weltreichs in Asien richtete sich der Angriff vornehmlich gegen die Stadt Kadesch am Orontes als Zentrum des Widerstands gegen den Pharao. Dort, wo sich das Längstal zwischen dem Libanon und dem Antilibanon zur großen nordsyrischen Ebene ausweitet, hielt Kadesch die Schlüsselstellung. Die Stadt schützte eine Hyksos-Befestigungsmauer aus aufgeschichteter Erde. Ein größeres Hyksos-Lager befand sich in der Nähe, in Tell es-Sufinet Nuh, und etwa fünfzig Kilometer entfernt, in Qatna, war das größte aller Hyksos-Lager. Die Ägypter gaben sich mit der Vertreibung der Hyksos nicht zufrieden; über ein Jahrhundert verfolgten sie sie mit dem Furor des Rächers.

Der Aufbau des Weltreichs begann nicht sofort. Drei Menschenalter dauerte die Beseitigung der inneren Schäden, die die Hyksos hinterlassen hatten. Unter Ahmose, Amenophis I., Thutmosis I. und Thutmosis II. waren die Asienfeldzüge eher Strafexpeditionen als Eroberungskriege; da gab es noch keinen Plan und keine durchdachte Kolonisierungsabsicht. Planmäßiger waren wohl die militärischen Operationen in Nubien und im Sudan: das Mittlere Reich hatte diese Gebiete beherrscht, und es war ein Stück Wiederaufbau, sie im Hinblick auf die Goldbergwerke und den Handel mit dem Süden wiederzuholen. Thutmosis I. stieß südlich über den Dritten Katarakt vor; das afrikanische Imperium war da, bevor unter Thutmosis III. das asiatische organisiert wurde.

Zunächst mußten sich allerdings die Hauptbemühungen des Staates auf innere Angelegenheiten richten. Unter den Hyksos hatte der tributpflichtige König von Theben nur den südlichen Teil des Landes unter seiner Kontrolle. Jetzt mußte eine gemeinsame Regierung mit Verwaltungsapparat für die Zwei Länder wiedererrichtet werden; für Landwirtschaft, Bewässerung, Steuerwesen, Schiffahrt, Außenhandel und anderes mußte die staatliche Maschinerie wieder in Gang gesetzt werden. Von neuem mußte eine Handelsflotte, zugleich als Kriegsmarine verwendbar oder von einer Kriegsmarine unterstützt, sichere Verbindungen zu den von unbekannten neuen Völkern beherrschten asiatischen und Mittelmeerstädten herstellen. Der Wiederaufbau und die Ausbildung der zivilen und religiösen Bürokratie standen auf der Tagesordnung. Und die Götter brauchten neue Bauten und neue Zeremonien.

Seitdem die Hyksos, die »ohne Re herrschten«, weg waren, war die Wiederherstellung des Regiments der Götter eine wichtige Angelegenheit: wenn sich der weltliche Herrscher nicht mit den Göttern beriet, waren auch von den Göttern keine Weisungen zum Besten des Staates zu erwarten. In diesem Sinne war der Pharao der unentbehrliche Hohepriester für alle Götter: selbst ein Gott, mußte er der richtige Mittelsmann zwischen Göttern und Sterblichen sein. Für die Zeit vor der achtzehnten Dynastie wissen wir nicht genau, auf welche Weise der Pharao mit den Göttern kommunizierte. In der Zeit der Weltherrschaft bildete sich jedenfalls eine vorgeschriebene Prozedur für den Empfang der göttlichen Gebote heraus. So konnte der Gott dem Pharao im Traum erscheinen: er tat es, als er Thutmosis IV. befahl, die Sphinx freizulegen. Er konnte seinen Willen durch ein sichtbares Wunder kundtun: er tat es, als er Thutmosis III. zum künftigen Pharao bestimmte. Die gebräuchlichste Kommunikationsart war die Befragung: in seinem Schrein im Tempel oder auch in seinem tragbaren Schrein sprach Gott mit dem Pharao und äußerte seinen Willen in einem Orakelspruch; so sprach Amun-Re von Karnak aus seinem Allerheiligsten mit Hatschepsut und befahl die handelspolitische Erschließung des Landes Punt: »Die Majestät des Palastes machte ihr Anersuchen auf den Stufen des Herrn der Götter. Vom großen Thron wurde der Befehl, ein Orakel des Gottes selbst, vernommen, die Wege nach Punt zu suchen, die Straßen zu erforschen, die zu den Myrrhenabhängen führen.« Wir Heutigen möchten natürlich wissen, wie es im Allerheiligsten bei den Gelegenheiten zuging, da Pharao, vielleicht nur vom Hohenpriester des Amun begleitet, das Gotteswort empfing. Texte aus der Ausgangszeit des Weltreiches sprechen von sichtbaren Zeichen des Gotteswillens: der Gott »nickte« zum Zeichen einer positiven und verhielt sich bewegungslos oder

»lehnte sich zurück« zum Zeichen einer negativen Antwort; vermutlich wurden dem Standbild des Gottes mit ja oder nein zu beantwortende Fragen vorgelegt. Frei von agnostischer Neugierde, waren die alten Ägypter bereit, das Wunder als zuverlässiges Mittel der Erforschung des göttlichen Willens zu akzeptieren. Von der achtzehnten Dynastie an scheinen sich die Götter in die Angelegenheiten Ägyptens aktiver eingemischt zu haben. In der Weltreichsperiode wurden die Tempel der Götter größer und imposanter; diese Tendenz wurde unter Thutmosis III. sichtbar, sie ging also der eigentlichen Blütezeit der ägyptischen Weltherrschaft voraus. Vermutlich hatte die Erschütterung des nationalen Selbstbewußtseins im Gefolge der Hyksos-Herrschaft so viel Unsicherheit ausgelöst, daß der ägyptische Staat den Rat der Götter in höherem Maße in Anspruch nehmen mußte. Der Machtzuwachs der Götter und ihrer Priesterschaft ließe sich darauf zurückführen.

Da unser Material meist aus Oberägypten stammt, wissen wir über den Aufstieg Amuns mehr als über den anderer Götter. Das Bild, das sich daraus ergibt, braucht nicht unbedingt verzerrt zu sein: die große Vormachtstellung des Amun-Re von Karnak ist aus allen Texten zu ersehen. Da die thebanische Dynastie als die Befreierin Ägyptens von gottloser Unterdrückung galt, rückte der Gott Thebens als der »König der Götter« in den Vordergrund. Schon seinem Namen nach war er der »Verborgene«, der unsichtbare Gott der Lüfte, der Allgegenwärtige; als der Aufstieg des ägyptischen Weltreichs ihn in die weite Welt hinaustrug, wurde er mühelos zur universalen Gottheit. Sein Tempel ragte in der Nähe des königlichen Palastes in die Höhe, und in der göttlichen Herrschaft über Ägypten war er des Königs intimster Partner. Mit der Zeit erwuchs daraus ein politischer Wettstreit, der schwierige Probleme aufwarf. Den Hintergrund mögen Machtkämpfe zwischen dem Hohenpriester des Amun und verschiedenen Widersachern abgegeben haben: den Hohenpriestern anderer Götter, dem Wesir, dem Armeebefehlshaber und dem Pharao selbst. In der Praxis zeichneten sie sich nicht eindeutig ab, weil sich die verschiedenen Machtbereiche überschnitten, und überdies gab es keinen Konflikt zwischen Kirche und Staat im modernen Sinne: innerhalb der weitverzweigten Bürokratie verflochten sich zivile und kirchliche Ämter an der Spitze in einer Art Personalunion. Im »Gottesstaat« Ägypten waren die weltlichen Bereiche ohne die Sanktion der kirchlichen undenkbar.

In einem Staat mit einem beträchtlichen Prozentsatz von Analphabeten mußten sich Lesen und Schreiben als besondere technische Leistungen des weltlichen und kirchlichen Behördenapparats darstellen; dementsprechend war das Reservoir an qualifizierten Amtsanwärtern relativ klein, und das Personal für die höheren Posten mußte aus einem Kreise anerkannter aristokratischer Familien angeworben werden. Auch zu Zeiten rapiden Wachstums des Staatswesens, in denen die Nachfrage nach Beamten wuchs, waren Amtserfahrungen auf der höchsten Ebene eine Seltenheit. In der Tendenz blieben die höchsten Ämter einer relativ kleinen Gruppe vorbehalten. Die höchsten Beamten des Landes unmittelbar unterhalb des Thrones waren der Hohepriester des Amun von Karnak, der Wesir von Oberägypten, der Wesir von Unterägypten und der »Königssohn von Kusch«. Als Vizekönig für Äthiopien hatte der »Königssohn« drei umfassende Ressorts unter sich: die Aufsicht über das afrikanische Imperium, die Verwaltung der Goldbergwerke Nubiens und das afrikanische Armeekommando; häufig diente das Vizekönigtum als Praktikum für den Thronfolger. Die Verantwortung für die Ausweitung des Weltreichs in Asien lag beim Pharao selbst.

Das Ämtermonopol einiger weniger Familien und die Verflechtung der höchsten Ämter lassen sich an einigen Beispielen illustrieren. Rechmirê, Thutmosis' III. Wesir für Oberägypten, war in diesem Amt seinem Onkel und seinem Großvater nachgefolgt. Als Wesir für Unterägypten fungierte ein gewisser Thutmosis, dessen Sohn Ptahmosis der Hohepriester des Ptah zu Memphis wurde. Manche Amtsträger vereinigten unzählige Ämter in einer Hand. Ein solcher Universalbeamter war Hatschepsuts Favorit Senmut, der eine außerordentliche Machtfülle erlangte, ohne auch nur eins der vier höchsten Ämter zu bekleiden. Er war Erbprinz und Erbgraf, Siegelbewahrer des Königs von Unterägypten, Einziger Gefährte und Oberverwalter des Amun, ebenso Aufseher der Felder, des Gartens, der Kühe, der Sklaven, der Bauern und der Kornkammern des Amun, Prophet des Amun, Prophet der heiligen Barke Amuns, Oberster Prophet des Monthu in Hermonthis, Sprecher des Schreines des Geb, Amtshauptmann des Hauses der Weißen Krone, Kontrolleur der Brothalle im Haus der Ämter, königlicher Oberverwalter, Aufseher der königlichen Residenz, Kontrolleur aller göttlichen Gewerbe, Oberverwalter der Prinzessin Nefrurê, Hoher Vater-Erzieher der Prinzessin Nefrurê, Kontrolleur aller Bauarbeiten des Königs in Karnak, Hermonthis, Deir el Bahri, im Tempel der Mut zu Karnak und in Luxor, schließlich »Vorsteher der Vorsteher und Aufseher der Aufseher der Bauarbeiten«.

Wenngleich die Lehre von der Identität von König und Staat unangetastet blieb, war die Delegation der Befugnisse an verantwortliche Beamte in einem so komplexen Staat nicht zu umgehen. Aus den Texten des Rechmirê und einiger anderer Wesire wissen wir mancherlei über die Aufgaben und Befugnisse des Wesirs von Oberägypten. Er hatte seinen täglichen Vortrag beim Pharao, war der oberste Richter des Landes, war für die Steuern in Ägypten und für die Tribute aus fremden Ländern verantwortlich, hatte die Oberleitung der öffentlichen Arbeiten, die Aufsicht über alle Gewerbe und manches andere. Der Pharao nannte ihn mit Recht den »Tragpfeiler des ganzen Landes«. Das Gesetz, das der oberste Richter anzuwenden hatte, war, soweit sich feststellen läßt, kein geschriebenes kodifiziertes Gesetz mit objektiven Maßstäben für die Rechtsprechung. Die Vorstellung, daß der Wesir in seinem Gerichtssaal vierzig Gesetzesrollen vor sich liegen gehabt habe, läßt sich nicht halten; anscheinend waren es nur vierzig Lederriemen, die die Strafvollzugsbefugnis symbolisierten. Hinweise auf geschriebene Gesetze tauchen erst siebenhundertfünfzig Jahre später, unter Bocchoris von der vierundzwanzigsten Dynastie, auf. Die Rechtsprechung des Wesirs beruhte auf Gewohnheitsrecht, das als Wort des Königs verkündet und von seinen drei göttlichen Qualitäten – *hu*, *sia* und *ma'at* – abgeleitet wurde. Natürlich gab es auch konkrete Verfügungen des Königs für den einzelnen Fall und Leitgesichtspunkte aus Präzedenzfällen; doch kannte Ägypten nichts, was den mesopotamischen Gesetzbüchern mit ihren als Symbole einer objektiven, unpersönlichen Gerechtigkeit öffentlich plakatierten Detailvorschriften entsprochen hätte. Was in Ägypten als Gesetz galt, wurde gewissermaßen direkt vom Gott-König bezogen und als Ausdruck der Gerechtigkeit und Billigkeit auf den einzelnen Rechtsuchenden zugeschnitten.

Eben darum war der Wesir besonders angewiesen, sich bei der Rechtspflege in höchstem Maße unparteiisch zu verhalten: »Die Bekundung einer parteiischen Haltung ist dem Gott ein Greuel. So ist denn dies die Vorschrift, und du sollst ihr entsprechend handeln: du sollst einen, den du kennst, ebenso betrachten wie einen, den du nicht kennst, einen, der deiner Person nahesteht, ebenso wie einen, der deinem Hause fern ist. Die Amtsperson, die solchermaßen handelt, wird in diesem Amt gedeihen.« Der Wesir sollte sich nicht darauf einstellen, »Vornehmen und Beamten Rücksicht zu zeigen, aber aus allen anderen Sklaven zu machen«, denn »was den Beamten betrifft, der allen sichtbar ist, berichten der Wind und das Wasser alles, was er tut, so daß seine Handlungen nicht unbekannt bleiben können«. Die Machtvollkommenheit des Wesirs war groß, und er sollte unbedingt Respekt (nach den Texten sogar »Angst«) einflößen, aber nicht auf Willkür ausgerichtete Autorität, sondern Gerechtigkeit anstreben: »Flöße den Menschen Angst vor dir selbst ein, auf daß sie dich fürchten. Der wahre Amtsträger ist einer, vor dem die Menschen Angst haben, denn darauf gründet sich die Furcht vor dem Amtsträger, daß er Gerechtigkeit üben soll.«

Waren die Herrschaftsbefugnisse auf viele Träger aufgeteilt, so blieb dem Pharao genug Muße, seine Armeen in die Fremde zu führen und sich der Gründung eines Imperiums zu widmen. Aber ehe Ägypten an den Aufbau des Weltreichs ging, mußte die traditionelle isolationistische Interesselosigkeit überwunden werden. Die ersten Generationen der achtzehnten Dynastie setzten noch die alte Tradition fort: Strafexpeditionen nach Asien ohne Einverleibung oder Eingliederung der eroberten Gebiete. Dann folgten Personenkämpfe an der Spitze, bei denen zugleich um Prinzipien und politischen Kurs gerungen wurde. Was sich hinter der »Thutmosidenfehde« verbirgt, ist nicht ganz klar, aber einen gewissen Einblick kann man gewinnen, wenn man sich einen Teilkomplex näher ansieht. Thutmosis III. muß noch sehr jung gewesen sein, als ihm mit dem Tode seines Vaters die Krone zufiel. Daß es ihm an Energie und Führungsqualitäten nicht fehlte, sollte sich in seinem späteren Leben zeigen. Zunächst aber stand er die ersten zweiundzwanzig Jahre seiner Regierungszeit im Schatten, ohne Einfluß auf die Regierungsgewalt. Die Führung des Staates hatte seine überaus talentierte Tante und Stiefmutter Hatschepsut, die »reinblütigere« Halbschwester und Hauptfrau Thutmosis' II., an sich gerissen. Ihre Macht war so groß, daß ihre Denkmäler sie nicht mehr als »Große königliche Gemahlin« bezeichneten, sondern ihr alle offiziellen Titel und Attribute eines Königs verliehen. Nach und nach reduzierte sich der Kampf um die Beherrschung des Landes auf den Konflikt zwischen Hatschepsut und Thutmosis III.; faktisch stand Thutmosis unter Kuratel, bis es ihm in seinem zweiundzwanzigsten Regierungsjahr plötzlich gelang, sich zum Alleininhaber der königlichen Gewalt aufzuschwingen.

Die Regierungspraxis unter Hatschepsut und unter Thutmosis III. zeigte schroffe Unterschiede. Hatschepsut rühmte sich keiner militärischen Feldzüge oder Eroberungen; Thutmosis III. wurde zum großen Eroberer und Organisator des Weltreichs. *Ihr* Stolz war die innere Entwicklung Ägyptens und die Förderung des Handels; *sein* Stolz war die Expansion nach außen und die militärische Eroberung. Die ältere Vorstellung vom ägyptischen Staatswesen als einer isolierten und überlegenen Kultur, die sich um fremde Länder nicht zu kümmern brauche, weil sie Ägypten nicht entscheidend gefährden oder bedrohen könnten, kollidierte hier mit der neuen Vorstellung, die Staat und Kultur dem gebieterischen Zwang ausgesetzt sah, ihre Überlegenheit durch Eroberung und Unterwerfung fremden Gebietes zu beweisen. Hatschepsut hatte sich – nicht ohne Erfolg – auf friedliche Bemühungen um wirtschaftliche und kulturelle Beeinflussung fremder Länder konzentriert. Thutmosis III. inaugurierte offiziell eine planvolle und systematische imperialistische Kriegs- und Annexionspolitik mit dem Ziel, die Sicherheit Ägyptens durch die Hinausverlegung seiner faktischen Grenzen über die geographischen zu gewährleisten und außenwirtschaftliche Zielsetzungen mit militärischen Mitteln durchzuführen.

Offenbar hat es am Hofe zwei Parteien gegeben, die verschiedene Wege gehen wollten. Wie sich die beiden Parteien zusammensetzten, wissen wir nicht. Wahrscheinlich ist, daß auch das Königshaus gespalten war, daß Hatschepsut anfänglich dominierte, weil Thutmosis III. sehr jung und dazu – als Sohn einer Nebenfrau nichtköniglichen Geblüts – von weniger reiner göttlicher Abstammung war, und daß die Armee, soweit es sie schon gab, einer imperialistischen Politik zuneigte, während der Beamtenschaft das auf inneren Aufbau ausgerichtete Programm Hatschepsuts mehr zusagte. Unklar bleibt, welchem Kurs die Priesterschaft der verschiedenen Götter, ein nicht unwichtiger politischer Faktor, den Vorzug gab. Thutmosis III. hat erzählt, daß er als Knabe von Gott Amun selbst zum künftigen Pharao bestimmt worden sei; das spricht dafür, daß sich die Amun-Priesterschaft früher oder später auf seine Seite geschlagen hat. Anderseits nahm Hatschepsut mit großem Nachdruck für sich in Anspruch, als erste den Wiederaufbau der ägyptischen Tempel nach den Zerstörungen der Hyksos-Zeit betrieben zu haben; viele ihrer Bauten waren Amun geweiht, und ihr Wesir Hapuseneb war zugleich der Hohepriester des Amun, was ihm die Möglichkeit gab, Regierungsbürokratie und Priesterschaft bei der Stange zu halten. Was am Ende den Ausschlag zugunsten Thutmosis' gegeben hat, ist nicht ersichtlich.

Statt äußerer Siege gab Hatschepsut Ägypten Ruhm und Glanz im Innern. Sie erbaute ihren schönen Tempel in Deir el Bahri mit dem dazugehörigen kleinen Tempel im Tal ebenso wie kleinere Gotteshäuser in Medinet Habu und am Zweiten Katarakt. Sie ließ gewaltige Obelisken aus den Steinbrüchen von Assuan herbeischaffen und im Amun-Tempel in Karnak aufstellen; in Karnak wurden außerdem ein Amun-Schrein und der Achte Pylon errichtet. In die Felshügel von West-Theben wurden für sie zwei Gräber gehauen. Die Bautätigkeit war wesentlich umfangreicher und großzügiger als in der voraufgehenden Periode und muß die Aushebung unzähliger Arbeitskräfte in den einzelnen Provinzen erfordert haben. Es paßt in dies Bild, daß Hatschepsuts Lieblingsminister Senmut an der Spitze des Bauressorts stand und als königlicher Hauptarchitekt fungierte.

In der Außenpolitik hielt sich Hatschepsut an den traditionellen Kurs. Die Bauvorhaben am Zweiten Katarakt standen im Zusammenhang mit der Goldbeschaffung aus dem Süden; auch die Ausbeutung der Sinai-Goldvorkommen wurde gefördert. Der Königin größter Stolz war eine Schiffsexpedition nach Punt: zahlreiche Reliefs im Tempel von Deir el Bahri berichten von den fünf großen Schiffen, die gewerbliche Erzeugnisse des zivilisierten Ägyptens – Goldschmiedearbeit, Werkzeuge und Waffen – nach Punt brachten und mit Kleinvieh, Affen, Weihrauchbäumen, Elfenbein, Myrrhe und seltenem Holz zurückkehrten. Expeditionen nach Punt hatte es schon vorher gegeben und gab es auch später. Daß diese

Der Totentempel der Königin Hatschepsut in Deir el Bahri
Im Hintergrund der Grabtempel des Königs Mentuhotep

Transport von Weihrauchbäumen aus dem Myrrhenland Punt
Relief aus der Punt-Halle im Totentempel der Königin Hatschepsut, 18. Dynastie

eine Expedition besonders hervorgehoben und für die Ewigkeit festgehalten wurde, hatte politische Bedeutung: hier wurde eindringlich betont, wie wichtig es für Ägypten sei, die Beziehungen zu freundlichen Nachbarn zu pflegen und sich um die unfreundlichen asiatischen Länder nicht zu kümmern; die Königin bekannte sich erneut zur friedlichen, toleranten Politik vergangener Zeiten.

Hatschepsuts Ende kam, nachdem sie zwanzig Jahre lang »König« gewesen war, ganz plötzlich. Was sich da zugetragen hatte, ist nicht überliefert. Es kann sein, daß Hatschepsut eines natürlichen Todes gestorben und ihre Partei darauf auseinandergefallen war. Es kann aber auch sein, daß ein gewaltsamer Staatsstreich den eigenwilligen weiblichen König aus dem Weg geräumt hatte. Kein Zweifel besteht daran, daß Thutmosis nach der Beseitigung der verhaßten Rivalin seiner Rache freien Lauf ließ. Seine Anhänger brachen in den Tempel von Deir el Bahri ein, stürzten die Standbilder der Hatschepsut von ihren Postamenten, zerschlugen sie und schafften die Steine in die nahe gelegenen Steinbrüche.

Fast sofort machte sich Thutmosis III. daran, die fremden Mächte, die gegen Ägypten rebelliert hatten, zu bezwingen und die Landesgrenzen vorzuschieben. Die Machtergreifung war um den 1. Februar 1480 v. Chr. erfolgt; schon fünfundsiebzig Tage später, etwa Mitte April, hatte der König eine Armee bereit, mit der er über die Suez-Grenze in die Fremde marschierte: »Seine Majestät hat nicht gezögert, ins Land Djahi (Palästina-Syrien) zu ziehen, um die Verräter zu töten, die dort waren, und um denen Gaben zu bringen, die treu zu ihm hielten.« Von Ägypten aus gesehen, war Asien in hellem Aufruhr. Hatte der Tod Hatschepsuts den Anlaß zu einem asiatischen Bündnis gegen Ägypten gebildet? War dies Bündnis schon vorher zustande gekommen und zur Ursache ihres Sturzes geworden? Oder war es ein zufälliges zeitliches Zusammentreffen? Jedenfalls war der Fürst von Kadesch nach Megiddo in Palästina gekommen und hatte dort dreihundertdreißig Fürsten und Häuptlinge um sich versammelt, »von denen ein jeder seine eigene Armee hatte« und die den Megiddo-Paß gegen den Pharao verteidigen sollten. Das können allerdings nur Herrscher kleiner Stadtstaaten gewesen sein, deren »Armeen« kaum mehr waren als Leibwachen; ein größeres Heer hätte in der Megiddo-Ebene gar nicht aufgestellt werden können. Der Ausgang der Schlacht bewies, daß die Allianz nicht sehr mächtig war; wahrscheinlich waren auch die »Fürsten« viel zu eigenwillig, als daß sie sich zu einer disziplinierten Truppe hätten zusammenschließen lassen.

Der große Handelsweg, der das Nervenzentrum Palästina-Syriens bildete, erreichte den Fruchtbaren Halbmond bei Gaza im Südwesten Palästinas, zog sich entlang der Philisterküste, dann durch die Ebene Saron nach dem Norden, überquerte das Karmelgebirge, mündete bei Megiddo in die Ebene von Jesreel und gabelte sich dort in drei Straßen, die zur phönikischen Küste, zum Syrischen Graben und in die Umgebung von Damaskus führten. Der Megiddo-Paß war infolgedessen militärisch von der größten Bedeutung (die er auch im weiteren Verlauf der Geschichte beibehielt; noch in der Offenbarung Johannis erscheint er unter dem Namen Armageddon als der hochwichtige Ort der apokalyptischen Schlacht am Ende der Zeit). Der Fürst von Kadesch hatte seinen Standort klug gewählt. Er hatte eine Koalition vieler Stadtstaaten zusammengebracht, und ihre stutzerhaften kleinen Fürsten waren in »ihren großen Kampfwagen aus Gold und Silber ebenso wie in polierten Kampfwagen« gekommen und hatten sich in prunkvollen, mit kostbaren Intarsienstücken ausgestatteten Zelten niedergelassen. Als Thutmosis III. gesiegt hatte, erbeutete er tausend Kampfwagen, was immerhin Rückschlüsse auf die große Zahl der Verbündeten zuläßt.

Die große Energie des Pharaos erwies sich darin, daß seine Armee die rund zweihundertfünfzig Kilometer von der ägyptischen Grenze bis nach Gaza in zehn Tagen zurücklegte; es dauerte dann – aus Gründen der Sicherheit und der Beförderungsplanung – allerdings elf Tage, bis hundertdreißig Kilometer weiter ein Ort an den südlichen Ausläufern des Karmelgebirges erreicht wurde. Dort hielt Thutmosis III. einen Kriegsrat, über den mit der üblichen Lobpreisung der übermenschlichen Weisheit und Kühnheit des Königs berichtet wird. Des Pharaos Offiziere warnten vernünftigerweise vor einem Weitermarsch durch den schmalen Megiddo-Paß, durch den sich die Armee nur im Gänsemarsch bewegen konnte; sie plädierten für zwei andere Pässe, von denen aus die asiatische Armee in der Flanke hätte angegriffen werden können. Doch der Gott-König durfte nicht von menschlicher Furcht und Vorsicht befallen sein. Er nahm sich Verwegeneres vor: »Meine Majestät wird diese Aruna-Straße einschlagen. Wer von euch auf diesen anderen Straßen, von denen ihr sprecht, gehen will, möge das tun, und möge, wer will, im Gefolge Meiner Majestät mitkommen!« Die »Feinde, die Re verabscheut«, sollten keine Gelegenheit haben, höhnisch zu fragen: »Hat Seine Majestät einen anderen Weg eingeschlagen, weil er vor uns Angst bekommen hat?«

Die göttliche Zuversicht trug ihre Früchte. Während sich die Ägypter durch den engen Paß hindurchschlängelten, wozu sie einen ganzen Tag brauchten, saß der Feind in unwahrscheinlicher Verblendung am Nordausgang und tat nichts, um den Durchbruch zu verhindern. Die feindlichen Heere schlugen sogar am Ausgang des Passes ihr Lager für die Nacht auf. Beim Morgengrauen zeigte sich Thutmosis seinen Kriegern als göttliche Erscheinung »in einem Kampfwagen aus feinem Gold, geschmückt mit seinen Kampfgewändern, wie Horus mit dem mächtigen Arm, ein Herr der Schlachten wie Monthu der Thebaner, während sein Vater Amun seine Arme stark machte«. Als die Ägypter angriffen, brachen die Reihen der Asiaten auseinander; sie flohen in wilder Hast und ließen ihre Kampfwagen und ihr reich ausgestattetes Lager zurück. Nun suchten sie Zuflucht in Megiddo, aber die Einwohner hatten die Stadttore verriegelt. In wirrer Panik drängten sich die Fliehenden vor der Stadtmauer, bis die Stadtbewohner schließlich Kleidungsstücke über die Mauer hängten und die angstschlotternden Krieger an ihnen heraufzogen. Soviel Spaß der königliche Chronist am Mißgeschick seiner Feinde auch hat, verfehlt er nicht, die Beutegier seiner eigenen Truppen anzuprangern: »Hätte die Armee Seiner Majestät bloß nicht ihr Herz darein gesetzt, die Besitztümer des Feindes zu erbeuten, sie hätte in diesem Augenblick Megiddo einnehmen können, während der miserable Feind von Kadesch und der miserable Feind aus dieser Stadt in Eile nach oben gezogen wurden, um Einlaß zu finden.« Die Aufzählung eines Teils der erbeuteten asiatischen Schätze läßt die Disziplinlosigkeit der ägyptischen Kriegshelden begreiflich erscheinen.

Den Belagerungswaffen der Ägypter war die mächtige Festung Megiddo mit ihrem Stadtwall und ihrem Burggraben durchaus gewachsen, so daß die Sieger vorzogen, die Stadt

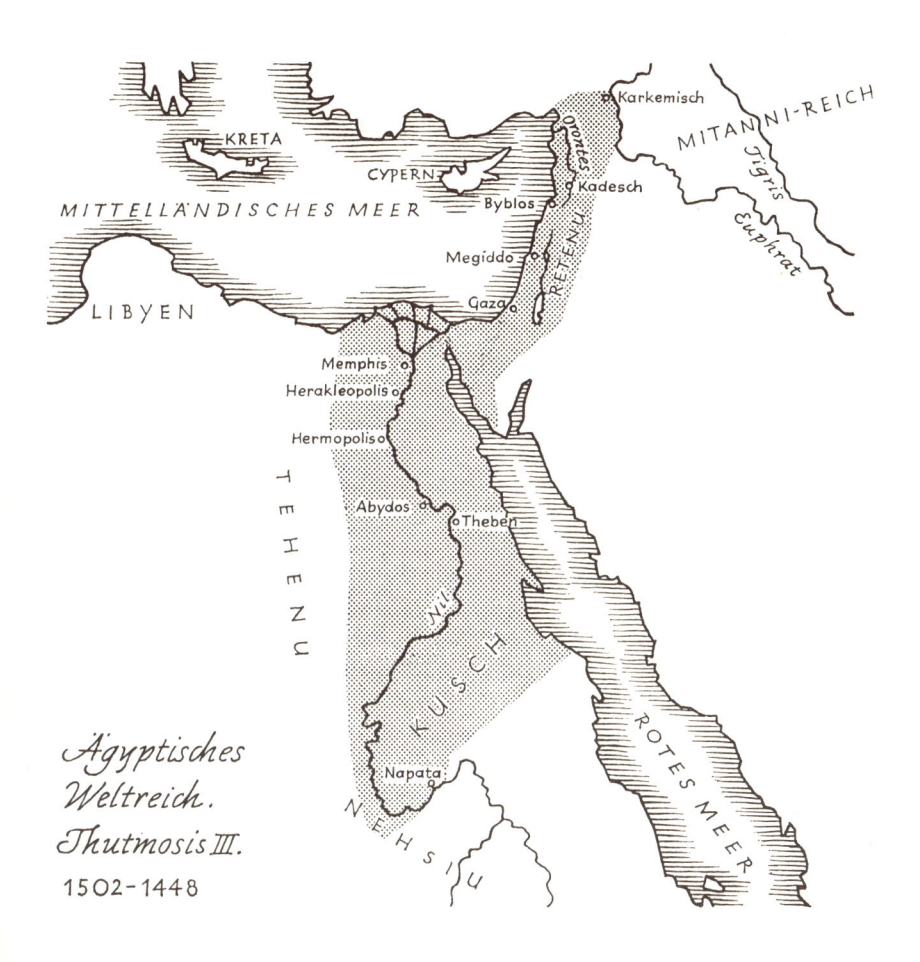

*Ägyptisches
Weltreich.
Thutmosis III.
1502-1448*

auszuhungern. Sie waren in Palästina zur Zeit der Weizenernte eingefallen und ließen sich vierhundertfünfzigtausend Sack abliefern – »außer dem, was von der Armee Seiner Majestät für die eigene Versorgung abgemäht wurde«. Im übrigen ließen sich die Ägypter Zeit und warteten ab. Obgleich sich die Asiaten hinter ihren Mauern verschanzt hatten, »fehlte es unter ihnen nicht an Davonlaufenden«. Die Belagerung dauerte sieben Monate, vom Mai bis zum Dezember. Dann kapitulierten die Stadtbewohner. Sie schickten ihre Kinder mit ihren Waffen zum Pharao, während die asiatischen Krieger »auf den Mauern standen und Seine Majestät lobpriesen, darum bittend, daß ihnen der Atem des Lebens geschenkt werde«. Thutmosis folgte nicht dem Beispiel früherer Pharaonen, die die Fürsten besiegter Feinde in feierlichen Zeremonien umbringen ließen. (Es ist natürlich denkbar, daß der Fürst von Megiddo rechtzeitig entkommen war.) Der siegreiche Pharao hielt es für weiser, sich des Dankes der Feinde zu versichern. Nachdem er ihnen einen Vasalleneid abgenommen hatte, »entließ sie Meine Majestät in ihre Städte. Sie zogen auf Eseln von dannen, damit ich ihre Pferde nehmen konnte«. Diese ungewöhnliche Großherzigkeit legte den Grund für ein Imperium von hundertjähriger Dauer.

Der erbeutete Reichtum enthüllte Palästina-Syrien als einen Schauplatz kosmopolitischen Prunks. Die asiatischen Prinzen schliefen in Intarsienbetten, reisten in Intarsiensänften, trugen geschnitzte Spazierstöcke und benutzten Gold- und Silbergefäße. Sie zogen in die Schlacht mit Standbildern der Fürsten, die aus Ebenholz gearbeitet und mit Gold überzogen waren und Köpfe aus Lapislazuli hatten. Aus den Heeresbeständen erbeuteten die Ägypter zweitausend Rinder, zweitausend Ziegen und zwanzigtausend Schafe. Das besetzte Gebiet war Acker- und Weideland, aber es hatte auch ein hochentwickeltes Handwerk. Das handwerkliche Können, das im Gefolge der militärischen Siege nach Ägypten strömte, übte einen tiefgehenden zersetzenden Einfluß auf die statische Ruhe der ägyptischen Kunst aus. Im folgenden Jahrhundert sollten sich die Ausdrucksformen der ägyptischen Kunst gründlicher verändern als in den zehn Jahrhunderten, die voraufgegangen waren.

Während der nächsten zwei Jahrzehnte überzeugte Thutmosis die Asiaten mit jährlichen Kraftproben von der unbezwingbaren Macht Ägyptens. Manchmal genügte es dazu, die Armee aufmarschieren zu lassen und Tributzahlungen zu empfangen; manchmal mußte tatsächlich gekämpft werden. Eine asiatische Koalition trat Thutmosis jedoch nie mehr entgegen: er hatte jede Möglichkeit eines geeinten Widerstandes im Keime erstickt. Palästina und Phönikien waren, von gelegentlichen Unruhen abgesehen, in seiner Hand. Die Grenze, an der gekämpft wurde, lag weiter nördlich. Zu Hauptfeinden wurden der Fürst von Kadesch und der König von Mitanni im Nordwesten Mesopotamiens. Bei einem sechsten Feldzug in seinem 30. Regierungsjahr und dann erneut bei seinem letzten Feldzug im 42. Regierungsjahr gelang Thutmosis die Eroberung von Kadesch. Für die Allegorien der ägyptischen Triumphtexte ist es bezeichnend, daß Kadesch nach dem sechsten Feldzug als »zerstört« bezeichnet wurde, zwölf Jahre später aber von neuem erobert werden mußte.

Das ehrgeizigste Ziel verfolgte der achte Feldzug in Thutmosis' 33. Regierungsjahr. Diesmal ging es gegen »diesen Feind aus dem elenden Naharina«, den König von Mitanni. Das Königreich Mitanni, ein Reich von stark indo-europäischer Färbung, lag östlich des Euphrats, streckte aber seine Fühler auch ins Land am Westufer aus. Als sich das ägyptische Reich auszuweiten begann, stieß es logischerweise mit dem expandierenden Mitanni-Reich zusammen. Thutmosis' Tatkraft und Weitblick zeigten sich bei den Vorbereitungen zum Angriff auf einen Feind, dessen natürliche Verteidigungsgrenze ein mächtiger Strom war: »Ich ließ viele Schiffe aus Zedernholz in den Bergen des Gotteslandes in der Nähe der Herrin von Byblos bauen. Sie wurden auf Wagen geladen, die von Zugtieren gezogen wurden, und sie legten die Reise in der Vorhut Meiner Majestät zurück, damit der große Fluß überquert werden konnte, der zwischen diesem fremden Land und Naharina fließt.« Nichts wurde dem Zufall überlassen. Thutmosis bestieg die Schiffe auf dem Euphrat und verfolgte den fliehenden König von Mitanni auf dem Wasserweg. Es wird nicht gesagt, daß der Feind gefangengenommen worden sei; der Pharao rühmt sich lediglich, »dies Land Naharina, das sein Gebieter aus Angst verlassen hatte«, verwüstet zu haben. Nach vollbrachter Tat wurde eine Triumphstele am Ostufer des Euphrats errichtet und die ägyptische Invasion mit anmaßendem Übermut verewigt. Die Reibungen mit dem Mitanni-Reich hielten

Triumph Thutmosis' III. über seine asiatischen Feinde. Relief aus dem Amun-Tempel in Karnak, 18. Dynastie

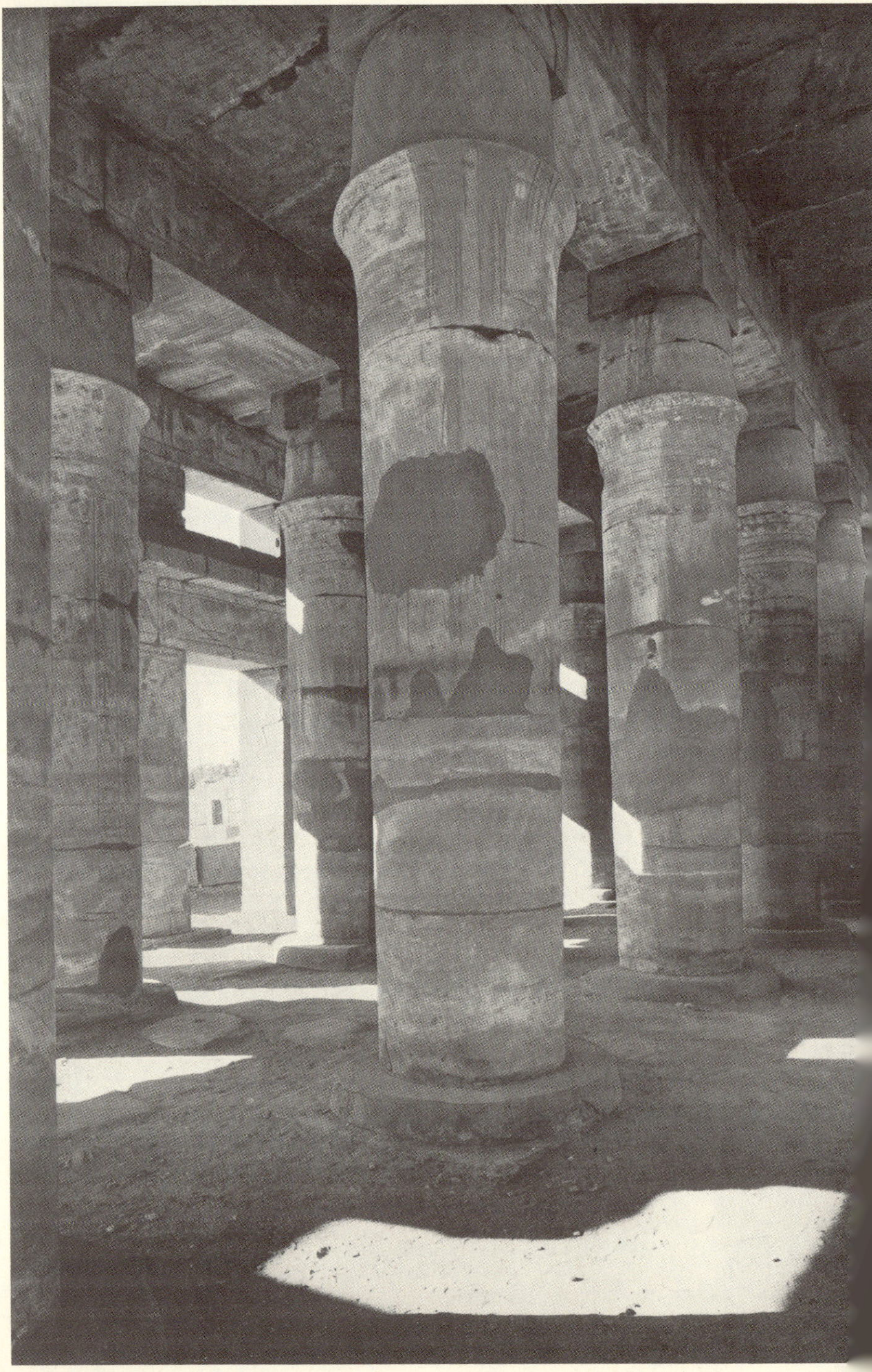

noch zwei Menschenalter an, doch haben sich keine Berichte über spätere Kampfhandlungen erhalten.

Von großer Bedeutung für die innere Organisation des neuen Imperiums war der Ausbau der Flotte: die Armee rückte in immer entferntere Gebiete vor, und die Aufrechterhaltung der Verbindungen wurde schwierig. Ohne eine aktive, den anderen überlegene Flotte konnte das östliche Mittelmeer nicht gehalten werden. Beim weiteren Vordringen nach Norden richtete Thutmosis sein Augenmerk vor allem auf die phönikischen Häfen: »Nun wurde jede Hafenstadt, die Seine Majestät erreichte, mit gutem Brot, mit verschiedenen Arten von Brot, mit Olivenöl, Weihrauch, Wein, Honig und Früchten versehen.« In einem anderen Bericht ist davon die Rede, daß die Häfen organisiert und »entsprechend den Veranlagungssätzen und ihrem jährlichen Umschlag« ausgerüstet worden seien. Zur Sicherung der Beförderungsmöglichkeiten von und nach Ägypten wurden Schiffe beschlagnahmt.

Für Asien errichtete Thutmosis eine militärische und politische Organisation zur Beaufsichtigung der asiatischen Fürsten – mit einem Oberkommissar für das Gesamtgebiet und Sonderbevollmächtigten in einzelnen wichtigen Städten. Das Verwaltungszentrum war Gaza in Palästina. Die Stadt hatte sich zur Zeit der Schlacht von Megiddo nicht gegen Thutmosis erhoben und war unter den von ihm besiegten Städten nicht aufgeführt. Alt-Gaza hatte einen Festungsturm von dem Typ, den die Asiaten Migdol nannten, und diente als Kontrollposten am Ausgangspunkt des großen palästinensisch-syrischen Verkehrsweges. Das war die Reiseroute der »Abgesandten des Königs in allen fremden Ländern«, der wagemutigen und unternehmungslustigen Kuriere, die als königliche Sendboten und Unterhändler auf ihren zweirädrigen Kampfwagen das gefahrenreiche Gelände durchstreiften. Zwischen Theben und Boghazköi, zwischen Tell el-Amarna und Byblos eilten sie mit ihren in akkadischer Keilschrift, dem diplomatischen Verständigungsmittel der Zeit, beschriebenen Tontafeln hin und her; ihnen fiel die Aufgabe zu, ein an Verkehrs- und Verbindungsmitteln armes Weltreich zusammenzufügen und zusammenzuhalten. Thutmosis hatte gute Arbeit geleistet: in relativer Sicherheit konnten seine Kuriere viele Hunderte von Kilometern zurücklegen.

Häufige Zurschaustellung der militärischen Stärke Ägyptens sicherte die Beherrschung des Weltreichs unter Thutmosis III. und zu Beginn der Regierungszeit Amenophis' II. Noch hundert Jahre später rief ein asiatischer Fürst in Erinnerung an diese strenge Überwachung aus: »Wer kolonisierte einst Tunip? War es nicht Manahbirja (asiatische Form von Mencheperrê, dem Thronnamen Thutmosis' III.), der es kolonisierte?« Zur Herrschaftstechnik gehörte es außerdem, daß die militärischen Demonstrationen zu einer kritischen Jahreszeit durchgeführt wurden. In Ägypten wurde die Getreideernte zu Beginn des Frühjahrs eingebracht; erst nach der Erntesaison zog die Armee nach Asien, wo das Korn noch auf dem Halm stand und die Landbevölkerung gerade am unabkömmlichsten war und durch Übergriffe fremder Heere am empfindlichsten getroffen werden konnte. Natürlich

---

Festhalle Thutmosis' III. im Amun-Tempel in Karnak

ernährten sich die ägyptischen Truppen von den Erträgen des besetzten Landes und freuten sich besonders, den Feind bei der Erntearbeit überraschen zu können. Über einen Feldzug in Phönikien berichtet der Chronist: »Ihre Obstgärten waren voller Früchte. Ihr Wein wurde wie fließendes Wasser in Bottichen vorgefunden, und ihr Korn wurde auf dem Dreschboden gewalkt. Es gab davon mehr als Sand am Meeresrand. Die Armee floß von Reichtum über... Seiner Majestät Armee war jeden Tag so betrunken und so mit Öl gesalbt, als sei sie auf einem Fest in Ägypten.« Die Blitzeseile, mit der die ägyptische Armee durchgriff, wurde den Beherrschten mit der Zeit so selbstverständlich, daß das asiatische Imperium mit weitverstreuten kleinen Garnisonen gehalten werden konnte. Die asiatischen Städte waren klein und voller Zwietracht, und oft konnte ein halbes Dutzend Ägypter die Einwohnerschaft einer ganzen Stadt in Schach halten.

Schon nach der Schlacht von Megiddo hatte sich Thutmosis damit begnügt, die besiegten Fürsten zu Vasallen zu machen. Auch später ließ er sie unter der Aufsicht seiner Statthalter und Garnisonen weiterregieren. Doch wurde eine neue Technik hinzugefügt, die die Vorteile der Festnahme von Geiseln mit der Ägyptisierung des asiatischen Fürstennachwuchses verband. Das wurde bei seinem sechsten Feldzug notiert: »Jetzt wurden die Söhne der Fürsten und ihre Brüder hinweggeführt, um als Geiseln in Ägypten gehalten zu werden. Dann machte es Seine Majestät zum Brauch, wenn einer dieser Fürsten starb, seinen Sohn hinzuschicken und an seine Stelle treten zu lassen. Verzeichnis der Fürstensöhne, die in diesem Jahr hinweggeführt worden sind: sechsunddreißig Mann.« Die Erben und Thronfolger der zu Vasallen gemachten Fürsten verbürgten als Geiseln das Wohlverhalten der Väter und wurden überdies in Ägypten zu königstreuen Ägyptern erzogen. Wenn man nach der zum Teil fanatischen Ergebenheit mancher asiatischer Fürsten inmitten der Wirren der Amarna-Periode urteilen darf, machte sich dies System bezahlt.

Einige unvollständige Hinweise auf den Reichtum, den das Imperium Ägypten brachte, finden sich in den Annalen Thutmosis' III. Dabei ist allerdings zu beachten, daß die Lobredner des Pharaos mit »Tribut« sowohl das bezeichneten, was den eroberten Gebieten mit Gewalt entrissen wurde, als auch das, was an normaler Handelsware oder an diplomatischen Gaben souveräner Herrscher nach Ägypten hereinkam. Der »Tribut« der Assyrer, Hethiter oder Babylonier war in Wirklichkeit entweder vom königlichen Monopol importierte Ware oder Austausch königlicher Gaben zwischen den fremden Herrschern und dem Pharao. Gerade solche Geschenke illustrieren die Machtverhältnisse: das geschwächte Mitanni-Reich wird nicht als Teilnehmer am Gabenaustausch erwähnt; von den Hethitern im Norden, den Ägyptern im Westen und von Assyrien und Babylonien im Osten in die Zange genommen, wurde es so lange drangsaliert, bis es sich als Bittsteller an die eine oder andere Macht anlehnen mußte.

Beträchtlichen Gewinn aus den Erträgnissen des Weltreichs zog der Tempel des Amun-Re in Karnak. Amun-Re hatte den Sieg verheißen, und sein Bildnis begleitete die Armeen auf dem Marsch; er erhielt den Löwenanteil an der Beute. Die im Tempel von Karnak eingravierten, von einer Kriegstagebuch-Lederrolle kopierten »Annalen« Thutmosis' III. galten in erster Linie der protokollarischen Feststellung, daß der Pharao seine Verpflichtungen aus dem Kontrakt mit dem Gott erfüllt habe. Amun war neben anderen der Schutzpatron der Goldgewinnung in Nubien und im Sudan und zugleich der Hauptteilhaber der Goldbergwerke. Daraus flossen ihm über zweihundertsechzig Kilogramm Gold im 34. Regierungsjahr Thutmosis' III. zu, ungefähr ebensoviel im 38. und über dreihundert Kilogramm im 41. Jahr. Das war keine Bagatelle. Im Amun-Tempel ließ Thutmosis lange Listen von Ländern und Stadtstaaten, die er erobert haben wollte, eingravieren. Die Ortsnamen reichen vom Süden Palästinas bis zum Norden Syriens. In der Hauptsache interessierten sich die Ägypter für die Hauptverkehrsstraße mit ihren Abzweigungen, weniger für das abseits gelegene Hochland. Die meisten erkennbaren Namen weisen auf die Philisterebene und die Ebene Saron, den Megiddo-Paß, die Ebene von Akka, die Ebene von Jesreel bis nach Beth-Schan hin, ziehen sich von dort bis Damaskus, dem Hazor-Paß in Galiläa und weiter nach Kadesch, der nordsyrischen Halab-Ebene und dem Euphrat-Stromland; hinzu kommen einige Ortschaften im Hochland Judäas und Ephraims und nur ganz wenige phönikische Städte (vielleicht weil sie an der Megiddo-Erhebung nicht teilgenommen hatten). Ähnlich läßt sich der ägyptische Einfluß verfolgen, wenn man den Gegenständen mit Pharaonennamen nachspürt, die sich in Palästina und Syrien aus der Weltreichszeit erhalten haben: die Fundstätten liegen in der Philisterebene und den benachbarten Bergen bis zu Lachisch und Beth-Schemesch (aber nicht weiter), in der Ebene Jesreel, jenseits des Jordans in der Richtung auf Damaskus, bei Kapernaum in Galiläa, an der phönikischen Küste und in Kadesch. Die Nervenstränge gehen wiederum von der Hauptverkehrsstraße aus.

Wie beeinflußte die imperiale Expansion den Geist Ägyptens? Unwiederbringlich dahin war das alte geruhsame Sicherheitsgefühl der Ägypter, und im Geist des Imperiums spiegelte sich das neue Machtbewußtsein der militärischen Sieger. Die herrschenden Kräfte Ägyptens, die weltlichen wie die geistlichen, profitierten von der Eroberung und gewannen an Einfluß. Der Blick blieb wie gebannt an den fernen Grenzen haften, weil die Bedrohung ständig als akut empfunden wurde. Die Hyksos-Gefahr fand ihre Fortsetzung in der asiatischen »Rebellion« von Megiddo; ihr folgte der Wettstreit mit dem Mitanni-Reich, dann wieder das Rivalitätsverhältnis zu den Hethitern und schließlich die Gefahr, die Ägypten von den Seevölkern und den Libyern drohte. Stets sah sich das Weltreich alarmierenden Geschehnissen dieser oder jener Art gegenüber; manche waren ernst zu nehmen, weil sie mit Invasionsversuchen einhergingen; andere hatten höchstens periphere Bedeutung, da sie im schlimmsten Fall nur den äußersten Rand des asiatischen Imperiums bedrohten. Zusammen erweckten sie ein nie nachlassendes Unsicherheitsgefühl; sie lieferten den Vorwand für ständige militärische Bereitschaft und häufige militärische Aktionen, so daß das Land aus dem Zustand zentralistischer autoritärer Herrschaft nicht herauskam. Daß Palast und Tempel daran reich wurden, ist weniger wichtig, als daß der alte Geist Ägyptens einen radikalen Wandel durchmachte.

Die Erfolge des Weltreichs wurden auf das Konto zweier Götter geschrieben: des Gott-Königs, der die Armeen anführte, und des imperialen Gottes, der die Kriege genehmigte und segnete. Wenn Amun-Re einen Feldzug gegen die Asiaten gnädigst gestattete und dem Pharao sein »Schwert« lieh, so daß die Truppen mit der göttlichen Standarte in die Schlacht zogen, mußte der Gott nach dem Sieg mit einem beträchtlichen Anteil am jeweils erbeuteten Schatz und mit dankbarer Erhöhung der regulären Opfergaben belohnt werden.

Das war die normale Beziehung zwischen dem Gott des Weltreichs und dem Staat; sie hatte nichts vom Zynismus eines Handelsgeschäfts an sich, sondern bezeugte lediglich die göttliche Teilnahme an den Angelegenheiten eines gottgeweihten Staates. Auch die Priesterschaft anderer Götter – des Re von Heliopolis, des Ptah von Memphis und Seths, des Gottes der Asiaten – hatte ihren Anteil an der Aufhäufung von Reichtum und Macht, wenn auch lange nicht im gleichen Maße wie die Amun-Priesterschaft von Karnak. Im Vergleich zu den verhältnismäßig kleinen und lokal begrenzten Tempeln des Alten und Mittleren Reiches waren die Tempel der Götter unter dem Weltreich gigantisch und mit riesenhaften Liegenschaften gesegnet. Privilegienverfügungen dankbarer Pharaonen befreiten die Tempel und ihr Personal von den schweren Lasten, die andere Staatsbürger zu tragen hatten. Priester und privilegierter Tempelbesitz wurden zu einer Bürde, die Ägypten zu Boden drückte. Die Geistlichkeit hatte sich am Weltreich gleichsam mit Investitionen beteiligt; es war für sie lebenswichtig geworden, an Ägyptens Herrschaft über fremde Länder für immer und ewig festzuhalten. Als dann die Kosten dieses Unternehmens zu hoch wurden und Ägypten auf das Weltreich verzichten mußte, wurde die Wirtschaft des Landes von den Lasten der immensen Tempeldomänen fast erdrosselt.

Die große Kraftanstrengung für die Errichtung und Aufrechterhaltung eines weitgesteckten Imperiums setzte einen engen Zusammenhalt der Nation voraus, der im ersten Aufflammen eines rachsüchtigen Patriotismus nach der Hyksos-Zeit auch wirklich geschmiedet werden konnte. Doch die Kosten des Imperiums blieben, während der Ertrag keineswegs allen gleichmäßig zugute kam. Der nach Ägypten hereinströmende Reichtum berührte zwar in gewissen Grenzen das Dasein aller Ägypter, aber er riß zwischen der herrschenden Klasse und den Beherrschten eine Kluft auf, die mit der Zeit immer tiefer wurde. Wer beim großen nationalen Abenteuer in den vorderen Reihen stand, wurde zusehends reicher und mächtiger. Bald brauchte diese Oberschicht nicht mehr mit den Armeen zu marschieren; die wachsenden Investitionen und die umfangreicher werdenden lokalen Interessen hielten sie zu Hause fest; für die komplizierteren und schwierigeren Aufgaben konnte sie sich Angestellte leisten. Die Zahl der Verwalter, der mit der Leitung gewerblicher Betriebe betrauten Hausmeier, der Kriegssöldner nahm zu. Anfänglich waren solche Verwalter oder Söldner nur bessere Diener ohne jede Aussicht, zu Positionen mit selbständiger Macht aufzusteigen, aber mit der zunehmenden Verantwortung, die ihnen zufiel, waren sie am Ausgang der Weltreichszeit zu einer machtvollen Gruppe von Hofbeamten oder Berufsmilitärs geworden. Der hauptberufliche Verwalter stand jetzt zwischen der herrschenden, begüterten Klasse und der großen Masse der Ägypter; den regelmäßigen ungezwungenen Kontakt zwischen dem Herrn und seinen Bauern gab es nicht mehr. Eine scharfe Klassentrennung war eingetreten, und es war nicht mehr möglich, auf der sozialen Stufenleiter – und sei es auch nur theoretisch und ausnahmsweise – emporzusteigen. Der in den Anfängen des Mittleren Reiches dem Einzelmenschen, auch dem einfachen Bauern, beigemessene persönliche Eigenwert war zu einer Angelegenheit der fernen Vergangenheit geworden. Der Bauer war nur noch ein kaum identifizierbarer Bestandteil der im Dienste der nationalen Kraftanstrengung zusammengefaßten und in ihrer Bewegungsfreiheit eingeschränkten großen Masse der Ägypter.

König Amenophis II.
Standbild aus Karnak, 18. Dynastie. Kairo, Ägyptisches Museum

Festgesellschaft und blinder Harfner
Aus einem Wandgemälde im Grab des Amun-Priesters Nacht in Theben, 18. Dynastie

Natürlich brauchte der wachsende Regierungsapparat neue Kräfte, die dem Reservoir der Befähigten entnommen werden mußten. Aber dies Reservoir wurde in zunehmendem Maße mit Fremden aufgefüllt. Mit den militärischen Siegen des Weltreichs kamen nach Ägypten Tausende von Menschen, die im Verlauf der Kämpfe gefangengenommen worden waren. Da Ägypten als das Land der großen Möglichkeiten, der Kriegsbeute- und Aufstiegschancen erschien, waren die Gefangenen fürs erste bereit, als ägyptische Soldaten, auch gegen ihre eigenen Stammesangehörigen, zu dienen. In dem Maße, wie Ägyptens Herrscher reicher und fetter wurden, stellten diese fähigen Fremden immer mehr die erste Kraftreserve dar: mehr und mehr Nehsiu und Medjai aus dem Süden, Schasu aus dem Osten, Meschwesch aus dem Westen und Scherden von der See wurden zum Militärdienst und zu Verwalterfunktionen im Staatsapparat und auf den großen Gütern herangezogen. Viele dieser Fremden waren als Sklaven Eigentum des Palastes, der Adelsgüter oder der Tempeldomänen. Nur war Sklaverei damals nicht wie in der neueren Zeit eine scharf abgegrenzte, juristisch unverrückbare Kategorie. Der Haussklave war sogar in einer viel günstigeren Position als der eingeborene ägyptische Bauer: im Außendienst einer Amtsstelle, als persönlicher Diener eines Vornehmen, als Dienstmann im königlichen Harem oder als Unteroffizier in einem Söldnerregiment hatte der Sklave reichlich Gelegenheit, sich unentbehrlich zu machen und Einfluß zu erlangen. Gegen Ende der Weltreichsperiode bekleideten zahlreiche Fremde bedeutende Posten von erheblichem Gewicht als königliche Truchsesse oder Kammerherren, Büttel oder Kuriere im Regierungsdienst oder Offiziere in der Armee. Im scharfen Kontrast zu den eingeborenen Herrschern und deren fremden Verwaltern sanken minderbemittelte Einheimische auf ein niedrigeres soziales, politisches und wirtschaftliches Niveau. Aus dem Wagnis der nationalen Einheit wurde Uneinigkeit; der zerrissene Gesellschaftskörper konnte nur noch mit rigoroser Disziplin zusammengehalten werden.

In der staatlichen und kirchlichen Bürokratie und in der Armee bildeten sich Hierarchien mit deutlich sichtbaren Klassen heraus. Die Armee ist ein gutes Beispiel für die Versteifung und Erstarrung des Systems. In früheren Zeiten, als die Anforderungen an die Streitkräfte geringer waren, war die Armee in ihrem Kern ein Gelegenheitsheer: die Krieger waren dienstfähige Bürger, die im Bedarfsfalle eingezogen wurden und, wenn der Notstand vorbei war, nach Hause zurückkehrten. Nur die Polizei bestand aus Berufssoldaten, darunter vielen fremden Söldnern. In der Armee waren sogar die Offiziere ranghohe Zivilisten, die ihren militärischen Formationen nur während der Dauer der Kampfhandlungen vorstanden. Das Weltreich konnte sich auf Saisonamateure nicht mehr verlassen; die Garnisonen in fremden Ländern mußten mit Berufssoldaten besetzt werden. Mit Thutmosis III. begann der Aufbau einer regulären, stufenförmigen Heeresorganisation. In der Infanterie konnte der »Soldat« auf einen minderen Offiziersrang als »Bannerträger« oder auf ein höheres Kommando als »Befehlshaber der Schützen« hoffen. Die Kampfwagentruppe war ein sozial höhergestelltes Elitekorps. Kampfleistungen im Felde wurden mit Gold, Grundbesitz, Sklaven oder mit bequemen Posten in der Zivilverwaltung belohnt; so wurden viele ehemalige Offiziere zu »Oberverwaltern« auf königlichen Gütern. In der Stabsarbeit gab es für die umfassenden Geschäfts- und Rechnungslegungsaufgaben einer territorial weitverstreuten Armee wichtige Offiziersposten mit Truppenversorgungs-, Abrechnungs-, Verbindungsdienst- und operativen Funktionen. An der Spitze stand der »Oberbefehlshaber der Armee«, der theoretisch der Pharao selbst hätte sein müssen und es wohl auch zu Beginn der Weltreichsperiode war; dann übertrug der Pharao den Oberbefehl auf seinen Sohn und Erben, den Kronprinzen, aber zur Zeit der Amarna-Revolution war das Oberkommando auf einen Offizier nichtköniglicher Herkunft, Haremhab, übergegangen, der von diesem Sprungbrett auf den Thron gelangte; nach ihm wurden mehrere Wesire zu Königen, Ramses I., Sethos I. und später noch Herihor. Die Weltreichssituation gab der Armee automatisch Selbständigkeit und vermehrte Macht; das war eine radikale Abkehr von den Traditionen der Vergangenheit.

Neue, erregende Möglichkeiten ergaben sich aus der Ausbreitung des Verkehrs. Häufiger und systematischer wurde das Mittelmeer zwischen Deltahäfen und asiatischen oder ägäischen Häfen befahren. Die Beförderung der Armeen und der königlichen Kuriere erforderte bessere Straßen in der Sinai-Wüste und in den Bergen Asiens; eine besondere Militärstraße scheint zwischen Ägypten und Palästina in Betrieb gewesen zu sein. Zahlreiche Ägypter lebten nun im Ausland oder waren im Auftrag des Staates ständig auf Reisen; anderseits wurden Zehntausende von Ausländern nach Ägypten gebracht, von denen viele in der Heimat eine bedeutende Rolle gespielt hatten und Ägypten Achtung vor nichtägyptischen Werten beibrachten. Es war eine internationale Zeit: in vielen Ländern residierten fremde Botschafter, und ständige Verbindungen zwischen verschiedenen Hauptstädten wurden von tüchtigen, gebildeten Kurieren aufrechterhalten. Andere Werte als die in Ägypten gepflegten begannen sich durchzusetzen. Wenn die Südgrenze Ägyptens nunmehr praktisch am Vierten Katarakt und seine Nordgrenze am Euphrat lag, mußten die hinzueroberten Gebiete selbst einiges wert sein, und ihre Lebensweise und ihre religiösen Ausdrucksformen mußten Interesse und Beachtung finden. Freilich betätigte Ägypten sein neuentdecktes Interesse an fremden Dingen eher in einem imperialistischen als in einem internationalistischen Sinne: mit der Hinausverlegung der Grenzen wurden die nationalen Lehren einfach auf fremde Gebiete ausgedehnt. Die Götter Ägyptens wurden zu Göttern des Universums und kümmerten sich auch um Menschen außerhalb des Niltals. Da einige der wichtigsten ägyptischen Götter teilweise kosmische Kräfte – Sonne, Luft, Erde, Donner – vertraten, konnten sie auch als in der Ferne wirkend gedacht und mit Aufgabenbereichen außerhalb Ägyptens versehen werden. Umgekehrt übten aber auch politischer, sozialer und wirtschaftlicher Internationalismus und religiöser Universalismus geistigen Einfluß auf Ägypten aus; ihnen erlag der alte hochmütige Isolationismus.

Die Häufigkeit des Ortswechsels in dieser Zeit war außerordentlich; ständig stieg die Zahl der in Ägypten freiwillig oder unfreiwillig lebenden Ausländer. Der Totentempel Thutmosis' IV. beschäftigte eine ganze Kolonie von in Gezer in Palästina gefangengenommenen und der Priesterschaft des Tempels geschenkten Asiaten. In ägyptischen Häfen legten phönikische Schiffe an, die ihre Ware zur Besichtigung auslegten. Aus einer etwas späteren Zeit datiert ein interessanter Fund in Tell el-Amarna: ein kleineres Anwesen mit erheblichen Abweichungen vom üblichen stilisierten Formalismus der ägyptischen Haus- und Gartenanlage; statt der geordneten, in genau ausbalancierten Proportionen angelegten

Baumreihen ein Hain mit chaotisch angepflanzten Bäumen – etwa nach Vorbildern, die man von ägäischen Fresken kennt; eine Treppe, statt an eine kahle Mauer an einen viereckigen Vorbau gelehnt – wie auf Kreta oder in Mykene. Aus den aufgefundenen Gegenständen schloß der Archäologe, daß hier der »unvermeidliche griechische Kolonialwarenhändler jener Tage« gewohnt haben müsse. Alle Spuren deuten darauf hin, daß der Hausbesitzer ein freier Mann war, den die Ägypter als Nachbarn akzeptierten, ohne daß er sich verpflichtet gefühlt hätte, ihren Bau- oder Gartenstil nachzuahmen. Ebenfalls in Amarna fand sich eine Steinplatte mit einer eigenartigen Szene: ein bärtiger syrischer Soldat sitzt mit seiner ägyptischen Frau, und ein ägyptischer Diener reicht ihm ein Trinkröhrchen zum Weinkrug. Merkwürdige Spuren kultureller Berührung!

Eine andere Form intensiver Beziehungen zwischen verschiedenen Kulturen zeigt sich in der Beschäftigung asiatischer Zwangsarbeiter in den vom ägyptischen Staat betriebenen Sinai-Bergwerken. Irgendwann um den Beginn des 15. vorchristlichen Jahrhunderts arbeiteten Kanaaniter als Bergarbeiter in den Türkis- und Kupferbergwerken in Sarbût el-Châdim. Wahrscheinlich waren sie im Delta internierte Gefangene, die zur Arbeitssaison unter Bewachung in die Bergwerke gebracht wurden. Sie verwandten ägyptische Töpferware und aus Stein gemeißelte Statuen, die sich an ägyptische Formen anlehnten, und stellten ihre eigenen semitischen Götter in der Gestalt der ägyptischen Gottheiten Ptah und Hathor dar, aber in ihren semitischen Inschriften richteten sie Gebete an ihre eigene Göttin Ba'alat. Das waren keine primitiven Sinai-Beduinen, sondern Menschen von höherem Kulturniveau. Ihnen verdanken wir eine umwälzende Erfindung: sie schrieben ihre einfachen kleinen Texte in einem hieroglyphischen Alphabet! Sie bedienten sich nicht des schwerfälligen ägyptischen Systems mit seiner unbegrenzten Menge von Bildsymbolen, sondern benutzten nur je ein Zeichen für die einzelnen Konsonanten ihrer Sprache, und von ihrer *alif-bêt*-Buchstabenfolge stammen unser Alphabet und alle anderen modernen Alphabete ab. Es ist wie ein Hohn auf die ägyptische Kultur, daß ihr Schriftsystem Zeichen enthielt, die ihrer Natur nach alphabetisch waren, aber nie als die notwendigen phonetischen Elemente der Schrift erkannt wurden, während ein von den Ägyptern unterjochtes Volk ihrer Schrift Bilder entlehnte und sie als Lautsymbole zu einem einfacheren System zusammenfaßte, aus dem die Buchstabenschrift hervorgegangen ist.

Unter Thutmosis III. wurde der Oberste Schatzmeister Sennefer nach Byblos entsandt, um die Beschaffung von Zedernstämmen zu sichern. Bevor er sich in die Wälder begab, um das Holz auszusuchen, brachte er der Göttin von Byblos, einer lokalen Baalat, die die Ägypter mit ihrer Hathor identifizierten, Opfer dar. Die Verehrung fremder Götter war den Ägyptern nichts Neues; in Byblos hatte sie schon in den Tagen des Alten Reiches begonnen. Allerdings war der gegenseitige Austausch von Gottheiten in der Periode der Weltherrschaft viel umfassender: er umschloß die Verpflanzung ägyptischer Götter nach Asien und asiatischer Götter nach Ägypten. Zum Teil war das ein Verschmelzungsvorgang: Hathor wurde mit Baalat identifiziert, Seth mit Baal oder dem hethitischen Teschub, Re mit Schamasch; zum Teil fand beiderseitige Kolonisierung statt: Ramses III. errichtete einen Amun-Tempel in Kanaan, und Ptah erhielt ein Heiligtum in Askalon; dafür gab es in Ägypten von der achtzehnten Dynastie an Priester des Baal und der Astarte; unter dem

Namen »Astar von Syrien« wurde Astarte als Göttin der Heilkunst verehrt. Die ägyptische Literatur benutzte die Götter Baal und Reschpu und die Göttinnen Astarte, Anath und Qedesch als Macht- oder Gewaltmetaphern. In ägyptische Personennamen gingen Namen asiatischer Gottheiten gleichberechtigt mit denen der ägyptischen Götter ein. In einem Religionsstaat, in dem das herrschende theologische System die Weihe vieler Jahrhunderte genoß und als Schutz und Stütze des Landes anerkannt war, deutete der freie Götteraustausch mit anderen Kulturen auf den Zerfall der herkömmlichen religiösen Normen und Sanktionen hin. Die Zeit war in der Tat kosmopolitisch, und in ihrem Zeichen zersetzte sich rapid die ägyptische Kultur als Phänomen eigener Art.

Wer sich mit ägyptischer Kunst beschäftigt hat, hat davon gelesen, daß die »Amarna-Revolution« um 1375 bis 1350 v. Chr. einen Kunststil hervorbrachte, der sich in seinen fließenden Linien und seinem outrierten Naturalismus von der Kunst früherer Perioden mit einer scharfen Trennungslinie abzugrenzen schien. Bei näherem Zusehen zeigt sich, daß die Amarna-Bewegung schon drei oder vier Jahrzehnte vor der offiziellen Revolution ihre Vorläufer hatte. Schon unter Thutmosis III. ist die Abkehr vom alten stilisierten Ausdruck der Ruhe und Gelassenheit sichtbar; eigentlich sind die Denkmäler der Hatschepsut der letzte erfolgreiche Niederschlag der älteren Tradition. Wo man den Beginn des Neuen wirklich ansetzt, ist freilich Sache des subjektiven ästhetischen Urteils. Bestimmt war der neue, aufgelockerte Naturalismus bereits unter Thutmosis IV. um 1415 akzeptiert, und ohne Zweifel verdankte die neue Bewegtheit mit den antihieratischen Gefühlselementen in der künstlerischen Gestaltung fremden Einflüssen sehr viel. Die Ornamentierung des Kampfwagens Thutmosis' IV. ist ein fast ebenso echter Ausdruck der neuen Kunst wie die bewegte Gestaltung des Steinpflasters im Palast Amenophis' III. Auch in den Kunstwerken aus der Zeit Thutmosis' III. ist die neue Vulgarisierung – wenn auch weniger klar – zu erkennen. Dasselbe Sujet – Minoer und Ägäer, die Gaben nach Ägypten bringen – wird in den Gräbern der Vornehmen aus der Zeit Hatschepsuts und aus der Zeit Thutmosis' III. behandelt: unter Hatschepsut behalten die Gestalten und die Komposition noch das Rechteckige, Steife, Ausgeglichene der alten Kunst in Anlehnung an die schon unter der dritten und vierten Dynastie geschaffenen Vorbilder, die zwölfhundert Jahre unverändert geblieben waren; unter Thutmosis wird die würdevolle Ruhe bereits der Lebhaftigkeit zuliebe verlassen; die Linienführung verliert ihre Eckigkeit, ihr statisches Gleichgewicht, die Konturen sind in Bewegung geraten. Die Unruhe des Kosmopolitischen verwischt die alten scharfen Linien: die heraufziehende modernistische Revolution wirft ihre Schatten voraus. Die Sarkophage der achtzehnten Dynastie zeigen – was vielleicht nur ein zufälliges Zusammentreffen ist – in Material, Form und Technik einen radikalen Umbruch. Zu Beginn der Dynastie waren die Särge noch aus Holz und behielten die Kastenform aus dem Mittleren Reich. Hatschepsut führte als Neuerung steinerne Sarkophage ein, die sich aber in Form und Dekoration noch an ihre hölzernen Vorgänger anlehnten. Nach Hatschepsut wurden die Königssärge nicht nur aus Stein gehauen, sondern auch wie Stein behandelt und erhielten die Gestalt des menschlichen Körpers. Welche Einflüsse da am Werk waren, ist unklar; offenkundig ist jedoch der Bruch mit der Tradition.

ÄGYPTEN

Die kleinen säulenumrahmten Tempel Hatschepsuts oder Amenophis' III. fordern geradezu eine Gegenüberstellung mit dem großen Amun-Tempel in Karnak oder dem Totentempel Ramses' III. in Medinet Habu heraus. Die säulenumrahmten Tempel waren verhältnismäßig kleine Bauten mit einfachen Linien und Dekorationen, und sie ruhten auf dem Boden mit schlichter, unprätentiöser, materieloser Geradheit. Die großen Pylonentempel der späteren Zeit mit ihren Innen- und Außenhöfen, Peristyl- und Hypostylhallen waren massig, gewichtig, hochgetürmt, von aggressiver Macht strotzend, aber auch entschieden prätentiös. Die überwältigende Große Hypostylhalle in Karnak mit ihrem geordneten Wald von massiven und hochgereckten Säulen kann den Beschauer immer noch mit Ehrfurcht erfüllen. Diese emporstrebende Schwere ist gewaltig; die Konstruktionsprobleme der Errichtung solch massiger Säulen und ihrer Überdachung mit sechzig Tonnen schweren Architravblöcken in einer Höhe von über fünfundzwanzig Metern sind gewiß nicht gering einzuschätzen. Und dennoch war hier die bautechnische Leistung nicht in dem Sinne sauber und ehrlich, wie sie es bei der Großen Pyramide oder manchen der frühen Tempel war. Die mächtigen Säulen von Karnak ruhten auf unter dem Boden unsichtbaren Fundamenten aus kleineren, leicht zerbröckelnden, lose aneinandergefügten Steinen; gewissenhafte Handwerksarbeit war das nicht. Der imposant großartige Bau ruhte auf einer überschnell errichteten, unsicheren Basis. Von der bewundernswerten Präzision, von der geduldigen, mühevollen bautechnischen Arbeit der Großen Pyramide war hier nicht viel zu spüren. Der Tempel von Karnak, die Memnonkolosse, der Tempel von Abu Simbel in Nubien strebten nach erdrückender Größe, waren aber nicht mehr sorgfältig gebaut. Das vordergründig Protzige verdeckte nicht ganz das Unsichere der fiebrigen Hast.

Ein erheiternder, wenn auch nicht zentraler Aspekt dieser Zeit der Eroberungen und unsanften Bewachung des Eroberten war die Verherrlichung von Muskelkraft, Sport, Leibesübungen. Die traditionelle Vorliebe für das Spiel und der Durchbruch ungebändigter physischer Energie, wie er sich in der Anfangsphase der imperialen Expansion manifestierte, verbanden sich eine Zeitlang in der Glorifizierung des tüchtigen Sportlers und Athleten. Der energiegeladene Thutmosis III. hatte diese Mode lanciert: stolzgebläht erzählt er, wie er in Nordsyrien hundertzwanzig Elefanten erjagt, »in der Vollendung eines Augenblicks« sieben Löwen erlegt, binnen einer Stunde eine Herde von zwölf wilden Stieren gefangen und im übrigen ungewöhnliche Schützenleistungen vollbracht habe. »Ich sage, daß sich wirklich ereignet hat, was er, ohne daß darin Lüge oder Einwendung enthalten wäre, im Angesicht der gesamten Armee getan hat, ohne ein Wort Prahlerei darin. Wenn er einen Augenblick der Erholung auf der Jagd in irgendeiner Wüste verbracht hat, so war die Menge dessen, was er heimbrachte, größer als die Beute der gesamten Armee.« So stieg der große Pharao von seinem Thron, um seinem Volk und auch den Fremden seine große Tüchtigkeit in menschlichen Betätigungen und seine Unbesiegbarkeit vor Augen zu führen.

Noch athletischer und heldischer stellt sich Amenophis II. dar, der uns einen der interessantesten, aber auch unbescheidensten Berichte über sportliche Betätigungen hinterlassen hat. Von seiner frühesten Kindheit an widmete er sich intensiv der körperlichen Ertüchtigung und verkündete stolz seine Überlegenheit über alle Rivalen. Schon als junger Prinz war er ein vorbildlicher Bogenschütze; als er in hohem Alter starb, nahm er seinen Bogen mit ins Grab, und die Inschrift verkündete: »Es gibt niemand, der seinen Bogen spannen kann wie er...« Eine Inschrift auf einem Gedenkstein in der Nähe der Sphinx spricht von den großen körperlichen Kräften des Jünglings, der sich übrigens zuallererst für Pferde interessierte. »Als er ein Jüngling war, liebte er seine Pferde, er hatte Freude an ihnen, er gab sich beständige Mühe im Trainieren und in der Kenntnis ihrer Art, er war geschickt im Einreiten der Pferde und weitsichtig in seinen Plänen. Als sein Vater das in seinem Palast hörte, freute sich das Herz Seiner Majestät über diese Nachrichten, er jubilierte über das, was über seinen ältesten Sohn gesagt wurde, und er sagte zu sich selbst: ›Das ist einer, der Herr über das ganze Land sein wird ohne Widersacher... Er... liebt die Kraft...‹« Auch nachdem Amenophis König geworden war, blieb er bei seiner Jugendvorliebe für athletische Leistungen. Er rühmte sich seiner Schießkünste, die von anderen nie übertroffen worden seien, er war der große Krieger, der große Seemann; schon als Achtzehnjähriger habe er alle Künste des Kriegsgottes Monthu beherrscht, »und es gab niemand seinesgleichen auf dem Schlachtfeld«. Dem Vorbild Amenophis' eiferten sein Sohn Thutmosis IV., der ebenfalls Berichte über seine Reit- und Jagdrekorde hinterlassen hat, und sein Enkel Amenophis III. nach, dessen Jagdtriumphe auf Gedenkskarabäen verzeichnet sind. Mit den königlichen Leistungen war den Untertanen ein Ziel gesetzt, dem nachgestrebt werden sollte. Der alte Soldat Amenemhab lenkte die Aufmerksamkeit Amenophis' II. auf sich, indem er sich als Ruderer in der königlichen Barke hervortat; dafür wurde er zum General und Kommandeur der Leibwache des Königs befördert.

Die große athletische Leistung vermittelt indes nur eine Teilansicht. Es ging weniger um Sport als um Herrschaft. Tatsächlich war für das Sportinteresse des Zeitalters zweierlei kennzeichnend: der Wettstreit war immer individueller Natur und betonte in keiner Weise die Einordnung des Individuums in die Mannschaftsgemeinschaft oder seine Unterordnung unter das Mannschaftsziel, da das Interesse nur dem einen Sterblichen galt, der zugleich ein Gott war; anderseits kam aber dem Element des Wettstreits eminente praktische Bedeutung zu, denn wer sich im Wettkampf bewährte, hatte seine Eignung für das Handwerk des Kriegers bewiesen. Der Pharao war nicht nur der unbesiegbare Athlet; mit seiner großen Muskelkraft, seiner Schnelligkeit, seiner Reitkunst, seiner Meisterschaft in der Lenkung des Streitwagens und seiner Präzision im Bogenschießen war er auch der unbesiegbare Krieger. Mit Amenophis' II. Geschick und Tüchtigkeit als Sportler war es durchaus nicht unvereinbar, daß er ein rabiater, erbarmungsloser Krieger war. Er hatte keine Skrupel, darüber zu berichten, daß er sieben asiatische Fürsten mit seiner Keule zu Tode geknüppelt und ihre Leichen an die Stadtmauer gehängt hatte. Mit solchen Taten wurde die Legende ausgeschmückt, mit der die Ägypter angefeuert und asiatische Rebellen abgeschreckt werden sollten. Auch noch den besiegten Feinden führte der Pharao seine Kriegskünste vor. Nachdem sich Kadesch ergeben hatte, nahm Amenophis den geschlagenen Fürsten den Vasalleneid ab und gab ihnen dann eine Vorstellung: »Seine Majestät schoß in ihrer Gegenwart auf der Südseite dieser Stadt auf zwei Zielscheiben aus gehämmertem Kupfer.« Besonders nachdrücklich wurde verkündet, daß der Gott-König seine Heldentaten allein vollbringe. Als Amenophis' Armee den Orontes überquerte, war er in der

Nachhut und wurde von Asiaten angegriffen. Er behauptete, sie in die Flucht geschlagen und eigenhändig acht Mann gefangengenommen zu haben. »Nicht ein einziger war mit Seiner Majestät – außer ihm selbst mit seinem tapferen Arm.« Allein zog er zur syrischen Stadt Chaschabu, »allein, ohne einen Gefährten. Er kehrte nach einer kurzen Weile von dort zurück und brachte zu beiden Seiten seines Kampfwagens sechzehn... Krieger lebendig zurück, und zwanzig Köpfe hingen vom Stirnstück seiner Pferde, und sechzig Rinder trieb er vor sich hin. Diese Stadt hatte sich Seiner Majestät ergeben.« Allein bewachte er eine Nacht lang dreihundert asiatische Gefangene, »während die Armee fern von ihm war«. Das vollbrachte er, nachdem ihm der Gott Amun im Traum erschienen war, »um seinem Sohn Tapferkeit einzugeben« und als »magischer Schutz seiner Person« zu dienen. Nach diesem Orakel mag sich der Pharao besonders angespornt gefühlt haben, sein Heldentum zu beweisen. Aber solche Beweise paßten zum Bild des Königs, vor dem die Feinde erzittern sollten.

Das alles kennzeichnet eine Zeit, in der die Herrscher des Weltreichs noch nicht müde geworden waren und es noch nicht vorzogen, Mühen und Gefahren auf andere abzuwälzen. Der Aufbau des Weltreichs war Sache der Ägypter, und dafür bedurfte es des Wagemuts und der Energien des Landes, wie sie sich in der Person des Pharaos verkörperten. Auch später gab es noch königliche Bravourstücke, doch wurden sie seltener in einer Zeit, die ihren Glanz und ihre Herrlichkeit ostentativ zur Schau stellte und die Gefahren des Kampfes Berufssoldaten und Söldnern überließ. Die Periode der athletischen Leistungen hatte als Vorbereitungszeit gedient; erst später konnten die reifen Früchte vom Baum des fertigen Weltreichs gepflückt werden.

Zu den vielgerühmten Taten Amenophis' II. gehörte die Erbeutung von Gefangenen, die er dann nach Ägypten brachte. Unter den Gefangenen in seinem 7. Regierungsjahr waren zweihundertsiebzig Frauen, »die Favoritinnen der Fürsten aller fremden Länder... dazu alle Gerätschaften aus Silber und Gold zur Unterhaltung des Herzens«. Daß der ägyptische Harem um diese Damen bereichert wurde, illustriert die internationale Atmosphäre der Zeit. In seinem 9. Regierungsjahr brachte der Pharao nicht weniger als neunzigtausend Gefangene nach Hause, darunter hundertsiebenundzwanzig asiatische Fürsten. Soweit sich die Angaben entziffern lassen, umfaßte dies Gefangenenheer fünfzehntausend Beduinen aus dem Süden, sechsunddreißigtausend seßhafte Einwohner Palästina-Syriens, fünfzehntausend Nordsyrer und dreitausendsechshundert *Hapiru*. (Von Interesse sind die *Hapiru*, etymologisch mit Hebräern identisch, vermutlich aber nicht die Kinder Israel, sondern Angehörige nomadischer Stämme, möglicherweise aus Transjordanien.) Daß so viele Gefangene ins Land gebracht wurden, scheint zu besagen, daß die ägyptischen Unternehmungen für eine so große Anzahl von Arbeitssklaven Verwendung hatten; man darf vermuten, daß der Armee mit der Expansion des Weltreichs die neue Aufgabe zugefallen war, auf diese Weise den innerägyptischen Bedarf an Arbeitskräften zu decken.

Mit der Ausweitung des Horizonts und dem Eindringen internationaler Elemente in den ägyptischen Alltag bekam auch der königliche Hof einen mehr kosmopolitischen Anstrich. Die sichtbare Folge war die Durchbrechung der alten Thronfolgegrundsätze. In früheren Zeiten hätte ein Prinz, dessen Mutter nicht die Hauptfrau des Königs war, kaum umhinkönnen, seine umstrittenen Legitimitäts- und Erbansprüche durch Heirat mit einer Prinzessin von reinerem königlichem Geblüt aufzubessern. So hatte sich Thutmosis III., der der Sohn einer Haremsfrau war, gezwungen gesehen, seine Position dadurch zu festigen, daß er nicht weniger als drei Prinzessinnen aus der legitimen Hauptlinie heiratete. Sein Sohn galt damit als ebenbürtig und thronfolgeberechtigt. Aber sein Enkel Thutmosis IV., auch wieder der Sohn einer Königsfrau minderen Ranges, fand es, nachdem das Weltreich seit zwei Generationen im Werden war, nicht mehr nötig, das verwässerte göttliche Blut aufzuwerten. Im Gegenteil: er nahm eine Tochter des Königs Artatama von Mitanni zum Weib, und dieser Verbindung entstammte Amenophis III. Als Sohn eines halbebenbürtigen Vaters und einer nichtägyptischen Mutter war er erst recht von zweifelhafter Legitimität, was ihm aber keine Sorgen zu machen schien. Zu seiner Königin machte er ein einfaches ägyptisches Bürgermädchen namens Teje, deren Eltern weder Rang noch Titel aufzuweisen hatten. Diese herausfordernde Bekundung des königlichen Anspruchs, über alle Regeln und Vorwürfe erhaben zu sein, verriet einiges von der beschwingten Großzügigkeit, die mit dem Weltreich eingezogen war, und Teje war eine charaktervolle und energische Frau, die sich als Königin sehr gut bewährte.

Die Erhebung einer Mitanni-Prinzessin zur königlichen Ehefrau Thutmosis' IV. zeigte das Ende der Feindseligkeiten zwischen Ägypten und dem Mitanni-Reich an. Die Fronten hatten sich verschoben, weil eine neue Gefahr sichtbar geworden war: die Hethiter aus Anatolien. Die Vorstöße der Hethiter bedrohten ebenso Mitanni wie Ägypten, und offenbar einigten sich die beiden Länder über die alten Streitfragen in Nordsyrien, um den neuen Rivalen gemeinsam abzuwehren. Das Bündnis hielt vor, bis die Hethiter in der Amarna-Ära das Mitanni-Reich überwältigt hatten. Bis dahin hatten mindestens noch zwei Pharaonenheiraten mit fremden Prinzessinnen stattgefunden; in einem Fall hat sich die offizielle Bekanntmachung auf einem Gedenkskarabäus Amenophis' III. erhalten: »Jahr 10 unter Amenophis und der königlichen Gemahlin Teje ... Seiner Majestät dargebrachte Kostbarkeiten: Giluchepa, Tochter Schuttarnas, des Fürsten von Mitanni, und die wichtigsten ihrer Haremsdamen, dreihundertsiebzehn Frauen.« Sogar bei der Bekanntgabe dieser großen Staatsheirat wurde die Bürgerstochter Teje an erster Stelle genannt; der Einzug der fremden Prinzessin erschütterte nicht ihre Position als Hauptfrau des Königs.

Überhaupt ist für die Weltreichsperiode der ägyptischen Geschichte die prominente Stellung der Frau bezeichnend. Gewiß hatten die ägyptischen Königinnen schon im Alten Reich eine wichtige Rolle gespielt: Chentkaus (vierte Dynastie) hatte sich ein Denkmal bauen lassen, das es mit den Pyramiden an Größe aufnehmen konnte. Das stellte die achtzehnte Dynastie in den Schatten. Hatschepsut gab sich männliche Titel und Attribute und wurde zum »König«. Amenophis III. und Echnaton räumten ihren Frauen Teje und Nofretete auf allen Denkmälern eine überragende Stellung ein. In Gruppenstatuen erschien Teje in Kolossalgestalt neben ihrem Kolossalgatten, nicht mehr als Person minderen Ranges in verkleinerter Statur an das Bein des Pharaos gelehnt. Amenophis schien es besondere

---

Die Memnonkolosse
Standbilder vom ehemaligen Totentempel Amenophis' III. in Theben

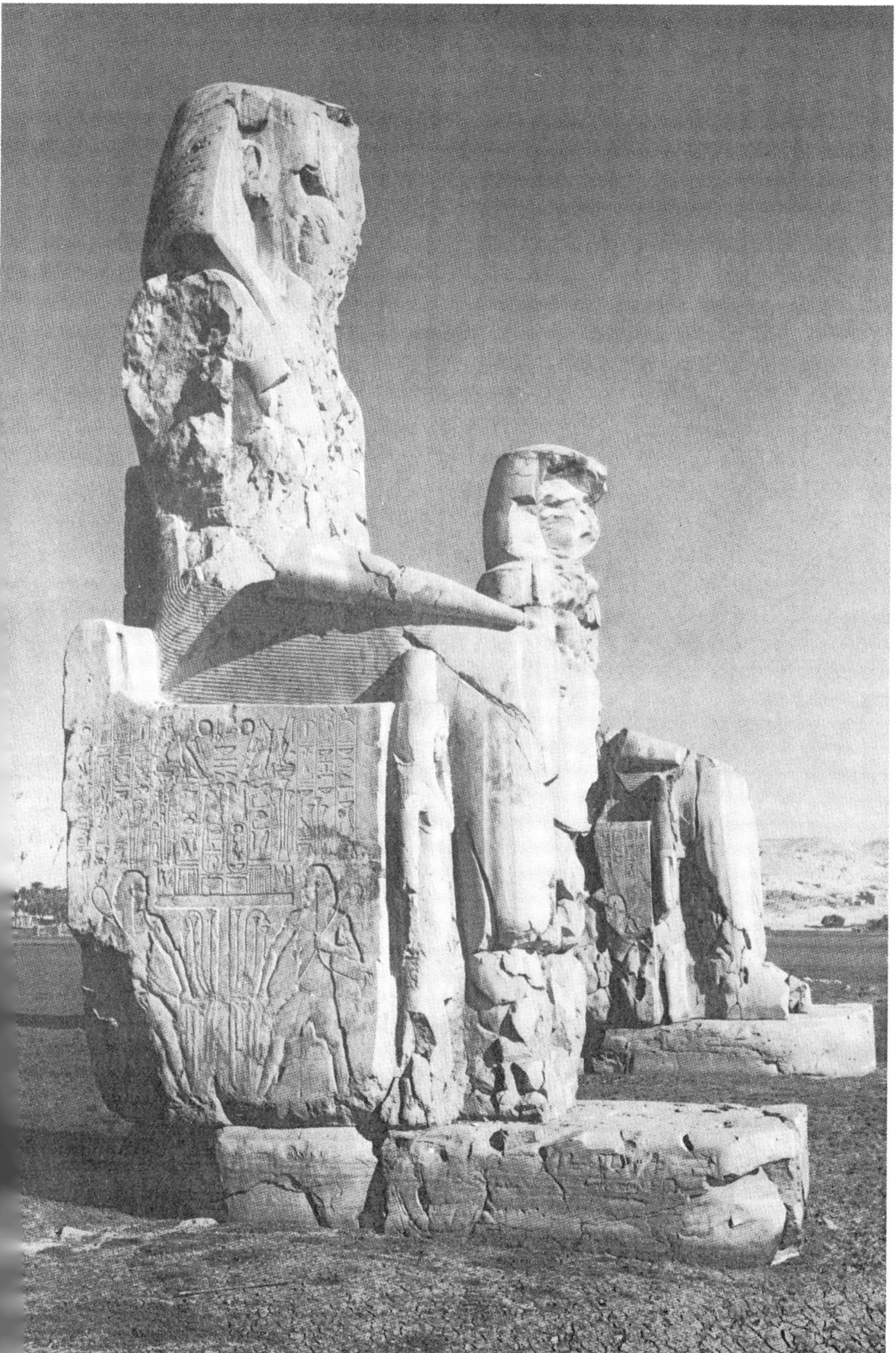

Bildnis einer ägyptischen Dame
Aus einem Relief einer Festgesellschaft im Grab des Wesirs Ramose unter Amenophis III., 18. Dynastie

Freude zu machen, bekanntgeben zu können, daß er Teje mit einem eigenen See ehrte, auf dem das königliche Paar in der königlichen Barke »Strahlen des Aton« würde segeln können. Die demonstrative Hervorhebung der Königin verstieß gegen die einst streng gehütete Abgeschlossenheit des königlichen Harems; noch viel demonstrativer sollten die Alltagsgeheimnisse der königlichen Familie in der Amarna-Periode herausgestellt werden. Die öffentliche Anerkennung blieb auch keineswegs nur auf Königinnen beschränkt. Hatte der künstlerische Brauch früherer Zeiten bei der Darstellung von Ehepaaren dem Ehemann den Vorrang gegeben und die Frau als bloßes Anhängsel erscheinen lassen, so wurden unter dem Weltreich Mann und Frau als völlig gleichgeordnet präsentiert. Geschäftlichen Urkunden aus der Weltreichszeit ist zu entnehmen, daß Frauen das Recht zugestanden worden war, Eigentum zu besitzen und zu veräußern und vor Gericht Zeugnis abzulegen. Wie schon in manch anderem Zusammenhang betont, hatte die Gesellschaft eine höhere Entwicklungsstufe erklommen und das Prädikat »zivilisiert« verdient.

Fünfzig Jahre nach den Eroberungen Thutmosis' III. und dreißig Jahre nach dem Muskelheldentum Amenophis' II. konnte sich Ägypten unter Amenophis III. und Teje imperialen Pomp gestatten. Es hatte Mühe gekostet, den großen Reichtum des Imperiums zusammenzutragen; jetzt konnte man sich am Ertrag delektieren. Amenophis III. errichtete zahlreiche Bauten in Ägypten, in Nubien und im Sudan. Schon in ihrer überdimensionalen Größe waren die ihm zugeschriebenen Denkmäler beachtlich. Die Pracht und Glorie des Imperiums fand ihren Niederschlag in riesigen öffentlichen Arbeiten; Amenophis gab den Anstoß zur Passion fürs Kolossale, die die späte Weltreichsperiode kennzeichnete. Im Museum von Kairo findet sich ein gewaltiges Sitzbildnis von Amenophis und Teje, die man je nach Geschmack als überragend und imposant oder als klobig und grobschlächtig ansehen mag. Am Eingang zu Amenophis' Totentempel in Theben symbolisierten die beiden ragenden Memnonkolosse des Königs Gigantomanie. Am südlichen Rand der Nekropole von Theben errichtete er an den Ufern eines über zweieinhalb Quadratkilometer großen Privatsees einen enormen Palast, dessen Trümmer Zeugnis ablegen von einer schwelgerischen Kunst mit beweglicher, naturalistischer Linienführung. Die Amarna-Revolution kündigte sich an.

An den Hof Amenophis' III. strömte die ganze Welt: man brachte dem mächtigen Kaiser »Tribut« und hoffte, einiges nubisches Gold mitnehmen zu können. Die Beteuerungen demütiger Ergebenheit, die in der internationalen Korrespondenz dieser Zeit zu lesen sind, zeigten die Größe und Weltposition Ägyptens und seines Herrschers. Der Pharao blickte auf seinen Totentempel und fand, daß ihm seine imperiale Größe in alle Ewigkeit sicher sei: »Sein (des Tempels) Arbeitshaus ist voll von männlichen und weiblichen Sklaven, von Kindern der Fürsten aus allen Ländern, die Seine Majestät gefangengenommen hat. Seine Lagerhäuser enthalten alle guten Dinge, und man kann sie nicht zusammenzählen. Er ist umgeben von Siedlungen der Syrer, bewohnt von Kindern der Fürsten. Seine Viehherden sind wie Sand am Meere; sie gehen in die Millionen.« Dankbar verbeugte sich der Pharao vor dem Gott des Imperiums, der ihm solchen Reichtum beschert hatte, und »baute andere Monumente für Amun, die ihresgleichen nicht kennen«. Mit der Ausweitung seiner äußeren Grenzen hatte Ägypten Macht und Glanz gewonnen und glaubte von neuem gesichert zu sein. Lässig freute es sich seines Reichtums und seiner Macht. Eine Stele, die Amenophis III. und Teje zeigt, veranschaulicht die übersättigte und vielleicht schon kraftlose Epoche. Müde und überdrüssig sitzt der Pharao da, alt und fett geworden, leergebrannt: wo gibt es noch Freudiges und Erregendes? Nach den großen Erlebnissen des Jahrhunderts war im geduldigen Warten auf ewiges Leben keine Zufriedenheit, kein innerer Frieden mehr zu finden. Was hatte das Leben nach dem Tode noch zu bieten, wenn es keine neuen Welten mehr zu erobern gab?

Zwischen Thutmosis III. und Amenophis III. lag eine Zeit – weniger als ein Jahrhundert –, die im wahrsten Sinne eine Übergangsphase der ägyptischen Kultur darstellte. Viel deutlicher als in der spät-vordynastischen Periode offenbarte sich hier eine städtische Revolution, die die einfache und selbstgenügsame landwirtschaftliche Gesellschaft des Niltals umwälzte. Die Erhaltung des Erreichten war in den voraufgehenden Jahrhunderten mächtiger gewesen als der langsame Wandel der Zeiten. Unter der schockartigen Einwirkung des Weltreichs war nun der Wandel so rapid geworden, daß die alten Lebenssanktionen die Gesellschaft nicht mehr in den Grenzen ihrer besonderen Eigenart und Identität halten konnten. Die »Volkstumsgesellschaft« mit ihrer Kleinheit, ihrem Abgeschlossensein von fremden Einflüssen, ihrer Homogenität und ihrem Gemeinschaftsgefühl war zerfallen. Die Weltherrschaft hatte der Isolierung und Solidarität der Gruppengemeinschaft einen tödlichen Schlag zugefügt und den traditionellen Umfang der alten Gesellschaftseinheiten gründlich ausgeweitet. In der »Volkstumsgesellschaft« war die herrschende Einheit die Familie oder die Sippe; das Weltreich erschütterte sogar im Königshaus die Prinzipien der Erblegitimität. In der »Volkstumsgesellschaft« regiert die Tradition das Verhalten, herrscht das Sakrale über das Weltliche; aber wenn aus der »Volkstumsgesellschaft« eine städtische Gesellschaft wird, beginnt die kulturelle Zerstückelung, und das Weltliche setzt sich gegen das Sakrale durch. Diese Zerfallselemente im traditionellen Verhalten, die Zersetzung der anerkannten Kultur und die zunehmende Verweltlichung waren Produkte der Veränderungen, die das Weltreich mit sich gebracht hatte. In den Jahrhunderten zuvor war Ägypten eine »Volkstumsgesellschaft«, die schon über ihren natürlichen Umfang hinauswuchs; plötzlich hatte es sich in eine kosmopolitische und verstädterte Gesellschaft verwandelt, und diese neue Gesellschaft war weitmaschig und heterogen, stand mit der Tradition auf dem Kriegsfuß und unterlag in viel höherem Maße der Verweltlichung.

*Ausgang der achtzehnten Dynastie*
*(etwa 1375–1321 v. Chr.)*

Konservative Tendenzen konnten dem überwältigenden Schwung militärischer Siege und dem plötzlichen Anwachsen des Reichtums und der Macht der herrschenden Kräfte Ägyptens schwerlich standhalten. Die Abwendung vom Klassischen und Sakralen des lange verehrten ägyptischen Systems und die Auflockerung der ihm verbundenen Lebensweise werden sichtbar in der Periode der Prosperität und unverhohlenen

Selbstzufriedenheit, die mit der Schlacht von Megiddo um 1480 beginnt und mit dem Tode Amenophis' III. um 1375 endet. Sicher gab es auch in dieser Zeit konservative Nörgler, denen die plötzlichen tiefgreifenden Veränderungen in der Grundstruktur des Landes nicht paßten, aber ihre Kritik konnte angesichts eines nie dagewesenen Luxus und der uneingeschränkten internationalen Anerkennung der neuen Weltposition Ägyptens kaum einen tiefen Eindruck machen.

Als schließlich in der Amarna-Periode der heftige und unbezähmbare Konflikt ausbrach, bezogen die widerstreitenden Kräfte nicht einfach vorgezeichnete Positionen als Konservative und Neuerer, als priesterliche Isolationisten und militaristische Expansionisten. Eine solche Frontstellung war, wie es scheint, mit Hatschepsut begraben worden. Im neuen Machtkampf ging es nicht mehr um pietätvolle Beibehaltung der distinguierten Überlegenheit Ägyptens gegenüber allen anderen Kulturen. Auch formierte sich in der Krise, die zum Durchbruch kam, keine Partei, die die Rückkehr zu der einfacheren und reineren Lebensweise des alten Ägyptens klar und nachdrücklich verlangt hätte. Die Frontlinien verliefen komplizierter. In klarem Licht erscheinen als die führenden Rivalen im Kampf um die Macht der Pharao auf der einen, die Amun-Priesterschaft auf der anderen Seite. Aber der Pharao Echnaton, der als Vorkämpfer des Neuen in der Religion, wo es sich als Universalismus geltend machte, in Lebensart und Sitten, in Kunst, Sprache und Literatur erschien, war zugleich am Weltreich, mit dem das Neue emporgekommen war, betont uninteressiert. Der Pharao war durchaus nicht begierig, zu den Vorbildern Hatschepsuts und der alten Zeit zurückzukehren, obgleich seine offizielle Übersiedlung aus der Hauptstadt Theben in die neue, ländliche Hauptstadt Tell el-Amarna als Symbol der Abkehr vom kosmopolitischen Mittelpunkt moderner Unruhe und Erregung gelten mochte. Umgekehrt war die Priesterschaft des Amun auf die aggressive Erhaltung des Weltreichs, das ihren Tempel so reich gemacht hatte, festgelegt, aber entschieden uninteressiert an den neuen Moden in Lebensart und Sitten, die das Weltreich mit sich gebracht hatte. Beide Parteien schienen nach der wirklichen Macht im großen Staat zu greifen, ohne sich in die Vergangenheit oder in Ideologien, die ihr entstammten, zu versenken oder sich direkt darauf zu berufen.

Im Lager des Pharaos beherrschte den Vordergrund ein Gewimmel von Parvenüs, Menschen, die aus Familien ohne angestammte Position kamen und mit der neuen Bewegung zu hohen Positionen aufgestiegen waren. Dagegen verschwanden im revolutionären Prozeß die alten regierenden Familien, in denen sich die höchsten Ämter von Vater zu Sohn vererbt hatten, fast völlig von der Bildfläche. Die alte Regierungsbürokratie, die mit der erblichen Grundbesitzeraristokratie identisch war, muß also auf seiten der Amun-Priesterschaft gestanden haben, so daß dem Pharao nichts übrigblieb, als neue Beamte unter denen zu suchen, die dank dem Weltreich reich geworden und nicht aus Anhänglichkeit an verbriefte Interessen oder Traditionen konservativ waren. Bezeichnenderweise scheint die Armee die Partei des Pharaos ergriffen zu haben, obgleich sie sich damit der Vorteile begab, die ihr aus einer aggressiven Weltreichspolitik hätten zufließen können. Ob die Sympathien des Generals Haremhab für die revolutionären Pharaonen aus der Berufstreue erwuchsen, die der Soldat seinem Souverän schuldet, oder ob die Armee an einem Sieg über die zivile Bürokratie und die Amun-Priesterschaft besonders interessiert war, läßt sich schwer sagen aus den Erfolgen, die das Armeekommando später mit der Übernahme der Staatsgewalt durch Haremhab und dann wieder unter der einundzwanzigsten Dynastie errang, möchte man schließen, daß es in der Tat an der politischen Entmachtung der bürokratischen und priesterlichen Spitzengruppen ein entscheidendes Interesse hatte.

Eine beträchtliche Rolle scheint auch noch ein anderes Moment gespielt zu haben: zweifellos empfanden die Priester anderer Götter den ziemlich plötzlichen Aufstieg Amuns und seiner Priesterschaft zu Prominenz und Allmacht als störend und gefährlich. Darüber, welche Form diese Gegnerschaft annahm, lassen sich nur Vermutungen anstellen, denn das vorhandene Material schweigt darüber. Denkbar ist, daß sich gegen Amun in erster Linie die Priesterschaft des Re von Heliopolis aufgelehnt haben mag: das war ein altehrwürdiger und einst sehr einflußreicher Tempel; für seine Priester mußte Amun ein ungeschlachter Emporkömmling sein. Re war der Sonnengott, und in der revolutionären Verehrung der Sonne zeigen sich einige Elemente des alten Re-Kults. Es gibt allerdings keine Beweise dafür, daß die Priesterschaft von Heliopolis den Aufstand gegen Amun angezettelt habe. Vielleicht hat sie sich damit begnügt, Amuns vorübergehenden Niedergang befriedigt zur Kenntnis zu nehmen; vielleicht hat sie in der Amarna-Zeit selbst eine Machteinbuße, wenn auch in geringerem Maße, in Kauf nehmen müssen. Falls der alte Tempel in Heliopolis ein revolutionärer Faktor war, wird er die einzige Kraft gewesen sein, die sich für die Tradition der alten Zeit gegen die Neuerungen des Weltreichs mit Entschiedenheit eingesetzt haben kann; doch wissen wir nicht genug, um das positiv behaupten zu können.

Mit diesen Bemerkungen, die dem historischen Bericht vorauseilen, ist der vorläufige Rahmen eines Machtkampfes abgesteckt, von dem die Annalen hauptsächlich in der Sprache persönlicher Schicksale berichten. Das meiste von dem, was wir über die Revolution wissen, stammt aus den Denkmälern des revolutionären Pharaos Amenophis IV., der unter dem Namen Echnaton bekanntgeworden ist, aus den Briefen, die an seinen Hof gerichtet waren, oder aus gelegentlichen Anspielungen in späterer Zeit, nach der Niederlage der Revolution. Die brütend introspektiven Gleichnisse des Königs, wie sie eine der Vergangenheit schroff entgegengesetzte, extrem naturalistische Kunst hinterlassen hat, lassen seine Züge im Gegensatz zu den schablonisierten Gesichtern anderer Pharaonen mit markanter Schärfe hervortreten. Auf jemand, der Bilderstürmer, Revolutionär, Neuerer und Intellektueller ist, richtet sich immer intensives persönliches Interesse. Unvermeidlich dreht sich die Geschichte der Amarna-Revolution um die Persönlichkeit Echnatons. Daß so die Einzelperson statt des »Kulturprozesses« in den Mittelpunkt tritt, ist aber auch insofern gerechtfertigt, als Echnaton kein Durchschnittsmensch war, so daß seine scharf geprägte Individualität in der großen Machtposition, die ihm zufiel, aus ihm etwas Größeres macht als ein bloßes Werkzeug der vorherrschenden Kräfte seiner Zeit; außerdem war der Pharao der anerkannte wirkliche Führer dieser Kräfte. Zwar waren die Spannungen in Ägypten so groß, daß eine gewaltsame Lösung unabhängig davon, wer der Pharao war, unumgänglich sein mußte; aber der eigenartige Verlauf der Krise wurde in hohem Maße durch den eigenartigen Charakter des Königs bestimmt, der in der kritischen Zeit auf den Thron gelangte. Selbstverständlich muß zuallererst der theoretische Rahmen des Konflikts abgesteckt und das Gegeneinander der politischen Gruppierungen nachgezeichnet werden. Ist das aber

Amenophis IV., Echnaton
Gipsmaske aus Amarna, 18. Dynastie. Berlin, Staatliche Museen

Amenophis IV. mit seiner Gattin Nofretete und seinen Töchtern
Relief aus Amarna, 18. Dynastie
Berlin, Staatliche Museen

geschehen, so läßt sich der Ablauf der Ereignisse nicht anders als im Hinblick auf das Individuum Echnaton darlegen. Indes bleibt, auch nachdem über die Vorgeschichte der Amarna-Bewegung in Kunst, Sprache, Literatur und Gesittung einiges bereits gesagt worden ist, auch nachdem wir wissen, daß das Imperium im religiösen Bereich einen Universalismus hervorgebracht hatte, der den einst lokalen Göttern eine universale Geltung verschaffte, noch Wesentliches zur Vorgeschichte der neuen revolutionären Religion, des Atonismus, in der Zeit vor dem offenen Bruch Echnatons mit dem Amun-Kult, hinzuzufügen.

Der Sonnenkult war im alten Ägypten zu allen Zeiten lebendig, und die Sonne hatte verschiedene Aspekte, die sich als besondere Götter oder als verschiedene Erscheinungsformen eines und desselben Gottes darstellten. Zum eigentlichen Sonnengott wurde der Re von Heliopolis; er hatte in Heliopolis die Position Atums, des Gott-Schöpfers, übernommen, der mit ihm in der Gestalt des Re-Atum verschmolz. Re drängte sich aber auch in andere Aspekte der Sonne hinein, so zum Beispiel als Re-Harachte in den der Gottheit des Horizonts. Als der oberste Gott wurde Re mit anderen wichtigen Göttern gekoppelt. Dieser Synkretismus ist eine bedeutsame Entwicklung: logisch weitergeführt, könnte die Verschmelzung ursprünglich verschiedener Götter zu einem einheitlichen Wesen mit verschiedenen Manifestationen in den Monotheismus münden, der alle Aspekte der Gottheit in einem höchsten Wesen zusammenfließen ließe. Dazu ist es in Ägypten nie gekommen, weil seine Kultur nie logisch folgerichtig im Sinne unserer modernen Vorstellungen war und weil die zu bestimmten sachlichen Zwecken vorgenommene Zusammenfassung verschiedener Gottheiten zu einem einzigen göttlichen Wesen die Sonderexistenz dieser einzelnen Gottheiten nicht aufhob. Trotz der Zusammenlegung ihrer Funktionen in Amun-Re, dem obersten Gott der Nation, blieben Amun und Re als die besonderen Götter der Luft und der Sonne bestehen. Auch wenn Amun-Re, der König der Götter, in Karnak zunehmenden Reichtum und wachsende politische Macht erwarb, konnte er den Tempel des Sonnengottes Re in Heliopolis doch nicht an sich reißen. Die alten Ägypter dachten anders als wir, und ihr pragmatisches Wesen erlaubte ihnen, einzelne Funktionsaspekte der Gottheit als gesondert und für bestimmte konkrete Zwecke wesentlich zu sehen: einmal einen einzigen zusammengesetzten Gott zu einem Zweck erzeugend und ein andermal getrennte und selbständige Sondergötter zu verschiedenen Zwecken beibehaltend. Die Vorstellung, daß die Ägypter gewohnheitsmäßige Monotheisten gewesen seien, beruht auf einer Fehlbeurteilung der ägyptischen Mentalität, die dasselbe Phänomen abwechselnd unter verschiedenen Bedingungen zu sehen bereit war und trotz allen neuen Kombinationen beharrlich am alten festhielt. Der Synkretismus, der den Sonnengott mit anderen Göttern verschmolz, brachte keinen Monotheismus der Sonnenanbetung hervor. Aber die Gegenstandsbezogenheit des Synkretismus erlaubte die Verlegung des Schwergewichts auf ein einzelnes göttliches Wesen; das geschah in der Amarna-Religion.

Unter den verschiedenen Sonnengöttern oder Aspekten des Sonnengottes hatte es bis zur Mitte der achtzehnten Dynastie keinen Aton gegeben. Das Wort *aton* bezeichnete die Sonnenscheibe, den Sitz des Gottes, nicht den Gott selbst. Indes wurde die lebenspendende und lebenerhaltende Kraft der Sonnenscheibe auch schon vor der Zeit Echnatons (Ach-en-Atons) vergöttert. Die Barke, in der Amenophis III. und Teje auf ihrem Palastsee segelten, hieß »Strahlen des Aton«; ja, schon unter Thutmosis IV. lassen sich Spuren der Gottheit Aton entdecken: auf einem großen Gedenkskarabäus erklärte der Pharao, Aton sei ihm im Kampf vorangeschritten, und er selbst habe in fremden Ländern Schlachten geschlagen, »um die Fremden dazu zu bringen, wie das (ägyptische) Volk zu sein, damit sie Aton immerdar dienen könnten«. Unter Amenophis III. war ein gewisser Ramose zugleich Amun-Priester und »Oberverwalter im Tempel des Aton«; außerdem fordert eine Inschrift Amenophis III. auf, Amun-Re zu bewegen, dem »Schreiber der Schatzkammer im Tempel des Aton« namens Penbui eine Totengabe zu gewähren. Schon vor der Amarna-Revolution hatte also Aton einen Tempel in Theben, und seine Beziehungen zu Amun schienen nicht unfreundlich zu sein; man könnte auf Grund dieser Texte sogar vermuten, daß Amenophis III. einen Aton-Schrein auf dem Gelände des Amun-Tempels in Karnak oder dicht daneben errichtet haben mochte. Auf keinen Fall hat Echnaton die Philosophie der lebenspendenden Sonnenscheibe erfunden; sie war vor ihm da.

Feindliche Beziehungen bestanden auch nicht zum Totengott Osiris. Ein im neuen modernistischen Kunststil gehaltenes und demnach etwa aus der Amarna-Zeit stammendes Denkmal zeigt einen verstorbenen Ägypter vor dem Thron des Osiris kniend und um die Erlaubnis bittend, sich aus seinem Grab »als lebender *ba*« zu erheben, »um Aton auf Erden zu sehen«. Vielleicht war nur die Sonnenscheibe gemeint, denn der Tote sagte zu Osiris: »Du stehst auf wie Re am Horizont; seine Scheibe *(aton)* ist deine Scheibe, seine Form ist deine Form, Angst vor ihm ist Angst vor dir.« Auch die Verbindung zwischen der Sonnenscheibe und anderen Göttern zu einer Zeit, zu der Aton bereits als Gott verehrt wurde, würde darauf hindeuten, daß Aton mit Gottheiten, gegen die der Aton-Kult später einen Vernichtungskampf aufnehmen sollte, nicht verfeindet war.

Im Gegensatz zum engen Horizont der Religion im Alten und Mittleren Reich sollte zu einem der wichtigen Unterscheidungsmerkmale des Aton die Liebe zu allem Lebenden in allen Ländern, die Anerkennung des Eigenwertes menschlicher Wesen auch außerhalb Ägyptens werden. Aber auch dieser Universalismus war schon vor der Amarna-Revolution nicht unbekannt. Als der unsichtbare Gott der Luft galt Amun jedenfalls auch vorher als unbegrenzt: »Herr der Medjai und Herrscher von Punt..., schön von Angesicht, der du kommst vom Gottesland... Glorie dir in allen fremden Ländern – bis zur Höhe des Himmels, bis zur Weite der Erde, bis zur Tiefe der großen grünen See!... Einziger und alleiniger, der seinesgleichen nicht hat,... der jeden Tag von der Wahrheit lebt.«

Zur Zeit Amenophis' III. arbeiteten in Theben als Baumeister die Zwillingsbrüder Seth und Horus. Auf den Stelen, die sie errichteten, wurde Amun in einem universalistischen Sinne und in einer Sprache gepriesen, die Echnatons Aton-Hymnus vorwegnahm: »Wenn du über den Himmel ziehst, sehen dich alle Gesichter, aber wenn du dich entfernst, bist du ihren Gesichtern verborgen... Wenn du niedergehst in den westlichen Bergen, dann schlafen sie auf Todesart... Gestalter dessen, was der Boden hervorbringt... Einziger Gebieter, der du das Ende der Länder jeden Tag erreichst, als der du sie siehst, die darauf schreiten... Jeden Tag, da er sich erhebt, tönen alle Länder, um ihn zu preisen.« In ihrem Lobgesang kennen die Brüder nur Amun, den Gott, der über alles waltet, als »einzigen Gebieter«, was sie aber nicht an der Anbetung anderer Götter hindert: in Szenen und Texten, von denen die Hauptinschrift umgeben ist, sind Osiris, Anubis, Amun-Re, Mut, Hathor in doppelter Gestalt, mehrere andere Götter und die gottgewordene Königin Ahmes-Nofretete, Stammmutter der achtzehnten Dynastie, Gegenstand ihrer uneingeschränkten Verehrung. Die Vorzugsstellung Amuns bedeutete nicht die Entthronung der anderen Götter.

Ebenfalls vor der Amarna-Revolution hatte sich die starke propagandistische Betonung der *ma'at*, der »Wahrheit«, abgezeichnet. Echnaton und sein Gott Aton »lebten von der Wahrheit«, womit der unverhüllte Glanz sowohl der Sonnenscheibe als auch des königlichen Daseins gemeint war. Aber auch hierin lag keine revolutionäre Neuerung: schon bei Amenophis III. hatte *ma'at* eine Ausnahmestellung. Er hatte sich selbst die Namen Nebma'at-Re (»Der Herr der Wahrheit ist Re«) und Cha-em-ma'at (»Der in Wahrheit erscheint«) gegeben, und einer seiner Höflinge schmeichelte ihm mit den Worten: »Ich vollbrachte die Wahrheit für den Herrn der Wahrheit zu allen Zeiten, da ich wußte, daß er sich daran freut«, und ein anderer fügte hinzu: »Ich vollbrachte die Wahrheit für Re, da ich wußte, daß er davon lebt«, womit auch schon der Wortlaut der Amarna-Formeln vorweggenommen war. Soweit diese »Wahrheit« zum rebellischen Naturalismus in der Kunst in Beziehung gesetzt werden darf, findet man die fließenden Linien und die neuen Sujets auch schon unter Amenophis III., namentlich in seinem thebanischen Palast.

Der in späten Jahren abgekämpft und desillusioniert wirkende Amenophis III. hatte sich als junger Mann überaus tatkräftig gezeigt; er war ein begeisterter Jäger, ein initiativereicher Bauherr, ein energischer Staatschef. Vom Träumer, Intellektuellen, Fanatiker hatte sich in sein rundliches Alltagsgesicht nichts eingegraben. Sein Sohn, der anfänglich seinen Namen trug, war schon äußerlich ein ganz anderer Typ. Sein Gesicht war schmal, fast hager, sein Ausdruck trübe, leidend, hochmütig reserviert, eine nach innen gekehrte, fernen Dingen lauschende Persönlichkeit; schmale, hängende Schultern, unverhältnismäßig breite Hüften, ausladender Bauch. Möglicherweise hatte er von Kindheit an an irgendeiner organischen Krankheit gelitten, die ihn hinderte, es seinen robusten Vorgängern an Kraftaufwand und athletischen Leistungen gleichzutun, und ihn zu einem Leben intellektueller Leistungen verurteilte und auf die Gesellschaft der Haremsdamen statt auf die von Jagdkumpanen und Waffengefährten angewiesen sein ließ. Physiologen, die sich mit seiner eigenartigen äußeren Erscheinung befaßt haben, sind sich über die Natur seines Leidens nicht einig. Immerhin hat er kein allzu kurzes Leben gehabt und siebzehn Jahre regiert. Daß sein Äußeres schon seit seiner frühen Jugend ungewöhnlich gewesen sein muß, kann man daraus schließen, daß der zurückgeworfene Kopf, der hängende Unterkiefer, die abfallenden Schultern und der Schmerbauch während seiner Regierungszeit zur allgemeinen künstlerischen Konvention wurden: das Abnorme muß also das für ihn Normale gewesen sein, so daß die Künstler in dem Bemühen, dem König zu schmeicheln, seine Abnormität zum Modell, zur Norm für andere machten und ihn im Bild mit Männern und Frauen umgaben, die so aussahen wie er.

Irgendwann heiratete der junge Prinz Amenophis seine grazile Schwester Nofretete und wurde von seinem Vater als Mitregent eingesetzt. Der ältere Amenophis litt an schwer vereiterten Zähnen, und es mag ihm daran gelegen haben, die Bürde des Regierens wenigstens zum Teil auf seinen Sohn abzuwälzen. Eigenartigerweise feierte Amenophis IV. etwa in seinem sechsten Regierungsjahr mit seinem eigenen »Jubiläum« auch das des Gottes Aton: der Gott sollte ebensolange geherrscht haben wie der junge Regent; da königliche Jubiläen gewöhnlich erst nach dreißigjähriger Regierungszeit festlich begangen wurden, kann man nur vermuten, daß nicht der König, sondern der Gott eine dreißigjährige Regentschaft hinter sich hatte, daß also die offizielle Einführung des Aton-Kults dreißig Jahre früher erfolgt war, vielleicht im Geburtsjahr des neuen Königs. Wie dem auch sei: indem er sich als gleichaltrig mit Aton hinstellte, proklamierte er vor aller Welt sein besonders inniges Verhältnis gerade zu diesem Gott.

Amenophis IV. und Nofretete hatten sechs Töchter, die in den meisten zeitgenössischen Abbildungen als kleine Kinder erscheinen. Vermutlich war das prinzliche Paar, als der Prinz zum Mitregenten wurde, noch sehr jung. Genaueres läßt sich hypothetisch daraus erschließen, daß die älteste Tochter des Königs kurz nach seinem zwölften Regentschaftsjahr erwachsen genug war, um am Hof als weibliche Hauptvertreterin des Vaters zu fungieren; nach den Maßstäben der damaligen Zeit braucht sie dazu kaum älter als zwölf Jahre gewesen zu sein; das wäre ein – wenn auch vager – Hinweis auf das jugendliche Alter Amenophis' IV. und seiner Schwester-Frau. Die sechs Töchter (denen kein Sohn folgte) beweisen, daß der König nicht so leidend war, daß er keine Nachkommenschaft hätte in die Welt setzen können. Das ziemlich bewegte Leben der königlichen Familie spielte sich noch mehr in der Öffentlichkeit ab und wurde noch mehr zum Gegenstand öffentlicher Verehrung gemacht als das Amenophis' III. und Tejes. Die Abkehr vom streng abgeschlossenen Dasein der früheren Pharaonen und ihrer Haremsdamen scheint auf einer politischen Absicht beruht zu haben. Zu keiner früheren Zeit waren Frauen so sichtbar als Teilnehmerinnen am öffentlichen Leben herausgestellt, nie das zärtliche Interesse des Königs an Frau und Töchtern so offen bekundet worden. Die Periode war betont feministisch.

Amenophis III. starb um 1375, und der junge König war nunmehr Alleinherrscher des mächtigen ägyptischen Weltreichs. Er residierte in der Hauptstadt Theben, und bis dahin war seine Regentschaft durch rapide Veränderungen in Bräuchen und Ausdrucksformen, nicht jedoch durch offenen Bruch mit der Vergangenheit gekennzeichnet. Indes waren die Elemente des revolutionären Umbruchs bereits gegeben; die Spannungen müssen sogar recht erheblich gewesen sein. In den Reliefs der später niedergerissenen Bauten des jungen Pharaos in den Amun-Anlagen von Karnak zeigte sich schon die für seine Regierungszeit typische naturalistische Kunst: die menschlichen Körper sind gerundet, gleichsam knochenlos, haben etwas von der körperlichen Mißbildung des Königs an sich. Die auffallendsten Gedenkstücke, unmittelbar hinter dem großen Tempel des Amun aufgefunden, sind einige faszinierend häßliche Kolossalstatuen des Pharaos. Die gespenstische Verzerrung des ausgemergelten Gesichts und der überbreiten Hüften sind ein Beleg dafür, daß die extreme Form des »Naturalismus« von Amarna schon im Anfang der Regierungszeit Amenophis' IV., vor dem offiziellen Bruch und dem Wegzug aus Theben, im Schwange war. Auch der Kunststil der Gräber, die sich Vornehme in den ersten Regierungsjahren Amenophis' IV. in die Felsenhügel Thebens hatten hauen lassen, verraten die revolutionäre Wende, und die Sujets der Kunstwerke gelten weniger dem Weiterleben nach dem Tode als dem Pharaokult. Schon vor dem Bruch mit Amun und der Verlegung der Residenz nach Tell el-Amarna deutete sich der religiöse Wandel an.

Wie der offene Bruch zustande gekommen ist, wissen wir nicht. Möglicherweise sah sich der Pharao durch den schwelenden Machtkampf zu einem radikalen Eingriff gezwungen. In seinem sechsten Regierungsjahr legte er den Namen Amen-hotep (Amenophis) (»Amun ist zufrieden«) ab und nannte sich von nun an Ach-en-Aton (Echnaton) (»Der dem Aton dient« oder »Es steht gut mit Aton«). Da der Name des Königs die Politik des Staates ausdrückte, war damit die Absage an den alten Gott erteilt und der neue inthronisiert. Aus Amuns Stadt Theben verlegte Echnaton die Hauptstadt an einen Ort in Mittelägypten, fast fünfhundert Kilometer nördlich von Theben, der in der neueren Zeit unter dem Namen Tell el-Amarna bekanntgeworden ist. Das mag keine ganz neue Siedlung gewesen sein, denn es gibt Hinweise darauf, daß sich auch Thutmosis IV., der Großvater des Umstürzlers, für diesen Ort interessiert hatte; neu aber war die weitgestreckte, großzügig angelegte Hauptstadt. Die Stadtgrenzen lagen etwa dreizehn Kilometer auseinander, die Stadtplanung war großräumig, umfassend und auf die Ewigkeit ausgerichtet. Hier sollte das neue politische und religiöse Zentrum entstehen: Achetaton, »Ort des übergreifenden Ruhmes des Aton«. Hier wurden die königlichen Paläste und der Tempel des Aton erbaut. Dieser Tempel – wie auch die kleineren Kapellen an verschiedenen Stellen der Stadt – war offen: die Sonnenscheibe in all ihrem Glanz konnte verehrt werden, und der Gegensatz zu den verborgenen und verschlossenen Mysterien der alten Tempel war augenfällig. Die Höflinge und Beamten paßten sich mit ihren Residenzen den großen Dimensionen der weiträumigen Gartenstadt an; der Kontrast zur gedrängten Enge Thebens trat plastisch hervor. Sogar die Arbeiterdörfer wurden in wohlgeordneten Straßen erbaut, mit kleinen, aber adretten und einheitlichen Häusern. Unter dem lebenspendenden Strahlenkranz der Sonnenscheibe sollte die attraktive Stadt naturnahe leben.

Wer mit Echnaton nach Amarna zog, wollte entweder Karriere machen oder die Revolution fördern; das heißt: der neue königliche Hof setzte sich zum größten Teil aus enthusiastischen Anhängern des Pharaos und kriecherischen Sykophanten zusammen. Hier widersetzte sich niemand den revolutionären Ideen des Königs. Vom 6. bis zum 12. Jahr seines Regimes konnte sich der Pharao ungestört seiner Interpretation der *ma'at* in Religion, Kunst, gesellschaftlichem Aufbau und anderen Lebensbereichen widmen. In diesen sechs Jahren war der revolutionäre Elan mächtiger als alle Vorurteile, die das Festhalten am Bestehenden dem Einzelnen hätte bieten können. Wiederholt gelobt Echnaton, er werde die neue Hauptstadt, die er zu Ehren seines Gottes baute, nie verlassen. Alles – Land, Menschen, Tiere, Bauten – wurde hier »meinem Vater, dem lebenden Aton, für den Tempel des Aton in Achetaton für immer und ewig« geweiht. Es ist nicht ohne Reiz dieser Zueignung die Restaurationsinschrift des Tutanchaton nach dem Fehlschlag der Revolution gegenüberzustellen. Folgendermaßen wurden da die bösen Folgen der »Ketzerei« beschrieben: »Die Tempel der Götter und Göttinnen... waren in Stücke zerfallen. Ihre Schreine waren verlassen und von Unkraut überwuchert... Im Land ging alles drunter und drüber, und die Götter hatten dem Land den Rücken gekehrt... Wenn jemand zu einem Gott betete, um Rat zu suchen, kam er nie. Wenn jemand eine Göttin so anflehte, kam sie nie. Ihre Herzen waren verletzt, so daß sie zerstörten, was geschaffen worden war.« Was blieb dem reumütigen Pharao der Restauration zu tun? »Er vertrieb den Trug im ganzen Bereich der Beiden Länder, und *ma'at* wurde aufgerichtet, und das Lügen wurde dem Land zum Greuel wie in seinen Anfangszeiten.« Um die empörten Götter zu beschwichtigen, bemühte sich Tutanchaton vor allem um den Wiederaufbau und die Vermehrung ihrer Besitztümer.

Als *raison d'être* der Revolution bezeichneten beide Texte, wie im alten Ägypten nicht anders zu erwarten, den Dienst an den Göttern. In Kunst, Literatur und Sitten hatten sich die Veränderungen evolutionär über einige Generationen erstreckt; im religiösen Bereich aber erschütterte der Wandel das Dogma, auf das sich der Staat stützte, so daß kein evolutionärer Kompromiß mehr möglich und die Revolution unausweichlich geworden war. Die göttliche Legitimierung des Staates war in Frage gestellt; aber gerade die Vormundschaft des Amun-Orakels über den Pharao konnte die Amun-Priesterschaft nicht aus der Hand geben. Der pragmatische Ägypter war groß im Versöhnen des Gegensätzlichen; es war ihm stets ein leichtes, einander widersprechende Vorstellungen zusammenzukoppeln und sie als verschiedene Aspekte derselben Konzeption zu behandeln. Hier aber war die traditionelle Lehre von der unabhängigen Autorität des Pharaos mit der verbrieften Autorität Amuns in zu krassen Gegensatz geraten, als daß eine Aussöhnung möglich gewesen wäre. Da das normale Funktionieren des Staates auf der religiösen Staatstheorie beruhte, war der Konflikt nicht bloß im heutigen Sinne politisch. Im Mittelpunkt des Konflikts stand die Frage, ob der Pharao als Gott eine selbständige und alleinverantwortliche Macht sei, deren göttliches Geheiß als das Grundgesetz des Landes zu gelten habe, oder ob ihm lediglich die Funktion des Hauptmittlers zwischen den Göttern und Ägypten zukomme, in deren Rahmen seine offizielle Aussage der orakelhaften Weisung der Götter, der wirklichen Lenker von Staat und Reich, folgen müsse. Die alte Lehre hatte den Pharao zum Staat gemacht; durch die Revolution des Re zu Beginn der fünften Dynastie war diese Lehre eingeschränkt, aber nicht abgeschafft worden. Nach der neueren Lehre, die aus der religiösen Läuterung des Staates nach der Gottlosigkeit der Hyksos und aus der gefühlsmäßigen Unsicherheit zu Beginn der Weltreichsperiode erwachsen war, regierten die Götter den Staat durch »göttlichen Befehl«, den sie in Träumen und Orakelsprüchen kundtaten, und der Pharao war nur noch das Medium, das die göttliche Lenkung vermittelte. Der phänomenale Aufstieg Amuns und seiner Priesterschaft im Gefolge der großen Erfolge des Weltreichs hatte die beiden Lehren aufeinanderprallen lassen. Wie immer die Parteifronten aussehen mochten: die Stellung des Königs im Staat war zur zentralen Frage geworden.

Der Kontrast zwischen Amun und Aton war sichtbar und dramatisch genug. Auch wenn er hauptsächlich in Menschengestalt dargestellt wurde, war Amun der »Verborgene«, die unsichtbare und alldurchdringende Kraft. Sein Schrein war der innerste und dunkelste Teil des Tempels, und der unsichtbare Gott konnte nur mit dem vorgeschriebenen Ritual und nur von befugten Personen angerufen werden. Sogar bei öffentlichen Prozessionen wurde sein tragbarer Schrein in Schutzgewänder gehüllt. Dagegen war Aton die ewig unverkleidete Sonnenscheibe, die sich vor niemandem verhüllen ließ. Atons Tempel waren weit offen, und er konnte in all seinem unsichtbaren Glanz angebetet werden. Das einzige

Antropomorphische an ihm war, daß die von der Sonnenscheibe ausgehenden Strahlen in Händen endeten, die dem Pharao und seiner Familie die »Leben« symbolisierende Hieroglyphe darreichten. Ob Echnaton den Gegensatz zwischen den beiden Göttern absichtlich überbetonte, wissen wir nicht; ihre grundsätzliche Feindschaft war in den beiden Konzeptionen von vornherein angelegt.

Die königliche Familie zog fröhlich in Amarna umher, indem sie dem neuen Gott Verehrung zollte, Bauarbeiten beaufsichtigte, öffentliche Festveranstaltungen abhielt und die Ehrerbietung des Hofes entgegennahm. Das Abenteuerliche des Neuen verflocht sich mit der Freiheit von alten Bindungen und Zwängen. Etwas umstürzlerisch Neues war das formlose Auftreten des Gott-Königs und seiner Familie. Sie durften auf die offenherzigste Weise dargestellt werden: kaum bekleidet beim Empfang von Höflingen, bei Mahlzeiten an Knochen nagend, in trauter Umarmung mit Küssen und Liebkosungen, die Töchter auf dem Schoß des königlichen Vaters. Die dramatische Darstellung der Trauer des Gott-Königs beim Tod seiner zweiten Tochter war eine neue Großtat der ägyptischen Kunst. Das war in der Tat »Wahrheit«, mit fanatischer Begeisterung ausgedrückt. Das war aber auch eine Vermenschlichung des Gott-Königs, die den Bemühungen Echnatons um die Wiederherstellung der uneingeschränkten königlichen Autorität schwerlich zugute kommen konnte. Das Schlagwort der Revolution war eben ma'at, hier eher als »Wahrheit« denn als »Gerechtigkeit« zu übersetzen. Die Offenheit des Familienlebens, das Naturalistische der Kunst, die unverhüllte Wohltat der Sonnenscheibe und das Eindringen der Umgangssprache in die offiziellen Texte: das alles spiegelte ma'at in neuer Betonung wider. In seinen offiziellen Titeln bezeichnete sich Echnaton als den, »der von ma'at lebt«, und Aton wurde offiziell zu dem, »der mit ma'at zufrieden ist«. Das erinnert an die Blütezeit der ma'at unter der zwölften Dynastie, nur daß sich ma'at damals als soziale Gerechtigkeit gegeben hatte, während sie jetzt die intellektuelle Revolte gegen das abgeschiedene Geheimdasein der Götter mit dem ihr gemäßen Symbol versah.

Der Modernismus der Amarna-Kunst schwankte zwischen dem Grotesken und dem nur mäßig Konventionsfremden, aber in all ihren Schattierungen muß sie denen ein Greuel gewesen sein, die starr konservativ an den alten Ausdrucksformen der Würde festhielten. Die berühmte farbige Büste der Nofretete ist extrem in ihren fliehenden Linien, ihrem langgestreckten Hals, ihrem träumerischen Ausdruck. Daneben gibt es konventionellere Darstellungen der Königin, die sie weniger exotisch erscheinen lassen. Doch sollte uns unsere Vorliebe für die anmutigen und natürlichen Porträts der Nofretete nicht den Blick dafür verbauen, daß solche Kunstwerke mit ihren verblüffend fliehenden Linien und fließenden Flächen und ihrer Idealisierung des vergänglichen Augenblicks statt des Ewigen und Jenseitigen in höchstem Maße unägyptisch waren. Was sich unserem Auge als das »Gute« an der Amarna-Kunst darbietet, war im Blickfeld der ägyptischen Tradition unbestreitbar abnorm und deswegen »schlecht«. Was wir hier als »Naturalismus« würdigen und was nicht photographische Reproduktion, sondern ein großartiger Versuch war, der Natur zu dienen, ein vielleicht überspannter Versuch, der eben deswegen gelegentlich an Verzerrtes oder Karikiertes grenzte, stand in grellem Kontrast zu dem aus den normalen Perioden der ägyptischen Geschichte Überlieferten, wo das Gesehene und Bekannte von der idealisierenden Typisierung überlagert war, weil das undynamisch Typische dem Ewigen am besten gerecht wurde.

In Amarna war das Ewige weniger wichtig als das abenteuerlich Aufregende des Tages. Die Künstler der Amarna-Periode machten davon Gebrauch, daß die traditionellen Fesseln zerrissen waren, und stürzten sich unbesehen ins Experiment. Das bedeutete, daß es viel minderwertige Arbeit gab; das bedeutete aber auch, daß die Kunst einen hohen emotionalen Gehalt bekam. Angeregt und erregt durch die neuen Sujets und Techniken, konnten die Bildhauer ihren Werken den starken Eindruck der Spannung, des dumpfen Brütens oder der bewegten Lebendigkeit eingeben. In dem Augenblick, da die Kunst nicht mehr die ewige und unveränderliche Ruhe, sondern die Wiedergabe des Tagtäglichen anstrebte, wurden plötzlich Zeit und Raum, die vordem nicht sichtbar waren, erkannt. Das dargestellte Lebendige ist mitunter, von innerer Erregung getrieben, gleichsam auf dem Sprung zu sofortigem Handeln, manchmal auch in der Tat in völlig ungewohnter Bewegung begriffen: da läuft ein Wesir, den man nicht anders als in würdevoller Bewegungslosigkeit kennen sollte, neben dem königlichen Kampfwagen einher und demonstriert auf sichtbare, aber völlig unägyptische Weise gespannte Lebenskraft; die fliegende Eile, in der der Pharao seine Pferde durch die Stadt jagt, gibt einiges von der nervösen Zielstrebigkeit wieder, die das revolutionäre Wagnis charakterisiert haben muß. Den Künstlern gab sie atemlosen Schwung.

Im Naturalismus der übertrieben bewegten Linie gab es für sie aber auch nicht geringe Versuchungen. Von der Ehrung des Pharaos mit Eierköpfen, fliehenden Schultern und Schmerbäuchen gewöhnlicher Sterblicher war es nur ein Schritt bis zur gewollt extravaganten Liebedienerei, die absichtlich grotesk war und den Gott-König fast schon karikierte. Der Archäologe, der die Ausgrabungen in Amarna leitete, erwähnt einen Skulpturentwurf, der den Pharao struppig und unrasiert zeigt. Er spricht von einem Spielzeug, das offensichtlich auf den Pharao anspielt, von einem Kampfwagen mit Affengespann. »Im Kampfwagen ist auch ein Affe, der sein Gespann zum Galopp antreibt (seine fliehende Stirn ist der des Königs erschreckend ähnlich), und eine Affenprinzessin neben ihm triezt mit einem Stab die Affenpferde, die sich aufbäumen und jeden weiteren Schritt verweigern.« Wo blieb da die geheiligte Würde des Gott-Königs? Sein Wahrheitsfanatismus hatte ihn zu einem verzerrten Naturalismus geführt, der leicht ins Parodistische abglitt, und die Offenherzigkeit des königlichen Familienlebens stellte ihn auf eine Stufe mit gewöhnlichen Sterblichen. Im Zuge der Revolution, die seine göttliche Selbstherrlichkeit von priesterlichem Zugriff befreien sollte, opferte er das Mysterium, mit dem allein das Dogma von seiner Göttlichkeit zu halten war.

Auch Sprache und Literatur wurden entheiligt und auf das Niveau der Umgangssprache heruntergezogen. Begonnen hatte dieser Prozeß schon früher. Fremde Einflüsse und Wortelemente aus asiatischen Sprachen waren in die Sprache eingedrungen und sogar ein neues Schriftsystem um ihretwillen eingeführt worden. Die Amarna-Revolution verstärkte diese Tendenzen. Die formalisierten religiösen Texte bemühten sich zwar noch, den Gott in der alten klassischen Sprache anzurufen, aber auch sie zeichneten sich bereits durch eine neuartige Bewegtheit aus. In andere Texte drang die Sprache des Alltagsgebrauchs in rücksichtslosem Ansturm ein: in den Grabszenen erschienen Dialoge in unverfälschtem Slang, und auch Echnatons Grenzstelen zeigen deutliche Spuren der Umgangssprache.

Die neue Religion bekannte sich zu Aton und erteilte eine offizielle Absage an die älteren ihm feindlichen Götter. Vor allem wurde Amun ständig und heftig angegriffen; daneben gab es gelegentliche Streifzüge gegen andere Götter. Sonderbeauftragte reisen in ganz Ägypten und wohl auch im Weltreich (bestimmt in Afrika) umher, um die Macht Amuns durch Entfernung seines Namens aus den Inschriften zu untergraben. Ihre Hauptaufgabe war, den Namen des Gottes in Personennamen und auch sonst, wo er als die Vokabel »verborgen« vorkam, auszumerzen; ungeschoren blieben in denselben Inschriften die Namen anderer Götter, die nicht der Hauptfeind waren. In einigen Inschriften mußten sogar »die Götter« daran glauben: ein immerhin nicht unwichtiger Beitrag zu der These, daß die Amarna-Religion die Vernichtung des alten ägyptischen Polytheismus zum Ziel gehabt habe.

In den eigenen Texten des Amarna-Zentrums wurden die alten Götter in aller Form beseitigt. Ein radikaler Bruch mit der Tradition war die Unterdrückung der alten Totenreligion mit ihrem auf Osiris ausgerichteten Ritual. Die Totengebete und Grabformeln wandten sich nicht mehr an Osiris oder Anubis, sondern direkt an den Pharao Echnaton oder über ihn an Aton. Deutlich zeigt sich die Unterdrückung des Osiris-Glaubens an den kleinen Figürchen der Diener, *uschebti* oder *schawabti* genannt, die ins Grab gelegt wurden, um den Verstorbenen in der nächsten Welt zu bedienen: keine ausführliche Beschriftung fordert die *uschebti* des Osiris mehr auf, die im künftigen Leben nötige Arbeit zu leisten; sie verzeichnen nur noch den Namen des Verstorbenen ohne Bezug auf den Totenglauben: eine bloße Totengabe, eine leere Form, die ihren Glaubensinhalt verloren hat.

Aton war die runde Sonnenscheibe, Quelle und Kraft des menschlichen und tierischen Lebens im ganzen Universum; auch als Gott hatte Aton keine andere Form. Ältere Glaubensvorstellungen erhielten sich allerdings in der Beteuerung, der Pharao sei der Sohn Atons, »aus seinem Leib hervorgegangen«, so wie frühere Könige die leiblichen Söhne des Re waren. Aton wurde als Herrscher behandelt und sein sakraler Name wie die Namen der Pharaonen innerhalb einer »Kartusche« geschrieben. In den offiziellen Namen zeigten sich indes noch trotz der neuen Gotteskonzeption Elemente alter Namen und alter Götter. Anfänglich lautete die offizielle Bezeichnung für Aton: »Re-Harachte, am Horizont jubilierend mit seinem Namen ›Schu, der in der Aton-Sonnenscheibe ist‹.« Vom 9. Regierungsjahr Echnatons an wurde die Formel geändert; der Himmelsgott Horus und der Lichtgott Schu wurden fallengelassen, und nur noch der Sonnengott Re verblieb im Titel: »Re, Herrscher des Horizonts, am Horizont jubilierend mit seinem Namen ›Re, der Vater, der in der Aton-Sonnenscheibe erschienen ist‹.« Ob der Amarna-Glaube den Re-Kult in Heliopolis weiterhin erlaubte, wissen wir nicht. Echnaton bezeichnete sich in seinen königlichen Titeln weiterhin als »Sohn des Re«. Der Titel des Hohenpriesters des Aton war »Oberster der Seher«, gleichlautend mit dem Titel des Hohenpriesters des Re in Heliopolis; daß er bei beiden Göttern in beiden Tempeln als Hoherpriester amtierte, ist nicht erwiesen, und man darf vielleicht eher vermuten, daß Re in Aton aufgegangen war und in Heliopolis in der Amarna-Zeit kein vollgültiges Re-Zeremoniell mehr eingehalten wurde. Es besteht indes kein Zweifel, daß Re von der neuen Religion bevorzugt wurde, in deutlichem Gegensatz zur Verfolgung des Amun und Mißachtung des Osiris. Die Personifizierung bestimmter Kräfte als Gottheiten wurde in Amarna beibehalten. Die Revolution machte *ma'at*, »Wahrheit«, zu ihrem Schlachtruf, und Ma'at war eine Göttin, die bisweilen auch in Amarna-Texten als Göttin behandelt wurde. Echnaton hieß in einem Text Gott Schai (»Schicksal«) für sein Land. Das ist nicht ein bloßer Ausdruck der dichterischen Bildersprache: im alten Ägypten war Personifizierung gleich Vergottung, beileibe keine leere Redensart.

In diesem Sinne wird man festhalten müssen, daß die Amarna-Religion zwei Götter hatte, die für ihren Glauben entscheidend waren, nicht bloß einen. Echnaton und seine Familie beteten den Gott Aton an, und alle anderen Menschen beteten Echnaton *als Gott* an. Außer mit seinen offiziellen Namen und Titeln wurde der Pharao als »der gute Gott« bezeichnet, und er selbst stellte sich als den leiblichen Sohn Atons dar. In zahlreichen Szenen in den Amarna-Gräbern verehrt der Pharao die lebende Sonnenscheibe, während sich alle seine Höflinge in Anbetung vor ihm verneigen. Ihre Gebete richten sich nicht an Aton, sondern an Echnaton. So fleht der Höfling Eje, selbst ein späterer Pharao, Echnaton um den Totensegen an: »Mögest du mir als deinem Günstling ein gutes Alter gewähren; mögest du mir auf Geheiß deines *ka* in meinem Haus eine gute Bestattung gewähren ... Möge es mir beschieden sein, deine süße Stimme im Heiligtum zu vernehmen, wenn du vollbringst, was deinem Vater, dem lebenden Aton, gefällig ist.« Im Aton-Kult war der Pharao die zentrale Figur, und die Vornehmen erwiesen ihrem Gott-König göttliche Ehren. Echnaton selbst bekundete in seinem berühmten Aton-Hymnus, Aton sei sein persönlicher Gott. Der Hymnus hieß »Verehrung des Aton ... durch den König Echnaton und die Königin Nofretete«, und der Pharao erklärte ausdrücklich: »Du bist in meinem Herzen, und es gibt keinen anderen, der dich kennt, außer deinem Sohn, den du in deinen Ratschluß und in deine Macht eingeführt hast.« Unterhalb der Ebene der königlichen Familie fand der Aton-Glaube keinen eigenen religiösen Ausdruck. Er war der ausschließliche Glaube des Gott-Königs und seiner königlichen Familie; der Gott-König dagegen veranlaßte seine Untertanen, ihn selbst anzubeten: als göttliches Wesen und Quell aller ersehnten Wohltaten.

Der streng persönliche Charakter der Religion Echnatons, die Beschränkung der unmittelbaren Aton-Verehrung und Aton-Bindung auf die königliche Familie und der für alle Anhänger des Pharaos unausweichliche Zwang zur ausschließlichen Anbetung des Gott-Königs lassen uns verstehen, warum die neue Religion nach dem Tode Echnatons auseinanderfiel und sich in nichts auflöste. Mitgewirkt haben zweifellos auch politische und wirtschaftliche Faktoren; aber gerade das Oberflächenhafte und Unbeständige der Amarna-Religion tritt am deutlichsten darin zutage, daß sogar die Spitzen der Amarna Gesellschaft nur durch Vermittlung des Echnaton-Kults mit Aton selbst in Berührung kamen. Wie sollten Menschen, die ihre Religion nur in der Anbetung des Gott-König praktizieren konnten, in ihrem Innersten von einem echten Glauben an den segensreichen lebenspendenden Sonnengott durchdrungen sein? Als der Pharao gestorben und die Bewegung zusammengebrochen war, werden sie eiligst und reumütig zum alten traditionellen Glauben zurückgekehrt sein, den sie verstehen konnten und der ihnen vielfältigere Religionsübung und ein inhaltsreicheres Glaubensbekenntnis erlaubte.

War der Amarna-Glaube monotheistisch? War er der erste Monotheismus der Welt, der sich dann durch die Vermittlung der Hebräer auf uns vererbt hat? Der neuzeitliche jüdische, christliche und mohammedanische Glaube beruht auf der Lehre, daß es einen und nur einen Gott gibt und daß alle sittlichen und religiösen Werte von diesem einen Gott stammen. Diese Definition paßt schlecht auf die Amarna-Religion mit ihren mindestens zwei Göttern, dem Aton, dessen göttliches Wirken sich darin erschöpfte, Leben zu spenden und zu erhalten, und dem Pharao Echnaton, von dem sich Sittenlehre und Religion herleiteten. Gewiß: die Amarna-Texte nennen Aton den »einzigen Gott, dessengleichen es nicht gibt«; aber in der Sprache der ägyptischen Religion war das insofern nichts Neues, als solche sprachliche Verdichtung oder Übertreibung bereits in der frühesten religiösen Literatur, über ein Jahrtausend vor Echnaton, beliebt war. Die Titulierung »einziger Gott« stand vielen Göttern zu; in der Zeit vor der Amarna-Bewegung wurden als »der einzige Gott« nicht weniger als fünf Götter bezeichnet: Amun, Re, Atum, Harachte und Min. Manchmal war der Ausdruck auf die Ur-Schöpfung gemünzt, bei der es Sache des einen seienden Gottes war, alle anderen Götter ins Leben zu rufen; manchmal übertrieb er nur höflich die Feststellung, daß es sich um den wichtigsten Gott handle, der seinesgleichen nicht habe, also in *seiner* Art einzig sei; und manchmal sollte er die Aufmerksamkeit des Anbetenden auf einen Gott auf Kosten der anderen lenken. In keinem Fall bedeutete der Ausdruck die absolute Einheit, wie sie etwa die mohammedanische Formel »Es gibt keinen Gott außer Gott« proklamiert. Hätte die Philosophie der neuen Religion sagen wollen, daß Aton der einzige Gott sei und daß Amun infolgedessen nicht existiere und nicht existieren könne, so wäre es bestimmt nicht nötig gewesen, einen konzentrierten Feldzug gegen Amun zu führen und sich die größte Mühe zu geben, seinen Namen in offiziellen Inschriften auszulöschen, um ihn damit seiner göttlichen Identität zu berauben. Amun wurde bekämpft, weil er auch in der Vorstellung der Aton-Anbeter so lange existierte und existieren mußte, wie sein Name in religiösen Texten oder Staatsdokumenten genannt wurde. Monotheistisch war eine solche Denkweise nicht.

Im Lichte der ägyptischen Tradition war es vielleicht nicht entscheidend, daß neben Aton auch der Gott-König angebetet wurde und daß die Texte immer einzelne Seinselemente als Götter personifizierten, denn für den Glauben der Ägypter war die enge Verbindung zwischen Gott und Staat und die Personifizierung wichtiger Faktoren des Seins selbstverständlich. Wirklich bedeutsam war demgegenüber die Tatsache, daß in der Tendenz alle Götter außer dem Pharao in der Gestalt eines Gottes verschmolzen, daß Osiris aus dem Totenkult verschwand und daß das Privileg der Segnung der Toten auf den Pharao überging. Das war in der Tat ein wesentlicher Schritt auf dem Weg zum Monotheismus, dem der Amarna-Glaube wohl so nahegekommen ist, wie es dem Denken der damaligen Zeit überhaupt möglich war. Zum Glauben an den einen Gott war er damit allerdings nicht geworden.

Zur Beantwortung der Frage, ob der Aton-Glaube der Stammvater des Monotheismus der Hebräer und damit aller modernen Religionen war, bedarf es einiger Betrachtungen. Eindeutig läßt sich sagen, daß kein historischer Übertragungsmechanismus zu entdecken ist, mit dessen Hilfe der Glaube Echnatons in den Monotheismus Moses' übergegangen wäre. Die Amarna-Religion war das persönliche Kredo eines Pharaos, der schon der nächsten Generation als Ketzer galt. Der großen Masse der Ägypter war sie überhaupt nicht zugänglich. Die rapide Rückkehr zu den alten Formen, namentlich die Wiederherstellung des Osiris-Glaubens und die liebevolle Verehrung der kleinen persönlichen Götter, zeigen, wie wenig Anhang der Atonismus außerhalb des Königshauses gefunden hatte. Auch wenn man unterstellt, daß israelitische Sklavenarbeiter in größerer Zahl zur Amarna-Zeit in Ägypten gelebt hätten, wäre für sie gar keine Möglichkeit gewesen, die Lehre des Atonismus von dem einen universalen lebenspendenden Gott, dem sich der Anbetende in heißem Dank verbunden fühlte, kennenzulernen; was vom Atonismus in etwas weitere Kreise drang, war das Dogma, daß der Pharao von Ägypten als das einzig mögliche Zwischenglied zwischen Gott und Volk für den Glauben ausschlaggebend sei.

Die Brücke zwischen dem Atonismus und dem Monotheismus der Hebräer, wie er sich später entwickeln sollte, fehlte aber noch an einer anderen Stelle. Die an Aton gerichteten Hymnen entbehrten jeglichen ethischen Gehalts; der Glaube Echnatons war intellektuell, nicht ethisch, und daß er eine kräftige emotionale Färbung hatte, hing vornehmlich mit der Leidenschaftlichkeit seines Entdeckers, des bekehrten Eiferers, zusammen, der alte Formen verwarf und neue Formen predigte. Die Unterscheidung von Recht und Unrecht war hier nicht ethisch, sondern rhetorisch; sie bestand in der immer von neuem vorgebrachten Behauptung, daß das Neue recht und das Alte unrecht sei. Die Segnungen Atons waren primär physischer Natur; er gab das Leben und er erhielt das Leben. Dafür hatte ihm der Aton-Anbeter zu danken; in keinem Religionstext wurde er jedoch aufgefordert, in seinem gesellschaftlichen Verhalten oder auch nur im Innersten seines Herzens dem Gott ein aufrechtes und ethisch richtiges Leben darzubieten. Aus dem Universalismus des Aton hätte sich die Folgerung ergeben können, daß alle Menschen von Gott als Gleiche geschaffen seien und entsprechend behandelt werden sollten, aber in keinem der Amarna-Texte ist eine solche Folgerung zu finden. *Ma'at* als Gerechtigkeit hätte eine ethische Bedeutung haben können, aber *ma'at* als bloße Betonung der Offenherzigkeit in menschlichen Beziehungen, der weiten lufterfüllten Räume und des Lebenselixiers der Sonnenstrahlen war nur »Wahrheit« im sensualistischen Sinne und lief lediglich auf die Anbetung von Naturkräften an Stelle der konstruierten und abstrakten Tätigkeitsattribute der alten Götter hinaus. Nirgends findet sich die strikte Betonung des Gesetzes und seiner Gerechtigkeit, die für den hebräischen Monotheismus entscheidend ist.

Manche Ideen und Ausdrucksformen, die häufig als Verkörperung des Atonismus gedeutet werden, haben wir als Bestandteil der ägyptischen Überlieferung und lange vor dem Atonismus vorhanden nachgewiesen. Da sie echte Manifestationen ägyptischen Lebens waren, ist es nicht verwunderlich, daß sie sich auch nach dem Sturz der Amarna-Religion erhielten. In einem Papyrus in Leiden, der aus der Zeit der neunzehnten Dynastie stammt, sind zum Beispiel Hymnen mit Passagen enthalten, die man als monotheistisch hat hinstellen wollen. Richtiger wäre es, sie synkretistisch zu nennen. Diese Hymnen behandeln Amun als Summe und Inbegriff aller anderen Götter, ohne daß damit das gesonderte Dasein dieser anderen Götter geleugnet würde. »Geheimnisvoll in seiner Gestalt, glanzvoll in seiner Erscheinung, wunderbarer Gott in vielen Gestalten. Alle Götter prahlen mit ihm, um sich selbst durch seine Schönheit, da er doch göttlich ist, zu erhöhen. Re selbst ist mit seinem Leib vereint, und er ist der große, der in Heliopolis ist. Er wird genannt Ta-tenen (der Memphite) und Amun, der aus Nun hervorgegangen ist ... Eine andere seiner Gestalten sind die acht Götter des Urbeginns in Hermopolis ... Seine Seele, sagen sie, ist im Himmel, aber er ist derjenige, der in der Unterwelt ist und dem Osten vorsteht. Seine Seele ist im Himmel, sein Leib ist im Westen, und seine Statue ist in Hermonthis und verkündet seine Erscheinungen ... Eine ist Amun ..., der sich vor den Göttern verbirgt, so daß seine Farbe unbekannt ist ... Alle Götter sind drei: Amun, Re und Ptah, und es gibt keinen, der ihnen gleichkäme. ›Verborgen‹ ist sein Name als Amun, im Gesicht ist er Re, und sein Leib ist Ptah ...«

Andere Hymnen, die vom Ausgang der neunzehnten und von der zwanzigsten Dynastie datieren, behandeln Amun als den Universalgott, der durch die Übernahme der Formen anderer Götter zur Einheit gelangt. Er ist der Gott-Schöpfer, er ist Amun, Re, Atum, Harachte, vier in einem, oder er ist auch Ptah, der Gestalter der Menschen. Er ist Sohn und Vater der *ma'at*, der Schöpfer aller Dinge, die belebende Kraft der Natur, der gute Hirte: »Alle Herzen wenden sich dir zu, der du gut bist zu allen Zeiten. Ein jeder lebt von deinem Anblick.« Viele Themen und viele künstlerische Formen überlebten den Bannfluch gegen die Amarna-Bewegung; religiöse Vorstellungen und Ausdrucksformen, die dem Atonismus eigen waren, erhielten sich, auch nachdem er als Ketzerei abgetan war. Viele seiner Elemente hatten vor ihm existiert und existierten nach ihm; auch Jahrhunderte nach dem Atonismus konnte man sie der ägyptischen Kultur entlehnen. Einige auffallende Parallelen zwischen dem Aton-Hymnus und dem 104. Psalm, die zum Beweis der Direktübertragung des Monotheismus vom Aton-Kult auf die Religion Moses' angeführt worden sind, können auf Ausstrahlungen ganz anderer ägyptischer Phänomene aus früheren und erst recht aus späteren Zeiten zurückgehen. Lange nach dem Ende Echnatons waren Hymnen dieser Art im Umlauf, und die hebräische Religion konnte zu der späteren Zeit, da sie eines bestimmten Ausdrucksmittels bedurfte, es in vielen Formulierungen, Redewendungen und Gedanken der ägyptischen Literatur ohne jede Berührung mit dem Aton-Kult finden. Ernsthafte Nachweise der Abstammung des hebräischen Monotheismus aus dem Aton-Kult haben sich nicht erbringen lassen.

Um die Besonderheiten des Aton-Glaubens darzustellen, hatten wir Echnatons Revolution am Höhepunkt ihrer Erfolge verlassen. Es ist an der Zeit, den historischen Bericht wiederaufzunehmen und die Abfolge der politischen Geschehnisse nachzuerzählen. Das ägyptische Weltreich herrschte noch in Asien, und Familienverbindungen zwischen dem Pharao und dem König des Mitanni-Reiches schufen die Voraussetzungen kollektiver Sicherheit. Nach der Vermählung Amenophis' III. mit Giluchepa wurde am Ende seiner Regierungszeit noch eine zweite Mitanni-Prinzessin, Taduchepa, eine Tochter des Königs Tuschratta, nach Ägypten verheiratet. Daß sie der alte Pharao selbst zur Frau genommen haben soll, möchte man bezweifeln; wahrscheinlich wurde sie in den Harem Echnatons aufgenommen. Dynastische Bande konnten indes das Auseinanderfallen des Weltreichs nicht verhindern.

Von seinem langsamen Zerfall unter dem Druck der neuen Kräfte Asiens berichtet der unter dem Namen »Amarna-Briefe« bekannte Keilschriftbriefwechsel, der die Gleichgültigkeit und Interesselosigkeit des Pharaos gegenüber den Ereignissen in Asien deutlich hervortreten läßt. Im Verkümmern und Absterben des asiatischen Zweiges des Weltreichs sind fünf aufeinanderfolgende Stadien erkennbar. Unter Amenophis III., zu einer Zeit, da die Stabilität und Fortdauer der ägyptischen Herrschaft noch selbstverständlich schien, hatten sich bereits einige lokale Fürsten in Syrien in Separatismus versucht. Syrien war der abgelegenste und am wenigsten gesicherte Teil des Imperiums. Häuptlinge, die nach selbständiger Macht strebten, stützten sich auf die Nomaden aus der Wüste, um aus dem großen Kuchen kleine Staaten für sich selbst herauszuschneiden. Die hochnäsige Gleichgültigkeit Ägyptens erlaubte ihnen, alsbald zum zweiten Stadium vorzustoßen: dank einem *de-facto*-Bündnis mit dem König der Hethiter gelang es Abd-Aschirta und seinem Sohn Aziru, einen beträchtlichen Teil Nordsyriens vom Imperium loszureißen und zum selbständigen Staat zu machen. Während alle Beteiligten einschließlich des Hethiterkönigs noch herzliche Briefe an den Pharao schrieben, war der nördliche Teil des Imperiums für Ägypten schon vor dem Tode Amenophis' III. praktisch verloren. Die weiteren Stadien des Zerfalls schlossen sch in rascher Folge an, da Echnaton mit seiner intellektuellen Revolution vollauf beschäftig war. Der Hethiterkönig Suppiluliumas schob sich mit leichten Eroberungen nach dem Süden vor und verschlang bald ganz Syrien. Die von den lokalen Fürsten erkämpfte Unabhängigkeit hielt nicht lange vor: sie wurden zu Vasallen der Hethiter. Die bedeutende Stadt Qatna wurde zerstört und hörte für immer auf, eine selbständige Macht zu sein. Das Mitanni-Reich unterwarf sich den Hethitern. Das alles geschah, ohne daß Ägypten zu den Waffen gegriffen hätte. Mit dem Verlust Syriens begann das vierte Stadium: die Loslösung Phönikiens und Palästinas. Trotz der fanatischen Ergebenheit des Fürsten Rib-Addi von Byblos fielen die phönikischen Städte eine nach der anderen von Ägypten ab. In Palästina verbündete sich Labaya, ein Handelsfürst, der Karawanen vom fernen Asien nach Ägypten zu führen pflegte, mit den Hapiru der Wüste und brachte zahlreiche Städte in seine Gewalt. Von Jerusalem schrieb Abdichepa an den Pharao, er möge ihm doch wenigstens fünfzig Krieger schicken, damit er das Land halten könne. Die Krieger wurden nicht geschickt. Damit kam das fünfte Stadium heran, in dem die ägyptischen Garnisonen aus Asien abgezogen wurden und auch Palästina verlorenging. Lokale Aufständische und Wüstennomaden überfluteten die von Truppen entblößten Gebiete und zerstörten Jericho und Tell Beit-Mirsim. Der kleine ägyptische Tempel in Lachisch wurde verwüstet. Noch wichtiger: zerstört wurde die Migdol-Festung in Gaza, die als Zentrum der ägyptischen Verwaltung gedient hatte. Gleichgültigkeit, Trägheit und Beanspruchung durch innere Schwierigkeiten hatten Ägypten um sein riesiges, ertragreiches asiatisches Imperium gebracht.

Weniger klar ist, was dem afrikanischen Imperium zugestoßen war. Echnatons Tempel in Sesebi am Dritten Katarakt beweist, daß er auch fern der Heimat einige Aktivität entfaltete; freilich ist es möglich, daß dies Bauwerk aus dem Anfang seiner Regierungszeit stammt. Als er noch Amenophis IV. war, hatte er einen Vizekönig für Äthiopien; wir wissen nicht, ob er auch noch als Echnaton für einen solchen Generalgouverneur Verwendung hatte.

ÄGYPTEN 463

Zu Zeiten der Uneinigkeit und Unordnung wird es nicht einfach gewesen sein, die Goldbergwerke in Nubien und im Sudan fest in der Hand zu halten. Ein Ausfall der Goldgewinnung würde erklären, warum die asiatischen Fürsten vergebens nach ägyptischen Zahlungen riefen. Es ist anzunehmen, daß das afrikanische Imperium auch schon ins Wanken geraten war.

Auch was die innere Entwicklung in Ägypten betrifft, fehlen uns die genauen Tatsachen. Von Unruhen oder Aufständen gegen die Krone weiß die Chronik nichts zu berichten. Die Armee stand auf seiten Echnatons und war anscheinend bei der Aufrechterhaltung der Ruhe und Ordnung nicht erfolglos. Aus dem Edikt Haremhabs, das zwanzig oder fünfundzwanzig Jahre später erging und scharfe Maßnahmen gegen Plündernde und in die eigene Tasche wirtschaftende Beamte verhängte, ist allerdings zu ersehen, daß ziemliches Chaos im inneren Getriebe des Staates geherrscht haben muß. Vermutlich nahm die Wirtschaft am Verlust des Weltreichs erheblichen Schaden; vermutlich hatte die Zerschlagung des Tempelbesitzes Arbeitslosigkeit und Wirtschaftsstockungen zur Folge; vermutlich fühlten sich die abgesetzten und enteigneten Priester und die Grundbesitzer, aus denen sich früher die Verwaltungsbürokratie rekrutiert hatte, schwer benachteiligt, so daß ihnen politische und finanzielle Schwierigkeiten der revolutionären Regierung nur recht sein konnten. Daß es im ganzen Land außer in der Hauptstadt Amarna gärte – ohne offene Ausbrüche, aber um so nachhaltiger –, kann fast mit Gewißheit unterstellt werden.

Echte Hinweise auf die Schwierigkeiten, in die sich die Revolution verstrickt haben mußte, liefert erst die Geschichte der späteren Jahre in Amarna. Im 12. Regierungsjahr Echnatons kam es zu einer Krise, auf die die Abkehr vom revolutionären Extrem und der Beginn des Kompromisses folgte. Die Königinwitwe Teje war nach dem Tode Amenophis' III. in Theben geblieben. Im 12. Regierungsjahr Echnatons stattete sie in Begleitung eines Mitarbeiters des verstorbenen Königs ihren königlichen Kindern in Amarna einen Staatsbesuch ab. An der Oberfläche schien alles freundlich zugegangen zu sein: Teje nahm mit der königlichen Familie am Aton-Gottesdienst teil und ließ sich von einem Amarna-Bildhauer porträtieren. Daß aber der radikale Kurswechsel im selben Jahr erfolgte, kann schwerlich ein reiner Zufall gewesen sein. Wahrscheinlich war Teje der einzige Mensch, der Echnaton davon überzeugen konnte, daß fanatisches Beharren auf dem revolutionären Kurs zu schweren politischen Zusammenstößen und einer empfindlichen Einbuße an Auslands- und Inlandseinkünften führen mußte.

Unverkennbar ist von diesem Zeitpunkt an die Revision der revolutionären Politik, der sich ein tiefes Zerwürfnis in der dem Publikum so idyllisch geschilderten königlichen Familie anschloß. Königin Nofretete wurde aus dem Palast verbannt und mußte ihren Wohnsitz im nördlichen Teil der Stadt aufschlagen. Der Thronname Nefer-neferu-Aton, den ihr Echnaton beim Umzug in die neue Hauptstadt verliehen hatte, wurde ihr abgenommen und auf des Pharaos neuen Günstling, seinen jüngeren Bruder Semenchkarê, übertragen. Von verschiedenen Denkmälern wurde Nofretetes Name demonstrativ entfernt. Die Palastobliegenheiten der Königin mußte ihre älteste Tochter Meritaton übernehmen. Bald heiratete Semenchkarê die Königstochter Meritaton und wurde zum Mitregenten Echnatons. Aus der Tatsache, daß der junge Mitregent kurz darauf nach Theben ging und die

Beziehungen zum Gott Amun aufnahm, läßt sich schließen, daß seine Mitregentschaft eine Art Kompromiß bewerkstelligen sollte. Echnatons Krankheit hatte sich möglicherweise so weit verschlimmert, daß er nicht mehr voll regierungsfähig war. Vielleicht war dem Mitregenten die Aufgabe zugefallen, den Staat zu retten.

Der Bruch innerhalb des Königshauses wurde deutlich, als Nofretete sich weigerte, von den Idealen der Revolution abzugehen und mit den Kräften der Reaktion Frieden zu schließen. In ihrem Exil in Nord-Amarna ließ sie zwar überall den Namen Echnatons ebenso wie ihren eigenen anbringen, als habe es keinen Konflikt gegeben, aber sie bekannte sich weiterhin zum revolutionären Gott und taufte ihren Palast »Haus des Aton«. Anscheinend teilten ihr Exil ihre dritte Tochter Anchesenpaaton und ihr Halbbruder Tutanchaton. Das muß die intransigente Partei gewesen sein, die nach wie vor zur »Wahrheits«-bewegung hielt, während Echnaton und Semenchkarê inzwischen bereits auf die Versöhnung mit den alten Kräften festgelegt waren. Verschiedenes deutet darauf hin, daß Semenchkarê schon in seinem dritten Regentschaftsjahr in Theben residierte, zu einer Zeit, da Echnaton wohl noch am Leben war. In einer Inschrift, die aus diesem Jahr (1358 v. Chr.) datiert, richtet ein Schreiber des Amun-Schreins im Tempel des Semenchkarê zu Theben ein Gebet an den Gott Amun. Der junge Pharao bemühte sich anscheinend energisch um die Aussöhnung mit Amun und die Wiederherstellung des Amun-Kults, und der ältere Pharao in Amarna erfüllte seine revolutionären Gelübde.

Vielleicht war die reaktionäre Strömung zu mächtig. Sowohl Echnaton als auch sein junger Favorit verschwanden von der Bildfläche. Der jugendliche Tutanchaton heiratete die Prinzessin Anchesenpaaton und wurde Pharao, war aber gezwungen, sich restlos zu ergeben. Die Kapitulation ging so weit, daß er seinen Namen in Tutanchamun und den Namen seiner Frau in Anchesenamun änderte, Amarna verließ und nach Theben zog. Die Revolution war gescheitert, wenn sich auch ein Anflug der Ketzerei noch einige Jahre halten sollte.

Der junge Tutanchamun war keine starke Persönlichkeit, jedenfalls nicht stark genug, erfahrenen Priestern und Beamten Widerstand zu leisten. Sein rundes knabenhaftes Gesicht, seine Freude am Sport und die luxuriöse Ausstattung seines Grabes erinnern viel mehr an seinen Vater Amenophis III. als an seinen Halbbruder und Schwiegervater Echnaton. Ob er wollte oder nicht, mußte er Amuns Preis erlegen. Er errichtete Bauten in Theben, vor allem in der Kolonnade des Luxor-Tempels. Seine Bemühungen um die Wiederherstellung der alten Zustände waren fast rührend: »Seine Majestät überlegte sich Pläne mit seinem Herzen, fahndete nach möglichen Wohltaten, suchte nach Diensten, die er seinem Vater Amun leisten könnte, und stellte dessen erhabenes Bildnis in echtem Gold her. Er übertraf, was früher getan worden war...« Die Emporkömmlinge des Hofes von Amarna wurden fallengelassen und die alten Vornehmen wieder in ihre Ämter eingesetzt. Den Tempeln wurde Schadenersatz geleistet: »Alles Eigentum der Tempel wurde in Silber, Gold, Lapislazuli und Türkis verdoppelt, verdreifacht und vervierfacht.« Auf Kosten des königlichen Schatzamts wurde das Tempelpersonal vermehrt. Die Kapitulation war denkbar gründlich. Der Versuch, dem Pharao seine einstige uneingeschränkte Autorität von neuem zu verschaffen, war fehlgeschlagen. Nie wieder sollte das persönliche Regiment des Gott-Königs auferstehen. Der Pharao blieb das Haupt eines Gottesstaates, aber er unterstand nunmehr der Oligarchie der Priester und Beamten und in zunehmendem Maße einem unpersönlichen Gesetz.

Das ungewöhnlich luxuriös ausgestattete Grab des Tutanchamun zeigt eine auffallende Stilvermengung: einige der Ausstattungsstücke geben noch die Einfachheit und Ausgeglichenheit der alten Kunst wieder, andere dagegen sind protzig, überladen und exotisch. Hier hat die üppige, bunte, kosmopolitische und zivilisationsgierige Periode, zugleich anspruchsvoll, fiebrig und sentimental, ihre deutlichen Spuren hinterlassen; hineingepreßt in vier kleine Räume, offenbart der kulturelle Zerfall die Vielfalt seiner widerspruchsvollen Aspekte. Und noch ein anderes: unter den Grabrequisiten finden sich ein Dolch mit einer hervorragend gearbeiteten Eisenklinge und zwei kleine eiserne Amulette von ägyptischer Kunstform. Gußeisen dieser Art war in der Welt um 1350 v. Chr. etwas völlig Neues, und es ist interessant, daß der Verwendung des neuen Metalls für religiöse Amulette und dazu in einem Grab keine Tabus entgegenstanden. Das Eisen stammte als Königsgabe aus dem Land der Hethiter.

In diesen Zusammenhang gehört ein Keilschriftdokument, ein in der Hauptstadt der Hethiter gefundener Brief des Königs Mursilis III. Der König spricht von früheren Reibungen zwischen Hethitern und Ägyptern in Nordsyrien und erwähnt anschließend, daß der Pharao (Tutanchamun) von Ägypten gestorben war und dessen Witwe an Mursilis' Vater Suppiluliumas geschrieben hatte, sie habe keine Söhne und bitte den Hethiterkönig, einen seiner Söhne nach Ägypten zu senden, damit er sie heirate und den ägyptischen Thron verteidige. Der Hethiterkönig schöpfte Verdacht und entsandte zur Prüfung der näheren Umstände einen Sonderkurier nach Ägypten. Die ägyptische Königin ließ ihm sagen, es falle ihr nicht leicht, sich selbst und ihr Land dadurch zu demütigen, daß sie sich um einen Hethiterprinzen bemühe, worauf Suppiluliumas ihr großzügig freistellte, einen seiner Söhne zu wählen. Auf dem Wege nach Ägypten wurde dieser Prinz von den »Männern und Pferden von Ägypten« angegriffen und umgebracht. Sogleich fiel das Hethiterheer in Syrien ein, nahm die Mörder gefangen und brachte sie zur Aburteilung in die Hethiter-Hauptstadt. Der Versuch, den Thron für die Amarna-Familie zu retten, war gescheitert.

Bald wurde der Armeebefehlshaber Haremhab – vielleicht eigens zur Wiederherstellung der Ordnung mit Polizeimitteln – auf den Thron gehoben. Unter seiner Herrschaft wurden die Angehörigen der Amarna-Familie offiziell als Ketzer gebrandmarkt, er selbst aber wurde als der erste legitime Pharao seit dem Tod Amenophis' III. gefeiert. Die Revolution war nun auch offiziell zu Ende gegangen. Die Kräfte der Reaktion saßen fest im Sattel. Jede Spur atonistischer Lehren wurde ausgelöscht und das Andenken der ketzerischen Pharaonen in Acht und Bann getan. Die Vormundschaft der Götter, namentlich Amun-Res, über die Pharaonen war für die nächsten vier Jahrhunderte etabliert.

Aber entweder waren die neuen Herrscher duldsam, oder sie verstanden nichts von der Bedeutung der modernistischen Ausdrucksformen, die schon vor der Amarna-Bewegung emporgekommen und ein so sichtbares Wahrzeichen dieser Bewegung waren. Der Universalismus und Synkretismus der wichtigsten Götter wurde in den Texten beibehalten. Das klassische Ägyptisch war eine tote Sprache; die Umgangssprache des Alltags machte sich breit in der Literatur, fühlbar schon in amtlichen Texten weltlicher Natur und in vollem Schwang in bewußt literarischen Texten. In der Kunst erhielt sich die verschwimmende Linie, flüchtiges Zeichnen und naturalistisches Empfinden. Solche Dinge entgingen der Ketzerverfolgung. Um so deutlicher spiegelten sie den Zerfall der Kultur, die Ägypten im Alten Reich geschmiedet hatte. Ein anderes Ägypten trat auf den Schauplatz.

## *Neunzehnte und zwanzigste Dynastie*
*(etwa 1321–1075 v. Chr.)*

Es hat ein ganzes Menschenalter gedauert, ehe sich Ägypten von den Folgen der Amarna-Revolution erholen konnte. In den dreißig Jahren, die Haremhab regierte, gab es denn auch keine Versuche, das verlorene Weltreich wiederzugewinnen. Obgleich Haremhab selbst Soldat war, finden sich keine Berichte über Feldzüge, die er zur Wiederherstellung der militärischen Machtposition des Landes unternommen hätte. Dagegen gibt es genug Hinweise darauf, daß energische Maßnahmen ergriffen werden mußten, damit Ordnung und Vertrauen wiederkehrten. Am echtesten von allen Dokumenten aus der Regierungszeit Haremhabs klingt das Edikt über die Wiederherstellung geordneter Zustände. Das war kein umfassendes Gesetzbuch, sondern lediglich ein Bündel von disziplinarischen Bestimmungen gegen konkrete Mißbräuche und Maßnahmen zum Wiederaufbau des zerrütteten Verwaltungsapparats. Aus dem Inhalt des Dokuments geht klar hervor, daß das Land unter dem Machtmißbrauch der Verwaltung und der Armee, die sich auf Kosten der einfachen Bürger bereicherten, schwer zu leiden gehabt hatte. Gegen diese Folgen der Revolution setzte Haremhab die Mittel der Konterrevolution ein: er überantwortete den Vollzugsapparat der Staatsgewalt der alten Regierungsbürokratie und den Priestern. Wie Tutanchamun den konservativen Adel in die Tempelämter zurückgeholt hatte, so besetzte Haremhab die Gerichte mit Menschen von betont reaktionärem Schlag. Er spricht davon, daß er Schwierigkeiten gehabt habe, Menschen »von vollkommener Sprache und gutem Charakter« zu finden, die imstande wären, »die innersten Gedanken zu erkennen«. Die neuernannten Amtsträger waren »Propheten der Tempel, weltliche Beamte der Residenz des Landes und einfache Priester der Götter«, anders ausgedrückt: höhere Tempelpriester, vom König berufene Hof- und Kameralbeamte und Angehörige der niederen Priesterschaft. Daß gerade Priester zu Richtern ernannt wurden, ist bemerkenswert, da die meisten Gerichtsverfahren Korruptionsdelikte betrafen. Die Priester hatten beim Zusammenbruch der Amarna-Revolution ihren Sieg erfochten; sie konsolidierten jetzt ihre Macht und ihre Vorrechte auf Kosten des Königs. Die Mißbräuche, gegen die sich der Erlaß in erster Linie richtete, waren einmal Erpressung gewöhnlicher Bürger durch Beamte oder Soldaten zur Erlangung privaten Eigentums und privater Arbeitskräfte, zum andern Veruntreuung von Sachgütern und Dienstleistungen, die dem Staat zustanden. Bestechlichkeit und Unterschlagung von Staatseigentum scheinen grassiert zu haben. Der Staat behauptete jetzt sein legales Recht auf Steuern und Zwangsarbeit und schützte zugleich den Besitz der »armen Leute« vor beutegierigen Soldaten oder betrügerischen Steuereinnehmern.

Auch die geringfügigsten Fälle von Raub oder Korruption wurden mit drakonischen Strafen belegt. Obgleich die »armen Leute« im Mittelpunkt der Schutzbestimmungen gegen Erpressung und amtlichen Diebstahl standen, ist dem Erlaß keine sonderliche Sorge um soziale Wohlfahrt anzumerken; worauf es ihm ankam, war, die Steuerkraft der Steuerzahler an der Quelle zu sichern. Den Beamten wurde ausdrücklich verboten, Boote zu beschlagnahmen, mit denen die Bürger ihre Abgaben heranschafften; der Armee wurde verboten, Häute und Felle zu beschlagnahmen, mit denen Private ihre Steuern begleichen wollten; bestimmte Farbstoffpflanzen oder Kräuter, die Bürger an den Staat abzuliefern hatten, durften ihnen nicht abgenommen werden. Nur insofern wurde privater Besitz geschützt, als er dazu bestimmt war, in die Hände des Staates überzugehen; nur für die Einkünfte der Regierungsämter interessierte sich das Edikt. In keinem Verhältnis zu den Straftaten schienen die angedrohten Strafen zu stehen. Wer ein Abgaben beförderndes Boot wegnahm, sollte mit dem Abschneiden der Nase und der Verbannung nach Tjaru bestraft werden, einer gefürchteten Grenzfestung an der Suez-Grenze. Auf die Fortnahme von Häuten, die zur Bezahlung der bäuerlichen Abgaben bestimmt waren, standen hundert Stockschläge, »Zufügung von fünf offenen Wunden« und Beschlagnahme des gestohlenen Gutes. Nicht mehr wurde der Einzelfall nach den Gesetzen der göttlichen Gerechtigkeit vom Pharao oder seinem persönlichen Beauftragten entschieden; an die Stelle der persönlichen Autorität des Königs traten genau fixierte unpersönliche Strafbestimmungen. Und die Gerichte, die diese unpersönliche Gesetzgebung handhaben sollten, setzten sich aus Priestern zusammen. Die Anerkennung seines persönlichen Regimes durch die mächtigen Tempel erkaufte Haremhab mit der Auslieferung der königlichen Autorität an die Priester und die von ihnen beherrschten weltlichen Gerichte.

Um Zeit und Ruhe für den inneren Wiederaufbau zu gewinnen, verzichtete Haremhab auf die Wiedereroberung des asiatischen Imperiums. Vermutlich war es nach dem Verlust Syriens zu einem Kompromiß mit den Hethitern gekommen: in einem unter Ramses II. abgeschlossenen Abkommen wird ausdrücklich auf frühere Verträge verwiesen. Mehr oder minder fiel die Regierungszeit Mursilis' III. im Hethiterreich mit derjenigen Haremhabs in Ägypten zusammen; vielleicht hatten die beiden Könige tatsächlich den ersten ägyptisch-hethitischen Vertrag zuwege gebracht. Haremhab brauchte eine Atempause für den Wiederaufbau, und die Hethiter wünschten eine Anerkennung ihrer Eroberungen in Syrien, um sich dem nördlichen Mesopotamien zuwenden zu können. Eine Zeitlang konnte zwischen den beiden nach Weltherrschaft schielenden Staaten Frieden herrschen.

Nach dem Tode Haremhabs kam eine neue Dynastie an die Macht. Anscheinend hatten Ramses I. und sein Sohn Sethos I., vordem Wesire von Oberägypten, den Thron ohne große Schwierigkeiten erobert. Eine neue Tendenz trat schon in der Wahl der dynastischen Namen zutage: die Namen Thutmosis und Amenophis wurden durch Ramses, Sethos und Merenptah ersetzt, die Götter Thot und Amun von den nördlichen Göttern Re, Seth und Ptah verdrängt. Der Name Sethos bedeutet »Seths Mann«: es ist dieselbe Anbetung Seths, der wir in der Stele zum vierhundertsten Jahrestag der Gründung von Tanis begegnet sind. Die

Gewichtsverlagerung zum Norden drückte sich auch in der Verlegung der Verwaltungshauptstadt nach Tanis im Nildelta aus. Eine Hauptstadt in der Nähe Asiens und des Mittelmeerraums war um der internationalen Interessen Ägyptens und der Wiedereroberung des Weltreichs willen vorzuziehen. Theben blieb das Religionszentrum und die Ferienresidenz. Amun hatte seine Macht nicht an Re, Ptah und Seth abgegeben: es blieb seine Aufgabe, den Staat zur Macht emporzuführen, und die Erfüllung dieser Aufgabe gab ihm reichlich Gelegenheit, seinen eigenen Reichtum zu mehren und seine Herrschaftsposition auszubauen. Indes gelangten die nördlichen Götter zu neuem Ansehen, und Seth fand, obgleich er der Feind des Totengottes Osiris und der Feind des Horus war, Anerkennung als der Gott der fremden Länder und der Gott des Sturms.

Allmählich setzte sich im Bewußtsein der Ägypter die neue Ära als eine Zeit der Wiederherstellung der imperialen Glorie Ägyptens durch. Sethos I. zählte seine Regierungsjahre als Jahre der Renaissance, zum Beispiel »Jahr 2 der Wiederholung der Geburten Sethos' I.« Die schon früher gebräuchliche Formel »Wiederholung der Geburten« – dem Sinne nach Wiedergeburt – hatte in früheren Zeiten die Absicht ausgedrückt, zu älteren Vorbildern zurückzukehren. Sinngerecht begann Sethos I. schon im ersten Jahr seiner Herrschaft mit der Wiedereroberung des asiatischen Imperiums. Er verstärkte Betrieb und Sicherung der Militärstraße durch die Sinai-Wildnis mit Relaisposten und bewachten Wasserstellen. Auf einer Mauer des Amun-Tempels zu Karnak findet sich eine Art Militärkarte der Sinai-Wüste von der ägyptischen Grenzfestung Tjaru bis Raphia, dem ersten Dorf in Palästina. Jeder Wassertümpel, jeder Brunnen an der Militärstraße wurde von einem befestigten Migdol-Turm mit ständiger Wachmannschaft bewacht. Die Namen dieser Oasen lassen sie als Neugründungen oder neue Armeestützpunkte erkennen: »Migdol Sethos I.«, »Brunnen des Sethos Merenptah«, »Von Seiner Majestät neugegründete Stadt am Brunnen von Heberet«. Aus dem asiatischen Ursprung der Namen kann man schließen, daß die Oasen schon früher bestanden; als Armeeposten waren sie neu.

Der Feldzug wurde mit einem »Aufstand« in Asien gerechtfertigt. Die Karnak-Inschriften versichern feierlich, Sethos I. habe eine Meldung über die »rebellischen Umtriebe« der Beduinen Palästinas vorgelegen: »Ihre Stammeshäuptlinge sind in einem Platz versammelt, sie warten in den Gebirgszügen Palästinas. Sie sind jetzt so weit, daß sie lärmen und streiten, der eine erschlägt den anderen, und sie befolgen nicht die Gesetze des Palastes.« Zwei Generationen lang hatte es niemanden gekümmert, daß diese Asiaten die »Gesetze des Palastes« mißachteten. Jetzt war ihre Mißachtung ein willkommener Vorwand, der Marsch zum Ruhm anzutreten, und »das Herz Seiner Majestät freute sich daran«. Sethos führte seine Armee »nach Kanaan«, das verlorene Imperium wiederzugewinnen. Im ersten Jahr seiner Regierungszeit befand sich Sethos Ende Mai in Nordpalästina, als ihn die Nachricht erreichte, daß ein Bündnis der lokalen Fürsten am oberen Jordan zustande gekommen sei. Er schritt sofort zur Tat: »Seine Majestät schickte die erste Amun-Division, die ›Bogentüchtigen‹, zur Stadt Hamath, die erste Re-Division, die ›von Tapferkeit Erfüllten‹, zur Stadt Beth Schan und die erste Seth-Division, die ›Bogenstarken‹, zur Stadt Jenoam. Als die Spanne eines Tages vorbei war, wurden die Rebellen zum Ruhme Seiner Majestät über den Haufen geworfen.« Von den in der Inschrift aufgezählten Städten lage

Der siegreiche General und spätere König Haremheb inmitten jubelnder Diener
Aus einem Relief in seinem Grab bei Sakkara, Ende 18. Dynastie. Leiden, Rijksmuseum van Oudheden

Der opfernde König Sethos I.
Aus einem bemalten Relief im Tempel von Abydos, 19. Dynastie

vier am Jordan unmittelbar südlich des Genezareth-Sees: Beth Schan, Rehob, Hamath und Pella; die fünfte, Yanoam, lag weiter nördlich, wahrscheinlich in Galiläa im Norden des Hule-Sees. Sethos begnügte sich also nicht mit der Unterdrückung der lokalen Rebellion, sondern sandte Truppen auch nach dem Norden, um einen anderen Feind aufzuhalten, der in die Kämpfe um Beth Schan hätte eingreifen können. Vermutlich galt diese Vorsichtsmaßnahme den Hethitern, denn bald darauf sehen wir den Pharao im Kampf gegen das Hethiterreich und im Angriff auf die Stadt Kadesch, wo er so erfolgreich war, daß er sogar eine Triumph-Stele errichtete. Die Grenze Ägyptens wurde von neuem nach Nordsyrien vorgetragen.

Sethos I. hat uns eine Verfügung von derselben brutalen Strenge, wie sie aus dem Edikt Haremhabs sprach, hinterlassen: da die Diener des Staates offenbar noch nicht viel besser diszipliniert waren als zu Zeiten Haremhabs, sollte die Androhung barbarischer Strafen die Verletzung der Eigentumsrechte einer religiösen Stiftung in Abydos verhindern. Abschneiden von Nase und Ohren und Frondienste drohten jedem Beamten, der Ackerland aus dem Besitz der Stiftung anderen Zwecken zuführte. Wer einen für die Stiftung tätigen Hirten entführte, wurde, wenn die Stiftung dadurch Vieh verlor, mit zweihundert Stockschlägen bestraft und mußte das Hundertfache des Schadens als Buße zahlen. Einem Hirten, der zu seinem Vorteil Vieh aus dem Besitz der Stiftung veräußerte, drohte Pfählung, und seine Frau, seine Kinder und sein gesamter Besitz verfielen der Stiftung; wer das gestohlene Vieh gekauft hatte, mußte den Schaden hundertfach vergüten. In früheren Zeiten hatte Ägypten so brutale Strafen kaum gekannt. So bestrafte ein Erlaß der fünften Dynastie die widerrechtliche Heranziehung der Abydos-Priesterschaft zu Arbeitsleistungen mit Amtsenthebung der schuldigen Beamten, ihrer Heranziehung zu Pflichtarbeit und Enteignung; in einem Erlaß der sechsten Dynastie zugunsten des Tempels von Koptos war für die Schuldigen überhaupt nur Amtsenthebung vorgesehen; eine Verfügung aus der Zeit der sechzehnten oder siebzehnten Dynastie bestrafte verräterische Handlungen eines Koptos-Priesters mit Amtsenthebung, Löschung seines Namens in den offiziellen Annalen und Einziehung seiner Einkünfte. Woher die Härte und Brutalität der neuen Strafmaßnahmen? Für die Aufrechterhaltung der Ordnung konnte das Wort des Königs offenbar nicht mehr so viel ausrichten wie früher, weil der Pharao weniger respektiert und gefürchtet wurde. An die Stelle einer Disziplin, die auf der Anerkennung der Herrschaft des Gott-Königs beruhte, trat das unpersönliche Gesetz, das sich sehr viel härterer Mittel bedienen mußte. Auch hatte Ägypten nicht mehr seine alte Sicherheit, Zuversicht und Duldsamkeit; es war reizbar, anspruchsvoll und rücksichtslos geworden. Im Staate genossen die Einzelmenschen nicht mehr dieselbe Freiheit und Selbstbestimmung, sondern waren in höherem Maße an Staatsdisziplin und Staatsgebote gebunden. Die Hyksos-Herrschaft, die Erfordernisse des Weltreichs und die Amarna-Ketzerei hatten zur Errichtung eines autoritären Unterdrückungssystems beigetragen, in dem der Zwang nicht mehr persönlich durch den Pharao, sondern unpersönlich durch den Staatsapparat ausgeübt wurde.

Neuartig in den Erlassen Sethos' I. war noch etwas anderes: zur Stützung des Gesetzes wurden magische Beschwörungen in Anspruch genommen. Wie sollten auch »Verbrecher« ermittelt werden, deren Schuld nach den neuen Bestimmungen in der Nichtanzeige von strafbaren Taten, von denen sie Kenntnis erlangt hatten, bestand? Nur die Götter konnten von solcher Mitwisserschaft etwas wissen, und so sollte der Gott Osiris den Mitwisser »und seine Frau und seine Kinder verfolgen, um seinen Namen auszulöschen, seinen *ba* zu zerstören und zu verhindern, daß seine Leiche in der Totenstadt ruhe«. Ein anderer Erlaß forderte eine ganze Götterfamilie auf, Rache zu üben: »Was denjenigen betrifft, der diesen Erlaß mißachten sollte, so wird Osiris ihn verfolgen, Isis wird seine Frau verfolgen, Horus wird seine Kinder verfolgen, und die Großen, die Herren der Totenstadt, werden mit ihm abrechnen.« Der Fluch der Götter wurde sogar gegen künftige Pharaonen, die gegen den Erlaß verstoßen sollten, heraufbeschworen: sie würden den Göttern gegenüber verantwortlich sein, und die Götter »werden rot sein wie die Feuersbrunst und das Fleisch derjenigen verbrennen, die nicht auf mich hören. Sie werden den verschlingen, der gegen meine Pläne verstößt, und werden ihn der Hinrichtungsstelle der Unterwelt überantworten.« Das Wort des Pharaos, das autoritativ war, solange sein göttliches Wesen nicht angezweifelt wurde, genügte nicht mehr. Zur Sicherung seiner Autorität mußte er andere Götter beschwören. Zwar hatte die Magie im Leben der Ägypter schon immer eine Rolle gespielt; Zauberamulette sind aus den frühesten Zeiten bekannt, und die Pyramidentexte sind voll von Zauberformeln. Jetzt aber wollte man sich viel mehr auf die Mächte und Künste der Magie verlassen. Unsicherheit weckte das Verlangen nach mächtigerem, unsichtbarem Schutz. Man suchte nach magischen Pergamentrollen und Abbildungen; man unterzog sich einem komplizierten Zauberritual, um die Wirkung der magischen Beschwörungsformeln zu verstärken. Gegen die jetzt unausweichlich scheinenden Lebenszwänge sollte der Eingriff der Götter herbeigezaubert werden. Auf sich allein gestellt, empfand sich der Mensch nicht mehr als mächtig genug.

Nach den asiatischen Erfolgen Sethos' I. stieß Ramses II., sein Sohn und Nachfolger, auf unerwartete Schwierigkeiten; die traditionelle ägyptische Neigung, sich in einer Welt, die nicht stillstehen wollte, an die Mächte der Vergangenheit zu klammern, vermochte die neuen Machtfaktoren nicht aus der Welt zu schaffen. In der ersten Phase des Weltreichs hatte die Eroberung und Behauptung des Gebietes um Kadesch eine beträchtliche Rolle gespielt, und Ägypten hatte sich gewöhnt, als seine Hauptgegner erst Mitanni, dann das Hethiterreich zu sehen. So plante auch Sethos I. die Strategie seiner Feldzüge ausschließlich im Hinblick auf die Hethiter, und von derselben Voraussetzung ging zunächst auch Ramses II. aus. Bald aber mußte er erkennen, daß es keineswegs mehr um einen Zweikampf mit den Hethitern ging. Zwischen 1400 und 1100 v. Chr. hatten sich am östlichen Mittelmeer sehr erhebliche Verschiebungen vollzogen. Die Akteure auf der Bühne der damaligen Welt waren nicht mehr bloß Ägypter, Syrer, Hethiter und Mesopotamier; neue Völker drängten in den Vordergrund, aus denen sich später als Schicksalsmächte Europas Griechen und Römer herauskristallisieren sollten. Die neuen Völkerschaften strömten aus nordöstlichen indoeuropäischen Ursprungsländern und schwollen nach und nach zu einer bedrohlichen Kraft in den Küstenregionen des östlichen Mittelmeers an. Die ägyptischen Texte nannten sie »die Nordmänner auf ihren Inseln«, und es ist vielleicht am einfachsten, sie als die Seevölker zu bezeichnen. Auf der Suche nach einer neuen Heimat sollten sie die Gleichgewichtslage im alten Orient unwiederbringlich zerstören. In den griechischen Mythen spiegeln sich manche der rastlosen Wanderungen dieser Zeit: Jason und die Argonauten, Theseus und der Minotaurus, die Belagerung Trojas. Zu Beginn der Epoche hatten die Ägypter ihr Weltreich, und die Hethiter zeichneten sich gerade als ihre wichtigsten künftigen Rivalen ab. Am Ausgang der Epoche waren die Imperien der Ägypter und Hethiter zerstört, Assyrien machte sich daran, aus den Trümmern einiges zu retten, die Kinder Israel und die Philister teilten sich in den Besitz des Landes Kanaan, die phönikischen Stadtstaaten waren im Begriff, zur großen Seemacht zu werden, Griechen machten sich in ihrer historischen Landschaft bemerkbar, und Eisen war als wichtiges Metall an die Stelle von Bronze getreten.

In den Hieroglyphen- und Keilschrifttexten tauchen die Seevölker unter merkwürdigen Namen auf. Einige – Philister, Dardaner – sind leicht zu identifizieren. Andere – die Scherden und Schekelesch – haben vermutlich später ihr Heim auf Sardinien und Sizilien aufgeschlagen. Andere wieder – wie die Keschkesch und die Irwen – sind für uns unkenntlich. Um 1295 kämpfte Ramses II. bei Kadesch gegen die Hethiter und hatte auf seiner Seite Scherden (Sarden oder Sardinier), die er vorher besiegt und gefangengenommen hatte; gegen ihn hatten die Hethiter eine Koalition aufgestellt, zu der die kleinen Staaten Nordsyriens und Anatoliens, ferner Dardaner, Myser, Pisider, Lykier gehörten. Um 1230 mußte Merenptah Ägyptens Westgrenze gegen einen Einfall der Libyer verteidigen, die im Bunde mit Achäern, Tyrsenern, Lykiern, Sarden und Sikulern fochten. Um 1190 verteidigte Ramses III. die nordöstliche Grenze gegen eine Land- und Seeinvasion der Philister, Teukrer, Sikuler, Danuna und anderer. So verschieden die Kombinationen der Völkernamen, so eindeutig ist – als Ausdruck einer großen Völkerwanderung – das Heranfluten immer neuer Wellen der Seevölker. Die Seevölker waren nicht die einzigen, die die stolze Position Ägyptens in der Welt des südöstlichen Mittelmeers zerstören halfen, aber unter den vielen, die die Macht Ägyptens aushöhlten und den ägyptischen Geist zum Verdorren brachten, waren sie ein gewichtiger Faktor.

Der Zusammenstoß mit den Hethitern bei Kadesch im 5. Regierungsjahr Ramses' II. ist mit vielen Einzelheiten belegt. Zunächst stolperte der Pharao in eine Falle hinein, die ihm die Hethiter gestellt hatten, konnte aber entkommen und den größten Teil seiner Armee retten. Der Plan, Kadesch zu erobern und das Hethiterheer nach Kleinasien zurückzutreiben, war gründlich mißlungen. Aber keine Episode der ägyptischen Geschichte nimmt auf den Wänden der ägyptischen Tempel einen so großen und so illustren Raum ein wie dieser fragwürdige Erfolg. Nach Ägypten heimgekehrt und nun glücklich durch sechshundertfünfzig Kilometer vom Feind getrennt, konnte Ramses jubilieren und seinen ruhmreichen Sieg in die Welt hinausposaunen: ganz allein habe er zwei Angriffe seiner Feinde zurückgeschlagen; als er aus der feindlichen Umzingelung auszubrechen suchte, sei er von zweieinhalbtausend feindlichen Kampfwagen eingekreist gewesen, »die aus allen Kriegern des Hethiterfeindes bestanden, zusammen mit den vielen fremden Ländern, die mit ihnen waren: Arzawa, Mysien, Pisidien, Keschkesch, Irwen, Kizwatna, Aleppo, Ugarit, Kadesch und Lykien, zu dreien in jedem Gespann gemeinsam kämpfend«; Gott Amun sei ihm zu Hilfe gekommen, und aus der feindlichen Streitwagenarmee seien »Haufen von Leichen vor meinen Pferden« geworden; ein zweites Aufgebot der gegnerischen Kräfte – tausend Kampfwagengespanne – habe er sechsmal bestürmt, dabei die Ebene von Kadesch mit

Leichen gefüllt und den Feind in die Flucht geschlagen. Die Unbesiegbarkeit des Gott-Königs, der in Wirklichkeit mit knapper Mühe und Not der Vernichtung entgangen war, blieb ein integrierender Bestandteil des ägyptischen Staatsmythus; Ramses' II. Kriegsberichterstattung aus Kadesch konnte kaum anders abgefaßt sein als etwa früher der Bericht über Thutmosis' III. wirklichen Sieg bei Megiddo. In beiden Fällen hielt der Pharao Kriegsrat mit seinen Offizieren und beschämte sie mit seiner großen Weisheit und Kühnheit; in beiden Fällen wurde der Sieg vom Pharao persönlich errungen, und in beiden Fällen hatte ihm der Gott Amun dazu verholfen. Der Mythus vom göttlichen König hatte ein starres literarisches Schema hervorgebracht, das eine in jedem Fall die zentrale Rolle des Königs betonende Umdeutung der Tatsachen ermöglichte. Bei aller Übereinstimmung des Propagandagehalts gab es aber einen quantitativen Unterschied in der propagandistischen Verwendung der Siegesberichte. Thutmosis III. beschränkte sich auf Tempelinschriften in Karnak und einige Stelen; Ramses II. ließ seine Triumphgeschichte in Karnak, Luxor, West-Theben, Abydos, Abu Simbel und wahrscheinlich auch in den seitdem zerstörten Delta-Tempeln in die Mauern einmeißeln, so daß schon der Verbreitungsradius der Berichterstattung seiner Siegeslegende ein viel größeres Gewicht verlieh.

Weder die persönliche Tapferkeit Ramses' II. noch seine konsequenten Bemühungen um die Wiedereroberung des Imperiums sollen damit geschmälert werden. In den Jahren, die auf die Schlacht von Kadesch folgten, kämpfte er in Palästina und Syrien; er nahm Askalon und verwüstete Akka. Bei Tunip in Nordsyrien vollbrachte er die gleichen Bravourstückchen wie bei Kadesch; er führte den Angriff gegen die Stadt zwei Stunden lang an, ohne seinen Panzer anzulegen. Seine Feldzüge erstreckten sich über das ganze Land – von Südpalästina bis nach Nordsyrien: es war nicht einfach, das besetzte Gebiet abzugrenzen und die Grenze zu ziehen und zu halten. Irgendwann ging es sowohl den Ägyptern als auch den Hethitern auf, wie töricht es war, die Kräfte, die sie zur Abwehr der vordringenden Seevölker brauchten, im Kampf gegeneinander aufzureiben. Im 22. Regierungsjahr Ramses' II. – 1280 v. Chr. – gingen Ägypten und das Hethiterreich mit dem Abschluß eines »Friedens- und Bruderschaftsabkommens« ein Defensivbündnis ein. Das Abkommen hat sich sowohl in Hieroglyphen als auch in Keilschrift erhalten. Jeder der Partner wollte – das Prestige mußte gewahrt werden – nur dem Drängen des anderen nachgegeben haben: die ägyptische Version behauptete, der Hethiterkönig Hattusilis habe Unterhändler nach Ägypten entsandt, um von Ramses II., »dem Stier unter den Herrschern, der seine Grenze in jedem Land gezogen hat, wo er es wollte«, »Frieden zu erbitten«; nach der hethitischen Version dagegen war die Initiative zum Vertrag von Ramses ausgegangen. Das Originaldokument war in akkadischer Keilschrift abgefaßt und wahrscheinlich zuerst unter Mitwirkung ägyptischer Abgesandter in der Hauptstadt der Hethiter formuliert worden. Auf einer Silbertafel niedergeschrieben, wurde der Text dann nach Ägypten gebracht, vermutlich aus Prestigegründen von Ramses II. abgeändert und in neuer Fassung auf zwei Silbertafeln eingraviert. Eine der Tafeln ging wieder zu den Hethitern und wurde ihrem Sturmgott »zu Füßen« gelegt; das andere Exemplar blieb »zu Füßen« des Gottes Re in Ägypten. Beide Könige beschworen den Vertrag vor ihren Göttern, womit ihm göttliche Sanktion und Autorität verliehen wurde.

Inhaltlich zerfällt der Vertrag in fünf Teile. Die historische Einleitung erwähnt frühere Kriege und Verträge zwischen den vertragschließenden Parteien, versichert, daß die beiden Könige den Frieden wollen, und berichtet über den Austausch der Vertragstafeln. Der zweite Teil enthält eine gegenseitige Nichtangriffsvereinbarung: »Der große Fürst der Hethiter wird sich niemals am Land Ägypten, um etwas von ihm zu nehmen, vergreifen, und der große Herrscher Ägyptens wird sich niemals am Land der Hethiter, um etwas von ihm zu nehmen, vergreifen.« Das bezog sich natürlich weder auf ägyptischen Boden im Niltal noch auf die Hethiterheimat in Anatolien, sondern auf das umstrittene Kolonialreich in Palästina und Syrien. Dem heutigen Leser unverständlich ist das Fehlen jeder Grenzfestsetzung. Irgendwo muß es eine anerkannte Grenzlinie oder ein Niemandsland zwischen besetzten Gebieten gegeben haben; vermutlich – beweisen läßt sich das nicht – beanspruchten die Hethiter Nordsyrien, Mittelsyrien und die Nordküste Phönikiens, die Ägypter dagegen das übrige Phönikien und Palästina bis zu den Berghöhen Galiläas. Der dritte Teil gilt dem Defensivbündnis gegen eine dritte Macht, die Anspruch auf ägyptisches oder hethitisches Gebiet erheben könnte, und gegen lokale Aufstände in beiden Imperien. Der vierte Teil behandelt die Auslieferung politischer Flüchtlinge, sowohl prominenter (»eines großen Mannes«) als auch gewöhnlicher Bürger (»eines Mannes oder zweier Männer, die unbekannt sind«). Dazu gehört sogar eine Klausel, die die humane Behandlung des Ausgelieferten im Heimatland garantiert: »Sie sollen kein Verbrechen gegen ihn geltend machen«, und er darf weder getötet noch verstümmelt, weder von seiner Familie getrennt noch um sein Haus gebracht werden. Offenbar gab es ein anerkanntes internationales Recht, das Person und Eigentum politischer Flüchtlinge – nicht jedoch ihre früheren Stellungen oder Vorrechte – unter Schutz stellte. Der fünfte Teil des Abkommens benennt – wie in Rechtsurkunden des Altertums auch sonst üblich – Zeugen, die die Gültigkeit des Vertrages beglaubigten, nur daß es in diesem Fall Götter sind: »Was diese Worte betrifft, sind mit mir als Zeugen, die diese Worte vernehmen, tausend Götter von den männlichen Göttern und den weiblichen Göttern derer des Hethiterlandes zusammen mit tausend Göttern von den männlichen Göttern und den weiblichen Göttern derer des Landes Ägypten.« Die als Zeugen angerufenen Götter sind namentlich aufgeführt: von den Sonnen- und Sturm-Göttern bis zu »den männlichen Göttern, den weiblichen Göttern, den Bergen, den Flüssen des Landes Ägypten, dem Himmel, der Erde, der großen See, den Winden und den Wolken«. Da beide Könige den Vertrag vor dieser imposanten Ansammlung von Zeugen beschworen, mußte der Vertragsbruch ein denkbar gravierendes Verbrechen sein.

Als Ganzes ist das Dokument eine lehrreiche Mischung von »Modernem« und Altertümlichem. Seine Rechtsklauseln waren offensichtlich das Produkt einer langen Periode internationaler Beziehungen, in der Rechtsformen für gegenseitige militärische Hilfeleistung und für politische Auslieferungsverfahren erarbeitet worden waren. Seinen Bestimmungen nach war das Abkommen eine persönliche Vereinbarung zweier Könige, die nur den Göttern Rechenschaft schuldeten, und die durchgängige betonte göttliche Billigung verriet den Operationsmodus gottgeweihter Staaten. Auf der Silbertafel, die in Ägypten blieb, umarmte der hethitische Sturmgott den König Hattusilis und eine hethitische Göttin die Königin Putuchepa; eingraviert waren die Siegel des Königs und der Königin der Hethiter und der hethitischen Götter des Sturms und der Sonne. Das Abkommen ist, soweit bekannt, nie außer Kraft gesetzt worden. Etwa fünfzig Jahre später sandte Merenptah den Hethitern Getreide, um sie vor einer Hungersnot zu bewahren: die Bestimmungen über die gegenseitige Hilfe waren also noch in Kraft.

Im 34. Regierungsjahr Ramses' II. – etwa 1267 v. Chr. – wurden die freundschaftlichen Beziehungen durch eine große politische Heirat besiegelt. Das entsprach dem Ehebündnis zwischen Ägypten und dem Mitanni-Reich unter der achtzehnten Dynastie und war zweifellos auf diplomatischem Wege mit dem feierlichsten Zeremoniell vereinbart worden. Die ägyptischen Texte geben allerdings vor, daß es sich um einen Unterwerfungsakt Hattusilis' als Folge des Wütens ägyptischer Truppen im Hethiterland gehandelt habe. »Darum schickte der große Fürst der Hethiter Gesandte und beschwichtigte seine Majestät Jahr für Jahr«, aber Ramses »hörte nie auf sie«. Dann, als das Land der Hethiter von der Dürre befallen war, habe Hattusilis einsehen müssen, daß er sich endgültig ergeben müsse, und habe seinen Höflingen gesagt: »Was sehen wir? Unser Land ist verwüstet; unser Herr Seth zürnt uns, und die Himmel geben kein Wasser her für uns ... Laßt uns alle unsere Güter preisgeben, mit meiner ältesten Tochter an der Spitze dieser Güter, und laßt uns unserem guten Gott Lehensgeschenke bringen, auf daß er uns Frieden geben möge, so daß wir leben können!« Danach habe der Hethiterkönig seine älteste Tochter nach Ägypten expediert – »mit edlem Tribut vor ihr: Gold, Silber, vielen wichtigen Erzen, Pferden ohne Zahl, Rindern, Ziegen und Schafen zu Zehntausenden und Erzeugnissen des Landes in unbegrenzter Menge«. Die phantastische Mitgift der Hethiterprinzessin wurde nach dem Propagandabrauch ägyptischer Texte als Untertänigkeitstribut präsentiert.

Der hethitischen Delegation schickte Ramses II. eine Staatseskorte nach Asien entgegen, und da es auf den Winter zuging, richtete er ein Gebet an den Sturmgott Seth: »Mögest du zögern, Regen, kalten Wind und Schnee zu machen, bis die Kostbarkeiten, die du mir bestimmt hast, mich erreicht haben werden!« Dann hieß es: »Die Tochter des großen Fürsten der Hethiter zog nach Ägypten, während die Fußtruppen und die Kampfwagentruppen und die Beamten seiner Majestät sie begleiteten, sich mit den Fußtruppen und den Kampfwagentruppen der Hethiter vermengend ..., und alle Menschen des Hethiterlandes vermengten sich mit denen Ägyptens. Sie aßen und tranken zusammen, da sie eines Herzens waren wie Brüder, denn Friede und Bruderschaft waren zwischen ihnen nach dem Vorbild des Gottes selbst.« Das Idyll erschöpfte sich nicht in der Verbrüderung der Krieger. Als die Hethiterprinzessin dem alternden Pharao vorgeführt wurde, »sah er, daß sie schön von Angesicht war wie eine Göttin, eine in der Tat große, geheimnisvolle, wunderbare und glückselige Begebenheit. Solches war nie gekannt, nie von Mund zu Mund gesprochen, nie in den Schriften der Ahnen erwähnt worden ... So war sie denn schön im Herzen Seiner Majestät, und er liebte sie über alles.« Das schöne Märchen gipfelte in einer Ära des Friedens und des Überflusses: »Und so geschah es, daß, wenn ein Mann oder eine Frau sich auf eine Reise nach Djahi begab, sie das Land der Hethiter wegen der Größe der Siege Seiner Majestät, ohne daß Furcht um ihre Herzen war, erreichen konnten.«

Die alte Glorie, Würde und Macht Ägyptens schien wiedererstanden zu sein. Wenigstens sah es äußerlich so aus. In der großen Hauptstadt Tanis, zu Ehren des Königs in Ramses umgetauft, wimmelte es nur so von umfangreichen Handelsgeschäften und erregenden kosmopolitischen Begegnungen. Hierher kamen Nahrungsmittel und Luxuswaren aus dem Mittelmeerraum und den Ländern Asiens. Hier errichtete der Pharao viele Bauten; die Überlieferung, wonach die Kinder Israel hier als Sklaven bei der Errichtung der Städte Pithom und Ramses gefront hätten, illustriert die vielgerühmte Zeit stürmischen Aufschwungs. Dichtungen priesen den Glanz der neuen Stadt »Haus des Ramses, des an Siegen Großen«.

Nach dem Frieden mit den Hethitern weilte denn auch tatsächlich Ramses II. in der Stadt Ramses, zufrieden in seinem Herzen. Nimmt man an, daß er zur Zeit der Schlacht von Kadesch etwa zweiundzwanzig Jahre alt war, so muß er über fünfzig gewesen sein, als er die Hethiterprinzessin heiratete, aber er herrschte noch weitere dreißig Jahre oder noch länger. Mit seiner langen Regierungszeit, mit seiner großen Nachkommenschaft und der massiven Größe der Denkmäler, die seinen Namen tragen, hat er seinen Schatten auf die ägyptische Geschichte geworfen, ein Jahrhundert nach ihm trugen die Pharaonen seinen Namen, und als der große Eroberer und Reichsgründer ist er in die Legende eingegangen. Seine Bauten suchten durch übermächtige Größe zu wirken, ohne auf die künstlerische Qualität großen Wert zu legen. In Tanis erhob sich ein Koloß von dreißig Meter Höhe. Ein anderer Koloß, dessen Gewicht auf tausend Tonnen geschätzt wurde, stand in dem als Ramesseum bekannten Totentempel. Der gewaltige Felsentempel in Abu Simbel in Nubien ist majestätisch imposant, aber bezeichnenderweise nur eine riesige Fassade mit sehr wenig Nutzfläche dahinter. Die von Ramses II. fertiggebaute mächtige Hypostylhalle zu Karnak vermittelt mit ihrem schweigenden Wald erhaben in die Höhe strebender Säulen einen der stärksten emotionalen Eindrücke, die man in Ägypten erleben kann, aber die Bautechnik war hastig und unzuverlässig und die Steinschneidearbeit schlampig und primitiv. Mit den eigenen protzigen Kolossalbauten begnügte sich Ramses II. durchaus nicht; einerseits eignete er sich die Denkmäler seiner Vorgänger an, indem er alten Gebäuden und Statuen mit der größten Arroganz seinen Namen aufprägte, anderseits ließ er so manches schöne alte Bauwerk niederreißen, um die Steinblöcke und Fliesen für seine eigenen Bauten verwenden zu können.

Eine so lange Regierungszeit mußte tiefe Spuren hinterlassen. Sein erstes Jubiläum hielt Ramses II. in seinem 30. Regierungsjahr ab, ein zweites im 34. Jahr, ein drittes im 37. Jahr und so weiter in immer kürzeren Abständen, so daß in sein 61. Regierungsjahr bereits sein elftes Regierungsjubiläum fiel. In seinem langen Leben brachte er einen ganzen Klan königlicher Kinder zur Welt (mehr als hundert Söhne sind namentlich bekannt), aus denen eine neue privilegierte Klasse von göttlichem Geblüt hervorging. Einige Schwierigkeiten muß es dem König bereitet haben, für seine vielen Söhne und Töchter passende Ehepartner zu finden: von einem seiner prinzlichen Söhne ist bekannt, daß er die Tochter eines syrischen Schiffskapitäns zur Frau nahm. Im Ramesseum in Theben haben sich das Postament und der angeschlagene Kopf des Kolosses erhalten, der Ramses II., auch Ozymandias genannt, symbolisierte. Ganz vergänglich ist solche Glorie nicht. Aber um die Bekämpfung der Kräfte, die die alte ägyptische Kultur und mit ihr auch den Ruhm der großen Könige hinwegzuschwemmen drohten, hatte sich Ramses II. nicht gekümmert. Für ihn stand Ägypten immer noch im Zenit der Macht und Glorie; hätte er geahnt, wie rasch sich alles ändern sollte, so hätte er allerdings auch nicht viel tun können, um den Strom einzudämmen.

Als Ramses II. endlich aus diesem Leben geschieden war und sich zu den Göttern des Jenseits versammelt hatte, waren von seinen Söhnen die zwölf ältesten bereits tot, und sein Nachfolger wurde der dreizehnte, Merenptah, auch kein Jüngling mehr. Wie jeder neue Pharao wurde auch Merenptah hymnisch begrüßt. Aber die Anfänge seiner Regierungszeit waren wenig freudig: zum erstenmal seit den Hyksos gab es wieder einen ernst zu nehmenden Einfall ausländischer Feinde. Um 1230 v. Chr., im 5. Regierungsjahr Merenptahs, versuchte eine Koalition mehrerer Völker, in Ägypten vom Westen her einzubrechen. Der Führer dieser Koalition war ein Fürst der Libyer, nicht der Wüstenlibyer, die seit langem im Vertragsverhältnis mit Ägypten lebten, sondern vermutlich der Libyer aus dem an das Meer grenzenden Kyrenaika-Gebiet, denn seine Verbündeten waren einige der rastlosen Seevölker: Achäer, Tyrsener, Lykier, Sardinier, Sizilianer. Merenptah hielt den Feind an der westlichen Grenze auf und schlug den libyschen Fürsten »in der Tiefe der Nacht, ganz allein« in die Flucht. Die Stärke des Invasionsheeres läßt sich erraten: von den Kriegern der Koalition wurden über sechstausend getötet und über neuntausend gefangengenommen. Eine Weile war Ägypten wieder sicher. Noch einmal hatte es seine physische Überlegenheit demonstriert. Dennoch rückte die Gefahr einer neuen Invasion immer näher.

Merenptah pflegte die Beziehungen zu den Hethitern und führte anscheinend keine Kriege in Asien. Siege über die Asiaten wurden ihm trotzdem in feierlichen Texten angedichtet, zum erstenmal sogar die »Verwüstung Israels« den siegreichen Truppen Ägyptens zugeschrieben. Das beweist nicht, daß Merenptah tatsächlich einen Krieg gegen Israel geführt hat, ist aber jedenfalls ein Beweis dafür, daß sich Verfasser amtlicher ägyptischer Propagandatexte der Existenz eines Volkes Israel irgendwo in Palästina oder Transjordanien bewußt waren. Die Geschichte des ägyptischen Aufenthalts der Kinder Israel, des Auszugs aus Ägypten und der Eroberung Kanaans, wie sie die Bibel erzählt, ist ein schlichter und ehrlicher Versuch, darüber zu berichten, wie Jahve sein Volk beschützt und erhalten hat, und daß dieser Bericht gerade in der Geschichte der Erlösung vom Joche des allmächtigen ägyptischen Staates gipfelt, verleiht ihm die für die Festigung des nationalen Zusammenhalts nötige Einfachheit und Unmittelbarkeit. In Wirklichkeit war der Vorgang viel komplizierter. Die Einzelpersonen, die schließlich die Nation der Hebräer bildeten und am gemeinsamen Schicksal des von Jahve begnadeten Volkes teilnahmen, kamen, wenn sie auch manches Gemeinsame hatten, von verschiedenen Anfängen her und hatten verschiedene Schicksale hinter sich. Manche von ihnen waren schon Jahrhunderte früher mit den Hyksos aus Ägypten ausgezogen. Die meisten waren in Palästina tributpflichtige Untertanen des ägyptischen Weltreichs gewesen, und davon waren viele als Arbeitssklaven nach Ägypten gebracht worden. Einige, den Ägyptern als Hapiru bekannt, hatten in der Amarna-Periode den Jordan überquert, Kanaan erobert und so einen Sieg über die Ägypter erfochten. Als das Weltreich unter Sethos I. und Ramses II. wiedererrichtet wurde

Ramses II.
Kopf eines der vier Kolossalstandbilder an der Fassade des Felsentempels in Abu Simbel, 19. Dynastie

Stürzende Feinde und ägyptische Kampfwagen
Szenen aus dem Hethiterkrieg Ramses' II. Reliefs in seinem Tempel in Abydos, 19. Dynastie

waren die meisten von neuem unter ägyptisches Joch geraten, und manche müssen wieder nach Ägypten verschleppt worden sein, um bei den großen Bauarbeiten Frondienste zu leisten. Schließlich gelang es einer kleineren Gruppe, den in der Bibel erzählten Auszug aus Ägypten zu vollbringen, einen Pharao zu überlisten und in die Sinai-Wildnis zu entkommen. Das war die am meisten ägyptisierte Gruppe, unter der nicht wenige ägyptische Namen hatten: Moses, Hophni, Phineas, Puti-El. Das war der Stamm Levi: er kam spät nach Kanaan mit der Botschaft einer neuen Religion von dem einen Gott der Berge und der Wüste, der das Volk von der Sklaverei in Ägypten befreit hatte. Das waren Missionare eines neuen Kults, aber er fand einen Widerhall in den Herzen all derer, die unter der ägyptischen Zwangsherrschaft gelitten hatten. Dank ihrer religiösen Hingabe fanden die verschiedenen Völker Kanaans die Einheit, aus der *ein* Volk wird, und es gelang diesem Volk, seine verschiedenen Schicksale zum gemeinsamen Schicksal der schützenden Gunst Jahves zusammenzuschmieden.

Kein Angehöriger dieses Volkes hatte je die Gelegenheit gehabt, Ägypten die Verfeinerung seines Denkens oder seine Errungenschaften in Religion und Philosophie abzulauschen. Bei staatlichen Monumentalbauten beschäftigte Sklaventrupps haben keine Möglichkeit, mit Priestern und Schreibern Diskussionen zu führen. Ihr schlichter Wüstengeist hatte manche Schandtaten einer verweichlichten Zivilisation wahrgenommen und war vor ihnen zurückgeschreckt; er sehnte sich danach, der dumpfen Sklaverei zu entrinnen, nicht danach, die kulturellen Großtaten des Landes der Sklaverei zu bewundern. Der Gott, den sie ins Land Kanaan zurückbrachten, war ein Gott der Einfachheit und Schlichtheit der Wüste, den ausgeklügelten Konzeptionen des Amun-, Re- oder Horus-Dienstes in keiner Weise verwandt. Einige Jahrhunderte seßhaften Lebens in Kanaan, einige Jahrhunderte der Bewährung ihrer Religion im Angesicht der Unbilden der Zivilisation mußten verstreichen, ehe sie anfangen konnten, nach ähnlichen Ausdrucksformen zu suchen, wie sie die Ägypter entwickelt hatten. Zu der Zeit, da die Hebräer die intellektuelle Reife erlangt hatten, Ausdrucksvorbilder bei ihren Nachbarn aufzuspüren, war Ägypten eine senile Kultur des Nachbetens geworden, die nichts Dynamisches zu geben hatte. Ägyptens Vergangenheit mochte noch gewisse literarische Modelle und Moden anbieten, aber der geistige Elan fehlte. Daran mangelte es Israel zu seinem Glück nicht. Aus diesen Überlegungen folgt, daß es wohl Zeiten der Sklaverei und einen Auszug der Kinder Israel aus Ägypten gegeben hat, daß aber weder das eine noch das andere wirksame Mechanismen kultureller Übertragung und Vermittlung hervorbrachte, sondern daß viel eher beides die Entstehung solcher Mechanismen verhinderte.

Auf Merenptah folgten binnen fünfzehn oder zwanzig Jahren vier oder auch fünf Könige, wonach zwischen der neunzehnten und der zwanzigsten Dynastie das Chaos eines neuen Interregnums Ägypten heimsuchte. Davon berichtet ein einziges Dokument, das verschiedene Übersetzungslesarten zuläßt. Nachdem der Chronist die königlose Zeit geschildert hatte, in der »das Land Ägypten nur Beamte und Stadtregenten« gehabt habe, fuhr er fort: »Andere Zeiten kamen nachher in den leeren Jahren, und (unleserlich) ein Syrer, der bei ihnen war, machte sich zum Fürsten.« Oder in der anderen Lesart: »Andere Zeiten kamen nachher in den leeren Jahren, und Irsu, ein Syrer, weilte bei ihnen als Fürst.«

Ungewiß bleibt, ob der Name des Syrers (»Horiten«) als völlig verstümmelt zu gelten hat oder Irsu gelesen werden sollte; sicher aber scheint, daß in den Jahren, in denen es keine Könige gab, ein Asiat Ägypten regiert hat. Im zitierten Text heißt es weiter: »Er machte sich das ganze Land tributpflichtig. Einer gesellte sich zum anderen, um das Besitztum der Ägypter zu plündern. Sie behandelten die Götter wie die Menschen, und keine Opfer wurden in den Tempeln dargebracht. Aber als die Götter ihren Sinn änderten und Gnade ergehen ließen, um das Land wieder in seinem normalen Zustand aufzurichten, setzten sie ihren Sohn, der ihrem Leib entsprossen war, auf ihren großen Thron als Herrscher aller Länder ... Er stellte im ganzen Land, das rebellisch gewesen, die Ordnung wieder her. Er erschlug die in ihrem Herzen Unzufriedenen, die in Ägypten waren. Er säuberte Ägyptens großen Thron.« Der Säuberer war Sethnacht, der Begründer der nächsten Dynastie.

Widerspricht nicht die Machtergreifung eines Syrers in Ägypten der These, daß es für die kulturelle Vermittlung zwischen Ägypten und den Israeliten keinen wirksamen Übertragungsmechanismus gegeben habe? Auf den ersten Blick ist ein Widerspruch tatsächlich vorhanden. Aber nicht alle Fremden lebten in Ägypten unter den gleichen Bedingungen. Ein gewaltiger Abstand trennte die versklavten Israeliten, die schließlich in die Wüste entkommen und unbeleckt vom Raffinement der ägyptischen Kultur nach Kanaan gelangen sollten, von anderen Asiaten, die in Ägypten zu Macht und Einfluß aufstiegen. Die fremde Zwangsarbeiter- und Gefangenenbevölkerung Ägyptens war nicht klein. Daß Amenophis II., Ramses II. und Merenptah von ihren Feldzügen zahllose Gefangene nach Hause brachten, wurde bereits erwähnt. Gelegentlich stoßen wir auch auf genauere Angaben über die bei dem einen oder anderen Staatsvorhaben beschäftigten fremden Sklaven. An »Syrern und Negern, von seiner Majestät gefangengenommen«, beschäftigte unter Ramses III. (zwanzigste Dynastie) die Gutsverwaltung des Amun-Tempels 2607, die Tempelverwaltung des Re 2093 und die Tempelverwaltung des Ptah 205. In einem der Steinbrüche Ramses' IV. arbeiteten 800 Hapiru oder Habiru. Insgesamt muß die Zahl der fremden Fronarbeiter in der Armee, bei öffentlichen Arbeiten, in den Tempelwerkstätten und auf den Gütern des Pharaos und seiner Gefolgsleute in die Zehntausende gegangen sein.

In einer ganz anderen Lage – mit realen Aufstiegschancen – lebten die gefangenen Ausländer, die bei Arbeiten persönlicher, vertraulicher oder verantwortlicher Natur beschäftigt wurden. Daneben gab es auch Ausländer, die als Freie nach Ägypten gekommen waren: Begleiter und Bediente ausländischer Prinzessinnen, den »griechischen Krämer« in Tell el-Amarna, die Tochter des syrischen Schiffskapitäns Ben Anath, die einen der Söhne Ramses' II. geheiratet hatte, oder den Palastwürdenträger Ben Ozen, Oberherold am Hofe des Merenptah. Daß mehr Ausländer hohe Posten im königlichen Palast bekleideten, ersieht man aus dem Bericht über ein Gerichtsverfahren unter der zwanzigsten Dynastie, in dem Teilnehmer an einer Haremsverschwörung abgeurteilt wurden: einer der Richter, ein königlicher Truchseß, hörte auf den semitischen Namen Mahar Baal; von einem anderen Truchseß, dem Angeklagten Yenini, hieß es, er sei Libyer, und ein weiterer Angeklagter, königlicher Truchseß und Schreiber der Schatzkammer, wurde als »der Lykier« bezeichnet. Die Liste ließe sich beliebig fortsetzen. Fest steht, daß es Ausländer gab, die sich auf die Seite Ägyptens geschlagen, die ägyptische Kultur aufgesogen hatten und al

Angehörige des ägyptischen Gemeinwesens akzeptiert waren. Aus diesen Kreisen mag der Syrer gestammt haben, der während des kurzen Interregnums zwischen der neunzehnten und der zwanzigsten Dynastie die Staatsmacht an sich gerissen hatte. Vielleicht war die empörte Feststellung, er habe die ägyptischen Götter mit Verachtung behandelt, eine der propagandistischen Wirkung halber nachträglich hinzuerfundene Korrektur.

Dem ägyptischen Wesen fremd blieben die vielen Sklaven, die ihre Arbeit unter einem schweren Joch hielt, ebenso wie die Beduinenstämme, die saisonmäßig ihre Herden zur Weide ins Delta trieben. Sie alle hatten nur das eine Bestreben, in ihre asiatische Heimat zurückzukehren. Ein ägyptisches Dokument aus dieser Zeit spricht von der Verfolgung zweier Sklaven, die auf der Flucht in die Freiheit über die Suez-Grenze in die Sinai-Wildnis entschlüpft waren. In einem andern Text meldet ein Grenzbeamter, daß er »Beduinenstämme aus Edom« ins östliche Delta hineingelassen habe, »um sie und ihr Vieh am Leben zu halten«, und bemerkt, daß an bestimmten Tagen der Passierpunkt an der Grenzfestung zu diesem Zweck offengehalten werde. Alles verfügbare Material spricht dafür, daß die Kinder Israel von diesem Schlag waren: keine überzüchteten Genießer der ägyptischen Kultur und ihrer abstraktesten intellektuellen Glanzstücke, sondern in ihrem Wesen und ihren Sehnsüchten einfache asiatische Schafhirten. Sogar von Moses sagt der biblische Bericht, er habe die ägyptischen Lehren abgelegt und sei begeistert zu den Lehren und Lebensregeln seines Volkes zurückgekehrt. Moses gehörte nicht zu denen, die sich eifrig mühten, salonfähige Ägypter zu werden; er war einer der vielen, die den »Fleischtöpfen Ägyptens« zu entrinnen suchten.

Die auswärtigen Komplikationen, denen sich Ramses II. dank dem Bündnis mit den Hethitern entzogen und die Merenptah zunächst mit seinem Sieg über die Libyer und die Seevölker abgewehrt hatte, machten Ramses III. ständig zu schaffen und führten schließlich zum Zusammenbruch des Imperiums. Um 1190 bis 1185 v. Chr. mußte Ramses III. dreimal nacheinander Invasionsversuche im Delta, die ihre gemeinsamen Wurzeln in der Unrast der Seevölker hatten, zurückschlagen. Im 5. und im 11. Regierungsjahr Ramses' III. machten Westlibyer Versuche, sich als Siedler in Ägypten niederzulassen, wurden aber an der Grenze zurückgeworfen. Das waren richtige Völkerwanderungen. Im zweiten libyschen Krieg machten die Ägypter zweitausend Gefangene, von denen siebenhundert Frauen und Kinder waren. Sie wurden zu Sklavenarbeitern gemacht und einer Zwangsägyptisierung unterworfen: ihre Sprache wurde verboten, und man zwang sie, Ägyptisch zu sprechen. Von diesen Westlibyern, von den Ägyptern Meschwesch genannt, wird noch die Rede sein.

Ägyptens asiatisches Imperium konnte Ramses III. noch in Palästina halten. In Beth Schan hat sich ein Standbild von ihm gefunden, und auch in Megiddo wurde er in lokalen Aufzeichnungen erwähnt. Ebenfalls in Palästina erbaute er einen Amun-Tempel, und als Amuns Besitztum zählten neun palästinensische Städte, die dem ägyptischen Gott Tribut entrichten mußten. Die ägyptische Grenze durchzog noch Djahi, sie lag irgendwo an der südphönikischen oder nordpalästinensischen Küste. Später wälzte sich eine neue Welle der Seevölker heran, die zu Lande und zur See anrollten und mit den Ägyptern im 8. Regierungsjahr Ramses' III. zusammenstießen. Diesmal umfaßte die Völkerschar Philister, Teukrer, Sizilianer, Danuna und Weschesch. Sie überrannten Anatolien, Kilikien, Cypern und Nordsyrien, liquidierten das Hethiterreich und schlugen ihr Lager irgendwo in der nordsyrischen Ebene auf, um die Kräfte zum Einfall in Ägypten zu sammeln. Die Seefahrer hatten Boote mit steil nach oben gekehrtem Bug und scharfem Rammsporn. Die zu Lande Wandernden zogen auf Ochsenkarren, die mit ihrem Hausrat beladen waren und von ihren Frauen und Kindern begleitet wurden. Ramses begegnete der Landoffensive in Djahi und der Seeoffensive in den »Flußmündern« des Deltas. Er hatte insofern Erfolg, als es den Seevölkern nicht gelang, in Ägypten zu landen, und es ist nicht unwahrscheinlich, daß er den Zug der Wanderer in Djahi zur Umkehr zwang. Provisorisch war das Imperium gerettet und Palästina behauptet. Gefangene in großer Anzahl wurden nach Ägypten gebracht. »Ich siedelte sie an befestigten Orten an, in meinem Namen geknechtet. Ihre Kriegerabteilungen zählten nach Hunderttausenden. Ich wies ihnen für jedes Jahr Anteile an Kleidung und Vorräten aus den Schatz- und Kornkammern zu.« Der Sieg war nicht langlebiger als Ramses III. Er war der letzte Weltreichspharao, dessen Name auf asiatischem Boden Spuren hinterlassen hat und der über den Besitz asiatischen Gebietes zu berichten wußte. Unter seinen Nachfolgern zog sich Ägypten von jeder Weltreichspolitik zurück und blieb fortan auf das Niltal begrenzt. Ramses VI. war der letzte Pharao, unter dem die Sinai-Bergwerke ausgebeutet wurden. Phönikien und Palästina öffneten sich allen, die eindringen wollten. Der Ruhm des Imperiums war vorbei.

Einige Seevölker waren fern von Ägypten durch die Belagerung Trojas und die darauffolgenden Machtverschiebungen im mykenischen und ägäischen Raum gebunden; andere warteten immer noch auf die Chance, die ihnen eine plötzliche Schwächung Ägyptens bieten könnte. Philister und Teukrer siedelten sich in der Küstenniederung Palästinas an und brachten dem heimgesuchten Land eine sichtlich neue Kultur. Sie lebten in kleinen Stadtstaaten, jeder von einem mykenischen *sarens* oder »Tyrannen« regiert. Sie hatten Theater und dem griechischen *megaron* ähnliche Bauten. Der sich im Hochland langsam heranbildenden Macht der Israeliten waren sie in mindestens zwei Dingen überlegen: sie hatten Kampfwagen und Eisen; sie versuchten sogar, ein Eisenmonopol durchzusetzen, und sorgten dafür, daß die Israeliten die Kunst, das neue Metall zu schmieden, nicht erlernten. Ihr materieller und kultureller Vorsprung war in der Zeit der Richter beträchtlich; erst in den Tagen Sauls und Davids begann sich das Gleichgewicht zugunsten der Israeliten zu verschieben. Um den Pharao und seine Heere brauchten sich die in Palästina kämpfenden Parteien nun nicht mehr zu kümmern.

In Ägypten selbst war die Periode der neunzehnten und zwanzigsten Dynastie eine Zeit lebhaften und aufgelockerten, mitunter etwas haltlosen kulturellen Schaffens. Die bildende Kunst erreichte nicht wieder die Harmonie, Würde, Gelassenheit und gewollte Stilisierung der Vor-Amarna-Zeit; auch an die hohe Qualität der Malerei und Steinschneidearbeit, die für die Tempel der Hatschepsut und mancher Vornehmen unter Amenophis III. charakteristisch war, kam das reife Weltreich nicht mehr heran. Die Darstellung war unscharf, naturalistisch, bewegt, überladen und oft schlecht ausgeführt. Das Ägypten der Weltreichszeit war in seiner politischen Struktur zu unbeständig, zu hektisch, als daß es über den Horizont hinaus in die Ewigkeit hätte blicken können; das Hier und Jetzt war wichtiger geworden, und die alten hierarchischen Formen wichen einer vielgestaltigen, farbigen Lebendigkeit. Die Gräber der neunzehnten und zwanzigsten Dynastie zeigen Interesse an Wachstum, Bewegung und thematischem Detail, was alles mit der Ewigkeit nichts zu tun hat und den Szenen die Qualität des Fiebrigen und Zerbrechlichen gibt.

In der Literatur bringen dieselben Antriebe neuartige Werke zustande, die einen munteren, bunten Eindruck erwecken. Das literarische Schaffen läßt die befruchtende Wirkung zweier weitreichender Faktoren ahnen: einerseits der mit dem sehr viel weiteren Horizont unvermeidlichen neuen Erfahrungen und neuen Kontakte, anderseits der durch die Erfordernisse eines rapid wachsenden Staates bedingten Entstehung einer neuen Klasse bürokratischer Schreibstubenbeamter. Die literarischen Texte werden sich der fremden Länder bewußt, die nicht mehr als Stätten fernen Exils, sondern als Gegenden empfunden werden, in denen Ägypter existieren können. In den Erzählungen von den zwei Brüdern, vom verwunschenen Prinzen, von Astarte und dem Meer ebenso wie im langen Satirischen Brief ist Vertrautheit mit Syrien bereits ein wesentliches inhaltliches Element. Die kosmopolitischen Kenntnisse des Staatsschreibers finden ihren Niederschlag in der Freude an fremden Vokabeln und Redewendungen, die vielen Texten anzumerken ist. Der Autor, der sich über einen Feigling mokiert, weil er nicht anders sei als »Qazardi, der Häuptling von Ascher, den der Bär auf dem Balsambaum aufgestöbert hat«, spielt auf eine Episode aus der kanaanitischen Märchenwelt an, die mindestens seinen Kreisen geläufig gewesen sein muß. Der freie Austausch der Ideen hatte die das Niltal absperrenden heiligen Barrieren niedergerissen.

Mit der Expansion des Weltreichs und dem vermehrten Bedarf an Schreibern blühten Schreiberschulen auf. Die Kenntnis der Klassiker wurde den Schulbuben sehr einfach vermittelt: sie mußten die alten Texte abschreiben; die Art, wie sie ihre Vorlagen malträtierten, bewies, daß sie für die ältere elegante Literatur wenig Verständnis oder Geschmack hatten. Mehr Zeit wurde vermutlich der eng beruflichen Ausbildung der künftigen Schreiber, Zahlmeister oder Briefsteller gewidmet. In diesen Bereichen war zur großen Freude des Schülers die Umgangssprache des Alltags zugelassen. Musterbriefe, für die Höflichkeit der Anrede und geschäftsmäßige Kürze typisch sind, wurden für die verschiedensten Zwecke entworfen. Immer wieder behandelten die Schulmeister das Thema von den Vorteilen der Regierungsschreiberkarriere. Schwer und entmutigend sei der Lebensweg des Soldaten, Landwirts, Bäckers, ja sogar der des Priesters und des aristokratischen Kampfwagenkriegers; dagegen könne der Schreiber weißes Leinenzeug tragen, brauche seinen Rücken nicht in schwerer Arbeit zu krümmen und könne die Arbeit anderer beaufsichtigen. Erlerntes Wissen sei aber die Voraussetzung für sicheren Aufstieg im Schreiberberuf.

Sogar Unsterblichkeit, setzte ein didaktischer Text auseinander, sei nur dem gelehrten Manne sicher. »Nun, wenn ihr diese Dinge tut, dann habt ihr Fertigkeiten in den Schriften erlangt. Was nun die gelehrten Schreiber betrifft, ... so sind ihre Namen von ewiger Dauer geworden, auch wenn sie selbst dahingegangen sind; sie haben ihr Leben vollendet, und all ihre Verwandten sind vergessen. Sie haben für sich keine Metallpyramiden mit Grabsteinen aus Eisen errichtet. Obgleich sie keine Kinder als Erben hinterlassen konnten,... die ihre Namen künden würden, haben sie sich in den Schriften und in den Weisheitsbüchern, die sie verfaßten, Erben geschaffen... Sofern Türen und Bauten errichtet wurden, sind sie zerfallen; ihr Totendienst ist vorbei; ihre Grabsteine sind von Staub bedeckt, und ihre Gräber sind vergessen. Aber ihre Namen werden immer noch wegen der Bücher genannt, die sie geschaffen haben, denn diese Bücher waren gut, und ihr Gedenken dauert bis an die Grenzen der Ewigkeit. Werdet Schreiber und nehmt euch in euren Herzen vor, daß euren Namen ähnliches beschieden sein möge.« Zur Bekräftigung wurden berühmte Autoren des Altertums aufgezählt: die von der Tradition verehrten Weisen Hordedef und Imhotep, Cheti, dem die oft abgeschriebene Satire über die Gewerbe zugeschrieben wurde, der Verfasser der vielgelesenen Weisheitssprüche Ptahhotep. »Obgleich sie dahingegangen und ihre Namen vergessen sind, wird ihrer wegen ihrer Schriften gedacht.« Das alles war nicht neu. Das Neue war, daß die früher vom Vater an den Sohn weitergereichte »Weisheit« zum Unterrichtspensum der Schreiberschule geworden war und die pädagogischen Notwendigkeiten des Schulbetriebs neue literarische Texte hervorbrachten.

Dem geplagten Schüler wurde wenig erspart. Außer den Texten der Klassiker mußte er auch noch Speziallexika abschreiben: endlose Listen von Gegenständen, die in der Kopierpraxis eines Regierungsschreibers vorkommen könnten. Ein Katalog, der über sechshundert Vokabeln dieser Art enthält, fängt an mit »Himmel, Sonnenscheibe, Mond, Stern, Orion«, zählt Beamtenränge auf: »Armeeaufseher, Infanterieschreiber, Armeebeauftragter, Aufseher der Silber- und Goldkammer, königlicher Bote für fremde Länder«, registriert »Behälter, Lagerraum, Lade, Lagerhaus, Fenster« oder auch »Ägyptenwein, Palästinawein, Oasenwein« und endet mit »frisches Fleisch, gekochtes Fleisch, gesüßtes Fleisch«. Das war nicht als Nachschlagewerk, sondern lediglich als Vorlage für Schreibübungen gedacht, »damit der Unwissende alles lerne, was existiert«. Nur gelegentlich wurden die trockenen Aufzählungen in eine literarische Form gegossen: so gaben die Bestandteile des königlichen Streitwagens, in Wortspielen behandelt, den Vorwurf für ein didaktisches Gedicht. Auch in langen Hymnen an die Götter wurde in spielerischer Mühsal geübt: in einer Ode an Amun wurde am Anfang und am Ende jedes Abschnitts die Nummer des Abschnitts zu einem Wortspiel verarbeitet. Das war ein beliebter Zeitvertreib; in der Weltreichsperiode hatte er mehr um sich gegriffen als je zuvor.

Besonders reizvoll sind die schlichteren literarischen Erzeugnisse der Periode. Die gerade erst als literarisches Mittel zugelassene Umgangssprache gibt den Geschichten von den zwei Brüdern und vom verwunschenen Prinzen eine ungekünstelte Tonart, die den Leser gefangennimmt; auch heute noch verfolgen wir mit echter Anteilnahme die Begebenheiten bei der Einnahme Jaffas oder die Geschichte der Konflikte des thebanischen Königs Sekerenrê mit dem Hyksos-Herrscher Apophis. Neben dem schlicht-natürlichen Märchen gibt es auch Anspruchsvolleres: eine allegorische Erzählung schildert, wie es dem Trug gelingt, die Götter mit einer phantastischen Lüge dazu zu bringen, die Wahrheit zu blenden und zu versklaven; aber dann wächst der Sohn der Wahrheit auf, der seinen Vater rächt und mit einer ebenso extravaganten Lüge erreicht, daß der Trug bestraft wird. Die Ironie de*

Lügentriumphs der Wahrheit entsprach ohne Zweifel dem Geschmack des kultivierteren Ägypters dieser nicht mehr so sehr zuverlässigen Zeit.

Die Liebeslieder der Periode hören sich anmutig an, auch wenn es uns stört, daß ein Liebespaar die Namen Bruder und Schwester erhält. Das Thema ist eher romantische als erotische Liebe: Sehnsucht nach dem geliebten Wesen, das unerreichbar ist. Die Erwartung, daß die Liebenden sich finden, ist in der Sehnsucht beschlossen, aber gewöhnlich stellt das Lied fest, daß die Liebenden noch nicht vereint sind. Freude an der Natur und am weiten Raum – ein Motiv, das in der Ära des Weltreichs stärker hervortritt – durchdringt die Liebeslieder. Hier eine Kostprobe:

> Mögest du doch geschwind zur Schwester eilen
> Wie des Königs Roß,
> Ausgesucht unter tausend Vollblutpferden,
> Höchster Schmuck der Stallung!...
> Hört es das Pfeifen der Peitsche,
> kennt es kein Säumen,
> Und kein Kampfwagenhauptmann
> Stelle sich in seinen Weg.
> Wie gut weiß doch der Schwester Herz,
> Daß er der Schwester nicht fern ist!

Ein greller Zug der Zeit ist der ätzende Humor, der am Mißgeschick der anderen Gefallen findet. Vor allem im Schlachtgetümmel der Weltreichsszenen tritt er als Schadenfreude auf, und die Feinde Ägyptens haben das Nachsehen. Auch die historischen Texte haben ihren Anteil daran. Die besiegten Feinde Thutmosis' III. werden nach der Schlacht von Megiddo mit Hilfe von Kleidungsstücken über den Festungswall gezogen; die geschlagenen Fürsten, die in stolzen Kampfwagen in die Schlacht gezogen waren, werden auf Eseln nach Hause geschickt; in der Schlacht von Kadesch treibt Ramses II. seine Feinde in den Orontes, und das grimmige Bild wird mit der Schilderung des »elenden Fürsten von Aleppo« ins Groteske gezogen, den seine eigenen Soldaten an den Füßen hochhalten, damit er das verschluckte Wasser von sich gebe. Derselbe bissig-hämische Witz ist der Grundton des beliebten Satirischen Briefes, in dem der Schreiber Hori die Amtstüchtigkeit des Schreibers Amenemopet in Zweifel zieht. Er begrüßt Amenemopet als »seinen Freund, seinen hervorragenden Bruder..., im Verstehen weise, dem es kein anderer Schreiber gleichtun kann«, bringt viele fromme Wünsche vor und erklärt dann unvermittelt schneidend, der Brief, den ihm der weise und ausgezeichnete Freund geschrieben habe, sei unsinnig und unverständlich gewesen: »Ich fand, daß er weder Lob noch Beschimpfung war. Eure Erklärungen vermengen das eine mit dem andern; alle Eure Worte stehen kopf; sie sind nicht miteinander verbunden... Euer Brief ist so minderwertig, daß man niemandem gestatten könnte, ihn zu vernehmen... Hättet Ihr von vornherein gewußt, daß er nichts taugte, Ihr hättet ihn nicht abgeschickt...« Es folgt eine lange sarkastische Attacke, die sich über Amenemopets Unwissenheit und Untüchtigkeit als Schreiber, seine Unzulänglichkeit als Regierungszahlmeister und seine Unfähigkeit, als königlicher Bote Dienst zu tun, lustig macht. Aller Hohn ist in gifttriefende Höflichkeit eingekleidet: »O wachsamer Schreiber, dessen Herz verständnisvoll ist, der keineswegs unwissend ist, eine Fackel in der Finsternis an der Spitze der Truppen!« Der überhebliche Witzbold beteuert seine Sympathie mit dem Opfer seiner Mäkelei; am Ende spricht er die Hoffnung aus, der Unfähige werde die Künste des Schreibers und königlichen Boten doch noch erlernen.

Bei dieser höhnisch-aggressiven Haltung der Texte und Szenen ist die immer lautere Respektlosigkeit gegenüber Dingen, die früher als heilig gegolten hatten, nicht verwunderlich. Karikaturen verwandeln den Kampf des Königs gegen seine Feinde in eine Schlacht zwischen Katzen und Mäusen. Nicht einmal die Götter werden verschont: eine lange Geschichte über Horus' und Seths Streit um das »Amt« des Osiris steigert sich zur burlesken Farce, in der die Götter einander beschimpfen und verhöhnen, toben und schmollen, sich verkleiden und mit Bestechungen arbeiten und als Nilpferde miteinander kämpfen. Nur wenig ehrerbietiger ist der Re- und Isis-Mythus: Re hatte einen kraftspendenden Geheimnamen, den er vor den anderen Göttern geheimhielt: aber da er so alt und schwach geworden war, daß ihm der Speichel aus dem Mund lief, überlistete ihn Isis, indem sie aus seinem Speichel einen Skorpion machte, von dem Re denn auch prompt gestochen wurde; nun weigerte sich Isis, Re vom Gift zu befreien, bis sie ihm den Geheimnamen abgepreßt hatte. Gegenseitige Überlistung ist auch im Mythus von der Vernichtung des Menschengeschlechts das zentrale Thema: während Re seinen menschenvernichtenden Zorn bereits bereute, machte die Abschlachtung der Sterblichen der Göttin Hathor besonderen Spaß, und Re konnte sie von ihrer Zerstörungswut nur abhalten, indem er sie mit einem Trick dazu brachte, sich zu betrinken. Menschliche Schwächen und Gebrechen hatten die ägyptischen Götter gewiß auch früher schon hin und wieder erkennen lassen, aber daß sie nun fast ausschließlich als besonders niederträchtige und völlig undisziplinierte Kreaturen karikiert wurden, war neu; daran ließ sich ermessen, wie brüchig die alte ägyptische Kultur bereits geworden war.

Merkwürdige Zeichen des Zerfalls hat die Regierung Ramses' III. in ihren Abgangsdokumenten hinterlassen: Niederschriften über das vom toten Pharao angeordnete Gerichtsverfahren gegen Teilnehmer an einer Haremsverschwörung, die ihn das Leben gekostet hatte. Im Sinne der traditionellen Vorstellung von der göttlichen Wirksamkeit des Königs im Jenseits beauftragte der ermordete Pharao das Gericht, die Tatsachen zu ermitteln und die Schuldigen zu bestrafen; dabei bestand er nachdrücklich und feierlich darauf, daß die Richter allein die Verantwortung für Todesurteile oder sonstige Strafen tragen sollten, damit er, der König, nicht »in Gegenwart Amun-Res, des Königs der Götter, und in Gegenwart Osiris', des Herrschers der Ewigkeit«, mit persönlicher Haftung belastet werde. Daß der Tote nicht seinen Sohn und Nachfolger als Rächer einsetzte, sondern aus eigener Verantwortung urteilende Richter als Vollstrecker eines unpersönlichen Gesetzes anrief, war wieder ein Symptom des Schrumpfens der persönlichen Autorität des Königs. In der Tat war diese Autorität bereits so wesentlich eingeschränkt, daß die im Namen des Königs handelnden Richter praktisch fast in völliger Unabhängigkeit Recht sprachen. Die Hauptschuldige war eine Königin namens Teje, die sich des Thrones für ihren Sohn hatte bemächtigen wollen. Mitschuldig als aktive Teilnehmer an der Verschwörung oder als passive Mitwisser waren mehrere Beamte, die mit dem Harem dienstlich in Verbindung gestanden hatten. Der Mittäterschaft wurden darüber hinaus einige Magier beschuldigt: sie sollten den Verschwörern ihre schwarzen Künste zur Verfügung gestellt haben. Der schuldige Prinz wurde im Prozeß nur Pentawer, »der jenen anderen Namen hatte«, genannt; auch die Nennung des Thronnamens, den die Verschwörer für ihn ausersehen hatten, wurde vermieden. Auch hier waltete die Aura des Unpersönlichen.

Die Richter, die über die Verschworenen zu Gericht saßen, waren hohe Beamte des Hofdienstes: Truchsesse, Palastschreiber, der königliche Herold, Offiziere, Schatzkammerbeamte. Sie gehörten derselben Würdenträgerklasse an wie viele der Verschworenen, was den Prozeß zu torpedieren drohte: es stellte sich dann heraus, daß sich zwei Richter mit einigen Angeklagten getroffen und mit ihnen ein Trinkgelage veranstaltet hatten. Das brachte diese beiden Richter auf die Anklagebank: »Das Urteil wurde vollzogen, indem ihre Nasen und Ohren abgeschnitten wurden, weil sie die ihnen erteilten guten Weisungen verraten hatten.« Einige der überführten Verschworenen wurden wegen Hochverrats verurteilt: »Sie prüften sie; sie fanden sie schuldig; sie veranlaßten, daß sie vom Urteil überwältigt wurden. Ihre Verbrechen ergriffen sie.« Auf vornehme Weise wurde damit angedeutet, daß die Verurteilten hingerichtet worden waren. Die höhergestellten Verbrecher, darunter auch der Prinz Pentawer, wurden nach den Vorschriften des Ehrenkodex behandelt: schuldiggesprochen, aber nicht verurteilt. Die Schuldiggesprochenen durften sich selbst richten: »Sie fanden sie schuldig und beließen sie in ihren eigenen Händen am Gerichtsplatz. Sie nahmen ihr eigenes Leben; keine Strafe wurde gegen sie verhängt.« Zur Förderung ihrer Pläne hatten die Verschworenen Zauberkünste in Anspruch genommen. Die magischen Mittel richteten sich gegen verläßliche Palastbeamte, um »ihre Körper zu schwächen«, damit sie die Verschwörung nicht aufdeckten oder ihr nicht widerstanden. Einer der Verschwörer versuchte, die Haremswachen zu verzaubern, um sie daran zu hindern, das Hineinschmuggeln von Nachrichten zu unterbinden. Ein anderer Verschwörer erhielt von einem Magier eine Pergamentrolle, die ihm furchtbare Geheimkräfte – sonst ein Monopol des Pharaos – verleihen sollte. Daß sich ein Aufseher der königlichen Herde die Zauberkraft des Königs anmaßte, war ein schweres Majestätsverbrechen und vielleicht auch ein Symptom des Niedergangs des Gott-König-Staates.

Ein anderes Dokument, das das irdische Wirken Ramses' III. krönte, war eine testamentarische Verfügung, als der »Große Papyrus Harris« bekannt, die den Tempeln Besitz und Einkünfte bestätigte, wozu detaillierte Angaben über ihren tatsächlichen Besitzstand am Ausgang der Weltreichsperiode angefügt wurden. In seinem 11. Regierungsjahr hatte der Pharao die Westlibyer besiegt und über vierzigtausend Rinder erbeutet; über zwei Drittel erhielt als Geschenk Amun-Re. Am Ende der Regierungszeit Ramses' III. gab die testamentarische Verfügung den Viehbestand des Amun-Tempels mit vierhunderttausend Stück an und erwähnte, daß eine der Tempelherden im östlichen Delta von neunhunderteinundsiebzig Meschwesch-Hirten gehütet werde. Damit ist die Größenordnung angedeutet, in der sich der Tempelbesitz unter Ramses III. vermehrte. Die reichsten Vermögensbesitzer unter den Göttern waren der Amun von Theben, der Re von Heliopolis und der Ptah von Memphis; die anderen Götter waren verhältnismäßig arm. Die langen Verzeichnisse der testamentarischen Verfügung enthalten drei Posten: 1. reguläre Einkünfte der Tempel aus rechtlich festgelegten Zuwendungen der Pharaonen und aus Sonderstiftungen für die

Veranstaltung der großen religiösen Feste; 2. Zunahme des ordentlichen Vermögens der Tempel aus königlichen Schenkungen während der einunddreißigjährigen Regierungszeit Ramses' III. (woraus sich ersehen läßt, wie sehr – in einem für die Wirtschaft des Landes bedrohlichen Maße – die großen Tempel, namentlich der Tempel des Amun-Re in Karnak, den Pharao auszunehmen wußten); 3. Vermögensbestand zur Zeit des Todes Ramses' III. – Gebäude, Grundbesitz, Sklaven, Viehbestand, Schiffe und anderes – auf Grund der Summierung früherer Besitzungen und neuerer Zugänge. Zur Erhaltung dieses Besitzstandes verpflichtete sich Ramses IV. in Erfüllung des ihm von seinem Vater hinterlassenen Auftrags.

Das reguläre Jahreseinkommen der Tempel aus Pflichtabgaben wurde in zwei getrennten Aufstellungen ausgewiesen: die Einkünfte aus der Landwirtschaft in Getreideeinheiten als »das Korn der bäuerlichen Abgaben«, alles übrige Einkommen – ob Güter, ob Arbeitsleistungen – in Silbereinheiten als »Silber, für die göttlichen Opfergaben als Vermögen oder als Arbeit der Menschen gegeben«. Von den Jahreseinnahmen in Silber entfielen auf den Tempel des Amun sechsundachtzig Prozent, auf den Tempel des Re elf Prozent und auf den Tempel des Ptah drei Prozent; die kleineren Tempel gingen leer aus. Von den Getreideabgaben kassierte Amun zweiundsechzig Prozent, Re fünfzehn Prozent, Ptah acht Prozent und die kleineren Tempel fünfzehn Prozent. Wie sich die Einkünfte der Tempel zu den Einkünften des Staates verhielten, ist nicht bekannt; man kann nur meinen, daß Arbeitsleistungen und Waren im Werte von dreihundertsiebzig Kilogramm Silber und die eine Million Säcke Getreide, die den Tempeln zuflossen, in der Gesamtwirtschaft des Landes eine nicht unbeträchtliche Rolle gespielt haben müssen. Das aufgeführte Vermögen der Tempel umfaßte hundertneunundsechzig Städte (davon neun in Syrien), über fünfhundert Gemüse-, Obst- und Weingüter, über fünfzig Schiffswerften, achtundachtzig Schiffe, einen Viehbestand von fast fünfhunderttausend Stück und manchen anderen Besitz.

Je nachdem wie man die Verzeichnisse interpretiert, gelangt man zu verschiedenen Schätzungen des Sklaven- und Grundbesitzes der Tempel im Vergleich zu der Bevölkerung und Fläche Ägyptens. Die angegebene Zahl von fast hundertachttausend Arbeitspersonen würde darauf schließen lassen, daß sich der Tempelbesitz einschließlich der Frauen, Kinder und arbeitsunfähigen Alten auf vierhundertfünfzigtausend Menschen belief; der Landbesitz von zweihundertfünfundachtzigtausend Hektar dürfte mehr als ein Achtel der gesamten landwirtschaftlichen Nutzfläche des Landes ausgemacht haben. Wenn damit der Gesamtbesitz der Tempel (und nicht bloß der Zugang unter Ramses III.) gemeint war, so ergäbe sich bei einer geschätzten Bevölkerung von viereinhalb Millionen, daß die Tempel nicht nur ein Achtel der gesamten Nutzfläche, sondern auch ein Zehntel der Gesamtbevölkerung zu ihrem Eigentum zählten. Auf den Amun-Tempel allein wären damit ein Elftel der Nutzfläche und ein Fünfzehntel der Bevölkerung des Landes entfallen. Andere Schätzungen schwanken zwischen zwei und zwanzig Prozent der Bevölkerung und zwischen fünfzehn und dreißig Prozent der Nutzfläche.

Ungeklärt bleibt, ob dieser riesige kirchliche Tempelbesitz steuerpflichtig war. Auf Grund einer Pergamentrolle aus der zwanzigsten Dynastie, die mancherlei Notierungen der staatlichen Steuereinnehmer über den Landbesitz in Mittelägypten enthält, und unter Berück sichtigung verschiedener anderer Quellen möchte man vermuten, daß die Tempel zwar Fronfreiheit genossen, daß also Priester, Tempelpersonal und Tempelsklaven von jeder Art Zwangsarbeit befreit waren, daß aber auf dem Grundbesitz der Tempel die allgemeine Abgabepflicht lastete. Immerhin wäre das eine wesentliche Entlastung des Staates gewesen: die Steuerfreiheit von etwa fünfzehn bis dreißig Prozent des gesamten Grundbesitzes hätte den Staat ruinieren müssen. Aber die Fronfreiheit allein war ein enormes wirtschaftliches Privileg in einem Lande, in dem die Frondienste für den Staat die Bevölkerung zu Boden drückten. Am Rande mag die aufschlußreiche Zusammensetzung der in dem genannten Steuerpergament registrierten Besitzer oder Bebauer landwirtschaftlichen Bodens – ein wahrer Querschnitt der ägyptischen Gesellschaft – erwähnt werden. So waren in einer Nachbarschaftseinheit verzeichnet: ein Sklave, eine Frau, ein sardinischer Söldner, ein Priester, ein Dienstbote eines sardinischen Söldners, ein Ziegenhirt, ein Quartiermeister, ein Stallmeister, ein Landpächter und ein Soldat. An anderen Stellen finden wir Kupferschmiede, Einbalsamierer, Viehmarkierer, Bienenzüchter, Seeleute, Gerichtsschreiber und verschiedene Ausländer: Angehörige der Seevölker, Libyer, Syrer und »Kampfwagenkrieger« (vielleicht Hethiter). Anscheinend konnte ein Sklave oder ein fremder Söldner unter denselben Bedingungen wie ein Priester, ein Offizier oder ein Beamter ein Stück Land in Besitz nehmen und bearbeiten: unter der allgemeinen Aufsicht eines hohen Staats- oder Tempelbeamten.

Aus der Steuerrolle läßt sich schließen, daß den Pharaonen um die Mitte der zwanzigsten Dynastie ständig erhebliche Mittel zuflossen. Aber dieselben Pharaonen sahen sich gezwungen, das Weltreich abzubauen, und wurden, weil der Staat seine Arbeitskräfte nicht bezahlen konnte, von streikenden Arbeitern in der staatlich verwalteten Totenstadt bedrängt. Der Herausgeber des Papyrus erklärt diesen Widerspruch damit, daß die Pharaonen die ihnen nach den Aufzeichnungen zustehenden Mittel nicht wirklich erhalten hätten und daß ein erheblicher Teil des tatsächlichen Aufkommens im Schlund des gefräßigen Gottes Amun verschwunden sei. Wie sehr der Hohepriester des Amun auf Verwaltung und Staatsfinanzen Einfluß nehmen konnte, zeigt sich an der Ämterhäufung innerhalb einer einzigen Familie: unter Ramses IV. war Ramsesnacht der Hohepriester des Amun; sein Vater Meribarset hatte das Amt des Obersten Steuerverwalters bekleidet, und auf die Söhne Ramsesnachts sollten einige der wichtigsten Posten des Landes entfallen: Nesamun und Amenophis amtierten nacheinander als Hohepriester des Amun, und Userma'at Renacht war Oberster Steuerverwalter und Vorsteher der königlichen Ländereien. Auf diese Weise konnte die Amun-Priesterschaft die Staatsfinanzen zu ihrem eigenen Vorteil verwalten und dem Pharao nach Belieben finanzielle Mittel vorenthalten. Der göttliche König war zum Gefangenen des Tempels oder des kleinen Familienklans geworden, der die höchsten Tempelämter kontrollierte.

Allerdings erschöpfte sich die allumfassende Macht der Priesterschaft keineswegs mit der Finanzverwaltung: ihr Zugriff reichte bis in die militärische und polizeiliche Organisation Ägyptens und Nubiens. Ramsesnacht war nicht Armeebefehlshaber, aber er kontrollierte weitgehend die Staatswirtschaft, die Machtbefugnisse und die Exekutive in Oberägypten. Sein Sohn Amenophis, der unter allen Königen von Ramses IV. bis zu Ramses XI. als

Hoherpriester des Amun amtierte, konnte es sich sogar leisten, auf jegliche Untertanenbescheidenheit zu verzichten und sich entgegen den ältesten Tabus der ägyptischen Kunsttradition in gleicher Größe mit dem Pharao abbilden zu lassen: in einer Szene im Amuntempel zu Karnak, in der Ramses IX. dem Hohenpriester eine Auszeichnung verleiht, erscheint zwar der Pharao, gemessen an den zwei geschäftigen kleinen Beamten, die seine Befehle ausführen, in der üblichen Kolossalgestalt, aber auch Amenophis hat sein Abbild im selben Maßstab in den Stein meißeln lassen, und außerdem ist er, nicht der Pharao, im Brennpunkt der Komposition. Deutlicher ließ sich die von den Texten schamhaft verschwiegene Realität kaum illustrieren: der König war nur noch ein Werkzeug der herrschenden Oligarchie.

Das ägyptische Weltreich bezog sein Gold aus den Bergwerken Nubiens und des Sudans und sein Kupfer von der Sinai-Halbinsel. Um Silber zu beschaffen, mußte sich Ägypten dagegen auf den auswärtigen Handel verlassen, hauptsächlich wohl auf Zufuhren aus dem Land der Hethiter. In den Aufzeichnungen über Ramses' III. Geschenke an die Götter sind auch die jährlichen Einnahmen der wichtigsten Tempel an Gold, Silber und Kupfer festgehalten. Danach bezogen die drei Tempel des Amun, des Re und des Ptah jährlich zweiundfünfzig Kilogramm Gold, tausendundsechzig Kilogramm Silber und zweitausendfünfhundertzehn Kilogramm Kupfer. Man kann daran nicht nur die mächtige finanzielle Position der Tempel, sondern auch die Bedeutung der Metallimporte aus Asien ermessen. Nun fiel aber zu Beginn der Regierungszeit Ramses' III. das Hethiterreich den Seevölkern zum Opfer, und das bewährte Verfahren des Austauschs von ägyptischem Getreide und Gold gegen anatolisches Silber war gefährdet. Dasselbe galt für Eisen, das ebenfalls aus hethitischem Gebiet bezogen wurde. Entscheidend war indes, daß um 1150 v. Chr. das Bronzezeitalter zu Ende und das Eisenzeitalter im Kommen war. Das Kupfer, der Hauptbestandteil der Bronze, aus Sinai-Bergwerken leicht erhältlich, wurde vom Eisen verdrängt, das Ägypten nicht hatte. Die staatliche Ausbeutung der Sinai-Kupferbergwerke wurde aufgegeben, die Eiseneinfuhr war lebensnotwendig geworden, und das Finanzgebäude des ägyptischen Staates geriet ins Wanken. Die ägyptische Vorherrschaft im östlichen Mittelmeer hatte genau der Zeit angehört, in der Kupfer die Wirtschaft beherrschte; im Zeitalter des Eisens war sie nicht mehr zu halten und ist auch nie wiedererstanden. Die Wirtschaft war zwar bei diesem zeitlichen Zusammentreffen nicht die einzige wirksame Kraft, aber auch nicht die geringste; sie trug nicht wenig zum plötzlichen Zerfall der ägyptischen Machtstellung bei.

Die Umstellung der Gesamtwirtschaft auf eine neue Metallgrundlage war ein schmerzhafter Prozeß. Nach dem Ausfall des Hethiterreichs war es schwierig und zeitraubend, für die Beschaffung der ohnehin noch wenig vertrauten Eisenerze neue Bezugsquellen zu er schließen. Damit verschob sich das Preisgleichgewicht, das sich in der langen Zeit stabiler Metallzufuhr eingespielt hatte: die Getreidepreise begannen in die Höhe zu klettern. Zu Anfang der Regierungszeit Ramses' III. zahlte man im Bezirk Theben für einen Sack Hartweizen (Emmer) einen Deben (rund einundneunzig Gramm) Kupfer; diese Preisrelation hielt sich unverändert während der folgenden drei Jahrzehnte, und auf demselben Niveau stabilisierten sich die Preise von neuem nach einem geringen Anstieg für weitere zehn Jahre

Dann, um die Mitte des 12. Jahrhunderts – das Bronzezeitalter war im Sterben –, setzte eine stürmische Getreideteuerung ein, die über vier Jahrzehnte anhielt. Der Hartweizenpreis stieg erst auf anderthalb, dann auf zwei, auf vier und schließlich gegen Ende der Regierungszeit Ramses' IX. (1119 v. Chr.) auf über fünf Deben Kupfer. Auch der Gerstepreis stieg beängstigend: in der Regierungszeit Ramses' VII. (1149–1142) wurden für einen Sack Gerste bis zu acht Deben Kupfer gezahlt. Erst gegen Ende des Jahrhunderts kam der Preissturz, aber stabil blieb der Preis bei zwei Deben Kupfer für einen Sack Hartweizen oder Gerste, auf einem doppelt so hohen Niveau wie zu Beginn der Hausse sechs Jahrzehnte zuvor. Daß der Staat in dieser ganzen Zeit aus Nöten und Schwierigkeiten nicht herauskam und daß die Beamten sehr häufig in die eigene Tasche statt für den Staat arbeiteten, versteht sich am Rande. Man kann sich unschwer ausmalen, was die kleinen Leute zwei Menschenalter hindurch zu erdulden hatten.

Darüber, wie die Krise überwunden wurde, läßt sich einiges mit ziemlicher Sicherheit vermuten. Die zunächst sehr akute Metallknappheit hielt nicht ewig an, und allmählich paßte sich die Landwirtschaft, die ja auch weiterhin über den Produktionsertrag des fruchtbaren Bodens verfügte, den veränderten Verhältnissen an, die sich mit der Umstellung auf Eisen und auf eine Außenwirtschaft ohne Weltreich ergeben hatten. Hinzu kam noch ein anderer Faktor, der zum mindesten der Knappheit an Edelmetallen und damit mittelbar auch der Teuerung entgegenwirkte. Berichte darüber liegen zwar nur aus Theben vor, wo sich das eigenartige Krisenbekämpfungsmoment am kräftigsten auswirkte, aber man darf vermuten, daß sich ähnliches auch andernorts ereignete. Die wundertätige Wirkung stellte sich dadurch ein, daß Gold, Silber und andere Schätze, die in den Hügeln West-Thebens vergraben waren, von neuem gehoben wurden; das heißt: in großem Ausmaß und während einer längeren Zeit wurden die Gräber der Pharaonen und der Vornehmen in der am westlichen Nilufer gelegenen Totenstadt systematisch ausgeplündert. Das den Gräbern entnommene Edelmetall wurde von den Plünderern selbst, von ihren Hehlern und von korrupten Beamten, die dafür beträchtliche Bestechungsbeträge kassierten, in Umlauf gebracht, womit die Preisinflation eingedämmt wurde. Die Plünderung der Gräber war zwar nicht nur ein Sakrileg, sondern auch ein Vergehen gegen den Staat, der seine Toten verehrte, aber dieser nächtliche Bergwerksbetrieb trug auf seine Art dazu bei, das gestörte wirtschaftliche Gleichgewicht wiederherzustellen. Die großen Bestechungseinnahmen der verantwortlichen Beamten und die stabilisierende Wirkung des vermehrten Edelmetallumlaufs liefern wenigstens eine Teilerklärung dafür, daß die Plünderungen trotz allen Untersuchungen und Prozessen jahrelang weitergingen. Eine zusätzliche Erklärung mag in der schweren Notlage der arbeitenden Bevölkerung der Totenstadt liegen.

Die Periode der Teuerung war eine Notzeit vor allem für die Arbeitskräfte der Staatsunternehmungen. Solche Arbeitskräfte bildeten mit ihren Familien die recht ansehnliche lebende Bevölkerung der Totenstadt von West-Theben. Vom Staat bezahlt, arbeiteten sie in den Steinbrüchen, hielten die Gräber instand, machten Steinschneidearbeiten, bemalten die Grabwände; zu diesen Grabarbeitern im engeren Sinne kamen Stukkateure, Gipser, Maurer, Holzsäger, Zimmerleute und schließlich die in der Versorgung der Totenstadtbewohner Beschäftigten: Wäscher, Gemüsebauer, Fischer, Wasserträger. Diese große

Belegschaft war in zwei Arbeitskolonnen eingeteilt, an deren Spitze zwei Kolonnenälteste und der Hauptschreiber der Nekropole standen. Die dreiköpfige Betriebsleitung unterstand dem Stadtältesten von West-Theben, der unmittelbar dem Wesir von Oberägypten verantwortlich war. Die beiden Arbeitskolonnen waren mit Familien in der Totenstadt untergebracht; die Arbeitsplätze lagen offenbar innerhalb von Einfriedungen, die aus festen Mauern bestanden und von Torhütern und Polizisten bewacht wurden. Alle Beschäftigten erhielten Deputatlöhne; die Zahlung erfolgte in monatlichen Getreidelieferungen. Als die Verknappung der Metalleinfuhr in den letzten Regierungsjahren Ramses' III. die Staatskasse leerte und die Teuerung das Ihrige tat, brach dies Arbeitssystem zusammen, weil die Regierung die Arbeiter nicht mehr bezahlen konnte.

Ein Papyrus in Turin enthält fragmentarische Angaben über einen ersten Streik, der schon etwa 1170 v. Chr. stattgefunden haben muß. Ungewöhnliches hatte sich bereits im Sommer ereignet: die Zahl der Lebensmittelarbeiter hatte plötzlich zugenommen, offenbar weil die verspätete Deputatlieferung bessere Versorgung am Ort nötig machte. Aber auch noch im Herbst, als das Hochwasser zurückging und die neue Saat aufzugehen begann, waren die Arbeiter der Nekropole hungrig. In dem Monat, der ungefähr unserem Oktober entspricht, war die Deputatzahlung ausgeblieben. Mitte November war die Verwaltung mit zwei Monatslöhnen im Rückstand. Es begann ein organisierter Protest der Arbeiter, der erste Streik der Welt, von dem wir wissen: »Jahr 29, zweiter Monat der zweiten Jahreszeit, Tag 10. An diesem Tage stieg die Arbeitskolonne über die fünf Mauern der Nekropole mit den Worten: ›Wir sind hungrig!‹... Und sie ließen sich nieder hinter dem Tempel.« Das war der Tempel Thutmosis' III. – außerhalb der Einfriedung, am Rande der bestellten Felder. Sofort waren die Betriebsleiter zur Stelle, die die Arbeiter aufforderten, in die Einfriedung zurückzugehen, mit »großen Eiden« über ein Zahlungsversprechen des Königs. Die Zusage genügte den Streikenden nicht. Sie verbrachten den Tag an der hinteren Tempelmauer und kehrten erst am Abend in ihre Behausungen innerhalb der Totenstadt zurück. Auch am zweiten Tag verließen sie die Totenstadt, und am dritten Tag wagten sie sich sogar ins Ramesseum, das geheiligte Gelände um den Totentempel Ramses' II. Das war alarmierend. Zahlmeister, Türhüter und Polizisten liefen in Scharen zusammen. Ein Polizeioffizier versprach, den Stadtältesten zu holen, der sich vorsichtigerweise nicht hatte blicken lassen. Die Arbeiter waren offensichtlich zum Ausharren entschlossen, verhielten sich aber diszipliniert. Sie erklärten: »Wir sind an diesen Ort gekommen, weil wir hungrig sind, weil wir Durst haben, weil wir ohne Kleidung, ohne Öl, ohne Fisch, ohne Gemüse sind. Schreibt dem Pharao, unserem guten Herrn, darüber und schreibt dem Wesir, unserem Vorgesetzten. Handelt, damit wir leben können!« Der Einmarsch in die heilige Stätte machte auf die Obrigkeit einen tieferen Eindruck als der Sitzstreik der vorhergehenden Tage. Die königliche Schatzkammer öffnete ihre Tore, und das Deputat für den Vormonat wurde ausgezahlt.

Die Zahlung besänftigte zwar die Arbeiter, aber sie beharrten nichtsdestoweniger auf der Aushändigung des Deputats auch für den laufenden Monat. Ihr Sammelpunkt am nächsten Tag war die »Festung der Nekropole« – vermutlich die Polizeiwache. Dort bestätigte der Polizeichef die Berechtigung ihrer Forderungen und bat sie inständig, die Ordnung zu wahren: »Seht, ich gebe euch meine Antwort: geht in eure Häuser, nehmt euer Arbeitszeug und schließt eure Türen und nehmt eure Frauen und Kinder mit euch. Und ich werde zum Tempel vorausgehen und werde euch morgen dort sitzen lassen.« Schließlich erfolgte die Lohnzahlung am achten Tage des Streiks. Doch zwei Wochen später blieb die am Monatsersten fällige Lohnzahlung von neuem aus. Wieder legten die Arbeiter die Arbeit nieder. Jetzt drohten sie aber auch der Betriebsleitung mit Enthüllungen: »Wir werden nicht kommen..Sagt also euren Vorgesetzten..., daß wir nicht nur aus Hunger über die Mauern gestiegen sind; wir haben auch die wichtige Anklage vorzubringen, daß an diesem Platze des Königs unzweifelhaft Verbrechen begangen werden.« Was aus dieser Beschuldigung geworden ist, wird nicht berichtet. Die Unruhe dauerte fort. Zwei Monate später war der Wesir auf einer Dienstreise in Theben, aber er zog es vor, sich nicht ans andere Flußufer setzen zu lassen, um nicht den Streikenden begegnen zu müssen, sondern begnügte sich damit, der Betriebsleitung der Totenstadt durch einen Polizeioffizier sagen zu lassen, er werde nötigenfalls selbst in die königliche Kornkammer gehen und herausholen, was herauszuholen sei. Wieder geschah nichts. Nach weiteren elf Tagen stiegen die Arbeiter erneut über die Mauern mit dem Ruf: »Wir haben Hunger!« Sie ließen sich hinter dem Tempel des Merenptah nieder, und als der Stadtälteste von Theben vorbeiging, riefen sie ihn herbei. Er versprach sofortige Abhilfe: fünfzig Sack Getreide aus Gemeindevorräten als Überbrückungsmaßnahme bis zur Lohnzahlung. Und schon wenige Tage später ging beim Hohenpriester des Amun eine Anzeige ein, die den Stadtältesten von Theben beschuldigte, Opfergaben aus dem Tempel Ramses' II. mißbräuchlich zur Versorgung der Streikenden zu verwenden: »Das ist ein großes Verbrechen, das er da begeht!«

Worauf die Passivität der Regierung zurückging, ist schwer zu sagen; wahrscheinlich kam Verschiedenes zusammen: Kassenschwierigkeiten, Korruption, Cliquenkämpfe. Das Dokument, das über den Streik in der Totenstadt berichtet, bricht an dieser Stelle ab, und wir können nicht mehr feststellen, ob der Konflikt damals geschlichtet werden konnte. Daß keine Dauerlösung zustande gekommen war, geht aus anderen Texten hervor. Aus der Regierungszeit Ramses' IX., über vier Jahrzehnte später, haben sich Tagebucheintragungen des Zahlmeistereischreibers über den Arbeitsbetrieb in der Totenstadt erhalten. Die Arbeiter waren viele Tage von der Arbeit weggeblieben; dann notierte der Schreiber, die Verwaltung sei mit den Deputatzahlungen bereits fünfundneunzig Tage im Rückstand. Vier Jahre später benutzten die Arbeitskolonnen die Anwesenheit hoher Würdenträger, um ihre Klagen vorzubringen: »Wir sind schwach und hungrig, denn wir haben die Beträge nicht erhalten, die der Pharao für uns gegeben hat.« Worauf der Wesir, der Hohepriester, der Truchseß und der Oberste Schatzmeister des Pharaos erklärten: »Die Männer von der Arbeitskolonne der Totenstadt haben recht.« Aber obgleich sie es in der Hand gehabt hätten, die Mißstände zu beseitigen, taten sie nichts. Wieder vergingen einige Jahre, und erneut brach der Konflikt im 3. Regierungsjahr Ramses' X. aus, fünfzig Jahre nach dem ersten Streik. Die Arbeiter hatten die Arbeit niedergelegt und waren über den Fluß gezogen, um an die höchsten Amtsstellen zu appellieren. Der Hohepriester des Amun erklärte, er könne keine Lebensmittel zur Verfügung stellen, um den Hunger der Arbeiter zu stillen, da das Deputat von den zuständigen Stellen kommen müsse. Die Arbeiter blieben darauf die Nacht über vor den Amtsräumen des Hohenpriesters. Am nächsten Morgen holten die höheren Beamten den Sekretär des Wesirs und einen Vizedirektor der königlichen Kornkammer herbei und forderten sie auf, aus den Vorräten des Wesirs Lebensmittel zu verteilen, worauf die dankbaren Arbeiter den hohen Beamten Geschenke darbrachten: zwei Truhen und eine Schreibgarnitur. Die Notizen setzen die Geschenke nicht direkt in Beziehung zur Ausgabe der Notstandsrationen, aber gerade die Knappheit der Eintragung läßt es als selbstverständlich erscheinen, daß sich der Arme seinem Wohltäter erkenntlich zeigte.

Die Zerrüttung der Staatsfinanzen, die direkte Ursache der Nichtentlohnung der Totenstadtarbeiter, hing zweifellos mit dem Zerfall des Imperiums und dem Beginn des Eisenzeitalters zusammen. Das schlechte Funktionieren des Regierungsapparates hatte aber auch innere Gründe. Die Vermenschlichung des Gott-Königs, die Amarna-Ketzerei, die Herausbildung einer herrschenden bürokratischen Oberschicht und die Fehden zwischen einzelnen Regierungsämtern: das alles hatte dazu beigetragen, die Zentralregierung zu schwächen und den alten Geist des selbstlosen Staatsdienstes zu untergraben. Unter den Beamten zeigten sich in immer höherem Maße Korruptionserscheinungen. Wie das aussah, mögen einige Beispiele verdeutlichen. Unter Ramses XI. amtierte ein Beamter namens Thutmosis als Hauptschreiber der Großen und Erhabenen Nekropole. Es gehörte zu seinen Amtspflichten, Oberägypten zu bereisen und Getreideabgaben – zum Teil für die Bezahlung der Arbeiter der Totenstadt – einzutreiben. In einem seiner dienstlichen Schreiben an die Verwaltung heißt es: »Sendet euren Schreiber und den Schreiber der Nekropole Jufenamun und den Türhüter Thutmosis oder den Türhüter Chonsumosis. Treibt sie zur Eile an: sie müssen das Getreide abholen, damit die Männer nicht hungern und nicht in den Geschäften des Hauses des Pharaos müßig werden und nicht Vorwürfe gegen euch vorbringen.« Ein anderes Dokument läßt erkennen, wie das eingesammelte Getreide schrumpfte, bevor es nach Theben gelangte: Hauptschreiber Thutmosis war mit seinem Gehilfen nach Esne gefahren, um die ausstehenden Abgaben zu kassieren. Über die Tempelverwaltung von Esne erhielt er 343,25 Sack, von denen 6,25 in Esne als »Spesen« hängenblieben; als die Getreidekähne in Theben landeten, konnten dem Stadtältesten von West-Theben nur noch 314 Sack abgeliefert werden. In sehr vager Form waren Abgänge für »Spesen« und »Rationen« verschiedener Art verbucht: offensichtlich wurde ein Fehlbetrag kaschiert, ohne daß Thutmosis hätte befürchten müssen, wegen der frisierten Abrechnung zur Verantwortung gezogen zu werden. Wie in diesem Einzelfall, so scheint auch in allen anderen Berichten über die Schicksale der Arbeiter der Totenstadt eine erschreckende Atmosphäre der Gleichgültigkeit, Verantwortungsscheu, Schlamperei und offenen Korruption durch. *Ma'at* bedeutete den einst pflichteifrigen Beamten nicht mehr sehr viel. Soziales Verantwortungsbewußtsein, der Sinn für das Interesse der Gemeinschaft und das Verlangen nach sauberer Amtsführung hatten sich verflüchtigt.

Der krasseste Fall von Unterschleifen datiert aus der Mitte der Dynastie und ist in einem Papyrus festgehalten, der von den Verbrechen und Amtsvergehen eines Priesters im Tempel des Chnum am Ersten Katarakt handelt. Von bestimmten Ländereien im Delta standen dem Tempel jährlich 700 Sack Getreide als Abgabe zu. Am Ende der Regierungszei

Ramses' III. starb der Schiffskapitän, der den Transport übernommen hatte, und die Priester engagierten einen neuen, der zunächst vier Jahre lang seine 700 Sack anstandslos ablieferte. Dann brachte er im ersten Regierungsjahr Ramses' IV. nur noch 100 Sack, im zweiten Jahr 130, im dritten nichts, im vierten und fünften je 20, im sechsten wieder nichts, im ersten Regierungsjahr Ramses' V. nichts, im zweiten 186, im dritten 120. In neun Jahren hatte der Tempel insgesamt 576 statt 6300 Säcke erhalten, etwas über neun Prozent. Die fortgesetzte Unterschlagung konnte der Kapitän nur riskieren, weil zahlreiche abgabepflichtige Bauern und nicht wenige Tempelbeamte daran beteiligt waren. Von allen diesen Personen sagt das Dokument, sie hätten das Getreide im gegenseitigen Einvernehmen gestohlen und beiseite geschafft. Der Kapitän wird außerdem beschuldigt, zwei Abgabepflichtige im Laufe von zehn Jahren ständig erpreßt und ihnen insgesamt tausend Sack Getreide abgenommen zu haben. Daß der kühne Schiffskapitän mit seinen Kumpanen das Unterschlagungs- und Erpressungsgeschäft ein Jahrzehnt lang ungestört betreiben konnte, wirft ein bezeichnendes Licht auf die allgemeine Gesittung und den im Staatswesen herrschenden Geist.

Vom »Jahr der Hyänen, in dem die Menschen hungerten«, spricht einer der Texte, und diese gallige Formel trifft für die gesamte traurige Periode zu. Zur Verschärfung der chaotischen Lebensbedingungen der großen Masse trug zu allem Überfluß noch eine neuartige Landplage bei: die allgegenwärtigen Banden raubernder Fremder. Die friedfertigen Arbeitsleute des Niltales wurden von diesen umherstreifenden Banden buchstäblich terrorisiert. Die Eintragungen in der Zahlmeisterei der Nekropole verzeichnen viele Tage, an denen die Arbeit »wegen der Ausländer« ruhen mußte. Unter der Regierung Ramses' IX. wurde das zu einem so alltäglichen Vorkommnis, daß die Tage, an denen keine Ausländer aufgetaucht waren, besonders notiert wurden. In einigen der Berichte werden die Räuberbanden als Rebu (Libyer) oder Maschwesch bezeichnet. Daß es sich um Wüstennomaden aus dem Westen gehandelt haben sollte, ist nicht gerade wahrscheinlich: mit kleinen Banden dieser Art wäre die Polizei der Nekropole leicht fertiggeworden. Wahrscheinlicher ist, daß die Räuber fremde Söldner waren, die, einst als Gefangene oder Angeworbene nach Ägypten gebracht, nun, weil keine Feldzüge mehr geführt wurden, keine Beschäftigung und keine Existenzmöglichkeit mehr hatten. Da sie vom erbeuteten Gut des Feindes nicht mehr leben konnten, vermutlich – wie die Arbeiter der Nekropole – keine Löhnung erhielten und über keinerlei andere Einkünfte verfügten, lebten sie davon, daß sie friedliche Bürger ausplünderten. Wie sollte der Staat solche Banden im Zaum halten? Soweit es ging, waren unbeschäftigte Söldner – sowohl Libyer als auch Angehörige der Seevölker – als Bauern angesiedelt worden; zum Beispiel gründete Ramses III. eine Siedlung in Oberägypten für »die sardinischen Menschen und die königlichen Armeeschreiber«. Aber es muß, zumal der Staat schwach und in finanziellen Nöten war, einige Menschenalter gedauert haben, ehe die rastlosen, raubernden fremden Söldner zur Ruhe gebracht werden konnten.

Auch sonst fehlte es nicht an Wirren. Irgendwann – wahrscheinlich unter Ramses XI. – gab es einen Aufstand gegen den Amun-Hohepriester Amenophis. Die Nachrichten darüber stammen aus einer späteren Zeit, und es ist nicht klar, ob die Aufständischen Rivalen des Hohenpriesters waren oder Menschen, die er in Untertänigkeit gehalten hatte. In der

Zeugenaussage eines Arbeiters über die Beschädigung einer tragbaren Lade aus dem Tempelbesitz hieß es: »Die Ausländer waren gekommen und hatten den Tempel besetzt, und ich trieb einige Esel, e meinem Vater gehörten, als ein Ausländer ... mich festnahm und mich zur Stadt Ipip brachte, sechs Monate nach der Zeit, da Amenophis, der der Hohepriester des Amun gewesen, angegriffen worden war. Es geschah dann, daß ich neun volle Monate nach dem Angriff auf Amenophis ... zurückkam, und diese tragbare Lade war bereits beschädigt und in Brand gesteckt worden ...« Ebenso wichtig war der Aufstand als Orientierungszeitpunkt in einer anderen Aussage: »Als nun der Krieg gegen den Hohenpriester stattfand, stahl dieser Mann meines Vaters Eigentum.« Es ist zu vermuten, daß dieser Aufstand um 1105 bis 1100 v. Chr. ausgebrochen war, und er kann auch mit anderen Unruhen im Zusammenhang gestanden haben, etwa mit einem »Aufstand im Nordgebiet« oder der »Zerstörung« einer mittelägyptischen Stadt durch einen gewissen Panehsi, anscheinend Vizekönig von Oberägypten und Armeebefehlshaber. Ein Machtkampf zwischen der herrschenden Priester amilie von Theben und dem Militär wäre durchaus im Bereich des Wahrscheinlichen gewesen.

Das wichtigste Material über die Unruhen und Schwierigkeiten der Periode stammt aus Berichten über die bereits erwähnten Grabplünderungen am Ausgang der zwanzigsten Dynastie. In gewissem Umfang hatte es periodische Plünderungen der mit Reichtümern beladenen Gräber immer gegeben. Schon unter der vierten Dynastie war das Grab der Mutter Cheops' ausgeraubt worden. Die Versuchung war zwar immer groß, aber solange das Land in Wohlstand lebte und der Staatsapparat stark, wachsam und sauber war, konnten die Gräber der Ahnen noch relativ sicher beschützt werden. Die akute Epidemie der Grabplünderungen unter der zwanzigsten Dynastie brach aus, weil der Staat hoffnungslos krank war. In den westlichen Hügeln Thebens waren unwahrscheinliche Schätze an Gold, Silber und anderen Kostbarkeiten in den Gräbern der Könige und Beamten eingemauert, und das Land lebte nicht mehr in Wohlstand, sondern – infolge der Teuerung und des Staatsbankrotts – in Not und Elend. Die Polizei versagte gegenüber den Banden der fremden Räuber. Die Spitzengruppen im Regierungsapparat waren mit ihren internen Machtkämpfen beschäftigt. Mehr noch: die Gebote des Gottesstaates hatten an Autorität verloren, und es gab keinen wirksamen moralischen Widerstand mehr gegen die Plünderung von Staatsdomänen oder gegen die gotteslästerliche Störung der ewigen Ruhe der Unsterblichen.

Die Berichte über die Untersuchungen und Gerichtsverfahren in Sachen der Grabplünderungen stellen als Täter einfache Arbeitsleute hin. Da aber die Plünderungen während der Lebensdauer einer ganzen Generation vor sich gingen und während dieser ganzen Zeit an den verantwortlichen Stellen dieselben hohen Beamten saßen, kommt man um die Vermutung nicht herum, daß hochgestellte Personen zum mindesten als Mitwisser an der endlosen Serie der Plünderungen beteiligt gewesen sein und sich auf diese oder jene Art an ihnen bereichert haben müssen. Diese Vermutung wird durch interessante Angaben über Tun und Nichttun der Regierung erhärtet, die sich in einigen der frühesten Dokumente über diesen Komplex – aus dem 16. Jahr Ramses' IX., also 1120 v. Chr. – finden. Was da erzählt wird, hatte sich in den heißen Sommermonaten zugetragen, in denen die Menschen in Ägypten leicht erregbar sind. Zu den handelnden Personen gehörten der Wesir Chaemwaset als Vertreter des Königs, der den größten Teil des Jahres in seiner nördlichen Hauptstadt zubrachte, und der Hohepriester des Amun Amenophis, der die Untersuchung mit seinem Namen deckte. Die Hauptbeschuldigten waren kleine Leute, der Kupferschmied Paicharu und der Steinmetz Amunpanefer. Doch die Hauptakteure, die Hauptwidersacher waren die dem Wesir für die Ruhe und Sicherheit von Ost- und West-Theben verantwortlichen Beamten: Paser, Stadtältester von Theben, der Hauptstadt am Ostufer des Nils, und Paweraa, der Stadtälteste von West-Theben, dem Totenstadtrevier, und für die Sicherheit der Tempel und Gräber der Nekropole zuständiger Polizeichef für den Westbezirk.

Paser schien über die Grabplünderungen äußerst entrüstet; er verlangte ein Durchgreifen der Behörden und lieferte bereitwilligst die gewünschten Informationen; im Endeffekt richteten sich seine Beschuldigungen gegen Paweraa, der für die Unverletzlichkeit seines Territoriums hätte sorgen müssen. Ob der Ankläger Paser tatsächlich von einem brennenden Verlangen nach Recht und Ehrlichkeit getrieben wurde, ob er der Exponent einer Minderheitspartei war, die Material gegen die Mehrheit sammelte, oder ob er sich darum bemühte, selbst in eine hochgestellte Clique, die von den Plünderungen profitierte, aufgenommen zu werden, wird nie zu ermitteln sein. Äußerlich war er jedenfalls der einzige, der nach Gerechtigkeit und Sauberkeit rief, und man darf ihm vielleicht zubilligen, daß er – aus welchen Motiven auch immer – die Verbrechen aufdecken wollte und gegen eine zynische Bande bestechlicher und korrupter Kollegen vergebens ankämpfte. Aber er war isoliert und ungeschickt, einige seiner Beschuldigungen konnten leicht als grundlos zurückgewiesen werden, und es fiel seinen Gegnern nicht schwer, ihn ins Unrecht zu setzen. In seinen Amtsräumen auf der Ostseite hatte Paser gewisse Informationen über die Grabplünderungen in Paweraas Bereich auf der Westseite bekommen. Nachträglich wurde festgestellt, daß die Bande des Steinmetzen Amunpanefer schon seit drei Jahren die Gräber zu nächtlicher Zeit systematisch, »entsprechend unserer regelmäßigen Praxis«, plünderte. Paser wußte das nicht und ließ sich auch nicht die Zeit, die ihm gemachten Mitteilungen, die in eine andere Richtung wiesen, zu überprüfen. Er erstattete Anzeige beim Wesir und anderen Hofbeamten, wonach in zehn Königsgräbern, vier Königinnengräbern und zahlreichen Beamtengräbern eingebrochen und Raub verübt worden sei, und er nannte die Könige und Königinnen, deren Grabstätten geschändet worden seien, beim Namen.

Damit sah sich Pasers Rivale Paweraa genötigt, eine offizielle Untersuchung zu verlangen. Der Wesir setzte darauf eine Untersuchungskommission aus Priestern, Schreibern und Polizeioffizieren ein, in der er bezeichnenderweise Paweraa den Vorsitz übertrug. An einem heißen Sommertag mühte sich die Kommission in der Backofenglut der thebanischen Nekropole mit der Besichtigung der angeblich beraubten Gräber ab. Was sie feststellte, war bemerkenswert. Nach den Angaben Pasers waren Einbrüche in zehn Pharaonengräbern am nördlichen Rand der Nekropole verübt worden. Von diesen zehn Gräbern fand aber die Kommission neun unversehrt. Über das Grab eines Königs der siebzehnten Dynastie berichtete die Kommission, die Diebe hätten einen unterirdischen Gang zu graben begonnen, das Grab selbst jedoch sei unverletzt; die Räuber hätten es nicht geschafft, in das Grab einzudringen. Bestätigt fand die Kommission nur einen der behaupteten Einbrüche. In ihrem Protokoll über das Grab eines anderen Königs aus der siebzehnten Dynastie hieß es: »Es wurde festgestellt, daß die Diebe eingebrochen sind, indem sie einen Gang durch die unteren Kammern der Pyramide gegraben haben ... Die königliche Bestattungsstätte wurde ihres Gebieters beraubt gefunden, ebenso wie die Bestattungsstätte der Königin Nubchas, die Diebe hatten Hand an sie gelegt. Die Kommission hat es untersucht, und es wurde ermittelt, wie die Diebe an diesen König und seine Königin Hand gelegt hatten.«

Sodann untersuchte die Kommission die Angaben über die Einbrüche im Tal der Königinnen und am Hügelabhang, an dem sich die Gräber der Vornehmen befanden. Der zusammenfassende Schlußbericht über die Gesamtuntersuchung stellte fest: »Gesamtzahl der Pyramidengräber der früheren Könige, die von den Inspektoren heute untersucht worden sind: unversehrt gefunden neun, Einbruch festgestellt einer, zusammen zehn. Gräber der Sängerinnen des Hauses der Gottesgemahlin des Amun-Re, Königs der Götter: unversehrt gefunden zwei, Einbruch festgestellt zwei, zusammen vier. Gräber und Kammern, in denen die Gesegneten der alten Zeit, die Bürger und Bürgerinnen im Westen Thebens ruhen: es wurde festgestellt, daß die Diebe in alle Gräber eingebrochen waren, daß sie die Besitzer aus den Särgen und Sarkophagen gezerrt hatten, so daß sie in der Wüste lagen, und daß sie die ihnen mitgegebene Totenausstattung ebenso wie das Gold, das Silber und die Gerätschaften, die in den Särgen waren, gestohlen hatten.«

Arithmetisch war Paser im Unrecht. Von den Königsgräbern war nur eins, von den Königinnengräbern waren nur zwei beraubt worden. Daß alle Gräber der Vornehmen beraubt worden waren und daß der Inhalt der Gräber in der Wüste verstreut lag, schien nicht entscheidend zu sein. Paweraa betrachtete sich als rehabilitiert, sah sich aber immerhin angesichts der wenig erfreulichen Begleitumstände gezwungen, einige kleine Leute zu opfern: »Der Stadtälteste des Westens und Polizeichef der Nekropole Paweraa gab dem Wesir, den Vornehmen und den Truchsessen eine schriftliche Liste der Diebe. Sie wurden festgenommen und ins Gefängnis gebracht; sie wurden vernommen und sagten, was geschehen war.« In Wirklichkeit war die Vernehmung der angeblichen Täter völlig unzulänglich. Eine zweite Kommission, an deren Spitze der Wesir selbst stand, hatte einen der Gefangenen auf die Westseite gebracht, um ihn am Tatort zu vernehmen. Der Unglückselige war der Kupferschmied Paicharu, der einen zwei Jahre früher im Tal der Königinnen begangenen Einbruch gestanden hatte. Er wurde mit verbundenen Augen zur Totenstadt geführt und von den höchsten Würdenträgern befragt. Ohne Augenbinde konnte er nur zwei Stellen bezeichnen, an denen er eingebrochen war: ein Grab, »in dem eine Bestattung nie stattgefunden hatte und das offengelassen worden war«, und die Hütte eines Arbeiters der Nekropole. Dann wurde der Kupferschmied vereidigt und einer »sehr strengen Vernehmung« unterworfen: er wurde wie ein Paket mit Stricken zusammengeschnürt, seine Hände und Füße wurden geknickt und Handflächen und Fußsohlen mit Stöcken geschlagen, und er wurde mit den barbarischsten Strafen – Abschneiden der Nase und Ohren und Pfählung – bedroht. Trotz alledem blieb er bei seiner Aussage. Die

Kommission prüfte darauf die Siegel an den Außentüren der Gräber und fand sie unverletzt. Alles in allem hatte sie die Überzeugung gewonnen, daß sich die gegen die zuständigen Beamten erhobene Beschuldigung der strafbaren Pflichtvergessenheit als weitgehend unbegründet erwiesen habe.

Am selben Abend wurde mit der größten Schamlosigkeit eine Freudenfeier veranstaltet. Der Bevölkerung West-Thebens wurde gestattet, in einem Festzug zu marschieren, um ihrer Freude über die Rehabilitierung ihres Stadtältesten Ausdruck zu geben. »Die hohen Beamten ließen die Aufseher, die Verwalter, die Arbeiter der Nekropole, die Polizeioffiziere, die Polizei und alle Sklavenarbeiter der Nekropole um West-Theben in einem großen Aufmarsch herumziehen, der bis nach Theben jenseits des Flusses reichte.« Die mobilisierte Meute bejubelte die Niederlage des puritanischen Störenfrieds Paser, der die hergebrachte Ordnung der Dinge hatte umstürzen wollen. Man zog vor seine Tür und erging sich in Begeisterungsausbrüchen. Da ließ sich Paser aus der Fassung bringen, warf der Menge Niedertracht vor und bestand darauf, daß ein Einbruch in einem Pharaonengrab festgestellt worden sei. Einer der Demonstranten unterbrach ihn mit der Bemerkung, daß die Nekropole unter dem göttlichen Schutz des Pharaos stehe, daß also alle Könige, Königinnen, Prinzen und Prinzessinnen zwangsläufig in alle Ewigkeit unversehrt bleiben würden. Daß Paser den Mann einen Lügner genannt hatte, gab dem amtlichen Bericht die willkommene Gelegenheit, Pasers mangelnden Respekt vor der Lehre von der königlichen Allmacht zu protokollieren: »Dies in der Tat war keine geringe Beschuldigung, die der Stadtälteste von Theben aussprach.«

Überdies hatte Paser den Demonstranten gesagt, er werde in fünf weiteren Fällen konkrete Angaben über Grabplünderungen machen. Das wiederum ließ Paweraa nicht auf sich sitzen. Er verlangte eine neue Untersuchung und schrieb an den Wesir: »Ich habe die Worte gehört, die dieser Stadtälteste von Theben zum Volke der Großen und Erhabenen Nekropole sprach ... und ich berichte sie meinem Gebieter, denn es wäre für jemanden in meiner Position ein Verbrechen, etwas zu hören und es zu verheimlichen. Aber ich kenne nicht die Tragweite der schwerwiegenden Anklagen, die nach der Behauptung des Stadtältesten von Theben ihm gegenüber ausgesprochen worden sind. Ich kann sie in Wirklichkeit überhaupt nicht verstehen, aber ich berichte sie meinem Gebieter, auf daß er ihnen auf den Grund gehen möge.« Paweraa beschuldigte seinen Rivalen weiterhin, Informationen entgegengenommen zu haben, die an den Wesir direkt hätten geleitet werden sollen.

Auf diesen Vorstoß hin trat am nächsten Tag eine dritte Untersuchungskommission im Tempel des Amun zusammen. Der Wesir selbst führte den Vorsitz, und der Hohepriester des Amun verlieh mit seiner Teilnahme der Verhandlung besondere Autorität. Unter den Untersuchungsbeamten befand sich auch Paser. Drei geschundene Gefangene wurden hereingebracht, aber allen Zeugenaussagen kam der Wesir mit einer Eröffnungsansprache zuvor, die so voller offiziöser Entrüstung über Paser war, daß sie jede weitere Untersuchung abwürgte: »Dieser Stadtälteste von Theben hat in Gegenwart des königlichen Truchsessen Nesamun, Sekretärs des Pharaos, vor den Aufsehern und Arbeitern der Nekropole gewisse Beschuldigungen erhoben und über die großen Gräber, die sich am Ort der Schönheit befinden, Angaben gemacht, obgleich wir selbst, ich, der Wesir des Landes, und der königliche Truchseß Nesamun, Sekretär des Pharaos, dort waren, die Gräber untersucht... und sie unversehrt gefunden haben, so daß alles, was er gesagt hat, als falsch festgestellt worden ist. Nun, sehet, die Kupferschmiede stehen hier vor euch. Laßt sie sagen, was sich ereignet hat.« Nach dieser Warnung fühlten sich die Kupferschmiede allerdings nicht veranlaßt, Pasers Anklagen zu bestätigen: »Sie wurden vernommen, aber es wurde festgestellt, daß sie kein Grab am Orte des Pharaos kannten, über das der Stadtälteste seine Äußerungen getan hatte. Er wurde in dieser Sache ins Unrecht gesetzt. Die großen Amtspersonen ließen die Kupferschmiede frei... Ein Bericht wurde angefertigt; er wird im Archiv des Wesirs niedergelegt.«

Die Kräfte, die eine Störung des akzeptierten und offenbar von hoher Stelle gebilligten Zustandes unter keinen Umständen erlauben wollten, hatten Paser an die Wand gedrückt. Nach dem Prozeß wurde er nie wieder erwähnt. Dagegen war sein Gegenspieler Paweraa siebzehn Jahre später immer noch Stadtältester und Polizeichef von West-Theben, und in diesen siebzehn Jahren waren die Plünderungen auf immer größerem Fuß weitergegangen. Fünfzehn Monate nach dem Prozeß wurde eins der Gräber im Tal der Königinnen von Plünderern buchstäblich in kleine Stücke geschlagen. Kein einziger hochgestellter Angeklagter wurde je auch nur in einem der Untersuchungsberichte erwähnt. Nur kleine Diebe wurden erwischt.

Über das, was sich dahinter verbarg, hat der Steinmetz Amunpanefer einigen Aufschluß gegeben. Er und seine Spießgesellen waren in ein königliches Grab eingebrochen. Der Steinmetz beschrieb den ausgegrabenen Gang und äußerte sich ehrerbietig über den überwältigenden ersten Anblick des von Juwelen bedeckten Gottes, »der am hinteren Ende seiner Begräbnisstätte lag«. Nachdem sie den königlichen Mumien Gold, Silber und Edelsteine abgenommen hatten, steckten die Diebe die Särge in Brand. »Und wir teilten das Gold, das wir auf diesen zwei Göttern gefunden hatten, das Gold von ihren Mumien, Amuletten, ihrem Schmuck und ihren Särgen, in acht Teile. Und auf jeden von uns acht entfielen zwanzig Deben Gold, und das machte hundertsechzig Deben Gold, ohne daß der Rest der Ausstattung geteilt wurde.« Zusammen waren das 14,56 Kilogramm Gold, je Beteiligten 1,82 Kilogramm, für einen Bauern kein Pappenstiel. Weiter erzählte Amunpanefer: »Dann gingen wir nach Theben hinüber. Und nach einigen Tagen hörten die Polizisten von Theben, daß wir im Westen Diebereien begingen, und sie nahmen mich fest und brachten mich in Gewahrsam am Orte des Stadtältesten von Theben. Darauf nahm ich die zwanzig Deben Gold, die auf mich als Anteil entfallen waren, und gab sie Chaemopet, dem Distriktschreiber des Hafens in Theben. Er ließ mich gehen, und ich ging zu meinen Gefährten, und sie legten zusammen für einen andern Anteil für mich. Und ich ebenso wie die anderen Räuber, die mit mir sind, wir haben bis zum heutigen Tage das Plündern der Gräber der Vornehmen und der Menschen dieses Landes, die im Westen von Theben ruhen, fortgesetzt. Und eine große Anzahl von Menschen des Landes plündern sie ebenfalls.«

Zwanzig Deben Gold waren als Bestechungsgeld nicht zu verachten. Nicht nur wurde der Steinmetz aus dem Gewahrsam entlassen, sondern er durfte auch seine Einbrüche weiter fortsetzen. Was mit dem Verhaftungsprotokoll geschehen ist, kann man natürlich nur raten.

Wahrscheinlich hat der Distriktschreiber des Hafens die zwanzig Deben nicht für sich behalten dürfen, sondern sie an eine höhere Stelle leiten müssen, um lästige Untersuchungen von vornherein abzuwehren. Die gesamte Affäre der Grabplünderungen ist die Geschichte hoher Würdenträger, die ihre Pflichten verletzten, weil es sich lohnte, Pflichten zu verletzen. Die äußere Form der *ma'at* wurde beibehalten, imposante Untersuchungen wurden zum Schein durchgeführt und kleine Diebe von den Untersuchungsrichtern bedroht, mißhandelt und gefoltert. Der alte Geist des ägyptischen Staates hatte seinen Tiefpunkt erreicht. Ein Jahrhundert nachdem die Grabplünderungen ihren Gipfel erreicht hatten, wurden vom Staat endlich Maßnahmen zum Schutze der heiligen Personen der Götter, die einst Könige gewesen waren, ergriffen. Die königlichen Mumien wurden insgeheim in einen verborgenen Schacht in der Nekropole gebracht und dort wie Brennholz aufgeschichtet: dreißig Mumien in einem Raum. Da sie ihrer Schätze schon vorher beraubt worden waren, verbrachten sie, ohne weiter belästigt zu werden, fast dreitausend Jahre in diesem Massengrab. Der Schaden war, als die Priesterkönige der einundzwanzigsten Dynastie diese ruhmlose Zweitbestattung vornahmen, bereits geschehen.

Im Kampf um die Macht im ägyptischen Staat ist es den Pharaonen nie mehr gelungen, den Boden wiederzuerobern, den sie infolge des Abfalls von Amarna verloren hatten. Wer den Sieg davontrug, war aber weder der Hohepriester des Amun noch der Wesir. Die Kontrolle über Oberägypten fiel nicht an einen Angehörigen der Familie, die über das Amt des Hohenpriesters verfügte: Ramsesnacht, Amenophis und ihre Verwandten gingen leer aus. Der Staatsgewalt bemächtigte sich am Ende der Ramessidenzeit die Armee. In der Armee hatte ein gewisser Herihor, ein Mann dunkler Herkunft, die übliche Karriere gemacht und sich eines Tages zum Vizekönig von Nubien und Armeebefehlshaber emporgedient. In den letzten Regierungsjahren Ramses' XI., des letzten Königs der zwanzigsten Dynastie, tauchte Herihor ziemlich überraschend als Wesir für Oberägypten und Hoherpriester des Amun in Theben auf. Wahrscheinlich hatte die Armee der regierenden Clique mit einem Staatsstreich die Macht zu entreißen versucht, und wahrscheinlich übernahm Herihor als der neue Militärdiktator das priesterliche Spitzenamt, um alle Zügel in einer Hand zu halten. Die Pharaonen aus der Ramessidenfamilie waren bald vergessen: sie, die noch auf die souveräne Würde des Gott-Königs oder Gott-Imperators glaubten Anspruch erheben zu müssen, wurden weder beweint noch geehrt. Nach einer Weile setzte sich Herihor selbst die Krone auf und übergab die Ämter des Wesirs und des Hohenpriesters seinem Sohn, war aber auch vorsichtig genug, denselben Sohn zum Armeebefehlshaber zu machen; nunmehr beruhte die Herrschaft über den Staat auf der Verfügung über die Militärgewalt.

Herihor versuchte jedoch nicht, ganz Ägypten zu regieren. In Tanis, der nördlichen Hauptstadt, stifteten Handelsfürsten eine eigene Dynastie; von neuem war der Staat in Ober- und Unterägypten geteilt. Nie wieder war es dem alten Ägypten beschieden, das Land für längere Zeit zu einer festen Einheit zusammenzuschmieden. Die innere Triebkraft des Staatsorganismus war abgestorben.

## Spätes Weltreich und Verfallszeit

Vergessen und unbeachtet beschloß irgendwann um 1075 v. Chr. der letzte Pharao aus dem Ramessidengeschlecht die Endphase seines Schattenkönigtums; derweilen war die wirkliche Herrschaft über Ägypten auf Herihor, den Hohenpriester des Amun in Theben, und Smendes, den Regenten in Tanis, aufgeteilt. In dieser Zeit geschah es in einem Frühjahr, daß ein gewisser Wenamun, Beauftragter des Tempels des Amun-Re in Theben, eine Reise nach Byblos antrat, um phönikisches Zedernholz für die göttliche Barke des Amun-Re zu beschaffen. Als Reisespesen bekam er genau fünf Deben Gold und einunddreißig Deben Silber mit auf den Weg. Viel war das nicht, und unwillkürlich denkt man daran, daß noch siebzig Jahre zuvor Amuns jährliche Einnahme an Edelmetallen fünfhundertsiebzig Deben Gold und fast elftausend Deben Silber ausgemacht hatte. Es waren andere Zeiten. Jetzt ging der Abgesandte des Gottes auf eine wichtige Dienstreise mit einem lumpigen Taschengeld und ohne Begleitpersonal und mußte sich noch den Kopf darüber zerbrechen, ob sich wohl ein Küstenschiff fände, das ihn nach Phönikien mitnähme. Da war es ein mächtiger Trost, daß ein Gott mit ihm reiste, »Amun der Straßen«, ein transportabler Götze und Stellvertreter des Königs der Götter.

In Tanis passierte das erste Mißgeschick. Smendes besorgte zwar dem Sendboten des Amun-Re Passage auf einem asiatischen Schiff, behielt aber dafür sein Beglaubigungsschreiben. In Dor in Palästina ereilte Wenamun das zweite Malheur: ein Mitglied der Schiffsbesatzung entwendete sein Gold und Silber und machte sich damit aus dem Staub. So landete der Geschäftsvertreter des großen Gottes in Byblos ohne Geld und ohne Papiere. Galten die Götter Ägyptens noch genug in Asien, um ihrem Boten den Weg zu ebnen? Zakar Baal, der Fürst von Byblos, fand das nicht: er empfing Wenamun nicht, ließ ihn vielmehr wiederholt auffordern, den Hafen zu verlassen. Die Zeiten, da Thutmosis III. sämtliches Zedernholz Phönikiens aufkaufen und sich weigern konnte, etwas davon an Asiaten abzugeben, waren unwiderruflich vorbei. Da blieb dem erfolglosen Götterboten nicht viel anderes übrig, als sein Zelt am Meeresufer aufzuschlagen, den »Amun der Straßen« zu verstecken und sich aufs Warten zu verlegen. Dann kam nach neunundzwanzig Tagen das rettende Wunder. Während Zakar Baal im Tempel Opfer darbrachte, verfiel einer seiner Pagen in prophetische Trance, verspürte Gott in sich und rief: »Bringt den Gott her! Bringt den Sendboten, der ihn trägt! Amun hat ihn ausgesandt.« Das Gebot Gottes konnte Zakar Baal nicht mißachten; er ließ Wenamun in den Palast kommen.

Die Mission des göttlichen Abgesandten beeindruckte ihn dennoch nicht. Er überschüttete Wenamun mit ironischen Fragen und verwirrte ihn vollends mit der Vermutung, Smendes könnte ihm einen bösen Streich gespielt haben: weswegen sollte er Wenamun mit einem fremden Schiff verfrachtet haben, wo er doch zwanzig eigene Schiffe habe, die regelmäßig den Handelsverkehr mit Byblos besorgten? Und wieso sei Ägypten, das früher bis zu sechs Schiffsladungen Ware nach Byblos gesandt habe, um den Holzkauf zu finanzieren, plötzlich auf einen geldlosen Agenten angewiesen? Spöttisch fügte er hinzu: »Amun hat alle Länder gegründet. Er hat sie gegründet, aber zuerst hatte er das Land Ägypter gegründet, aus dem ihr kommt; und aus diesem Land kamen alle Fertigkeiten, die den Or erreichten, an dem ich bin, und alles Wissen kam aus diesem Land und erreichte den Ort, an dem ich bin. Was also sind diese unsinnigen Reisen, auf die ihr geschickt worden seid?« Das war kein schlechter Nachruf auf Ägyptens vergangene Glorie und seine einstige kulturelle Vormundschaft über ganz Westasien und namentlich über das mit ihm ehedem so eng verbundene Byblos. Es war, als wollte Zakar Baal die höhnenden Assyrer mit ihrem Wort vom zerstoßenen Rohrstab Ägypten vorwegnehmen. Und noch vor knapp einem Menschenalter hatte sein Vater die Gelegenheit, mit Amun-Re Geschäfte zu machen, freudig begrüßt!

Von allen Argumenten, die Wenamun dann vorbrachte, um den Fürsten von seiner Skepsis abzubringen, zog nur der Hinweis auf die immer noch unanfechtbare Zahlungsfähigkeit des Amun-Re-Tempels, die sich sofort erweisen werde, wenn der Sekretär des Fürsten nach Ägypten fahre, um den Gegenwert der Holzlieferungen zu holen. Der geschäftsmäßige Vorschlag leuchtete dem geschäftstüchtigen Fürsten ein. Er ordnete seinen Sekretär tatsächlich nach Ägypten ab und ließ auch, ohne die Zahlung abzuwarten, sieben Zedernstämme an den Tempel verschiffen. Nach wenigen Wochen kam der Sekretär mit Waren zurück, die für den ägyptischen Export der damaligen Zeit typisch gewesen sein müssen: er brachte Gold- und Silberkrüge, feines Leinen, fünfhundert Rollen Papyrus für den Geschäftsgebrauch, Ochsenhäute, Seile, Säcke mit Linsen und Körbe mit Fischen. Die Zedernbäume wurden gefällt und zum Ablagern vier Monate liegengelassen. Wenamuns Reise hatte ihren Zweck doch noch erreicht. Aber die Schwierigkeiten, die er hatte überwinden müssen, zeigten deutlich, wie sehr das Prestige Ägyptens in Asien gesunken war.

Abgesehen von sporadischen Energieausbrüchen, die ebensoschnell abflauten, wie sie entstanden, war Ägypten kein lebendiges Staatsgebilde mehr, sondern ein Nebeneinander von Kleinstaaten, die faktisch unabhängig und nur durch Handelsbeziehungen verbunden waren. Was als Herrschaft der einundzwanzigsten Dynastie galt, lief darauf hinaus, daß im Delta die Handelsfürsten von Tanis und in Theben die Nachfolger Herihors herrschten, Armeebefehlshaber, die über die Hohepriesterschaft auf den Thron gelangt waren. In dieser Zeit kam ein neuer Machtfaktor auf: der wachsende Einfluß eines Fürstengeschlechts libyscher Abstammung aus dem Fayûm. Am Ausgang der zwanzigsten Dynastie hatte sich in Herakleopolis ein Libyer niedergelassen, der auf den exotischen Namen Bujuwawa hörte und dessen Nachkommen in den nächsten fünf Generationen alle als Hohepriester des lokalen Gottes Harsaphes amtierten, ohne jedoch ihren Erbtitel als »Große Häuptlinge der Me«, das heißt der westlibyschen Meschwesch-Stämme, abzulegen. Möglicherweise stammten sie von Söldnern ab, die, als Ägypten sein Weltreich aufgab, zu Siedlern geworden waren. Um 950 v. Chr. reichte der Einfluß eines dieser Fürsten im Süden bis Abydos, und seine Macht war so groß, daß der letzte Pharao aus der einundzwanzigsten Dynastie ihn einlud, »an den Feierlichkeiten seiner Majestät teilzuhaben und den Sieg gemeinsam entgegenzunehmen«. Vielleicht war es ein Zeichen von besonderem Weitblick, diesem Libysch-Ägypter Scheschonk große Ehren zu erweisen: schon wenige Jahre später bemächtigte er sich des ägyptischen Throns und stiftete die zweiundzwanzigste Dynastie.

Die Dynastie der Libyer fing mit überschäumender Siegesenergie an, die sich zunächst in einem militärischen Streifzug durch Palästina entlud, verlor sich dann aber in untätiger

Stagnation; die Ruhe der stagnierenden Gewässer störten allerdings ein Bürgerkrieg und zunehmender lokaler Separatismus. Um 730 v. Chr. erlebte Ägypten eine Invasion, die erste in tausend Jahren, die von Erfolg gekrönt war, diesmal eine aus dem Süden. Von einer Hauptstadt am Vierten Katarakt aus hatte der neue Eroberer Pianchi, ein Äthiopier, über den Sudan und Nubien geherrscht. Die Kultur, in der er lebte, war eine provinzielle Nachahmung des frühen Ägyptens, fanatisch in ihren Bindungen an religiöse Formen. Pianchi war mächtig genug geworden, um sich für den ägyptischen Thron zu interessieren; den unmittelbaren Anlaß zu seinem Eroberungszug gab der Versuch eines von den Meschwesch abstammenden Delta-Fürsten, eine Anzahl unter- und mittelägyptischer Städte in seinen Machtbereich zu bringen. Pianchis Bericht über die Eroberung Ägyptens ist auch ein Beitrag zu seinem Charakterbild; deutlich tritt darin der auffallende Kontrast zwischen dem hinterwäldlerischen Puritaner und den überkultivierten, übermüdeten, kraftlosen Ägyptern hervor. Berichtet wird da in elegantem Ägyptisch, würdevoll feierlich, aber doch mit sichtlichem Vergnügen an den eigenen Taten, von Pianchis Ritterlichkeit im Kampf, seiner fast asketischen Zurückweisung gefangener Prinzessinnen, seiner Freude an Pferden, seiner peinlich genauen Befolgung des religiösen Rituals und seiner Weigerung, mit unterworfenen Fürsten Umgang zu haben, weil sie im Sinne der Religionsvorschriften unrein seien: »sie waren unbeschnitten und Fischesser«. Nachdem Pianchi das Fundament für die sechzigjährige äthiopische Herrschaft über Ägypten gelegt hatte, belud er seine Schiffe mit den Schätzen des Nordens und segelte zurück zum Vierten Katarakt.

Die äthiopische Hauptstadt war von Ägypten und damit vom Orakelbeistand Amuns weit entfernt, und die Reise war beschwerlich. Pianchi folgte nur dem Beispiel seiner Vorgänger, als er beschloß, in Theben einen ständigen Stellvertreter einzusetzen; aber dieser Stellvertreter mußte jemand sein, der nicht als Rivale gefährlich werden konnte. Auch hier zeigte die Praxis der letzten Pharaonen einen Weg. Schon seit geraumer Zeit war der Hohepriester des Amun so mächtig geworden, daß die Vorgänger Pianchis auf den Ausweg verfallen waren, ihm eine Priesterin, die »Gottesgemahlin des Amun«, überzuordnen und diesen entscheidenden Kontrollposten mit einer Königstochter zu besetzen. Pianchi fand es nun ideal, einen Statthalter in Theben zu etablieren, der Ägypten vor allem mit Hilfe des Amun-Orakels regieren könnte und dennoch keine Gefahr für den neuen Pharao bedeuten würde. Er zwang die amtierende »Gottesgemahlin des Amun«, seine Schwester zu adoptieren und zu ihrer Nachfolgerin zu bestimmen, und dieser Schwester übertrug er die Regierungsgewalt. So kam Ägypten nominell unter die Herrschaft eines Äthiopiers aus den verachteten »barbarischen« Grenzgebieten und faktisch unter das Regiment einer Frau.

In den folgenden Jahrhunderten bekam das Land die Übermacht der Assyrer und Babylonier zu spüren, die in Ägypten einfielen und es besiegten. Dann wurde Ägypten von den Persern und schließlich von den Makedoniern erobert. Auch wenn Ägypten, wie es unter der sechsundzwanzigsten oder der dreißigsten Dynastie geschah, demonstrativ so tat, als sei es unabhängig und als könne es eine unabhängige Politik betreiben, war diese Unabhängigkeit fiktiv und vergänglich, ja überhaupt nur in Zeiten denkbar, in denen die Assyrer oder die Perser anderweitig beschäftigt waren. Die Pharaonen der sechsundzwanzigsten Dynastie waren Geschäftsleute, die eifrig versuchten, Ägyptens Position durch wirtschaftliche Erfolge – namentlich in ihrem fleißigen und tüchtigen Delta-Gebiet – zu verbessern. Oberägypten wurde zur Kornkammer des Landes und erzeugte die Güter, die Unterägypten verkaufte, und die Herrschaft über Oberägypten wurde wiederum mit Hilfe der Pharaonentochter als »Gottesgemahlin des Amun« gesichert. Im unteren Delta hatten sich mittlerweile griechische und ionische Händler mit mächtigen Kolonien niedergelassen. Von Naukratis und Daphnae aus betrieben griechische Kaufleute einen lebhaften internationalen Handel mit ägyptischer Gerste, ägyptischem Weizen und libyscher Wolle, wofür sie Öl und Wein aus der Ägäis eintauschten. Die Aufrechterhaltung der Staatssicherheit war auf die Leibwache des Pharaos übergegangen, die sich aus ionischen Söldnern zusammensetzte. Nach Herodot und Diodoros wurden die ionischen, karischen und lydischen Söldner von den Pharaonen der sechsundzwanzigsten Dynastie so sehr bevorzugt, daß es zu einer Revolte der eingeborenen ägyptischen Truppen gekommen sei; dies ägyptische Heer sei dann nach Äthiopien gezogen und habe sich mit dem dortigen Herrscher, einem Rivalen der Pharaonen, verbündet. Inwieweit das im einzelnen stimmt, wissen wir nicht; zweifellos gibt aber diese Geschichte die wahren Gefühle wieder, die die Vorzugsbehandlung der Griechen und Ionier bei vielen Ägyptern auslöste, zumal die Pharaonen, denen die Begünstigung der Fremden vorgeworfen wurde, ursprünglich von den assyrischen Eroberern eingesetzt worden waren. Der Geist des wahren Ägyptens blieb unterdrückt und ohnmächtig.

So sah das Land aus, das in Asien gegen die assyrischen Eroberer Ränke schmiedete, ohne selbst einen Einsatz wagen zu wollen, das Land, über das der assyrische Feldherr, wie es die Bibel darstellt, zum Volk von Jerusalem die höhnischen Worte sprach: »Siehe, verlässest du dich auf diesen zerstoßenen Rohrstab, auf Ägypten, welcher, so sich jemand darauf lehnt, wird er ihm in die Hand gehen und sie durchbohren? Also ist Pharao, der König von Ägypten, allen, die sich auf ihn verlassen.«

Als die Ägypter schließlich im Jahre 605 v. Chr. unter Necho den Versuch unternahmen, einen Teil Asiens zurückzuerobern, wurden sie von den Babyloniern geschlagen, die dann, ohne auf Widerstand zu stoßen, bis zur Delta-Grenze vordringen konnten. Es dauerte nicht länger als ein oder zwei Menschenalter, bis als nächste die Perser in Ägypten einbrachen und das Land ohne große Anstrengung an sich rissen. Im Gegensatz zu den Assyrern begnügte sich Kambyses nicht damit, mit Hilfe eines ägyptischen Statthalters zu regieren. Er ließ sich von den ägyptischen Göttern als Pharao, ihr legitimer Sohn, anerkennen. Das mächtige Land am Nil hatte jeden inneren Zusammenhalt verloren; die ganze reiche Region wurde zum abhängigen Protektorat anderer Mächte.

Bei der Betrachtung des ägyptischen Weltreichs nach der Amarna-Zeit konnten wir feststellen, daß Kunst und Literatur auch nach dem Scheitern der Aton-Revolution unter dem Einfluß der großen gesellschaftlichen und politischen Veränderungen und ausländischer Einwirkungen die modernistischen Formen und den Zug zur Vulgarisierung beibehielten. In der Periode, die der äthiopischen Eroberung von 720 folgte, kam die verspätete Reaktion: vor allem in der Kunst setzte sich eine archaische Tendenz durch. Das Bedürfnis nach einem Ausgleich für die geistige Öde und Leere der Gegenwart äußerte sich in der Suche nach Modellen aus der alten Zeit, die getreulich kopiert wurden. Größtenteils mieden die Künstler die Vorbilder des Weltreichs und suchten Anregungen im Alten und Mittleren Reich, in Zeiten, in denen sich der Geist Ägyptens am echtesten und am kräftigsten kundgetan hatte. In den besten Werken der Periode brachte das Kopieren großartige Resultate hervor: es ist oft nicht einfach, eine Statue der fünfundzwanzigsten oder der frühen sechsundzwanzigsten Dynastie von einer Statue der sechsten oder der zwölften Dynastie zu unterscheiden. Aus irgendeinem Grund waren die frühen Stadien dieser Renaissance besonders erfolgreich: hier war es wirklich gelungen, die Form und Vitalität der klassischen Vorbilder einzufangen. Mit der Zeit wurde jedoch aus dem Nacherleben der alten Kunst sklavische Nachahmung; jedes Bemühen um schöpferische Wiederaneignung des Vergangenen schwand dahin, die Kunsterzeugnisse wurden blaß und leblos. Eine müde, altersschwache Zeit suchte nach einer Ersatzbefriedigung in der blinden ritualistischen Anbetung einer Vergangenheit der Kraft und Leistung. Dieser Versuch, einer ruhmlosen Gegenwart zu entfliehen, war freilich keine ägyptische Spezialität: in Babylonien versenkte sich Nabonidus, ein Zeitgenosse der sechsundzwanzigsten Dynastie, voller Ehrfurcht in die Wiederbelebung des Altertums; er vergrub sich in den alten Annalen; er bemühte sich um die Restaurierung von Tempeln in absoluter Übereinstimmung mit den ursprünglichen Bauplänen. Da die Gegenwart beengt war und die Zukunft keine Hoffnung auf Besseres bot, suchte die Kultur ihre Daseinsberechtigung in der verträumten Glorifizierung der Vergangenheit.

Die Verarmung des ägyptischen Geistes läßt sich nur verstehen, wenn man sich den Wandel der Kunst- und Literaturformen seit den Tagen Thutmosis' III. vergegenwärtigt. Ein charakteristisches Beispiel sind die Grabreliefs. Seit der vierten Dynastie hatten die Grabszenen ein frohes und erfülltes Leben betont. Das Hauptthema war die Verneinung des Todes mit dem Bekenntnis zu den glücklichen und erfolgreichen Phasen des Lebens. Vor dem Tode hatte man keine größere Angst als vor dem Umhertappen in einem dunklen Raum, den man kannte: das Wissen davon, daß der Raum bei Tageslicht vertraut und freundlich war, war Trost genug. Das gab den Grabszenen ihre wundervolle Lebendigkeit, ihre Lebensfreude, ihren Optimismus. Auch am Anfang der Weltreichsperiode zeigte sich in den Gräbern noch dieselbe Lebensfreude. Das typische Grab der achtzehnten Dynastie bedeckte seine Wände mit Szenen aus der Landwirtschaft, dem Weinbau, der Fischerei, der Jagd, der Arbeit der Handwerker, Festgelagen, Tributzahlungen des Auslands und königlichen Belohnungen. Erst nach und nach begann sich eine triste Nüchternheit einzuschleichen: Szenen, die sich auf den Tod bezogen, wurden häufiger verwendet oder stärker hervorgehoben. Das Totengericht vor Osiris, die Bestattungsprozession, die trauernde Witwe kamen am Ausgang der achtzehnten Dynastie entweder neu auf oder wurden mit größerem Nachdruck dargestellt. Aber auch noch unter der neunzehnten Dynastie überwogen die Freuden des Diesseits: der anmutige Garten, das Zerstampfen der Weintrauben, das bunte Marktgetriebe, die Auszeichnung durch den König.

Ganz plötzlich tritt ein drastischer Wechsel am Ausgang der neunzehnten Dynastie ein. Binnen zwei oder drei Menschenaltern verschwindet aus den Gräbern die Hingabe an das Diesseits; die gesamte Wandfläche gilt nur noch dem Tod und dem Jenseits. Über den sonnigen Frohsinn Ägyptens war der Schatten einer ungesicherten Ewigkeit gefallen. Wir sehen nur noch den Totenzug, der sich dem westlichen Bergabhang nähert, das Totengericht, die

Der Priester Petamenophis
Würfelhocker, Spätzeit. Berlin, Staatliche Museen

Der Horus-Tempel in Edfu
Blick in den großen Hof. Ptolemäer-Zeit, Ende 3. Jahrhundert v. Chr.

Zurichtung der Mumie, die jenseitigen Götter und Dämonen, mythologische Schrecken, Zauberschutz durch Amulette. Die Inschriften verzichten auf die biographische Selbstdarstellung und konzentrieren sich auf Hymnen, Riten und religiöse Texte, die dem magischen Schutz oder der Selbstbehauptung im Jenseits gelten. Das Leben ist aus Texten und Szenen entschwunden; der Tod wird als Unvermeidliches akzeptiert. Dahin ist Ägyptens ewige Freude. Das kommende Leben erscheint als Erlösung von irdischer Mühsal, als Belohnung für Geduld und Demut im Diesseits. Sogar in Personennamen, die in dieser Periode neu auftreten, kommt die neue Resignation zum Vorschein. Neben den alten lebensbejahenden Namen, die traditionell geworden waren, tauchen Namen auf, die Angst oder Abhängigkeit ausdrücken: »Der Errettete«, »Der Demütige dauert fort«, »Der Blinde«, »Sklave Amuns«, »Re sagt, daß er leben wird« oder sogar »Es hat keinen Zweck«. Die zuversichtliche Benennung der Kinder nach Erfolg und Macht wird durch eine Namengebung abgelöst, die ängstlich oder flehentlich ist.

Die strenge Disziplin, die der Staat forderte, erst um die Hyksos zu vertreiben, dann um das Weltreich auszudehnen und zu behaupten, hatte die alte leichtlebige, duldsame, pragmatische Haltung mit ihrer Anerkennung der individuellen Selbstbestimmung ertötet. Das Individuum wurde nun strikt reguliert: durch umfassende Verhaltensvorschriften zum Besten der Gruppe, durch das Glaubensdogma zum Besten der das Land regierenden Götter einschließlich des Pharaos, praktisch aber zum Besten der regierenden Oligarchie. In dem Maße, wie der hohe Adel mächtiger wurde, wurden der niedere Adel, die Mittelschichten und die Massen ärmer und machtloser. Und nun sagte ihnen die Theologie, eben dies sei ihr vorbestimmtes Schicksal, in das sie sich in der Hoffnung auf Belohnung im Paradies stumm und gefaßt zu ergeben hätten. Zum erstenmal war die Vorstellung vom Schicksal und vom Geschick als überragenden Gottheiten in der Amarna-Zeit sichtbar geworden: da wurde Aton als der Gott gepriesen, »der das gute Schicksal gemacht und die Göttin Geschick ins Dasein gebracht hat«; da wurde Echnaton zum »Gott Schicksal, der Leben gibt«. Ein späterer Hymnus, der Amun als den Gott-Schöpfer preist, sagt: »Schicksal und Geschick sind bei ihm für jedermann.« In Darstellungen des Totengerichts steht jetzt der Gott Schicksal neben der Waage, auf der das menschliche Herz gewogen wird, und die Göttinnen Geschick und Geburtsbestimmung halten sich in nächster Nähe, um jeden abwegigen Individualismus zu verhindern.

Der Mensch ist nun von einer angsteinflößenden Leibwache regulierender Kräfte umzingelt, die seine Freiheit beschneiden, »seinem *ka*, seiner Stele, die zu diesem Grab in der Totenstadt gehört, seinem Schicksal, seiner Lebensdauer, seiner Geburtsbestimmung, seinem Geschick und seinem (Gestaltungsgott) Chnum«. Allerdings wurde diese Prädestination im Rahmen der von der Gesellschaft geschaffenen allgemeinen Verhaltensvorschriften nicht als absolut und unabänderlich angesehen. Ein Weisheitsspruch aus der Weltreichsperiode legte dem jungen Menschen nahe, in der Wahl seines Verhaltens den Worten des Vaters zu folgen; wer das tue, »steht hoch in Gunst..., und sein Schicksal wird sich nicht erfüllen«. Für den, der gewillt war, sich nach den Lehren der Vergangenheit zu richten, blieb in engen Grenzen ein Raum freier Selbstbestimmung: »Alle diese Dinge sind innerhalb eines Menschenlebens, außerhalb der Göttin Geschick, ohne daß eine Geburts-

## Ausklang der altägyptischen Geschichte
### 1075–525

1075–945 Einundzwanzigste Dynastie mit der Hauptstadt Tanis. Der Süden des Landes steht unter der Herrschaft der Hohenpriester des Amun von Theben, von denen einige auch den Königstitel annehmen. In diesem »Gottesstaat des Amun« regiert der Gott und lenkt durch seine Orakel alles Geschehen. Außenpolitisch ist Ägypten praktisch bedeutungslos, kein spürbarer Einfluß in Syrien und Palästina (Expedition des Wenamun nach Byblos).

1045 Der Hohepriester *Pinodjem I.* von Theben heiratet eine Tochter des Königs *Psusennes I.* von Tanis und besiegelt damit das friedliche Nebeneinanderbestehen der beiden Teilstaaten. Der größte Teil der noch vorhandenen Königsmumien wird zur Sicherung in ein provisorisches Versteck auf der Westseite von Theben gebracht, das erst 1881 entdeckt wird.

945 *Scheschonk I.*, ein Nachkomme libyscher Söldnerführer, begründet die zweiundzwanzigste Dynastie (»Bubastiden«). Die Könige residieren weiter in Tanis. Unter den ersten Königen der Dynastie außen- und innenpolitischer Aufschwung, die staatliche Einheit wird vorübergehend wiederhergestellt, als thebanische Hohepriester amtieren jetzt Prinzen des königlichen Hauses.

925 Palästinafeldzug *Scheschonks I.*, Eroberung von Jerusalem und Plünderung des Salomonischen Tempels.

885–740 Unter den Nachfolgern *Osorkons I.* rascher Verfall, Bildung neuer Teilstaaten unter meist libyschen Fürsten; *Petubastis* begründet die dreiundzwanzigste Dynastie, die neben der zweiundzwanzigsten regiert; er steht im Mittelpunkt eines die neue Feudalzeit charakterisierenden Sagenkreises. Die seit je erstrebte Erblichkeit der Rangstellung führt zu einer Art Kastenwesen. In der Religion immer stärkeres Hervortreten des Tierkultes.
In Theben regiert die »Gottesgemahlin des Amun« als eine Art weiblicher Hoherpriester den Gottesstaat. Im ehemaligen sudanesischen Kolonialgebiet kommt ein einheimisches (»äthiopisches«) Herrschergeschlecht mit der Hauptstadt Napata am vierten Katarakt auf, das wie in Theben den Gott Amun als eigentlichen Regenten proklamiert.

740 Der äthiopische König *Kaschta* bringt die Thebais in seine Gewalt und zwingt die amtierende »Gottesgemahlin«, seine Tochter *Amenirdis* zu adoptieren. Indessen einigt der libysche Fürst *Tefnacht* von Saïs aus die Kleinstaaten des Deltas und des nördlichen Mittelägyptens und begründet die vierundzwanzigste Dynastie.

730 *Pianchi*, Nachfolger des *Kaschta*, bringt *Tefnacht* zum Stehen und wirft ihn ins Delta zurück.

720 Im Bunde mit dem Fürsten *Hanno* von Gaza kämpft ein ägyptisches Hilfsheer bei Raphia gegen die Assyrer, wird aber geschlagen.

715 Ganz Ägypten ist im Besitz der Äthiopier, nachdem ihr König *Schabaka* den Sohn *Tefnachts*, *Bocchoris*, besiegt und getötet hat. Unter den äthiopischen Königen der fünfundzwanzigsten Dynastie erlebt Theben noch einmal eine Blütezeit mit umfangreicher Bautätigkeit (unter anderem großer Pylon des Karnaktempels). Archaismus, die Kunst greift auf das Vorbild des Alten Reiches zurück, alte Texte werden kopiert (Denkmal Memphitischer Theologie). Die Könige werden bei Napata wieder in Pyramiden beigesetzt. Puritanismus und Orthodoxie herrschen auf religiösem Gebiet; Amun überragt alle anderen Götter. Es wird versucht, die Kleinstaaten Palästinas gegen Assyrien zu unterstützen.

671 Der Assyrerkönig *Assarhaddon* erobert Ägypten und vertreibt den Äthiopierkönig *Taharka* nach Nubien.

663 Der Nachfolger *Taharkas*, *Tanutamun*, schlägt die mit Assyrien verbündeten Deltafürsten und nimmt Memphis, muß sich aber vor einem assyrischen Hilfsheer wieder nach Süden zurückziehen. Die Assyrer erobern und plündern diesmal auch Theben, das hinfort eine sekundäre Rolle spielt.
*Psammetich*, der Fürst von Saïs, macht sich von Assyrien unabhängig und wird dabei durch *Gyges* von Lydien unterstützt, vor allem mit griechischen Söldnern. Die Fürsten des Deltas und Mittelägyptens unterwerfen sich ihm, während Oberägypten von der äthiopischen »Gottesgemahlin« *Schepenupet II.* regiert wird.

655 *Schepenupet II.* adoptiert *Nitokris*, eine Tochter *Psammetichs I.*; damit untersteht nun ganz Ägypten der Herrschaft der sechsundzwanzigsten Dynastie (»Saïten«). Die Nachfolger der fünfundzwanzigsten Dynastie regieren aber von Napata (später Meroë) aus noch der Nordteil des heutigen Sudans. Unter fähigen Herrschern erlebt das alte Ägypten eine letzte Blütezeit. Ein starkes, vor allem aus Griechen, Juden und Phönikiern bestehendes Söldnerheer schützt die Grenzen. In der Kunst bleibt Altes und Mittleres Reich Vorbild. Der Handel wird durch die neuen Verbindungen zu Griechenland belebt.

616 Im Streben nach einem weltpolitischen Gleichgewicht der Kräfte greift *Psammetich I.* in die Auseinandersetzung zwischen Assyrien und seinen Feinden auf der Seite des schwächeren Assyriens ein, kann aber dessen Untergang nicht verhindern (Fall von Ninive 612). Syrien und Palästina kommen wieder unter ägyptische Oberhoheit, *Josia* von Juda wird 608 bei Megiddo von *Necho* besiegt und getötet.

605 Die ägyptischen Truppen bei Karkemisch vom babylonischen Kronprinzen *Nebukadnezar* geschlagen, Syrien und Palästina gehen erneut verloren. In der Folgezeit verzichtet Ägypten auf direktes Eingreifen in Asien und baut statt dessen unter *Necho* eine starke Flotte auf. In *Nechos* Auftrag umsegeln phönikische Seeleute Afrika.

590 Die griechische Handelskolonie Naukratis im Delta gegründet.

588 Während *Nebukadnezar* Jerusalem belagert, greift Ägypten unter *Apries* nochmals in Asien ein, kann aber den Fall der Stadt (586) nicht verhindern. Viele Juden fliehen vor den Babyloniern und treten als Söldner in ägyptische Dienste; eine jüdische Militärkolonie entsteht in Elephantine mit eigenem Jahve-Tempel.

569 Im Anschluß an einen erfolglosen Feldzug gegen die griechische Kolonie Kyrenaika in Libyen meutern die ägyptischen Truppen und erheben den Offizier *Amasis* zum Gegenkönig. Nach zweijähriger Auseinandersetzung mit *Apries* ist *Amasis* unbestrittener König. Unter seiner friedlichen Regierung Glanzzeit der sechsundzwanzigsten Dynastie; die engen Beziehungen zu Griechenland werden weiter ausgebaut, Naukratis wird Freihandelsplatz der Griechen in Ägypten. Außenpolitisch sucht Ägypten wieder vergeblich das Gleichgewicht der Kräfte zu erhalten, Bündnis mit Lydien und Babylon gegen das aufstrebende Perserreich.

525 Nach einem entscheidenden Sieg bei Pelusium verleibt *Kambyses* Ägypten als Satrapie dem Perserreich ein.

*Persische Phase der ägyptischen Geschichte*
*525—332*

525 Expeditionen des *Kambyses* gegen das Äthiopierreich und gegen die westlichen Oasen scheitern. Obgleich er auf ägyptischem Boden als Pharao auftritt (die Perserkönige werden als siebenundzwanzigste Dynastie gezählt) und die ägyptische Religion respektiert, beschneidet *Kambyses* radikal die Einkünfte der Tempel und gilt daher der Nachwelt als Religionsfrevler.

521—486 *Darius I.* widmet Ägypten sein spezielles Interesse, läßt das alte ägyptische Recht erstmals kodifizieren, baut den von *Necho* begonnenen Kanal vom Nil zum Roten Meer aus und kommt der ägyptischen Priesterschaft beträchtlich entgegen. Der große Amuntempel in der Oase El Charge wird erbaut. Nach seinem Tod

486—484 erster Aufstand gegen die Perserherrschaft, bleibt auf Unterägypten beschränkt und wird von *Xerxes I.* niedergeworfen. Dieser »macht ganz Ägypten viel geknechteter, als es unter *Darius* war« (*Herodot*), straffere Verwaltung ohne Rücksicht auf nationale Belange.

463—454 Aufstand des libyschen Fürsten *Inaros* gegen die persische Herrschaft. Nach anfänglichen Erfolgen erliegt er trotz athenischer Hilfe der Übermacht. Ein Teil des Westdeltas bleibt jedoch unter *Amyrtaios I.* weiter unabhängig.

445 *Herodot* bereist Ägypten, das einen wachsenden Strom griechischer und später römischer Touristen anlockt.

411 Bei antijüdischen Ausschreitungen in Elephantine wird der dortige Jahve-Tempel zerstört.

404 *Amyrtaios II.* von Saïs schüttelt die persische Herrschaft ab, gewinnt auch Oberägypten und macht so ganz Ägypten wieder unabhängig (bis 343). Dank dem Kyroszug (401) und dem persisch-spartanischen Krieg bleibt die geplante persische Rückeroberung stecken.

398 Nach dem Tode *Amyrtaios II.*, des einzigen Königs der achtundzwanzigsten Dynastie, begründet *Nepherites I.* die neunundzwanzigste Dynastie mit der Residenz Mendes im Delta. Unter *Hakoris* (392—380) erfolgt ein Wiederaufbau der ägyptischen Seemacht und rege Bautätigkeit, unter anderem in der Oase Siwa. Ein persischer Rückeroberungsversuch (385/83) wird mit Hilfe des athenischen Feldherrn *Chabrias* abgewehrt.

380 Nach dem Tod des *Hakoris* erringt *Nektanebos I.* aus Sebennytos die Herrschaft und begründet als letztes nationales Herrscherhaus die dreißigste Dynastie. Zahlreiche Bauten: Tempel in Tanis und Behbet el Hagar (Iseum), Geburtshaus in Dendera, Sphinxallee vor dem Luxortempel, Tore in Karnak; Baubeginn am Isistempel auf Philae und Chnumtempel auf Elephantine. Erste Münzprägungen für die griechischen Söldner.

360 *Tachos* versucht noch einmal eine aktive Außenpolitik und rückt im Bunde mit König *Agesilaos* von Sparta in Palästina ein. In seinem

Rücken bringt ein Aufstand in Ägypten seinen Neffen *Nektanebos II.* auf den Thron und zwingt ihn zur Flucht an den persischen Hof.

343 Nach vergeblichen Versuchen gelingt es den Persern unter *Artaxerxes III.* endlich, Ägypten zurückzuerobern, *Nektanebos II.* flieht nach Äthiopien.

338 Nach dem Tod *Artaxerxes III.* fällt Ägypten unter dem nubischen Fürsten *Chabasch* noch einmal für zwei Jahre von Persien ab.

332 *Alexander der Große* besetzt Ägypten kampflos und wird als legitimer Nachfolger der dreißigsten Dynastie anerkannt (Legende seiner Abstammung von *Nektanebos II.*). Zug zum Orakel des Zeus Ammon in die Oase Siwa und Gründung von Alexandreia (331), neben dem die alten Zentren des Landes mehr und mehr an Bedeutung verlieren.

## Hellenistisches Ägypten
### 332–30

323 Nach dem Tod *Alexanders des Großen* und seiner Beisetzung in Alexandria fällt Ägypten bei der Teilung des Reiches dem makedonischen Feldherrn *Ptolemaios*, Sohn des *Lagos*, zu.

304 *Ptolemaios I.* nimmt den Königstitel an und begründet damit die Dynastie der Ptolemäer. Die Gründung des Museums und der Bibliothek in Alexandria macht die Stadt zum geistigen Mittelpunkt der hellenistischen Welt. Einführung des Serapis-Kultes. In der Kunst erste Versuche zu einem Kompromiß zwischen ägyptischen und griechischen Stilelementen: Grab des *Petosiris* in Hermopolis.

280 Der Priester *Maneiho* zeichnet die ägyptische Geschichte auf und legt die noch heute übliche Einteilung nach Dynastien fest.

278 *Ptolemaios II.* heiratet seine Schwester *Arsinoë II.* und begründet damit die Sitte der Geschwisterehen im ptolemäischen Königshaus. Nach ihrem Tod (270) wird *Arsinoë* Schutzgöttin des Fayûm (»arsinoïtischer« Gau).

236 Bau des großen Horustempels in Edfu begonnen.

221 Mit *Ptolemaios IV.* beginnt der Niedergang des Ptolemäerreiches, das mehrfach nur durch römische Intervention vor dem Untergang bewahrt wird.

196 Ein Beschluß der ägyptischen Priesterschaft zu Ehren *Ptolemaios' V.* wird dreisprachig (in ägyptischen Hieroglyphen, demotisch, griechisch) auf dem »Stein von Rosette« aufgezeichnet, der später die Grundlage der Entzifferung der Hieroglyphen bildet.

142 wird der Horustempel von Edfu, das am besten erhaltene antike Bauwerk, geweiht; die Bauarbeiten gehen aber noch bis zu *Ptolemaios XII.* (Auletes) weiter.

131–130 regiert ein einheimischer Gegenkönig, *Harsiêse*, über das thebanische Gebiet.

88–85 Großer thebanischer Aufstand gegen *Ptolemaios IX.*

80–51 *Ptolemaios XII.* beendet den Bau des Horustempels von Edfu und beginnt den Neubau des Hathortempels von Dendera.

48 *Caesar* kommt auf der Verfolgung des *Pompeius* nach Alexandria und verhilft der Tochter *Ptolemaios' XII., Kleopatra VII.*, zur Anerkennung ihrer Herrschaft. Nach seiner Ermordung verbindet sich *Kleopatra* mit *Marcus Antonius.*

31 Nach der Niederlage bei Actium gegen *Octavius* enden *Marcus Antonius* und *Kleopatra* durch Selbstmord. Ägypten wird römische Provinz, deren Verwaltung in den Händen eines direkt vom Kaiser bestellten Präfekten liegt.

## Römisch-byzantinisches Ägypten
### 30 v. Chr.–642 n. Chr.

Die römischen Kaiser treten in Ägypten als Pharaonen auf und setzen den Bau von Tempeln für die einheimischen Götter fort (unter anderem in Dendera und Philae). Ägypten wird wichtigster Getreidelieferant Roms und Durchgangsland für den Handel mit Arabien und Indien. Der Isis- und Serapis-Kult breiten sich über das römische Weltreich aus.

24 v. Chr. Einfall der Äthiopier unter der Königin *Kandake;* der Präfekt *Gaius Petronius* dringt im Gegenstoß bis Napata vor.

54–68 n. Chr. Unter der Regierung *Neros* soll die Verbreitung des Christentums in Ägypten begonnen haben.

98–117 *Trajan* vollendet den Isistempel von Philae und erneuert den Kanal vom Nil zum Roten Meer. Großer Judenaufstand (115).

130 *Hadrian* in Ägypten.
Mit *Valentinus* und *Basilides* beginnt die Blütezeit der Gnosis in Ägypten.

172/73 Ein Aufstand gegen die Römerherrschaft wird von *Avidius Cassius* niedergeschlagen. Dieser wird 175 von den ägyptischen Legionen gegen *Marcus Aurelius* zum Kaiser ausgerufen, aber in Syrien ermordet.

192 Nach dem Tod des *Commodus* beginnt der wirtschaftliche Niedergang des Landes.

249–251 *Decius* ist der letzte Kaiser mit ägyptischer Titulatur und Bautätigkeit an ägyptischen Tempeln.

268 Die Königin *Zenobia* von Palmyra besetzt Unterägypten, in Oberägypten brechen die Blemyer ein. *Aurelianus* erobert 270 das Land zurück.

270 Der Kopte *Antonius* wird Einsiedler, Anfänge des Mönchtums.

284–305 *Diokletian* reorganisiert nach einem Aufstand in Alexandria die Verwaltung Ägyptens. Er nimmt die Südgrenze nach Elephantine zurück und überläßt das freiwerdende nubische Gebiet dem Nomadenstamm der Nobaden.

320 *Pachomius* gründet in Mittelägypten das erste Kloster.

324 *Konstantin der Große* gewinnt den Osten des Reiches und führt auch hier das Christentum als Staatsreligion ein. Der heidnische Götterkult wird weiter zurückgedrängt; die ägyptischen Christen zersplittern sich in blutigen Sektenkämpfen.

395 Bei der Teilung des Römischen Reiches fällt Ägypten dem *Arcadius* zu und bildet nunmehr Bestandteil des byzantinischen Reiches. Die wirkliche Macht liegt in den Händen der Patriarchen von Alexandria.

451 Das vierte Ökumenische Konzil zu Chalcedon verurteilt die vor allem in Ägypten verbreitete monophysitische Lehre; die Koptische Kirche Ägyptens hält trotzdem weiter daran fest und spaltet sich damit von den übrigen christlichen Kirchen ab.

527–565 *Justinian I.* schließt die letzten heidnischen Schulen in Alexandria, ihre Lehrer fliehen zu den Persern. Im Auftrag des Kaisers zerstört *Narses* den Isistempel von Philae.

619 Der Perserkönig *Chosroës II.* erobert Ägypten, wird 626 von *Heraklios* wieder vertrieben.

622 *Mohammeds* Auswanderung (Hedschra) von Mekka nach Medina leitet arabische Expansion ein.

640 *Amr ibn al-As*, Feldherr des Kalifen *Omar*, erobert Pelusium und schlägt die byzantinischen Truppen bei Heliopolis.

642 Nach längeren Verhandlungen überläßt Byzanz das von den Arabern belagerte Alexandria und mit ihm ganz Ägypten dem Kalifat.

---

bestimmung dafür festgelegt worden wäre, außer daß seinen Nasenlöchern Atem eingegeben wurde.« Darüber hinaus konnte ein gnadenreicher Gott, wenn ihm daran gelegen war, den Menschen vor dem Schicksal bewahren. Aber auch mit diesen Milderungen unterschieden sich die Weltreichstexte von der Theologie früherer Zeiten grundsätzlich darin, daß sie den Gottheiten Schicksal und Geschick eine Zwangs- und Unterdrückungsfunktion als normal und dauernd wirksam zuwiesen; dagegen hatte die alte Theologie den eigenen *ka* des Menschen betont, der zwar außer ihm sein konnte, aber ihm allein gehörte und an seinem Wohlergehen mehr interessiert war, als ein allgegenwärtiger und alles bestimmender Gott es je sein könnte.

Es war unvermeidlich, daß sich zu dem neuen Gefühl persönlicher Unzulänglichkeit das Bewußtsein der Sündhaftigkeit gesellte. Das war etwas anderes als das selbstgerechte Bestreiten ritueller oder moralischer Verfehlungen, wie es sich im Totenbuch, namentlich in den wiederholten Beteuerungen der Schuldlosigkeit des Toten im Hinblick auf zahlreiche mögliche Schwächen und Mängel, dargestellt hatte. Jetzt wurde demütig bekannt, daß das Menschengeschlecht von Natur für Irrtum und Versagen anfällig sei, daß der Einzelmensch sein Heil nur mit Hilfe der Götter finden könne. Diese Demutshaltung hat J. H. Breasted das späte Weltreich ein »Zeitalter persönlicher Frömmigkeit« nennen lassen; diese Selbsterniedrigung des reuigen Sünders hat B. Gunn dazu veranlaßt, die Bekenntnistexte als

Dokumente einer »Religion der Armen« zu bezeichnen; aber obgleich die typischen Bekenntnisse der Sündhaftigkeit von gewiß nichtaristokratischen Arbeitsmenschen der thebanischen Totenstadt – Zeichnern, Bildhauern, Schreibern und Priestern – stammen, waren doch diese einfachen Bürgersleute wohlhabend genug, sich Denkmäler mit gutausgeführten Steinschneidearbeiten zu leisten, und was sie zum Ausdruck brachten, war die Theologie ihrer Zeit, die von allen – einschließlich des Hohenpriesters des Amun – akzeptiert wurde. Es war eine Zeit der nationalen Niederlage, des nationalen Rückzugs, und die Götter verlangten von allen Menschen, daß sie »arm im Geiste« seien.

Deutliche Spuren dieser neuen Demut zeigen sich in manchen Denkmälern und Dokumenten, die der flehentlichen Anrufung der Götter dienten. So hatte sich der Sohn des Konturenzeichners Nebre einer frevelhaften Handlung gegenüber einer Amun-Re gehörenden Kuh schuldig gemacht (vielleicht hatte er die Kuh nur gemolken) und war darauf erkrankt. Sein Vater beichtete des Sohnes rituelles Vergehen, der junge Mann genas, und der Vater widmete Amun-Re, »der das Gebet erhört, der auf den Hilferuf der Armen und Notleidenden herbeieilt, der dem Schwachen Atem gibt«, einen Dankeshymnus.

In einem anderen Fall hatte ein weniger bedeutender Beamter der Totenstadt in Theben unter Berufung auf Ptah einen Meineid geschworen und war erblindet. Er bekannte seine Sünde und flehte den Gott um Erbarmen an: »Ich bin einer, der beim Namen Ptahs, des Herrn der Wahrheit, falsch geschworen hat, so daß er mich am Tage hat Finsternis sehen lassen... Hüte dich vor Ptah, dem Herrn der Wahrheit! Siehe, er übersieht keines Menschen Tat. Hüte dich davor, den Namen Ptahs fälschlich zu berufen. Siehe, wer sich betrügerisch auf Ptah beruft, der fällt! Er machte mich den Hunden auf der Straße gleich, solange ich in seiner Hand war. Er ließ mich als einen bezeichnen, der gegen seinen Herrn einen Greuel begangen hat. Ptah, der Herr der Wahrheit, war gerecht gegen mich, als er mich strafte. Hab Erbarmen mit mir! Blicke auf mich und hab Erbarmen mit mir!«

Derselbe Missetäter hatte sich gegen eine lokale Göttin namens »Gipfel des Westens« vergangen und war krank geworden. Er beteuerte, er sei ein »rechtschaffener Mensch auf Erden«, doch »unwissend und ohne Verstand«. In diesem Zeitalter bewahrte Rechtschaffenheit nicht vor Sünde, denn Sünde erschien als notwendige Folge des begrenzten Wissens der Menschen, und nur das Erbarmen des Gottes konnte dem Sünder helfen.

Die Eigenschaft, die das Zeitalter am höchsten schätzte, war »Schweigen«, was Geduld, Demut, Unterwürfigkeit, sogar Resignation bedeutete. Vor dem Weltreich hatten die leichtlebigen und wortreichen Ägypter Schweigen durchaus nicht für eine Tugend gehalten. Geschätzt war die Fähigkeit, beredt zu sprechen, redend für die eigenen Interessen einzutreten. Ein religiöses Gebot schweigsamer Unterwürfigkeit kannte auch die frühe Theologie nicht. Als der beredte Bauer mit dem Hinweis auf die Nähe des Osiris-Schreins zum Schweigen gebracht werden sollte, tat er genau das Gegenteil: er brüllte los, Osiris, der »Herr des Schweigens«, möge ihm seine gestohlene Habe wiedergeben; das zog keine Strafe nach sich. In der Ersten Zwischenzeit bezeichnete das Unterweisungsbuch für Merikarê die Rede als des Menschen Schwert. Der kleine Mann, der mit seinem eigenen Munde spricht und mit seinem eigenen Arm handelt, galt als die Idealgestalt dieser Zeit des gesteigerten Unabhängigkeitssinnes.

Eine Kultur, die erfolgreich und voller Zuversicht war, durfte sich eine so uneingeschränkte Bejahung der freien und wirksamen Rede leisten. Solchen Individualismus konnte aber das Weltreich – namentlich das späte Weltreich und die Zeit danach – nicht mehr dulden. Der kulturelle Ausdruck verkehrte sich in sein Gegenteil, die Freiheit des Redens wurde zunichte gemacht, und diszipliniertes und resigniertes »Schweigen« wurde zum höchsten Gut. Während früher das Bekenntnis zu individueller Initiative und eigener Verantwortung zugleich die Konsequenz nach sich zog: »Der Ruf eines Menschen wird durch das, was er vollbracht, nicht geringer werden«, wurde nun zur Passivität und zur Abschiebung der Verantwortung auf die Götter aufgerufen; man sollte seine Widersacher nicht bekämpfen, sondern: »setz dich nieder zu Händen des Gottes, und dein Schweigen wird sie zu Fall bringen«. Die Theologie lehrte, daß die Götter nun den größten Wert auf unterwürfige Demut legten: »Hüte dich vor der Lautheit der Stimme in seinem Hause, denn Gott liebt Schweigen.« Genauer: Gott »liebt den Schweigsamen mehr als den, der laut an Stimme ist«. In dem klassischen Kredo der neuen Tugendlehre wurde der »wahrhaft Schweigsame« mit dem erregbaren und geschwätzigen »erhitzten Menschen« kontrastiert und dem Wortreichen ein jähes Ende prophezeit:

> Der erhitzte Mensch eines Tempels
> ist wie ein Baum, der im Freien wächst.
> Ist der Augenblick vorüber, verliert er sein Laub,
> und sein Ende kommt in der Schiffswerft;
> oder er wird in die Ferne geflößt,
> und sein Totengewand ist die Flamme.
>
> Aber der wahrhaft Schweigsame hält sich fern,
> er ist wie ein Baum im Garten.
> Er blüht und verdoppelt die Ernte;
> er ist im Angesicht des Herrn.
> Seine Frucht ist süß und gnädig sein Schatten,
> und im Garten beschließt er seine Zeit.

Das klassische ägyptische System hatte dem Individuum einen sehr beträchtlichen Spielraum belassen. Im gemeinsamen Wagnis einer reichen und mächtigen Kultur hatten das unabhängige Urteil und die persönliche Initiative des Durchschnittsägypters ihren angemessenen – sehr ansehnlichen – Platz. Das Individuelle kam zur höchsten Entfaltung in der energischen Hingabe an beruflichen Aufstieg im Alten Reich und in der Selbstbehauptung des Einzelnen und dem Erwachen des sozialen Gewissens in der Ersten Zwischenzeit und in den Anfängen des Mittleren Reiches. Das wachsende Unsicherheitsgefühl in der Zeit der Hyksos-Herrschaft und die Anforderungen des Weltreichs erstickten diesen Geist und brachten das durchgängige Diktat der Gruppe mit sich, das alle Individuen im Namen der Götter in eine allseitige Reglementierung hineinzwängte. Ägypten hatte nun die Stufe der vorbehaltlosen Disziplin erreicht, die für Mesopotamien, ein geographisch weniger geschütztes Land, von Anfang an charakteristisch war. Jetzt mußte der Mensch unterwürfigst gehorsam sein; eindeutig und mit Bestimmtheit wurde ihm klargemacht, daß er in sich selbst nichts sei, nichts ohne seine Götter. Wie der Reuehymnus erklärte, daß der Mensch in der Regel sündig und der Gott in der Regel voller Erbarmen sei, so behaupteten auch die späten Unterweisungsbücher, ohne Gott sei der Mensch ohnmächtig und zum Scheitern verurteilt: »Denn der Mensch ist nur Lehm und Stroh, und Gott ist sein Baumeister, und jeden Tag reißt er nieder und baut von neuem. Er macht tausend Arme, wenn es ihm gefällt, oder er macht tausend Menschen zu Aufsehern.« Mit dieser Art Disziplin wurde aus dem Leben alle Freude verbannt. Tod bedeutete jetzt Erlösung von der geistigen Leere dieser Welt. Seufzend sagte Amenemopet: »Wie freudig ist der, der den Westen erreicht, wo er in der Hand des Gottes sicher ist.«

Die zunehmende Arterienverkalkung führte dazu, daß sich Ägypten, um für den fehlenden Geist Ersatz zu schaffen, immer mehr der leeren Form verschrieb. Man gab sich mit Leib und Seele rituellen Verrichtungen hin. Hände und Mund, denen eigene schöpferische Freiheit versagt war, fanden in Riten und Beschwörungen eine stetige, vertraute Betätigungsmöglichkeit. Zauberei, verschiedene Arten des magischen Schutzes, Dämonologie, Deutung von Vorzeichen und Anrufung von Orakeln rückten in der späten Weltreichsperiode immer mehr in den Vordergrund und hielten auch in der folgenden Zeit an. Da sie ihre Zeit mit der umständlichen Routine ritueller Formen ausfüllten, konnten die Ägypter leichter vergessen, daß ihnen jede individuelle Ausdrucksmöglichkeit verboten war. Blieb das Gefäß auf Hochglanz poliert, so konnte man vielleicht übersehen, daß es leer war.

Ein etwas eigenartiges Bild der ägyptischen Kultur haben uns die klassischen Autoren hinterlassen. Tatsächlich sahen die Griechen die Ägypter mit nie ganz verstehendem Auge, weil ihre eigene Kultur eine ganz andere Perspektive hatte und weil sich Ägypten bereits in der betrügerischen Reproduktion der Vergangenheit verkapselt hatte. Deswegen mußten die griechischen Autoren vieles falsch berichten und das, was sie wirklich sahen, oft mißdeuten. Der Gesamteindruck, den sie vermittelten, war dennoch – für ihre Zeit – richtig: hier war eine versteinerte Kultur, eine Kultur, die manche ihrer angebeteten Fossilien selbst falsch deutete. Eine dieser Mißdeutungen ist wichtig: die Anbetung von Tieren war kein Merkmal der frühen ägyptischen Religion! Das Wort »Anbetung« hat vor dem ersten vorchristlichen Jahrtausend überhaupt keinen Sinn, und ums Jahr 1000 war der spezifisch ägyptische Glaube bereits untergegangen und hatte nur eine leere Hülle übriggelassen. Im frühen Ägypten aber waren Tiere nicht als solche, nicht als gesamte Gattung heilig, sondern ein einzelnes Tier wurde als Manifestationsstätte für einen Gott ausgewählt, wie eine Statue; es war nur der geeignete Ort für das zweckbedingte Erscheinen des Gottes und hatte ohne seine Gegenwart nichts Heiliges an sich. Das einem Gott geweihte Tier war nicht mehr und nicht weniger zu schätzen und zu respektieren als der äußere bauliche Rahmen eines Tempels, das materielle Gebilde. Das späte Ägypten jedoch verwechselte die Form mit der Substanz und entwickelte einen so strengen und so detaillierten Kult des heiligen Tieres, daß der Ausdruck »Anbetung der Tiere« nunmehr gerechtfertigt war; was diese Anbetung jetzt bedeutete, haben die Griechen im wesentlichen richtig berichtet.

Zu Unrecht aber haben die klassischen Autoren den Ägyptern einen Glauben an die Wanderung der menschlichen Seele nach dem Tode und ihren Übergang auf andere Lebewesen, zum Beispiel Tiere, zugeschrieben. Das war einfach eine Mißdeutung der Totenkultlehren von der Reichweite und Macht des Verstorbenen. Der Tote wurde ein *ach*, eine »wirksame Persönlichkeit«, und erhielt damit die Fähigkeit, jede gewünschte Form anzunehmen, um sich frei bewegen oder die Erde besuchen zu können – oder auch zum puren Vergnügen: die Form einer Lotosblume, eines Falken oder eines beliebigen anderen belebten Dinges. So lieferte das Totenbuch magische Beschwörungen, die eine solche Umwandlung in verschiedene Formen ermöglichen sollten, aber diese Transformation war zweckbedingt, vorübergehend und ausschließlich der Willensäußerung des Toten unterworfen. Von einer Lehre der Metempsychose, wonach die Seele eines Toten sofort in ein bestimmtes Tier übergeht und in ihm bis zu seinem Tod verbleibt, war hier überhaupt nicht die Rede. Indes war der ägyptische Glaube an freie Formwahl zu zeitlich begrenzten Zwecken den Griechen so fremd, daß ihre Mißinterpretation nicht wundernehmen kann.

Bei allen Vorbehalten bleibt in dem, was die klassischen Reporter zu berichten hatten, viel Lehrreiches. Lehrreich ist vor allem der überwältigende Eindruck von einem Volke, das sich ausschließlich der rituellen Form hingibt. Was Herodot über Riten und Ritual, Omen und Orakel sagt, trifft auf das späte Ägypten in vollem Umfang zu. Der Einteilung der Gesellschaft in starr abgegrenzte Klassen, wobei Priester und Krieger besondere privilegierte Kasten bildeten, und der sorgfältigsten Anwendung geschriebener und kodifizierter Gesetze: Dingen, die bis zum späten Weltreich in Ägypten unbekannt geblieben waren, kam von dieser Zeit an immer größere Bedeutung zu. Und insofern haben Herodots Verallgemeinerungen ihren konkreten Wert. Man denke an seine Schilderung der Ägypter als des gottesfürchtigsten aller Völker: »Sie sind über alle Maßen religiös, mehr als irgendein anderes Volk, und unter ihren Bräuchen sind folgende: Sie trinken aus Bronzebechern, die sie täglich spülen; das tun nicht einige, sondern alle. Sie achten besonders darauf, daß sie nur frischgewaschene Leinengewänder tragen. Sie üben die Beschneidung der Reinlichkeit wegen, denn Reinlichkeit geht ihnen über Ziemlichkeit... Sie befolgen die Verfügungen ihrer Väter und fügen ihnen keine hinzu.« Kurzum: blitzblanke Automaten, die ununterbrochen feierliche Gesten machen, ohne Geist, ohne Herz. Wiederum: auf das geistig-seelische Vakuum des späten Ägyptens, das dem Einbruch des Mystizismus, der Weltabgewandtheit und der apokalyptischen Erwartungen Tür und Tor geöffnet hatte, trifft die Beschreibung zu.

Vom Gott-König, dem der Staat gehörte und dessen Wille Gesetz war, gilt ganz und gar nicht, was Diodoros berichtet. Aber zu Diodoros' Zeit gab es diesen Gott-König nicht mehr. Und »aus den schriftlichen Chroniken der Priester Ägyptens« konnte Diodoros nur über andere Pharaonen etwas erfahren. Und über sie erfuhr er viel: »In erster Linie also war das Leben, das die ägyptischen Könige führten, nicht wie das anderer Menschen, die sich autokratischer Macht erfreuen und in allem genau das tun, was sie wollen, ohne jemandem Rechenschaft zu schulden, sondern alle ihre Handlungen waren durch gesetzlich festgelegte Vorschriften geregelt, nicht nur ihre Regierungshandlungen, sondern auch solche, die sich darauf bezogen, wie sie von Tag zu Tag ihre Zeit verbrachten und welche Nahrung sie aßen... Es gab eine festgesetzte Zeit nicht nur dafür, wann der König seine Audienz abhielt oder Urteile fällte, sondern auch dafür, wann er spazierenging, ein Bad nahm und mit seiner Frau schlief, mit einem Wort für jede Handlung seines Lebens... Und indem sie die Diktate des Brauches in diesen Dingen befolgten, waren sie so weit davon entfernt, entrüstet zu sein oder sich in ihrer Seele verletzt zu fühlen, daß sie im Gegenteil ein überaus glückliches Leben zu führen vermeinten; denn sie glaubten, daß alle anderen Menschen, indem sie gedankenlos ihren natürlichen Leidenschaften nachgeben, viele Handlungen begehen, die ihnen Schaden und Gefahren bringen...« Auch das wieder stimmte für die Spätzeit. In dem Staat, in dem das offizielle Dogma weiterhin monoton vom göttlichen Wesen des Königs kündete, hatten die Priester, die, wie Diodoros meint, »umsichtigsten aller Menschen«, dafür gesorgt, daß kein König mehr die Chance hatte, einen göttlichen Eigenwillen zu betätigen.

In unserer Gegenüberstellung der frühen, den Griechen unbekannten und der späten, ihnen wohlvertrauten ägyptischen Entwicklung schwingt zweifellos ein moralischer Unterton mit, der dem Frühen einen »guten«, dem Späten einen »schlechten« Klang gibt. Diese Bewertung ist gewollt subjektiv, aber sie läßt sich begründen. Das alte Ägypten hatte in einem verhältnismäßig frühen Stadium seiner Geschichte viele große geistige Triumphe errungen. Alle diese Triumphe bis auf die Entdeckung der verzeihenden Barmherzigkeit Gottes fallen in die Zeit der Macht und des Aufstiegs, von 3000 bis 1250 v. Chr.; nicht eine einzige vergleichbare Leistung ist in der langen Zeit der Versteinerung Ägyptens nach 1100 zustande gekommen. In der Tat verlor Ägypten im Ablauf seiner Geschichte fortschreitend eine Qualität nach der anderen. Zu der Zeit, da es anfing, an soziale Gerechtigkeit zu denken, hatte es aufgehört, technisch und wissenschaftlich schöpferisch zu sein. Als es die universale Natur des Göttlichen entdeckte, hatte es jeglichen Sinn für den Eigenwert des Individuums eingebüßt. Die Folge war, daß – als es neue Höhepunkte nicht mehr erreichte – die Erinnerung an die einmal erklommenen Höhen verblaßt war und Ägypten nur noch eifersüchtig darauf bestand, daß die Vergangenheit auf diese oder jene Weise erhaben gewesen sein müsse und deswegen rituelles Gedenken verdiene. In dieser Sicht scheint es berechtigt, die Frühzeit moralisch hoch zu bewerten und die geistige und seelische Armut der Spätzeit zu beklagen.

Dafür gibt es aber noch einen anderen Grund. Die Lebensformen, die Ägypten schon um die Zeit der dritten oder vierten Dynastie entwickelt hatte, waren seine eigenen und von anderen Kulturen kaum beeinflußt. Diese Lebensformen waren so erfolgreich, daß Ägypten sie für immer beizubehalten suchte; daß ihm das lange Zeit gelang, zeigen die Ausdrucksmittel der Kunst und Literatur, die von 2650 bis etwa 1450 v. Chr. im Entscheidenden unverändert blieben und dennoch voll schöpferischer Kraft waren. Das war das ägyptische System, und es war offenkundig das, was für die Ägypter »gut« war. Was aus dem Weltreich hervorging, war keine rein ägyptische Kultur, sondern zu einem erheblichen Teil einer größeren, weiteren Welt mit vielen verschiedenen Lebensformen entlehnt. Damit erfuhren aber die sichtbaren Formen des alten Systems in Kunst, Literatur, Religion, Staatsform und Gesellschaftsstruktur wesentliche Veränderungen. Und als aus den nationalen Erfolgen nationales Versagen wurde, war die Reaktion Rückzug und Abwehr; jeder schöpferische

Impuls wurde erdrückt, die leere Formhülle dagegen wurde zum Gegenstand der Verehrung und Nachahmung, als sei sie das Wesentliche, die historische Substanz. Was übrigblieb, war im alten Sinne unägyptisch. Vergleicht man es mit dem alten System, so kann man nicht umhin, es als tragische Lähmung der einstigen Stärke zu verurteilen.

Was läßt sich über die Bedeutung des alten Ägyptens für die Weltgeschichte oder seiner Kultur für uns Heutige sagen? Wenn Ägypten eine der frühesten Erscheinungsformen der Zivilisation war: eine komplexe Organisation der durch eine gemeinsame Lebensweise verbundenen Individuen und Institutionen, durch eine gewisse Reife der Weltanschauung gekennzeichnet, auf gegenseitiger Bindung beruhend und doch bis zu einem gewissen Grade die freie Ausdrucksmöglichkeit des Einzelmenschen fördernd; wenn, sagen wir, Ägypten all dies war, führt dann nicht eine direkte Verbindungslinie von ihm zu uns, die auch genau anzeigt, was wir dieser alten Kultur materiell, intellektuell und moralisch verdanken? Unsere sozialen, ökonomischen und politischen Institutionen sind, allgemein gesprochen, die gleichen wie die Ägyptens und Mesopotamiens; bis zur industriellen Revolution und bis zur Entdeckung neuer Energiequellen war auch unsere Lebensweise der ihrigen ähnlich. Die Geschichte des alten Ägyptens erstreckte sich über dreitausend Jahre; aber auch wenn man sich allein auf die Blütezeit der ägyptischen Kultur von 2650 bis 1450 beschränkt, wird man nicht bestreiten können, daß zwölfhundert Jahre Stabilität eine gewichtige Leistung sind. Toynbee spricht mit Hochachtung von der Unsterblichkeit, die die ägyptische Kultur »im Stein gesucht und gefunden« habe, und er hält es nicht für undenkbar, daß die Denkmäler dieser Kultur, nachdem sie ihre Schöpfer um fünftausend Jahre überlebt haben, auch noch die Menschheit selbst überdauern könnten. Welche Bedeutung hat für uns eine Kultur, die so langlebig und in ihrem materiellen Ausdruck so unsterblich war?

Die wirkungsvolle Verwendung der Masse im Steinbau, in Pyramiden, Gräbern und Tempeln, war so sichtbar ägyptisch, daß man sie beinahe eine ägyptische Erfindung nennen kann. Der Faktor Masse entsprang dem Bedürfnis, für die Ewigkeit zu bauen, aber seine Verwendbarkeit beruhte darauf, daß Gestein am Orte verfügbar war und daß die Formen der Umgebung angepaßt wurden. Das Bauwerk ahmte die Wüstenklippen und Wüstenberge nach, die glatte Mauerfläche hinderte das Eindringen der glühenden Sonne, und die offenen Höfe waren natürlich in einem Lande, in dem es keinen Regen gibt. Architektonische Elemente wie Pylone und verschiedene Säulenordnungen waren von einheimischem Material und einheimischen Formen hergeleitet. Im holzarmen Ägypten war der erste primitive Stützpfeiler ein Bündel von Schilfstengeln, oben und unten zusammengebunden, der Festigkeit halber ausgiebig mit Lehm beworfen und an der Spitze mit den Büschelkronen oder Knospen der Schilfgräser geschmückt: das war der Ursprung der kapitellgekrönten Säule in ihren drei Ordnungen, der ionischen, dorischen und korinthischen. Das war die Form, die Ägypten erfunden hatte und die späteren Kulturen in Palästina, Kleinasien, der Ägäis und Griechenland übernahmen.

Der künstlerische Ausdruck des alten Ägyptens war ebenso autochthon: das kubische Massiv, die zweidimensionale Darstellung, das idealisierte Porträt, der souveräne Verzicht auf genaue Bestimmung in Zeit und Raum um der Ewigkeit willen. Trotz ihrer Flächenhaftigkeit, Statik und Abstraktion konnten diese Ausdrucksmittel zweieinhalb Jahrtausende lang den inneren Wesenscharakter der ägyptischen Kultur wiedergeben. In sehr hohem Maße lebten die kanaanitisch-phönikische und die archaisch-griechische Kunst von dem, was sie den ägyptischen Ausdrucksformen entlehnten. Verfolgen lassen sich von Ägypten bis nach Griechenland die Säulenordnungen, bestimmte geometrische und blumenförmige Ornamente, die Sphinx und die Statue, die auf weitgestreckten Beinen mit versteinertem Lächeln wie eingefroren dasteht. Daß die griechische Kunst anfänglich Technik, Form und Ausdruck von den Ägyptern übernahm, ist nicht zu bezweifeln. Und doch war die entwickelte griechische Kunst von der ägyptischen grundlegend verschieden. Warum?

Die besten Werke der ägyptischen Kunst und Architektur stammen aus der frühesten Zeit, vor 1400 v. Chr. Die älteren Perioden waren in der Regel schöpferisch, enthusiastisch, überzeugend; die späteren Perioden waren in der Regel vorsichtig, repetitiv, introvertiert. Die ehrlichsten Bauwerke, die Dauerhaftigkeit, Reinheit der Linien und künstlerisches Empfinden in sich vereinten, waren vor 1400 entstanden; danach waren die protzigen, unsicheren und überladenen Bauten zu sehr Promenadenmischung, als daß sie als gute Vorbilder hätten gelten können. Ebenso stammten die überzeugendsten Statuen, Reliefs und Wandmalereien aus den früheren, sensitiveren Perioden. Die ältere Kunst war das Produkt des delikatesten handwerklichen Könnens; sie war kultiviert genug, um in äußerlich statischen Gestalten feine Nuancen des Empfindens ausdrücken zu können; sie war immer noch beweglich und experimentierfreudig genug, um in der Zwangsjacke einer hieratischen, abgeklärten Kunst pulsierendes Leben darstellen zu können. Die Formen waren schon unter der vierten und fünften Dynastie geronnen. Je weiter sich die Ägypter danach von der ursprünglichen Epoche des Experiments entfernten, um so wiederkäuerischer und unschöpferischer wurde ihre Kunst. Auf die kurzen Perioden der Neuerung – zwölfte Dynastie, Amarna-Zeit – folgten Zeiten der Buße, in denen sich der Künstler an die phantasielose Nachahmung des Alten klammerte.

Um die Zeit, da die Phönikier, Ägäer oder Griechen so weit waren, nach künstlerischer Anleitung Ausschau zu halten, hatte Ägypten nur noch Form und keinen Geist zu bieten. Die jüngeren Kulturen übernahmen die ansprechende, aber leere Hülle und mußten nach schöpferischen Impulsen im eigenen Innern suchen. Wenn sie die Säulenordnungen von Ägypten bezogen, benutzten sie sie auf ihrem anderen Hintergrund für Bauten, die ihr eigenes Genie verkörperten. Griechenlands Hügel sind leichter, schlanker, höher als die ägyptischen; Griechenland kennt keine Regenzeit; es hat Wälder; seine Sonne scheint nicht so unablässig. Griechische Gebäude, die die gleichen dorischen, ionischen und korinthischen Kapitelle verwandten, streckten sich in die Höhe wie die waldbehängten Hügel, statt sich am Boden plattzudrücken wie die Felsklippen der Wüste. Ewigkeit war den Griechen nicht so wichtig wie den Ägyptern. Die griechische Kunst fügte den Formen, die sie von den Ägyptern entlehnt hatte, die Begrenzung in Raum und Zeit hinzu. Dritte Dimension und Perspektive gaben der künstlerischen Komposition eine Ortsbestimmung im Raum, und der Realismus gab ihr die Zeitbestimmung: das war das prometheische Wunder der Entwendung

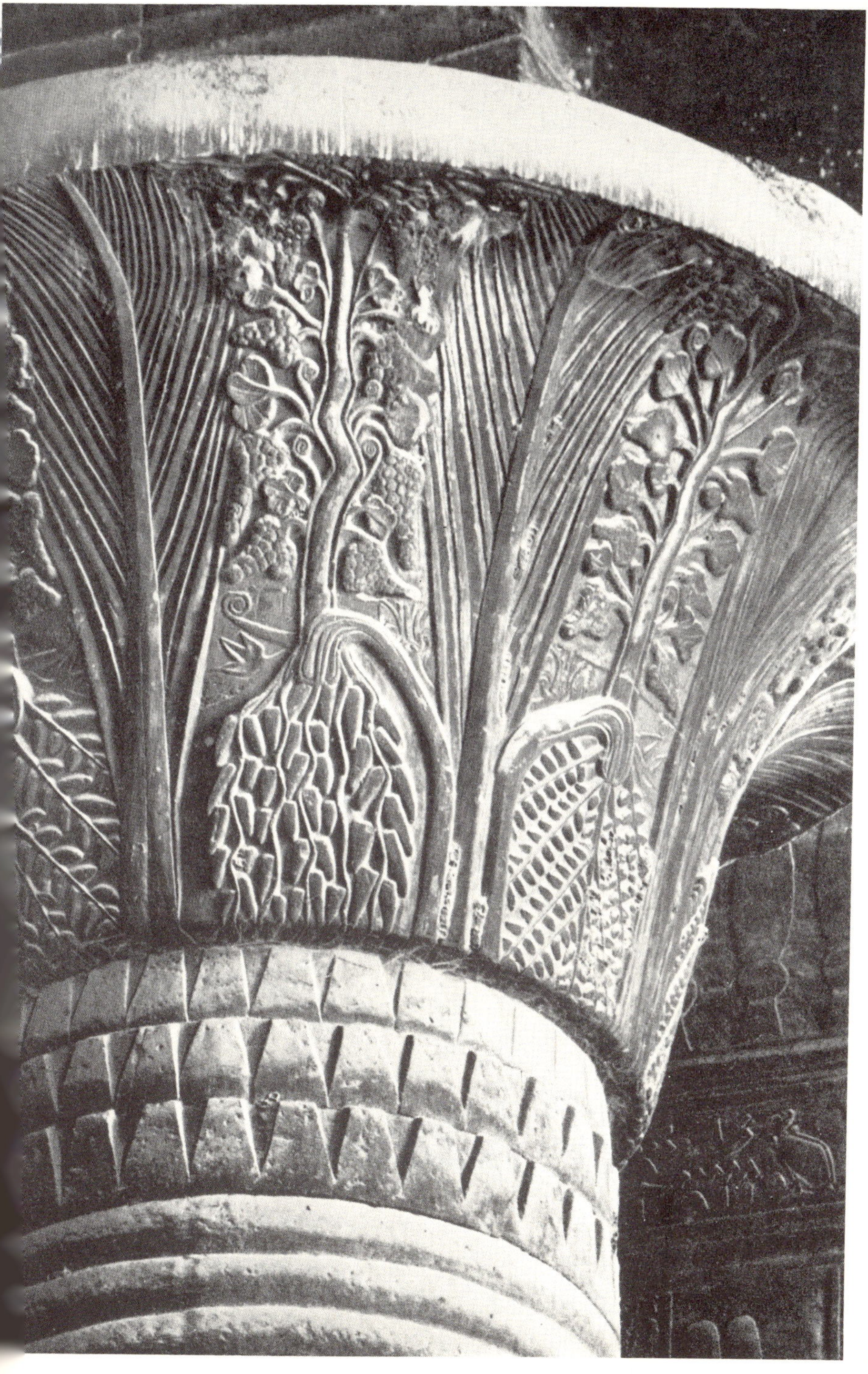

Sesostris III. mit der Krone Unter- und Oberägyptens
Relief aus dem Tempelbezirk des Gottes Monthu bei Karnak, 12. Dynastie

der Kunst aus dem Reich der Götter und Unsterblichen und ihrer Aushändigung an alltägliche Menschen. Trotz der Entlehnung der Formen und der Oberflächentechnik war die griechische Kunst in ihrem Wesen von der ägyptischen geschieden.

Die ägyptische Wissenschaft gab der Kultur eine gute Arbeitsgrundlage. Aber sie hatte ihre Schranke: sie war praktisch und nahm nie das Wagnis auf sich, etwas anderes sein zu wollen. In einer mythenbildenden Welt steckte man seine Nase nicht in die Angelegenheiten der Götter. Ägypten hatte seinen Kalender, seine mit ungeheurer Präzision kalkulierten Bauten, seine trotz unhandlicher Apparatur durchaus leistungsfähige angewandte Mathematik, seine nicht geringen anatomischen und chirurgischen Kenntnisse. Aber die eng pragmatische Haltung der Ägypter und ihre Angst vor den Göttern hinderten sie daran, Geheimnissen nachzuspüren, von deren Lösung kein unmittelbarer Nutzeffekt zu erwarten war. Die Griechen waren großzügig genug zu sagen, daß sie ihre Wissenschaft den Babyloniern und Ägyptern verdankten. Sie übernahmen das ungelenke arithmetische System ihrer Vorgänger, das astronomische Beobachtungswissen der Babylonier und die anatomischen Feststellungen der Ägypter. Aber ihr Geist war nicht durch eine Weltansicht eingeengt, in der die Natur von bizarren Launen der Götter abhing. Die Welt des alten Orients war voller Götter und Geister, und in einer solchen Welt studierte man nicht die Naturprozesse, denn die Götter hatten gegeben, und sie konnten jederzeit mit einem Wunder in den Ablauf der Dinge eingreifen. Also beschränkte sich die Wissenschaft auf Messen, Bauen und Reparieren und hatte kein Interesse an der Zukunft, an der Verkettung von Ursache und Wirkung, an abstrakten Prinzipien. Als die Griechen die Welt der Erscheinungen von der ständigen Gegenwart der Götter und Geister befreiten, konnten sie auch nach unpersönlichen und in der Regelmäßigkeit wurzelnden, die Natur regierenden Gesetzen suchen. Sie fügten der Wissenschaft – wie der Kunst – eine dritte Dimension hinzu: was der Mensch beobachtete, war nicht mehr vom Gesamtzusammenhang losgelöst und in Raum und Zeit abstrahiert; es wurde in einer Abfolge der Geschehnisse mit dem verknüpft, was voraufgegangen war, und konnte somit im selben Verfahren auch in die Zukunft projiziert werden. Die Griechen machten sich Formen und Techniken der orientalischen Welt zu eigen, revoltierten aber gegen deren Haltungen und Zielsetzungen.

Dieselben Überlegungen lassen sich über die Behandlung der Stellung des Menschen in Raum und Zeit, über geschriebene Geschichte anstellen. Ägypter und Mesopotamier hatten Annalen und Chroniken, isolierte Berichte über das, was sich in einem bestimmten Jahr oder unter einem bestimmten Herrscher ereignet hatte, aber sie versuchten nie, den historischen Ursprung eines Phänomens oder die Kette der Begebenheiten zu erklären, die zu ihm geführt hatten. Dinge geschahen, weil die Götter es so bestimmt hatten, und der Wille der Götter bedurfte keiner philosophischen oder logischen Analyse. Die Hebräer, die dasselbe Interesse an der Chronik ihrer Könige hatten, brachten nichtsdestoweniger eine laufende Geschichte seit den Uranfängen hervor, der eine Art kontinuierliche Philosophie als Kommentar diente. Darin blieb aber noch der mythenbildende Geist wirksam, denn ihre Philosophie galt der Darstellung der kontinuierlichen Gegenwart und Tätigkeit Gottes. Erst die Griechen schrieben Geschichte als einen Prozeß der Aufeinanderfolge und stellten die unpersönlichen Ursachen dar, die diesem Prozeß zugrunde lagen. Es war das Geniale der Griechen – und in geringerem Grade der Hebräer –, daß sie den Menschen in einen unabhängigen Wettbewerb mit den Göttern hinaufhoben, indem sie ihm erlaubten, selbst hinter den Zusammenhang der Dinge zu kommen. Das war eine Lostrennung vom Vergangenen.

Was Religion und Ethik betrifft, ist behauptet worden, daß der Urquell unseres moralischen Erbes im alten Ägypten liege, da die Ägypter den Eigenwert des gemeinen Mannes entdeckt und sein geheiligtes Recht auf Gerechtigkeit verkündet hätten. Daß das in der Ersten Zwischenzeit eine wichtige Rolle gespielt hat, haben wir gesehen. Der Konflikt zwischen den Rechten der Gruppe und den Rechten des Individuums war Gegenstand ständiger Auseinandersetzung vom Alten Reich bis zum Weltreich. Als Reaktion auf den absoluten Zentralismus des Alten Reiches war die Verkündung der Rechte des einzelnen Staatsbürgers gekommen. Indes überdauerte die Ära der sozialen Gerechtigkeit nicht die Wiederkehr der politischen Stabilität und des Wohlstands; das Mittlere Reich stellte alle Prärogativen des Pharaos wieder her. Die Befürwortung der Rechte des Individuums erlag dem Gefühl der auswärtigen Bedrohung – von der Zeit der Hyksos bis zum Weltreich; der Staatsbürger wurde zur disziplinierten und unterwürfigen Hinnahme der übergreifenden Rechte des Staates gezwungen. Die Belohnung für den Verzicht auf die Rechte des Individuums sollte nun in der nächsten Welt, nicht in dieser zu erwarten sein. Wenn Ägypten das soziale Gewissen entdeckt hatte, so hatte es diese Entdeckung vergessen, lange bevor es sie anderen Völkern übermitteln konnte. Der Wert, den die Hebräer und die Griechen dem Individuum zubilligten, war etwas, was sie aus eigenem neu zu entdecken hatten.

Wir haben bereits gesehen, daß das Problem des Monotheismus in Ägypten umnebelt ist, daß der vermeintlich monotheistische Glaube keine Wurzeln und keine Fortsetzung im Lande selbst hatte und daß er eine Naturanbetung mit geringem ethischem Gehalt war. Wenn das zutrifft, kann Echnatons Gottesbegriff nicht auf die Hebräer übergegangen sein. Freilich gibt es hierzu noch einen anderen Gesichtspunkt: ein internationales Zeitalter brachte die Idee von Gottes universalem Walten hervor, und Ägypten und seine asiatischen Nachbarn können Vorstellungen geteilt haben, die mindestens auf dem Weg zum Monotheismus lagen. Doch steht das in keinem direkten Zusammenhang mit der Frage der kulturellen Weitergabe der Idee des einen, universalen und guten Gottes, der zu allen Menschen in unmittelbarer väterlicher Beziehung steht. Echnaton hatte selbst keinen solchen Gott, er stellte seinen Gott auch nicht allen Menschen zur Anbetung frei, und sein Glaube wurde nach seinem Tod als Ketzerei vom Erdboden getilgt. Der Gott, den die Hebräer für sich entdeckten, war von Aton grundverschieden.

Es gibt keinerlei Hinweise darauf, daß die Ägypter Kulturmissionare gewesen seien und andere Völker für ihre Lebensweise zu gewinnen versucht hätten, wie das später die Griechen, Araber oder Westeuropäer taten. Sie hatten allerdings die Mittel für eine solche Bekehrungstätigkeit. Schon um 1400 v. Chr. existierten ägyptische Kolonien am Vierten Katarakt, in Phönikien, in Palästina. Tausende von Gefangenen wurden ins Niltal gebracht. Um 600 v. Chr. gab es in Ägypten Kolonien der Griechen und Hebräer. Völker, die Seite an Seite leben, lernen voneinander. Es gibt eine Überlieferung, wonach ägyptische Ärzte in anderen Ländern sehr gefragt waren und Reisen nach Kleinasien und Persien unternahmen, um ihr größeres medizinisches Wissen zu betätigen. Solche Kontakte waren gewiß ein Mittel, ägyptische Formen in fremde Länder und ausländische Formen nach Ägypten zu bringen. Die fremden Gefangenen wurden durch ihr Sklavendasein ägyptisiert, ohne daß bewußte Bekehrungsversuche gemacht worden wären. Aber unser Problem sind weder Einwanderer, die von der ägyptischen Kultur absorbiert wurden, noch ist es die Weitergabe von Formen und Techniken; das Problem ist, ob es eine kulturelle Weitergabe einer Lebensweise mit ihren intellektuellen und psychischen Wesensinhalten gegeben hat. Und da eben fehlt jeder Beweis dafür, daß Ägypten zu der Zeit, da es in aktiver Berührung mit anderen Kulturen stand, ein Interesse daran gehabt hätte, sie zu seiner Lebensart zu bekehren. Seine frühere tolerante Universalität war inzwischen von der Arroganz des Eroberers abgelöst worden, und an die Stelle schöpferischen Enthusiasmus war eifersüchtiges, mißgünstiges Behaltenwollen getreten. Im ersten vorchristlichen Jahrtausend, als die jüngeren Kulturen für Belehrung zugänglich gewesen sein mögen, war die ägyptische Kultur steril, abgestanden, verkapselt und im Begriff, ihre glorreiche Vergangenheit mit Mysterien zu umgeben. Zur Lehrmeisterin für jüngere, aufnahmewillige Kulturen eignete sie sich am allerwenigsten.

Kann überhaupt Lebenswichtiges von einer Kultur auf eine andere übertragen werden? Das innere Wesen einer Gesellschaft steht in so individueller Beziehung zur Zeit- und Ortsbestimmtheit des Geschehens, daß es sich anderswo kaum einfügen kann. Erst wenn eine Kultur bis zu einem gewissen Grade ihre eigene Heilslösung gefunden hat, kann sie Ausdrucksformen von anderen entlehnen. Erst wenn ein jüngeres Volk eine bestimmte Haltung gegenüber seinen Göttern entwickelt hat, kann es Hymnen und Zeremonien von einem älteren übernehmen. Erst wenn es eine klare Beziehung zwischen Regierung und Bürgern herausgebildet hat, kann es sich Institutionen und Gesetze älterer Völker aneignen. Es kann aber auch eine Kultur, die mit eigenen Kräften einen gewissen Reifegrad erreicht hat, Wißbegier in bezug auf ähnliche Erfahrungen bei anderen Völkern entwickeln: so war es mit den Griechen zur Zeit Herodots, als sie ihre eigene Individualität bereits herausgebildet hatten und sich mit anderen Völkern verglichen. Wahrscheinlicher ist jedoch im allgemeinen, daß die wesentlichen Glaubensvorstellungen, Ideen und Haltungen einer Kultur aus der Selbstentdeckung, nicht aus Übernahme erwachsen. Woher dann aber die hohe Wertschätzung Ägyptens bei den Griechen und – in geringerem Maße – bei den Hebräern? Schlicht bekannten die Griechen, sie hätten von Ägypten und Mesopotamien viel gelernt, und das sei in ihrem eigenen Leben ein entscheidender gestaltender Einfluß gewesen. Etwas anders die Hebräer, die die Überkultiviertheit des Landes, dem sie entronnen waren, abstieß und anzog: sie schrieben von den »Fleischtöpfen«, und sie schrieben auch von »allen weisen Männern« Pharaos und davon, wie Moses »alle Weisheit Ägyptens« erlernt habe. Aber wir wissen auch, daß beide Kulturen gegen die ältere Tradition revoltierten, die Hebräer sozial und religiös, die Griechen moralisch und intellektuell. Warum verbeugten sie sich dennoch vor Ägypten?

Um die Zeit, da die Hebräer und Griechen schrieben, war Ägypten zu einer kaum übersehbaren und imposanten Legende geworden: ein greisenhaft schlummernder Koloß, immer noch von einer geheimnisvoll majestätischen Aura umgeben. Man konnte Ägypten nicht besuchen, ohne angesichts der mächtigen Pyramiden und riesigen Tempel von Ehrfurcht ergriffen zu sein. Die späten Ägypter taten nichts, um den Eindruck des Wunderbaren zu zerstören. Ihr alter Pragmatismus und ihre nachlässige Toleranz hatten zu den Zeiten der Macht und Größe gepaßt. In den Tagen der Schwäche brachten sie als Schutzmechanismus den Anschein einer mysterienerfüllten Tiefgründigkeit hervor. Die Vision der großen, etwas verschwimmenden Glorie beeindruckte die jüngeren Völker, die so groß werden wollten, wie Ägypten einst gewesen.

Ohne auch nur einen einzigen wesentlichen intellektuellen oder moralischen Beitrag beigesteuert zu haben, kann Ägypten die jüngeren Völker zu neuen Zielsetzungen und neuen Anstrengungen angeregt und animiert haben. Die Vergangenheit mag außerstande sein, der Gegenwart beizubringen, warum sie auf diese Weise leben oder auf jene Weise glauben solle, aber sie kann ein Gefühl für Würde und vergangene Leistung hervorzaubern, das auf die Gegenwart einen realen gestaltenden Einfluß auszuüben vermag. Ich brauche von meinem Großvater nicht das allergeringste zu lernen, und dennoch wird seine eindrucksvolle Gegenwart mein Verhalten und meinen Charakter entscheidend modeln. Ägyptens Einfluß hat die Hebräer und die Griechen nicht geformt. Geformt wurden sie durch ihre eigenen Erfahrungen und ihre eigene innere dynamische Kraft. Nachdem sie auf diese Weise einen individuellen Charakter herausgebildet hatten, waren sie willens, Eindrücke von den früheren Kulturen Ägyptens und Mesopotamiens zu empfangen und ihre Haltungen und Verhaltensweisen auf Grund solcher Eindrücke zu modifizieren. Obgleich zwischen der alten orientalischen und der klassischen Kultur eine echte Trennung bestand, hatten Griechenland und Rom darin recht, daß sie die Errungenschaften eines großen und würdevollen Altertums respektierten. Obgleich der Abstand zwischen dem alten Ägypten und uns noch viel größer ist, können wir von seiner breiten und erhabenen Geschichte lernen und ihr unsere Reverenz erweisen.

Der Zusammenbruch und die Unfruchtbarkeit der Lebensweise Ägyptens in seinen späten Jahren waren tragisch, aber es ist noch immer legitim, darauf hinzuweisen, daß das System zweitausend Jahre mit voller Wirkungskraft bestanden hatte. Es hatte so lange bestanden, weil Ägypten die materiellen Vorteile der Isolierung genoß, die eine innere Entwicklung und eine lange Beibehaltung des einmal entwickelten Systems ermöglichten. Geographisch und geistig sicher, konnte der Ägypter Lebensformen hervorbringen, die genug Toleranz in sich schlossen, um historischen Wandel zu erlauben. Das Wesentliche an dieser Toleranz war eine Reihe von Kompromissen und Gleichgewichtslagen: darin wurden die Kräfte gebunden, die einander sonst hätten zerstören müssen. Mit der Aufrechterhaltung des Dogmas von der Bedeutungslosigkeit des Zeitablaufs und von der Notwendigkeit der unendlichen Wiederbehauptung der *ma'at* erreichten die Ägypter einen Ausgleich zwischen der starren Verteidigung des Erreichten und dem unberechenbaren Dahingleiten im Strom der Zeit. Mit der Aufrechterhaltung des Dogmas vom Gott-König hielten sie zwei Landesteile zusammen, die kulturell und wirtschaftlich auseinanderstrebten. Mit der Leugnung der Realität des Todes und mit der Verwandlung des Jenseits in eine triumphale Fortsetzung des Diesseits brachten sie Leben und Tod in eine segensreiche Partnerschaft. Mit der Sicherung der gesegneten Ewigkeit für alle guten Bürger, die so nach dem Tode gleiche

Rechte mit Königen und Göttern erwarben, lieferten sie eine brauchbare Lösung für den Kampf zwischen den Rechten des Königs und den Rechten seines Volkes. Die Elastizität des ägyptischen Systems und die Mittel, mit denen die Ägypter entgegengesetzte Kräfte im Gleichgewicht hielten und inneren Frieden und Sicherheit gewannen, offenbaren die Genialität eines großen Volkes.

Sie waren nicht das größte aller Völker, denn gerade ihre Toleranz brachte sie um den Antrieb, der sie gezwungen hätte, ihre jeweiligen Probleme auf vollkommene und endgültige Lösungen hin zu durchleuchten. Die Elastizität, die ihnen ein so lange währendes Glück verschaffte, war, gemessen an der unnachgiebigen Intensität der Hebräer oder an der tiefverwurzelten Klarheit der Griechen, eine verhängnisvolle strukturelle Schwäche. Überdies hatten die Ägypter nicht die Begabung, an ihren größten Gaben festzuhalten, und sie verloren am Ende ihre glückliche pragmatische Toleranz und wurden zum Überdruß unbeugsam im Festhalten an der leeren Form. Indes sollte man sie nach ihrem Besten beurteilen, das eine lange Zeit in der Geschichte der Menschen vorgehalten hat, und dies Beste war materiell, intellektuell und moralisch eine gewaltige Leistung.

*Wolfram von Soden*

SUMER, BABYLON UND HETHITER
BIS ZUR MITTE
DES ZWEITEN JAHRTAUSENDS V. CHR.

Ähnlich wie in Ägypten ist vor über fünftausend Jahren aus der frühen Ackerbaukultur des vierten Jahrtausends v. Chr. auch im Zweistromland am Euphrat und Tigris eine Hochkultur entstanden; sie hat monumentale religiöse Bau- und Bildkunstwerke geschaffen, vor allem aber die erste Schrift der Menschheit hervorgebracht. Dadurch tritt Babylonien für uns früher als die Nachbargebiete in das Licht der Geschichte. Diese blieben noch Jahrhunderte lang im Dunkel schriftloser Vorgeschichte obgleich auch sie schon recht früh das Stadium der Primitivkultur hinter sich gelassen hatten. Babylonien war für zweitausendfünfhundert Jahre das Kerngebiet altvorderasiatischer Kultur, auch dann noch, als sich in Assyrien und Anatolien, in Westiran und in Syrien-Palästina sehr bedeutsame neue Kulturzentren entwickelt hatten, die teilweise auch durch die ägyptische Kultur befruchtet wurden. Von der Kultur Ägyptens unterscheidet sich die babylonische ebenso wie die der meisten Nachbarländer vor allem dadurch, daß sie nicht durch ein einziges geistig führendes Volkstum bestimmt wurde, sondern mindestens durch zwei Völker ganz verschiedener Herkunft. Die großartige Einheitlichkeit der ägyptischen Kultur fehlte den vorderasiatischen Kulturen; sie waren vielseitiger, die geschichtlichen Schicksale der Länder Vorderasiens waren viel wechselvoller. Die Kultur Babyloniens nach 2000 v. Chr. war zweisprachig, in ihr spielte das Sumerische bis zuletzt eine ähnliche Rolle wie im europäischen Mittelalter das Lateinische.

Die Geschichte und die Kulturen Altvorderasiens für den Leser von heute angemessen darzustellen bietet einige Schwierigkeiten. Die vorderasiatische Altertumskunde, die erst seit der Entzifferung der Keilschrift durch Georg Friedrich Grotefend im Jahre 1802 systematisch betrieben werden kann, hat noch nicht alle Kinderkrankheiten einer jungen Wissenschaft überwunden. Immer wieder müssen wir unser mangelhaftes Verständnis der geschriebenen und der bildlichen Quellen zugeben. Jahrzehnte angestrengter Arbeit und viel Finderglück werden notwendig sein, damit wir nach so langer Zeit und trotz fehlender Tradition zu einem einigermaßen angemessenen Verständnis kommen. Eine andere Kinderkrankheit: die methodischen Grundfragen der Erforschung der außereuropäischen Kulturen sind noch nicht genügend durchdacht worden, weil der ständige Zustrom neuer Quellen dazu keine Zeit ließ. So besteht immer wieder die Gefahr, entweder in der Sammlung von Material steckenzubleiben oder vorschnell irgendwelche Leitgedanken – seien sie politischer, theologischer oder methodischer Art – von außen an den Stoff heranzutragen. So las zum Beispiel Hugo Winckler, der Begründer des »Panbabylonismus«, vor sechzig Jahren aus den damals zugänglichen Texten die »altorientalische Weltanschauung« heraus, die er für die große geistige Leistung der Sumerer hielt. Das war ein imponierendes Gedankengebäude, aber, wie man nach tieferem Eindringen in die alte Literatur erkennen mußte, auch nicht mehr. Seither weiß man, daß es eine altorientalische Weltanschauung als Einheit gar nicht gegeben hat, und begnügt sich mit bescheideneren Forschungszielen. Diese Selbstbescheidung ist von Resignation weit entfernt, sie hat vielmehr zu Erkenntnissen verholfen, die zwar in vielem einen vorläufigen Charakter haben, gleichwohl aber der Beachtung nicht nur der Spezialisten wert sind.

Aber nicht nur unser unzureichendes Verständnis behindert uns, sondern auch die Quellen selbst bieten manche Schwierigkeiten. Sie fließen ungleichmäßig, sind für bestimmte Perioden kaum noch überschaubar, für andere dagegen sehr dürftig, und für wieder andere fehlen sie fast ganz; es gibt mehr als ein dunkles Zeitalter in der Geschichte Altvorderasiens. Im Mittelpunkt unserer Darstellung werden natürlich die Perioden stehen, über die wir viel wissen; das heißt aber nicht in jedem Fall, daß diese bedeutsamer waren als andere, über die die Quellen uns wenig verraten. Da und dort werden uns Zufälle der Überlieferung verführen, die Schwerpunkte nicht richtig anzusetzen oder Voraussetzungen und Nachwirkungen bestimmter Ereignisse falsch zu rekonstruieren. Vor allem für die politische Geschichte ist von Bedeutung, daß wir nur selten von zwei oder gar drei Seiten über bestimmte Vorgänge informiert werden. Meist ist nur der Bericht der einen, der siegreichen Seite überliefert; es ist dann oft nicht möglich, zuverlässig abzuschätzen, was übertrieben, bewußt entstellt oder verschwiegen wurde. Bei der Behandlung sozial- oder geistesgeschichtlicher Fragen müssen wir berücksichtigen, daß die Begriffsbildung der alten Völker in vielem von der unseren abweicht und daß natürlich die Texte nicht zu dem Zweck abgefaßt wurden, Außenstehende zu belehren; vieles uns Fremdes wird als bekannt vorausgesetzt, oft wird das Entscheidende eher verborgen als hervorgehoben. Die Bildwerke stellen nur teilweise Illustrationen zu beigefügten oder erkennbar parallelen Texten dar; sehr oft sind sie schwer deutbare Aussagen eigener Art. Man hat die Probleme, die das rechte Verständnis der Bilder aufgibt, durch einen Hinweis auf die Kunst des Mittelalters zu verdeutlichen versucht: Wieviel würden wir von den bildlichen Darstellungen dieser Jahrhunderte verstehen, wenn wir die Bibel nicht kennten? Für viele religiöse Bildwerke des Orients fehlt uns leider ein entsprechender Leitfaden. Darum können wir oft nur Vermutungen äußern, wo wir zuverlässige Aussagen machen möchten.

## *Der Schauplatz*

Man kann die Geschichte Vorderasiens nicht ohne Kenntnis seiner verschiedenartigen Landschaften verstehen. Oft bestimmt oder beeinflußt ja die Landschaft das Handeln der in ihr lebenden Menschen. Über Arabien, Iran und Palästina wird an anderer Stelle gehandelt werden; daher genügen für diese Länder hier einige Hinweise.

Das Kerngebiet Vorderasiens im Altertum war die Flußtallandschaft Mesopotamien mit den beiden großen Strömen Euphrat und Tigris. In der Nähe des heutigen Bagdads nähern sich die Flüsse einander und haben, teilweise erst in den letzten zehntausend Jahren, auf einem alten Sockel das Schwemmland Babylonien aufgebaut, das wegen der ungenügenden Regenfälle unter Ausnutzung des Frühjahrshochwassers künstlich bewässert werden muß. Das dafür erforderliche Kanalsystem droht dauernd zu versanden und kann nur von einem geordneten Staatswesen instand gehalten werden; in Zeiten politischer Unordnung verfällt es, und das bei sachgemäßer Bewässerung sehr fruchtbare Land wird wieder zur Steppe oder gar Wüste. Die Mündung der Flüsse wird durch die reichlich mitgeführten Sinkstoffe immer weiter in den Persischen Golf vorgeschoben. Im Altertum mündeten die Flüsse noch nördlich des späteren Basra, ja, vor fünftausend Jahren lagen sogar noch Ur und Eridu an der Lagune des Golfes. Häufige Veränderungen der Flußläufe, die bisweilen auch absichtlich herbeigeführt wurden, ließen nicht selten Städte, die bis dahin in Gartenland eingebettet waren, für längere Zeit veröden (zum Beispiel Uruk nach 2000 und wieder nach 1100 v. Chr.).

Das regenreichere, weniger subtropische und hüglige Assyrien schließt nördlich von Samarra nicht unmittelbar an Babylonien an. Es reicht bis an den Rand der iranischen und armenischen Hochgebirge; sein natürlicher Mittelpunkt ist das Gebiet von Ninive-Mossul. Beide Länder haben offene und ungeschützte Grenzen gegen die Hochgebirge und die Wüstensteppen. Ihre Fruchtbarkeit bildet für die Bergbewohner und Wüstennomaden eine ständige Herausforderung zu Raubzügen, seltener auch zum Versuch der Landnahme. Nur ein starker Staat kann die Einfälle abwehren und vorbeugend Sicherheitszonen um das Fruchtland herum schaffen. Diese Zonen werden unter kriegerischen Herrschern leicht zur Aufmarschbasis für Eroberungszüge in die an Bodenschätzen und Wäldern reicheren Nachbargebiete.

Hohe und schroffe Gebirgsmauern schließen Mesopotamien gegen Iran ab. Nur im Süden um das Flußtal des Karun ist den Gebirgen ein fruchtbares Hügelland vorgelagert, das im Altertum zusammen mit den anschließenden Gebirgstälern das Gebiet von Elam mit der Hauptstadt Susa (bei Disful) bildete. Wegen seiner engen, wenn auch nicht selten feindlichen Beziehungen zu Babylonien und Assyrien wird noch öfter die Rede von ihm sein müssen.

Im Westen schließt an Babylonien die fast unbewohnte nordarabische Wüstensteppe an; weiter nördlich, das heißt westlich von Assyrien, liegt das nur stellenweise wüstenartige obere Mesopotamien (heute el-dschesire »die Halbinsel«), dessen Süd- und Westgrenze der Euphrat und dessen Nordgrenze das hier nicht steil aufsteigende südarmenische Gebirge ist. Am dichtesten waren die Täler des Euphrats und des Chabur besiedelt, wo die Bevölkerung überwiegend vom Ackerbau lebte. Bedeutende Städte gab es nur wenige; sie wurden selten und dann nur für kürzere Zeit zu Hauptorten größerer Gebiete. Abseits der Flüsse zelteten Nomaden.

Geographisch sehr verschiedenartige Landschaften umfaßt das südlich von Amanus und Taurus zwischen Mittelmeer, Euphrat und der Syrischen Wüste liegende Syrien, dessen südliches Drittel unter dem Namen Palästina eine eigene Kulturlandschaft bildet. Den durch einen nordsüdlichen Längsgraben geteilten, früher sehr waldreichen Gebirgsketten des Libanon und Antilibanon ist im Westen der meist schmale Küstenstreifen Phönikien mit einigen sehr guten Häfen vorgelagert, die mehr nach dem Meer als nach dem Hinterland orientiert sind. Östlich der Gebirge liegt im Norden das anbaufähige Hügelland von Aleppo und im Süden die große Oase von Damaskus mit ihren Palmengärten; dazwischen gibt es nur schwachbesiedelte Gebiete. Eine politische Zusammenfassung des oft zwischen Mesopotamien und Ägypten strittigen Gebietes erfolgte fast nur unter fremder Herrschaft. Sonst standen meist Kleinstaaten nebeneinander.

Noch uneinheitlicher in seinem Aufbau ist das letzte Teilgebiet Vorderasiens, Kleinasien, das durch hohe Gebirgsketten in viele kleine Einzellandschaften aufgeteilt wird. Nur das mittlere Anatolien ist ein offenes Hochland von größerer Ausdehnung; in ihm lagen daher fast immer die Zentren der kleinasiatischen Reiche, während sich die Hochgebirgstäler Armeniens, in die sich immer wieder kleine Volksreste zurückzogen, nur selten und meist nur lose zusammenfassen ließen. Eine ausgeprägte Küstenebene finden wir nur in Kilikien, während die übrige Südküste unwirtlich und reich an Schlupfwinkeln für Seeräuber ist und die Nordküste in vorgriechischer Zeit wohl nur wenig besiedelt war. Die Gebirge sind sehr reich an leicht erreichbaren und daher früh ausgebeuteten Metallen. Die hafenreiche Westküste mit ihrem Hinterland gehörte im Altertum zur ägäischen Welt und war von Vorderasien abgewandt.

## *Quellen, Chronologie*

Unser Wissen über Altvorderasien verdanken wir ganz überwiegend den Ausgrabungen: den wissenschaftlichen der letzten hundertzwanzig Jahre und der vordem sehr ergiebigen Schatzgräberei. Systematische Schichtenbeobachtung und exakte Aufnahmemethoden haben die Archäologen erst in unserem Jahrhundert entwickelt; die älteren Ausgrabungen waren unmethodisch und haben vieles zerstört, ohne brauchbare Aufzeichnungen zu hinterlassen. Vor Beginn der Ausgrabungen standen, abgesehen von wenigen Denkmälern und Inschriften, nur das Alte Testament und etliche antike Schriftsteller zur Verfügung. Noch heute ist das Alte Testament eine wichtige Quelle für die Nachbarvölker Israels, für Mesopotamien jedoch hat es nur selten den Charakter einer primären Quelle. Die Nachrichten aus der Antike sind fast durchweg sagenhaft; schon Herodot war auffällig schlecht über vieles informiert. Die Sagen können aber, kritisch ausgewertet, die wiederaufgefundenen einheimischen Quellen da und dort etwas ergänzen.

Die Ausgrabungen erst haben uns aus erster Hand über Architektur und Gerätschaften, Bildkunst und Schrifttum der alten Völker so unterrichtet, daß wir, wenn auch lückenhaft, eine Geschichte und Kulturgeschichte Altvorderasiens schreiben können. Das Fundmaterial ist lange schon unübersehbar geworden, zudem erst unvollständig und oft sehr unzureichend veröffentlicht. Abgesehen von einigen guterhaltenen Grabanlagen, ist der Erhaltungszustand der Architekturdenkmäler am unbefriedigendsten: kein größeres Gebäude kennen wir ganz, ja selbst überdachte Räume wurden nur selten gefunden. Aus Mauerstümpfen, Grundmauern oder sogar nur aus Baugräben müssen wir versuchen, uns ein Bild von den alten Bauwerken und Ortschaften zu machen, bisweilen von alten Abbildungen und Grundrißzeichnungen unterstützt, die meist viel zu wünschen übriglassen. Mit der Bildkunst steht es etwas besser: neben der großen Masse der Bruchstücke und Torsi haben wir guterhaltene Rundbilder, Reliefs und vor allem viele Tausende von Siegeln, aus wertvollem Material natürlich nur wenige. Von der Malerei haben nur Bilder auf gebranntem Ton und später die mit Schmelzfarben gemalten die Jahrtausende gut überdauert; von den vielen Wandbildern in Secco- oder Freskotechnik sind nur da und dort Reste aufgefunden worden.

Die Hunderttausende von Schriftdenkmälern in unseren Museen und Sammlungen sind meist auf Ton geschrieben, seltener auf Stein und ganz selten auf Metall. Die sicher auch häufig verwendeten Materialien Holz, Wachs und später wohl auch Papyrus blieben in Vorderasien nicht erhalten. Die Verteilung der Schriftdenkmäler ist zeitlich und örtlich außerordentlich ungleichmäßig; am weitaus häufigsten sind sie im Mesopotamien östlich des Chaburtales gefunden worden; doch stammen auch viele Tausende aus Anatolien und Nordsyrien. Das Material aus Armenien, Phönikien und Südsyrien ist sehr dürftig. Unter den Schriftgattungen nimmt die babylonische Keilschrift mit weitem Abstand den ersten Platz ein; mindestens zwölf verschiedene Sprachen (Dialekte nicht gerechnet) wurden in ihr geschrieben. Weitere Schriften sind in Kleinasien die hethitischen Hieroglyphen und in Syrien die ugaritische Buchstabenkeilschrift sowie die phönikisch-aramäische Buchstabenschrift, die dann nach und nach die älteren Schriftsysteme verdrängte. Einzelne Denkmäler, deren Echtheit teilweise fraglich ist, enthalten ganz unbekannte Schriftzeichen.

Dem Inhalt nach stehen in sumerischer und akkadischer Sprache die Rechts- und Verwaltungsurkunden an der Spitze. Sie sind trotz ihrer Eintönigkeit eine Quelle ersten Ranges für Geschichte und Kultur Vorderasiens. Das gleiche gilt für die vielen Tausende von Briefen in akkadischer Sprache, von denen etwa die Hälfte aus Staatsarchiven stammt und von Innen- und Außenpolitik handelt. Anders als die meisten Urkunden wurden Briefe leider nur selten datiert. Neben den Briefarchiven, die wir nur für wenige Perioden besitzen, bilden die Inschriften und Verlautbarungen der Könige unsere Hauptquelle für die politische Geschichte; sie sind natürlich immer sehr subjektiv gefärbt. Eine sehr wichtige Ergänzung sind die nicht zahlreichen Chroniken und die Königs- und Datenlisten; eine eigentliche Geschichtsschreibung gibt es außerhalb Israels leider fast gar nicht.

Dagegen ist die Literatur, Dichtung und Prosa, in Babylonien-Assyrien und bei den Hethitern sehr umfangreich und vielseitig. Ihr Charakter ist ganz überwiegend religiös oder in einem weiten Sinn des Wortes wissenschaftlich. Ihre Auswertung für die Religions- und Geistesgeschichte steht noch in den Anfängen, hat aber schon zu wichtigen Erkenntnissen geführt. Wegen der Zerbrechlichkeit des Schreibmaterials sind fast nur kleinere Tafeln, vor allem Urkunden und Briefe, in größerer Zahl vollständig erhalten; von den größeren Tafeln kennen wir meist nur Bruchstücke und deswegen kein umfangreiches Literaturwerk vollständig, obwohl oft Stücke mehrerer Abschriften gefunden worden sind. Gut erhalten sind viele Königsinschriften, da sie besonders sorgfältig geschrieben und verwahrt wurden. Große Archive liegen sicher noch im Boden und harren der Auffindung.

Ganz kurz muß noch über die Chronologie gesprochen werden, weil die abweichenden Zahlenangaben in den verschiedenen Büchern immer wieder Verwirrung stiften. Grundlage für die Chronologie der vorderasiatischen Geschichte sind die Königslisten, die für jeden König die Zahl seiner Regierungsjahre angeben; für bestimmte Zeiten werden sie in Babylonien durch Listen von Jahresdatenformeln ergänzt, mit deren Hilfe man Urkunden datierte, und in Assyrien durch die Listen der Jahreseponymen, die absolut zuverlässig, aber nur für die Jahre 910 bis 648 vollständig erhalten sind; durch die in ihnen erwähnte Sonnenfinsternis vom 15. Juni 763 sind sie fixiert. Die ab etwa 1420 v. Chr. lückenlose assyrische Königsliste ist nicht ganz einwandfrei, da die Abschriften für einige Regierungszeiten verschiedene Zahlen geben; auch wurden einige »illegitime« Könige ausgelassen. Die viel schlechter erhaltenen parallelen Listen in Babylonien sind leider auch nicht fehlerfrei. Dennoch können ungefähr ab 1450 v. Chr. die Regierungszeiten in Fehlergrenzen von etwa zehn Jahren genau angegeben werden; für viele Einzelereignisse ist der Datierungsspielraum jedoch größer. In Syrien und Kleinasien können wir nur nach meist nicht genau festlegbaren Synchronismen mit Ägypten oder Mesopotamien datieren.

Überlieferungslücken vor 1420 haben es bisher verhindert, die dreiundvierzig Regierungsjahre Hammurabis von Babylon, an deren Festlegung die absolute Chronologie von rund 2400 bis 1500 hängt, genau zu bestimmen; die relative Chronologie ist etwa dreihundertvierzig Jahre vor ihm und hundertfünfundfünfzig Jahre nach ihm durch Jahresdaten- und Königslisten recht gut gesichert. Durch jüngere Abschriften, deren Zuverlässigkeit wahrscheinlich, aber nicht ganz sicher ist, sind einige Daten über Venusaufgänge aus der Zeit seines vierten Nachfolgers Ammisaduqa überliefert. Leider fallen diese Venusaufgänge alle vierundsechzig oder sechsundfünfzig Jahre auf den gleichen Tag im Jahr. Welche der damit möglichen Sechsundfünfzig- oder Vierundsechzig-Jahr-Perioden für Ammisaduqa in Frage kommen, ist offen. Eine Entscheidung könnten die recht präzisen Angaben über zwei Mondfinsternisse während der Regierung des Königs Ibbisuēn von Ur bringen, aber auch sie lassen sich leider nicht ganz eindeutig identifizieren; Mondfinsternisse sind zu häufig. Die Auswahl zwischen diesen Perioden muß also der Historiker treffen. Ihm stehen heute zwar bessere Hilfsmittel zur Verfügung als noch vor fünfundzwanzig Jahren, einige Argumente können aber auch jetzt noch verschieden bewertet werden. Nach meiner Überzeugung kann Hammurabi nicht in die Zeit der zwölften Dynastie Ägyptens gehören, weil diese in den gleichzeitigen Briefen aus Mari nicht erwähnt wird; dadurch scheidet 1849 bis 1806 v. Chr. als Regierungszeit, an der einige noch festhalten, aus. Von den nach den Venusdaten verbleibenden Möglichkeiten, 1793 bis 1750 oder 1729 bis 1686, ist mir jetzt die frühere wahrscheinlicher als die spätere; sie wird daher hier zugrunde gelegt auch für die nur auf Grund von Synchronismen mit Babylonien ungefähr zu bestimmenden Daten in Assyrien und Kleinasien.

Obwohl die Dauer der Fremdherrschaft der Gutäer nicht ganz eindeutig überliefert ist, kann der Regierungsantritt Sargons von Akkade mit großer Wahrscheinlichkeit auf 2414 angesetzt werden (nach der kurzen Chronologie 2350). Alle Daten davor können nur geschätzt werden, zunächst noch auf Grund bekannter Herrscherfolgen, vor 2600 aber fast nur auf Grund archäologischer Indizien (vermutliche Lebensdauer von Gebäuden, Schichtenstärke usw.); diese lassen natürlich ziemlich große Spielräume, die nur ein Synchronismus mit Ägypten um 3000 etwas einschränkt. Vor 3000 werden auch die archäologischen Indizien so unzureichend, daß die Schätzungen um Jahrhunderte schwanken. Auch die Datierung von Fundstücken mit Hilfe der Radiokarbonmethode ist, solange nur eine ungenügende Zahl von geeigneten Objekten verfügbar ist, nur innerhalb ziemlich weiter Fehlergrenzen möglich. Radiokarbondaten nach 2600 nützen uns daher in Babylonien fast nichts, können aber in anderen Teilen Vorderasiens hilfreich sein, wenn andere Indizien für eine Datierung bestimmter Fundgruppen fehlen.

Für den hier zu gebenden Überblick erscheint es unnötig, auch geringe Unsicherheiten der Datierung immer als solche zu kennzeichnen oder vor 1500 Doppeldatierungen nach der »mittleren« und »kurzen« Chronologie zu geben. Die Zusätze »etwa« oder »um« weisen ebenso wie die Verwendung runder Zahlen darauf hin, daß das betreffende Datum innerhalb engerer oder weiterer Grenzen geschätzt ist.

## *Mesopotamien im vierten vorchristlichen Jahrtausend*

Vor der Erfindung der Schrift um 3100 v. Chr. ist der Historiker auch in Babylonien fast ausschließlich auf das angewiesen, was die Prähistoriker und Archäologen aus den Bodenfunden ablesen können. Die Sumerer und Babylonier behaupteten zwar, daß ihre Überlieferung viele Jahrtausende weit bis in die Zeit vor der Sintflut zurückreiche; sie nennen uns auch eine große Zahl von urzeitlichen Königen vor und nach der Flut mit ihren Regierungszeiten und schreiben diesen Regierungszeiten bis zu zweiundsiebzigtausend Jahren zu! Solche Königslisten sind aber das Ergebnis später Spekulation und enthalten allenfalls da und dort eine ganz dunkle Reminiszenz an irgendwelche realen Ereignisse und Namen der Vorzeit, die wir nur selten als solche erkennen können. Die Ausgrabungen bestätigen uns, daß man bestimmte Städte, wie etwa Eridu, Uruk und Kisch, und deren Kulte mit Recht für sehr alt hielt. Viel spricht dafür, daß es schon vor 4000 städtische Siedlungen in Mesopotamien gab, mögen diese auch noch so bescheiden gewesen sein. Der Ackerbau als die wirtschaftliche Voraussetzung für jede Stadtkultur ist in den Tälern der iranischen Randgebirge nördlich von Kerkuk schon für die Mitte des fünften Jahrtausends nachgewiesen; er dürfte sich in den nichtversumpften Flußtälern des Tieflandes rasch ausgebreitet haben. Im regenarmen Babylonien war er auf die Dauer nur möglich, wenn man das erforderliche Wasser in großen und kleinen Kanälen an die Felder heranführte und gleichzeitig verkehrsfeindliche Sümpfe trockenlegte. Daher müssen die Bauern schon früh mit der Anlage von Kanälen begonnen haben, zunächst jedoch noch ohne eine größere Gebiete erfassende Planung. Dabei können schlimme Erfahrungen mit der nicht so leicht zu bewältigenden Tücke der Wassermassen, aber auch mit der Bosheit neidischer Nachbarn nicht ausgeblieben sein. Sie zwangen zum Zusammenschluß und damit zur Bildung von Staaten, die in dem Bemühen um eine planvolle Wasserwirtschaft eine ihrer Hauptaufgaben sehen mußten. Die ersten dieser Staaten sind in den Flußniederungen Mesopotamiens sicher schon vor 4000 entstanden.

Was für Menschen waren diese frühen Bauern? Wir können noch keine Völker gegeneinander abgrenzen und sie benennen, auf Grund der Bodenfunde aber doch einiges über sie aussagen. Mesopotamien gehört nicht zu den frühen Gebieten menschlicher Besiedlung; Funde aus der älteren Steinzeit gibt es nur in der Gebirgszone. Aus den Gebirgen Irans und Kleinasiens dürften die ersten Siedler gekommen sein. Einige Kleinbildwerke und die Zusammensetzung der Bevölkerung in späterer Zeit machen es wahrscheinlich, daß der armenoide Typ unter ihnen vorherrschend war. Der Norden Mesopotamiens wurde sicher wesentlich früher besiedelt als der Süden; wir können aber noch keine verläßlichen Zeitangaben machen. Sehr früh lernte man hier neben der uralten Herstellung von Geräten aus Stein, Holz und Knochen sowie der seit etwa 5000 bezeugten Verarbeitung des Tons zu Gefäßen und Figürchen die Gewinnung und Bearbeitung von Metall, vor allem das Hämmern des Kupfers. Dem Neolithikum Europas entspricht daher in Vorderasien seit etwa 4000 das Chalkolithikum, die Kupfersteinzeit. Mit großen Teilen des Mittelmeergebiets und des südlichen Asiens gehört Mesopotamien zum buntkeramischen Kulturkreis. Wir benennen daher die neben- und nacheinander feststellbaren frühen Kulturen nach den in ihnen vorherrschenden Typen der bemalten Keramik und damit nach den Orten, an denen diese Typen zufällig zuerst gefunden wurden. Mannigfache Beziehungen verbinden die vorgeschichtlichen Kulturen Mesopotamiens mit denen, die auf bestimmten Ruinenhügeln Syriens und vor allem Irans beobachtet wurden. Die Zahl der genauer untersuchten und ergiebigen Fundplätze ist jedoch noch zu gering, um historische Schlüsse aus den erkannten Beziehungen zu ermöglichen; weder über die Herkunft noch über die räumliche und zeitliche Erstreckung der einzelnen Kulturen können wir zuverlässige Aussagen machen. Als sicher kann nur gelten, daß die Bevölkerungen in diesen Gebieten damals nicht grundverschieden gewesen sein können. Daß gleichwohl beträchtliche Unterschiede vor allem auch in der Sprache bestanden haben, können wir den recht ungleichartigen alten Substraten entnehmen, die im Akkadischen Assyriens und Babyloniens sowie im Sumerischen erkennbar sind.

Die Keramik der Zeit um 4000 in Assyrien (Typ Tell Hassuna) wurde noch verhältnismäßig primitiv mit geometrischen Motiven in Schwarz und Rot bemalt. Ebenfalls wohl noch nicht auf der Töpferscheibe hergestellt wurde die wesentlich feiner gearbeitete Keramik des Früh-Chalkolithikums bis etwa 3600. Zwei in vielem grundverschiedene Malstile stehen jetzt im nördlichen Mesopotamien nebeneinander, der von Tell Halaf und der von Samarra. Beide Stile geometrisieren weitgehend die der Natur entnommenen Motive, sind also nicht naturalistisch. Besonders beliebte Motive des Stils von Tell Halaf sind die Doppelaxt, Stierköpfe, Rosetten und das Malteserkreuz, religiöse Symbole, die man auch plastisch in Stein und Ton abbildete; die oft zweifarbige Malerei bezeugt ein entwickeltes Formgefühl. Ein Grundmotiv der Samarratöpferei ist das Hakenkreuz, um das Tiere (neben dem Steinbock Vögel und Fische) oder seltener Menschen gleichsam rotieren; die Zeich-

Gefäßhals mit dem Bildnis einer Gottheit
Samarra-Keramik aus Hassuna, 5. Jahrtausend. Bagdad, Iraq Museum

Gottheiten der Obed-Zeit
Tonplastiken aus Ur und aus Eridu, 4. Jahrtausend. Philadelphia, University Museum, und Bagdad, Iraq Museum

nung ist ganz schematisiert, um die Figuren dem abstrakten Kompositionsschema einzufügen. Man kann sich schwer vorstellen, daß beide Stile auf dem Boden desselben Volkstums und gleichartiger religiöser Vorstellungen ausgebildet wurden; der Samarrastil scheint aus Iran zu stammen. Fast nur geometrische Motive zeigt die aus der gleichen Zeit stammende viel ärmlichere und gröbere bemalte Keramik des Eridu-Stils in Südbabylonien; Babylonien war damals also noch dem Norden kulturell unterlegen.

Während die religiöse Symbolik des Samarrakreises für uns schwer zu deuten ist, scheint sicher zu sein, daß im bäuerlichen Tell-Halaf-Kreis und auch in Babylonien die Muttergöttin im Mittelpunkt stand, abgebildet durch viele Tonfigürchen nackter Frauen (im Norden oft in hockender Stellung), außerdem der durch Stierköpfe und Stierfigürchen repräsentierte Mondgott. Ob beide damals, anders als später, ein Götterpaar bildeten, wissen wir nicht, auch nicht, ob neben ihnen schon andere Götter angerufen wurden. Übrigens fand der Gottesdienst meist in festen Gebäuden statt, die im Süden trotz der Verwendung handgeformter Lehmziegel primitiver waren als im Norden. In Assyrien wurde die Muttergöttin in Rundbauten mit Steinfundament verehrt, die den viel jüngern »Tholoi« des ägäischen Kreises ähnlich waren; später wurde ein rechteckiger Raum angefügt. Alles in allem konstatieren wir in Mesopotamien um 3600 ähnlich wie in Palästina (Jericho und Telêlât Ghassul), zu dem sicher Beziehungen bestanden, einen erstaunlich hohen Stand der Kultur und der Fähigkeit, abstrakte Symbole zu konzipieren.

Das Mittel- und Spät-Chalkolithikum (etwa 3600–3200) hat für ganz Mesopotamien den Namen Obed-Zeit bekommen, obwohl diese Benennung nach dem kleinen Hügel el-Obed bei Ur eigentlich nur für Babylonien sinnvoll ist, denn die Kultur des Nordens unterscheidet sich von der des Südens auch weiterhin beträchtlich. In dieser Zeit wurden der Metallguß und die sich langsam drehende Töpferscheibe erfunden. Die Gefäße wurden dadurch technisch vervollkommnet; ihre Bemalung aber wurde überall in Mesopotamien ärmlicher, die Tierbilder und die meisten Symbole verschwanden. Unter den Tonfiguren überwogen weiterhin nackte Frauen (jetzt oft mit Kind an der Brust) und Stiere wohl als Symbole des Mondgottes. Die Steinschneidekunst, die früher nur geringe Möglichkeiten hatte, wurde technisch verfeinert; es entstanden Tierfigürchen aus Stein. Auch schnitt man jetzt in die Stempelsiegel, deren Abdrucke auf Ton als Eigentumsmarken dienten, Tierbilder ein, die oft Jagdtiere oder Jagdhunde darstellten und damit darauf hinwiesen, daß neben dem Bauern auch der Jäger noch seinen Platz in der Gesellschaft hatte. Obwohl die Siegelbilder negativ eingeschnitten wurden, gelangen den Künstlern in Assyrien bisweilen überraschend lebendige und naturgetreue Darstellungen. Groß waren die Fortschritte der Baukunst, von der wir in Eridu in Südbabylonien und in einem kleinen Kulturzentrum Nordassyriens auf dem Tepe Gaura Zeugnisse haben. Die nicht sehr großen, jetzt stets rechteckigen Tempel enthielten meist mehrere Räume neben dem eigentlichen Kultraum, der vielleicht nicht immer überdacht war. Die nur von den Ziegeltempeln erhaltenen Grundrisse deuten darauf hin, daß die sorgfältig ausgewogene Nischenarchitektur ältere oder auch gleichzeitige Holzbauten nachgeahmt hat, die aus behauenen Kanthölzern gefügt gewesen sein müssen. Ein ausgeprägter Sinn für bauliche Harmonie und Freude an sauberer Kleinarbeit lassen sich an den Grundrissen ablesen.

Am Anfang der Obed-Kulturen stand zwar kein radikaler kultureller Umbruch; ein Wandel des künstlerischen Empfindens, das nun plastische Darstellungen der Malerei vorzieht, ist aber doch unverkennbar. Gern wüßten wir, ob dieser Wandel durch das Eindringen neuer Volksgruppen nach Mesopotamien ausgelöst wurde oder ob er sich ohne wesentliche Beeinflussung von außen vollzog. Vergleiche mit der geschichtlichen Zeit legen allerdings den Schluß nahe, daß es auch zwischen 4000 und 3200 in Vorderasien Völkerbewegungen gegeben hat. Die kargen Lebensbedingungen in den Wüstensteppen und Gebirgsländern dürften lange Ruheperioden auch damals nicht begünstigt haben.

## *Die frühsumerische Hochkultur und die Erfindung der Schrift*

Die noch vorgeschichtlichen Obed-Kulturen wurden in Assyrien durch die Tepe-Gaura-Kultur und in Babylonien durch die frühgeschichtliche Uruk-Kultur abgelöst. Beiden gemeinsam ist die Abwendung von der bemalten Keramik; einziger Schmuck der nun auf einer schnell rotierenden Scheibe geformten Schmuckgefäße ist eine Farbpolitur in Rot, Grau oder Schwarz, die wir in dieser Zeit merkwürdigerweise auch in dem sonst so malfreudigen Iran antreffen. Sonst bringt die Tepe-Gaura-Kultur nichts grundlegend Neues, sondern eher ein stetiges Wachstum aus der Tradition heraus, vor allem im Tempelbau, der vereinzelt auf den uralten Rundbau zurückgreift. In der Siegelschneidekunst setzt sich wieder ein mehr abstrakter Stil durch; die Beachtung starrer Kompositionsschemata wird wichtiger als die naturgetreue Zeichnung der einzelnen Tiere. Kleine Rosetten aus Gold und der Gold-Silberlegierung Elektron in den Gräbern sind das vorläufig früheste Zeugnis für das große Können der Goldschmiede Vorderasiens.

Ganz anders stand es in Südbabylonien. Zwar knüpfte man auch hier an die Überlieferung an, so im Tempelbau; wichtiger aber wurde das ganz Neue, dessen Ursprünge wohl kaum im Lande zu suchen sind. Wenn uns nicht alles täuscht, ist dieses Neue nicht allmählich gewachsen, sondern hat sich rasch in der kurzen Zeit von etwa hundert Jahren entfaltet. Die damals entstandene Hochkultur nennen wir sumerisch, weil ihre Träger sumerisch schrieben; aber wer waren die Sumerer?

Schumer ist die akkadische Form von Kengi(r), dem sumerischen Namen von Südbabylonien, und bedeutet »Kulturland«. Obgleich der Volksbegriff »Sumerer« ebensowenig wie andere Volksbegriffe geprägt wurde, nannte man die Sprache Südbabyloniens im dritten Jahrtausend sumerisch. Heute nennen wir das sumerisch sprechende Volk auch schon vor seiner Landnahme in Babylonien und vor der Vermischung mit den dort Ansässigen Sumerer, weil keine andere Bezeichnung zur Verfügung steht. Es wird angenommen, daß die Sumerer etwa zur Zeit des Übergangs zur Uruk-Kultur in Babylonien eingewandert sind, wobei die Wanderungsbewegungen sich vermutlich über viele Jahrzehnte erstreckten. Weniger einig ist man sich über die Herkunft der Sumerer, da uns für die Lösung dieser Frage weder die Anthropologie noch die Archäologie noch die Sprachvergleichung eindeutige Kriterien an die Hand geben. Das Sumerische ist eine die Wortwurzeln nicht verändernde agglutinierende Sprache wie in Europa das Finnische und Ungarische. Man hat es in keine der bekannten Sprachfamilien einordnen können und eben deswegen mit fast allen schon einmal verglichen. Relativ am meisten Gewicht haben Hinweise auf Strukturähnlichkeiten mit manchen Kaukasussprachen, mit denen das Sumerische die passivische Verbalauffassung teilt – man sagte statt »er schrieb« etwa »von ihm wurde geschrieben« –, und auf Eigentümlichkeiten, die sich ähnlich auch in den erst aus viel jüngerer Zeit bekannten Dravida-Sprachen Indiens finden. Da für Beziehungen zum vorarischen Indien auch einige archäologische Beobachtungen sprechen, hat die Annahme, daß die Sumerer von Osten, vielleicht durch Südiran, nach Babylonien kamen, vorläufig am meisten für sich. Ganz ungeklärt ist aber noch das Verhältnis der Sumerer zu den benachbarten Elamiern. Die beiden Sprachen scheinen nicht verwandt zu sein, und die Sozialstruktur ist in vielem verschieden. Daß es in Bau- und Bildkunst und in der Religion viel Gemeinsames gibt, kann aus der nahen Nachbarschaft beider Länder erklärt werden und muß nicht die Folge einer Verwandtschaft beider Völker sein.

Dem Auftauchen der Sumerer in Babylonien gingen Zeiten der Unruhe und des kulturellen Niedergangs voraus, über die wir fast nichts wissen. Sie betrafen gewiß auch Elam, das vorher eine kulturelle Blütezeit erlebt haben muß. Die berühmte bemalte Keramik des Stils Susa I ist die feinste Schmuckkeramik des vierten Jahrtausends; sie ist den gleichzeitigen Obed-Waren weit überlegen. Wenn wir die Befunde der noch im Gang befindlichen Ausgrabung von Uruk, der wir fast alles verdanken, was wir über die Uruk-Kultur wissen, recht deuten, wird der Neubeginn zuerst in der Baukunst sichtbar. Neben die überkommene und nun feiner ausgestaltete Form des Hochterrassentempels mit seinen bescheidenen Ausmaßen treten jetzt monumentale Tempelanlagen zu ebener Erde, zum Teil mit Mauerwerk aus einer Art von Gußbeton über Sockeln aus kleinen Kalksteinblöcken, eine im Lande des Lehmbaus ganz ungewöhnliche Bauweise. Aus ganz kleinen Lehmziegeln mit quadratischem Querschnitt (»Riemchen«) wurden die gewaltigen Mauern von meist dreischiffigen Tempeln errichtet, deren Längsachse bis zu achtzig Meter maß. Eine Pfeilerhalle verband benachbarte Tempel. Einzigartig war der Bauschmuck: Man steckte in eine dicke Lehmputzschicht ungezählte Tonkegelchen, seltener Steinkegel mit gefärbten Köpfen. Die dadurch gebildeten Mosaiken (Hauptfarben Schwarz, Weiß, Rot) zeigten meist Rautenmuster, die deutlich das Geflecht von Schilfmatten nachahmten. Schilfmatten waren ja nicht nur ein Wandschutz gegen Regengüsse für die aus ungebrannten Ziegeln errichteten städtischen Bauten, sondern wurden auch in den Dörfern damals wie heute über Schilfbündelgerüste gelegt; die Araber nennen solche Schilfhütten Ssrefen. Die Stiftmosaiken sollten die Tempelmauern schützen und waren zugleich ein leuchtender Farbschmuck für große Wandflächen und Pfeiler. Eine großzügige und zugleich peinlich genaue Planung, Hingabe an die Gottheit, Freude am Schönen und eine bei den noch ziemlich primitiven Stein- und Kupferwerkzeugen unermeßliche Arbeitsleistung waren die Voraussetzung für die Vollendung dieser Tempel. Von ihrer Frontgliederung mit flachem Dach vermitteln uns Siegelbilder wenigstens eine ungefähre Vorstellung.

Erst als einige dieser Tempel bereits standen, kam es nach den Schichtbeobachtungen der Ausgräber zu einer weiteren Erfindung, die der Kleinbildkunst ganz neue Wege wies (etwa 3150?). Die bis dahin üblichen Stempelsiegel waren für Siegelabdrücke in Ton nicht sehr geeignet, weil unangenehme und das Bild verzerrende Randwülste im Ton beim Abdruck schwer zu vermeiden sind. So kam jemand auf den wahrhaft genialen Gedanken, das Siegelbild in den Mantel kleiner zylindrischer Steinrollen einzuschneiden und das Bild dann auf dem Ton abzurollen. Diese Bilder hatten keine Seitenbegrenzung mehr, weil die Abrollung beliebig lang sein konnte; sie wurden daher oft auch als unendlich lange Bänder ohne eine senkrechte Grenzlinie entworfen. Wohl an hunderttausend solcher Rollsiegel sind uns im Original oder in Abrollungen aus fast dreitausend Jahren in Mesopotamien und später auch Kleinasien und Syrien sowie seltener Ägypten und der Ägäis erhalten, die meisten nur handwerkliche Reproduktionen gängiger Bildmotive, die besten aber kleine Kunstwerke. Sie sind in erträglichem Erhaltungszustand und bilden wegen der geringen Zahl von Großbildwerken neben der Literatur und den Namen unsere wichtigste Quelle für die Religionsgeschichte, wenn wir auch viele Darstellungen noch nicht richtig verstehen. Weltliche Bildthemen erscheinen recht selten, relativ häufig nur in dieser frühen Zeit, die auch die später ungewöhnlichen Jagdbilder und die sogar bei den Assyrern verpönten Kriegsbilder nicht ausschließt. Einige Kultbilder zeigen Opferszenen oder Prozessionen zu Schiff. Ebenso begegnen uns schon einige der später so oft dargestellten Mischwesen. Die Figuren sind naturgetreu nachgeschnitten, manche Bilder wilder Tiere sind prachtvoll gelungen. Eine regellose Verteilung der Gestalten über die Bildfläche ist aber selten. Das Normale sind sorgfältig ausgewogene Kompositionen, wobei die Gegenüberstellung fast gleicher Bildhälften ein beliebtes Prinzip ist; bei zwei Bildreihen übereinander sind die (gedachten) Mittellinien zwischen den Bildhälften gegeneinander versetzt. Der Symmetrie zuliebe schafft man auch unwirkliche Gestalten, zum Beispiel zwei Löwen mit zweimal verschlungenen Hälsen. Die Perspektive fehlt, dadurch schweben die im Hintergrund gedachten Figuren scheinbar in der Luft.

Gesiegelt hat man zunächst vorzugsweise Krugverschlüsse aus Ton, um unberechtigte Entnahmen aus Gefäßen zu erschweren. Diese Gefäße gehörten wohl überwiegend den Tempeln, die aller Wahrscheinlichkeit nach schon damals fast den gesamten Boden besaßen. Sie bildeten riesige Wirtschaftskörper mit Tausenden von Bediensteten verschiedener Funktion. Die Tempel ohne irgendwelche Aufzeichnungen zu verwalten war auf die Dauer unmöglich. Man half sich zunächst gewiß mit dem Einkerben von Zahlzeichen in Wandplatten oder Täfelchen; auch ließen sich die Gegenstände durch Siegelabrollungen kennzeichnen. Aber auch das konnte wohl nicht verhindern, daß das Gedächtnis der Verwalter ständig überfordert war, wenn sie Ein- und Ausgänge von Korn, Öl und allem anderen im Kopf behalten sollten. So hat wahrscheinlich die Verzweiflung überlasteter Funktionäre eine der größten Erfindungen der Menschheit ausgelöst, die Erfindung einer Schrift. Der Gedanke, Gegenstände, Zahlen und Maße durch Bilder oder abgekürzte Symbole zu bezeichnen, später aber auch Schriftzeichen für andere Wörter und noch später für grammatische Elemente zu schaffen, ist die dritte große geistige Leistung der Sumerer dieser Zeit. Da Schrifttafeln aus Ton erst nach den Rollsiegeln (um 3100?) und lange nach den ersten Monumentalbauten auftauchen, können die Sumerer die Schrift nicht schon mitgebracht haben. Von den Sumerern aus wanderte die Idee des Schreibens, aber nicht die sumerische Schrift, durch die Handelsbeziehungen nach Westen zu den Ägyptern und nach Osten zu den Indusleuten und von dort weiter zu anderen Völkern, die für diesen großen Gedanken, wie wir alle, Schuldner der Sumerer blieben.

Geschrieben hat man mit Griffeln auf Ton zunächst nur Verwaltungsurkunden, von denen in Uruk viele Hunderte aus den ersten Jahrzehnten des Schreibens gefunden wurden. Den Zeichenbestand dieser frühen Schrift schätzt man auf etwa zweitausend Bild- und Symbolzeichen. Für den Unterricht der Schreiber begann man sehr früh, Zeichenlisten in sachlicher Anordnung zu schaffen; ebenso alt dürften die ersten Amuletttäfelchen sein, auf die man mit wenigen Zeichen eine magische Formel schrieb. Abstrakte Begriffe umschrieb man zunächst wohl mit Bildern für Gegenstände, deren Namen ähnlich klangen. Besonders früh bezeugt ist die Verwendung des Pfeilzeichens (sumerisch ti) für ti(l) »Leben«. Exakt lesen können wir diese früheste Schrift noch nicht, wohl aber alle Zeichen deuten, die in geometrischer Gestalt auch später noch verwendet wurden oder die als Bilder eindeutig sind. Auf die Idee, auch für die Nachwelt zu schreiben, kamen die Sumerer übrigens erst viel später.

Man sollte meinen, daß den Sumerern an diese großartige Zeit des Aufstiegs irgendwelche Erinnerungen erhalten geblieben seien, aber keine der überlieferten Sagen läßt sich auf sie beziehen. Für die Geschichtskonstruktion der Königsliste war damals wohl noch die Zeit »vor der Flut«, vielleicht die der sogenannten Dynastie der Stadt des Gottkönigs Dumuzi, Badtibira. In Uruk endete diese Zeit um 3000 mit einer großen Katastrophe, welche die Bauten der Schrifterfinder-Generation vernichtete. An ihrer Stelle entstand zunächst nichts Neues. Wir wissen nicht, wer diese Katastrophe heraufführte. Nur glauben wir, in ihrer Zeit einen geschichtlich bedeutsamen Vorgang ansetzen zu können, nämlich den ersten Einbruch größerer Gruppen von Semiten in Mesopotamien.

Die Urheimat der Semiten ist nach wie vor unbekannt. Wegen der nahen Beziehungen der semitischen Sprachen zu den hamitischen spricht manches für Nordafrika. Im vierten Jahrtausend müssen sie jedoch bereits nach Arabien gekommen sein, da alle nachweisbaren Semiteneinbrüche ins Kulturland von dort ihren Ausgang nahmen. In Arabien waren sie nomadische Wanderhirten, allerdings bis etwa 1200 v. Chr. noch ohne Kamele als Tragtiere. Die dürftigen Lebensbedingungen der Steppen- und Wüstenzone mögen immer wieder die Begehrlichkeit nach den Gütern des Kulturlandes im »fruchtbaren Halbmond« geweckt haben. In zahllosen Raubzügen versuchte man, möglichst viel von dem Reichtum an sich zu bringen, wollte aber in der Regel nicht seßhaft werden. Jedoch Zeiten großer Übervölkerung, die es immer wieder gab, zwangen zur Landnahme; sie gelang, wenn die Kulturlandbewohner zur Abwehr zu schwach waren, scheiterte aber oft genug an deren entschlossenem Widerstand. Nur von wenigen der frühen Landnahmeversuche haben wir Kunde oder können sie aus ihren Nachwirkungen erschließen.

Vor und nach 3000 kamen größere Semitengruppen nach Ägypten. Es liegt nahe, für die gleiche Zeit auch Einbrüche in Syrien und Mesopotamien zu vermuten. Die Beduinenforschung hat festgestellt, daß die Semiten meist nicht auf dem kürzesten Wege nach Babylonien kamen, sondern über das Tal des mittleren Euphrats und von dort ostwärts über das Osttigrisland. Dazu paßt, daß in Babylonien die Semiten sicher zuerst den Norden des

Landes besetzten, während der Süden noch jahrhundertelang sumerisch blieb. Viele sehr alte semitisch-akkadische Lehnwörter im Sumerischen zeigen, daß die Semiten schon früh im dritten Jahrtausend in Babylonien eine bedeutende Rolle gespielt haben müssen und bereits damals Akkadisch, die älteste bekannte semitische Sprache, gesprochen haben. Die Tradition der Königsliste nennt als erste Dynastie, das heißt Folge von Königen mit derselben Hauptstadt ohne Rücksicht auf deren Abstammung, »nach der Sintflut« die von Kisch und gibt trotz ihrer Herkunft aus dem sumerischen Gebiet einigen dieser Könige akkadische Namen eines archaischen Typs. Ein König dieser Dynastie ist Etana, der Held eines berühmten akkadischen Mythus, in dem die Gründung der Stadt und des Königtums unmittelbar auf die Götter zurückgeführt wird. Es ist gut möglich, daß dieser Etana wirklich lebte und in die Zeit vor etwa 2700 gehört. Wir dürfen also vermuten, daß die Katastrophe in Uruk um 3000 entweder von Semiten herbeigeführt wurde oder eine indirekte Folge von Kämpfen zwischen Sumerern und Semiten war. Ob ähnliche Katastrophen damals auch andere Städte trafen, wissen wir nicht, weil Grabungsbeobachtungen fehlen.

Während die frühsumerische Uruk-Kultur der Schrifterfinder nur in Südbabylonien nachgewiesen ist, breitet sich die aus ihr herauswachsende Dschemdet-Nasr-Kultur (etwa 3000–2800) – genannt nach einem kleinen Hügel bei Kisch – über ganz Mesopotamien aus und befruchtet auch das frühdynastische Ägypten, mit dem auf dem Seewege um Arabien herum damals intensive Handelsbeziehungen bestanden. Es ist wahrscheinlich, daß die Ausbreitung über Mesopotamien zum Teil die Folge einer dieses ganze Gebiet zusammenfassenden Reichsbildung durch semitische Könige vielleicht von eben diesem Kisch aus war, doch fehlt jede eindeutige Überlieferung darüber. In der Kultur war Sumer bestimmend, jedoch gewannen auch vorsumerische Kunsttraditionen wieder an Boden, vor allem in der Keramik. In Iran wie in Mesopotamien lebte nämlich nun die Gefäßmalerei wieder auf mit den alten geometrischen, aber auch neuen stilisiert-figürlichen Motiven. Neu war auch, daß man die meist schwarz-roten Malereien auf den Ton nicht mehr unmittelbar auftrug, sondern auf eine Farbgrundierung nach Art der rötlichen Uruk-Keramik. Dadurch ist diese Töpferware von der früheren Buntkeramik leicht zu unterscheiden. Neben bemalten Gefäßen gab es jetzt als Neuheit auch Steingefäße mit Darstellungen in Flach- oder Hochrelief, die thematisch den Rollsiegelbildern nah verwandt sind. Ebenfalls ohne Vorbilder sind, wenn wir recht sehen, die Monumentalbildwerke dieser Zeit, während die Architektur im wesentlichen Überliefertes weiterbildet. Schrifturkunden, auf denen ein Teil der Bildzeichen schon geometrisiert erscheint, begegnen uns jetzt auch in Nordbabylonien sowie in Elam zahlreicher, nicht aber in Assyrien. In Elam schrieb man in der sogenannten protoelamischen Schrift, die teilweise andere Zeichen verwendet als die sumerische, wohl auch in elamischer Sprache.

Die bisher bekannten Tempel der Dschemdet-Nasr-Zeit haben im Vergleich zu den älteren Uruk-Tempeln nur bescheidene Ausmaße und wurden auf Hochterrassen errichtet. Überaus reich war der Wandschmuck bei verschiedenen Bauten. Die mühsam herzustellenden Ton- und Steinstiftmosaiken wurden freilich bald aufgegeben und durch eine Flächenbemalung der Wand, die bisweilen die Mosaiken nachahmte, mit abschließenden Friesen aus Tonplatten ersetzt. Einige heruntergefallene Platten, teilweise mit Tierbildern, wurden gefunden. Eindrucksvolle Reste großer Secco-Gemälde mit Tierbildern und Kultszenen fand man auf Fassaden des Tempels von Tell Uqair in Nordbabylonien, während die Wände eines Tempels in Tell Brak in Nordmesopotamien mit Hunderten von Steinaugen geschmückt waren als Symbol dafür, daß die Gottheit alles sieht.

Ebenfalls vielseitig war die überwiegend steinschneidende Bildkunst. Ihre Motive waren meist religiös, auch wo sie zunächst profan erscheinen. Die Gottheit selbst wird nur selten abgebildet. Ein 1939 in Uruk gefundener Marmorkopf, der zu den größten Meisterwerken der altorientalischen Kunst gehört, bildet vielleicht die Muttergöttin Inanna – oder eine Priesterin? – ab; leider ist der Körper dazu verloren. Zur gleichen Zeit entstandene Köpfe aus dem Norden sind viel gröber gearbeitet, aber dennoch eindrucksvoll. Ein etwa ein Meter hohes Alabaster-Kultgefäß aus Uruk zeichnet das damalige Weltbild in großartig gestraffter Form. Unten ist als Wellenlinie das befruchtende Grundwasser zu sehen, aus dem Kornähren und junge Palmen herauswachsen. Der nächste Streifen zeigt fünf Schafpaare, die das Tierreich vertreten und die durch ein breites Band von neun nackten, schreitenden Männern getrennt sind, die Brot und Fleisch zum Opfer herantragen. Ganz oben steht Inanna vor ihren Schilfbündelsymbolen und nimmt von einem nackten Priester Opfergaben entgegen. Das Bild des Königs ist fast ganz abgebrochen. Wie auf anderen Bildern dieser Zeit, wo der König als Beschützer der Herden gegen die Raubtiere oder als die Hauptfigur in Prozessionen zu Schiff und bei Opferhandlungen auftritt, hat auch der hier abgebildete einen eigenartigen Netzrock an. Seine Gleichsetzung mit dem aus späteren Mythen und Klageliedern bekannten Hirten und Gottkönig Dumuzi, dem Geliebten der Inanna, ist sehr unsicher.

Die Bilder auf Rollsiegeln und Steingefäßen, manche von ihnen Kabinettstücke der Kleinkunst, enthalten ausführlichere Ausschnitte aus der eben beschriebenen Bildkomposition. Die Gottheit ist auf ihnen meist nur durch ihr Symbol oder gar nicht vertreten. Leider können wir drei häufig begegnende Symbole noch nicht bestimmten Göttern zuweisen. Eines dürfte dem Mondgott zugehören, dessen heiliges Tier, der Stier, neben den Schafen der Inanna oft abgebildet ist. Nicht selten sehen wir die Tempelherde, durch zwei bis acht Tiere in Reihe oder in antithetischer Anordnung vertreten, wie sie stilisierte Blüten-Rosetten oder Blätter frißt oder von dem Netzrockmann gefüttert wird. Die abgebildeten Opferhandlungen finden vor Symbolen oder Tempeln statt. Die Prozessionsboote zeigen steil hochgezogene Steven, die in stilisierte Pflanzen auslaufen. In sehr großer Zahl gefunden wurden auch Steinfigürchen von meist liegenden Tieren, darunter gelegentlich auch Jagdtieren. Die Unterseite konnte oft als Stempelsiegel verwendet werden, war aber meist nur ziemlich grob bearbeitet. Kunstvoll gearbeitet waren dagegen viele Opfergefäße aus Stein mit Perlmutterintarsien oder aus Metall (Kupfer und Silber).

Die Hinweise auf die Sozialstruktur der frühsumerischen Tempelstädte und der umliegenden Dörfer, die wir aus den Denkmälern der Bau- und Bildkunst mit aller gebührenden Vorsicht ablesen können, gehen in dieselbe Richtung wie die Erkenntnisse, die wir den leider nicht ganz verständlichen Schrifturkunden entnehmen können: Der Tempel war wirtschaftlich und sozial die alles beherrschende Größe. Kein Palastbau deutet auf eine davon unabhängige Staatsverwaltung von vergleichbarem Gewicht. Landwirtschaft und

Viehzucht spielten eine gleich bedeutende Rolle. Der Hochstand der Kunst setzt das Vorhandensein eines Handwerkerstandes und damit weitgehende Arbeitsteilung voraus. Die Bauten bezeugen einen Reichtum, der aus der Landwirtschaft allein kaum gewonnen werden konnte. Ein einträglicher Handel muß die fehlenden Rohstoffe, vor allem Steine und Metalle, im Austausch gegen Getreide und, wie die Funde in Ägypten zeigen, Erzeugnisse des Handwerks ins Land gebracht haben. Ob in Handel und Gewerbe die Privatwirtschaft von wesentlicher Bedeutung war, ist recht zweifelhaft.

Gegen Ende der Dschemdet-Nasr-Zeit ist ein Nachlassen der schöpferischen Kräfte spürbar. Äußerst flüchtig gearbeitete kleine Rollsiegel treten immer mehr an die Stelle der künstlerisch hochwertigen, aus deren Motivkreis nur einiges übernommen wird. Der kulturelle Schwerpunkt scheint sich vom Süden Babyloniens in den Nordosten zu verlagern, dessen Mittelpunkt bis zur Zeit Hammurabis Eschnunna wurde. In den Städten des Osttigrislandes übernimmt die bemalte Keramik (»Scharlachware«) die bisher der Steinschneiderei und der Wandmalerei vorbehaltenen Kultszenen und Herdenmotive, freilich in einer sehr abstrakten Weise. Die Farbwirkung und die Einordnung der Figuren in den Bildrahmen müssen in dieser Kunst viele Verzerrungen rechtfertigen.

## *Die frühdynastische Zeit Babyloniens (etwa 2800–2414 v. Chr.)*

Wir haben vorläufig keinen Anlaß anzunehmen, daß am Anfang der von uns als frühdynastisch bezeichneten Periode eine große geschichtliche Umwälzung oder eine ganz Babylonien erfassende Katastrophe stand; die Ausgrabungsbefunde, die freilich unzureichend sind, sprechen eher dagegen. Daß gleichwohl nicht alles beim alten blieb, können wir einem überaus merkwürdigen Wandel der Bausitten entnehmen: an die Stelle der »Riemchen«-Ziegel, die ein sehr sauberes und dauerhaftes Bauen ermöglichten, treten jetzt für eine lange Zeit die technisch höchst mangelhaften Plankonvexziegel mit gewölbter Oberfläche, die meist aufrecht gestellt wurden; das aus ihnen errichtete Mauerwerk wirkt unordentlich.

Eine plausible Erklärung für diesen bautechnischen Rückschritt ist, daß damals aus dem Bergland Volksgruppen unbekannter Herkunft einbrachen, die auf diese Weise den ihnen gewohnten Bau mit Bruchsteinen nachahmten. Der Vorteil dieser Ziegel war, daß sie sich viel schneller als die allseitig geglätteten herstellen ließen. Und diese Zeit mit politisch recht unstabilen Verhältnissen hatte anscheinend allen Anlaß, schnell zu bauen.

Als Quellen für die politische Geschichte vor etwa 2700 stehen uns nur die Königsliste und einige Sagendichtungen zur Verfügung; diese Quellen sind alle erst aus jüngerer Zeit überliefert. Die Königsliste ist auch jetzt noch keineswegs ganz zuverlässig, vor allem nicht in den Zahlen. Einzelnen Königen, die historisch sein dürften, schreibt sie Regierungszeiten von sechshundertfünfundzwanzig oder zwölfhundert Jahren zu. Etliche Namen erscheinen recht problematisch, anderseits fehlen manche Herrscher, die nach 2700 durch Inschriften

Die »Göttin« von Uruk
Marmorkopf, Anfang 3. Jahrtausend, Bagdad, Iraq Museum

Der mesopotamische Kult um 3000
Alabastergefäß aus Uruk, 4./3. Jahrtausend. Bagdad, Iraq Museum

bezeugt sind. Gut überliefert sind jedoch wahrscheinlich die Dynastien und ihr häufiger Wechsel. Vor Sargon von Akkade nennt die Liste aus dem Süden drei Dynastien von Uruk und zwei von Ur, aus Mittelbabylonien den sagenberühmten Lugalannemundu von Adab und aus dem Norden vier Dynastien von Kisch sowie eine von Akschak (später Opis), dazu Fremddynastien aus Elam (Awan), Kurdistan (Chamassi) und Mari am Euphrat. Die dauerhaften politischen Einheiten in der Sumererzeit waren ähnlich wie im frühen Griechenland die Stadtstaaten unter ihren Stadtfürsten (Ensi). Es gab keine feste Hauptstadt des ganzen Landes, und manchmal mag jede Zusammenfassung größerer Gebiete gefehlt haben. Die Könige haben sich immer von verschiedenen Orten aus durchgesetzt, bisweilen für einige Generationen, oft aber auch nur für eine kürzere Zeit. Die zahlreichen Kriege zwischen rivalisierenden Dynastien – eine Sage erzählt von dem Kampf zwischen Gilgamesch von Uruk und dem anscheinend überlegenen Agga von Kisch –, deren Ursache oft Streitigkeiten um das lebenswichtige Wasser und die Kanäle waren, schwächten das Land so, daß es etliche Male für kürzere oder längere Zeit fremden Eroberern zum Opfer fiel. Nach solchen Fremdherrschaften pflegte die Führung dann wieder an die alten Metropolen, das akkadische Kisch oder das sumerische Uruk, das später seinen Vorrang an Ur abtreten mußte, zurückzufallen. Aus Sagendichtungen können wir entnehmen, daß einige dieser Stadt-Könige selbst in fremde Länder zogen, so etwa Enmerkar von Uruk und sein Sohn Lugalbanda nach Aratta in Nordwestiran und Gilgamesch in Länder jenseits von Elam. Es ging bei diesen Feldzügen, die gewiß nicht zu dauerhaften Eroberungen führten, offenbar um wertvolle Bauhölzer, Metalle und Steine, die man gewöhnlich auf dem Handelswege bezog.

Über die Zustände im Lande berichten die Dichtungen manches, was nicht in ihre eigene Zeit paßt, was also wohl zum Teil auf alten Überlieferungen beruht. Sie zeigen etwa, daß die als halbgöttliche Helden dargestellten Fürsten nicht absolut herrschten, sondern sich mit den offenbar recht einflußreichen Ältesten der Stadt beraten mußten. Da die Mythen auch den Ratsversammlungen der Götter wichtige Entscheidungen zuschreiben, haben amerikanische Gelehrte das für diese Zeit vermutete politische System *primitive democracy* genannt. Aber man muß doch eher von einer Monarchie mit konstitutionellen Elementen sprechen. Die Kampfschilderungen erinnern an die alten Heldenepen von Homer bis zu Firdusi; man sah diese Frühzeit als eine heroische Zeit, in der oft Einzelkämpfe nach gebührender Vorbereitung durch lange Reden die Entscheidung brachten. Starke Persönlichkeiten konnten zu Tyrannen werden. So soll Gilgamesch in seiner Hybris das *ius primae noctis* (das kein späterer Großkönig hatte) und schwere Fronarbeit gefordert haben. Die Fronarbeit verlangte er für den Bau der Stadtmauer von Uruk, deren Länge die Ausgräber mit neuneinhalb Kilometern angeben. Sie ist in den alten Teilen aus plankonvexen Ziegeln errichtet und hatte etwa neunhundert Halbkreistürme, dürfte also vor 2500 erbaut worden sein. Diese Datierung paßt zu der Zeit um 2750, in die Gilgamesch nach der Königsliste am ehesten gehören dürfte.

Aus den Bauten können wir noch mehr über die politischen Verhältnisse dieser Zeit ablesen. Die Tempel waren fast alle klein und hatten einen länglichen Kultraum mit Eingang an der Seite, also eine geknickte Kultachse; es gab, wenn überhaupt, nur wenige Nebenräume. Solche Bauten ließen sich schnell errichten, wurden aber auch bald erneuerungsbedürftig.

Manche lagen zu ebener Erde, andere auf den alten Hochterrassen. In zwei Orten, in Tutub (heute Chafadschi) bei Eschnunna und el-Obed bei Ur, umgab ein doppelter Mauerzug ungefähr in Gestalt eines Ovals die Hochterrassen; zwischen beiden Mauern lag in Tutub das Haus des Stadtfürsten. Beide Anlagen, in Babylonien sonst ohne Analogie, wirken wie Burgen und sind den befestigten mittelalterlichen Fluchtkirchen vergleichbar. Anscheinend war es notwendig, um den Hochterrassentempel herum noch eine besondere Befestigung zu schaffen, durch die nur ein einziger Durchgang führte. In el-Obed fand man noch Teile des Schmuckes der Fassade des Tempels, darunter ein prächtiges Kupferrelief, auf dem ein löwenköpfiger Adler zwei Hirsche hält, einen Kalksteinfries, der das Melken der Tempelkühe zeigt, und Stücke von Mosaiksäulen. In der Königsstadt Kisch und in Tell Agrab bei Eschnunna wurden Teile von großen Palästen mit drei Meter starken Außenmauern freigelegt, in die kleine Tempel eingebaut waren. Es ist bezeichnend, daß diese Paläste weitaus größere Gebäude waren als die uns bekannten Tempel; die politische Macht bekam jetzt ihr eigenes Gewicht neben der priesterlichen.

Die Kulträume mehrerer Tempel in Nordbabylonien, Assur und Mari, also in dem damals wohl schon überwiegend akkadischen Gebiet, hatten an den Längswänden Bankette, auf denen fünfzehn bis fünfundsiebzig Zentimeter hohe Steinstatuetten von Männern und Frauen in Gebetshaltung standen; seltener, und vermutlich Fürsten vorbehalten, waren Sitzbilder. Hunderte solcher Statuetten sind gefunden worden, von den meisten leider nur Bruchstücke; nur ein kleiner Teil von ihnen stammt aus dem sumerischen Gebiet. Man ließ sich diese Bilder herstellen, weil man wenigstens im Bilde dauernd anbetend vor der Gottheit im Tempel stehen wollte. Die Qualität der Bilder ist unterschiedlich, oft sehr bescheiden. Aber wo wirkliche Künstler am Werke waren, gelang es bisweilen, lebensvolle Menschen vor ihren Göttern darzustellen; wir meinen, ihre Gebete zu hören, von denen aus dieser Zeit keines im Wortlaut überliefert ist. Manche Menschen traten in tiefer Demut vor den Gott und wagten, wie der Zöllner im Gleichnis Jesu, nicht, ihre Augen aufzuheben. Andere erscheinen ziemlich selbstsicher, pfiffig und vergnügt. Auch der Typ des betenden Pharisäers fehlt nicht. Besonders fein ist das Bild eines knienden alten Mannes, der bis auf einen Gürtel nackt ist, während sonst bei den Männern nur der Oberkörper unbekleidet ist. Die Frauen sind ganz in Wollgewänder gehüllt, die als »Zottenröcke« stilisiert sind. Der Körper ist übrigens auch bei den besten Bildern lieblos behandelt; denn es kam nur auf das Gesicht, in das man Augen aus anderem Material einsetzte, und die Haltung an. Auf einigen Bildern sind die Namen der Träger und ihre Funktionen eingemeißelt; sie sind in Mari semitisch, im Süden sumerisch. Aus jüngerer Zeit kennen wir solche Statuetten fast gar nicht.

Die Zahl der Götter, zu denen gebetet wurde, war damals in Sumer sehr groß. Zwischen den Wirtschaftsurkunden aus der mittelbabylonischen Stadt Schuruppak (etwa 2700-2600) wurden Bruchstücke umfangreicher Götterlisten gefunden, die fast sechshundert Namen ohne jede Erläuterung verzeichnen. Die Gottesvorstellung muß also jener der neusumerischen Zeit, von der noch zu sprechen sein wird, sehr ähnlich gewesen sein. Götterbilder, die sicher als solche zu deuten sind, fehlen aus dieser Zeit fast ganz; gern dargestellt, vor allem auf den zahlreichen Rollsiegeln, wurden aber Heroen und halbgöttliche Mischwesen. Stilistisch ist für diese Rollsiegel die Überfüllung der Bildfläche nach bestimmten Kompositionsgesetzen mit meist schmalen, unnatürlich verbogenen und oft noch ineinander verschachtelten Gestalten bezeichnend. Mehrere Motive ergeben eine Art von Figurenband, in dem das Einzelmotiv stark an Gewicht verliert.

In der Schrift dieser Zeit ist die große Mehrzahl der Zeichen bereits nicht mehr bildhaft; auch gebogene Linien findet man immer seltener. Die Art der verwendeten Griffel läßt die Striche im Ton keilförmig werden. Einige hundert Jahre später ist die Umwandlung der Bildzeichenschrift in die ganz unanschauliche Keilschrift vollendet; die Keilform der Striche setzt sich dann auch in den stets archaisierenden Stein- und Metallinschriften durch, auf denen sie unnatürlich wirkt.

Die geometrischen Zeichenformen der ältesten, ganz kurzen Weihinschriften von Königen beweisen, daß diese nicht vor etwa 2650 entstanden sein können. Wir besitzen solche Inschriften zum Beispiel von einem König Mesilim von Kisch, der ganz Babylonien beherrscht haben muß, auch von Mesannepadda und dessen Sohn Aannepadda aus der ersten Dynastie von Ur. Da die Königsliste Mesilim nicht nennt und der Titel König von Kisch früh den Sinn von »König von ganz Babylonien« bekam, hat man erwogen, ob nicht Mesilim nur ein anderer Name des Mesannepadda von Ur sei; auch sonst führen Könige bisweilen zwei Namen. Die Frage läßt sich heute noch nicht entscheiden. Über die politische Aktivität Mesannepaddas ist nichts bekannt. Sein Name und der seiner Dynastie ist für uns aber mit einer der großartigsten Entdeckungen der orientalischen Archäologie verbunden, der Auffindung des Königsfriedhofes von Ur durch Leonard Woolley.

Etwa zweitausend Gräber aus rund vierhundert Jahren (2700–2300 v. Chr.), die meisten aus der Zeit der Dynastie Mesannepaddas, wurden freigelegt. Viele von ihnen waren – wie üblich – ausgeraubt. Die Toten lagen in Schlafstellung auf der Seite, oft nur in Matten gewickelt. Unter den Grabbeigaben befanden sich neben Geräten, Schmuck und Speisegefäßen auch viele Siegelrollen. Ungewöhnlich reich war der Inhalt des unversehrt gebliebenen Grabes eines Meskalamdug, dessen Identität mit dem gleichnamigen König wegen des Grabtyps unsicher ist. Neben Waffen, Werkzeugen und Gefäßen aus Ton, Stein und Metall fand man hier drei fein gearbeitete Goldgefäße, viel Schmuck und vor allem einen getriebenen Goldhelm, der die kunstvolle Perücke des Trägers darstellte, ein Meisterwerk seiner Art.

Ähnlich reich und in vielem ganz ungewöhnlich war der Inhalt der eigentlichen Königsgräber. Sie waren – im Gegensatz zu den übrigen – gemauert und überwölbt und hatten bis zu vier Räume, waren also unterirdische Häuser. Auch in ihnen fanden sich viele Waffen, Gefäße und Schmuck aus Edelmetall und wertvollen Steinen, Erzeugnisse eines hochstehenden Kunsthandwerks; daneben gab es Bootsmodelle und Spielbretter, deren eingelegte Bildfelder einen religiösen Sinn vermuten lassen. Außerdem lagen jeweils in einer der Kammern oder außerhalb auf einem Estrich weitere Leichen, manchmal nur wenige, gelegentlich aber bis zu achtzig, Männer und Frauen in offenbar vorbedachter Gruppierung, ähnlich wie in einigen etwas älteren Gräbern in Kisch. Ihre Geräte, Waffen und ihr Schmuck, manchmal auch Reste von Wagen mit Zugtieren, Musikinstrumente und kostbarste Bildwerke waren ihnen beigegeben. Dieser Fund schließt die Annahme etwa einer Massenabschlachtung von Kriegsgefangenen ebenso aus wie die Meinung daß wir hier

Überreste primitiver Bestattungsgebräuche vor uns haben, die, wie bisweilen im Ägypten der ersten Dynastie, von der Dienerschaft forderten, den Herrn oder die Herrin in den Tod zu begleiten. Ein gewaltsamer Tod scheint nach der Lage der Leichen undenkbar. Kleine Gefäße, die man oft neben ihnen fand, machen es wahrscheinlich, daß Soldaten, Wagenlenker und Musikantinnen nach Beendigung der Bestattungsfeier Gift nahmen und sich dann zum Sterben legten. Was aber konnte sie zum Sterben bewegen? Hier gehen die Auffassungen auseinander, zumal uns kein sumerischer Text aus späteren Jahrhunderten von solchen Bräuchen erzählt. Ein freiwilliger Tod im Rahmen solcher Kultfeiern setzt voraus, daß die Menschen an ein Jenseits glaubten, in das zu gelangen ein erstrebenswertes Ziel war. Die sumerischen Texte zeichnen die Unterwelt aber als einen überaus düsteren Ort, nach dem niemand Sehnsucht haben konnte. Einige der Fundstücke geben uns Anhaltspunkte für eine mögliche Erklärung.

Auf den in den Gräbern gefundenen Leiern und auf den Spielbrettern begegnen uns immer wieder die aus dem frühsumerischen Uruk bekannten Bildmotive, vor allem der Schutz der Tempelherde gegen die Angriffe wilder Tiere durch einen nunmehr eindeutig göttlichen Held. Den Widder am nährenden Strauch mit den Rosettenblättern sehen wir auch in zwei herrlichen Plastiken aus Gold und Lapislazuli. Diese Bilder vom Schutz des Lebens am Ort des Todes machen es fraglich, ob für die Sumerer damals und auch später der Tod das letzte Wort hatte. In einem Königsgrab fand man neben einigen Toten eine möglicherweise auf einer Stange als Standarte zu tragende Bildtafel, die auf vier Seiten Darstellungen in eingelegter Arbeit zeigt. Während auf den Schmalseiten in sechs Bildtrapezen die genannten alten Motive in teilweise eigenartiger Abwandlung erscheinen, enthält die eine Hauptseite in drei Bildstreifen einen Kriegsbericht: die Phalanx der Fußkämpfer und die ungefügen Kriegswagen erringen für den König den Sieg über die Feinde; auf dem obersten Streifen werden ihm die nackten Gefangenen vorgeführt. Auf der anderen Seite werden Beute und Tiere zum Opfer herangebracht; König und Königin sitzen zuoberst vor ihren Großen bei einem feierlichen Umtrunk mit Musikbegleitung. Ähnliche, meist abgekürzte Darstellungen finden wir auch auf vielen gleichzeitigen Rollsiegeln und auf etwas älteren Kalksteinplatten mit Flachreliefs oder Ritzzeichnungen. Diese Trinkszenen, zu denen es auch aus jüngerer Zeit Parallelen gibt, können nicht als weltliche Siegesfeiern gedeutet werden, es muß sich vielmehr um Kultfeiern handeln, denn jüngere sumerische Texte deuten mit großer Wahrscheinlichkeit auf das Mahl der »Heiligen Hochzeit« hin, die der König und die Königin oder eine *en* genannte Hohepriesterin in Vertretung der Götter vollziehen, und zwar, wie wir noch sehen werden, besonders für die Muttergöttin und ihren Geliebten Dumuzi. Durch den Vollzug dieses Kultes wurden die Könige der dritten Dynastie von Ur und von Isin zu Gottkönigen, die auch nach ihrem Tode verehrt wurden. Da auch Mesannepadda später vergöttlicht wurde, dürften die Kultbräuche und ihre Ausdeutung in seiner Zeit nicht wesentlich anders gewesen sein. Dann ist aber die Bestattung eines Königs nach Vollzug dieses Kultes etwas anderes als die Beisetzung gewöhnlicher Menschen, weil sein Tod den Übergang in eine höhere Daseinsform bedeutet. Sicherlich hofften die Menschen, die mit ihm in den Tod gingen, an dieser Daseinsform teilzuhaben.

Einige Königsgräber sind später von oben geöffnet worden – nach Meinung der Ausgräber von Grabräubern. Anton Moortgat hat aber darauf hingewiesen, daß bisweilen nur die Leiche des Königs entfernt wurde, nicht die anderen Leichen und nicht die kostbaren Beigaben, die für Räuber doch das größte Interesse gehabt hätten. Da man überdies über den Grabkammern Opferstätten feststellte, in denen Bohrer, Sägen und Meißel, manchmal sogar aus Gold, gefunden wurden, nimmt Moortgat an, daß der tote König während einer (vermutlich nicht öffentlichen) Kultfeier aus dem Grabe »befreit« wurde und in einem Heiligtum darüber seinen Platz fand. Sehr wahrscheinlich ist das jedenfalls später mit den Leichen der Könige von Ur III geschehen.

Vermutlich gleichzeitig mit der ersten und zweiten Dynastie von Ur regierte im mittelbabylonischen Lagasch eine Dynastie, von der als erster wir recht umfangreiche Selbstberichte haben. Ihr dritter Herrscher Urnansche (um 2550) nennt sich schon König, muß also mehr als sein Stadtgebiet beherrscht haben. Er berichtet im Telegrammstil von Tempel-, Befestigungs- und Kanalbauten und von Bauholzbeschaffung im Gebirge. Auf Reliefplatten ist er mit seinen viel kleiner gezeichneten Söhnen dargestellt, wie er selbst den Ziegelkorb zur Grundsteinlegung des Tempels trägt und dann bei der Feier den Becher hebt. Sein Enkel Eannatum fügte seinen Bauinschriften schon ganz knappe Hinweise auf seine Siege bei. Auf einer leider nur in Bruchstücken erhaltenen Grenzstele wird über diese Siege schon sehr ausführlich in Wort und Bild berichtet. Auf der Vorderseite dieser Stele sehen wir Ningirsu, den Stadtgott von Lagasch, wie er in einem großen Netz die gefangenen Feinde hält; die übrigen Darstellungen sind fast ganz verloren. Die Rückseite zeigt in vier Bildstreifen Kampfbilder, den König zu Fuß oder im Wagen an der Spitze seiner Phalanx, die erschlagenen Feinde zu Haufen aufgeschichtet. Die Stele, die jeden freien Raum zwischen den Figuren für die Inschrift ausnutzt, wird Geierstele genannt, weil auf einem Bruchstück Geier Glieder der Toten davontragen. Die Inschrift berichtet, daß Eannatum die wegen dauernder Streitigkeiten um die Kanäle feindliche Nachbarstadt Umma niedergeworfen und ihr die strittigen Gebiete abgenommen habe. Er unterwarf dazu noch Ur, Uruk und andere Städte Babyloniens und schlug nach seiner Behauptung eine gegen ihn zusammengebrachte Koalition, an der auch Mari und Elam teilnahmen, vernichtend. Die bei der Verfolgung der Feinde gemachten Eroberungen außerhalb Babyloniens dürften jedoch bald wieder verlorengegangen sein. Eannatum rühmt sich auch der Anlage von Kanälen und Zisternen. In die Königsliste wurde er mit seiner Dynastie nicht aufgenommen, vermutlich weil man sie in irgendeiner Weise für illegitim hielt.

Nach dem Tode des kriegerischen Königs konnte Umma die strittigen Gebiete wieder besetzen, wurde aber trotz der Anwerbung von Hilfstruppen von dem Neffen Eannatums, Entemena, der uns auch mehrere Inschriften hinterlassen hat, um 2470 erneut geschlagen. Von Entemena fand man eine fein gravierte große Silbervase, auf der in streng antithetischer Gruppierung die bekannten löwenköpfigen Adler dargestellt sind, wie sie Böcke und Hirsche gegen angreifende Löwen schützen. Aus der Zeit seiner beiden Nachfolger besitzen wir vor allem Urkunden, die ein blühendes Wirtschaftsleben in Lagasch bezeugen. Daß es gleichwohl an sozialen Spannungen nicht fehlte, erfahren wir von dem Usurpator Urukagina, der um 2440 seinen Vorgänger Lugalanda absetzte und alsbald tiefgreifende soziale Reformen einleitete. Dieser für uns früheste Sozialreformer erklärt in seinen Inschriften, daß der Stadtgott Ningirsu ihm zum Zwecke der Reformen, das heißt der Wiederherstellung alter, gottgewollter, von seinen Vorgängern veränderter Zustände, die Herrschaft über die sechsunddreißigtausend Bewohner des Stadtgebietes übertragen habe. Die Vorgänger hatten sich vor allem am Tempelbesitz vergriffen und solche Sünden auch bei den Untertanen zugelassen. Urukagina gab alles zurück. Dann nahm er sich die Bürokratie von Staat und Tempeln vor, welche die Untertanen zu schikanieren und bei Bestattungen gewaltig zu schröpfen pflegte. Er reduzierte die Gebühren, verbot brutale Zwangsvollstreckungsmaßnahmen bei Armen und die Unsitte, sie zum Verkauf ihres geringen Besitzes zu Schleuderpreisen zu pressen. Er sagte: »Ningirsu schloß mit Urukagina einen Vertrag, daß der Mächtige den Waisen und der Witwe nichts antue.« Auch die Unsitte, wegen der hohen Ehescheidungsgebühren sich nicht formell scheiden zu lassen, schaffte er ab. Frauen, die ihren Männern fortgelaufen waren, hatten vordem häufig nach neuer Verheiratung in zwei rechtsgültigen Ehen gelebt.

Urukagina ist der einzige König des dritten Jahrtausends, der von solchen Reformen berichtet. Man kann ihm glauben, daß er wirklich den Willen seines Gottes erfüllen wollte, denn selbst vor seinem eigenen Besitz machte er nicht halt. Erst in zweiter Linie dürften auch militärische Erwägungen eine Rolle gespielt haben. Kriege zwischen den rivalisierenden Stadtstaaten waren damals an der Tagesordnung, und es war wichtig, genügend willige Soldaten zur Verfügung zu haben. Sie rekrutierten sich vor allem aus den ärmeren Bevölkerungsgruppen, so daß soziale Maßnahmen, wenn sie die Kreise, aus denen die militärischen Führer kamen, nicht zu sehr vor den Kopf stießen, die Wehrkraft stärkten. Urukagina hatte anfangs auch durchaus äußere Erfolge. Er schlug Umma und nahm den Königstitel für sich in Anspruch, weil der Oberherr in Kisch oder Ur zu schwach war, ihm das zu verwehren. Sein Sieg über Umma aber führte dort einen Thronwechsel herbei, durch den Lugalzaggesi für fünfundzwanzig Jahre (etwa 2435-2410) zur Herrschaft kam und alsbald sein Gebiet militärisch reorganisierte. Eines der ersten Opfer des Siegeszuges, den er um 2430 antrat, war Lagasch.

Lugalzaggesi rechnete die Zerstörung von Lagasch und seinen Sieg über Urukagina, der dabei wohl umkam, nicht zu den Ereignissen seiner Regierung, die er in seinen späteren Inschriften für erwähnenswert hielt. Unsere einzige Quelle dafür ist das Klagelied eines Priesters aus Lagasch, das zunächst alle Greuel des Feindes an den Tempeln und Menschen in eintönigem Stil aufzählt: Mord, Plünderung und Brandlegung. Das alles sei eine Sünde (wörtlich ein Eingriff) gegen Ningirsu: »Urukagina hat keine Sünde, aber Nidaba, die Göttin des Lugalzaggesi, trage diese Sünde auf ihrem Haupt!« Der Priester sieht also den Hauptschuldigen nicht in dem Eroberer Lugalzaggesi, so schwer er sich auch vergangen hat, sondern in dessen Göttin, die sich einen frevelhaften Übergriff auf das Gebiet des Gottes der Nachbarstadt erlaubte und damit gegen eine auch für Götter verbindliche Grundordnung verstieß. Wir müssen darauf noch zurückkommen.

Als seinen entscheidenden Sieg betrachtete Lugalzaggesi später den über Uruk, vielleicht, weil dort sein Oberherr geherrscht hatte. Er nannte sich von da an König von Uruk, weil

Adoranten aus dem Hortfund des Abba-Tempels in Eschnunna
Alabasterstatuetten, erste Hälfte 3. Jahrtausend
Bagdad, Iraq Museum, und Chicago, Oriental Institute of the University

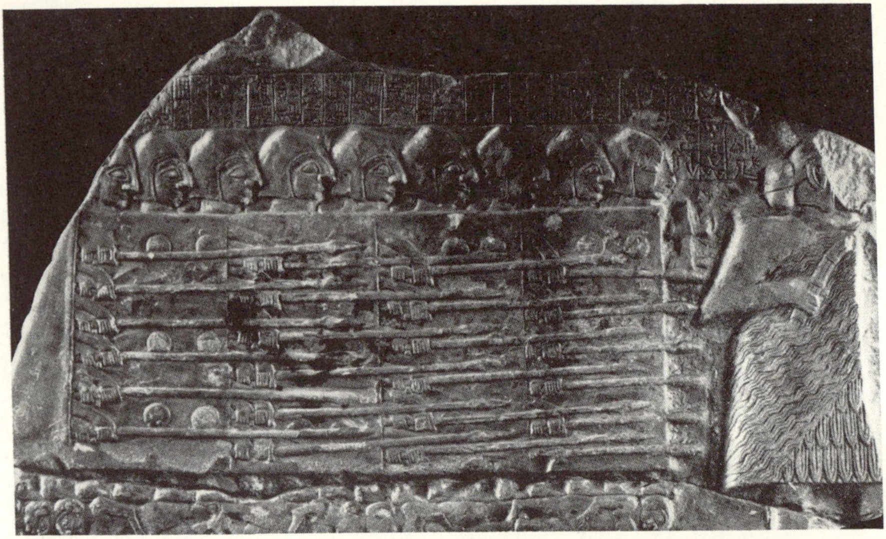

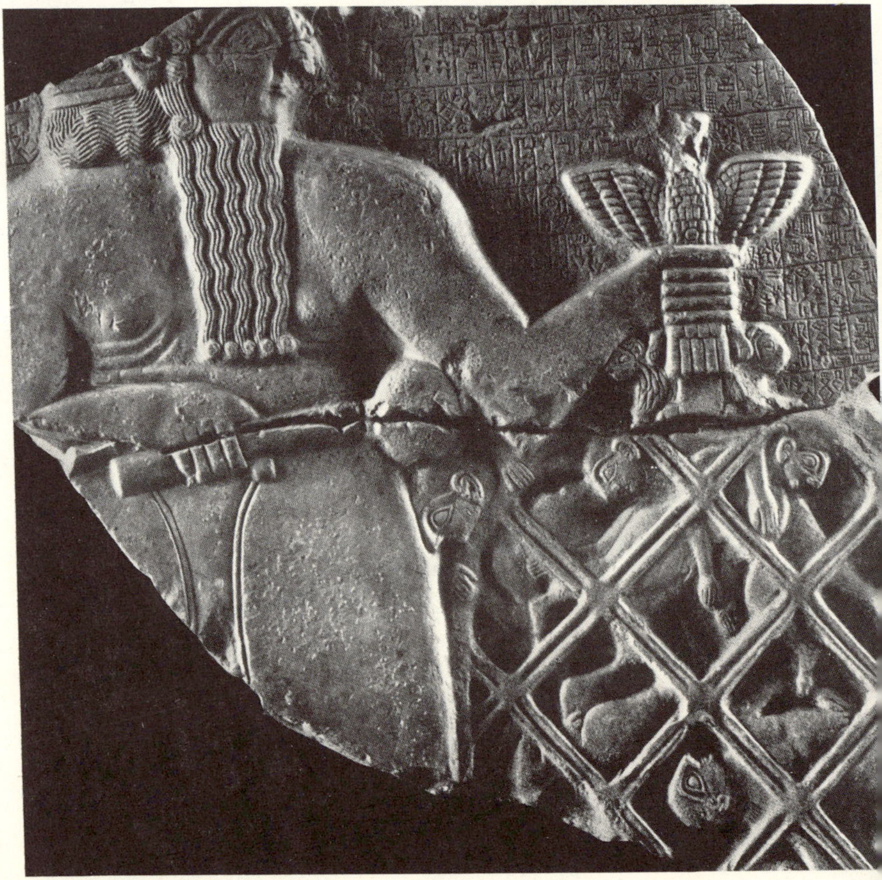

der weitere Titel »König des Landes (Sumer)« dort schon durch Könige wie Enschakuschanna, der Kisch besiegt hatte, einen guten Klang bekommen hatte. Der Gott Enlil von Nippur, der die Könige ein- und absetzte, gab ihm dann aber nicht nur die sumerischen Städte Ur, Eridu, Larsam und noch andere, sondern ermöglichte es ihm, nach unserer Kenntnis als erstem, die »Fremdländer vom Sonnenaufgang bis zum Sonnenuntergang« zu unterwerfen. Dafür »ebnete er (Enlil) ihm die Wege vom Unteren Meer (das heißt dem Persischen Golf) über Tigris und Euphrat bis zum Oberen Meer (dem Mittelmeer)«. Eine wirkliche Herrschaft über Mesopotamien zwischen beiden Meeren nimmt der König mit den später oft wiederholten Worten in Anspruch: »die Fremdländer ließ er ›auf grüner Aue‹ sicher wohnen«; diese durften sich nach dem Sieg also seiner Fürsorge erfreuen. Den eigentlichen Gewinn von seinen Siegen ließ er aber Sumer von Eridu bis Nippur zugute kommen, das vorher für die Kriege gewiß schwere Opfer bringen mußte: er erneuerte die Tempel und die Kanäle, damit dort »Menschen, zahlreich wie das Kraut«, wohnen könnten. Die zitierte Inschrift schließt vor der Weihungsformel mit dem Wunsch, daß er stets der Hirte im Lande bleiben möge. Dieser Wunsch wurde ihm aber nicht erfüllt; denn in Nordbabylonien, das er merkwürdigerweise als Teil seines Herrschaftsgebietes nicht ausdrücklich nennt, weil die Könige von Kisch wohl höchstens seine Oberhoheit anerkannten, wuchs jemand heran, der ihn bald übertrumpfen und eine neue Zeit für große Teile Vorderasiens heraufführen sollte.

## *Das Großreich von Akkade*

Gleichzeitig mit den Dynastien von Ur, Lagasch und Uruk, von denen wir eben sprachen, regierten in Nordbabylonien nach der Königsliste meist semitische Herrscher, auch wenn nicht alle akkadische Namen trugen. Usurpatoren von niedriger Herkunft waren nicht selten. Einmal regierte sogar eine Frau, Kubaba, aus dem wenig geachteten Gastwirtsberuf (um 2480), von der man sich noch Jahrhunderte später Geschichten erzählte. Kubabas Sohn und Nachfolger in Kisch, Urzababa, ist der Nachwelt nur dadurch bekannt, daß nach 2430 an seinen Hof ein junger Mann als Mundschenk kam, den wir unter seinem Königsnamen Scharrukin (»Der König ist legitim«) kennen; es ist üblich, ihn ebenso wie seinen späten Namensvetter aus Assyrien mit der hebräischen Namensform Sargon zu nennen. Nach späterer Überlieferung war er das uneheliche Kind einer Priesterin, die ihn, wie es von Mose berichtet wird, aus Angst in einem Kästchen im Euphrat aussetzte, wo ihn ein Gärtner fand und zu sich nahm. Sein bescheidenes Hofamt konnte seinem Ehrgeiz nicht lange genügen; 2414 setzte er den letzten König von Kisch ab und machte sich selbst zum König. Da er dann sechsundfünfzig Jahre lang bis 2358 regierte, muß er in sehr jungen

König Eannatum an der Spitze seiner Krieger
und Ningirsu, Stadtgott von Lagasch, mit gefangenen Feinden im Netz.
Relieffragmente der Geierstele aus Lagasch, um 2500. Paris, Louvre

Jahren den Thron bestiegen haben. Er hielt es für zweckmäßig, die Hauptstadt in den bis dahin unbedeutenden Ort Akkade am Tigris zu verlegen, um sich dort inmitten seines Heeres ohne Rücksicht auf die alten Überlieferungen von Kisch ganz seinen großen Plänen widmen zu können. Er schuf sich dafür ein stehendes Heer, von dem nach seiner eigenen Angabe später »fünftausendvierhundert Mann täglich vor ihm aßen«; kasernierte Verbände von solcher Größe waren damals ganz ungewöhnlich. Dieses Heer bestand jedenfalls zunächst nur aus Semiten und wurde auch später von Semiten geführt. Woher kamen sie?

Wir hatten aus der Überlieferung erschlossen, daß akkadisch sprechende Semiten bereits um 3000 in Mesopotamien und Nordbabylonien ansässig geworden sein dürften. Sie behielten dort auch während der frühdynastischen Zeit das Übergewicht, verloren aber bald die Kraft zu weiterer Expansion. Wenn nun mit Sargon geradezu eine Explosion des Semitentums in Vorderasien einsetzt, so wird das wohl nicht nur durch seine ungewöhnliche Persönlichkeit bewirkt worden sein; denn die großen semitischen Expansionsbewegungen in späterer Zeit wurden immer durch Serien neuer Einbrüche aus Arabien ausgelöst. Verschiedene Beobachtungen deuten darauf hin, daß das zu Sargons Zeit nicht anders gewesen ist. Nachdem es früher nur tastende Versuche gegeben hatte, akkadisch in der sumerischen Keilschrift zu schreiben, wird jetzt das Akkadische zur Schriftsprache für Königsinschriften, Briefe und Urkunden, wenn auch die Urkunden immer noch sehr viele sumerische Formen enthalten. Die große Zahl der semitischen Namen in den Urkunden ist aber sprachlich nicht einheitlich, neben vielen eindeutig akkadischen Namen stehen andere, nicht akkadische. Die Sprache dieser Namen, die von nun an jahrhundertelang neben den akkadischen viel gebraucht werden, nenne ich vorläufig Alt-Amoritisch. Zusammenhängende Texte in dieser Sprache sind noch nicht sicher nachgewiesen, und so wird es nicht leicht sein, ihren Bau und ihren Wortschatz nur aus Namen und aus Entlehnungen in das Akkadische zu erschließen. Ein Hauptgott dieser altamoritischen Semitengruppe, die um 2500 in Bewegung geraten sein dürfte, war anscheinend Dagan, dessen Verehrung sich in Babylonien gegen die alten Kulte nicht recht durchsetzen konnte, in Mesopotamien aber noch lange seine Bedeutung behielt; Dagan erscheint oft in den Namen dieser Zeit.

Zu der Annahme, daß Sargon sich vorzugsweise auf frisch in Babylonien angesiedelte Semitengruppen stützte, ja vielleicht selbst altamoritischer Herkunft war, paßt gut die Tatsache, daß er den Schwerpunkt seines Reiches in den Nordosten Babyloniens und ins Osttigrisland bis hinauf nach Kerkuk verlegt hat, wo damals Gaschur (später Nuzi) ein wichtiges Zentrum wurde. Neue Semitengruppen faßten auch später immer zuerst in diesem Gebiet Fuß. Immerhin blieb Kisch die zweite Hauptstadt.

Als Sargon sich stark genug fühlte, forderte er von Lugalzaggesi von Uruk, der auf dem Höhepunkt seiner Macht stand, die Anerkennung, erhielt sie aber nicht. Es kam zum Krieg, und Lugalzaggesi, der bis dahin immer gesiegt hatte, unterlag, weil die schwerfällige Phalanx der Sumerer der aufgelockerten Kampfesweise der Semiten nicht gewachsen war. Er wurde von Sargon schimpflich zur Schau gestellt. Danach wurden der Stadtfürst von Ur und alle anderen Fürsten Babyloniens geschlagen; überall wurden Akkader als abhängige Stadtfürsten eingesetzt. Dann wandte sich Sargon gegen Elam im Südosten, das ihm huldigen mußte, und gegen Mari, das er mit ganz Mesopotamien und Syrien sowie Assyrien (das bis etwa 1350 Schubartum hieß) seinem Reich eingliederte. Über die Zedernberge des Amanus und über den Taurus mit seinen Silbergruben drang er sogar nach Anatolien vor; man erzählte sich später, er sei dorthin zur Hilfe gegen fremde Eindringlinge gerufen worden. Auch habe er dann noch eine Expedition zu Schiff über das Mittelmeer unternommen. Das durch seine Eroberungen geschaffene Großreich formte er zu einem zentralistisch geführten Beamtenstaat. Aufstände, darunter ein auch auf Babylonien übergreifender großer Aufruhr während seiner letzten Regierungsjahre, wurden blutig unterdrückt. Akkade wurde nicht nur das politische Zentrum des Reiches, sondern auch der Mittelpunkt des Land- und Seehandels. Schiffe aus Ostarabien und dem Indusgebiet (damals Makan und Meluchcha) sowie Bahrein (damals Tilmun), die sonst nur Häfen in Elam oder Südbabylonien anliefen, ließ er tigrisaufwärts bis nach Akkade fahren, wozu er gewiß große Treidlerkolonnen einsetzen mußte.

Daß sich sehr früh die Sage dieses überragenden Herrschers bemächtigt hat, ist nicht verwunderlich. Wegen der Einseitigkeit der Inschriften haben wir ja leider nur eine ganz unzureichende Vorstellung von seiner Persönlichkeit. Die Bruchstücke der Sagen in sumerischer und akkadischer Sprache erzählen von seinem Aufstieg und seinen Erfolgen oft sehr lebendig, mischen aber Wahrheit und Dichtung in einer für uns nur selten durchschaubaren Weise. Er galt als der Typ des Glücksherrschers schlechthin.

Auf Sargon folgten nacheinander seine Söhne Rimusch (2358-2349) und Manischtuschu (2349-2334), die sich gegen Aufstände in allen Teilen des Reiches erst mühsam durchsetzen mußten; besonders heftig waren die Kämpfe in Babylonien selbst und in Elam. Syrien und Kleinasien dürften damals ganz verlorengegangen sein. Von Manischtuschu besitzen wir den größten Teil eines Diorit-Obelisken, der eine große Zahl von Grundstückskäufen des Königs mit genauen Grenzangaben verzeichnet; eine nicht ganz erhaltene Steintafel aus Sippar mit ähnlichem Inhalt könnte auch von ihm oder Rimusch stammen. Daß nach sumerischer Auffassung aller Boden dem Gott und seinem Tempel gehörte, hat die Könige von Akkade also nicht bekümmert. Den Tempelbesitz in Babylonien selbst ließen sie anscheinend unangetastet; sie kauften ihre Ländereien in den Reichsteilen, in denen wohl auch vorher schon Privatleute Boden besaßen. Den inneren Frieden haben diese Bodenkäufe nicht gefördert. Spätere Vorzeichensammlungen berichten, daß beide Herrscher von ihren Dienern ermordet wurden; Rimusch wurde mit Siegelrollen erschlagen.

Manischtuschus Sohn Naramsuēn (2334-2297) fand nach dem Mord das ganze Land in hellem Aufruhr unter Führung des Fürsten der alten Hauptstadt Kisch. Er kämpfte den Aufstand nieder und führte seine Heere dann zu Eroberungen, die im Osten wohl noch über die Grenzen von Sargons Reich hinausgingen. Mit Hilfe einer Flotte eroberte er Makan (Oman), das Land des für Babylonien so wertvollen Diorits, und brachte reiche Beute heim. In Iran drang er tief in die Hochgebirgsgebiete des Zagros ein und besetzte weiter nördlich Kurdistan, Assyrien und Syrien bis ans Meer; Festungen sollten die Eroberungen sichern. Seine Erfolge ließen ihn als ersten den später immer wieder gebrauchten Titel »König der vier Welträndern (oder Weltufer)« annehmen; gemeint sind mit den »Rändern« vermutlich die Küsten des Persischen Golfs und des Mittelmeers sowie die

Hochgebirge Armeniens und Irans. Aber er ging noch weiter, er ließ sich als »Gott von Akkade« verehren, setzte sich also mit dem Stadtgott von Akkade gleich. Diese Art der Selbstvergöttlichung unterschied sich grundlegend von der Vergöttlichung sumerischer Könige nach dem Vollzug des Kultes der Heiligen Hochzeit. Seine auch für semitisches Empfinden ungeheuerliche Hybris wurde anscheinend später als Ursache seiner schweren Mißerfolge gegen Ende seiner Regierung angesehen. Eine sogar ins Hethitische übertragene babylonische Sage berichtet, er habe gegen eine Allianz feindlicher Könige nacheinander Heere von hundertachtzig-, hundertzwanzig- und sechzigtausend Mann ausgesandt, die völlig vernichtet wurden. Daraufhin habe er mit den Göttern gehadert, die ihm bestimmte Auflagen machten. So phantastisch die Zahlen sein mögen, die Sage dürfte die Erinnerung daran richtig bewahrt haben, daß die Heere der Akkader durch die vielen Kriege nach und nach stark ausbluteten. Auch andere Überlieferungen rechnen Naramsuēn (später Naramsin) zu den Unglücksherrschern. Über sein Ende ist nichts bekannt.

Sein Sohn (2297–2272) gab sich den hochtrabenden Thronnamen Scharkalischarri »König aller Könige« und ließ sich ebenfalls als Gott verehren. Er hatte zu Anfang seiner Regierung noch einige Erfolge gegen Elam, gegen die aus dem Zagros hervorbrechenden Gutäer und andere Nachbarn, wurde später aber wohl ganz in die Defensive gedrängt. Nach ihm kämpften zunächst vier Könige drei Jahre lang um den Thron; dann regierten Dudu und Schudurul noch sechsunddreißig Jahre bis zum Jahre 2233, in dem das gewiß nur noch kleine Reich durch die Gutäer vernichtet wurde.

Die äußeren Ereignisse vermitteln den Anschein, als ob die Könige von Akkade ihre Bemühungen auf Eroberungen und Grunderwerb konzentriert hätten. Die gesamte Überlieferung und die Kunst dieser Zeit – die Hauptstadt selbst ist noch nicht ausgegraben – lehren aber, daß auch im geistigen Bereich ganz neue Impulse wirksam wurden. Die Herrscher wußten, daß sich die Akkader nur dann auf die Dauer gegen die Sumerer durchsetzen konnten, wenn sie ihnen auch kulturell ebenbürtig waren. Es galt, von den Sumerern möglichst viel zu lernen und doch einen eigenen Stil zu finden. Das gelang auch im Bereich der Bildkunst in erstaunlicher Weise.

Die Verbindung sumerischer und semitischer Götterkulte wird in den Namen dieser Zeit und in den Königsinschriften sichtbar. Die Gestirngötter der Akkader, Schamasch (Sonne), Suēn (Mond) und Annunitum oder Ischtar (Venus), werden neben dem sumerischen Reichsgott von Nippur, Enlil, der wohl an die Stelle des semitischen Dagan tritt, sowie Zababa, dem alten Gott von Kisch, und der sumerischen Muttergöttin angerufen. Der semitischen Gottesauffassung entspricht es, wenn meist nur die Hauptgottheiten genannt werden, während die vielen anderen Götter ganz zurücktreten. Da Mythen und Gebete damals anscheinend noch nicht aufgeschrieben wurden, können wir über die Göttervorstellungen im einzelnen wenig sagen und noch weniger über die Art, wie man die Götter verehrte.

Sehr wenig ist vorläufig über die Baukunst der Akkade-Zeit bekannt. In Eschnunna zeigt der Tempel des Abba, der bisher allein ausgegraben wurde, im wesentlichen die gleiche Grundrißform wie die kleineren Tempel der frühdynastischen Zeit. Teile eines festungsartigen, gewaltigen Palastes wurden auf dem Tell Brak in Nordmesopotamien freigelegt;

die Umfassungsmauer mit Ziegeln des Naramsuēn war über zehn Meter dick, der Haupthof vierzig Meter lang. Von der Einrichtung der Räume wurde fast nichts gefunden. Der Palast von Akkade dürfte kaum kleiner gewesen sein.

Die Könige haben an vielen Orten ihres Reiches Stelen errichtet, von denen wir leider meistens nur die Inschriften aus jüngeren Sammeltafeln kennen. Erhalten ist aber neben etlichen Bruchstücken eine Siegesstele des Naramsuēn, die später nach Susa verschleppt und dort aufgefunden worden ist. Sie zeigt den König unter den Symbolen der drei Gestirngötter vor der Spitze eines steilen Berges im Zagros. Vor ihm stehen zwei Feinde, die sich dorthin geflüchtet hatten; der eine entleibt sich vor dem in doppelter Größe mit der Hörnerkrone eines Gottes dargestellten König, der andere bittet um Gnade. Die Soldaten folgen auf dem steilen Pfad, der weiter unten durch Wald führt. Die Zeichnung der einzelnen Gestalten wie die Betonung des Aufwärtsstrebens bei allen Angreifern führt über die sumerischen Vorbilder weit hinaus und bleibt in manchem einmalig. Zwei Bruchstücke

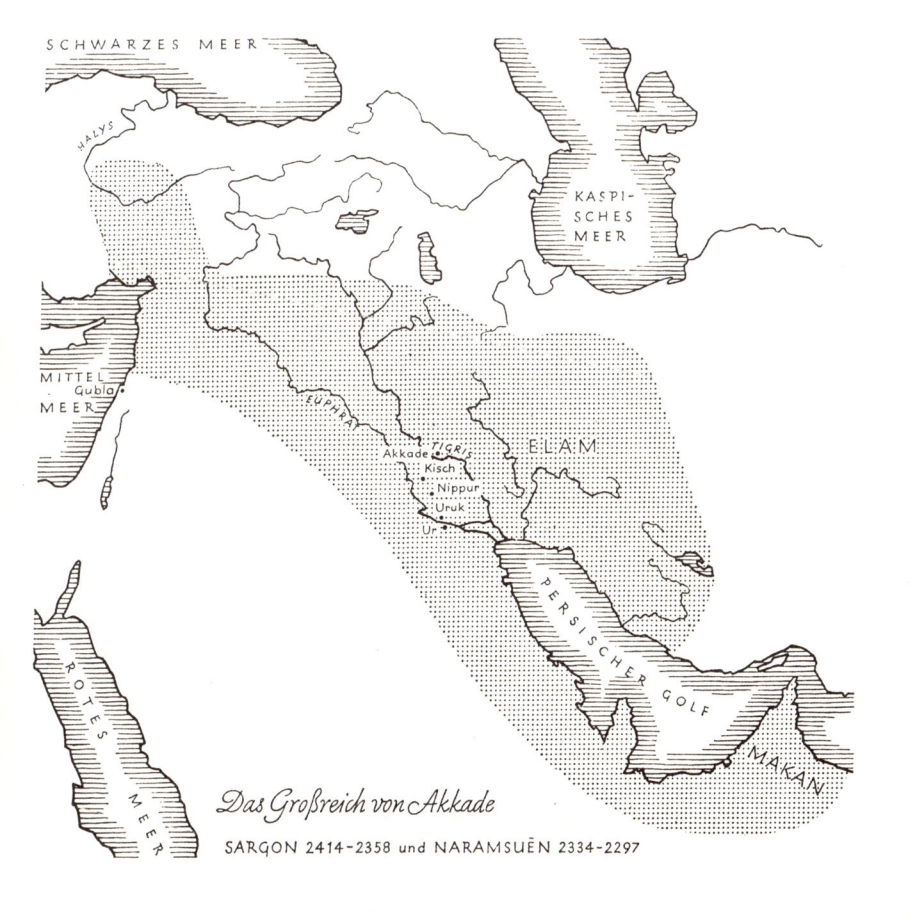

*Das Großreich von Akkade*

SARGON 2414-2358 und NARAMSUĒN 2334-2297

einer in herkömmlicher Weise in Bildstreifen aufgeteilten Siegesstele, vielleicht von Sargon selbst stammend, überraschen durch die ungewöhnlich lebendige, wenn auch brutale Zeichnung der Sieger und Besiegten, wobei jede Überfüllung des Bildraumes vermieden wird. An Rundbildern sind einige sehr fein gebildete Köpfe zu nennen, unter denen ein in Ninive gefundener Bronzekopf, wohl des Sargon oder Naramsuēn, als ein besonderes Meisterwerk hervorragt. Ein Torso des Manischtuschu zeigt, daß man sich bemühte, anders als bisher auch den Körper und die Gewandfalten lebendig bewegt zu zeichnen.

Reich an neuen Motiven ist die Siegelkunst, die übrigens auch die überkommenen Motive durch eine naturalistische und doch zugleich streng stilgebundene Darstellung der einzelnen Figuren neu belebt. Vor allem sind Themen aus den Göttermythen sehr beliebt; leider können wir die Szenen nur selten deuten. Besonders oft wird der Sonnengott dargestellt, auf einem Schiff mit einem als Gottesfigur gestalteten Bug bei Nacht durch die Unterwelt fahrend oder mit der Säge in der Hand morgens aus der Erde emporsteigend. Kämpfe der Götter gegen die Urweltmächte sind gleichfalls beliebte Motive. Der literarisch erst viel später bezeugte Mythus von Etanas Aufstieg zum Himmel auf dem Rücken eines Adlers begegnet mehrfach, wobei die Zeichnung der zusammen mit den Menschen staunend zuschauenden Tiere auch Sinn für feinen Humor verrät. Ein anderes Siegel zeigt zwei Götter im Kampf gegen die siebenköpfige Hydra; die literarische Gestaltung dieses Kampfes als Mythus, der für die entsprechende Episode der Herakles-Sage Vorbild gewesen sein könnte, ist aus Babylonien bisher nicht bekanntgeworden.

Das Kunsthandwerk ist anscheinend am wenigsten originell, steht aber durchaus auf gleicher Höhe wie das sumerische zur Zeit des Königsfriedhofs von Ur. Seine Erzeugnisse kamen durch den Handel nach Westen und Osten auch in andere Länder. Akkadische Stücke in Mohendscho-Daro im Industal und ein typisches Indus-Siegel, das man in einem Haus der Akkade-Zeit in Eschnunna fand, ermöglichten die erste Datierung der Induskultur. Einen ausgeprägten Sinn für feine Gestaltung des Schriftbildes verrät auch die Schriftform dieser Zeit, die einen besonders zierlichen Stil entwickelt hat.

Die Akkade-Zeit läßt uns erstmalig Größe und Grenzen semitischer Gestaltungskraft im politischen und geistigen Bereich erkennen. Der stürmische Angriffsgeist ließ den Akkadern damals unmöglich Erscheinendes gelingen, weil geniale Führer ihn zu disziplinieren wußten und gleichzeitig eine Meisterschaft in der politischen Improvisation zeigten, die an die Frühzeit des Islams erinnert. Trotz des Vorbildes, das die staatliche Ordnung der sumerischen Stadtstaaten gab, gelang es den Führern aber nicht, den Übergang zu dauerhafter Gestaltung zu finden, und so blieb ihr Reich Episode, eine Episode freilich, die überall tiefe Spuren hinterließ. Auf geistigem Gebiet bewiesen die Akkader bereits jetzt ihre große Fähigkeit, von anderen zu lernen und doch nicht in der Nachahmung steckenzubleiben. Bei aller Abhängigkeit von den Sumerern tragen Religion und Kunst der Akkade-Zeit doch ihr durchaus eigenes, einmaliges Gepräge.

---

Der Sieg des Königs Naramsuēn und seiner akkadischen Krieger über ein iranisches Bergvolk
Stele des Naramsuēn aus Sippar, um 2320. Paris, Louvre

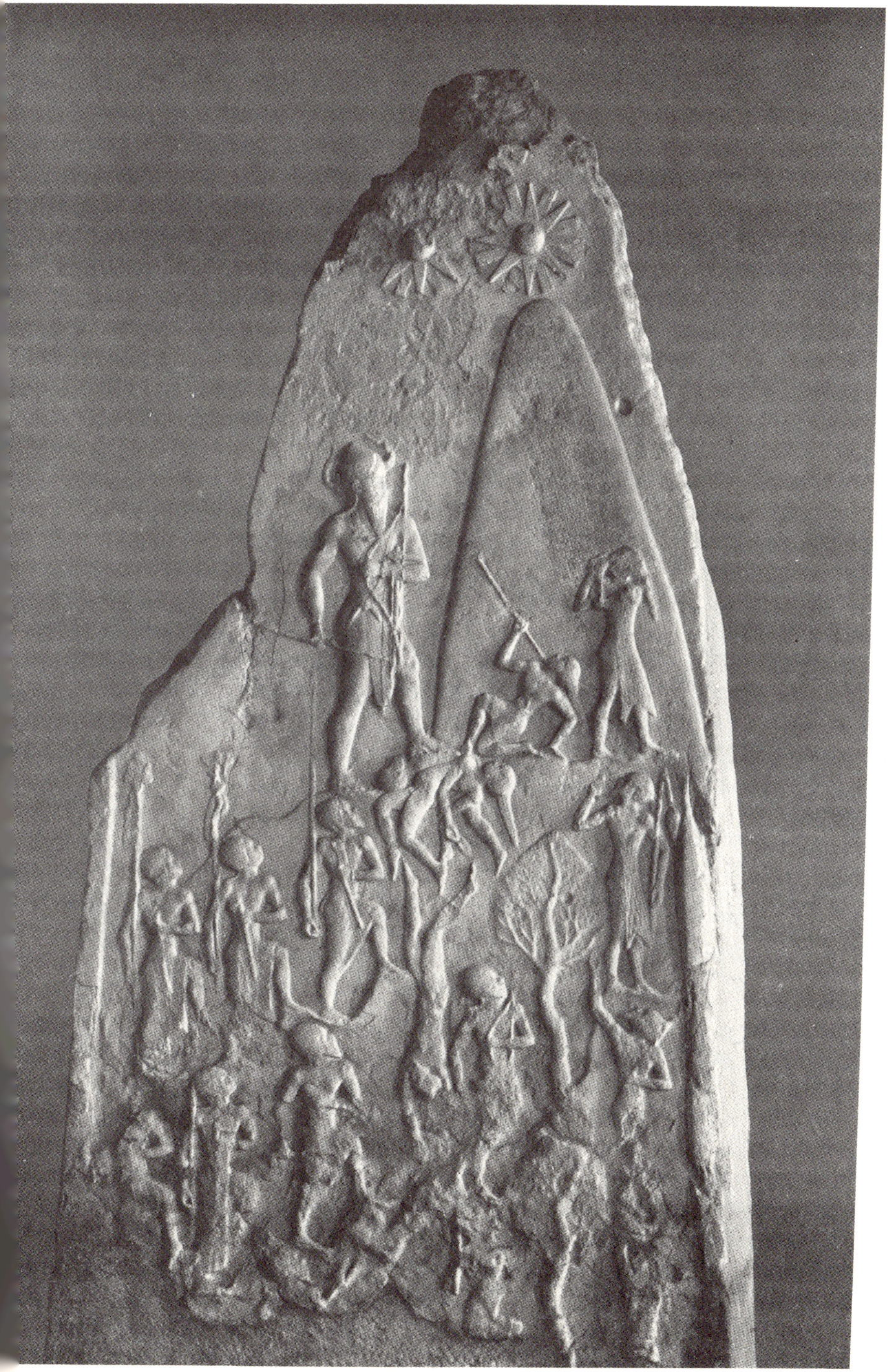

Gudea
Standbild aus Lagasch, 22. Jahrhundert v. Chr.
London, British Museum

## Die Fremdherrschaft der Gutäer und das neusumerische Reich

Einfälle aus den kargen Hochgebirgstälern Westirans waren in Babylonien und Assyrien keine Seltenheit, weil der Wohlstand der Tieflandbewohner immer wieder dazu herausforderte. Meist aber handelte es sich um zeitlich und örtlich begrenzte Aktionen. Allerdings gab es auch Zeiten, in denen durch Wanderungsbewegungen an bestimmten Stellen ein Bevölkerungsüberdruck entstand oder größere Gruppen nach Hungersnöten neue Siedlungsgebiete zu gewinnen versuchten. Vermutlich hat es eine solche Bewegung am Anfang der frühdynastischen Zeit gegeben und dann wieder um 2600, als ein König von Chamassi in Kurdistan zeitweilig Teile Babyloniens beherrschte. Gegen Ende der Akkade-Zeit wurde das Bergland erneut unruhig. Aus Churrum (etwa Aserbeidschan) drangen Stammesgruppen in Nordmesopotamien ein und gründeten dort einen Staat, in dem man es um 2200 unternahm, die churritische Sprache, von der später noch die Rede sein muß, in Keilschrift zu schreiben. Wir erfahren das aus einer churritischen Weihinschrift des Königs Tischari von Urkisch auf einer von einem Bronzelöwen gehaltenen Steintafel (leider ist ihr Fundort unbekannt). Wir wissen nicht, wie weit die Macht dieses Königs reichte und wie lange der Staat sich dort halten konnte.

Südlich von Churrum, etwa im nördlichen Luristan, lag das Gutium genannte Gebiet mit seinen kriegerischen Bewohnern. Seit etwa 2300 unternahmen die Gutäer oft Einfälle in das Osttigrisland, die, wie uns ein akkadischer Privatbrief lehrt, sogar die Feldbestellung verhindern konnten. Im Jahre 2233 setzten sie zum Großangriff auf das geschwächte Babylonien an und machten sich selbst zu den Herren im Lande. Akkade wurde zerstört und erholte sich von dieser Katastrophe nie wieder. Mindestens hundert Jahre lang herrschten die Gutäer über Nordbabylonien. Die Königsliste nennt für einundneunzig Jahre einundzwanzig »Könige«, von denen einer fünfzehn Jahre, alle anderen aber höchstens sieben Jahre regierten. Man hat daraus mit Recht geschlossen, daß die Gutäer kein erbliches Königtum kannten, sondern sich Fürsten auf drei Jahre wählten, die unter Umständen wiedergewählt werden konnten; die Rechte dieser Fürsten dürften beschränkt gewesen sein. Über die Sprache der Gutäer können wir, solange die überlieferten Namen unsere einzige Quelle für sie sind, nicht viel sagen; übrigens nennt die Königsliste in dieser Zeit zum Teil auch semitische Namen, aus denen man vielleicht auf eine Doppelbenennung der Fürsten in Babylonien schließen darf. Nur einzelne, wenig besagende Inschriften sind aus dieser Zeit bekannt. Diese Jahrzehnte galten später als eine schwere Unglückszeit, in der die Barbarei geherrscht habe. Das Akkadische verlor für eine lange Zeit die beherrschende Stellung; der Zusammenbruch der hohen Kultur des Reiches von Akkade wird auch durch die Bodenfunde bestätigt.

Die Sumerer müssen bei der Katastrophe viel glimpflicher davongekommen sein; vermutlich haben einige ihrer Fürsten sogar beim Sturz der Dynastie von Akkade mitgewirkt. Die Königsliste nennt nach dem Untergang von Akkade eine Dynastie von Uruk mit fünf Königen in dreißig Jahren, über die sonst nichts bekannt ist. Um 2130 hat dann ein Fürst aus einer andern Uruk-Dynastie, Utuchengal, die Gutäer vernichtend geschlagen und sich damit zum König von ganz Babylonien gemacht. Wir erfahren das aus einem jüngeren sumerischen Text, der, in manchen Einzelheiten wohl sagenhaft, erzählt, wie sich der König durch die Götter aussenden ließ, um »den Drachen des Gebirges«, der Kinder und Frauen geraubt habe, zu vernichten.

Teile Babyloniens haben sich allerdings schon vorher mehr oder weniger selbständig gemacht, wie die Inschriften der von der Königsliste übergangenen Stadtfürsten von Lagasch lehren; ein regionaler Oberherr wird dort fast nie erwähnt. Leider nennen diese Fürsten auch ihren Vater nicht; daher können wir ihre Reihenfolge nicht ganz sicher feststellen. Das gilt vor allem auch für den bedeutendsten von ihnen, Gudea, und seine unmittelbaren Vorgänger und Nachfolger. Meist setzt man ihn in die Gutäerzeit (vor 2160); die Schriftgestalt seiner Inschriften sowie Hinweise auf konsolidierte wirtschaftliche und politische Verhältnisse sprechen jedoch eher dafür, daß er mit Sohn und Enkel in die Zeit Urnammus und in die ersten zwanzig Jahre Schulgis gehört, also etwa 2122 bis 2100 regierte. Er müßte dann die Oberhoheit dieser Könige anerkannt haben bei Zuerkennung des Privilegs, sie in seinen vielen Inschriften nicht nennen zu müssen. Im Osten Babyloniens dürfte er ziemlich unabhängig gewesen sein; er führte allein einen Feldzug nach Anschan im Osttigrisland. Sonst muß seine Regierung aber, wie seine umfangreiche Bautätigkeit zeigt, friedlich gewesen sein. Seine Handelsbeziehungen reichten bis nach Ostarabien und Syrien; er bezog von dort und aus Iran Steine für seine Bauten und zahlreichen Bildwerke sowie Metalle und wertvolle Hölzer. Leider verrät er uns nicht, was er diesen Ländern dafür lieferte; nach den Urkunden dürften landwirtschaftliche Güter und Textilien die wichtigsten Exportwaren gewesen sein. Obwohl vorläufig Zeugnisse für einen ausgedehnten Überlandhandel in seiner Zeit fehlen, könnte es sein, daß Lagasch damals seinen großen Wohlstand als Umschlagplatz im Handel von Indien und Südiran nach dem Westen gewonnen hat. Gudea spricht von zweihundertsechzehntausend Untertanen gegenüber nur sechsunddreißigtausend bei Urukagina (2440 v. Chr.).

Die Ausgrabungen in Lagasch haben die großen Tempel Gudeas nur in Resten freilegen können. Etwas besser steht es mit den vielen Statuen und Reliefs, die er herstellen ließ. Sehr oft wurde er sitzend oder stehend in der Haltung eines gesammelten Beters in seinen Bauten (meistens in Diorit) abgebildet; zwanzig meist auch mit einer Inschrift versehene Statuen, sehr sorgfältig, aber etwas schematisch gearbeitet, sind bisher bekannt, dazu etliche Bruchstücke von Reliefs, auf denen er vor der Gottheit dargestellt ist. In den Schoß eines der Sitzbilder ist ein Tempelplan eingemeißelt. Erfahren wir schon aus den längeren Statueninschriften recht viel über die sumerischen Tempelweihfeiern, so ist die auf zwei großen Tonzylindern aufgezeichnete Tempelbauhymne Gudeas, die dem Haupttempel des Gottes Ningirsu, Eninnu (»Haus der Fünfzig«), gewidmet ist, eine unserer wichtigsten Quellen für die sumerische Religion; allerdings verstehen wir die sehr schwierige theologische Sprache nicht überall. Der Fürst berichtet darin in hymnischer Form über seine von der Göttin Nansche gedeuteten Träume, die ihn zum Bau bewogen haben, über das große Fest der Grundsteinlegung und schließlich über die Einweihung des Tempels; Gebete und Gottesreden sowie viele mythologische Anspielungen, die die Arbeiten und die Gestaltung der Embleme verständlich machen sollen, sind eingefügt. Bei den großen Festen wird alles Störende in der Stadt ausgeschaltet: niemand wird geschlagen oder vor Gericht gebracht, es gibt keinen Streit, auch keine Bestattungen von Toten, die die Festfreude beeinträchtigen können. Von der Vollendung des Baus erwarten Stadtfürst und Bürger reiche und mannigfache Segnungen, die als Wünsche aufgezählt werden.

Gudea zeichnet in der großen Hymne und in den Inschriften das Idealbild des sumerischen Fürsten, wie es seine Zeit sah: er sollte kein großer Eroberer sein, so gewiß der Schutz vor den Feinden seine Aufgabe war, sondern »der gute Hirte« seiner Untertanen, die von seiner Hingabe an den Dienst der Götter Segen für sich erhofften. Die Wirklichkeit war ganz gewiß nicht so schön, wie sie uns hier geschildert wird; aber wir gehen doch kaum fehl, wenn wir in Gudea eine Persönlichkeit sehen, die diesem Ideal in besonderer und vielleicht einmaliger Weise nacheiferte. Unter den leider nur wenigen Fürsten in Babylonien, über die wir etwas genauer unterrichtet sind, ist er menschlich der anziehendste, wieviel auch an seinem Bild für uns rätselhaft bleibt.

Utuchengal von Uruk, der Befreier Babyloniens von den Gutäern, hat sich seiner Herrschaft wahrscheinlich nur sehr kurz erfreuen dürfen. Schon 2123 setzte sich Urnammu von Ur (2123-2105) an seine Stelle und begründete die letzte sumerische Dynastie, die dritte Dynastie von Ur (2123-2015). Utuchengal und den vermutlich mit ihm verbündeten Stadtfürsten Nammachani von Lagasch hat Urnammu wohl gleichzeitig besiegt; der von ihm in Lagasch eingesetzte Urabba mußte aber sehr bald Gudea weichen. Wir besitzen Stücke der sumerischen Proklamation, die Urnammu sicherlich bald nach seinem entscheidenden Sieg erließ. Sie berichtet von Opfern für die Götter, sozialen und wirtschaftlichen Reformen und gibt am Ende etwa zwanzig Gesetze, die wie die meisten späteren Gesetze den Tatbestand in einem Bedingungssatz formulieren: »Wenn ein Mann einem anderen mit einer Waffe einen Knochen zertrümmert, zahlt er eine Mine Silber.« Es ist anzunehmen, daß diese Gesetze entweder Regelungen enthalten, die von den bisherigen abweichen, oder eine Rechtsvereinheitlichung im ganzen Land vorbereiten sollten. Geldstrafen werden, wie fast immer im alten Orient, nach einem festen Satz ohne Rücksicht auf das Zahlungsvermögen des Schuldigen festgesetzt. Leider ist die Mehrzahl dieser Gesetze auf der einzigen erhaltenen Tafel zerstört.

Die Bauinschriften Urnammus sind meist ganz kurz, zeigen aber, daß er sich um die Ausbesserung oder Wiedererrichtung der Tempel Sumers, die während der Fremdherrschaft schwer gelitten hatten, bemühte. Nippur, Uruk und Eridu erfreuten sich seiner besonderen Fürsorge, vor allem aber seine Hauptstadt Ur, in der er der Tempelhochterrasse des Mondgottes die Gestalt gab, die sie seither behalten hat, wenn er auch den Bau nicht vollenden konnte. Von allen Hochterrassen (akkadisch Zikkurrat) Babyloniens ist die sehr solide gebaute von Ur bis heute am besten erhalten geblieben. Auch einen neuen Kanal von Ur nach Eridu hat er zur Förderung der Handelsschiffahrt nach Arabien angelegt. Von seinen Kriegen hören wir nur beiläufig, so etwa von Verfolgungskämpfen gegen die Gutäer. Wie sein Zeitgenosse Gudea hat er über seine Leistungen für die Götter und Menschen in der Form hymnischer Selbstberichte erzählt, die uns freilich nur in jüngeren Überarbeitungen erhalten sind, so daß wir nicht genau wissen, was an ihnen authentisch ist. In einem solchen Gedicht nennt er sich den großen Bruder des Gilgamesch und Sohn von dessen Mutter Ninsun. Dennoch hat er sich nicht selbst vergöttlicht; erst nach seinem Tode wurde er als

Gott verehrt. Eine sehr eigenartige Dichtung, die leider nicht ganz erhalten ist, schildert seine letzte Krankheit und die zur Heilung dargebrachten Opfer, seinen Tod und die Bestattungsriten und schließlich seine Aufnahme in die Unterwelt als Totenrichter neben Gilgamesch. Der Sprecher der Dichtung könnte sein Sohn sein.

Sein Sohn und Nachfolger Schulgi (2105–2057) konnte das von Urnammu gegründete Reich vergrößern und ihm nach und nach neue Provinzen einverleiben. Die bisher veröffentlichten Inschriften sind kurz und inhaltlich dürftig und berichten nur von Bauarbeiten an Tempeln und von Weihungen; Schulgi hat aber auch sumerische Inschriften mit akkadischer Übersetzung schreiben lassen, die ergiebiger sein dürften. Wichtige Ergänzungen liefern die – von früheren Königen nur zu einem kleinen Teil bekannten – Jahresdatenformeln, die man bis zum Ausgang der altbabylonischen Zeit zur Datierung von Urkunden verwendete, weil Jahreszahlen sich noch nicht eingebürgert hatten. Diese Formeln, die zum Jahresanfang festgesetzt wurden und daher meist von einem Ereignis des Vorjahres berichten, wurden vor allem für die Gerichte in Listen zusammengefaßt, von denen sehr große Stücke erhalten sind. Viele Formeln nehmen auf Bauten Bezug – etwa »das Fundament des Ninurta-Tempels wurde gelegt« –, andere auf politische Ereignisse wie den Regierungsantritt oder Kriege (zum Beispiel »Simurrum wurde geschlagen«). Aus ihnen ergibt sich, daß Schulgi in seinen ersten etwa zwanzig Regierungsjahren anscheinend nicht einmal ganz Babylonien beherrschte; in Lagasch dürfte noch Gudeas Sohn Urningirsu recht selbständig gewesen sein. Dann aber wurde es anders: widerspenstige Stadtfürsten wurden abgesetzt und durch Familienangehörige oder andere ergebene Männer, die ihr Amt oft nur für etliche Jahre behielten, ersetzt. Die alten Stadtstaaten verloren dadurch immer mehr an Gewicht. Das Osttigrisland, Assyrien und Teile von Elam wurden angegliedert; Rückschläge nötigten zu immer neuen Kriegszügen. Nach Syrien scheint Schulgi nicht gekommen zu sein; in der Wiederaufnahme des Titels »König der vier Weltufer« lag aber wohl der Anspruch, auch dort als Oberherr anerkannt zu werden.

Sehr bemerkenswert ist, daß gleichzeitig mit der Expansion und der Zentralisierung im Lande ein bedeutender Aufschwung der Wirtschaft einsetzte, der sich an der sprunghaft ansteigenden Zahl der Wirtschaftsurkunden seit 2082 ablesen läßt. Ein sehr großer Teil dieser Zehntausende von Urkunden stammt aus Puzurisch-Dagan (heute Drehem) bei Nippur, einem großen Staatsgut, das vor allem der Viehzucht diente. Die ungeheure Masse dieser meist äußerst knapp gehaltenen Urkunden und die große Zahl der noch nicht sicher gedeuteten Fachausdrücke haben bisher eine zusammenfassende Behandlung dieses einzigartigen Materials verhindert. Die meisten Urkunden handeln von Lieferungen und Opfern, von Naturallöhnen und Arbeitsaufträgen. Das im Vergleich zur Staatswirtschaft bescheidene Ausmaß der Privatwirtschaft wird durch die auffällig kleine Zahl der sumerischen Prozeßurkunden deutlich. Die Grundstücksverkaufsurkunden haben lediglich Verkäufe von Häusern und Palmgärten zum Inhalt. Daraus darf man wohl schließen, daß es privaten Grundbesitz größeren Ausmaßes im sumerischen Gebiet offenbar auch damals nicht gegeben hat.

Vermutlich seit dem zweiten Viertel seiner Regierungszeit nannte Schulgi sich selbst Gott. Damit ahmte er nicht Naramsuēn von Akkade nach, sondern knüpfte wohl an alte Gebräuche in Ur selbst an, die uns durch den spät-frühdynastischen Königsfriedhof dort bezeugt sind. Die Hymnen an Schulgi und an spätere Könige und die kultische Liebeslyrik zeigen, daß die Voraussetzung für die Vergöttlichung der Nachvollzug der Heiligen Hochzeit der Muttergöttin Inanna mit Dumuzi (oder auch einer anderen Götterhochzeit) durch den König und eine *en* genannte Hohe Priesterin war. Wir wissen vorläufig nicht, wie oft und aus welchen Anlässen diese Feier stattfand; ihre jährliche Wiederholung anläßlich des Neujahrsfestes im Frühjahr, die oft als sicher hingestellt wird, ist jedenfalls nicht bezeugt. Auch sonst ist an der kultischen Königsvergöttlichung der Sumerer, die von der altägyptischen grundverschieden ist, noch sehr viel unklar. Sie hatte jedenfalls nichts mit politischer Macht zu tun, da sich von nun an bis hin zu Rimsin von Larsam auch viele Könige als Götter verehren ließen, deren Macht sehr gering war.

Ein überaus merkwürdiges Zeugnis für diesen Königskult ist ein am ehesten als Totentempel zu bezeichnendes Bauwerk in Ur, das an der Ostecke des heiligen Bezirkes ganz nahe an den alten Königsgräbern gefunden wurde. Zuerst wurden zwei Grabkammern angelegt, die über breite Treppen erreichbar waren und wahrscheinlich für Urnammu und seine Gattin oder *en*-Priesterin bestimmt waren; die zweite Kammer soll mehrere Leichen enthalten haben. Später wurde die Grabanlage zugebaut und darüber ein Gebäude von achtunddreißig mal sechsundzwanzig Meter errichtet, das teils einem Tempel, teils einem großen Wohnhaus ähnelte. Von ihm aus wurden Löcher in die Grüfte geschlagen, vermutlich um die Toten aus ihnen zu entfernen und in den Tempel überzuführen. Der Tempel scheint mit Goldblech geschmückt gewesen zu sein. Der Hauptbau, der durch Ziegel Schulgis zeitlich bestimmt ist, wurde später durch zwei kleinere Anbauten erweitert, die seine beiden Nachfolger angelegt haben. Auch unter den Anbauten wurden Grabkammern gefunden, fünf für drei Könige; leider waren sie schon leer. An dem eigenartigen Bau bleibt daher vieles unklar; auch sumerische Texte können hier vorläufig keine Klarheit schaffen. Der von Urnammu begonnene und von Schulgi vollendete Palast für die lebenden Könige, ein verhältnismäßig bescheidener Bau, lag übrigens in nur geringer Entfernung vom Totenbau, wahrscheinlich innerhalb des heiligen Bezirks; der Sitz der Reichsverwaltung kann er aber kaum gewesen sein.

Auf Schulgi folgte, vermutlich schon in vorgerücktem Alter, sein Sohn Amarsuēna (akkadisch Bursuēn, 2057–2048). Auch er kämpfte, wie wir aus einer Datenformel wissen, wieder im Osttigrisland; Elam leistete ihm keinen Widerstand. In Assur hatte er einen Statthalter namens Sariqum, der uns eine akkadische Inschrift hinterlassen hat. Jüngere Texte berichten, daß Amarsuēna »am Biß des Schuhes« starb, also wohl an einer Blutvergiftung infolge Fußverletzung. Seine Nachfolger trugen akkadische Namen. Sein Bruder Schusuēn (2048–2039), der sich gleichfalls schon im ersten Jahr als Gott verehren ließ, hat neben den konventionellen Bauinschriften auch kurze Kriegsberichte, teilweise in akkadischer Sprache, abgefaßt, die sich deutlich an die Inschriften der Akkadekönige anlehnen. Danach drang er tief in das Bergland von Kurdistan ein, führte einige Fürsten fort und siedelte die Masse der Kriegsgefangenen als Arbeiter für den Bau einer großen Mauer zum Schutz gegen die Nomaden in der Nähe von Nippur an. Das erbeutete Gold verwendete er für seine eigene Statue, die er dem Gott Enlil von Nippur weihte. Der Stadtfürst Ituria von

Eschnunna errichtete ihm schon zu Lebzeiten einen Tempel, der sich im Grundriß nicht von den anderen Göttertempeln unterschied. Er wurde, merkwürdigerweise schiefwinklig, an den Palast von Eschnunna angebaut und von späteren Königen in den Palast einbezogen. Die wirtschaftliche Blüte der Schulgi-Zeit hielt unter diesen Königen an, wozu die in ihrem Ausmaß schwer abzuschätzenden Außenhandelsbeziehungen viel beigetragen haben dürften.

Auch der letzte König der Dynastie, Ibbisuēn (2039–2015), war zunächst wirtschaftlich und militärisch erfolgreich; vor allem schlug er Elam. Für seine Zeit sind Elfenbeinimporte nach Ur bezeugt, die wohl aus Indien kamen. (Neueste Grabungen haben ergeben, daß die heute zu Kuwait gehörige kleine Insel Failaka mit ihren Süßwasserbrunnen und Bahrein wichtige Zwischenstationen auf dem Wege nach Indien waren. Eine besondere Art von Knopfsiegeln zeugt für die hohe künstlerische Kultur der Inselbewohner). Später wendete sich das Blatt, und es kam zur Katastrophe, die der politischen Macht Sumers ein Ende bereitete. Damit beginnt ein neuer Abschnitt der Geschichte Babyloniens, den wir jedoch erst nach einem zusammenfassenden Überblick über die Kultur der Sumerer behandeln wollen, besonders über Religion und Literatur, da davon, anders als von der Kunst, bisher nur gelegentlich die Rede sein konnte. Die politische Katastrophe des Sumerertums hat sich im geistigen Bereich nur sehr allmählich ausgewirkt. So müssen wir bei unserem Überblick bisweilen auf die folgende Zeit vorgreifen, in der die sumerische Kultur ihre prägende Kraft noch lange behalten hat.

## Die sumerische Kultur: Religion und Literatur

Das Bodenbesitzmonopol der großen Tempel in Sumer, das in der Frühzeit selbst dem Privatbesitz der Stadtfürsten kaum Raum ließ – die Bildung einer Hausmacht der Könige war höchstens außerhalb des sumerischen Gebiets möglich –, hatte auch für das Leben des Einzelnen mannigfache Auswirkungen, die wir erst unvollkommen übersehen. Das, was wir freie Berufe nennen, gab es offenbar fast gar nicht. Der Bauer war günstigenfalls ein Bodenpächter, wenn er nicht als unmittelbarer Angestellter des Tempels arbeitete. Die Handwerker waren ebenfalls Tempelangestellte, hatten innerhalb ihrer Organisationen aber wohl gewisse Privilegien. Der Handel schließlich wurde vom Kaufmann (*damgar*, ein ursprünglich akkadisches Wort) weithin im Staatsauftrag betrieben; allerdings blieb für die eigene Initiative und das eigene Risiko einiger Raum. Es gab im Handwerksbetrieb Meister (*ummea*), Arbeiter oder Gesellen und Lehrlinge. Der Obergeselle, der den Lehrlingen gegenüber den Meister vertreten konnte, hieß »großer Bruder«. Er spielte vor allem in den gleichfalls handwerklich organisierten Schreiberschulen eine wichtige Rolle und mußte den Schülern dort neben dem Meister die so schwierige Schreibkunst oft im wörtlichen Sinn einbleuen. Eine der nicht sehr zahlreichen humoristischen Dichtungen erzählt uns von einem Schüler, der an einem Unglückstag siebenmal geprügelt worden war und sich in seiner Verzweiflung bei seinem Vater beklagte. Der setzte keine Beschwerde auf, sondern lud

Grufttreppe in der Grabanlage des Königs Bursuēn in Ur, 21. Jahrhundert v. Chr.

»Einführungsszene« auf einem Rollsiegel aus Lagasch, 22./21. Jahrhundert v. Chr. Bagdad, Iraq Museum

Verehrung des Mondgottes Nanna durch den König Urnammu
Relieffragment der Urnammu-Stele aus Ur, 22. Jahrhundert v. Chr. Philadelphia, University Museum

den »Meister« abends ein und bewirtete und beschenkte ihn reichlich. Daraufhin wurde aus dem schwarzen Schaf der Klasse noch am selben Tag die Hoffnung der Gelehrtenzunft. In anderen Betrieben mag es ähnlich zugegangen sein.

Die den Tempelangestellten zur Bewirtschaftung zugewiesenen Grundstücke waren von recht ungleicher Größe. Manchmal scheint man bei Zuteilungen aller Art auf den Familienstand Rücksicht genommen zu haben; in einer Dichtung wird berichtet, daß der verheiratete Mann den doppelten Anteil des Ledigen erhalten habe und der Vater von Kindern den dreifachen. Die Frauen standen nicht selten neben den Männern im Dienst und waren dadurch nicht so abhängig vom Mann wie oft anderswo. In den Tempeln der Göttinnen wurde der priesterliche Dienst meist von Frauen wahrgenommen, die dadurch in die höchsten priesterlichen Ränge aufsteigen konnten. Auch die Frauen der Stadtfürsten hatten mancherlei eigene Funktionen und sind uns aus den Wirtschaftsurkunden oft namentlich bekannt. Sie konnten auch eigene Sklaven besitzen. Dennoch war die Familie im ganzen patriarchal organisiert; Töchter waren nur unter besonderen Umständen, etwa als Priesterinnen, erbberechtigt. Wichtige Einzelheiten des Familienrechtes sind noch unklar. Die Stellung der Sklaven, die auch in der Sprache als Personen und nicht als Sachen galten, war meist eine erträgliche; sie hatten gewisse Rechte vor Gericht und konnten auch in beschränktem Maß Eigentum haben. Viele waren als Kriegsgefangene Sklaven geworden, andere durch Strafurteil. Nicht selten haben Eltern ihre Kinder verkauft, und zwar durchaus nicht immer aus Not. Umgekehrt kam aber auch die Freilassung ziemlich oft vor.

Die Rechtsprechung erfolgte meist im Namen der Stadtfürsten, die dafür Richter einsetzten, aber nicht immer Berufsrichter. Sie konnten als Einzelrichter fungieren oder, was häufiger geschah, in Kollegien von zwei, drei oder vier Richtern. Neben ihnen waren noch Kommissäre tätig. Über das Prozeßverfahren sind wir nur unzureichend unterrichtet; es war aber in Zeiten geordneter Verwaltung offenbar festen Regeln unterworfen. Im Beweisverfahren wurden Zeugen angehört und die Beteiligten vereidigt; da viele Rechtsgeschäfte nur schriftlich abgeschlossen werden durften, handeln die meisten uns bekannten Urkunden von Zivilprozessen. Über das Strafrecht wissen wir dagegen besonders wenig; es war anscheinend weniger hart als das semitische.

Unter den Richtern befinden sich nicht selten auch Priester. Die mannigfachen Opferdienste in den Tempeln, die Bekämpfung der Dämonen durch die Magie und die Wahrsagung machten die Ausbildung zahlreicher höherer und niederer Priesterklassen nötig, die wir noch nicht ganz genau gegeneinander abgrenzen können. Viele Priester mußten eine Spezialausbildung durchlaufen, die sich auch in neusumerischer Zeit nicht immer auf schriftliche Überlieferung stützen konnte. Es gab, soweit wir sehen können, weder umfassende Rituale für den Kult noch große Sammlungen von Vorzeichen, aus denen der Wahrsager lernen konnte. Nur Hymnen, Klagelieder und Beschwörungen wurden neben den Mythen aufgeschrieben. Nicht alle Kulte hatten ihren Platz in den Tempeln. Die magischen Riten zur Krankenheilung wurden gewiß wie später am Krankenbett ausgeführt, und die Wahrsagekulte wie die Opferschau waren vermutlich auch nicht an heilige Stätten gebunden. In den Dörfern dürfte es für die Opferkulte des Alltags einfache

Kultstätten gegeben haben. Geopfert wurden vor allem Brote, Getränke und Herdentiere, aber keine Menschen.

Welchen Göttern wurden nun alle diese Kulte dargebracht? Die Sumerer gaben die Zahl ihrer Götter mit dreitausendsechshundert (sechzig mal sechzig) an und übertrieben damit gewiß nicht allzusehr; wir kennen schon über zweitausend Namen. Diese selbst für eine polytheistische Religion ganz ungewöhnliche Zahl ist das Ergebnis jahrhundertelanger Bemühungen, religiöse Anschauungen verschiedener Herkunft miteinander zu verknüpfen und theologisch zu bewältigen. Wir wissen nichts über die religiösen Vorstellungen der Sumerer zur Zeit ihrer Einwanderung und können nur sagen, daß der Kult von Muttergottheiten und eines durch den Stier symbolisierten Gottes sehr alt ist und schon auf die älteren Landesbewohner zurückgeht. Die religiöse Bildkunst vor der frühdynastischen Zeit zeigt einen sehr beschränkten Themenkreis und deutet damit weder auf ein vielgestaltiges Pantheon noch auf eine sehr reiche Mythologie, so gewiß solche *argumenta e silentio* nicht überbewertet werden dürfen. Mit der frühdynastischen Zeit oder auch schon früher müssen neue Vorstellungen in Babylonien neben den älteren Heimatrecht bekommen haben, so daß schon vor 2600 Götterlisten Hunderte von Namen aufführen konnten. Die vielen Mischwesen auf den Siegeln zeigen, daß es damals auch schon mannigfache Mythen gegeben haben muß, über deren Inhalt wir nur wenig sagen können. Im großen ganzen dürften sie den literarisch bezeugten Mythen der neusumerischen Zeit ähnlich gewesen sein, wie auch das Pantheon damals vom neusumerischen nicht grundsätzlich verschieden gewesen sein kann. Ein genauer Vergleich der frühdynastischen und der neusumerischen Götterwelt ist noch nicht durchgeführt worden.

Das so große sumerische Pantheon ist aus örtlichen Götterstaaten zusammengewachsen und eben dadurch für die Aufnahme weiterer Göttergruppen grundsätzlich offen. Die örtlichen Götterstaaten sind nach dem Muster des irdischen Stadtstaates organisiert mit dem Stadtgott und dessen Gattin an der Spitze; Minister, Funktionäre und Handwerker kommen in größerer oder kleinerer Zahl hinzu. Das macht zunächst den Eindruck, es handele sich um theologische Spekulation. Aber auch die kleineren Götter waren für die Menschen sehr wichtig, denn die Macht der Hauptgottheiten war nach sumerischer Auffassung begrenzt, einmal weil man sich auf verhältnismäßig engem Raum viele Götter als wirksam dachte und zum anderen weil diejenigen Götter, die im Kosmos wichtige Funktionen innehatten, für die kleinen Sorgen der Menschen nicht immer frei waren. Hier sprangen die Angehörigen des göttlichen Hofstaates ein und übernahmen als Familien- oder Sippenschutzgottheiten die Fürsorge für die Einzelnen. Selbst der Stadtfürst hatte seinen besonderen Schutzgott. Dennoch waren die großen Götter für den Einzelnen nicht ohne Bedeutung, weil nämlich die Schutzgottheit nur in kleinen Nöten, nicht aber in den größeren helfen konnte. Traten solche ein, mußte die Schutzgottheit die Unterstützung der großen Götter erbitten und ihnen die Wünsche ihrer Schutzbefohlenen vortragen. Auf vielen hundert Siegelbildern und bisweilen – etwa bei Gudea und Urnammu – auch auf Reliefs wurde diese Situation in der sogenannten Einführungsszene im Bilde dargestellt. Sie zeigt den Siegelinhaber, wie er etwa von seiner Schutzgottheit an der Hand vor der sitzenden höheren Gott oder die Göttin geführt wird, um seine Wünsche vorzubringen.

Diese Siegel hatten wohl gleichzeitig die Funktion eines Amuletts, das den Träger ständig des göttlichen Schutzes versichern sollte.

Von den kosmischen Funktionen wurden nur die wichtigsten immer bestimmten Stadtgöttern zugeschrieben; in anderen Fällen hatten mehrere Götter ähnliche Funktionen. An der Spitze stand der Himmelsgott An von Uruk, der nur selten in irdische Dinge eingriff. Um so mehr tat dies sein Sohn Enlil von Nippur, der Gott des Luftraumes, der die Könige ein- und absetzte, obwohl seine eigene Stadt nie Hauptstadt war. Die Erde galt als weiblich und wurde durch die Muttergöttin vertreten, die fast überall unter einem anderen Namen verehrt wurde, etwa als Baba in Lagasch, Ninchursang in Kisch, Mama in Kesch. Die die Erde befruchtende Kraft des Grundwasserozeans vertrat der weise Enki von Eridu als vierter Gott des Kosmos. Kultorte im sumerischen Süden wie im akkadischen Norden hatten die großen Gestirngottheiten, unter denen der Mondgott Nanna von Ur (akkadisch Suēn mit einem uralten Tempel in Tutub bei Eschnunna) wegen seiner Weisheit den Vorrang hatte. Der Sonnengott Utu von Larsam trat demgegenüber anders als Schamasch von Sippar etwas zurück, während die Venusgöttin Inanna von Uruk ebenso wie die Ischtar der Semiten, die zahlreiche Tempel hatte, zugleich Göttin der Liebe mit dirnenhaften Zügen und Muttergöttin war. Mehrere Vertreter hatte der Typ des jungen Kriegsgottes, so Enlils Sohn Ninurta von Nippur, Zababa von Kisch, Ningirsu von Lagasch und noch andere. Die Gemahlinnen der männlichen Götter spielten bei den Sumerern neben den Muttergöttinnen meist nur eine bescheidene Rolle.

Von kaum geringerer Bedeutung als die persönlichen Gottheiten waren für die Sumerer unpersönliche Wesenheiten, die das Tun der Götter weithin bestimmten. Das Wichtigste ist das *me*, das man etwa als göttliche Seinskraft bestimmen kann. Merkwürdigerweise wurde es auch in der Mehrzahl vergegenständlicht und konnte von Göttern auf Reisen mitgenommen werden. Auf Götter und Menschen wirkt es sich in Gestalt des auf Tafeln geschriebenen *nam* aus, für das wir nur die sehr unzureichende Übersetzung »Schicksal« haben. An den dadurch gegebenen Ordnungen konnten Götter schuldig werden, wie wir von Urukaginas Priester in Lagasch schon hörten; verschiedenen Mythen liegt dieser Gedanke zugrunde.

In den uns leider recht unvollständig erhaltenen und oft schwer verständlichen Mythendichtungen handeln meist zwei oder mehrere Götter gegeneinander. Nur der Himmelsgott An steht außerhalb und über diesem Geschehen, nachdem sein Sohn Enlil durch seinen Hauch Himmel und Erde getrennt hatte. Die Sumerer hatten keinen eigentlichen Weltschöpfungsmythus, sondern begnügten sich damit, in den Einleitungen ihrer Mythen auf ein Urchaos zu verweisen, das vor dem gegenwärtigen Zustand bestand. Auch die Erschaffung der Menschen war nicht Thema eines Mythus, obwohl deutlich gesagt wird, daß sie um der Versorgung der Götter willen geschaffen wurden. Man dachte aber viel nach über die Herkunft der primitiven Elemente der Kultur, ohne die der Mensch ein Tier geblieben wäre, und sah in ihnen Göttinnen, die erst später ins Leben gerufen worden waren. »Die Menschen der damaligen Zeit kannten nicht das Essen von Brot, nicht das Anziehen von Gewändern; sie gingen auf Händen und Füßen, aßen wie Schafe das Gras und tranken Wasser aus Gräben.« So wurden die Korngöttin Aschnan und die Schafgöttin

Lachar geschaffen, die den Göttern und Menschen ihren Segen schenkten. Als das im Göttersitz gebührend gefeiert wurde, gerieten die beiden im Rausch in Streit darüber, wer mehr leiste. Enlil und Enki mußten eingreifen und sprachen Aschnan den Sieg zu. Auch Enki und die Muttergöttin Ninmach stritten bei einem solchen Mahl darüber, wer mehr könne. Ninmach schuf sieben abartige Wesen, konnte aber Enki nicht daran hindern, auch ihnen Berufe zuzuweisen; sie selbst war dagegen unfähig, den von Enki geschaffenen »uralten Mann« auch nur das Essen zu lehren. Die Folgerung: »Ninmach konnte sich dem großen Herrn Enki nicht an die Seite stellen.« Die sumerische Literatur kennt noch mehrere mythische Streitgespräche dieser Art; in einem von ihnen wird der glutheiße Sommer gegenüber dem in Babylonien freundlicheren Winter getadelt.

In anderen Fällen geht der Streit um ernstere Dinge. Ein Mythus erzählt, daß Enki in seiner Stadt Eridu den Besuch der Inanna von Uruk erhielt und ihr im Rausch seine *me* schenkte. Inanna brach damit sogleich auf. Ernüchtert bereute Enki diese Schenkung und versuchte siebenmal, Inanna auf ihrer Rückreise aufzuhalten, hatte aber keinen Erfolg. Vielleicht will dieser Mythus nur erklären, warum die Priester der Inanna bestimmte Funktionen für ihre Göttin in Anspruch nahmen, die ursprünglich Enki zukamen. Die recht problematische Moral der Götter zeigt uns der Mythus von Enlil und Ninlil: der noch junge Enlil begeht unsittliche Handlungen, die von der Götterversammlung mißbilligt und mit Verbannung bestraft werden. Das hindert aber nicht, daß Enlil, reifer geworden, Götterkönig wird. Übrigens dürfte es sich dabei um einen Mythus handeln, der die Herkunft und den Werdegang bestimmter Götter erklären soll. Der in der Religionswissenschaft am meisten diskutierte Mythus dieser Art ist die Erzählung von Inannas Unterweltfahrt, für die kein Motiv angegeben wird. Die Göttin wird, unten angekommen, auf Befehl der Unterweltskönigin völlig entkleidet und getötet. Die Folge ist das Aufhören jeglicher Fruchtbarkeit auf der Erde. Auf dringende Bitten von Inannas Botin Ninschubura läßt schließlich Enki die Inanna wieder erwecken; sie darf die Unterwelt aber nur verlassen, wenn sie einen Ersatz stellt. Treulos wählt sie dazu ihren bisherigen Geliebten, den königlichen Hirten Dumuzi, der von nun an einer der Unterweltsfürsten wird. Man hat diesen Dumuzi oft als einen jährlich sterbenden und auferstehenden Gott bezeichnet, findet dafür aber in der sumerischen Überlieferung keinerlei Stütze.

Andere Mythen berichten über Ninurta, einen der jungen Kriegsgötter, die die Weltordnung gegen Angriffe verteidigen. So hatte einmal der Sturmvogeldämon Anzu die Schicksalstafeln entführt; Ninurta konnte sie ihm erst nach mancherlei Abenteuern abjagen und den Entführer töten. In einem anderen Kampf, den Ninurta zu bestehen hat, ergreifen die Steine teils für ihn, teils gegen ihn Partei. Nach dem Sieg wird Gericht gehalten; dabei werden den feindlichen Steinen demütigende Funktionen zugewiesen wie etwa die, Schmirgel zu sein, den treuen aber ehrenvolle wie die, zu Statuen und zu Schmuck verarbeitet zu werden. Der Mythus soll die Ungleichwertigkeit der verschiedenen Gesteine erklären.

In wieder anderen Mythen handeln neben den Göttern halbgöttliche Heroen und dämonische Wesen. Zu ihnen gehört die leider recht schlecht erhaltene Sintfluterzählung, die in ihren Grundgedanken der späteren babylonischen entspricht, anders als diese aber auch von der Gründung der sumerischen Städte vor der Flut durch die Götter berichtet. Eine ethische Rechtfertigung wurde anscheinend weder für die Flut noch für das Geschenk des ewigen Lebens an den Helden Ziusudra versucht. Verschiedene Mythen und Sagen rankten sich um die Könige von Uruk Enmerkar, Lugalbanda und Gilgamesch, die früh im dritten Jahrtausend gelebt haben dürften; wir hatten schon Gelegenheit, auf mögliche historische Reminiszenzen in ihnen hinzuweisen. In den noch nicht zu einem Epos zusammengefaßten Dichtungen von Gilgamesch bäumt sich der Held gegen das Todesgeschick auf. Er versucht, sich zusammen mit seinem Diener Enkidu einen Namen zu machen, indem er den Zederndämon Chuwawa besiegt, den die Sumerer wohl weit im Osten im Reich des Sonnengottes suchten. Er zog mit fünfzig Helden, die keine Familie hatten, über sieben gefährliche Gebirge gegen Chuwawa und erschlug ihn. Da begehrte die Göttin Inanna seine Liebe, wurde aber abgewiesen und erbat sich nun von An den Himmelsstier, um Uruk, die Heimatstadt Gilgameschs, zu vernichten; aber auch der Himmelsstier wurde erschlagen. In einer anderen Dichtung wird zuerst erzählt, wie Gilgamesch eine riesige Schlange tötete, die Inannas heiligen Baum besetzt hatte. Der zweite Teil erzählt, wie er seinen Diener Enkidu in die Unterwelt sendet, um zwei in die Tiefe gefallene Gegenstände wieder heraufzuholen; Enkidu wird aber unten festgehalten und kann seinem Herrn nur als Schatten von dem Reich berichten, in das Gilgamesch nach seinem Tod ebenfalls hinabsteigen muß, wenn auch als Fürst und Richter.

Die Sumerer priesen ihre Götter in vielen kunstvoll gebauten und an Wiederholungen reichen Hymnen, die oft aus mehreren Gesängen mit je einem ganz kurzen Gegengesang bestanden und meist von Musikinstrumenten begleitet gesungen wurden. Manches in ihnen klingt an Hymnen anderer Völker an, vieles hat aber keinerlei Parallelen. Neben charakteristischen Aussagen über die einzelnen Götter enthalten die Hymnen generelle Bemerkungen, etwa daß ohne den angebeteten Gott nichts Entscheidendes im Himmel wie auf Erden geschehen könne. Kühne Bilder finden sich mehrfach; so wird der Kriegsgott Ninurta »Umbruchpflug, der das böse Land aufreißt, Egge, die über die Felder der Aufsässigen hinweggeht«, genannt. Absprechende Aussagen über andere Götter sind auch nicht ganz selten; so wird von Nergal gesagt: »Vor deinem schrecklichen Glanz wälzen sich die großen Götter wie die Hunde.« Auf der anderen Seite wird aber auch der gute Einfluß der Götter auf die Menschen gerühmt; Enlils Stadt Nippur »ist mit Beständigkeit beschenkt... in ihr erzieht der ältere Bruder den jüngeren, achtet auf das Wort des Vaters;... das Kind hat Ehrfurcht vor der Mutter und erreicht ein hohes Alter«.

In anderen Hymnen werden neben den Göttern die Gottkönige von Ur und deren Nachfolger in Isin und Larsam gepriesen, wobei der Vorrang der Götter gewahrt bleibt. Es gibt aber auch Hymnen, die nur an Gottkönige gerichtet sind oder in denen diese sich selbst preisen. So rühmt sich Schulgi von Ur in einem ihm in den Mund gelegten Lied als Bräutigam der Inanna und behauptet, über die *me*-Kräfte verfügen zu können. Ein anderer Dichter sagt: »Lipitischtar, Enlils Sohn, du hast den Gerechten und Aufrichtigen aufsteigen lassen. Deine Gnade liegt auf allem bis ans Ende des Himmels.«

Von der Unberechenbarkeit der Götter erzählen in langen Reihen gleichgebauter Klagen eintönig die Klagelieder, welche die großen Katastrophen wie die Zerstörung von Ur oder Akkade betrauern. »Die heilige Inanna verließ wie eine Jungfrau, die ihr Gemach verläßt, das Heiligtum Akkade«, schließt ein solches Lied. Ein anderes beginnt: »Die Zeit zu ändern, die Regeln zu vernichten, frißt das böse Wetter alles wie ein Orkan.« Die betroffenen Götter klagen mit und versuchen, das Schicksal zu wenden; aber auch ihre Tränen besänftigen nicht den feindlichen Gott. Von menschlicher Schuld an den Katastrophen wird aber nicht gesprochen.

Bittgebete des Einzelnen begegnen in der sumerischen Literatur, abgesehen von einigen in andere Dichtungen eingestreuten Gebeten, fast nur in der merkwürdigen Form des Gottesbriefes. In ihm schreibt der Beter seinem Gott wie einem Vorgesetzten unter Einfügung einiger hymnischer Wendungen und trägt ihm seine Bitte vor: »Ich habe niemand, der sich um mich sorgt. Wenn sie wahrhaft meine himmlische Herrin ist und den Dämon aus meinem Leibe reißt, ... will ich ihre Sklavin sein.« Die dritte Person ist typisch für den Stil der durch Boten zu bestellenden frühen Briefe.

Groß ist auch die Zahl der Dämonenbeschwörungen, die einleitend oft mit dichterischem Schwung das böse Treiben der Dämonen schildern. Beliebt ist in ihnen ein Gespräch zwischen Enki und seinem Sohn Asariluchi, der seinen göttlichen Vater um Hilfe in einem schwierigen Fall bittet; Enki aber antwortet: »Was ich weiß, weißt auch du! Geh hin...«, und nun folgt eine Anweisung zur magischen Behandlung des Kranken und die Beschwörungsformel.

In der gesamten sumerischen Literatur, vielleicht mit Ausnahme der Heroenmythen, erscheint als ein bestimmendes Moment immer wieder die Sehnsucht nach möglichst gleichbleibender Ordnung auf Erden wie im Kosmos. Die Ordnung im Kosmos zu wahren ist die eigentliche Aufgabe der Götter, mögen sie ihr auch nicht immer nachkommen. Und auch der Staat hat in Babylonien die Ordnung gegen Störungen im Inneren wie gegen die ordnungsfeindlichen Mächte der Steppe und der Hochgebirge zu schützen. Während nun die religiöse Dichtung immer neue Paradigmen für den Ordnungsgedanken hinstellt, versuchen die gelehrten Schreiber, die Welt der Erscheinungen geistig zu ordnen, und zwar nicht in systematischen Abhandlungen, sondern in einspaltigen, unerläuterten Listen. Man hatte schon bald nach der Schrifterfindung begonnen, Listen der Bildzeichen anzulegen, die damals ja zugleich Listen der durch sie bezeichneten Gegenstände waren. Später wurde nur noch ein Teil der Begriffe mit einfachen Wortzeichen geschrieben. Daher konnten die Zeichenlisten nun nur noch Hilfsmittel für die Ausbildung und die Arbeit der Schreiber sein. So schuf man schon in der frühdynastischen Zeit ein umfangreiches neues Listenwerk; es erhielt etwa zur Zeit der dritten Dynastie von Ur seine endgültige Gestalt, die für kleinere Veränderungen übrigens auch weiterhin noch Raum ließ.

Dieses Listenwerk umfaßte als erstes die Götter in einer Anordnung, die den sumerischen Theologen als angemessen erschien, ohne daß auch nur ein Wort der Begründung gesagt wurde. Die Rechtfertigung entnahm man offenbar den Mythen und Hymnen, die der Unterricht gewiß in enger Verbindung mit den Götterlisten behandelte, um dem Schüler ihren Aufbau plausibel zu machen. Nach den Hunderten von Göttern verzeichneten die Listen die Menschenklassen und Berufe, alle Arten von wildlebenden und gezähmten Tieren, Lebensmittel und Kleider, dazu die Bäume, Pflanzen, Steine, Metalle und Minerale sowie die daraus gefertigten Gegenstände und schließlich die Sterne sowie Länder, Städte und Flüsse. Da die Schrift für viele Begriffsgruppen je ein bestimmtes Determinativ, ein für das Auge bestimmtes Sinnzeichen, verwandte, wie zum Beispiel das Zeichen »Mensch« für alle Berufe oder »Holz« für Bäume und Holzgegenstände, wurde die Gliederung des Tausende von Bezeichnungen enthaltenden Listenwerkes leicht überschaubar. Offenbar hat man sich bemüht, die zu den einzelnen Kategorien gehörigen einfachen und zusammengesetzten Nomina vollständig zu erfassen. Wenn wir unter diesem Gesichtspunkt die Listen ansehen, fällt uns auf, daß manche Gruppen sehr umfangreich sind, andere aber merkwürdig klein. Das nötigt auch in Anbetracht jüngerer babylonischer Werke zu dem Schluß, daß die Sumerer meist nicht sehr genau beobachteten. Besonders auffällig ist die Dürftigkeit der Sternlisten. Sie zeigen, wie abwegig es ist, wenn moderne Theorien den Sumerern immer noch ganz überragende astronomische Kenntnisse zuschreiben. Nicht in die Listen aufgenommen wurden abstrakte Begriffe und Verben; man beschränkte sich auf die Welt der realen und mythischen Lebewesen und die der Gegenstände im weitesten Sinn. Die sprachlichen Ausdrucksmittel als solche interessierten die Gelehrten, die die Listen zusammenstellten und überlieferten, noch nicht.

Eine wesentliche Ergänzung des Listenwerks ist die schon mehrfach erwähnte Königsliste mit einigen erläuternden und verbindenden Zusätzen, die übrigens nachsumerische Einfügungen sein können. Auch die Königsliste ist einspaltig-eindimensional und kann daher gleichzeitige Dynastien nur nacheinander nennen, was zu vielen historischen Mißdeutungen Anlaß gegeben hat. Sie wurde für einzelne Könige durch Sagen und legendäre Dichtungen ergänzt, denen das Schema »Wechsel von Heils- und Unheilszeiten« zugrunde liegt. Eine andere Ergänzung des Listenwerkes bildeten die nicht nur praktischen Zwecken dienenden Rechentabellen, die gewisse Gesetzmäßigkeiten im sexagesimalen Zahlensystem sichtbar machen sollten; wir werden auf sie bei der Behandlung der altbabylonischen Mathematik zurückkommen.

Das Listenwerk, für das es in anderen Kulturen keine Parallelen gibt, ist das einzige Ausdrucksmittel der sumerischen Wissenschaft geblieben, die man formal als eine Listenwissenschaft und inhaltlich als Ordnungswissenschaft charakterisieren kann. Außerhalb der sie ergänzenden Mythendichtungen kannte sie keine feststellenden Sätze und versuchte auch nicht, Erkenntnisse logisch miteinander zu verknüpfen. Damit unterscheidet sie sich von der griechischen und abendländischen Wissenschaft grundsätzlich und kann auch nicht als eine ihrer Vorstufen gelten. Die ihr zugrunde liegende Denkweise exakt zu analysieren wird für uns wahrscheinlich nie möglich sein, da sie uns zu fremd ist. Wir können nur in intensiver Beschäftigung mit der überlieferten Literatur das in ihr Verborgene zu erspüren versuchen. Dabei muß noch der innere Zusammenhang mit der seit der Uruk-Kultur oft so merkwürdig vom realen Leben abstrahierenden sumerischen Bildkunst stärker beachtet werden, als das bisher möglich war. Erst dann kann uns die Einmaligkeit der sumerischen Hochkultur so weit verständlich werden, daß wir ihr in unserem Geschichtsbild in angemessener Weise Rechnung zu tragen vermögen.

## Syrien und das östliche Kleinasien vor 2000 v. Chr.

Wir können noch keine Geschichte Kleinasiens und Syriens im vierten und dritten Jahrtausend schreiben. Da und dort fallen von Ägypten oder Babylonien aus Streiflichter auf diesen oder jenen Bezirk; aber die archäologische Erforschung des damals noch schriftlosen Gebiets ist noch nicht intensiv und umfassend genug betrieben worden, um Einzelerkenntnisse zuverlässig einordnen zu können. Wie in Mesopotamien begann um 4000 nach dem hier nur kurzen Neolithikum mit der Kupferbearbeitung die Kupfersteinzeit. Die reichen Kupfervorkommen Südanatoliens dürften schon damals viele Handelsbeziehungen mit den rohstoffarmen Gebieten veranlaßt haben. Die Buntkeramik ist in Syrien der mesopotamischen ähnlich; auch hier beherrscht die Tell-Halaf-Keramik das Früh-Chalkolithikum (vor etwa 3600). Das jüngere Chalkolithikum und die Zeit der Entstehung der sumerischen Hochkultur scheint hier keine bedeutende kulturelle Höherentwicklung gebracht zu haben. Die Ausgräber von Byblos/Gubla vermuten vor dem Jahr 3000 Handelsbeziehungen mit Südbabylonien. Die Toten hat man dort in großen Tonkrügen beigesetzt. Über die Bevölkerung Kleinasiens und Syriens im vierten Jahrtausend sind vorläufig noch nicht einmal Vermutungen möglich. Nach den sehr verschiedenartigen uns bekannten Terrakottentypen zu schließen, war sie keineswegs einheitlich.

Nach 3000 setzt die Frühe Bronzezeit ein, die im gesamten Gebiet schon wesentlich besser bezeugt ist. Gern wüßten wir, ob damals wie nach Ägypten und Mesopotamien auch nach Syrien schon Semiten gekommen sind. Wir können vorläufig nicht mehr sagen, als daß manches dafür spricht, vor allem einige anscheinend alte geographische Namen wie etwa Gubla. Die Namensforschung wird uns vielleicht einmal einiges über die damalige nichtsemitische Bevölkerung sagen können. Die führende Hafenstadt war offenbar Byblos, das die ägyptischen Texte unter dem Namen Kubna oft erwähnen; ein reger Handel mit Ägypten, das aus Syrien Zedernstämme, Öl und Sklaven einführte, ist erwiesen. Die Ausgrabungen stellten große rechteckige Tempel und Befestigungsanlagen fest, die an Bauten des vierten Jahrtausends anknüpfen. Siegelrollen des Dschemdet-Nasr-Typs erscheinen bald nach 3000 und weisen auf die Vermittlerrolle Syriens im Ost-West-Handel. Für einen bedeutenden kulturellen Aufstieg nach 3000 spricht auch das erste Auftreten der für Syrien typischen schlanken Figürchen des Wettergottes. In den kommenden Jahrhunderten ist eine Vervollkommnung der Waffen und Werkzeuge aus Kupfer zu beobachten; jedoch entwickelt sich keine der ägyptischen und sumerischen auch nur entfernt ebenbürtige Bildkunst.

Die altamoritische Semitenwelle um 2500, in der wir das auslösende Moment für die großen Eroberungen der Könige von Akkade zu erkennen glaubten, muß auch Syrien erfaßt haben, ohne daß das historisch schon irgendwie greifbar wäre. Auf sie gehen geographische Namen wie Labnanum/Libanon und ähnliche zurück, und es ist möglich, daß die Sprache von Ugarit nach 1500 wesentliche altamoritische Elemente enthält. Teile Syriens wurden etwa 2420 von Lugalzaggesi erobert, ganz Syrien zusammen mit Ostkleinasien von Sargon und Naramsuēn (bis etwa 2300). Danach dürfte es wieder in Kleinstaaten zerfallen sein, wie wir sie auch für die Zeit davor (analog den Verhältnissen nach 2000) gewiß vorauszusetzen haben.

Anatolien erlebte im dritten Jahrtausend einen sehr bedeutsamen kulturellen Aufschwung, dessen Phasen und Ursachen allerdings erst sehr mangelhaft erkennbar sind. Zwar ist die überwiegend rotpolierte Keramik nach den Funden von Alischar Hüyük nördlich von Kayseri noch ziemlich primitiv und ohne die Töpferscheibe gearbeitet, die damals in Babylonien schon längst gebräuchlich war. Doch hat sich nach 2400, vielleicht unter sumerischem Einfluß, der durch die Eroberungen Sargons von Akkade auf Anatolien wirksam wurde, eine Metallbearbeitungskunst entwickelt, die der des Königsfriedhofs von Ur (um 2500) nur wenig nachsteht. Wir kennen sie aus dreizehn Fürstengräbern, die auf dem Aladscha Hüyük nördlich der späteren Hauptstadt Hattusas ausgegraben, aber leider erst unzureichend veröffentlicht wurden. Ihre Datierung ist noch nicht gesichert; am wahrscheinlichsten ist etwa 2350 bis 2100. Es waren rechteckige Kammern mit Steinwänden und Holzüberdachung, die bis zu drei mal sechs Meter groß waren. Neben den Toten lagen Hunde. Die reichen Beigaben waren aus Gold, Elektron, Silber, Kupfer, Karneol, Ton und bisweilen sogar Bernstein und Eisen hergestellt; es waren vor allem Waffen, Gefäße, Schmuck und eigenartige Symbole. Ein eiserner Dolch mit goldbelegtem Griff ist offenbar einem sumerischen aus Ur nachgebildet. Andere Waffen und Schmuckspiralen ähneln Stücken aus Troja, Schicht II. Die goldenen Kannen und Kelche entsprechen in ihren Formen den gleichzeitigen Tongefäßen. Religiöse Bedeutung hatten die teilweise prächtig gearbeiteten Kupferfiguren von Stieren und Hirschen (Höhe bis zu zweiundfünfzig Zentimeter) mit Silberüberzug oder Einlagen aus Elektron und Silber. Man dürfte sie auf Stangen als Standarten getragen haben. Dem gleichen Zweck dienten metallene Gitterscheiben von meist ovaler oder rhombischer Form, aus deren Rand Strahlen, Blüten oder Tiere – neben Vögeln auch hier wieder vorwiegend Stiere und Hirsche – heraustreten. Dafür fehlen Parallelen aus Mesopotamien. Ähnliche Funde am Kuban lassen aber Zusammenhänge mit Nordkaukasien vermuten.

Die Symbole bezeugen die Verehrung eines Sonnengottes, des damals wohl noch als Stier vorgestellten Wettergottes und einer Hirschgottheit. Diese Götter spielen auch noch in den hethitischen Texten nach 1400 eine große Rolle. Träger dieser Kultur dürften die sogenannten Protohattier gewesen sein, deren agglutinierende, oft Präfixe verwendende Sprache von den späteren Hethitern Hattisch genannt und, in Keilschrift geschrieben, auch in bestimmten religiösen Texten noch gebraucht wurde. Sie ist dadurch für uns teilweise verständlich, aber für eine völlige Erschließung doch noch viel zu dürftig bezeugt; es ist jedenfalls noch nicht gelungen, sie an eine der bekannten Sprachen anzuschließen. Deswegen läßt sich auch noch nichts über die Herkunft des Volkes sagen. Die Kunst der Protohattier lebt zwar mit manchen Motiven in der späteren hethitischen fort, unterscheidet sich aber von ihr doch grundsätzlich; die merkwürdigen Sonnen-Gitterscheiben finden sich in der hethitischen Kunst nicht mehr.

Das Studium der im Wortschatz und Bau des späteren Hethitischen und Luvischen noch erkennbaren Substrate hat gezeigt, daß die Protohattier vorwiegend die Nordhälfte Anatoliens bewohnt haben. Weiter im Süden und im Taurusgebiet wurde eine ganz andere Sprache gesprochen, die, falls je geschrieben, bisher in zusammenhängenden Texten noch nicht aufgefunden worden ist; wir kennen nur Namen, einzelne Wörter und grammatische

Elemente. Auf einen Namen für diese gleichfalls noch isolierte Sprache hat man sich bisher noch nicht geeinigt. Auch über die Kultur dieses Volkes läßt sich wenig sagen. Vielleicht ist die sogenannte kappadokische Keramik der Zeit vor und nach 2000, die in zwei- und dreifarbiger Bemalung meist geometrische Muster auf oft sehr schön geformten Gefäßen zeigt, bei diesem Volk in Gebrauch gewesen.

## Die ersten Staatenbildungen der Kanaaniter
## Die Hethiter in Kleinasien

Das letzte sumerische Reich von Ur war, wie wir sahen, kein Großreich im eigentlichen Sinn. Nur weil es keinen anderen Staat von vergleichbarer Macht gab, vermochte es ein eindeutiges Übergewicht in Vorderasien zu gewinnen. Den Führungsanspruch der Sumerer und im Norden den der alteingesessenen Akkader konnte es aber nicht mehr ganz durchsetzen. Seit den letzten Jahren Schulgis, etwa seit 2060, gewinnt in Babylonien ein neues, nomadisches Bevölkerungselement, das man »Westländer« (sumerisch Martu, akkadisch Amurru-Leute) nannte, rasch an Bedeutung. Vielleicht schon während der Beseitigung der Herrschaft der Gutäer waren aus der Syrischen Wüste semitische Nomaden auf den üblichen Wegen in das nördliche Osttigrisland gelangt und hatten von dort aus Babylonien unterwandert. In den Urkunden treten sie mit akkadischen oder altamoritischen Namen auf; manche tragen aber auch semitische Namen anderer Herkunft, und viele von diesen haben auffällige Ähnlichkeiten mit Namen, die später in Phönikien und Israel gebräuchlich waren. Sie sind das derzeit früheste Zeugnis für eine kanaanitische Sprache in Vorderasien. Daher erscheint mir die Benennung ihrer Träger als Ostkanaaniter durch Benno Landsberger und andere treffender als die Verwendung des vieldeutigen Namens Amoriter. Wie man die den verschiedenen Nomadenstämmen gemeinsame Sprache *damals* nannte, ist noch nicht bekannt.

Da Namen derselben Art wenig später in Mesopotamien, vor allem in Mari, und, zunächst noch vereinzelt, auch in Syrien auftauchen, dürfen wir auf eine neue semitische Wanderbewegung – eben die der Kanaaniter – schließen, die von Arabien aus bald ganz Vorderasien erfaßte. Sie begann vor 2100 und dauerte mit Unterbrechungen wohl bis etwa 1750 an. Die Staatenwelt und auch die Kultur Vorderasiens werden dadurch tiefgreifend umgestaltet. Freilich können wir das nur in bestimmten Gebieten nachweisen, weil wir etwa über die früheren Zustände in Syrien-Palästina fast nichts wissen.

In Babylonien folgten den zunächst kleinen Kanaanitergruppen bald größere, die schon Schusuēn von Ur zu energischen Abwehrmaßnahmen nötigten. Auch Ibbisuēn setzte sich zunächst noch erfolgreich zur Wehr, kam aber bald in eine schwierige Lage, weil ihm etliche Stadtfürsten die Gefolgschaft versagten. Immer mehr Städte fielen so in die Hände von Nomadenscheichen, die sich wie immer auch untereinander bekämpften und dadurch den Verkehr blockierten. Besonders bedenkenlos war der aus Mari stammende Ischbi'erra: er ließ sich von Ibbisuēn als Statthalter in Nippur und Isin einsetzen, nachdem er ihn unter

Ausnutzung einer Hungersnot in Ur in einem Brief rücksichtslos erpreßt hatte. Bald machte er sich dann auch zum König von Isin (2028-1995) und begründete dort eine Dynastie. Eine andere, anfangs wohl recht unbedeutende Dynastie begründete in Larsam mitten in Sumer Naplanum (2026-2005). Etwa gleichzeitig machte sich in Eschnunna Ituria selbständig. Der dadurch auf ein kleines Gebiet beschränkte Ibbisuēn wurde dann 2015 das Opfer eines Angriffs der Elamier und eines Stammes aus Iran: Er wurde in die Gefangenschaft geführt, Ur zerstört; die Götterbilder wurden verschleppt. Zwei lange sumerische Klagelieder betrauern diese Katastrophe, die man durch die totale Mondfinsternis vom 24./25.April 2016 angekündigt glaubte. Die Erinnerung daran blieb in Babylonien immer lebendig, weil man sich bewußt war, daß damit eine ganze Epoche zu Ende ging.

Babylonien zerfiel nun in mindestens drei von Semiten wahrscheinlich kanaanitischer Herkunft geführte Staaten. Der bedeutendste unter ihnen war zunächst der von Isin: Ischbi'erra konnte bereits 2005 die Elamier wieder aus Ur vertreiben und damit die Nachfolge der Könige von Ur auch offiziell antreten. Larsam dürfte noch längere Zeit von Isin abhängig gewesen sein, während Eschnunna sicher ganz unabhängig war. Nur in Eschnunna schrieben die Könige meist akkadisch; in Isin und Larsam jedoch blieb das Sumerische noch lange die Sprache der Könige, der Urkunden und der Literatur.

Bei der Uneinigkeit Babyloniens hätte Elam jetzt leicht ein gefährlicher Gegner werden können, wenn es selbst einig gewesen wäre. Elam war damals aber mehr ein Staatenbund als ein Bundesstaat. Die Babylonier nannten die Fürsten der einzelnen Landesteile, also von Susa, Anschan, Barachsche, Simasch usw., Könige, den Herrscher über das ganze Land Großminister. Dieser Großminister, dem auch wichtige priesterliche Funktionen oblagen, stammte oft aus der Königsfamilie von Susa; war er vorher selbst König, mußte er dieses Amt einem jüngeren Bruder überlassen. Übrigens herrschte in Elam überhaupt die Bruderfolge, da die Familienorganisation fratriarchal war; der jüngere Bruder mußte Frau und Kinder übernehmen, wenn der ältere starb. Geschwisterehen waren in den Herrscherhäusern sehr häufig.

Nur ein starker Großminister konnte sich den Königen gegenüber durchsetzen, denn die zu Elam gehörigen südiranischen Gebiete waren ihrer Struktur und ihren Interessen nach recht verschieden und von der Zentrale aus nur schwer zu regieren. Leider verstehen wir nur die akkadisch geschriebenen Inschriften und Urkunden vor allem aus Susa, während die Deutung der elamischen noch so strittig ist, daß sie für den Historiker noch keine zuverlässige Quelle sind.

Durch die Festsetzung kanaanitischer Klans in Nordbabylonien zur Zeit Ibbisuēns wurde die Verbindung zwischen Ur und Assyrien unterbrochen. Dadurch konnte sich in Assur eine einheimische Dynastie selbständig machen. Die Historiker der späteren Assyrerkönige haben diese Dynastie als Nachkommen von Nomadenscheichen, »die in Zelten wohnten«, angesehen, aber das paßt nicht recht zu den unsemitischen Namen der Fürsten Uschpia (etwa 2100?), dem man die Gründung des Tempels des Gottes Assur zuschrieb, und Kikia, der als Erbauer der Stadtmauer von Assur galt und demnach vielleicht der Befreier des Landes um 2020 war. Beide Namen gehören einem Typ an, den wir nach 1900 auch in Kappadokien öfter antreffen; sie sind ein Hinweis darauf, daß die Akkader Assyriens damals die vorsemitischen Bevölkerungsgruppen des Landes noch nicht ganz assimiliert hatten. Für das Jahr 2015 bezeugt uns eine Datenformel einen ersten Angriff der Assyrer (damals Subaräer) auf Babylonien, den Ischbi'erra von Isin abwehrte. Einen weiteren Vorstoß nach Süden schlug etwas später Nurachum von Eschnunna zurück. Nachrichten aus Assyrien selbst haben wir zwischen 2050 und etwa 1940 nicht.

Leider sind wir nur mangelhaft über das Eindringen der Kanaaniter in Mesopotamien und Syrien unterrichtet. In Mari sind um 2000 die Namen noch nicht kanaanitisch. Ob wir daraus schließen dürfen, daß dieses alte semitische Kulturzentrum sich der Eindringlinge zunächst erwehren konnte, ist allerdings fraglich. Die Steppengebiete dürften sie damals bereits beherrscht haben. Daß mindestens kleinere Kanaanitergruppen um 2000 auch nach Syrien gelangten, wird durch das Auftreten kanaanitischer Namen in Ägypten seit 1980 bewiesen; nach 1850 ist Syrien zum großen Teil kanaanisiert.

Viel weniger noch als über die frühen Wanderungen der Kanaaniter wissen wir leider über das erste Auftreten von Indogermanen in Kleinasien wohl bald nach 2000. Es hat nicht den Anschein, als ob das später unter dem Namen Hethiter bekannte Volk mit den nah verwandten Luviern und Palaern gleich in großen Massen nach Kleinasien eindrang und dort ein Reich gründete. Die Ausgrabungen haben bisher keinen Hinweis auf eine grundlegende Veränderung der Verhältnisse in Anatolien nach 2000 erbracht. Es dürfte sich vielmehr um kleinere Bauern- und Kriegergruppen gehandelt haben, die zunächst nur in einigen Stadtstaaten Kappadokiens die Führung an sich brachten. Man nahm früher fast allgemein an, daß die Hethiter über die Meerengen von Westen nach Kleinasien kamen. Das genauere Studium des Hethitischen, Luvischen und des nur durch wenige Texte bezeugten Palaischen hat jedoch Gesichtspunkte erbracht, die eher für eine Einwanderung über den Kaukasus sprechen. Vor allem könnte man dann den Verlust des grammatischen Geschlechts in diesen Sprachen aus einer Beeinflussung durch die Kaukasussprachen erklären. Innerhalb des Indogermanischen sind die Sprachen der späteren Italiker, Kelten und Tocharer dem Hethitischen am nächsten verwandt. Das Hethitische ist unter allen indogermanischen Sprachen bei weitem am frühesten bezeugt (seit 1900), hat in Anatolien aber viel altkleinasiatisches Sprachgut aufgenommen. Eine Spätform des Hethitischen stellt wahrscheinlich das Lydische dar, eine Spätform des Luvischen das Lykische des ersten Jahrtausends. Vorläufig noch ungeklärt ist die Frage, wo und wann die Hethiter, die vorher vermutlich schriftlos waren, die babylonische Keilschrift für ihre Sprache übernommen haben. Da sie die etwa 1900 bis 1800 in Kappadokien weit verbreitete assyrische Schreibweise nicht gebrauchten, liegt die Annahme nahe, daß sie mit der babylonischen schon vor 1900 bekannt geworden waren. Gleichzeitig mit der Schrift übernahmen sie viele babylonische Wörter und, zum Teil vielleicht erst später, wesentliche Elemente der babylonischen Kultur, die dann allerdings in Kleinasien stark umgebildet wurden. Über die Kultur der hethitischen Volksgruppen in ihren früheren Wohnsitzen läßt sich Sicheres noch kaum sagen.

Gitterscheibe
Standartenaufsatz aus Aladscha-Hüyük, 3./2. Jahrtausend
Ankara, Archäologisches Museum

Altassyrische Urkunde in einer Hülle mit »Einführungsszenen«
Tontafel und Behälter aus Kültepe, 19. Jahrhundert v. Chr. Ankara, Archäologisches Museum

## Assyrien und Anatolien im 19. Jahrhundert v. Chr.

Um 1970 folgte in Assur auf die Dynastie der Uschpia und Kikia eine neue Dynastie, deren Angehörige akkadische Namen trugen. Der Enkel des Begründers war Iluschumma (etwa 1915-1890), der anders als sein Vater und seine Nachfolger in altassyrischer Sprache nicht nur von Bauten berichtet, sondern auch von einem Feldzug nach Babylonien, auf dem er drei Städte im Osttigrisland sowie Ur und Nippur »befreit habe«. Eine Nachricht aus späterer Zeit deutet an, daß damals Sumuabum von Babylon (1895-1881) sein Gegner gewesen ist, vermutlich zu Beginn seiner Regierung; denkbar ist auch, daß der gewaltsame Tod Urninurtas von Isin 1896 eine Folge des assyrischen Angriffs war. Daß Iluschumma seine Eroberungen sehr lange behaupten konnte, ist unwahrscheinlich. Sein Sohn Irischum I. (1890-1850) hat in Assur viel gebaut; sonst ist aus Assyrien selbst über seine Zeit und die von Ikūnum und Scharrukin (Sargon) I. (1850-1820) kaum etwas bekannt. Um so reichhaltiger sind die Zeugnisse über den assyrischen Handel mit Kleinasien, die in Anatolien gefunden wurden.

Als vor achtzig Jahren erstmals Urkunden und Briefe vom Kültepe bei Kayseri, dem alten Kanesch, bekanntwurden, glaubte man zunächst, eine fremde Sprache vor sich zu haben. Später erkannte man die Sprache als Altassyrisch und schloß aus der Tätigkeit so vieler Assyrer in Anatolien auf ein altassyrisches Großreich, das Assyrien von den sumerischen Königen von Ur übernommen habe. Auf einigen Tafeln wurde der Abdruck eines Siegels des Ibbisuēn von Ur entdeckt, auf einer anderen glaubte man das Siegel des Scharrukin von Assur zu erkennen. Gegen die Großreichstheorie sprach allerdings, daß in den Briefen und Urkunden nichtassyrische Fürsten erwähnt wurden, denen die Kaufleute steuerpflichtig waren. Als dann schließlich Ausgrabungen in Kanesch zeigten, daß die Tafeln in Häusern außerhalb des Stadtwalls lagen und ihre Besitzer, assyrische Kaufleute, in unbefestigten Siedlungen gewohnt hatten, lernte man, daß es sich um Handelskolonien handelte, die durch Verträge zwischen Assyrien und den Fürsten Anatoliens geschaffen worden waren. Sie müssen, anscheinend mit einer kurzen Unterbrechung, etwa drei Generationen lang bestanden haben, also höchstens hundert Jahre. Das Ende dieser Kolonien ist in die Zeit Schamschiadads I. um 1800 zu datieren, und so sind sie wohl nicht vor 1900, also der Zeit Iluschummas, gegründet worden. Das Siegel des Ibbisuēn muß von einem anderen in zweiter Verwendung gebraucht worden sein. Irischum I. ist dort durch Abschriften einer Inschrift vertreten. Handelskolonien von solchem Umfang – sie bestanden in etwa fünfzehn Orten –, über tausend Kilometer von der Mutterstadt entfernt, kennen wir sonst nicht im Orient mit Ausnahme der phönikischen Kolonien, die aber reine Seehandelsstützpunkte waren. Zu den Tausenden von Geschäftsbriefen und Urkunden aus Kanesch, von denen über zweitausend schon veröffentlicht wurden, sind jetzt kleinere Archive aus Alischar (alt Ankuwa?) und Hattusas hinzugekommen. Viele tausend Tafeln liegen noch in der Erde, denn die meisten Niederlassungen können wir nur ungefähr lokalisieren; auch die Archive in Assur selbst sind nicht gefunden worden.

Anders als bei den Sumerern waren in Assur, das in den Urkunden einfach »die Stadt« heißt, nicht staatliche Behörden die Träger des Handels, sondern private Handelshäuser, die natürlich der königlichen Gerichtsbarkeit unterstanden. Sie hatten in Anatolien ihre Filialen oder Vertreter, die dort einkauften und verkauften. Diese Kaufleute unterstanden einer *kārum* genannten Behörde, die zugleich als staatliches Handelsamt und als Handelskammer fungierte. Dem zentralen Handelsamt in Kanesch unterstanden etwa zehn weitere an anderen Orten, denen dann wieder die kleineren »Fremdenkolonien« – wir kennen zehn von ihnen mit Namen – unterstellt waren. Im Auftrag des Königs in Assur übte der *kārum* auf Grund von Vereinbarungen mit den Behörden der Einheimischen, von denen bisher leider keine bekanntgeworden ist, die Gerichtsbarkeit über die Assyrer aus und konnte verbindliche Entscheidungen treffen. Waren neben Assyrern Einheimische an einem Rechtsstreit beteiligt, so waren die Gerichte des örtlichen Fürsten zuständig. Die Handelskolonien genossen also in inneren Angelegenheiten weitgehende Autonomie.

Der Handel unterlag zahlreichen Abgaben, die die Waren stark belastet haben müssen; wir hören daher öfter von Schmuggelware. In Assur waren Steuern und Zölle zu bezahlen, und in den Handelskolonien zogen sowohl das assyrische Handelsamt wie auch der »Palast« des örtlichen Fürsten Abgaben ein. Dazu kamen noch die vielen Durchgangszölle. Die Handelskarawanen, zu denen sich die einzelnen Händler zusammenschlossen, berührten verschiedene Gebiete, die weder Assur noch den anatolischen Fürsten unterstanden und die den Karawanen natürlich nicht umsonst ihren – von seltenen Ausnahmen abgesehen – anscheinend sehr wirksamen Schutz gewährten. Von den Stationen, die die Karawanen berührten, ist nur dann gelegentlich die Rede, wenn von irgendwelchen Unregelmäßigkeiten zu berichten war. Der normale Handelsweg ging wohl über Ninive entlang der heutigen Bagdadbahn an den Euphrat und dann über die Amanus- und Tauruspässe nach Kappadokien. Es scheint aber, daß man bisweilen auch von Assur zum Chabur zog und dann zur Chaburmündung und euphrataufwärts zu den genannten Pässen. Nur einmal wird ein Fährschiff über den Euphrat erwähnt, woraus man schließen kann, daß die Transporte ganz zu Lande durchgeführt worden sind; dazu ist von den »Schwarzeseln« als Transporttieren sehr oft die Rede. Von Wagen hören wir sehr selten; die Wege dürften dafür zu schlecht gewesen sein. Die vereinzelt erwähnten Pferde waren wohl keine Transporttiere. Durchgeführt wurden die Transporte von besonderen Unternehmern, deren Spesen gesondert verrechnet werden.

Nach Anatolien importiert wurden vor allem Stoffe von verschiedenster Qualität und Zinn oder Blei (beide Metalle wurden im Altertum oft verwechselt). Stoffe wurden ballenweise verkauft, alles andere gewogen. Hauptexportgut aus Anatolien war Kupfer, auch wieder in mehreren Qualitäten. Währungsgrundlage war das Silber und für größere Zahlungen auch Gold, das etwa achtmal soviel wert war. Man verrechnete für eine Mine (etwa ein Pfund) Silber fünfundvierzig bis zweihundert Minen Kupfer, je nach Reinheit. Bisweilen wurde auch Meteoreisen gehandelt, aber zum fünffachen Preis des Goldes.

Für den Handel und vor allem für die teuren Reisen brauchte man Kapital. Man lieh Geld ohne Zwischenschaltung einer Bank von den Geldgebern, wobei normalerweise dreißig Prozent Jahreszinsen verlangt wurden, nur vereinzelt fünfundzwanzig Prozent, bisweilen aber auch bis zu hundertzwanzig Prozent. Bei diesem Zinsfuß dürfte das sicher erhebliche Risiko des Gläubigers einkalkuliert gewesen sein, der sein Geld wohl nicht

Geflügelte Göttin
Terrakottarelief, Anfang 2. Jahrtausend. Privatbesitz

Bauer auf einem Buckelrind
Terrakottarelief, Anfang 2. Jahrtausend
Chicago, Oriental Institute of the University

immer zurückerhielt. Die Zahlungstermine wurden nach Jahr, Monat und »Fünftel« berechnet; das Fünftel war sicherlich eine Woche mit sechs Tagen. Soweit wir wissen, sind diese Urkunden das einzige Zeugnis für eine Wocheneinteilung in Altvorderasien außerhalb von Israel, das einer ihm vielleicht bekannten Sechstagewoche den Sabbat als Ruhetag anfügte.

Ihrem Inhalt nach sind die Briefe leider recht eintönig und handeln fast nur von Geschäften. Nur am Rande finden wir Hinweise auf andere Lebensbereiche, wie auf die vom Ackerbau beherrschte Landwirtschaft, auf die Familie, die Religion und den Staat. Die Ordnung der Familie war anscheinend die bei den Semiten übliche. Die von den Assyrern – besonders in Eiden – angerufenen Götter sind meist die babylonischen, die zum Teil ja von den Sumerern übernommen worden waren. Im Mittelpunkt steht aber der Nationalgott Assur, der damals noch mehr war als der Gott des Königshauses und der Staatskulte. Richtige Tempel dürften die Götter in den Kolonien nicht gehabt haben, aber Opfer wurden ihnen, wahrscheinlich in Kapellen, dargebracht. Die Magie spielte eine beträchtliche Rolle; die ganz wenigen literarischen Texte, die man in Kanesch fand, sind Dämonenbeschwörungen oder dienen dem Liebeszauber.

Sehr wichtig, wenn auch leider nicht übermäßig reichhaltig, sind die Erkenntnisse, die die Texte über die einheimischen Kleinasiaten vermitteln. Die große Zahl nichtassyrischer Namen ist noch nicht systematisch untersucht worden; doch hat sich schon ergeben, daß die erkennbaren Namenselemente aus mindestens zwei ganz verschiedenen Sprachen stammen (Protohattisch und die oben erwähnte südanatolische Sprache). Auch ließen sich in den Namen zwei Gruppen von Göttern feststellen, von denen die meisten später in den hethitischen und luvischen Texten zu finden sind, darunter die Wettergötter Tattas und Tarchunt, der Mondgott Armas, der Hirschgott Uruwanda und andere. Über den Kult für diese Götter berichten die daran wenig interessierten assyrischen Kaufleute nichts, aber wir können etwas über sie den Siegelbildern entnehmen, sofern sie nicht die aus Mesopotamien entlehnten Motive wiedergeben. Sie erlauben es, zwei Typen des Wettergottes zu unterscheiden, der in den Religionen Syriens und Kleinasiens die größte Rolle spielt: den auf einem Stier stehenden Gott mit dem Blitzdreizack und den keulenschwingenden, der neben dem Tier steht. Gern dargestellt wird auch eine Göttin mit geöffnetem Schleier. Auf das Ganze gesehen, zeigt gerade die Siegelkunst, daß Assyrer und Einheimische in Anatolien sich nicht nur im Handel berührt haben, sondern auch in geistigem Austausch standen. Es gibt viele Siegel, die einheimische und assyrische Bildelemente miteinander vereinen. In welcher Sprache man sich verständigt hat, wissen wir nicht. Die uns bekannten Urkunden sind auch bei einheimischen Partnern assyrisch geschrieben. Es kann aber auch protohattische Urkunden gegeben haben, vielleicht auf vergänglichem Material.

Über die politischen Verhältnisse im damaligen Anatolien läßt sich den Texten entnehmen, daß es verschiedene Fürstentümer gab; etwa zehn Städte sind als (mindestens zeitweilige) Hauptstädte bezeugt. Die Beziehungen zwischen den Fürsten, deren Gemahlinnen auch manchmal erwähnt werden, müssen überwiegend friedlich gewesen sein, da sonst der Handel nicht hätte funktionieren können; das gleiche muß für die Beziehungen zu den Fürsten Mesopotamiens, besonders zum fernen Assyrien, gelten. Es gab aber auch Kämpfe. Wir hören davon in dem leidlich erhaltenen Brief eines Fürsten Anumchirpi von

Mama an den Fürsten Warschama von Kanesch, der nach einem Hinweis auf einen früheren Krieg davor warnt, den kampflustigen Fürsten von Taischama hochkommen zu lassen. Leider kennen wir nur die Lage von Kanesch. Das holprige Assyrisch verrät den Einheimischen. Der Brief weist auf einen gewissen Vorrang des Fürsten von Kanesch, der an anderer Stelle auch einmal »Großfürst« genannt wird. Ein anderer »Großfürst« residierte in dem wichtigen Handelszentrum Buruschchatta, dessen Lage noch unbekannt ist.

Unter den sonst genannten Fürsten befindet sich ein Pitchana von Kuschschar (Lage unbekannt) und dessen Sohn Anitta, der auch Ankuwa beherrschte. In einer Abschrift des 14. Jahrhunderts ist eine Inschrift von Anitta erhalten, die allerlei über seine Kämpfe berichtet. Während er Nescha und Buruschchatta, wie er uns versichert, nach einem Sieg sehr rücksichtsvoll behandelte, hat er einige andere Städte nicht nur zerstört, sondern sogar noch den, der sie einmal wiederaufbauen sollte, verflucht. Eine dieser Städte war Hattusas, das als Hattusch auch in den altassyrischen Urkunden erwähnt wird. Dessen Fürst Pijuschti hatte zusammen mit Uchna von Zalpuwa durch einen Angriff Anitta so erzürnt, daß er Hattusas für alle Zeiten vernichten wollte. Gerade diese Stadt wurde aber später die Hauptstadt des Hethiterreichs, dessen Könige eben den Wettergott anriefen, der nach Anittas Wunsch den Wiedererbauer der Stadt schlagen sollte. Vielleicht hat man diese für Hattusas gar nicht schmeichelhafte Inschrift dort weiterüberliefert, um zu zeigen, daß der Wettergott sich sein Handeln nicht von Menschen vorschreiben läßt.

Wir wissen nicht genau, ob Pitchana und Anitta indogermanische Hethiter waren. Die Namen sind nicht hethitisch; aber das kam auch bei den späteren Königen oft vor. Der von mesopotamischen Inschriften abweichende Stil des Berichtes und seine althethitische Sprache machen es aber sehr wahrscheinlich, daß beide Hethiter und damit für uns die frühesten namentlich bekannten indogermanischen Fürsten waren. Anitta mag um 1850 Nachfolger seines Vaters geworden sein. Er nannte sich nach seinen Siegen Großkönig und dürfte in der Tat große Teile Anatoliens beherrscht haben. Über seine unmittelbaren Nachfolger wissen wir nichts. Daß die assyrischen Kaufleute in Anatolien schon mit Hethitern zu tun hatten, wird durch das Vorkommen der hethitischen Wörter für »Vertrag« und »Herberge« in assyrischen Urkunden bewiesen. Es ist also möglich, daß sich unter den in ihnen genannten Fürsten auch sonst noch Hethiter befanden. Die frühere Meinung, daß die Hethiter die Handelskolonien bei ihrem Einbruch in Anatolien beseitigt hätten, ist heute widerlegt. Wahrscheinlicher ist, daß neue Kanaanitereinbrüche um 1800 die Handelswege in Mesopotamien unterbrochen haben. Kriege in Anatolien selbst mögen dann den Kolonien den Rest gegeben haben.

## *Die Staaten Babyloniens 2000 bis 1800 v. Chr.*

Die Auflösung Babyloniens nach dem Zusammenbruch des sumerischen Reiches von Ur in drei Teilstaaten zog allen jetzt noch möglichen Expansionsbestrebungen sehr enge Grenzen. König, ja sogar »König der vier Weltufer«, nannten sich zunächst nur die Könige von Isin, von denen lediglich Ischbi'erra (2028-1995) einen über Babylonien hinausreichenden Einfluß besaß, der sich auch auf Tilmun (Bahrein) und die Gegend von Kerkuk erstreckte; Mari dürfte er gleichfalls beherrscht haben. In zahlreichen Personennamen erscheint er als Gott, und er nannte sich auch selbst, noch zu Lebzeiten des Ibbisuēn, Gott, worin bei ihm gewiß nur ein weltlicher Herrschaftsanspruch zum Ausdruck kam. Ilschuilia von Eschnunna nannte sich im Gegensatz dazu ebenso wie seine Nachfolger nur Stadtfürst von Eschnunna, übertrug aber die weltlichen Herrschaftstitel wie König der vier Weltufer auf seinen Gott Tischpak, was anderswo nicht gebräuchlich war. Der Erwähnung werte Ereignisse erfahren wir aus den wenigen und kurzen Inschriften nicht.

Unter den schwachen Nachfolgern Ischbi'erras konnte sich vorübergehend in Der (bei Bedre im Osttigrisland) ein Kondottiere namens Anummuttabbil festsetzen, der Siege über Elam und andere iranische Staaten meldet. Später mußte er aber Iddindagan von Isin (1975-1954) und dessen Sohn Ischmedagan (1954-1935) weichen. Trotz der akkadischen Namen fügen sich diese Könige ganz in die sumerische Tradition; die Königsvergöttlichung gewinnt wieder ihren alten kultischen Sinn und findet auch in sumerischen Königshymnen ihren Ausdruck. In ihren Selbstaussagen treten die Hinweise auf soziale Maßnahmen immer mehr in den Vordergrund, leider meist nur in sehr unbestimmt gehaltenen Wendungen. Zur Zeit Ischmedagans zerstörten Nomaden, über deren Herkunft wir nichts erfahren, Nippur, konnten sich dort aber nicht festsetzen; ein umfangreiches sumerisches Klagelied betrauert die Katastrophe, preist dann aber die Maßnahmen des Königs zur Wiederherstellung der Ordnung.

Weitaus bedeutsamer waren die sozialen Reformen Lipitischtars (1935-1924), die in einer uns leider nur sehr schlecht erhaltenen Sammlung sumerischer Gesetze ihren Niederschlag fanden. In der Einleitung behauptet er, allen versklavten Bürgern der babylonischen Städte die Freiheit geschenkt zu haben; es handelt sich dabei wahrscheinlich um einen großzügigen Schuldenerlaß, der viele aus der Schuldknechtschaft befreite. Die Pflicht bestimmter Bevölkerungsgruppen zu öffentlichen Dienstleistungen, die früher wohl sehr drückend war, beschränkte er auf sechs bis zehn Tage im Monat; ein späterer König beanspruchte nur noch vier Tage. Die erhaltenen Gesetze behandeln vor allem das Boden-, Familien-, Sklaven- und Mietrecht; ein Beispiel: »Wenn ein Mann eine Frau heiratet und diese ihm Kinder gebiert, die am Leben bleiben, außerdem aber eine Sklavin ihrem Herrn Kinder gebiert, die er dann mit der Sklavin freiläßt, dann teilen die Kinder der (früheren) Sklavin das Erbe nicht mit den (ehelichen) Kindern.« Die Gleichstellung ihrer Kinder mit den ehelichen hätte die freigelassene Sklavin neben die Gattin gestellt; das aber hätte dem Grundsatz der Einehe widersprochen. Die Gesetze, die wahrscheinlich nicht ohne Einfluß auf die von Hammurabi waren, verschafften Lipitischtar einen Jahrhunderte überdauernden Nachruhm. Eine seiner Inschriften ist akkadisch abgefaßt. Ein sumerisches Lied preist ihn als Sohn des Gottes Enlil, den der ferne Himmelsgott selbst erwählt habe. Auf außenpolitische Mißerfolge deutet ein Jahresdatum, das von seiner Vertreibung aus einem unbekannten Ort spricht.

Äußere Erfolge, die Lipitischtar anscheinend versagt waren, hatte dagegen sein Rivale Gungunum von Larsam (1933-1906), durch den Larsam erstmalig Isin ebenbürtig wurde.

Die Jahresdatenformeln berichten von Kämpfen im Osttigrisland und mit Elam; außerdem aber hat er wohl schon kurz vor dem Tode Lipitischtars Ur an sich gebracht, das bis dahin immer zu Isin gehört hatte. Damit beherrschte er auch den Handel im Persischen Golf. Urkunden zeigen, daß das Bodenbesitzmonopol von Tempel und Staat damals mindestens für Hausgrundstücke schon gebrochen war; der private Bodenbesitz dehnte sich von nun an immer mehr aus. Gungunum widmete sich im übrigen wie sein Nachfolger Abisare (1906 bis 1895) dem Kanal- und Tempelbau. Ein Krieg Abisares gegen den schwachen, aber öfter in Königshymnen angerufenen Urninurta von Isin (1924–1896) löste schwere Unruhen im ganzen Lande aus. Urninurta starb eines gewaltsamen Todes, der vielleicht eine Folge des schon erwähnten Einfalls Iluschummas von Assyrien in Babylonien war. Vor allem aber machte sich in dem bis dahin unbedeutenden Städtchen Babillu, dessen nicht semitischer Name nun in Bab-ili »Gottestor« umgedeutet wurde, der Kanaaniter Sumuabum (1895–1881) selbständig, gewiß vor allem auf Kosten von Isin, das bald sogar von Sumu'el von Larsam (1895–1866) aus Nippur hinausgedrängt wurde. Nachdem Larsam dadurch politisch und in den Hauptkultstädten Ur und Nippur führte, ließ Sumu'el sich vergöttlichen, so daß nun wieder zwei Gottkönige nebeneinanderstanden. Ein dritter in Eschnunna kam etwa 1840 dazu.

Die Tendenz zur Verselbständigung in Babylonien veranlaßte in den kommenden Jahrzehnten zahlreiche Nomadenscheiche, sich auch zu »Königen« zu machen; oft erkannten sie die Oberhoheit eines anderen an, beanspruchten aber bei geeigneter Gelegenheit die volle Unabhängigkeit. So kennen wir neben Sumuabum und seinem erfolgreicheren Nachfolger Sumula'el (1881–1845) Könige in Kisch, Sippar, Uruk, Dilbat und noch anderen Städten. Da jeder in seinen Jahresdatenformeln und etwa erhaltenen Inschriften seine Nachbarn großzügig ignoriert, ist es vorläufig noch nicht gelungen, das zeitliche Verhältnis aller dieser vielen Fürsten zueinander auch nur einigermaßen zuverlässig zu bestimmen. Manche Städte müssen in kurzen Abständen immer wieder ihren Herrn gewechselt haben. Daß Handel und Wandel in Babylonien unter diesen Umständen nicht gerade blühten, ist nur zu verständlich. Die meisten Fürsten trugen kanaanitische Namen. Besonders anspruchsvoll tritt Aschduni'erim von Kisch (um 1840?) auf, der »die vier Weltufer« gegen sich aufmarschieren ließ. Nach acht Jahren habe er nur noch dreihundert Mann gehabt, mit diesen aber in vierzig Tagen »das Feindesland« unterworfen, dessen Namen er vorsichtig verschweigt. Mit dreihundert Mann konnte man auch damals nur einen Lokalkrieg führen.

Die von Menschen geschaffene Unordnung nahm unter Nuradad von Larsam (1866–1850) katastrophale Ausmaße an, als sich der Euphrat und vielleicht auch der Tigris bei einem fürchterlichen Hochwasser neue Betten gruben; Larsam wurde unter den Fluten begraben. Nuradad und sein Sohn Sinidinnam (1850–1843) griffen aber tatkräftig ein, regulierten den Fluß und stellten Larsam schöner wieder her, als es zuvor war. Vielleicht hat diese Katastrophe auch einen merkwürdigen Vorgang in Isin ausgelöst, von dem uns ein legendenhaft ausgeschmückter Bericht aus späterer Zeit Kunde gibt. Danach setzte Erra'imitti (1869 bis 1861) in seinem letzten Jahr einen Gärtner als »Ersatzkönig« ein, der, nach einer vor allem für Assyrien nach 700 bezeugten merkwürdigen Vorstellung, die Aufgabe hatte, den in schlimmen Vorzeichen sich ankündigenden Zorn der Götter auf sich zu ziehen und damit den König zu retten. Aber »als Erra'imitti in seinem Palast zu heißen Brei schlürfte, starb er. Enlilbani (der Gärtner), der sich auf den Thron gesetzt hatte, stand nicht auf und wurde als König eingesetzt.« Tatsächlich war Enlilbani 1861 bis 1837 König, vielleicht nach sechs Monaten Interregnum eines anderen. Der Geschichte muß also ein wirkliches Ereignis zugrunde liegen, dessen Ursachen und Hergang wir vorläufig nicht genau ermitteln können. Enlilbani beeilte sich, nach seiner Einsetzung einen Schuldenerlaß anzuordnen. Politisch war aber sein Rivale Sinidinnam von Larsam weitaus erfolgreicher, obwohl er sich seiner Siege über Babylon, Eschnunna und anderer Städte nicht sehr lange erfreuen konnte. Ein Omentext berichtet, Sinidinnam sei von einem herabfallenden Stein im Tempel erschlagen worden.

Unter den drei kurzen Regierungen nach ihm ging es mit Larsam bergab, ohne daß das noch schwächere Isin den Vorteil ausnutzen konnte. 1835 stieß der Fürst des nordbabylonischen Kazallum in die Unordnung hinein und besetzte Larsam für einige Zeit. Ein Kultfrevel der Eindringlinge gab einem anderen Scheich namens Kudurmabuk den willkommenen Anlaß, auf Larsam zu marschieren. Die Truppen von Kazallum wurden in Larsam geschlagen und dann Kazallum selbst eingenommen. In Larsam aber setzte Kudurmabuk seinen Sohn Waradsin (1834-1823) als König ein, während er sich selbst mit dem Titel »Scheich von Jamutbal«, das heißt der Stämme im osttigridischen Jamutbal, begnügte. Dieser Titel und die akkadischen Namen seiner Söhne machen es unwahrscheinlich, daß Kudurmabuk, der wie sein Vater Simtischilchak einen elamischen Namen trug, Elamier war. Näherliegend ist die durch Parallelfälle zu belegende Annahme, daß Kudurmabuks Stamm im Osttigrisland seit einiger Zeit im Dienste von Elam stand und daß sein Vater deswegen einen elamischen Namen angenommen hatte. Ob wir daraus weiter schließen dürfen, daß Elam bei dem Umsturz in Larsam seine Hände im Spiel hatte, läßt sich nicht ausmachen; eindeutige Hinweise darauf fehlen. Jedenfalls aber hat Elam weiterhin keinen erkennbaren Einfluß auf Larsam ausgeübt. Kudurmabuk hat während der Regierung des Waradsin, der uns nur von zahlreichen Bauten »für sein Leben und das seines Vaters Kudurmabuk« erzählt, die militärischen Operationen gegen einige andere Städte selbst geführt, aber nicht versucht, ganz Babylonien zu unterwerfen.

Waradsin starb früh. Ihm folgte sein Bruder Rimsin (1823-1763), der für Larsam eine Glanzzeit heraufführte, bis er etwa achtzigjährig Hammurabi von Babylon unterlag. Er vergrößerte sein Gebiet zunächst durch kleinere Unternehmungen und schlug 1810 eine Koalition von Uruk, Isin, Babylon und anderen Städten. 1803 erobert er Uruk und beseitigt die dortige Dynastie, die sich unter Sinkaschid etwa 1840 einen gewaltigen Palast errichtet hatte. Isin fiel 1797 vorübergehend Sinmuballit von Babylon (1813-1793) in die Hände, der 1800 Rimsin zurückgeschlagen hatte. 1794 eroberte aber Rimsin Isin und vertrieb dessen letzten König Damiqilischu (1817-1794). Außer Eschnunna blieb nun nur Babylon selbständig, mußte aber wahrscheinlich die Oberhoheit Rimsins anerkennen, der eine weitere Expansion nicht mehr erstrebte. Einen großen Einfluß hatte neben ihm seine Schwester Enanedu, seit 1828 in Ur die im Kult der Heiligen Hochzeit dienende *en*-Priesterin; in einer Bauinschrift rühmt sie sich ihrer göttlichen Berufung in Wendungen, die zeigen, wieviel mehr ihr Amt galt als das der Königin Simatinanna, die in einer ebenfalls sumerischen Bauinschrift viel bescheidener von sich spricht. Der Königskult nahm unter Rimsin einen letzten großen Aufschwung; ein Gottesbrief an ihn ist erhalten.

Der Verfall der Macht von Isin nach 1850 ermöglichte es Eschnunna, das bis dahin ein Kleinstaat neben anderen war, seine Macht auszubreiten. Ipiqadad II. ließ sich nach der Eroberung von Rapiqum am Euphrat vergöttlichen, ebenso sein Sohn Naramsin, der etwa 1820, als der früh verstorbene Scharrukin von Assur keinen erwachsenen Thronerben hinterließ, Assur für einige Jahre mit Eschnunna vereinigte und sogar noch weiter nach Nordwesten vorstieß. Ob ein altbabylonisches Stelenbruchstück mit Kampfszenen, die deutlich Bildwerken der Akkadekönige nachgebildet sind, ihm zuzuschreiben ist oder Schamschiadad I. von Assyrien, ist noch unklar, da der Königsname in der Inschrift ausgebrochen ist. Er starb ziemlich jung und hinterließ in Assur ein Kind auf dem Thron, während in Eschnunna sein Bruder Daduscha (1815–1787) folgte, der wiederum verschiedene Feldzüge führte, aber durch Schamschiadad in ziemlich engen Grenzen gehalten wurde. Eine akkadische Gesetzessammlung, die 1945 bei Bagdad auf dem Tell Harmal, dem alten Schaduppum, gefunden und zunächst auf Grund einer irrigen Lesung dem viel früheren König Bilalama (um 1970) zugeschrieben worden war, dürfte wohl von Daduscha von Eschnunna stammen; sie würde dann also etwa fünfzig Jahre älter als Hammurabis Gesetzesstele sein. Die etwas unscharf formulierten Gesetze unterscheiden sich von denen Hammurabis im Strafrecht vor allem dadurch, daß sie bei Körperverletzungen die Talion durch Geldstrafen ablösen und die Todesstrafe seltener fordern; Prügel und Verstümmelungen sind nicht vorgesehen. Das Gesetz beginnt mit einer Preisliste für lebenswichtige Güter; irgendeine Systematik in der Anordnung ist nicht zu erkennen. Dem Schutz der wirtschaftlich schwachen Palasthörigen dient folgende Bestimmung: »Ein Bürger, der (unerlaubterweise) im Hause eines Palasthörigen am Mittag angetroffen wird, zahlt zehn Sekel Silber; wer nachts im Hause angetroffen wird, stirbt und lebt nicht.« Hiernach unterliegt schon der Versuch eines Einbruchs, vor allem nachts, der Bestrafung. Mit dem Tode bestraft wird auch derjenige, der die Ehe mit einem Mädchen ohne vorherigen schriftlichen Ehevertrag mit dessen Eltern vollzieht. Der Jahreszins bei Darlehen wird auf zwanzig Prozent, bei Korn auf ein Drittel des Geliehenen begrenzt.

Die Regierung von Daduschas Sohn Ibalpi'el II. (1787 bis etwa 1770) fällt schon ganz in die Zeit Hammurabis, dem Eschnunna wohl unter Ssillisin 1756 zum Opfer fiel.

Die meist unter dem Namen Isin-Larsam-Zeit zusammengefaßten reichlich zweihundert Jahre, von denen in diesem Kapitel die Rede war, sind eine Übergangszeit zwischen zwei Höhepunkten der Geschichte Babyloniens. Es ist das große Verdienst der meist kanaanäischen Dynastien, in deren Händen damals die Führung der babylonischen Staaten lag, daß sie auf eine stürmische Semitisierung, die kulturell einen Scherbenhaufen hinterlassen hätte, verzichtet haben. Indem sie die kulturelle Führung des politisch entmachteten Sumerertums anerkannten und dessen großes geistiges Erbe liebevoll pflegten, ließen sie den Semiten, den seit langem ansässigen wie den zugewanderten Kanaanitern, Zeit, in die alte Kultur hineinzuwachsen, ohne sich ihr bedingungslos zu verschreiben. Sie bereiteten damit den Boden, auf dem sich die zweisprachige babylonische Kultur, der dann Hammurabi zum Durchbruch verhalf, entfalten konnte.

## Mari und das Reich Schamschiadads I. von Assyrien

Das alte semitische Kulturzentrum Mari am Euphrat, aus dem Ischbi'erra von Isin hervorgegangen war, verschwindet nach 2000 für etwa hundertfünfzig Jahre aus unserem Blickfeld, da noch keine Urkunden aus dieser Zeit bekanntgeworden sind. In diese Zeit fällt die fast gänzliche Kanaanisierung Mesopotamiens, mit der aber keine Loslösung von der Kultur Babyloniens verbunden war. Auch Mesopotamien dürfte damals in den ständig besiedelten Flußtälern in verschiedene kleine Staaten von geringer Stabilität zerfallen sein. Der jahrzehntelang meist ungestört verlaufende Handel zwischen Assyrien und Anatolien nach 1900, von dem schon die Rede war, ist ein Zeugnis dafür, daß in den Durchzugsgebieten eine erträgliche politische Ordnung herrschte.

Aus einem leider sehr schlecht erhaltenen Klagebrief des Jasmachadad, von dem wir noch hören werden, an einen Gott, erfahren wir, daß um 1830 in Mari der Kanaaniter Jaggidlim regierte und etwa sechzig Kilometer flußaufwärts in Terqa der mit ihm verfeindete Ilakabkabu. In dem auf einen Vertragsbruch Jaggidlims folgenden Krieg scheint Ilakabkabu gesiegt zu haben. Auf Jaggidlim folgte um 1825 Jachdunlim, der bald an Terqa Rache nahm. Dabei dürfte Ilakabkabus Familie zum großen Teil umgekommen sein; ein Sohn von ihm, Schamschiadad, flüchtete jedoch nach Babylonien und besetzte von dort aus etwa 1818 mit seinem Klan die Stadt Ekallātum am Tigris (zwischen Assur und Tekrit). Inzwischen unterwarf Jachdunlim große Teile Mesopotamiens und drang sogar, vermutlich im Libanongebiet, bis zum Mittelmeer vor. Nahe der Chaburmündung baute er die Festung Dur-Jachdunlim und widmete sich der Befestigung der Ufer des Euphrats zur Verhütung von Hochwasserschäden. Dabei legte er auch Wasserhebewerke zur Bewässerung der Felder an. Mari selbst befestigte er neu, baute einen Tempel für den Sonnengott und arbeitete gewiß auch an dem großen Palast. Über Kontakte mit Babylonien ist den wenigen Briefen, die aus seiner Zeit bisher bekannt wurden, noch nichts zu entnehmen.

Den Unternehmungen Schamschiadads scheint Jachdunlim nach seinem Sieg über Terqa wenig Aufmerksamkeit geschenkt zu haben. Deswegen konnte Schamschiadad eine vorübergehende Schwächung Eschnunnas nach dem Tode des Naramsin, der ja auch Assur unterworfen hatte, ausnützen und wohl noch 1815 Assur durch einen Handstreich besetzen und sich selbst dort an Stelle des Kindes Irischum II. zum König machen (1815/14 bis 1782/81). Es half wenig, daß Jachdunlim jetzt eine Abwesenheit Schamschiadads benutzte, um in Assyrien die Äcker zu brandschatzen. Etwa 1810 wurde gegen ihn in Mari selbst eine Revolution angezettelt, gewiß nicht ohne Unterstützung durch seinen Feind; er und seine Söhne fielen ihr zum Opfer. Nur sein damals wahrscheinlich noch kleiner Enkel Zimrilim fand in Halab (Aleppo) Zuflucht und wartete dort seine Stunde ab. Schamschiadad griff zu und vereinigte das Gebiet von Mari mit Assyrien. Da er aber als Eroberer weder in Assur noch in Mari viele Freunde hatte, zog er es vor, sein Reich von einer neuen Hauptstadt aus zu regieren, die wahrscheinlich bei Nissibin lag. Er nannte sie Schubat-Enlil und nahm damit in Anspruch, daß der Gott Enlil von Nippur der Übertragung des Herrschaftsanspruches Babyloniens auf Assyrien zugestimmt habe. Die prächtige Erneuerung des Enliltempels in Assur wies in dieselbe Richtung. Er knüpfte auch an die Herrschaftsideologie der

Könige von Akkade an und übertrug sie auf Assyrien. Den Titel »König von Kisch« deutete er in »König der Welt (*kischschatum*)« um und setzte ihn an die Stelle des früher üblichen »König der vier Weltufer«. Die späteren assyrischen Könige verbanden dann oft die beiden anspruchsvollen Titel und anerkannten Schamschiadad trotz seiner fremden Herkunft, die er auch in dem regelmäßigen Gebrauch des babylonischen Dialekts von Mari mit seinen Kanaanismen unbekümmert zum Ausdruck brachte, als einen der großen Könige Assyriens.

Schamschiadad betrieb keine Eroberungspolitik großen Stils; die Zeit war dafür auch gar nicht angetan. Er zog einmal zum Libanon und kämpfte sonst nur in den Assyrien und Mari benachbarten Gebieten, um die Nomaden Mesopotamiens und die Bergbewohner des Zagros, besonders die kriegerischen Turukkäer, in Schach zu halten. Das Verhältnis zu Eschnunna war überwiegend unfreundlich; die Kämpfe mit Daduscha hatten wechselnden Erfolg. In seinen späteren Jahren unterstanden Teile Nordbabyloniens mit Sippar seiner Oberherrschaft, die vielleicht auch Hammurabi zeitweilig anerkennen mußte. Als Quelle für ihn und seine Zeit sind die im Palastarchiv von Mari gefundenen Briefe und Urkunden weitaus wichtiger als die dürftigen Angaben in Königsinschriften und Datenformeln. Weitere Briefe fanden sich in dem kleinen Archiv von Schuscharra (heute Schimschara bei Rania am Oberlauf des Unteren Zab). Die bisher hundertdreißig leider oft unvollständig erhaltenen Briefe des Königs und etwa ebenso viele Briefe seiner beiden Söhne zeigen uns die ungewöhnliche Persönlichkeit Schamschiadads. Er hat in seinen späteren Jahren in Ekallātum den Kronprinzen Ischmedagan zum Vizekönig für das Osttigrisland südlich von Assyrien eingesetzt und in Mari seinen jüngeren Sohn Jasmachadad, den Empfänger oder Absender der allermeisten Briefe. Die gleichzeitigen Archive von Assur und Ekallātum sind noch nicht ausgegraben.

Nicht aus Altersmüdigkeit hat Schamschiadad seinen Söhnen wichtige Provinzen übertragen, sondern um sie früh Verantwortung tragen zu lassen. Die beiden Brüder waren sehr verschieden. Der Kronprinz war ebenso wie der Vater vor allem Soldat und wurde deswegen mit der schwierigeren Aufgabe im Osten betraut, zu der die selbständige Führung kleinerer Feldzüge gehörte. Es scheint, daß der König mit ihm ganz zufrieden war, jedenfalls lobt er ihn Jasmachadad gegenüber mehrfach. Der jüngere Sohn war aus weicherem Holz geschnitzt, seine Unentschlossenheit und sein wenig männliches Auftreten erregten oft den drastisch formulierten Zorn des Vaters. Einmal schreibt er: »Seit drei Jahren verleumdet man den Mubalschaga. Entweder überprüfst du ihn nicht, oder du trittst nicht für ihn ein und hältst ihn in Aufregung. Bist du denn noch klein und hast keinen Flaum auf deiner Wange? Selbst erwachsen, hast du jetzt das Haus nicht besorgt!« Ähnliches lesen wir öfter und kennen auch einige der gekränkten, aber recht kleinlauten Antworten des Sohnes, dem bei anderer Gelegenheit übrigens auch das verdiente Lob nicht vorenthalten blieb. Der König verlangte von ihm, daß er seine Anordnungen schnell, aber auch mit Überlegung durchführe und dabei immer auch die möglichen Folgen seines Handelns bedenke. Vor allem schärft er ihm immer wieder ein, daß er sich um seine Leute kümmern solle; er müsse für sie sorgen, sie aber auch so kennen, daß er stets den rechten Mann an den rechten Platz stellen könne. Zur Frau bestimmte er ihm eine Tochter des verbündeten Königs Ischchi'addu von Qatna in Syrien. Der Prinz mußte sie nach Abschluß der finanziellen Vorverhandlungen selbst einholen und wurde vorher ermahnt, dort wie sein Bruder als ein rechter Mann aufzutreten.

Die Briefe Schamschiadads an seinen Sohn sind als Dokumente einer ganz auf den Herrscherberuf ausgerichteten Prinzenerziehung im alten Orient einzigartig und würden allein genügen, um diesem König unser besonderes Interesse zu sichern. Es ist keine systematische Lehre, die da vorgetragen wird, sondern eine Schulung an den Aufgaben, die der Alltag einem im Sinne des patriarchalischen Absolutismus verantwortungsbewußten König stellt. Der Stil der Briefe ist persönlich. Der König, der wie fast alle Herrscher in Mesopotamien nicht schriftkundig war, hat seine Briefe nicht in seiner Kanzlei ausarbeiten lassen, sondern den Schreibern in seiner impulsiven Art unmittelbar diktiert auf die Gefahr hin, daß bisweilen ein Satz nicht ganz korrekt zu Ende geführt wurde. Er gebrauchte gern sarkastische oder ironische Wendungen. »Ganz gewiß ist in seinem Bezirk eine Silbergrube!« sagt er von einem Bezirksamtmann, an den der Sohn unberechtigte Geldforderungen gerichtet hatte. Die Briefe zeugen aber auch von wirklicher Fürsorge für seine Untertanen, die dadurch nicht entwertet wird, daß dabei wie überall die Staatsräson gewiß keine nebensächliche Rolle spielte. Er wachte darüber, daß der einfache Soldat von seinen Offizieren nicht übervorteilt wurde und daß den Truppen nach anstrengenden Aktionen die verdienten Ruhetage gegeben wurden. Für die Landwirtschaft führte er einen neuen Saatpflug ein; die wenigen Bauern, die damit zunächst umgehen konnten, wurden sorgfältig verteilt. Ein großer Mangel bestand damals auch an geschickten Handwerkern. Daher wurde ihr Abwandern in Nachbarstaaten möglichst verhindert, aber auch allerlei getan, um ihnen die Arbeit im assyrischen Machtbereich angenehm zu machen. Die Priester gewann er durch große Gewissenhaftigkeit in der Erfüllung seiner Kultpflichten.

Viel Geschicklichkeit in der Menschenbehandlung erforderte damals vor allem der Umgang mit den nomadischen Stämmen und den Halbnomaden am Rande des Kulturlandes. Diese Stämme, die nicht wie die Bauern am Boden hingen, wechselten leicht aus einem Land in das andere über, wenn ihnen etwas nicht gefiel. Damit stärkten sie aber bei Auseinandersetzungen das Kriegspotential des Gegners anstatt des eigenen. Von Zeit zu Zeit pflegte man sie einer »Reinigung« genannten Musterung zu unterziehen, um ihre Wehr- und Steuerkraft festzustellen. Wurde dabei der Bogen zu straff gespannt, konnten die nicht sehr festgefügten Truppenverbände trotz Einsatz einer Feldpolizei durch Desertionen arg geschwächt werden. Deswegen empfahl Schamschiadad seinem Sohn mehrfach Zurückhaltung bei den Musterungen, ja bisweilen sogar den Verzicht darauf. Besonders schwierig war der große Stamm der Benjaminiten mit seinen Unterstämmen, die ihre Weideplätze vor allem in der Gegend von Harran hatten. Sie beherrschten damit große Teile des Grenzgebietes zu den westlichen Nachbarn, von denen Jamchad mit der Hauptstadt Halab keine guten Beziehungen zu Assyrien hatte. Besser war das Verhältnis zu Karkemisch am Euphrat, dessen damaliger Fürst Aplachanda einen kleinasiatischen Namen trug. Man bezog von dort neben Stoffen und Metallwaren vor allem die beliebten kilikischen Weine, die teilweise nach Babylonien weitergingen. Schamschiadad neutralisierte Jamchad durch seine Bündnisse mit Karkemisch und weiter südlich mit Qatna und konnte dadurch anscheinend größere Kämpfe in dieser Region vermeiden. Seine Kräfte brauchte er vor allem gegen die weitaus bedrohlicheren Nachbarn im Osten und Süden (Eschnunna).

Als Schamschiadad I. starb, datierte man in Eschnunna erleichtert nach dem Todesjahr des überlegenen Gegners. Der Kronprinz Ischmedagan I. (etwa 1782–1742) mußte sich in Assyrien anscheinend erst mühsam durchsetzen, schrieb aber seinem Bruder Jasmachadad nach Mari: »Solange ich und du leben, sitzt du für immer auf deinem Thron. Wir wollen einander einen starken Göttereid schwören!« Dennoch konnte er, wohl wegen der Flankenbedrohung durch Eschnunna und Babylon, nicht verhindern, daß Zimrilim, der Sohn des ermordeten Jachdunlim, von Halab aus nach ganz kurzer Zeit den noch einen flehentlichen Brief an seinen Gott richtenden Jasmachadad beseitigte und das Königreich Mari bis 1759 noch einmal erneuerte. Die zahlreichen Briefe von Beamten, Agenten und den Nachbarkönigen des Zimrilim unterrichten uns nicht nur ausgezeichnet über das damalige Mari, sondern enthalten auch sehr wichtige Nachrichten über Vorderasien von Elam bis nach Kleinasien und bis Hazor in Nordpalästina. Das unter der dreizehnten Dynastie schwache Ägypten wird merkwürdigerweise nie erwähnt, wohl aber in Urkunden bisweilen Kaptar (Kreta), das mit syrischen Küstenstädten Handelsbeziehungen hatte.

Wichtiger als viele Einzelangaben über die Feldzüge Zimrilims, die über den Bereich Mesopotamiens nicht hinausgingen, und andere Ereignisse sind die Hinweise auf die damaligen politischen Verhältnisse im allgemeinen. In Vorderasien herrschte danach bis etwa 1764 der Zustand eines labilen Gleichgewichts zwischen mindestens zehn Staaten. Überraschend ist, wie weit damals der Aktionsradius der Politik von Elam nach Westen reichte. Sein »Großminister« tauschte sogar mit Qatna Gesandte aus, und elamische Truppenkontingente griffen einmal zusammen mit Eschnunna Zimrilim an, wurden aber zurückgeschlagen.

Außer Elam und Mari spielten Babylon, Larsam, Eschnunna, Assyrien, Qatna, Halab, Karkemisch und Hazor die wichtigste Rolle. Hinzu kamen etliche Kleinstaaten, unter denen auch Alalach, aus dem wir gleichzeitige Urkunden haben, und Ugarit an der Mittelmeerküste genannt werden. In einem Brief mit wohl etwas übertriebenen Angaben werden die Vasallenfürsten einiger Staaten, deren Zuverlässigkeit im Ernstfall sehr fragwürdig war, aufgezählt: »Dem Hammurabi von Babylon folgen zehn bis fünfzehn Kleinkönige, ebenso viele dem Rimsin von Larsam, dem Ibalpi'el von Eschnunna und dem Amutpi'el von Qatna; dem Jarimlim von Halab folgen zwanzig Kleinkönige.« Auch Zimrilim hatte solche Vasallen, darunter den Fürsten Hammurabi von Qattunan am Chabur, neben Jarimlims Vorgänger in Halab den dritten Namensvetter des Königs von Babylon.

Die Briefe berichten uns von wechselnden Bündnissen zwischen den Staaten, bei denen der Feind von gestern der Freund von heute sein konnte. In den Kriegen oder bei drohenden Aufmärschen stand selten ein König allein; meistens stand Koalition gegen Koalition, wie das für eine etwas spätere Zeit in Palästina Kapitel 14 der Genesis erzählt. Die Briefe berichten, daß die Koalitionen bis zu dreißigtausend Mann auf die Beine brachten. Hammurabi schreibt einmal an Zimrilim: »Schicke mir Soldaten, damit ich mein Ziel (zusammen mit Larsam und Eschnunna) erreiche; dann will ich dir mit deinen Soldaten Truppen von mir schicken, damit du dein Ziel erreichen kannst!«

Einen entscheidenden Sieg scheint Zimrilim, der übrigens keine so bedeutende Persönlichkeit wie Schamschiadad oder Hammurabi war, allein erfochten zu haben. Er schlug die Benjaminiten bei Sagaratum am Chabur, die darauf in alle Winde zerstreut wurden. Wir treffen Reste ihrer Unterstämme später in Babylonien; andere Teile wurden nach Süden abgedrängt und erscheinen, wenn wir die biblische Erzväterüberlieferung mit den Berichten aus Mari kombinieren dürfen, später als ein Stamm des Volkes Israel, wobei der Unterstamm der Jarichäer vielleicht der Stadt Jericho einen neuen Namen gab. Unter den Briefen an Zimrilim hat sich auch ein von ihm sicher nicht erbetenes Gotteswort gefunden. Zimrilim, dem man von Halab aus den Weg zum Thron geebnet hatte und der dafür gewisse Verpflichtungen hatte übernehmen müssen, wollte sich später offensichtlich nicht mehr daran erinnern. Da sandte der Wettergott Adad von Halab einen »Beantworter«, der ihn recht nachdrücklich an die zugesagte Abtretung einer Stadt mit einem Adadtempel erinnerte: »Wenn er nicht geben will, so bin ich der Herr von Thron, Land und Stadt: Ich werde, was ich gab, wegnehmen! – Gibt er sie mir aber, so gebe ich ihm Thron über Thron, Haus über Haus, Land über Land, Stadt über Stadt... von Sonnenaufgang bis -untergang.« Ähnliche »Gottesworte« auch an andere Könige sind uns aus anderen Anlässen überliefert, aber nur aus Mesopotamien, nicht aus Babylonien und Assyrien. Ein Zusammenhang mit dem viel späteren phönikischen Kultprophetentum, von dem sich die Propheten der Bibel distanzieren, ist nicht von der Hand zu weisen. Zu ethischen Fragen äußerten sich diese Götter anscheinend nicht.

Eine große Rolle spielten in den Briefen von Statthaltern an den König Fragen der Bewässerung und der Flußverbauung sowie der Landverteilung an die Halbnomaden, die zum Kriegsdienst zur Verfügung stehen mußten. Wir können feststellen, daß Zimrilim unter seinen leitenden Beamten wie auch unter den an die fremden Höfe geschickten Gesandten einige sehr tüchtige und pflichtbewußte, zu selbständigem Handeln befähigte Männer hatte.

Unter seinen Zeitgenossen war Zimrilim vor allem wegen seines großartigen Palastes in Mari berühmt. Wir wissen nicht, welche Teile des gewaltigen Baus von mindestens zweihundert mal hundertfünfundzwanzig Meter Bodenfläche schon von seinen Vorgängern erbaut worden waren. Jedenfalls aber hat er ihn vollendet und durch die Pracht der Ausstattung die Paläste der Nachbarkönige in den Schatten gestellt. Um mehrere große Höfe waren über dreihundert größere und kleinere Räume gelagert, von denen etwa zweihundertsechzig ausgegraben wurden. Einige der Mauerstümpfe, die auch hier allein erhalten geblieben sind, stehen immerhin fünf Meter hoch. Neben den Staats- und Privaträumen des Königs enthielt der Palast einen Tempel, Verwaltungsräume, Wohnungen für die Diener und die Palastwache sowie viele Magazine. Dazu kam noch eine Palastschule für den Schreibernachwuchs, deren Unterricht die uns bekannten Tafeln das beste Zeugnis ausstellen; im Klassenraum sind die Tonbänke und Kästen für das Schreibmaterial noch vorhanden. Im Küchentrakt wurde der Weinkeller mit seinen großen Tonkrügen freigelegt, aber auch vom Küchengeschirr wurde noch viel gefunden. Baderäume mit großen Wannen sowie Toiletten fehlten ebenfalls nicht. Mehrere Räume haben als Archiv für die Staatskorrespondenz sowie die Urkunden der Verwaltung und des Gerichts gedient. Insgesamt

# DYNASTIENÜBERSICHT

2800—

2700—

2600—

2500—

2400—
                                                       **Akkade**
                                                       2414—2358 Sargon
                                                       2358—2349 Rimusch
                                                       2349—2334 Manischtuschu
                                                       2334—2297 Naramsuēn
                                                       2297—2272 Scharkalischarri
2300—                                                  2272—2233 sechs Könige

                                                      **Gutäer**
2200—                                               2233— etwa 2130 Gutäer (Fre herrschaft)

                                 **Assur**
2100—                           um 2100 Uschpia
                             um 2020 Kikia

2000—

                                          **Assyrien**                 **Babylon**
1900— **Kleinasien**                 um 1915—1890 Iluschumma   1895—1881 Sumu
     um 1860 Pitchana von Kuschschar    1890—1850 Irischum I.       1881—1845 Sumu
     1850 Anitta von Kuschschar          1850—1820 Ikunum und
                  **Mari**                    Scharrukin (Sargon) I.
1800—              um 1830 Jaggidlim   1820—1815 Naramsin       1813—1793 Sinm
                   1825—1810 Jachdunlim  1815—1782 Schamschiadad I.
                   1782—1759 Zimrilim    1782—1742 Ischmedagan I.   1793—1750 Ham
     **Älteres Hethiterreich**                     um 1730 Puzursin         1750—1712 Sams
                                                                um 1700 Adasi
1700—   um 1730 Tudhalijas I.                                   Belbani               1712—1684 Abi'
     1670—1640 Labarnas I.                                                    1684—1647 Amn
     1640—1615 Hattusilis I.
                                                                                                1647—1626 Amn
1600— 1610—1580 Mursilis I.
     1580—1560 Hantilis                                                                1626—1595 Sams
     1560—1540 Zidantas
     1540—1525 Ammunas
1500— 1520—1500 Telepinus

# SUMER, BABYLON UND HETHITER

| | | | | |
|---|---|---|---|---|
| **Kisch** zwischen 2800 u. 2700 Agga | **Uruk** zwischen 2800 u. 2700 | Enmerkar Lugalbanda Gilgamesch | | —2800 |

—2700

**Kisch**  
um 2600 Mesilim

**Kisch**  
2480 Kubaba (Schankwirtin)

**Lagasch** etwa 2600—2500  
um 2550 Urnansche  
um 2500 Eannatum  
um 2470 Entemena  
2440—2430 Urukagina

**Ur**  
{ Mesannepadda  
  Aannepadda }

**Uruk**  
2435—2410 Lugalzaggesi

—2600

—2500

—2400

—2300

—2200

**Uruk**  
2130—2123 Utuchengal

**Lagasch**  
etwa 2122—2100 Gudea

**Ur**  
2123—2105 Urnammu  
2105—2057 Schulgi  
2057—2048 Amarsuēna  
2048—2039 Schusuēn  
2039—2015 Ibbisuēn

—2100

**Isin**  
2028—1995 Ischbi 'erra  
1975—1954 Iddindagan  
1954—1935 Ischmedagan  
1935—1924 Lipitischtar  
1924—1896 Urninurta  
1869—1861 Erra 'imitti  
1861—1837 Enlilbani  
1817—1794 Damiqilischu

**Larsam**  
2026—2005 Naplanum  

1933—1906 Gungunum  
1906—1895 Abisare  
1895—1866 Sumu 'el  
1866—1850 Nuradad  
1850—1843 Sinidinnam  
1834—1823 Waradsin  
1823—1763 Rimsin

—2000

—1900

nunna  
1840 Ipiqadad II.  
1815 Naramsin  
1787 Daduscha  
1765 Ibalpi 'el II.

—1800

**Meerlanddynastie**  
1722—1474 Erste Meerlanddynastie

—1700

etwa 1599—1564 Gulkischar

—1600

—1500

wurden an die zwanzigtausend Tontafelbruchstücke gefunden, von denen bisher fünfzehnhundert bekanntgemacht worden sind. Die Zahl der literarischen Texte war leider nur klein. Verschiedene Palasträume waren farbig ausgemalt, wobei die Farben auf den trockenen Gipsputz aufgetragen wurden. Vermutlich zu Bildfolgen zusammengeschlossene vielfarbige Gemälde trugen vor allem die Wände des Haupthofes und des großen Audienzsaales. Bei der geringen Haltbarkeit der Farben sind nur kleine Bruchstücke der einzigartigen Gemälde noch aufgefunden und sofort aquarelliert worden. Das im großen und ganzen erhaltene Hauptgemälde (zweieinhalb mal ein Meter fünfundsiebzig) zeigt die Investitur Zimrilims als König durch die Göttin Ischtar, deren rechter Fuß auf einem Löwen steht. Unter ihnen lassen zwei Göttinnen das Lebenswasser aus ihren Krügen sprudeln. Die spiegelgleichen Seitenbilder zeigen die Erde und in einigen symbolischen Figuren das Pflanzen- und Tierreich sowie die sich davon nährenden Menschen und Götter. Sumerische Vorbilder sind unverkennbar, sind aber völlig selbständig zu einem neuen, für uns einmaligen Ganzen verarbeitet worden.

Ein riesiges Opfergemälde, von dem leider nur kleine Stücke aufgenommen werden konnten, war in der lebendigen Zeichnung der einzelnen Menschen und Tiere noch viel großartiger. Reste eines Holzrahmens mit Bildschnitzereien sowie der gemalte Rahmen des Hauptgemäldes legen die Vermutung nahe, daß die Wandgemälde Tafelbilder auf Stoff in Holzrahmen und gobelinartige Wandbehänge nachahmten. Das mittlere Euphrattal war im Altertum ein Gebiet, in dem die Malerei auf Grund uralter Traditionen besonders gepflegt wurde. Assyrische Wandgemälde aus dem 8. Jahrhundert und die spätantiken Malereien von Dura-Europos in der Nähe von Mari sind weitere Zeugen dafür.

Auch in Alalach am Orontes in Syrien fanden sich Reste von Gemälden aus dieser Zeit; sie zeigen vom Wind bewegte Gräser. Die ganz andersartige Technik dieser auf den feuchten Putz aufgetragenen Freskogemälde weist jedoch eher auf kretische als auf mesopotamische Vorbilder. Außer den Gemälden fand man in Mari wie in Alalach auch vollplastische Bildwerke von Königen und Göttern, die sich in Mari nur wenig von den gleichzeitigen babylonischen unterscheiden. Demgegenüber ist das starr wirkende Sitzbild des Jarimlim von Halab ein typisch syrisches Werk.

Die Zerstörung von Mari durch Hammurabi im Jahre 1759 und mehr noch die Mesopotamien besonders stark in Mitleidenschaft ziehenden Völkerbewegungen der kommenden Zeit haben die blühende Kultur des Euphrattals nach 1600 weithin zerstört. Erst fast tausend Jahre später entwickelte sich hier von neuem eine nun assyrisch bestimmte bescheidene Provinzialkultur. Allerdings sind Überraschungen durch neue Ausgrabungen in dem erst mangelhaft erforschten Gebiet nicht auszuschließen.

## *Hammurabi von Babylon*

Die Zeit des labilen Gleichgewichts etlicher Kanaaniterstaaten ist durch Hammurabi (1793-1750) beendet worden. Da auch er, dem Beispiel der Könige von Isin und Larsam folgend, Kriegsberichte in seinen sumerischen und akkadischen Inschriften nicht gibt ist es noch nicht möglich – auch nicht mit Hilfe der Jahresdatenformeln und der Briefe aus Mari –, die Ereignisse bis zur Einigung ganz Babyloniens durch ihn genau zu rekonstruieren. Sicher ist nur, daß wir uns seine Anfänge kaum klein genug vorstellen können, obwohl er sein Kerngebiet von seinem Vater gewiß sehr gut geordnet übernommen hat. Als eine Art von Pufferstaat zwischen dem mächtigen Assyrien Schamschiadads und dem Reich Rimsins von Larsam wird Babylon zunächst wenig Bewegungsfreiheit gehabt haben und zeitweilig sogar wohl von einem der Nachbarn abhängig gewesen sein. Die für die Jahre 1787 und 1786 in den Datenformeln angegebenen Siege in Südbabylonien hat Hammurabi vermutlich als Vasall Rimsins erfochten. Als aber Schamschiadad erkrankte und starb, griff Hammurabi trotz seinem bis dahin guten Verhältnis zu Assyrien unbedenklich zu und besetzte 1783 die Grenzstadt Rapiqum am Euphrat, nachdem er vorher schon durch einen Sieg über Malgûm am Tigris diese strategisch wichtige Stadt für einige Zeit ausgeschaltet hatte. Durch diese Erfolge war seine Stellung sehr gestärkt, gleichzeitig aber auch das Mißtrauen der bis dahin überlegenen Nachbarn geweckt. Hammurabi hielt sich daher in den folgenden Jahren zurück, sicherte sich jedoch durch ein Bündnis mit Zimrilim von Mari gegen mögliche Angriffe von Eschnunna ab. Die Mari-Briefe zeigen, daß er sich in dieser Zeit keineswegs auf die in den Datenformeln allein erwähnte Bautätigkeit beschränkte, sondern daß er das politische Spiel mit den wechselnden Koalitionen sehr intensiv betrieb, wobei ihm der Machtrückgang Assurs unter Ischmedagan I. sehr zustatten kam. Mit eigenen Truppenkontingenten beteiligte er sich an Feldzügen seiner Verbündeten und forderte selbst Hilfstruppen der anderen, sogar noch aus Halab, an. Wesentliche Erfolge, die er gewiß nicht verschwiegen hätte, errang er dabei nicht. Vielleicht hatte er sogar Mißerfolge. Der Gesandte von Mari am Hof von Babylon schildert ihn in dieser Zeit anläßlich eines Streites um nicht gegebene Ehrengewänder als sehr stolz und leicht aufbrausend.

Vermutlich waren es die nicht mehr zu verbergenden Angriffsvorbereitungen Hammurabis, die im Jahre 1764 eine Koalition von recht ungleichen Partnern, nämlich Elam, Eschnunna, Assur, dem wiedererstarkten Malgûm und der Königin von Nawar in Iran (die zehntausend Mann schickte), auf die Beine brachten. Hammurabi konnte diesem Großangriff wohl mit Hilfe von Mari standhalten und sich eines großen Sieges rühmen. Im nächsten Jahr griff er den greisen Rimsin von Larsam an, der vielleicht wegen seines hohen Alters an dem Angriff der Koalition nicht teilgenommen hatte, und schlug trotz den Verlusten in den Schlachten des Vorjahres das Heer von Larsam völlig. Er setzte Rimsin ab und vereinigte nun außer Eschnunna ganz Babylonien in seiner Hand. Seine Soldaten belohnte er durch Zuteilung von Feldern im eroberten Gebiet. Der gewaltige Machtzuwachs rief seine anderen Gegner erneut auf den Plan, sie wurden jedoch 1762 auch geschlagen; Hammurabi vergrößerte sein Gebiet nun auch nach Norden. Freilich wurde dadurch das bis dahin gute Verhältnis zwischen Babylon und Mari zerstört. Im Jahre 1761 eroberte Hammurabi Mari zum erstenmal (außerdem auch einige Städte Assyriens), nach einer Erhebung im Jahre 1759 noch einmal, wobei er alle Befestigungsanlagen zerstörte und diesen Gegner endgültig ausschaltete. 1757 und 1755 folgten weitere Siege über Assyrien, nach denen Ischmedagan wohl in die gebirgigen Teile seines Landes zurückgedrängt wurde, und 1756 die Zerstörung von Eschnunna nach einer bewußt herbeigeführten

Überschwemmung der Stadt durch den Dijala-Fluß. Jetzt brauchte Hammurabi keinen Feind mehr zu fürchten, sondern nur die Festungen Nordbabyloniens zu verstärken und sich in seinen letzten Jahren der Erhaltung des Gewonnenen zu widmen. Angriffe auf Elam oder Syrien hat er, vielleicht seines Alters wegen, nicht mehr unternommen.

Bis hierher ist die Geschichte Hammurabis die eines klugen und oft bedenkenlosen Politikers, der durch Diplomatie und Gewalt Babylonien wieder einigte, aber realistisch genug war, seiner Eroberungspolitik keine unerreichbaren Ziele zu stecken. Da sein Reich ihn nicht lange überlebte, wären seine äußeren Erfolge eine Episode ohne wesentliche Bedeutung geblieben, wenn sich nicht einige Maßnahmen im Inneren weit über seine Zeit hinaus als geschichtsmächtig erwiesen hätten. Erst sie haben es bewirkt, daß Babylon für viele Jahrhunderte der geistige Mittelpunkt Vorderasiens wurde und auch durch Zeiten politischer Ohnmacht hindurch blieb.

Was Hammurabi war und wollte, zeigen uns am besten seine berühmte Gesetzesstele und seine Briefe (von denen bisher über hundertfünfzig bekanntgeworden sind) sowie die Briefe seiner hohen Beamten. Die Gesetzesstele wurde 1901/02 in Susa aufgefunden, wohin sie wahrscheinlich im 12. Jahrhundert von dem König Schutruknachunte verschleppt wurde. Leider hat Schutruknachunte sieben Kolumnen Text ausmeißeln lassen, um eine eigene Inschrift anzubringen, die dann doch nicht geschrieben wurde. Bruchstücke von Abschriften auf Tontafeln enthalten wenigstens einen Teil der verlorenen Gesetze. Die Vorderseite der Stele krönt ein Bild, das Hammurabi vor dem Sonnengott Schamasch, dem Schützer des Rechts, zeigt. Leider wissen wir nicht genau, wann die Gesetze entstanden. Es ist möglich, daß sie verschiedenen Regierungsjahren entstammen und erst in seinen letzten Jahren zusammengefaßt worden sind. Die Einleitung der Stele setzt die Eroberung von Eschnunna 1756 voraus, eine etwas ältere Abschrift nur die von Mari 1759. Es ist bezeichnend für den König, daß er hier fast nie die Eroberungen als solche nennt, sondern nur auf die Fürsorgemaßnahmen in den eroberten Städten hinweist: »Der Schirm des Landes, der die zerstreuten Bewohner von Isin sammelte und den Tempel Egalmach reich ausstattete.« Aus der Nennung bestimmter Städte läßt sich der Umfang seines Reiches erschließen; auch Ninive gehörte dazu. Einleitung und Schlußteil sind in einem etwas archaisierenden, dichterischen Babylonisch abgefaßt, die Gesetze jedoch in der von Hammurabi geschaffenen Verwaltungssprache, die unbeschadet der Dialektverschiedenheiten für alle Babylonier leicht verständlich sein sollte. Ähnliche Bemühungen führten übrigens in der Zeit der Gründung des arabischen Reiches zur Entstehung des über den Dialekten stehenden Hocharabischen, der offiziellen Sprache des Islams.

Der Anfang der Einleitung enthält eine wichtige theologische Aussage. Nach ihr haben die alten Götter der Sumerer, An und Enlil, vor der Erhebung von Babylon zur Hauptstadt seinem Gott Marduk, der als Sohn des Enki von Eridu angesehen wurde, die »Enlilschaft« über alle Menschen übertragen und dann in der Stadt ein »ewiges Königtum« eingesetzt, das sie Hammurabi übertrugen. Der Umgestaltung der irdischen Verhältnisse ging also die Aufnahme einer Lokalgottheit der Semiten in den Kreis der führenden Götter des nunmehr nicht nur sumerischen Pantheons voraus. Spätere Theologen Babylons verlegten diese Erhebung Marduks weit zurück in die Urzeit vor der Erschaffung der Menschen. Der Sinn

Vorführung eines Opferstieres
Wandbildfragment aus Mari, 18. Jahrhundert v. Chr. Aleppo, Museum

König Hammurabi vor dem Sonnengott Schamasch
Oberteil der Gesetzesstele aus Susa, 18. Jahrhundert v. Chr. Paris, Louvre

von Hammurabis Berufung war, »daß ich Gerechtigkeit im Lande sichtbar werden lasse, den Ruchlosen und Bösewicht vernichte und, auf daß der Starke den Schwachen nicht entrechte, das Land erhelle«. Im Schlußteil der Stele sagt der König vor den Segenswünschen für diejenigen, die künftig die Gesetze befolgen, und den viel ausführlicheren Flüchen über ihre Verächter: »Für die Schwarzköpfigen, über die mir Marduk das Hirtenamt gab, war ich weder müde noch lässig... umsorgte sie in Frieden und ließ sie in meiner Weisheit geborgen sein.... Um Waise und Witwe ihr Recht zu schaffen... schrieb ich meine so köstlichen Worte auf meinen Denkstein.« Trotz des stark aufgetragenen Selbstruhms findet in diesen Worten ein Herrscherideal einen schönen Ausdruck, das die Fürsorge des Landesvaters höher stellt als den Kriegsruhm. Hier ist dasselbe Verantwortungsbewußtsein eines gereiften Mannes wirksam wie bei Schamschiadad, es ist nur stärker geistig fundiert. Denn Hammurabi war allem Anschein nach ein gebildeter Mann, der vermutlich auch zu den wenigen Königen gehörte, die die schwierige Keilschrift lesen konnten.

Die etwa zweihundert Gesetze – die moderne Paragrapheneinteilung löst sie in zu kleine Einheiten auf – behandeln ohne scharfe Trennung Fragen des Strafrechts, des bürgerlichen Rechts und des Handelsrechts. Mehrfach leiten Tarifbestimmungen die Vorschriften über die Bestrafung von Berufsvergehen ein. Die Tatbestände sind oft genauer formuliert als in den älteren Gesetzen. Befremdend wirkt diesen gegenüber jedoch die fühlbare Verschärfung der Strafpraxis. Die Todesstrafe wird oft angedroht, auch durch Verbrennen oder Ertränken; Prügel und Verstümmelungen erwarten den Täter nicht selten. Vor allem aber wird die Talion bei Körperverletzungen, also der aus dem Alten Testament bekannte Grundsatz »Auge um Auge«, wiedereingeführt, vermutlich, weil in den unruhigen Zeiten Geldstrafen für wohlhabende Übeltäter nicht genügend abschreckend gewirkt hatten. Freiheitsstrafen kannte das alte Strafrecht ja nicht. Der Juristenschematismus übersteigerte das Talionsprinzip bisweilen durch die wohl auch für damaliges Rechtsempfinden sinnlose Forderung, ein Kind des Täters zu töten, der grob fahrlässig den Tod eines anderen Kindes verursacht hatte. Wesentlich war aber immer, daß dem nicht auf frischer Tat ertappten Verbrecher seine Schuld nachgewiesen werden mußte. Schwerste Strafen wurden sowohl gegen Verleumder als auch gegen leichtfertig urteilende Richter festgesetzt.

Im Familienrecht fällt auf, daß trotz der patriarchalischen Struktur der Gesellschaft die Frau vor allem als Ehefrau und Priesterin, aber auch im Geschäftsleben mehr Rechte hatte als in Israel. Der Mann durfte Nebenfrauen haben, deren Kinder nicht als vollbürtig galten, aber seine Ehefrau, wenn sie Mutter geworden war, nicht ohne weiteres verstoßen; die Scheidung wurde für ihn dann recht teuer. Das Schuldrecht schützt den durch höhere Gewalt in Not geratenen Schuldner durch Verlängerung der Rückzahlungsfrist, ja in Einzelfällen sogar durch Schulderlaß. Auf der anderen Seite hält das Gesetz aber auch Feldpächter und Angestellte zur gewissenhaften Durchführung der übernommenen Aufgaben an. Säumige Schuldner mußten nicht zurückgezahlte Beträge als Schuldhäftlinge des Gläubigers abarbeiten oder Familienglieder in die Schuldhaft geben; strenge Strafen bedrohten allerdings den Gläubiger, der seine Gewalt über diese Menschen mißbrauchte. Gemessen am mittelalterlichen Schuldturm war dieses Institut, dessen Handhabung wir aus den Briefen ganz gut kennen, sowohl menschlicher als auch sinnvoller, weil dabei produktive Arbeit geleistet wurde.

Wenn ein Bürger einen Bürger bezichtigt und Mord(schuld) auf ihn wirft, (es) ihm aber nicht beweist, so wird, der ihn bezichtigt, (getötet). (1)

Wenn ein Bürger vor Gericht zu falschem Zeugnis auftritt, die Aussage aber, die er macht, nicht beweist, so wird dieser Bürger, wenn dieser Prozeß um Leben und Tod geht, getötet. (3)

Wenn ein Richter einen Rechtsspruch fällt, eine Entscheidung trifft, eine Siegelurkunde ausfertigt, später aber seinen Rechtsspruch umstößt, so weist man diesem Richter Änderung des Rechtsspruches, den er gefällt hat, nach, und er gibt das Zwölffache des Klagenspruches, der in diesem Rechtsstreit entstanden ist; außerdem läßt man ihn in der Versammlung vom Stuhlsitze seiner Richterwürde aufstehen, und er kehrt nicht zurück und setzt sich mit den Richtern nicht (mehr) zu Gericht. (5)

Wenn ein Bürger Besitz des Gottes oder des Palastes stiehlt, so wird dieser Bürger getötet; auch wird, wer das Diebsgut aus seiner Hand nimmt, getötet. (6)

Wenn ein Bürger das Kind eines Bürgers stiehlt, so wird er getötet. (14)

Wenn ein Bürger, sei es einen Knecht, sei es eine Magd des Palastes oder eines Hörigen, (die) flüchtig (sind), in seinem Hause verborgen hält und auf den Ruf des Herolds nicht hervorholt, so wird dieser Eigentümer des Hauses getötet. (16)

Wenn ein Bürger, sei es einen Knecht, sei es eine Magd, (die) flüchtig (sind), im Freien greift und sie ihrem Herrn zuführt, so gibt ihm der Herr des Knechts zwei Sekel Silber. (17)

Wenn ein Bürger in ein Haus (ein Loch) einbricht, so tötet man ihn angesichts dieses Loches und hängt ihn (dann davor) auf. (21)

Wenn ein Bürger Raub begeht und gegriffen wird, so wird dieser Bürger getötet. (22)

Wenn der Räuber nicht gegriffen wird, so gibt der beraubte Bürger das ihm abhanden gekommene Gut vor dem Gotte an, und die Gemeinde sowie der Vorsteher, auf deren Grund und Gemarkung der Raub begangen wurde, ersetzen ihm das abhanden gekommene Gut. (23)

Wenn im Hause eines Bürgers Feuer ausbricht und ein Bürger, der zum Löschen geht, auf das Gerät des Hauseigentümers sein Auge wirft und Gerät des Hauseigentümers sich aneignet, so wird dieser Bürger in (eben) dies Feuer geworfen. (25)

Wenn ein Feldwebel oder ein Hauptmann das Hausgerät eines Soldaten sich aneignet, einen Soldaten um sein Recht bringt, einen Soldaten gegen Mietslohn weggibt, einen Soldaten im Rechtsstreite einem Mächtigen preisgibt, die »Gabe«, die der König dem Soldaten gegeben hat, sich aneignet, so wird dieser Feldwebel oder Hauptmann getötet. (34)

Wenn ein Bürger ein Feld zur Bebauung pachtet und auf dem Felde Getreide nicht hervorbringt, so weist man ihm nach, daß er an dem Felde keine Arbeit geleistet hat, und er gibt dem Eigentümer des Feldes Getreide entsprechend seinem Nachbar(grundstück). (42)

Wenn ein Bürger bei der Befestigung seines Felddeiches die Hände in den Schoß legt und seinen Deich nicht befestigt, in seinem Deiche eine Öffnung entsteht, er gar die Flur vom Wasser wegschwemmen läßt, so ersetzt der Bürger, in dessen Deich die Öffnung entstanden ist, das Getreide, das er (dadurch) vernichtet hat. (53)

Wenn ein Bürger Feld zur Anpflanzung eines Baumgartens einem Gartenbauer gibt, der Gartenbauer den Baumgarten anpflanzt, so zieht er vier Jahre lang den Baumgarten groß, im fünften Jahre teilen der Eigentümer des Baumgartens und der Gartenbauer miteinander halb und halb; der Eigentümer des Baumgartens nimmt seinen Anteil vorweg. (60)

Wenn ein Kaufmann seinen Beutelträger (Handelsvertreter) beauftragt und der Beutelträger alles, was der Kaufmann ihm gegeben hat, an seinen Kaufmann abführt, der Kaufmann alles, was der Beutelträger ihm gegeben hat, ihm ableugnet, so überführt dieser Beutelträger den Kaufmann vor dem Gotte und Zeugen, und der Kaufmann gibt, weil er seinem Beutelträger (dies) abgeleugnet hat, alles, was er empfangen, dem Beutelträger sechsfach. (107)

Wenn in einer Schenkin Hause Betrüger sich zusammenschließen, sie diese Betrüger nicht greift und dem Palaste nicht zuführt, so wird diese Schenkin getötet. (109)

Wenn eine Naditum oder eine Entum (Priesterinnen) die im »Kloster« nicht wohnt, (die Türe zu) ein(em) Bierhaus öffnet oder (sogar) zum Bier in ein Bierhaus eintritt, so verbrennt man diese Bürgerin. (110)

Wenn ein Pfändling (Schuldhäftling) im Hause seines Pfandgläubigers durch Schlagen oder Schinden stirbt, so weist der Eigentümer des Pfändlings (dies) seinem Kaufmann nach, und wenn es ein Sohn des Bürgers war, so tötet man seinen Sohn; wenn es ein Knecht des Bürgers war, so zahlt er eine drittel Mine Silber; auch geht er alles dessen, was er ihm (als Darlehen) hingegeben hatte, verlustig. (116)

Wenn ein Bürger einem Bürger Silber, Gold oder alles sonstige vor Zeugen zur Verwahrung gibt und (dies) (es) ihm ableugnet, so weist man (es) diesem Bürger nach und er gibt alles, was er abgeleugnet hat, doppelt. (12...)

Wenn die Ehefrau eines Bürgers beim (Zusammen-)Ruhen mit einem anderen Manne gegriffen wird, bindet man sie (beide) und wirft sie ins Wasser; wenn der Herr der Ehefrau seiner Ehefrau das Leben schenken will, so schenkt auch der König seinem Knechte das Leben. (129)

Wenn die Ehefrau eines Bürgers von ihrem Gatten bezichtigt, beim (Zusammen-)Liegen mit einem anderen Manne aber nicht gegriffen worden ist, so schwört sie dem Gotte und kehrt zu ihrem Hause zurück. (131)

Wenn ein Bürger Kriegsbeute geworden und in seinem Hause nichts (mehr) zu essen vorhanden ist, so darf seine Ehefrau in das Haus eines anderen eintreten; diese Frau trifft keine Strafe. (134)

Wenn (sich) ein Bürger von seiner ersten Gemahlin, welche ihm keine Kinder geboren hat, scheiden will, gibt er ihr Geld in Höhe ihres Brautpreises, auch schädigt er sie für die Mitgift, die sie vom Hause ihres Vaters mitgebracht hatte; dann kann er (sich) von ihr scheiden. (138)

Wenn eine Frau ihren Gatten verschmäht und »nicht wirst du mich (mehr) umfassen« sagt, so wird ihre Sache in ihrem »Tor« (Stadtviertel) untersucht, und wenn sie immer bewahrt blieb und daher keine Schuld trägt, dagegen ihr Gatte außer Hauses zu gehen pflegt und sie allzusehr erniedrigt, so trifft diese Frau keine Strafe; sie nimmt ihre Mitgift an sich und zieht ins Haus ihres Vaters. (142)

Wenn ein Bürger für seinen Sohn eine Schwiegertochter ausersehen und sein Sohn sie (noch) nicht erkannt hat, er selbst aber in ihrem Schoße schläft, so zahlt er ihr eine halbe Mine Silber, und außerdem zahlt er ihr alles, was sie vom Hause ihres Vaters mitgebracht hat, heim; dann kann ein Gatte nach ihrem Herzen sie heiraten. (156)

Wenn ein Bürger nach (dem Tode) seines Vaters im Schoße seiner Mutter schläft, so verbrennt man sie (alle) beide. (157)

Wenn ein Bürger eine Ehefrau genommen, sie ihm Kinder geboren hat und dann diese Frau zum Schicksal eingeht, so hat auf ihre Mitgift ihr Vater keinen Klaganspruch; ihre Mitgift gehört ihren Kindern. (162)

Wenn ein Bürger für die Söhne, die er bekommen hat, Ehefrauen nimmt, für seinen (noch) kindlichen Sohn (aber) keine Ehefrau genommen hat, so legen, geht nachher der Vater zum Schicksal ein, nun, da die Brüder teilen, sie vom Besitz des Vaterhauses für ihren (damals noch) kindlichen Bruder, der eine Frau zur Ehe nicht genommen hat, über seinen Anteil hinaus das Geld für den Brautpreis hinzu und lassen ihn eine Frau zur Ehe nehmen. (166)

Wenn ein Palastknecht oder der Knecht eines Palasthörigen die Tochter eines Bürgers nimmt und sie Kinder gebiert, so hat der Herr des Knechts gegenüber den Kindern der Bürgertochter auf (deren) Sklaveneigenschaft einen Kiganspruch. (175)

Wenn ein Sohn seinen Vater schlägt, so schneidet man ihm die Hand ab. (195) Wenn ein Bürger das Auge eines Bürgersohnes zerstört, so zerstört man sein Auge; (196) wenn er das Gebein eines Bürgers bricht, so bricht man seinen Knochen; (197) wenn er das Auge eines Untergebenen zerstört oder den Knochen eines Untergebenen bricht, so zahlt er eine Mine Silber; (198) wenn er das Auge des Knechts eines Bürgers zerstört oder den Knochen des Knechts eines Bürgers bricht, zahlt er die Hälfte von dessen Kaufpreis. (199)

Wenn ein Bürger eine Bürgertochter schlägt und sie (dadurch) ihre Leibesfrucht verlieren läßt, so zahlt er zehn Sekel Silber für ihre Leibesfrucht; (209) wenn diese Frau stirbt, so tötet man seine Tochter. (210)

Wenn ein Arzt einem Bürger mit dem bronzenen Skalpell eine schwere Wunde macht und (dadurch) den Bürger sterben und werden läßt oder mit dem bronzenen Skalpell den Augenbrauenbogen eines Bürgers öffnet und dadurch das Auge des Bürgers gesund werden läßt, so nimmt er dafür zehn Sekel Silber. (215)

Wenn ein Arzt einem Bürger mit dem bronzenen Skalpell eine schwere Wunde macht und den Bürger (daran) sterben läßt oder mit dem bronzenen Skalpell den Augenbrauenbogen eines Bürgers öffnet und das Auge des Bürgers (dabei) zerstört, so schneidet man seine Hand ab. (218)

Wenn ein Rinder- oder Eselarzt, sei es einem Rinde oder einem Esel, eine schwere Wunde macht und (es/ihn dadurch) gesund werden läßt, so gibt er dem Eigentümer des Rindes oder Esels ein Sechstel (des Kaufpreises) in Silber dem Arzte als seinen Lohn; (224) wenn er einem Rinde oder einem Esel eine schwere Wunde gemacht hat und (es/ihn daran) sterben läßt, so gibt er dem Eigentümer des Rindes oder Esels ein Viertel (ein Fünftel?) seines Kaufpreises. (225)

Wenn ein Baumeister einem Bürger ein Haus fix und fertig baut, so gibt er ihm als Honorar für ein Musar Wohnfläche (= 36 qm) zwei Sekel Silber. (228)

Wenn ein Baumeister einem Bürger ein Haus baut, aber seine Arbeit nicht fest (genug) ausführt, das Haus, das er gebaut hat, einstürzt und er (dadurch) den Hauseigentümer ums Leben bringt, so wird dieser Baumeister getötet; (229) wenn er den Sohn des Hauseigentümers (dadurch) ums Leben bringt, so tötet man den Sohn dieses Baumeisters; (230) wenn er einen Sklaven des Hauseigentümers (dadurch) ums Leben bringt, so gibt er dem Hauseigentümer einen gleichwertigen Sklaven; (231) wenn er Gut vernichtet, so ersetzt er alles, was er vernichtet hat; auch baut er, weil er das Haus, das er gebaut, nicht fest (genug) gefügt hat und es eingefallen ist, aus eigenen Mitteln das Haus, das eingefallen ist. (232)

Wenn ein Baumeister einem Bürger ein Haus baut, aber sein Werk nicht überprüft und dann die Wand einstürzt, so baut dieser Baumeister diese Wand aus eigenen Mitteln solide auf. (233)

Wenn ein Bürger sein Schiff einem Schiffer auf Miete gibt und der Schiffer lässig war und das Schiff sinken läßt oder vernichtet, so ersetzt der Schiffer das Schiff dem Schiffsherrn. (236)

Wenn ein Bürger ein Rind, einen Esel mietet und im Freien ein Löwe sie tötet, so geht dies (allein) deren Eigentümer an. (244)

Wenn ein Bürger ein Rind mietet und durch Lässigkeit oder Schlagen (es) tötet, so gibt er dem Eigentümer des Rindes ein gleichwertiges Rind als Ersatz. (245)

Wenn ein Hirte, dem Rinder oder Kleinvieh zum Weiden übergeben sind, Untreue begeht und die Eigentumsmarke (des Viehs) beseitigt, (es) sogar verkauft, so weist man (es) ihm nach, und er ersetzt deren Eigentümern das Zehnfache dessen, was er gestohlen hat an Rind- und Kleinvieh. (265)

Wenn ein Bürger einen Dienstboten kauft und vor Ablauf des (Garantie-)Monats die Epilepsie ihn befällt, so gibt er (ihn) seinem Verkäufer zurück, und der Käufer nimmt das gezahlte Geld zurück. (278)

Wenn ein Knecht zu seinem Herrn »du bist nicht mein Herr« sagt, dann weist (dies)er ihn als seinen Knecht nach, und sein Herr schneidet sein Ohr ab. (282)

Ein Vergleich des Gesetzes mit den Tausenden von altbabylonischen Urkunden zeigt, daß diese vor und nach Hammurabi zum Teil andere Rechtsnormen voraussetzten. Auch behandelt Hammurabis Gesetz offenbar verschiedene Rechtsfragen gar nicht, die nach den Urkunden in der Rechtspraxis eine beträchtliche Rolle spielten. Der Grund dafür dürfte sein, daß es dem König nicht um eine Kodifikation des geltenden Rechts zu tun war – eine solche hätte viel umfangreicher sein müssen –, sondern um die Verkündung von Reformbestimmungen und die Vereinheitlichung der bis dahin sicher verschiedentlich voneinander abweichenden Lokalrechte. Bei dieser Zielsetzung konnten Materien, bei denen sich nichts änderte, übergangen werden. Eine ganze Reihe der neuen Regelungen hat sich nicht durchgesetzt, weil sie unzweckmäßig erschienen oder weil die Nachfolger Hammurabis weniger reformfreudig waren und sich lieber an überkommene Normen hielten. Gleichwohl wurden die Gesetze mit Einleitung und Schluß noch jahrhundertelang immer wieder abgeschrieben; sie dienten als Stilmuster in den Schreiberschulen, bestimmten aber wohl nur selten noch die Rechtsprechung.

Eher einen Archaismus des Gesetzes als eine Reform müssen wir in der starken Betonung der drei Gesellschaftsklassen sehen, nämlich der Freien, der Palasthörigen und der Sklaven. In den Urkunden und Briefen spielen die Palasthörigen im eigentlichen Babylonien kaum eine Rolle. In Eschnunna, Mari und in Alalach in Syrien, ja auch in Susa werden sie öfter erwähnt. Vermutlich sind sie eigentlich eine Klasse der semitischen Nomadengesellschaft, nämlich die den Scheichs zu besonderen Diensten verpflichteten Halbfreien, die in ihrer Stellung den Freigelassenen der frühislamischen Araber, den Mawali, vergleichbar sind. Die Könige kanaanäischer Herkunft hatten solche Hörige wohl in beträchtlicher Zahl, konnten aber auf die Dauer nicht hindern, daß sie entweder zu Vollfreien wurden oder als »Arme« – das alte Wort muschkēnum lebt als mesquin noch im Französischen weiter – in drückende Abhängigkeit gerieten. Eine Klasse im eigentlichen Sinn des Wortes waren sie in Babylon wohl nicht mehr.

Die schönen Worte von Einleitung und Schluß der Stele zwingen zu der ernsten Frage, ob sie wohl ganz aufrichtig gemeint waren und ob Hammurabi seinen Untertanen die Fürsorge, von der er so viel spricht, wirklich hat angedeihen lassen. Die Skrupellosigkeit des Königs in der Außenpolitik gibt da zu Zweifeln Anlaß. Erfreulicherweise wissen wir allerlei über Hammurabis Alltagsarbeit in der Verwaltung aus seinen Briefen und aus der Korrespondenz seiner hohen Beamten und können dadurch auch seine Bemühungen mit denen seines Zeitgenossen Schamschiadad vergleichen. Daß in diesen Briefen von Außenpolitik und militärischen Dingen nur selten die Rede ist, dürfte daran liegen, daß sie, mit Ausnahme einiger Briefe aus dem Archiv von Mari, fast alle an zwei hohe Beamte gerichtet sind, die mit Außenpolitik nichts zu tun hatten. Das Palastarchiv in Babylon ist uns verloren. Die Briefempfänger sind Sinidinnam, der Statthalter von Larsam nach der Eroberung dieser Stadt, und Schamaschchazir, der diesem als Kommissar für die Neuverteilung des Bodens beigegeben, aber wohl nicht unterstellt war. Andere Briefe an Schamaschchazir stammen von Awilninurta, den man vielleicht als Innenminister Hammurabis bezeichnen kann, und etliche weitere von anderen Beamten. Alle Briefe zeigen einen sehr gepflegten Kanzleistil und sind sorgfältig, aber knapp formuliert.

Die Briefe an Sinidinnam sind inhaltlich mannigfacher, weil der Amtsbereich des Statthalters der umfassendere war. In ihnen geht es um Transport- und Rekrutierungsfragen ebenso wie um öffentliche Arbeiten, um allgemeine Verwaltung und um Rechtspflege. Überall kümmert sich der König nicht nur um Angelegenheiten von größerer Bedeutung, sondern auch um Einzelfragen, die aus irgendeinem Anlaß an ihn herangetragen wurden. Er forderte von seinen Beamten eine peinlich genaue Befolgung seiner Anordnungen und große Pünktlichkeit. Wurden sie an den Hof befohlen, mußten sie bisweilen »Tag und Nacht« schnellstens reisen. Sehr scharf griff er bei Bestechungsfällen durch; die Todesstrafe war da nicht ausgeschlossen. Er ließ aber auch Beamte bestrafen, die ihre Untergebenen geschädigt hatten. In der Rechtspflege konnte offenbar jeder mit »Beschwerden« über die unteren Instanzen an ihn herantreten und durfte sicher sein, daß der König den Fall entweder selbst untersuchte oder ihn mit der Forderung, ihm Bericht zu erstatten, an die zuständigen Stellen verwies. Er ließ auch nicht zu, daß man Bauern oder Handwerker im Bedarfsfall zu untergeordneten Dienstleistungen etwa im Heer heranzog; wenn er von unrechtmäßigen Rekrutierungen erfuhr, befahl er die sofortige Freistellung der Betroffenen und die Einberufung von Ersatzleuten.

Besonders schöne Zeugnisse der Fürsorge Hammurabis sind zahlreiche Briefe an Schamaschchazir, in denen es der Stellung dieses Mannes entsprechend nur um Fragen der gerechten Bodenverteilung geht. Bei der Eroberung von Larsam waren dem damaligen Brauch entsprechend den Soldaten Landparzellen zugeteilt worden, die ihren Unterhalt sichern sollten, sie aber auch zu weiterem Heeresdienst im Falle einer Einberufung verpflichteten. Ein Teil dieses Landes war durch Enteignung feindlicher Grundbesitzer gewonnen worden. Nach der Konsolidierung der Verhältnisse in Larsam wollte Hammurabi die früheren Feinde soweit wie möglich gewinnen und hob daher viele Landbeschlagnahmen wieder auf. Wenn nun auf solchen Grundstücken inzwischen schon Soldaten saßen, waren Konflikte zwischen ihnen und den auf ältere Rechte pochenden früheren Besitzern unvermeidlich. Die Aufgabe Schamaschchazirs und seiner Behörde war es nun, die Bodenverteilung unter Anlage von Katastern genau zu regeln. Seine Entscheidungen stellten aber die Beteiligten nicht immer zufrieden und lösten daher Beschwerden beim König aus. Hammurabi ging jeder Beschwerde nach und gab entweder selbst oder durch seinen Innenminister je nach Lage der Dinge genaue Anweisungen oder Richtlinien für die Entscheidungen der örtlichen Behörden. Dabei ordnete er auch mehrfach an, die Konflikte durch zusätzliche Bereitstellung von Boden, der bisher »dem Palast« vorbehalten war, zu lösen: »Vom Verfügungsland des Palastes gib drei Bur (neunzehneinhalb Hektar) gutes Feld, das am Wasser liegt, dem Steinschneider S.« Auch sonst legte er Wert darauf, daß bei etwa notwendigen Zuweisungen anderer Grundstücke an Berechtigte die Bodenqualität, für die vor allem die Entfernung von den Kanälen bestimmend war, sorgfältig beachtet wurde, damit niemand benachteiligt würde. Wenn er den Eindruck hatte, daß seine Beauftragten in ihrer Fürsorge lässig waren, konnte der Brief an sie mit der Drohung enden: »Wenn ihr diese Leute nicht schleunigst befriedigt, werdet ihr unnachsichtig so behandelt, als hättet ihr eine große Grenze überschritten (ein Verbrechen begangen).« Von keinem anderen Herrscher im alten Orient besitzen wir eine so große Zahl von Briefen, in denen es nur darum geht, daß den Untertanen ihr Recht unverkürzt zuteil werde.

Hammurabi hat sich gewiß vor allem deswegen so unermüdlich um die Durchführung der von ihm verkündeten Rechtsgrundsätze gekümmert, weil er den Willen seiner Götter erfüllen wollte. Für ihn standen, wie wir schon sahen, Schamasch und Marduk im Vordergrund. Die zunächst politisch begründete Erhebung Marduks zu einem Reichsgott neben dem sumerischen Enlil konnte sich aber nur durchsetzen, weil dahinter mehr stand als reine Politik. Es war eine der bedeutsamsten Leistungen des Königs, ethisch vertieften Gottesvorstellungen zum Durchbruch verholfen zu haben. Ob sie von ihm zusammen mit seinen Theologen konzipiert wurden oder ob er sie ganz von anderen übernahm, ist nicht so wichtig. Jedenfalls hatte er ein feines Gefühl für das religiöse Empfinden der Menschen. Sie scheuten den Bruch mit der Überlieferung, versuchten anderseits aber auch, das Alte neu, zeitgemäß zu verstehen. Zu diesem neuen Verständnis gehörte auch das Wissen von dem großen Abstand, den die Götter bei aller ihrer Fürsorge durch die Menschen eingehalten wissen wollten. Damit war aber die bis dahin auch von den semitischen Königen übernommene kultische Königsvergöttlichung der Sumerer nicht mehr vereinbar. Hammurabi hat sich nicht vergöttlicht, wenn er auch dazu nicht mehr passende Namen wie »Hammurabi ist mein Gott« wenigstens in seinen jüngeren Jahren nicht ganz verbot und hymnische Aussagen über sich gelten ließ, die deutlich an die alten Königshymnen anknüpften. Abgesehen von einzelnen Rückfällen in die alten Gewohnheiten, besonders unter einigen Kassitenkönigen, hat sich seine Überzeugung, daß auch der König nur ein Mensch sei, in Babylonien wie in Assyrien durchgesetzt und damit dem Selbstlob, mit dem selten gespart wurde, unüberschreitbare Grenzen gesetzt.

Noch in einer weiteren Hinsicht beginnt mit Hammurabi eine neue Epoche. Vor ihm hatten sich auch die semitischen Könige in Babylonien nach der Vertreibung der Gutäer überwiegend oder ausschließlich des Sumerischen in ihren Inschriften bedient. Hammurabi gab nun ebenso wie Schamschiadad von Assyrien und andere Könige Mesopotamiens und des Osttigrislandes dem Akkadischen den Vorzug und trug Sorge dafür, daß es in der Literatur mehr als bisher auch dort Eingang fand, wo bis dahin das Sumerische immer noch dominiert hatte. Dabei lag ihm der Gedanke eines Volkstumskampfes der Semiten gegen die Sumerer ganz fern. Die Babylonier unterschieden wie die Sumerer die Menschen nach Ländern, Sprachen und sozialer Ordnung, aber anders als Israel nicht nach Völkern; der Begriff Volk fehlt im Sumerischen wie im Akkadischen. Das gesteigerte Selbstbewußtsein der Semiten duldete aber jetzt nicht mehr die Zurücksetzung ihrer Sprache.

Hammurabi war gewiß keine Idealgestalt, aber, jedenfalls in seinen späteren Jahren, der auch geistig bedeutsamste Vertreter des religiös bestimmten patriarchalen Absolutismus, für den das Königtum nicht Selbstzweck, sondern eine Aufgabe an den Menschen war. Als solcher hat er weltgeschichtlichen Rang.

## Die Staaten Mesopotamiens nach Hammurabi

Hammurabis Sohn Samsuiluna (1750-1712) trat ein großes Erbe an. Offensichtlich wollte er nicht im Schatten seines Vaters stehen, denn er setzte bald in einigen Kanal- und Ortsnamen seinen Namen an die Stelle der Namen früherer Könige. Aber seine Zeit gab ihm genug Gelegenheit, sich auch durch Taten zu bewähren. Wir dürfen vermuten, daß Assyrien schon bald nach dem Thronwechsel verlorenging. Nur das südliche Mesopotamien blieb mindestens bis 1716 noch babylonisch. 1742 erfolgte durch das Osttigrisland ein erster Angriff des aus Westiran kommenden Bergvolkes der Kassiten (Kossäer), die damit in die Fußstapfen der Gutäer der früheren Jahrhunderte traten. Samsuiluna konnte ihn abwehren und in den kommenden Jahren Aufstände im Gebiet von Eschnunna niederschlagen. Die Festung Dur-Samsuiluna sollte das Gewonnene sichern. Der Kassitenangriff hatte jedoch auch in Südbabylonien einen großen Aufstand ausgelöst, der zu mehrjährigen schweren Kämpfen führte. Samsuiluna besiegte 1737 den Usurpator Rimsin II., der sich auf die alten Sumererstädte stützte, und stellte dadurch für einige Zeit die Ordnung wieder her. 1722 jedoch machte sich ein gewisser Iluma'ilu im sogenannten Meerland Babyloniens selbständig und begründete dort die erste Meerland-Dynastie (1722-1474), über die wir sehr wenig wissen. Sie knüpfte offenbar an die Tradition der Dynastie von Isin an und pflegte vor allem das sumerische Erbe; etliche Könige nahmen daher auch sumerische Namen an. Zeitweilig hat sie Nippur und Isin in ihr Gebiet einbeziehen können; sonst blieb sie wohl auf Südbabylonien beschränkt, das nun wieder für lange Zeit von Babylon abgetrennt wurde.

Samsuiluna hat die Feindschaft des Südens offenbar nicht nur mit militärischen Mitteln bekämpft, sondern auch versucht, sie durch eine den Sumerern entgegenkommende Kulturpolitik zu überwinden. Viel Erfolg hatte dieser Versuch anscheinend nicht. Wir verdanken ihm aber die Sammlung großer Teile der sumerischen religiösen Literatur in sorgfältigen neuen Abschriften und damit ihre Erhaltung, da von den älteren Vorlagen bisher nur wenig aufgefunden worden ist. Daß er auch in der Rechtspflege konservativer dachte als sein Vater, erwähnten wir schon. Die wenigen Briefe des Königs behandeln Verwaltungsangelegenheiten und geben keinen Aufschluß über seine Persönlichkeit. Viel weniger noch wissen wir über seine beiden Nachfolger Abi'eschuch (1712-1684) und Ammiditana (1684 bis 1647), da von ihnen keine größere Inschrift bekannt ist und die wenigen Briefe ebenfalls nicht sehr ergiebig sind. Abi'eschuch mußte erneut die Kassiten abwehren und versuchte im Meerland, durch Stauung des Tigris dessen König Iluma'ilu zu fangen; nach einer Chronik-Notiz mißlang das aber. Immerhin hat er ebenso wie Ammiditana zeitweise Ur beherrscht. Ammissaduqa (1647-1626), aus dessen Zeit uns jüngere Texte Beobachtungen über Venusaufgänge überliefern, nahm dem Meerlandkönig Ischkibal Uruk und Larsam ab und rechnete auch größere Teile des Osttigrislandes sowie Südmesopotamien zu seinem Gebiet. Wir erfahren das aus einem leider nur unvollständig erhaltenen Edikt aus seinem neunten Jahr, das aus sozialen Erwägungen die Niederschlagung der Steuerrückstände für bestimmte Personengruppen und eine teilweise Annullierung privater Schulden anordnet. In einigen Fällen bedroht das Edikt sogar Steuereinnehmer und Gläubiger, die es zu umgehen suchen, mit der Todesstrafe, die auch vorgesehen ist, wenn Beamte Soldaten und ihre Familien zu bezahlter Erntearbeit zwingen wollen. Einige weitere Bestimmungen halten zur Vertragstreue an.

Vom letzten König der Dynastie, Samsuditana (1626-1595), ist kein politischer Erfolg mehr bekannt. Seine Jahresdatenformeln vermeiden jeden Hinweis auf politische Ereignisse. Ein vielleicht aus seinen letzten Jahren stammender Brief läßt erkennen, daß damals die Bauern schon nicht einmal mehr in der Gegend von Sippar vor feindlichen Angriffen sicher waren. Das Ende brachte 1595 ein Raubzug der Hethiter, auf den wir bei der Geschichte des Hethiterreichs zurückkommen werden.

Noch nicht einwandfrei zu klären sind die Vorgänge in Mesopotamien und im nördlichen Osttigrisland nach der Zeit des Abi'eschuch. Schon zur Zeit dieses Königs muß sich in Chana in der Gegend von Mari eine kanaanäische Dynastie neu festgesetzt haben, von der uns aus Urkunden bisher fünf Fürsten bekannt sind. Wahrscheinlich einige Zeit nach dem zweiten von ihnen erscheint ein König Kaschtiliasch, der nach seinem Namen ein Kassit ist und vermutlich identisch mit dem von der Königsliste als Kaschtiliasch I. gerechneten dritten König der später auch Babylonien beherrschenden Kassitendynastie. Da die für diese Dynastie angegebene Zahl von fünfhundertsechsundsiebzig Jahren nicht richtig sein kann und vielleicht aus fünfhundertsechzehn verderbt ist, müßte der erste Kassitenkönig Gandasch – der Name bedeutet »König« – 1676 zur Regierung gekommen sein und Kaschtiliasch I. 1638. Die Kassiten müßten dann unter Gandasch ein Reich im nördlichen Osttigrisland begründet haben, das zwar Babylonien vergeblich angriff, dafür aber Erfolge in Mesopotamien hatte. Die späteren Fürsten von Chana dürften Vasallen der Kassiten gewesen sein. Die Einwohner von Chana trugen damals wie früher in Mari kanaanäische oder babylonische Namen, aber keine kassitischen. Chana hatte nach einem Brief Beziehungen sowohl zu Halab als auch zu Babylon.

Die Sprache der Kassiten kennen wir fast nur aus zahlreichen Namen und aus Einzelwörtern, die in babylonischen Texten überliefert sind. Sie scheint mit keiner der sonst bekannten Sprachen Altvorderasiens näher verwandt zu sein. Das Wort für »Stier« und »Fürst«, *buga*, ist wahrscheinlich mit dem indoiranischen und slawischen Wort für Gott (*baga, bog*) identisch. Die Einbrüche der Kassiten in Mesopotamien seit 1742 müssen in einem ursächlichen, für uns freilich nicht näher bestimmbaren Zusammenhang gestanden haben mit den etwa zwanzig Jahre davor weiter nördlich erneut einsetzenden Einbrüchen der schon früher erwähnten Churriter aus Aserbeidschan. Vermutlich haben damals von Osten kommende Volksgruppen einen starken Druck auf die westiranischen Stämme ausgeübt und sie nach Westen gedrängt. Da große Teile der Churriter später unter die Führung arischer Dynastien gerieten, ist es nicht ausgeschlossen, daß dieser Druck von arischen Gruppen ausging, die von Norden nach Iran kamen.

Churriter müssen nach ihren Namen die kriegerischen Turukkäer gewesen sein, mit denen Schamschiadad I. von Assyrien und sein Sohn Ischmedagan I. oft kämpfen mußten. Vermutlich im Zusammenhang mit diesen Kämpfen kamen churritische Beschwörungstexte, unter denen man die Übersetzung einer babylonischen Beschwörung gegen den Zahnschmerzwurm fand, nach Mari und wurden dort neu abgeschrieben (um 1790?). Wenig

Althethitische Schnabelkannen
Tongefäße aus Aladscha-Hüyük. Ankara, Archäologisches Museum

Viergesichtige Göttin
Bronzeplastik aus Dur-Rimusch, 19. Jahrhundert v. Chr. Chicago, Oriental Institute of the University

später erscheinen einzelne Churriter schon in Nordmesopotamien. Die churritische Sprache kennen wir nicht nur aus sehr vielen Namen und Fremdwörtern in babylonischen und assyrischen Texten, sondern auch aus religiösen Texten und Urkunden in babylonischer und ugaritischer Keilschrift aus der Zeit von 2200 bis 1200. Sie ist nah verwandt mit dem Urartäischen Armeniens im ersten Jahrtausend und hat mancherlei gemeinsam mit etlichen modernen Kaukasussprachen. Obwohl der Sprachbau im ganzen als erschlossen gelten darf, bleibt in den Texten für uns immer noch vieles unverständlich oder jedenfalls nicht sicher deutbar, da ihre Zahl und ihr Umfang nicht ausreichen. Von der Kultur der Churriter wird im Zweiten Band dieses Werkes zu sprechen sein.

Assyrien war durch den Tod Hammurabis wieder ganz frei geworden, stürzte aber in innere Wirren, als sich die alteingesessenen Assyrer gegen die kanaanäische Dynastie Schamschiadads I. erhoben. Ischmedagans Sohn Asinum wurde nach 1742 von Puzursin beseitigt, wie uns dieser in einer Bauinschrift aus Assur berichtet. Die Königsliste nennt beide Könige nicht, dafür aber sieben Könige, die in sechs Jahren gegeneinanderstanden und die alle »Sohn eines Niemand«, also Usurpatoren, gewesen sein sollen. Offenbar hat sie damit aus der Zahl der Fürsten, die damals die Herrschaft für sich in Anspruch nahmen, nur einen Teil ausgewählt. Der unter diesen als letzter genannte Adasi und dessen Sohn Belbani galten noch tausend Jahre später als Ahnherren der Assyrerkönige. Nach den Hofgenealogen hätte also in Assyrien, abgesehen von einigen Usurpatoren, die die legitime Herrscherfolge unterbrachen, von etwa 1700 bis zum Untergang des Reiches dieselbe Dynastie regiert. Wenn diese für uns nicht nachprüfbare Konstruktion zutreffen sollte, müßten jedenfalls mehrfach Könige aus nicht thronberechtigten Seitenlinien der Dynastie die legitimen Erben verdrängt haben. Aus eigenen Inschriften kennen wir vor etwa 1550 keinen weiteren König von Assur. Wir haben Grund zu der Annahme, daß sie alle von den Churritern und später den Mitanni abhängig waren und daß zwischen die in der Königsliste genannten Fürsten von Assur einige Male Statthalter der fremden Herren einzuschalten sind, die die Liste bewußt verschweigt. Über Ninive erfahren wir bis nach 1400 nichts. Es ist sehr fraglich, ob der wichtige Handelsstraßen-Knotenpunkt in diesen Jahrhunderten zu dem sicher nur kleinen Gebiet der Fürsten von Assur gehörte. Das fast völlige Dunkel über Assyrien und Nordmesopotamien lichtet sich erst nach der Entstehung des Mitannireiches etwas.

## *Die Kultur der altbabylonischen Zeit*

Das Ende der dritten Dynastie von Ur führte in Babylonien zu einem gesellschaftlichen Umbildungsprozeß, dessen Anfang im Norden des Landes sicher wesentlich weiter zurückliegt. Die Tempel verloren beträchtliche Teile ihres Grundbesitzes zunächst an den sich von ihnen immer mehr lösenden Staat, der seinerseits größere und kleinere Parzellen an verdiente Soldaten als Dienstlehen abgab. Wahrscheinlich haben sich im Laufe der Zeit zahlreiche Inhaber solcher Parzellen von den Dienstverpflichtungen freigekauft und dann noch weiteren Boden erworben. Jedenfalls nimmt der private Bodenbesitz vor allem im Norden sehr zu und drängt damit die Tempel auch wirtschaftlich stark zurück, obwohl sie immer noch sehr große Wirtschaftskörper blieben. Viele Dienstlehen fielen an Angehörige der noch vor kurzem nomadischen oder halbnomadischen kanaanäischen Stämme und Sippen, die dadurch verbürgerlicht und nach und nach aus ihren früheren Gemeinschaften herausgelöst wurden. Stammesnamen konnten dabei, wie viel später bei den Arabern, zu Bezeichnungen sozialer Gruppen werden, vor allem für die »Aufsehern« und Hauptleuten unterstellten, wirtschaftlich schwachen Schichten, die zum Heeresdienst und zu öffentlichen Arbeiten verpflichtet wurden. Zu einem Abschluß kam diese Entwicklung in der altbabylonischen Zeit wohl nicht. Auch dürfte der in manchen Städten sehr häufige Herrschaftswechsel eine soziale Stabilisierung verhindert haben. Über die Lage zur Zeit Hammurabis wurde das Wesentliche schon gesagt. Manche Fragen, wie die nach den Verschiedenheiten der sozialen Struktur innerhalb der einzelnen Landesteile, kann erst ein genaueres Studium der vielen Tausende von bereits herausgegebenen, aber noch nicht wissenschaftlich untersuchten Urkunden und Briefen klären.

Der Handel wurde während der Isin-Larsam-Zeit in zunehmendem Maß von Einzelnen auf eigene Rechnung betrieben, ohne daß damit Staat und Tempel aus dem Handel vor allem mit Massengütern ganz ausgeschieden wären. In Larsam sammelten etliche Kaufmannsfamilien beträchtlichen Reichtum und gewannen dadurch auch politischen Einfluß, den sie gewiß nicht immer im Sinne der Wünsche ihrer Könige geltend machten. Das wird Rimsin wahrscheinlich veranlaßt haben, nach der Eroberung von Isin im Jahre 1794 Teile des Besitzes dieser Familien einzuziehen und den Staat wieder stärker in den Handel einzuschalten. In ähnlicher Weise scheint Hammurabi vorgegangen zu sein. Daher hören wir nach etwa 1790 viel weniger von Großkaufleuten als vorher. Einen Sonderfall stellt die wichtige Handelsstadt Sippar dar. Hier lag das Bankwesen vor allem in den Händen der »Brachliegende« genannten Priesterinnen, die in einem dem Tempel des Sonnengottes angegliederten Klosterbezirk wohnten. Diese Damen sammelten beträchtlichen Reichtum, über den ihre Familien nicht verfügen durften, und konnten zahlreiche Grundstücke erwerben. Die Kaufleute spielen daher in Sippar eine viel geringere Rolle als anderswo. Wenn wir recht sehen, verstärkte sich der Einfluß dieser Priesterinnen und damit auch des Tempels nach Hammurabi immer mehr.

Das Gerichtswesen entsprach weithin dem neusumerischen. Doch tritt als neue Instanz neben den Richtern in bestimmten Fällen »die Versammlung« auf, in der anscheinend »die Ältesten« ein maßgebendes Wort zu sagen hatten; ihre Funktionen lassen sich gegen die des Richterkollegiums noch nicht genau abgrenzen. Für Streitigkeiten von minderer Bedeutung gab es eine Schiedsgerichtsbarkeit in den einzelnen Stadtvierteln. Von dem großen Einfluß des Königs auf die Rechtsprechung vor allem in Berufungsverfahren war schon mehrfach die Rede; man schwur beim Stadtgott und beim König. Unter den typischen Vertragsklauseln begegnet uns besonders oft die Verzichtserklärung der Partner auf Anfechtung der Abmachungen; hohe Konventionalstrafen bedrohten den Vertragsbrüchigen.

Die Stadtfürsten als die eigentlichen Autoritäten in den sumerischen Städten hatte bereits Schulgi von Ur zu königlichen Beamten degradiert. In den Kanaaniterstaaten verschwand sogar das Wort dafür. Die Stadt regierte nunmehr im Auftrag des Königs oder seines Statthalters »der Große«, das heißt ein Bürgermeister. Er war in manchen Funktionen ziemlich selbständig und hatte vor allem die Polizei unter sich. Hammurabi machte ihn und die Ältesten persönlich haftbar, wenn er Raubüberfälle nicht aufklären konnte. Neben den leitenden Beamten kannte die Bürokratie von Staat und Stadt noch eine beträchtliche Zahl von Ämtern, die wohl ehrenamtlich versehen wurden; ihre Funktionen sind nicht immer bestimmbar. Die öffentlichen Bekanntmachungen erfolgten durch einen Ausrufer, auf den zu hören Pflicht war. Die Stadtverwaltung war auch für den Landbezirk zuständig. Das Dorf als eine besondere Art von Gemeinde ist vor allem im Bereich von Mari bezeugt und faßte dort wohl ganz überwiegend die nicht fest Ansässigen zusammen.

In der Organisation der Tempel hat sich, wenn wir von der spürbaren Einschränkung ihrer weltlichen Funktionen absehen, wohl nicht sehr viel geändert. Die einschneidendste Änderung war die Abschaffung des Amtes der en-Priesterin durch Hammurabi infolge des Verzichtes auf die zur Königsvergöttlichung führenden Kulte. Über die Tempelkulte wissen wir im einzelnen wenig. Die Urkunden und Briefe lassen aber die große Bedeutung der Tempelfeste an bestimmten Tagen erkennen. Die Könige mußten an den wichtigsten teilnehmen und kostbare Götterbilder, Thronsessel für sie und Symbole aus Gold stiften, worüber sie in Inschriften und Jahresdatenformeln berichten. Die Symbole, meist Waffen, brauchte man besonders für die Eidesleistungen. Geopfert wurden wie früher vor allem Haustiere, Getränke und Backwerk. Die Opferrituale wurden, anders als später, nur selten aufgezeichnet.

Die Zahl der Götter, denen geopfert wurde, war nicht mehr so groß wie bei den Sumerern, weil viele untergeordnete Gottheiten kaum noch angerufen wurden. Zwar war der sumerische Familienschutzgott-Gedanke immer noch lebendig, wie die vielen Siegelbilder mit der Einführungsszene zeigen. Immer häufiger steht aber der Beter auf den Bildern auch unmittelbar vor der großen Gottheit, weil die Semiten ihren Göttern zutrauten, daß sie die Fürsorge für die Einzelnen mit ihren Funktionen im Kosmos und der Sorge für die Staaten verbinden konnten. Hier bahnt sich ein ganz entscheidender Wandel in der Gottesvorstellung an, der später noch weitergehende Konsequenzen haben sollte. In die so wesentliche Rolle des Fürsprechers wuchsen jetzt vor allem die Göttergemahlinnen hinein, die in der sumerischen Religion meist noch keine große Bedeutung hatten. Sie wurden die himmlischen Vertreterinnen der warmen Mütterlichkeit neben und anstatt der alten Muttergottheiten, die wegen ihres ursprünglich chthonischen Charakters jetzt zurückzutreten begannen. In den akkadischen Kulthymnen wurden sie allerdings, wenn wir aus der kleinen Zahl der erhaltenen Gebete Schlüsse ziehen dürfen, häufiger angerufen als die Götter und ihre Gemahlinnen.

Die sumerischen Stadtgötter standen in Südbabylonien weiter im Mittelpunkt des Kultes, wurden von den Semiten aber zum Teil anders genannt, indem etwa Enki von Eridu jetzt Ea hieß. Bei den Gestirngöttern begannen die semitischen Namen Sin, Schamasch und Ischtar die sumerischen in den Hintergrund zu drängen. Im Norden wurde nach Ausweis der Siegelbilder und der Personennamen neben Ischtar Schamasch mit seiner Gemahlin Ajja am meisten angerufen. Daneben gewannen seit Hammurabi Marduk von Babylon mit seiner Gemahlin Ssarpanitum (»die Leuchtende«) und Nabium/Nabû mit Taschmetum (»Erhörung«) eine steigende Bedeutung, aber auch der Wettergott Adad, dem wichtige Funktionen des sumerischen Enlil zugeschrieben wurden. Die Theologen setzten diese Götter mit sumerischen gleich – etwa Marduk mit Enki/Eas Sohn Asariluchi –, weil ihnen die Wahrung der Tradition entscheidend wichtig war. Nicht Verdrängung der alten Götter war ihr Ziel, sondern die Integration der neuen Götter in das alte Pantheon. Sie übernahmen von den Sumerern die religiöse Toleranz, die ein Eifern ausschloß.

Urtümliche Vorstellungen der Wüste und die sumerische Tradition wirkten zusammen, um in den Mythen die aus den Namen abzulesende Ethisierung der Gottesvorstellung zunächst nicht zur Wirkung kommen zu lassen. So wurden nicht nur manche moralisch bedenkliche Mythen der Sumerer zunächst noch weiterüberliefert, sondern manchmal die Götter auch in neugeschaffenen babylonischen Mythendichtungen recht merkwürdig gezeichnet. Ein leider schlecht erhaltenes Gedicht beginnt mit dem sehr ausführlichen Preis der Größe und Kampfesfreude der Ischtar. Gegen ihre Anmaßung wollen die anderen Götter dadurch angehen, daß sie Ea bitten, der Ischtar einen Widerpart zu schaffen. Ea formt nun aus dem Schmutz unter seinen Fingernägeln die Göttin Zwietracht und verleiht ihr große Kraft, die sie allerdings mißbraucht. So muß erst eine weitere Göttin, die Aguschaja, geschaffen werden, die vermittelt und Ischtar schließlich wieder beruhigt. Eine Fürbitte für Hammurabi ist in den Schlußgesang eingefügt. Ein anderer, kurzer Hymnus schildert sehr massiv die Dirnenhaftigkeit der Ischtar, während ein Fürbitte-Hymnus für Ammiditana ihre Mütterlichkeit gegenüber dem ausgesetzten Mädchen rühmt. Das Wesen dieser Göttin vereinigt eine Fülle von Widersprüchen; aber auch Eas Wesen ist noch recht zweideutig. Man wundert sich daher nicht, wenn in einem wieder sehr schlecht erhaltenen weiteren Mythus die Erschaffung des ersten Menschen aus Lehm durch Enki/Ea und die Muttergöttin mit nichts anderem motiviert wird als dem Wunsch der Götter, auf diese Weise ihrer Arbeitslast ledig zu werden. Danach wird die Sintflut und die Rettung des Atrachasis (»Überklug«) aus der Katastrophe erzählt, doch besitzen wir davon vorläufig nur unzusammenhängende Bruchstücke. Vieles in diesem Mythus ist gewiß nur eine babylonische Neugestaltung sumerischer Überlieferungen.

Das gilt auch für die altbabylonischen Gilgameschdichtungen, von denen bisher nur ein größeres Stück und etliche kleine Bruchstücke aufgefunden worden sind. Hier waren große Dichter am Werk, denen es gegeben war, vieles knapper, prägnanter und eindrucksvoller zu sagen als ihre sumerischen Vorgänger. In ein einziges großes Epos haben sie den Stoff damals aber wohl noch nicht zusammengefaßt. Die erste Dichtung dürfte auf der verlorenen ersten Tafel von der Schaffung des Enkidu zur Bekämpfung der Tyrannei des Gilgamesch erzählt haben. Sie macht aus dem etwas farblosen Diener des Helden in den sumerischen Dichtungen seinen fast ebenbürtigen Freund und gewinnt damit die Möglichkeit, eine in manchem zeitlose Gestaltung des Motivs der Heldenfreundschaft in die alten Sagen einzuflechten. Die Götter, besonders der stets gütige Schamasch, nehmen vor allem durch das Herabsenden von Träumen, aber auch durch unmittelbare Anrede immer wieder Einfluß auf die Männer, die zwischen Draufgängertum und Furcht vor dem Kommenden hin und her gerissen werden. Die Erzählung von Enkidus Tod ist hier nicht erhalten, wohl aber

Stücke aus Gilgameschs ergreifenden Klagen und aus dem Bericht über seine Reise zum Sintfluthelden – er heißt hier Utana'ischtim –, der ihm den Weg zum ewigen Leben weisen soll. Gilgamesch begegnet unterwegs einer göttlichen Schenkin, klagt ihr sein Leid und schließt mit dem Ausruf: »Möchte ich den Tod, vor dem ich mich ängstige, nicht sehen!« Die Antwort der Schenkin bringt in unübertrefflicher Weise die Resignation zum Ausdruck, die für viele Babylonier das letzte Wort dem Todeslos gegenüber war:

> Gilgamesch, wohin läufst du?
> Das Leben, das du suchst, wirst du nie finden!
> Als die Götter die Menschheit erschufen,
> bestimmten sie der Menschheit den Tod,
> behielten das Leben aber selbst in der Hand!
> Du, Gilgamesch, dein Bauch sei voll,
> ergötze dich bei Tag und Nacht! ...
> Schau an den Kleinen, der deine Hand faßt,
> die Gattin habe ihre Freude auf deinem Schoß!

Ob Gilgamesch, dem dieser Vorschlag nicht genügen konnte, den Weg zu Utana'ischtim noch fand und was ihm dort geschah, erfahren wir aus den altbabylonischen Bruchstücken der Dichtung nicht.

Zwei weitere Dichtungen, die sich mit der Unausweichlichkeit des Todesschicksals beschäftigen, haben, soweit wir sehen können, keine sumerischen Vorbilder. Ihre Helden sind der mythische Weise Adapa und der König Etana von Kisch. Leider kennen wir von den altbabylonischen Gestaltungen dieser Stoffe, die jeder falschen Rhetorik ausweichen, zu wenig, um ihren Inhalt ganz rekonstruieren zu können. Wir werden aber auf die besser erhaltenen jüngeren Nachdichtungen noch zurückkommen. Stellenweise schwülstiger, aber doch kraftvoll gestaltet erscheinen die gleichzeitigen Dichtungen von den Kriegen der Akkade-Könige, insbesondere Sargons, die wie sumerische Dichtungen ähnlichen Inhalts an Volksüberlieferungen anknüpfen, aber anscheinend weniger durch theologische Tendenzen bestimmt sind. Die Erzählung wird oft durch Reden der Helden unterbrochen.

Die für die Sumerer so charakteristischen mythischen Streitgespräche regten die Babylonier zu Dichtungen ähnlicher Art an. In einer von diesen streiten sich die Dattelpalme und die Tamariske, im baumarmen Babylonien die für die Wirtschaft wichtigsten Bäume, über ihre Vorzüge für den Menschen; der Schluß ist nicht erhalten. Fabeln im eigentlichen Sinne sind diese Dichtungen nicht, weil die Bäume oder Tiere in ihnen nicht Menschen vertreten.

An Gebeten aus dieser Zeit sind uns außer den für Könige gedichteten Kulthymnen nur wenige überliefert. Ein Gebet an die Götter der Nacht vor einer Opferschau ist vor allem wegen der lyrischen Schilderung der Stille der Nacht bemerkenswert. Die semitische Religiosität findet ihren Ausdruck besonders in einigen Klagegebeten an Göttinnen, in denen bisweilen auch schon der Gedanke anklingt, daß das Leiden eine Strafe für Sünden sei. Manchmal tritt der Priester als Fürbitter auf. In einem wieder nicht ganz erhaltenen Zwiegespräch zwischen dem verzweifelten Leidenden und einem Freund über den Sinn des Leidens spricht in der letzten Strophe vor dem ganz kurzen Refrain-Gebet der Gott selbst dem Beter Trost zu und verheißt ihm seinen Segen; er mahnt aber auch: »Salbe den

Ausgedörrten, speise den Hungrigen, tränke den Durstigen!« Was der König als Hirte der Menschen im großen tun soll, wird hier von jedem Frommen gefordert, der etwas zu geben hat. Denn der Wille der Götter, an die sich solche Gebete wenden, ist die Erhaltung des Lebens und nicht seine vorzeitige Vernichtung.

Neben den Gebeten stehen die Beschwörungen gegen die Dämonen, gegen Krankheiten (die nicht als Dämonen personifiziert sind), gegen Giftschlangen und Skorpione. Das sumerische Vorbild ist allenthalben erkennbar, wird aber nicht sklavisch nachgeahmt. Besonders charakteristisch sind wie in Assyrien die Beschwörungen gegen die kindermordende Lamaschtum, die als gefallene und verstoßene Tochter des Himmelsgottes Anu galt. Daß Marduk als Sohn des Ea die Rolle des sumerischen Asariluchi als vornehmster Beschützer gegen die Dämonen übernahm, hat wahrscheinlich besonders viel dazu beigetragen, ihn den von Krankheiten verfolgten Menschen lieb zu machen. Zwischen magischen und eigentlich medizinischen Heilmitteln wurde damals noch kaum unterschieden; der »säftekundige« Arzt verwendete beide.

Eine ganz neue Literaturgattung stellen die sehr umfangreichen Sammlungen von Vorzeichen mit ihren Deutungen dar. Auch die Sumerer haben auf Vorzeichen geachtet und geglaubt, daß durch sie die Götter ihren Willen kundtun. Aber Vorzeichensammlungen haben sie nicht angelegt. Wenn die Babylonier das nun taten, so knüpften sie formal an das oben besprochene sumerische Listenwerk an; denn sie schufen zu den Wortlisten nun Listen von untereinander nicht verbundenen ganzen Sätzen hinzu, die entweder die Omina aus bestimmten Vorgängen möglichst vollständig zusammenfassen sollten oder als Sammlungen von Beispielen für die Beziehungen zwischen Vorzeichen und Deutung gedacht waren. Während nun die auf Vollständigkeit ausgehenden Satzlisten nur eine Erweiterung des sumerischen Listenwerkes darstellen, dessen Charakter sie aber nicht grundsätzlich veränderten, sind die Beispielsammlungen etwas ganz Neues. Nur noch ihrer äußeren Form nach waren sie listenartige Werke; die Ordnung der Welt in einem bestimmten Bereich, hier eben dem Bereich der Bezeugung des Gotteswillens durch Vorzeichen, vermochten sie nicht mehr sichtbar zu machen. Die eigentliche sammelnde und ordnende Funktion des sumerischen Listenwerkes war den Babyloniern nicht aufgegangen und konnte ihnen wohl auch nicht aufgehen, weil für sie der persönliche Gotteswille eine höhere Realität war als die unpersönliche Weltordnung. Eben deswegen konnten sie aber die äußeren Möglichkeiten, in Form von Listen gleichsam verschlüsselte Aussagen über geistige Dinge zu machen, weitaus besser und vielseitiger ausnutzen.

Unter den Vorzeichen hatten damals anders als später die künstlich herbeigeführten durchaus den Vorrang vor denen, die man aus natürlichen Erscheinungen oder Vorgängen auf Erden und am Himmel ablas. Für den Staat wie für viele Einzelne war das wichtigste Mittel, um in einem bestimmten Fall den Willen der Götter zu erkunden, die Opferschau, die an den Eingeweiden, vor allem an der Leber des Opferschafes, durchgeführt wurde. Hier hat man viele Hunderte von Einzelerscheinungen beobachtet, die der Opferschaupriester dann kombinieren mußte, um auf die Fragen des Auftraggebers eine im Sinne der Vorzeichenlehre korrekte Antwort zu geben. Auf Modellebern war das Organ in viele kleine Felder geteilt, deren Aussehen im Einzelfall geprüft werden mußte. Die Tatsache daß sich zwei Lebern niemals völlig gleichen, eröffnete mannigfache Deutungsmöglichkeiten. Ein Beispiel: »Wenn die Palastpforte *(incisura umbilicalis)* leer ist und zwei deiner Finger in sie hineingehen, packt den Palast Not.« Über die durchgeführte Opferschau wurde oft schriftlich berichtet, wobei zwölf Merkmale aufgezählt werden mußten. Wenn die Merkmale auf einander ausschließende, verschiedene Deutungen hinwiesen, so war die Mehrzahl der Merkmale für die Deutung maßgebend. Neben der Eingeweideschau wurde auch die Wahrsagung aus den Figuren des Rauches sowie denen, die auf Wasser geschüttetes Öl bildet, oft betrieben; sie war billiger, weil sie ohne Schlachtung eines Opfertieres auskam. Die Wahrsagung aus den Sternen und aus Gestalt und Verhalten des Menschen wurde damals aber noch selten geübt; die astronomischen Kenntnisse waren noch zu gering.

Die sumerischen Wortlisten, an die die Omenlisten anknüpften, wurden von den Babyloniern auch als solche übernommen und teils einsprachig immer wieder abgeschrieben, teils aber auch mit einer zweiten Spalte versehen, die die sumerischen Wörter ins Akkadische übersetzte. Die alten Listen wurden dadurch der neuen Wissenschaft der Philologie dienstbar gemacht, wobei neben die bisher einzige Dimension der Senkrechten die zweite Dimension der Waagerechten trat, aus der die Wortentsprechungen abzulesen waren. Nachdem auf diese Weise die sumerisch-akkadische lexikalische Liste entstanden war, schuf man auch noch neue Typen solcher Listen, die nach anderen Gesichtspunkten geordnet waren, sowie grammatische Listen, die sumerische und akkadische Verbalformen oder Pronomina nebeneinanderstellten. Diese grammatischen Listen waren wieder Beispiellisten, die in keiner Weise auf Vollständigkeit ausgehen konnten, weil man ja nicht von jedem Verbum alle möglichen Formen verzeichnen konnte. Auch hier entdeckten die Babylonier also ganz neue Möglichkeiten, mit Hilfe von Listen Aussagen zu machen. Da mehrere Listen so angelegt waren, daß sie den praktischen Bedürfnissen der Übersetzer kaum genügen konnten, muß für sie ein theoretisches Interesse an der eigenen wie der so gänzlich andersartigen sumerischen Sprache bestimmend gewesen sein, das allerdings nie zur Formulierung irgendwelcher Erkenntnisse in Satzform führte. Die zweisprachigen Listen als Ganzes bezeugen ein so intensives Studium einer fremden Sprache, wie es sonst das ganze Altertum und das Mittelalter vor der Renaissance nicht kannte. Für ihre eigene Sprache gelangten freilich Inder und Griechen sowie später Araber und Juden zu ungleich tieferen und auch formulierten Erkenntnissen.

Geistesgeschichtlich fast noch eigenartiger als diese Art von Sprachstudium war die altbabylonische Mathematik. Sie basiert auf dem sumerischen Sexagesimalsystem mit den Grundzahlen 1, 60, 3600, 216000, 1/60 usw. sowie der im Wirtschaftsleben nicht üblichen positionellen Schreibweise der Zahlen, bei der die 1 auch als 60, 3600 usw. gelesen werden konnte, die 10 aber auch als 600, 36000, 1/6 usw. Vor unserem indisch-arabischen Zahlensystem war das babylonische das einzige, das positionell geschrieben werden konnte. Ein Komma vor den Sexagesimalstellen, die kleiner als 1 waren, kannte man nicht und nutzte diesen theoretischen Mangel beim Rechnen raffiniert aus. Unmittelbar vollziehen konnte man allerdings nur Additionen und Subtraktionen. Für Multiplikationen sowie Potenzen und Wurzeln benötigte man die weithin schon von den Sumerern ausgebildeten Rechentabellen, für deren Anlage allerdings nicht nur praktische Gesichtspunkte maßgeblich waren. An die Stelle von Divisionen traten Multiplikationen mit dem Reziproken des Divisors, die man mit Hilfe von Reziprokentabellen durchführte; statt 48:6 rechnete man also 48 × 1/6. Mit diesen Tabellen konnte man dann freilich auch Zahlen bewältigen, die vier bis acht Sexagesimalstellen hatten, also in die Millionen oder gar Milliarden gingen. Ein Nullzeichen zur Kennzeichnung ausfallender Sexagesimalstellen fehlte.

Die Mathematik hat sich in Babylonien aus der Feldmesserei entwickelt und war daher zunächst vorzugsweise Geometrie; man berechnete außerdem Großbauten und Kanäle sowie die dafür erforderlichen Arbeitstage. In den Kanaaniterstaaten beschäftigte dann auch das Heer seine Mathematiker, wenn es Festungen mit Hilfe von Belagerungsdämmen angriff, deren Größe und Bauzeit genau zu errechnen schon deswegen notwendig war, weil für die Feldzüge oft nur einige Monate zur Verfügung standen. Die Schüler wurden in diese Arbeiten an Hand vieler Probeaufgaben eingeführt, denen teilweise auch nicht maßstabgerechte Zeichnungen beigegeben wurden. Das Studium der in sehr großer Zahl erhaltenen Aufgaben und ihrer Ausrechnungen hat nun gezeigt, daß bei manchen nur die Terminologie geometrisch war, der Inhalt aber algebraisch; denn man kann ein »Feld« und »Erdmassen« nicht addieren, wohl aber quadratische und kubische Größen. Die damaligen Babylonier konnten also eine Fülle von algebraischen Aufgaben ohne unmittelbare praktische Bedeutung lösen, die wir als Gleichungen auch mit mehreren Unbekannten formulieren würden. Die Ausrechnungen sind nicht immer im Sinne unserer Mathematik sachgemäß, führten aber zum Ziel; sie wurden wahrscheinlich durch unermüdliches Probieren gewonnen. Man rechnete fast immer mit bestimmten Zahlen; nur vereinzelt finden sich Ansätze zu einem Rechnen mit allgemeinen Zahlen.

Das Merkwürdigste an dieser außerordentlich leistungsfähigen und auch an theoretischen Zahlenproblemen interessierten Mathematik ist nun, daß sie ganz ohne Lehrsätze, Formeln und Beweise auskam. Man machte vom Lehrsatz des Pythagoras praktisch Gebrauch und konnte mit arithmetischen Reihen umgehen, hat aber ebenso wie in der Theologie und Philologie keine einzige Erkenntnis formuliert. Ganz im Gegensatz dazu unternahmen es die griechischen Mathematiker schon mit viel geringeren Kenntnissen als den für Babylonien nachweisbaren, allgemeine Sätze aufzustellen, sie zu beweisen und logisch miteinander zu verknüpfen. Sie haben sicher sehr viel von Babylonien gelernt, sind aber methodisch von Anbeginn ganz anders vorgegangen. Daher kann die babylonische Mathematik nicht als eine Vorstufe zur griechischen angesehen werden, sondern nur als ein eigener, unwiederholbarer Versuch, bestimmte Bereiche der mathematischen Wirklichkeit mit den Denkformen zu bewältigen, die die nach 2000 zweisprachig gewordene sumerisch-babylonische Kultur entwickelt hat. Diese wurzeln auf der einen Seite im sumerischen Ordnungsdenken und auf der anderen Seite in der speziell semitischen Begabung, genau zu beobachten, in Verbindung mit ihrer Freude an unermüdlichem Probieren. Weil große Problembereiche mit den babylonischen Methoden nicht bewältigt werden konnten, mußte diese Mathematik bald an unübersteigbare Grenzen stoßen; sie hat sich nach der altbabylonischen Zeit nur noch wenig weiterentwickelt. Die über tausend Jahre später einsetzende rechnende Astronomie hat in der babylonischen Mathematik nur eine ihrer Wurzeln. Es wird noch sehr lange dauern, bis es gelingt, die Phänomene, auf die wir in diesem

Gebäude mit großen Vorratsgefäßen in Hattusas aus der Zeit der jüngeren assyrischen Handelskolonien 18. Jahrhundert v. Chr.

Atrium des Herrscherpalastes in Hattusas

Zusammenhang nur mit knappen Andeutungen hinweisen konnten, einigermaßen angemessen zu beschreiben.

In der Bau- und Bildkunst ist die altbabylonische Zeit, soweit wir bisher sehen können, nicht so schöpferisch gewesen wie in der religiösen Dichtung und in den besprochenen Bereichen der Wissenschaft. In der Baukunst sind, von Mari abgesehen, wesentliche neue Gedanken nicht erkennbar. Die Ausgrabung von Ur hat gezeigt, daß es dort während der Isin-Larsam-Zeit zahlreiche gut gebaute Privathäuser gab, manche von ihnen anscheinend zweistöckig. Unter den nicht sehr zahlreichen Rundbildern und Reliefs befinden sich einige ausdrucksstarke Stücke wie ein Bild des alternden Hammurabi oder aus derselben Zeit die Bronzestatuette eines knienden Beters aus Larsam. Die Gottheit hat man gelegentlich mit vier Gesichtern dargestellt. Die Siegelbilder sind inhaltlich mannigfaltiger als die der ausgehenden Sumererzeit. Neben den Einführungsszenen werden manche mythologische Motive der Akkadzeit wiederaufgenommen, manchmal als Nebenszenen zu Einführungsbildern. Vor allem bei den Göttern der Semiten bemüht man sich um eine Zeichnung, die die besonderen Attribute und die ihnen zugeschriebenen Eigenschaften deutlich hervortreten läßt. Dabei wird Ischtar oft unbekleidet dargestellt, bisweilen aus noch unbekannten Gründen auf dem Kopf stehend. Verschiedene Bildmotive sind für uns noch unverständlich.

Trotz der geringen politischen Stabilität der Mehrzahl der Kanaaniterstaaten war die altbabylonische Zeit, aufs Ganze gesehen, kulturell außerordentlich fruchtbar, da sie das sumerische Erbe lebendig erhielt und doch der Entfaltung der semitischen Art freien Raum ließ. Sie wies ohne Bruch mit der Vergangenheit in die Zukunft.

## *Das ältere Hethiterreich und die Eroberung Babylons 1595 v. Chr.*

Kleinasien liegt für uns nach dem Untergang der assyrischen Handelskolonien um 1800 jahrzehntelang völlig im dunkeln. Während dieser Zeit muß in dem von Anitta zerstörten Hattusas ein Staat der Hethiter entstanden sein. Als erster König ist uns Tudhalijas I. (um 1730) nur dem Namen nach bekannt. Wenn die Überlieferung von Genesis 14, nach der zur Zeit Abrahams Tid'al zusammen mit anderen Königen an einem Koalitionskrieg gegen palästinische Fürsten teilgenommen habe, einen historischen Kern enthält, wofür heute einiges spricht, müßte Tudhalijas nach Süden gezogen sein; es bleibt abzuwarten, ob einmal ältere Nachrichten eine Bestätigung dafür bringen. Sein Enkel war Labarnas I. (etwa 1670–1640), von dem wir auch noch keine Inschrift besitzen. Die im wesentlichen sicher zuverlässige Einleitung zum Reformerlaß des Telepinus, von dem wir bald sprechen müssen, nennt ihn Großkönig, sagt aber auch, daß sein Land zunächst noch klein war. Sie schreibt ihm die Eroberung von sieben größeren Städten zu, die wohl alle nördlich des Taurus zu suchen sind; in einigen setzte er seine Söhne als Vizekönige ein. Da der Name dieses Königs in der Form Tabarna von nun an zum Titel aller Hethiterkönige wurde, so wie sich alle römischen Kaiser Caesar nannten, muß er ein bedeutender Herrscher gewesen sein.

Von seinem Neffen Hattusilis I.-Labarnas II. (1640–1615) sind uns Teile zweier größerer Inschriften in hethitischer Sprache und im akkadischen Dialekt von Mari und Syrien erhalten. Sie zeigen, daß bereits damals die Königin mit dem Titel Tawananna einen auch staatsrechtlich sanktionierten, überaus großen Einfluß hatte; der König nennt sich Neffe der Frau seines Vorgängers. Das Hethiterreich nimmt auch damit eine Sonderstellung im alten Orient ein. Die erste Inschrift berichtet von den Feldzügen der ersten sieben Jahre und ist ein Dokument der Freude am Kampf und an großer Kriegsbeute. Wie fast bei allen hethitischen Inschriften können wir nur einen Teil der erwähnten Länder und Orte wenigstens ungefähr lokalisieren. Die historische Geographie Altkleinasiens ist in der Forschung noch in vielem strittig. Klar ist, daß im zweiten Jahr Alalach und Urschu in Nordsyrien erobert und zerstört wurden, die damals zum Königreich Halab gehörten. Die Zerstörung von Alalach wird auch durch die Beobachtungen der Ausgräber und das Abbrechen der Überlieferung dort für längere Zeit bestätigt. Im kommenden Jahr zog Hattusilis nach Arzawa (etwa Pisidien-Pamphylien) im Südwesten, konnte aber nicht verhindern, daß inzwischen die Churriter aus Mesopotamien große Teile Ostkleinasiens besetzten, die er ihnen erst nach und nach wieder entreißen konnte. Diese Angabe ist für uns der erste eindeutige Hinweis auf ein größeres Churriterreich um 1640, dessen Gebietsumfang und Dauer freilich weiterhin im dunkeln liegen. Der König rühmt sich dann, erstmalig den Euphrat südwärts überschritten zu haben, wobei er die Städte Chachchu und Chaschschu vernichtete. Nach einer etwas jüngeren akkadischen Dichtung hat er dann später nicht immer glücklich mit Halab und dessen Vasallenstaaten sowie mit Karkemisch gekämpft; die Mißerfolge werden in einer für die Hethiter bezeichnenden Weise auf moralische Verfehlungen führender Beamter und Offiziere zurückgeführt, die im Auftrag des Königs eine Belagerung durchführten. Der leider noch nicht in allem klare Text zeigt die Beteiligten immer wieder in Rede und Gegenrede und gelangt so zu sehr lebendigen Schilderungen.

Aber nicht nur an den Grenzen gab es später Mißerfolge, sondern auch im Inneren. Die zweite Inschrift des Hattusilis berichtet uns, daß der König krank wurde und seinen Neffen, den Kronprinzen Labarnas, mit seiner Vertretung betraute. Der aber rechtfertigte das in ihn gesetzte Vertrauen nicht, sondern hörte auf seine Mutter, »diese Schlange«, und wiegelte »mitleidslos« bestimmte Gruppen gegen Hattusilis auf. Der empörte König setzte ihn ab und stellte ihn auf einem Landgut unter Hausarrest: »Dort mag er essen und trinken.« Kronprinz wurde nun sein Sohn Mursilis, dessen Anerkennung Hattusilis vom *pankus* forderte. Dieser *pankus* ist eine Adelsversammlung, die im damaligen Hethiterreich sehr wichtige Funktionen hatte und auch den König zur Rechenschaft ziehen konnte, ja zeitweise wohl sogar das Recht zur Königswahl in Anspruch nahm; es bestand offenbar kein Nachfolgerecht für die Söhne des regierenden Königs. Mursilis war bei seiner Einsetzung noch jung; daher bestimmte Hattusilis, daß er in den kommenden drei Jahren noch nicht zu Felde ziehen dürfe. Der *pankus* verlangte als Preis für die Anerkennung offenbar, daß dem König die Gerichtsbarkeit über den Hochadel, »die Gewichtigen«, entzogen werde, und Mursilis wurde auf die Einhaltung der getroffenen Vereinbarungen verpflichtet, die er sich jeden Monat einmal vorlesen lassen mußte. Die Inschrift berichtet dann noch von weiteren unerfreulichen Familienstreitigkeiten, die den König veranlaßten, auch eine Tochter zu enterben und zu verstoßen. Mahnungen an alle sind eingefügt, die betonen, daß von ihrer Beachtung das Schicksal des Landes abhängen werde.

Obwohl der schon erwähnte Erlaß des Telepinus den Mursilis unmittelbar auf Hattusilis I. folgen läßt, gab es nach anderen Quellen eine kurze Zwischenregierung. Wir besitzen keine Inschrift von Mursilis I. (etwa 1610-1580). Telepinus berichtet, daß er zuerst Halab, das Hattusilis nicht bezwingen konnte, eroberte und zerstörte. Dann zog er weiter südostwärts, schlug ein Heer der Churriter und gelangte nach Babylon, das er gründlich ausplünderte. Die Richtigkeit dieser Angabe bestätigt uns eine babylonische Chronik, die recht wortkarg berichtet, daß gegen Samsuditana (1626-1595) »der Hethiter« gezogen sei und in das Land Akkade (Nordbabylonien) kam. Dieser Feldzug muß die Herrschaft des Samsuditana in Babylon und damit die der Hammurabidynastie beendet haben und für Babylonien außerordentlich folgenschwer gewesen sein. So ist es nicht verwunderlich, daß sich noch später Dichter mit diesem Ereignis beschäftigten und es in einem Epos darstellten. Leider besitzen wir davon nur zwei kleine Bruchstücke. In dem einen redet offenbar Mursilis: »Ich werde wie der Wettergott Adad donnern und Gewölk heraufführen, gegen das Heer Samsuditanas einen Sturm entfesseln, es in Massen schlagen und niederwerfen.« Weitere martialische Reden folgen. Mursilis konnte seine Eroberung nicht halten, gab aber nun den Kassiten die Möglichkeit, nach seinem Abzug Nordbabylonien endgültig zu besetzen, während gleichzeitig der Meerlandkönig Gulkischar (etwa 1599-1564) anscheinend große Erfolge in Südbabylonien und im Osttigrisland errang, über die Einzelheiten allerdings nichts überliefert sind; eine Inschrift Gulkischars wurde noch nicht gefunden.

Die späteren Jahre des Mursilis brachten wieder Familienstreitigkeiten und schließlich die Ermordung des Königs durch seine Schwäger Hantilis und Zidantas. Als Hantilis (etwa 1580-1560) alt wurde, erreichte ihn die Vergeltung, indem Zidantas (etwa 1560 bis 1540) ihm alle Söhne tötete, um selbst den Thron zu besteigen. Zidantas schloß mit dem König Pillijas von Kizwatna (Kilikien) einen Vertrag, der vermutlich beide gegen die Churriter absichern sollte. Das leider nur kleine Bruchstück, das davon erhalten ist, steht für uns am Anfang einer langen Reihe von Staatsverträgen, die die Hethiter mit gleichgestellten Königen und mit Vasallen abschlossen und die ein wichtiges Mittel ihrer Politik waren. Zidantas wurde von seinem Sohn Ammunas (etwa 1540-1525) ermordet und büßte damit für seine eigenen Taten. Nach dem Tode des Ammunas führten innere Unruhen zu furchtbaren Metzeleien in den Adelsfamilien. Huzzijas, der sich schließlich durchsetzte, wurde bald von seinem Schwager Telepinus (etwa 1520-1500) verjagt. Dieser wollte dem nun schon mehrere Generationen lang andauernden Morden durch eine Staatsreform ein Ende setzen und gab daher einen umfangreichen Erlaß heraus, der mit einem ausführlichen Bericht über die Geschichte des Landes seit Labarnas I. beginnt; wir haben ihn hier als unsere wichtigste Geschichtsquelle neben den Inschriften des Hattusilis I. dauernd benutzt. Nach einem kurzen Rückblick auf seine Feldzüge, die über Anatolien wohl nicht hinausführten, erzählt uns Telepinus, daß er einen Reichstag einberief und durch ihn die Reformen billigen ließ. Die wichtigste war die Festlegung der Erblichkeit des

Königtums. Wenn ein Sohn der ersten Frau nicht vorhanden sei, solle der Sohn einer Nebenfrau König werden; nur wenn gar kein Prinz da sei, erbe eine Tochter, deren Gemahl dann König werde. In der Anerkennung dieses Grundgesetzes lag der Verzicht des Adels auf eine Königswahl. Dafür gestand ihm Telepinus die Blutgerichtsbarkeit auch über den König für den Fall zu, daß dieser erneut Morde in seiner Familie begehe. Es gab also kein absolutes Königtum in Hatti, was durch weitere, die Gerichtsbarkeit des Königs auch bei Kapitalverbrechen einschränkende Bestimmungen noch unterstrichen wird. Der bedeutsame Erlaß spricht den Wunsch aus, daß die Götter nunmehr von ihren blutigen Strafgerichten Abstand nehmen möchten.

Ob der Erlaß unmittelbar Erfolg hatte, wissen wir nicht, da das ältere Hethiterreich nach Telepinus zusammenbricht, ohne daß wir irgendeine Nachricht darüber hätten. Eine Ursache dafür war sicher der Aufstieg des Mitannireichs; ob Angriffe anderer Nachbarn und innere Streitigkeiten noch dazukamen, ist nicht bekannt.

Etwa in die Zeit des Telepinus und seiner Vorgänger gehört wahrscheinlich die Mehrzahl der Gesetze, die uns durch zwei große, um 1300 geschriebene Tafeln überliefert sind; ihre Sprache ist althethitisch. In den etwa zweihundert Gesetzen nimmt das Strafrecht den größten Raum ein. Dabei ist als Grundtendenz feststellbar, daß es dem Gesetzgeber weniger um die Bestrafung des Täters geht als darum, ihn zur Wiedergutmachung anzuhalten. Die Todesstrafe wird seltener gefordert als bei Hammurabi oder gar in Assyrien. Das war in Hatti aber nicht immer so; denn die Gesetze stellen mehrfach eine härtere frühere Bestimmung der von nun an gültigen milderen Regelung gegenüber. So erfahren wir, daß früher jemand, der ein bereits bestelltes Feld neu besäte und dadurch an sich bringen wollte, von Pflugrindern, die man auseinandertrieb und dann auch tötete, zerrissen wurde. An die Stelle dieser barbarischen Strafe trat nun die Abgabe von drei Schafen, dreißig Broten und drei Krügen Bier an den Geschädigten zusätzlich zur Rückstellung des Feldes. Selbst Totschlag konnte nun durch allerdings sehr hohe Geldstrafen oder durch Abgabe von Sklaven gesühnt werden; auch auf Körperverletzungen standen Geldstrafen oder die Auflage, den Verletzten gesund zu pflegen und bis dahin dessen Arbeit zu übernehmen. Sehr schwer waren die Strafen bei bestimmten Kult- und Sittlichkeitsverbrechen und auch für Sodomie; hier hatte mehrfach der König zu entscheiden, ob die Todesstrafe vollstreckt werden sollte. Sehr ausführlich werden die verschiedenen Arten von Diebstählen behandelt.

In den Bereich des bürgerlichen Rechts gehören neben familienrechtlichen Bestimmungen vor allem Vorschriften über das Lehensrecht, die in dem hethitischen Feudalstaat besonders wichtig waren. Es ging dabei etwa um die Frage, ob ein Handwerker oder Angehöriger des gedrückten »Kriegsgefangenen«-Standes sich durch Aufgabe seines Ackers seinen Verpflichtungen entziehen konnte. Handwerker und Bauern zählten offenbar nicht zu den Vollfreien; noch weniger geachtet waren bezeichnenderweise die Hirten. Die Stellung der Sklaven war unterschiedlich; manchmal konnten sie Vermögen erwerben und dann auch freie Frauen nehmen. Manche Bestimmungen deuten auf soziale Umschichtungen, die wegen des fast völligen Fehlens von Urkunden aus dem Hethiterreich im einzelnen schwer erkennbar sind. In anderen Fällen will der Gesetzgeber Vorschriften, die nur für einzelne Landesteile galten, durch eine für das ganze Land verbindliche Regelung ablösen. Diesem Ziel dienen gewiß auch die zahlreichen Tarifbestimmungen, aus denen hervorgeht, daß die Geldwirtschaft noch nicht voll entfaltet war; weithin wurde in Naturalien gezahlt.

Da wir auch die sicher alten Texte nur in Abschriften aus der Zeit des jüngeren Großreichs besitzen und die große Mehrzahl der religiösen Texte jedenfalls in der uns vorliegenden Fassung jung ist, können wir die religiösen Anschauungen der Zeit vor 1500 noch nicht gegen die der Großreichszeit abgrenzen. Es ist daher zweckmäßig, von der Religion und der religiösen Literatur erst bei der Behandlung des jüngeren Reichs zu sprechen. Sehr wenig bekannt ist auch über die Kunst der älteren Zeit. Die Ausgrabung der Hauptstadt Hattusas legte Reste ansehnlicher Privathäuser mit Steinfundamenten frei; außerdem konnte sie nachweisen, daß große Teile der das Gelände vorzüglich ausnutzenden starken Bruchsteinmauern um die die Unterstadt hundert bis hundertfünfzig Meter überragende Zitadelle schon vor 1500 erbaut wurden, nach einer Überlieferung vielleicht von König Hantilis. Während der Einfluß Babyloniens auf die Hethiter im Bereich der Religion und der Literatur außerordentlich groß war, wie wir noch sehen werden, haben in der Baukunst und -technik Anregungen aus Mesopotamien wohl keine wesentliche Rolle gespielt. Von den älteren Bewohnern Kleinasiens haben die Hethiter gewiß viel gelernt, sie aber doch wohl gerade im Festungsbau übertroffen. Da die jüngeren Anlagen in dem Bestreben, die Fundamente möglichst in den gewachsenen Felsen zu legen, von den älteren nicht viel übrigließen, können wir nicht sicher beurteilen, wo die Hethiter in der Befestigungskunst ihre eigenen Wege gingen. Weitere Ausgrabungen müssen hier abgewartet werden.

Von entscheidender Bedeutung für unser Verständnis der Geschichte und Kultur des älteren Reichs wäre es, wenn wir wüßten, ob außer dem sicher überwiegend von den indogermanischen Einwanderern abstammenden Adel auch größere Teile der bäuerlichen Bevölkerung indogermanischer Herkunft waren. Da auch die Könige und Adligen großenteils altkleinasiatische Namen trugen, können wir aus den Namen keine Schlüsse auf die Herkunft ihrer Träger ziehen. Wahrscheinlich bildeten die Indogermanen im größten Teil Anatoliens nie mehr als eine ziemlich dünne Oberschicht, die sich immer mehr mit den Einheimischen vermischte. Die Sprachen der Einheimischen haben als Substrate grammatisch und lexikalisch einen sehr starken Einfluß auf das Hethitische und Luvische ausgeübt. Wo und in welchem Ausmaß sie damals noch gesprochen wurden, entzieht sich unserer Kenntnis. Ganz außer Gebrauch gekommen waren sie gewiß auch im hethitischen Kerngebiet noch nicht.

UNIVERSALGESCHICHTE
IN STICHWORTEN

NAMEN- UND SACHREGISTER

QUELLENVERZEICHNIS
DER ABBILDUNGEN

# UNIVERSALGESCHICHTE IN STICHWORTEN

## Vor mehr als drei Milliarden Jahren

Beginn des Lebens; bisher älteste Zellenfunde (Algen) vor 2,7 Milliarden Jahren. Der Ablauf der Frühevolution des Lebens ist nur in der Rekonstruktion faßbar.

## Vor 600 Millionen bis 70 Millionen Jahren

»Fossilgrenze« (vor 600 Millionen Jahren). Die ersten Wirbeltiere erscheinen im Ordovicium (vor 500 Millionen Jahren); ihre Evolution geht, in Funden belegt, über Knochenfische, Amphibien, Reptilien zu den ältesten Säugetieren im Mesozoikum (vor 200 Millionen Jahren). Als sichere Vorfahren der heutigen Säugetiere können die Pantotheria (Jurazeit) gelten; echte Säugetiere treten erstmals in der oberen Kreidezeit (vor 100–80 Millionen Jahren) in insektenfresserartiger Gestalt auf. Von dieser Basis aus haben sich im Laufe der 70 Millionen Jahre währenden Tertiärzeit (»Zeitalter der Säugetiere«) die Wirbeltiere entwickelt.

## Vor 70 Millionen bis vor einer Million Jahren

Die ersten Primaten (Herrentiere) werden im Paleozän als Halbaffentypen faßbar (vor 70 Millionen Jahren). Die Vorläufer der heutigen Koboldmakis *(Tarsius)* bilden den Ausgangspunkt der höheren Primaten, die im unteren Oligozän nachweisbar sind (vor 40 Millionen Jahren), darunter die Urgibbons *(Propliopithecus)*. Diese Formen können als Vorformen für die Hominoidea (Menschenähnliche), die Pongidae (Menschenaffen) und für die Hominidae (Menschenartige) gelten. Beginn der Entwicklung der höheren Primaten: die ersten Menschenaffen (Pongidae) treten im unteren Miozän auf (vor 25 Millionen Jahren): die Proconsulinae. Sie waren noch nicht als langarmige Hangelkletterer für den Urwald spezialisiert; von ihnen (als Ahnenmodell) mögen die Hominidae im Miozän abgezweigt sein (vor 25 bis 15 Millionen Jahren). Die Hominiden erwerben im Laufe des Miozäns-Pliozäns (subhumane Phase) die aufrechte Haltung des zweibeinigen Steppenläufers, die als Vorbedingung für die hominidentypische Vergrößerung des Gehirns (Zerebralisation) gelten muß.

## Vor einer Million bis 500 000 Jahren

Tier-Mensch-Übergangsfeld am Ende des Tertiärs: erstes Auftreten menschlicher Intelligenz, Fähigkeit, Geräte (Artefakte) zu formen, Beginn der humanen Phase. Paläolithikum (Altsteinzeit). Bisher älteste Funde aus dem unteren Mittelpleistozän (vor siebenhunderttausend Jahren), primitive Knochengeräte-Kultur (Osteodontokeratische Kultur) und einfache Steingeräte (»pebble tools«) der Prähomininen (Australopithecinae) in Ostafrika. Die Prähomininen, auch in süd- und ostasiatischen Fundorten nachgewiesen, können nicht als Vorfahren der Menschen (Euhomininen), wohl aber als Modell für deren Gestalt im Tier-Mensch-Übergangsfeld gelten. Von einem solchen prähomininen Ahnenmodell hat sich im Pleistozän die humane Menschheit entfaltet. Älteste Belege dafür sind Reste des *Telanthropus* in Swartkrans (Südafrika). Die Geröll- (pebble tools) und Vorfaustkeil-(Prä-Abbevillien-)Geräte sind in Afrika weit verbreitet und kommen auch in Ostasien und Indonesien vor. In Mitteleuropa (»Heidelberger Stufe«) reichen sie bis an die Grenze Pliozän/Pleistozän zurück. Bald nach ihrem Erscheinen haben die pleistozänen (Eu)homininae eine vorerst nur lückenhaft erfaßte Typenmannigfaltigkeit entwickelt und sind weit über die Alte Welt verbreitet. Ihre ältesten Kulturen: die Haumesser-(Chopper-)Kultur, in Ostasien das Chou-Kou-Tienien, die Oldoway-Kultur in Ostafrika, die Faustkeil-Kultur (Abbevillien-Chélleen) und vermutlich auch die »Heidelberger Stufe«. Die Träger dieser Kulturen können als *Archanthropinen* bezeichnet werden. Ihre ältesten Nachweise stammen aus dem Mittelpleistozän (Mindel-Kaltzeit): Unterkiefer von Mauer, *Telanthropus* in Südafrika (Swartkrans), in Ostafrika mit einer neuen, noch unbenannten Form aus der Oldoway-Schlucht.

## Vor 500 000 bis 50 000 Jahren

Die Typengruppen der Archanthropinen finden sich in Asien: Java *(Homo erectus erectus)*, China *(Homo erectus pekinensis)* – ältester Nachweis der Feuerbenutzung, in Java auch jüngere Formen aus dem oberen Pleistozän *(Homo erectus soloensis)*, in Afrika: Casablanca-Ternifine *(Homo erectus mauritanicus)*, Oldoway (Homo nova species), in Mitteleuropa *(Homo erectus heidelbergensis)*. In die Nähe dieser Typen können vermutlich auch die Funde von Rhodesia und Saldanha mit Levallois-Kultur gestellt werden. Ein anderer Zweig, wohl aus derselben Basis wie die Archanthropinen, spaltet sich im mittleren Pleistozän in die Paläanthropinen und Neanthropinen; die Paläanthropinen erscheinen in der unteren

Würm-Eiszeit als »klassischer« Neandertaler *(Homo neanderthalensis neanderthalensis)*. Er wird wohl von höheren Formen der Neanthropinen *(Homo sapiens)* verdrängt. Vorformen des »klassischen« Neandertalers sind die Präneandertaler aus Ehringsdorf und Saccopastore. Die Kultur der Paläanthropinen ist das Moustérien (Handspitzenkultur); Mittelpaläolithikum, Totenbestattung mit Grabbeigaben (vor achtzig- bis sechzigtausend Jahren). Das Verhältnis der Paläanthropinen zu den Neanthropinen noch ungesichert, die »Neandertaler« aus Shanidar (Irak) und Karmel (Palästina) geben vielleicht Anhaltspunkte dafür. In Karmel treten Paläanthropinen und Sapiens-Menschen (Neanthropinen) nebeneinander auf, ein Nebeneinander auch von Handspitzen- und Klingenkulturschichten.

## Vor 50000 bis 10000 Jahren

*Homo sapiens* tritt zum erstenmal in der letzten (Würm-) Eiszeit auf (vor fünfzig- bis vierzigtausend Jahren): Cromagnon, Combe-Capelle, Předmost, Lautsch in Europa, Florisbad in Afrika. *Homo sapiens* erscheint sogleich als künstlerisch und technisch hochbegabt (Plastik, Malerei, Geräteherstellung). Im Aurignacien erstes Auftreten von Kunst (vor fünfzig- bis dreißigtausend Jahren): Höhlenmalereien, Gravierungen auf Stein, Knochen und Elfenbein. Erste Kleinplastik (Venus von Willendorf). Eine Klingenkultur (Prä-Aurignacien) dringt von Vorderasien nach Norden (Jabrud), deren Träger offenbar der *Homo sapiens* ist. Aus einer »Altschicht« der Sapiensart beginnen sich am Ende des Pleistozäns die rezenten Rassengruppen des Gegenwartsmenschen zu entwickeln. Noch in der letzten (Würm- oder Wisconsin-) Eiszeit wird Amerika besiedelt, zunächst von nicht mongoliden, später postglazial, von mongoliden Wellen. In der Alten Welt bilden sich die Kerne der rezenten Großrassen: in Asien die Mongolide Großrasse, in Zentralafrika die Negride Großrasse (Nord-, Ost- und Südafrika war schon von protoeuropiden Elementen besetzt). Die Europiden (einschließlich der Australiden) stehen der Sapiens-Altschicht am nächsten. Die Altsteinzeit (Paläolithikum) geht ihrem Ende zu (10000–8000 v. Chr.), mit ihr die Höhlenmalereien, während der Werkzeug- und Gerätebestand weiterentwickelt wird.

## 10000–5000 v. Chr.

Im Mesolithikum bleiben zunächst die Jäger- und Sammlerkulturen bestimmend, dann setzt die Nahrungsproduktion ein; Anlage von Siedlungen, Anbau von Wildgetreide. Hund als erstes Haustier, Übergang zum Neolithikum (jüngere Steinzeit, um 5000). Älteste Nachweise: Jericho (um 8000); präkeramisches Neolithikum; Qalat Jarmo (Ost-Irak, um 6700), Keramik, Ackerbau, Viehzucht in bäuerlicher Wirtschaftsweise.

---

## Ägypten

### 5000–3400 v. Chr.

Neolithikum. Dörfliche Kulturen von Merimde-Beni Salâme, El Omari, Tasa, Badâri. Hütten aus Rohrgeflecht, später aus Nilschlamm. Ackerbau und Haustierhaltung. Verzierte Keramik, Tonfiguren. Anfänge des Totenkults: in Unterägypten Siedlungsbestattung, in Oberägypten Friedhofsbestattung. Die Badâri-Kultur kennt bereits das Kupfer.

### 3400–2900 v. Chr.

Chalkolithikum (Kupfersteinzeit). Kulturen von Ma'adi, Negade I (Amratien) und Negade II (Gerzeen). Jetzt auch in Oberägypten dörfliche Kultur,

## Vorderasien

### 4500–3600 v. Chr.

Entwicklung der ersten höheren Kulturen: Ackerbau und Viehzucht, erste geschlossene Ortschaften. In Tell Hassuna und Saktsche Gözü meist primitiv bemalte Keramik und Tongeräte neben Klingen aus Feuerstein, Werkzeuge aus kalt gehämmertem Kupfer. Nach 4000 Chalkolithikum: Kulturen von Tell Halaf und Samarra: verschiedenartige kunstvoll bemalte Keramik mit naturalistischen und abstrakten Motiven. Erste Stempelsiegel. Verbreitete religiöse Symbolik: Stier, Steinbock, Doppelaxt und anderes. Gleichzeitig in Südbabylonien Eridu-Kultur. Überall erste, meist kleine und primitive Kultbauten, die an die Holzbauweise anknüpfen. Beginn der künstlichen Bewässerung.

### 3600–3200 v. Chr.

Mittleres und Spätes Chalkolithikum: el-Obed-Kulturen, bemalte Tongefäße, auf der Töpferscheibe geformt, Ton- und Steinfigürchen (Stiere, nackte Muttergöttin), Stempelsiegel. Größere Tempelbauten.

## Ägypten

Ägypten wird in der Negade-II-Zeit eine kulturelle Einheit. Enge Beziehungen zu Vorderasien (Dschemdet-Nasr). Felsbilder, Keramik mit figürlichen Ornamenten, Elfenbeinplastik, Anfänge der Steinplastik und der Reliefkunst. Schminkpaletten berichten von Jagden und ersten kriegerischen Auseinandersetzungen und bewahren älteste Spuren der Hieroglyphenschrift, so die Namen der Könige *Skorpion* und *Narmer*, die das Nildelta bis zum ersten Katarakt politisch einigen: Beginn der Geschichte im engeren Sinn.

### 2900—2650 v. Chr.

Thinitenzeit (I. und II. Dynastie). Isolierung des neugebildeten Staates unter der I. Dynastie gegen Asien und Afrika; fremde Kulturelemente werden ausgeschieden, nur das typisch Ägyptische bleibt. Königsgräber (Mastaba mit Oberbau aus Ziegeln) in Abydos und Memphis (Sakkara). Eine Beamtenschicht bildet sich heraus, deren zum Teil reich ausgestattete Gräber im Umkreis der Königsgräber angelegt werden. Vorstöße nach Nubien und Handelsverkehr mit Byblos. Unter der II. Dynastie Anfänge des Steinbaus; Kupferminen auf der Sinaihalbinsel werden ausgebeutet. Innere Auseinandersetzungen, in denen die staatliche Einheit zeitweise wieder verlorengeht.

### 2650—2150 v. Chr.

Altes Reich. Während der III. Dynastie (2650 bis 2580) erste monumentale Steinbauten: Stufenpyramide des *Djoser* (2632—2613) und des *Sechem-chet* (2608—2603) in Sakkara. Erste Großplastik in Stein. Biographische Grabinschriften der Beamten setzen ein. *Imhotep*, königlicher Oberbaumeister, Arzt und Weiser.

IV. Dynastie (2580—2465) *Snefru* (2580—2553) baut die Pyramiden von Dahschur und Medum. Die Pyramiden von Gise mit Sphinx und einem Beamtenfriedhof werden unter *Cheops* (2553—2530), *Chephren* (2522—2496) und *Mykerinos* (2489—2471) erbaut. Grabschatz der Königin *Hetepheres II*. Als Spitze der Verwaltung wird das Wesirat geschaffen. Anfänge der Weisheitsliteratur (Lehre des *Hardjedef*); Aufkommen des Re-Glaubens.

V. Dynastie (2465—2328). Der König als Weltgott wird vom Sonnengott Re verdrängt; neben bescheidenen Pyramiden Sonnenheiligtümer mit Obelisk. Pyramidentexte (seit *Unas*, 2360—2328) fixieren das königliche Begräbnisritual und zeigen das Aufkommen des Osiris-Glaubens. Höhepunkt der Reliefkunst in den Gräbern des *Ti* und *Ptahhotep* in Sakkara; Blüte der privaten Großplastik: Dorfschulze, *Ti*, *Ranofer*, der Schreiber des Louvre. *Asosis* (2388—2360) entsendet eine Expedition nach Punt (Somaliland); Feldzüge nach Libyen und Palästina. Weisheitslehre des *Ptahhotep*.

## Vorderasien

### 3200—2800 v. Chr.

Einwanderung der Sumerer vermutlich aus dem Osten (um 3200), Ausbildung der Uruk-Kultur in Babylonien, die die Tepe-Gaura-Kultur in Mesopotamien bald überflügelt. Monumentale Tempelbauten in Uruk und Eridu, zum Teil auf Hochterrassen, Ton- und Steinstiftmosaike. Rollsiegel mit überwiegend religiösen Darstellungen von hohem künstlerischem Rang. Erfindung der ersten sumerischen Schrift (um 3100) für die Verwaltung der Tempel, denen der ganze Boden gehört. Die Stadtfürsten sind als Träger der Staatsgewalt zugleich oberste Priester. Die Dschemdet-Nasr-Kultur setzt nach 3000 die Uruk-Kultur fort und breitet sich über ganz Mesopotamien aus; bedeutsame Ausstrahlungen nach Ägypten. Erste Großplastik (Frauenkopf von Uruk), reich ausgebildete Rollsiegelkunst und Kleinplastik aus Ton, Stein und Metall. Wiederaufnahme der bemalten Keramik. Einbruch der ersten, akkadisch sprechenden Semiten, die aber erst später die sumerische Schrift übernehmen.

### 2800—2414 v. Chr.

Frühdynastische Zeit. Bauten aus plankonvexen Ziegeln. Bau der Stadtmauer von Uruk durch *Gilgamesch* (um 2750?). Kleinere Tempelbauten, aber erste große Paläste (in Kisch, König *Mesilim* um 2600): die politische Macht gewinnt neben den Priestern eigenes Gewicht. Beterfiguren aus Stein, Reliefs mit religiösen Motiven. *Mesannepadda* von Ur, Königsfriedhof von Ur mit reichen Beigaben (nach 2600), Massengräber (freiwilliger Opfertod); entwickeltes Kunsthandwerk, vielfältige religiöse Symbolik. Seit etwa 2550 I. Dynastie von Lagasch mit ausführlichen Königsinschriften. Der Usurpator *Urukagina* (um 2440) berichtet von bedeutenden sozialen Reformen, fällt aber bald dem Eroberer *Lugalzaggesi* (2435—2410) zum Opfer, der den größten Teil Babyloniens erobert und bis zum Mittelmeer vordringt; seine Hauptstadt wird Uruk.

### 2414—2233 v. Chr.

Neue Semiteneinbrüche (altamoritische Welle, seit etwa 2500). *Sargon* (um 2414—2358) begründet das Großreich von Akkade und erobert ganz Mesopotamien, Teile Syriens, Kleinasiens und des Irans. Nach schweren Krisen Erneuerung des Reichs durch *Naramsuēn* (2334—2297), der sich als Gott verehren läßt. Er dringt weiter in den Iran und nach Ostarabien vor. Lebensvolle Bildkunst (Siegesstele eds *Naramsuēn*). Schneller Niedergang des Reiches nach 2297.

## Ägypten

**VI. Dynastie (2328—2150).** Die Gaufürsten gewinnen an Macht; zunehmende Dezentralisierung führt zur Auflösung des Staates. Auflösungserscheinungen auch in der Kunst. Am Ende völliger Zusammenbruch des Alten Reiches und seiner Kultur.

### 2150—2040 v. Chr.

**Erste Zwischenzeit.** Nachfolgekönige der VI. Dynastie haben zunächst von Memphis aus noch einen gewissen Einfluß. Lokale Fürsten nehmen dann den Königstitel an. »Demokratisierung« der königlichen Vorrechte: jeder Verstorbene wird, wie bisher nur der König, »Osiris« genannt, die königlichen Pyramidentexte werden zu »Sargtexten« in den Gräbern reicher Privatleute. Geistige Auseinandersetzung mit dem Umsturz der Ordnung führt zu einer Blüte der Literatur: Klagen des *Ipuwêr*, Lebensmüder, Beredter Bauer, Harfnerlied, Lehre für *Merikarê*. Während im Delta Beduinen eindringen, ringen die Fürsten von Herakleopolis (IX. und X. Dynastie) und Theben (XI. Dynastie) um eine neue Einigung des Landes.

### 2040—1786 v. Chr.

**Mittleres Reich.** Nach langen kriegerischen Auseinandersetzungen besiegt *Mentuhotep I.* (2061—2010) von Theben die Herakleopoliten entscheidend, einigt das Land neu und begründet das Mittlere Reich. Nubien wird wieder ägyptisch. *Mentuhotep II.* (2010 bis 1998) nimmt auch den Handelsverkehr mit Punt wieder auf. Theben wird vorübergehend Residenz; im Westen der Stadt läßt *Mentuhotep I.* in Deir el Bahri sein Grabmal errichten. XII. Dynastie. Neue Zentralisierung der Verwaltung, die Gaufürsten werden entmachtet. *Amenemhet I.* (1991—1961) verlegt die Residenz nach Lischt (zwischen Memphis und dem Fayûm) und baut im Ostdelta die »Mauern des Herrschers« zur Abwehr der Nomaden. Regelung der Nachfolge durch Erhebung eines Prinzen zum Mitregenten. Die Ermordung *Amenemhets I.* wird Anlaß für die Weisheitslehre an seinen Sohn und für die Erzählung des *Sinuhe*. *Sesostris I.* (1971—1927) dehnt den ägyptischen Einfluß auf Nubien bis zum dritten Katarakt aus und sichert ihn mit gewaltigen Festungsanlagen (Buhen am zweiten Katarakt). Bauten in

## Vorderasien

In Kleinasien Ausbildung einer hochstehenden Metallbearbeitungskunst, wohl unter sumerischem Einfluß (Fürstenfriedhof von Aladscha Hüyük mit eigenartigen religiösen Symbolen).

### 2233—2130 v. Chr.

Fremdherrschaft der Gutäer in Babylonien, Zusammenbruch der semitisch beeinflußten Kultur in Akkade.

### 2130—2015 v. Chr.

**Das Neusumerische Reich.** *Utuchengal* von Uruk (2130—2123) vertreibt die Gutäer, unterliegt aber bald dem *Urnammu* von Ur (2123—2105); III. Dynastie von Ur (2123—2015). Das Reich von Sumer und Akkade von *Urnammu* neu errichtet. Zur selben Zeit gewinnt *Gudea* von Lagasch (2122—2100) durch ausgedehnten Handel Reichtum, er baut große Tempel, die mit erlesener Plastik geschmückt sind. In seiner sumerischen »Bauhymne« berichtet er von dem Tempelbau und den Kulthandlungen in seiner Stadt. *Schulgi* (2105—2057) vergrößert das Reich, die früher weithin autonomen Stadtfürsten werden zu absetzbaren Provinzstatthaltern seines Reiches. Nach Vollzug der »Heiligen Hochzeit« wird er vergöttlicht. Totentempel für ihn und seine Nachfolger, Hochtempel in Ur und Uruk. Die gepflegte Bildkunst ist arm an neuen Gedanken; klassische Zeit der sumerischen Literatur: Mythendichtungen und mythische Streitgespräche, Hymnen und Klagelieder. »Listenwissenschaft«, die das Bekannte nur aneinanderreiht. Das Pantheon (dreitausendsechshundert Götter) ist in Götterstaaten gegliedert. *Amarsuëna* (2057—2048) und *Schusuën* (2048—2039) erweitern noch das Reich. Hochentwickelte Staats- und Tempelwirtschaft, Handelsbeziehungen bis nach Indien. *Ibbisuën* (2039—2015) unterliegt nach anfänglichen Erfolgen den Elamiern und den semitischen Kanaanitern, die seit 2100 in Mesopotamien eindringen.

### 2028—1500 v. Chr.

Semitisch-kanaanäische Dynastien in Isin (2028 bis 1794), Larsam (2026—1763) und Babylon (1895 bis 1595), ferner in Eschnunna, Mari und in anderen Städten. Das sumerische Element in der Kultur bleibt aber zunächst weiter bestimmend. Selbstvergöttlichung der Herrscher in Isin seit *Ischbi'erra* (2028 bis 1995). Soziale Reformen (Sammlung sumerischer Gesetze) des *Lipitischtar* (1935—1924). Aufstieg von Larsam unter *Gungunum* (1933—1906) über das bis dahin vorherrschende Isin. Unter *Rimsin* von Larsam (1823—1763) letzte Blütezeit der sumerischen Kultur.

**Babylonien:** *Sumuabum* (1895—1881) begründet die Dynastie von Babylon. Unter *Sumula'el* (1881—1845) erscheint Marduk als Stadtgott; Bau der großen

## Ägypten

Karnak, dem Haupttheiligtum des neuen Reichsgottes Amun. In die Zeit *Amenemhets II.* (1929—1895) gehört der »Schatz von Tôd« als Dokument für den kulturellen Austausch mit Mesopotamien. *Sesostris II.* (1897 bis 1878) beginnt die Erschließung des Fayûm; große Arbeitersiedlung bei seiner Ziegelpyramide in Illahûn. *Sesostris III.* (1878—1840) unternimmt erfolgreiche Feldzüge im Sudan und in Palästina. *Amenemhet III.* (1842—1797) widmet sich besonders dem Fayûm. Pyramide und Totentempel (»Labyrinth«) in Hawâra. »Mähnensphingen« von Tanis. Fortdauernde Blüte der Literatur: Märchen (Papyrus Westcar) und Erzählung vom Schiffbrüchigen. Die bildende Kunst bringt besonders eindrucksvolle Königsplastiken hervor; neuer Statuentyp des »Würfelhockers«.

### 1786—1580 v. Chr.

Zweite Zwischenzeit. Unter der XIII. Dynastie (1786—1680) bleibt die staatliche Einheit zunächst noch erhalten; das Delta wird jedoch mehr und mehr von Asiaten unterwandert. Söldnerführer bilden dort eine Gegenregierung (XIV. Dynastie, 1760— etwa 1700). Nubien löst sich wieder von Ägypten. Um 1715 gründen die »Hyksos« — Herrscher unbekannter Herkunft — eine eigene Dynastie (XV./XVI. Dynastie, 1715 bis 1580). Sie führen Pferd und Streitwagen in Ägypten ein und binden die unabhängigen Fürsten in Theben (XVII. Dynastie, 1680—1580) in einer Art Lehensverhältnis an sich. Von der neuen Residenz im Delta, Auaris, aus regieren sie als offenbar nur dünne Oberschicht Ägypten und seine asiatischen Randgebiete. Um 1600 lehnt sich der thebanische Fürst *Sekenenrê Ta-â II.* gegen die Oberherrschaft der Hyksos auf und beginnt einen nationalen Freiheitskampf. Sein Sohn *Kamose* erzielt erste große Erfolge und entreißt Mittelägypten den Hyksos.

### 1580—1075 v. Chr.

Neues Reich. XVIII. Dynastie (1580—1321) *Ahmose* (1580—1550) vertreibt die Hyksos endgültig aus Ägypten, nachdem er ihre Residenz Auaris erobert hat, und verfolgt sie bis Palästina. Er wird damit zum Begründer des Neuen Reiches. Sein Nachfolger *Amenophis I.* (1550—1528) beginnt auf Feldzügen in Asien und Nubien mit dem Aufbau des ägyptischen Weltreiches. Seine Bauten in der thebanischen Nekropole lassen ihn später zum Schutzheiligen dieses Bezirks werden. *Thutmosis I.* (1528—1515) dehnt die Grenzen des Reiches in Asien bis zum Euphrat, in Nubien bis zum dritten Katarakt aus; legt das erste Felsgrab im Tal der Könige bei Theben an und schmückt es mit neuen religiösen Texten (Amduat). Nach dem Tod *Thutmosis' II.* (1502) übernimmt seine Witwe *Hatschepsut* für ihren minderjährigen Stiefsohn *Thutmosis III.* die Regierung und läßt sich 1501 zum König

## Vorderasien

Stadtmauer. Nach anfänglicher Abhängigkeit von *Rimsin* beginnt *Hammurabi* (1793—1750) mit der Gründung seines Reiches. Larsam wird erobert (1763), Mari (1761 und 1759), Eschnunna (1756) und ein großer Teil von Assyrien (1755) werden dem Reich angegliedert. Verkündung der Reichsgesetze (1756), »Codex Hammurabi«. Gewissenhafte zentrale Verwaltung und Fürsorge auch für die unteren Schichten, Briefe *Hammurabis* und seiner Minister. Die akkadische Sprache wird Verwaltungs- und Literatursprache, Ausbildung einer akkadischen Literatur (seit etwa 1900), besonders unter *Hammurabi*: Mythen von *Gilgamesch* und *Etana*, Berichte von Götterkämpfen; Hymnen und umfangreiche Vorzeichensammlungen. Entwicklung einer hochstehenden Mathematik, der aber Lehrsätze und Beweise fehlen. Die monumentale Bildkunst ist wenig schöpferisch. In der Religion Umdeutung der sumerischen Vorstellungen. Der Zerfall des Reiches beginnt schon unter *Samsuiluna* (1750—1712): Abfall der südlichen Gebiete (Meerlanddynastie 1722—1474) und Angriffe der Kassiten (seit 1742). *Samsuditana* (1626 bis 1595) verliert durch einen großen Raubzug der Hethiter Thron und Reich (1595).

Mari: *Jachdunlim* (etwa 1825—1810), Sohn des *Jaggidlim*, erobert große Teile Mesopotamiens und beginnt den Bau des Königspalastes. Nach seiner Ermordung fällt Mari an *Schamschiadad I.* (1815—1782) von Assyrien, der seinen Sohn *Jasmachadad* zum Vizekönig macht. Kämpfe mit den nomadischen Benjaminiten. *Zimrilim* (1782—1759) vollendet den Palast mit seinen Gemälden. Fund von zwanzigtausend Tontafeln des Palastarchivs; erste Zeugnisse der kanaanäischen Kultprophetie.

Assyrien: Vor 2030 gehört Assyrien zum Reich der III. Dynastie von Ur. *Iluschumma* (um 1915—1890) gründet, nachdem er Teile Babyloniens vorübergehend erobert hat (1895), Handelskolonien in Anatolien mit dem Zentrum Kanesch (altassyrische Tontafelfunde). *Irischum I.* (1890—1850) errichtet in Assur zahlreiche Bauten. Nach kurzer Fremdherrschaft des *Naramsin* von Eschnunna (Gesetzessammlung von Eschnunna wohl von *Daduscha* [1815 bis 1787] verkündet) usurpiert der aus Terqa am Euphrat stammende *Schamschiadad I.* (1815—1782) den Thron (1815) und gründet das Assyrische Reich, das große Teile Mesopotamiens mit Mari und Teile der Gebirgsländer im Norden und Osten umfaßt; Regierung nach den Grundsätzen des patriarchalischen Absolutismus, bewußte Erziehung seiner Söhne *Ischmedagan I.* (König 1782—1742) und *Jasmachadad* zur Verantwortung (Teile des Briefwechsels in Mari); Übernahme des Reichsgedankens von Akkade. Bald nach seinem Tod bricht das Reich zusammen.

Hethiter: In das von Protohattiern und anderen Volksgruppen besiedelte Zentralkleinasien dringen von Osten die indogermanischen Hethiter und Lu-

## Ägypten

proklamieren. Statt kriegerischer Aktivität entfaltet sie eine rege Bautätigkeit (Terrassentempel von Deir el-Bahri, Obelisken in Karnak), deren Leitung in den Händen ihres Günstlings *Senmut* liegt. Große Handelsexpedition nach Punt.

Nach *Hatschepsuts* Tod (1481) fällt die Alleinregierung an *Thutmosis III.*, unter dem das ägyptische Weltreich seine größte Ausdehnung erhält; es reicht vom Euphrat bis zum vierten Nilkatarakt. Seine Erfolge, so die Zerschlagung einer feindlichen Koalition in der Schlacht von Megiddo (1480), in erhaltenen Annalen-Auszügen verzeichnet. Annalensaal und Festtempel in Karnak erbaut. Reich ausgestattetes Grab seines Wesirs *Rechmirê* in Theben. *Amenophis II.* (1448 bis 1422) setzt die kraftvolle Außenpolitik fort und huldigt einem heldisch-sportlichen Königsideal. Unter *Thutmosis IV.* (1422—1413) in den Gräbern des *Nacht* und des *Menena* Höhepunkt der thebanischen Grabmalerei. Friedensschluß mit dem Mitannireich. Der asiatische Einfluß auf die ägyptische Kunst und Kultur verstärkt sich immer mehr. Unter *Amenophis III.* (1413—1375) höchste Verfeinerung des Lebensstils. Der beginnende Bruch mit der Tradition zeigt sich unter anderem im starken Hervortreten seiner bürgerlichen Gemahlin *Teje*. Ihre Heirat und andere wichtige Ereignisse werden auf Gedenkskarabäen verewigt. Abfall der syrischen Vasallen beginnt. Memnon-Kolosse vor dem Totentempel des Königs. Luxortempel erbaut, sowie Dritter Pylon und Mut-Tempel in Karnak.

*Amenophis IV.* (1375—1358) versucht gewaltsame Loslösung von der Tradition; er verlegt die Residenz nach Achetaton (Tell el-Amarna) und nennt sich fortan *Echnaton*. Verfolgung des bisherigen Reichsgottes Amun, alleiniger Glaube an die sichtbare Sonnenscheibe (Aton) propagiert; der König fühlt sich als Prophet des neuen Gottes und als alleiniger Mittler zwischen Gott und den Menschen. Bildende Kunst ringt um neuen Ausdruck und schwankt zwischen Expressionismus und Tradition. Büste der Königin *Nofretete*. Großer Aton-Hymnus des Königs. Die diplomatische Korrespondenz dieser Zeit (Tontafel-Archiv von el-Amarna) zeigt fortschreitendes Schwinden des ägyptischen Einflusses in Asien.

*Echnatons* Schwiegersöhne *Semenchkarê* (1360—1358) und *Tutanchamun* (1358—1350) versuchen Kompromiß zwischen Revolution und Tradition; der Amunglaube wieder anerkannt, die Residenz nach Theben zurückverlegt. Reicher Grabschatz des jungverstorbenen *Tutanchamun*. Der Feldherr *Haremhab* bringt das hethitische Vordringen in Syrien zum Stehen und macht sich nach der kurzen Regierung des *Eje* zum König (1346—1321). Endgültige Rückkehr zur Tradition und Verfemung der Amarna-Zeit. Drastische Gesetzgebung zur Wiederherstellung der Ordnung. Theben wird als Residenz bald zugunsten von Memphis aufgegeben.

## Vorderasien

wier ein (nach 2000); Übernahme der Keilschrift. *Anitta* von Kuschschar (um 1850); erste hethitische Inschrift. Hattusas wird später Hauptstadt. *Hattusilis I.* (um 1640—1615) erobert Teile Syriens. Sein Sohn *Mursilis* (um 1610—1580) erobert und plündert Babylon (1595).

Zahlreiche Bluttaten im Königshaus veranlassen *Telepinus* (um 1520—1500) zu einer grundlegenden Staatsreform, das Königtum wird erblich, doch behält der Adel entscheidende Rechte; bedeutende Stellung der Königin (Tawananna). Das Reich wird zum Lehnsstaat, die Gesetze zeigen eine mildere Strafpraxis: Wiedergutmachung ist wichtiger als Vergeltung. Eigenständige Kultur bei starken Einflüssen aus Mesopotamien.

### 1500 – 1200 v. Chr.

Babylonien: Nach dem Hethiterraubzug von 1595 herrscht die Dynastie der aus dem Iran eingebrochenen Kassiten zunächst im Norden und seit 1474 im ganzen Land (bis 1160). Nur geringfügige Nachrichten vor 1450. Unter babylonischem Einfluß sucht die Dynastie eine feudale Gesellschaftsordnung durchzusetzen, neuer kultureller Aufstieg bei Festhalten an alten Überlieferungen. Keine expansive Außenpolitik, diplomatischer Verkehr mit Ägypten (seit etwa 1440; Ziegelrelieftempel in Uruk); Kämpfe gegen Assyrien und Elam nur teilweise erfolgreich. Nach 1400 Kanonisierung religiöser und wissenschaftlicher Literatur; dazu zahlreiche neue Werke, Weltschöpfungsepos, Gebete, lexikalische Listen, Vorzeichensammlungen.

Mesopotamien: Seit etwa 1530 herrscht das Mitannireich über vorwiegend churritische Bevölkerung (Urkunden von Nuzi), größte Machtentfaltung unter *Sauschsatar* (um 1450) vom Zagros bis zum Mittelmeer, Kämpfe mit Ägypten und den Hethitern. In der Regierungszeit *Tuschrattas* (1390—1352) Briefwechsel mit Ägypten im Amarna-Archiv. Feudalstaat; Einführung des Streitwagens. Über die Kultur ist wenig bekannt.

Assyrien: Unter *Assuruballit I.* (1366—1330) befreit sich das Land vom Mitannireich und gewinnt bald auch gegenüber Babylon die Führung. Eroberungspolitik mit wechselndem Erfolg; brutale Kriegführung mit Umsiedlung ganzer Bevölkerungsteile, schwere Kämpfe gegen aramäische Nomaden (seit 1300). Nach Kämpfen *Salmanassars I.* (1276—1246) mit den Hethitern vorübergehende Eroberung ganz Babyloniens durch *Tukultininurta I.* (1246—1209), der trotz großer Erfolge an seiner Maßlosigkeit scheitert; ausführliche Kriegsberichte in Bauinschriften und Epen.

Syrien-Palästina: Zahlreiche Kleinstaaten, die zwischen Mitanni, Ägypten und den Hethitern lavieren und nur vorübergehend selbständig sind

## Ägypten

XIX. Dynastie (1321—1200). Ihr Begründer *Ramses I.* (1321—1319) war Wesir und Stellvertreter *Haremhabs*. Baut am zweiten Pylon und am Großen Säulensaal von Karnak. *Sethos I.* (1319—1304) beginnt die Wiedereroberung der asiatischen Gebiete, baut am Großen Säulensaal von Karnak und errichtet Tempel und Scheingrab in Abydos. Sein Grab ist das größte und prächtigste im Tal der Könige. *Ramses II.* (1304 bis 1238) verleiht dem ägyptischen Weltreich neuen Glanz, obwohl die Rückeroberung Syriens in der Schlacht von Kadesch (1299) zum Stehen kommt. Nach langen Verhandlungen Friedensvertrag mit dem Hethiterkönig *Hattusilis III.* (1283) und Heirat mit einer hethitischen Prinzessin. Verlegung der Residenz ins Delta (Ramses-Stadt). Reste seiner gewaltigen Bautätigkeit an fast allen Orten Ägyptens. Großer Säulensaal von Karnak vollendet, Felsentempel von Abu Simbel, Hof und Pylon des Luxortempels und Ramesseum in Theben errichtet, dazu zahllose Kolossalstatuen des Königs. Grab der *Nefertari* im Tal der Königinnen. Sein Sohn *Merenptah* (1238—1219) führt Abwehrkämpfe gegen die Libyer. Erste Erwähnung des Stammes Israel (»Israelstele«), der »Auszug aus Ägypten« vermutlich zu seiner Zeit. Nach seinem Tode (1219) innere Wirren, in denen die Königin *Tausret* eine entscheidende Rolle spielt.

XX. Dynastie (1200—1075), von *Sethnacht* (1200 bis 1198) begründet. *Ramses III.* (1198—1166) rettet Ägyten vor den andringenden Seevölkern und Libyern. In seinen Bauten kopiert er *Ramses II.*, sein Totentempel Medinet Habu nach Vorbild des Ramesseums erbaut. Akten der Arbeiterstadt von Deir el-Medine zeigen fortschreitende Korruption der Beamtenschaft. Eine Haremsverschwörung führt zur Ermordung des Königs, scheitert dann aber; die Verschwörer werden abgeurteilt. Der Große Papyrus Harris hält umfangreiche Stiftungen des Königs für die Tempel des Landes fest. Unter seinen Nachfolgern rasches Ende des ägyptischen Weltreichs, mit dem Verlust Syriens geht auch Palästina verloren. Verarmung des Landes und Machtkonzentration in den großen Tempeln. Streiks der Arbeiterschaft und Plünderung der Königsgräber (Grabräuber-Prozeß unter *Ramses IX.* um 1120). Unter *Ramses XI.* (1104 bis 1075) Bürgerkrieg in Theben, aus welchem der Vizekönig von Nubien und Hohepriester des Amun *Herihor* siegreich hervorgeht und der Dynastie ein Ende bereitet.

## Vorderasien

Churritisch-semitische Mischbevölkerung, teilweise unter Führung einer arischen Adelsschicht. An der Küste ist Ugarit neben Gubla das wichtigste Handels- und Kulturzentrum. Reiche Funde von Urkunden und Dichtungen in babylonischer und ugaritischer Sprache, die ugaritischen Mythen sind wichtigste Quelle für die syrisch-phönikische Religion, die stark von churritischen Vorstellungen geprägt ist. Blühendes Kunsthandwerk, Kleinplastik in Metall und Stein.

Hethiter: Nach hundert Jahren des Niedergangs entsteht das jüngere Hethiterreich (1400—1200). *Suppiluliumas* (um 1385—1345) unterwirft große Teile Kleinasiens und zerschlägt gemeinsam mit Assyrien das Mitannireich, dessen Reste in Syrien und Mesopotamien er zu seinen Vasallen macht. *Mursilis II.* (1343—1315) schildert in Annalen seine Taten und die seines Vaters. Neue Kämpfe mit Ägypten unter *Muwatallis* (1315—1293), Sieg bei Kadesch (1299). Friedensschluß mit Ägypten (1283) durch *Hattusilis III.* (1278—1250), der seine Thronusurpation in einer Rechtfertigungsschrift als gottgewollt hinstellt. Angriffe Assyriens unter *Tudhalijas IV.* (1260—1230). Zusammenbruch des Reiches um 1200 durch den Seevölkersturm. Besonders starke Stellung der Königin bei Zurückdrängung des Adels, weniger brutale Kriegführung. Das Archiv der Hauptstadt Hattusas zeigt die Mischkultur des verschiedene Völker umfassenden Reichs. Mythen teilweise grausig, Götterfeste mit genau vorgeschriebenen Kulten, bedeutende Bau- und Bildkunst.

### 1200—1000 v. Chr.

Babylonien: Nach 1200 zeitweise unter der Herrschaft der Könige von Elam; Blütezeit der elamischen Bau- und Bildkunst (Hochtempel von Dur-Untasch, Statue der *Napirasu*). Die II. Dynastie von Isin (1160 bis 1028) erkämpft Babylonien unter *Nebukadnezar I.* (1128—1106) vorübergehend Großmachtstellung, später Vordringen der Aramäer. Bedeutende Literaturwerke, die jüngere Gilgameschepos, das Hiobproblem im Selbstbericht.

Assyrien: Wiederaufstieg nach Jahrzehnten des Niedergangs unter *Assurreschischi I.* (1135—1117) und *Tiglatpilesar I.* (1117—1078), Kämpfe mit den Aramäern in Mesopotamien und Syrien. Kodifizierung drakonischer Strafrechtsbestimmungen. Bewußte Pflege der babylonischen Literatur, Bußgebete *Assurnassirpals I.* (1052—1035).

In Südkleinasien und Syrien Reststaaten des Hethiterreichs (Malatia, Karkemisch und andere); zunehmende Aramäisierung der Bevölkerung. Beginn der phönikischen Kolonisation im ganzen Mittelmeergebiet, erst von Sidon und später vor allem von Tyrus aus (fast nur späte Nachrichten), Verbreitung der phönikischen Buchstabenschrift.

# NAMEN- UND SACHREGISTER

## A

Aacheperenrê Thutmosis II., König von Ägypten 372, 390, 424, 427, 617
Aacheperkarê Thutmosis I., König von Ägypten 372,390,423f.,617
Aacheperrê Osorkon IV., König von Ägypten 373
— Psusennes I., König von Ägypten 373, 506
— Scheschonk IV., König von Ägypten 373
— Scheschonk V., König von Ägypten 373
Aacheperurê Amenophis II., König von Ägypten 372, 390, 423, 433, 441 f., 443, 445, 478, 618, *Abb. 436*
Aakenenrê Apophis II., König von Ägypten 372
Aannepadda, König von Ur 543, 585
Aawoserrê Apophis III., König von Ägypten 372
Abba, Gott von Eschnunna 550, *Abb. 546*
Abbeville an der Somme (Frankreich) 159, 164
Abbevillien (früher Chelléen), Kulturstufe der Altsteinzeit 131, 146, 159, 163 f., 166, 177 f., 331, 613, *Abb. 171*
Abbreviatur, Abkürzung 22
Abd-Aschirta, syrischer Fürst 462
Abdichepa von Jerusalem 462
Abessinien, siehe Äthiopien
Abi'eschuch, König von Babylon 584, 595 f.
Abiotisch-biotisches Übergangsfeld 91, 152
Abisare, König von Larsam 576, 585
Abraham, Stammvater Israels 605
Abri (französisch), natürliche Felsnische, Felsschutzdach 181, 186, 203 ff., 222 ff.
Abri Caminade bei Sarlat (Dordogne) 207
Abschlagkulturen 161 f., 164 f., 169 f., 178, 181 ff., 185 f., 188 f., 195, 198
Absolon, Karl, tschechoslowakischer Steinzeitforscher 229
Abstammungslehre (Deszendenztheorie) 18, 20

Abstraktion, Lösung vom Dinglichen, um das Wesentliche zu erfassen 515
Abu Gosch, westlich Jerusalem, Fundstätte 238
Abu Simbel, Felsentempel am Nil (Nubien) 441, 472, 475, 619, *Abb. 476, Kartenskizze 382*
Abydos (Oberägypten) 396, 408, 469, 472, 501, 615, 619, *Abb. 469, 477, Kartenskizze 382, 431*
»ach« (ägyptisch), »ruhmreiches Wesen« 377, 394
Achäer, altgriechischer Volksstamm 471, 476
Ach-en-Aton (ägyptisch), siehe Echnaton 449, 453
Achenrê Merenptah-Siptah, König von Ägypten 372
Achetaton (Tell el-Amarna), politisches und religiöses Zentrum der Amarna-Zeit 453, 618
Acheul, Saint, an der Somme bei Amiens 132
Acheuléen, Kulturstufe der Altsteinzeit 29, 132, 164—167, 170, 177 f., 181 ff., 186, 188 f., 195, 221, 332, *Abb. 171*
Acheul-Technik 187
Acheuléo-Jabrudien (Mittelpaläolithikum) 189
Achieved status, erreichter Status 73, 75, 77
Achschaph (Palästina) *Kartenskizze 383*
Achthoes (Cheti) III., König von Ägypten 371
Ackerbau (Neolithikum) 28, 230 ff., 234 f., 237, 239, 244, 248 f., 332, 335, 614
Actium in Epirus (Griechenland) 508
Adab (Südmesopotamien) 541
Adad, Wettergott von Halab 583, 600, 607
Adapa, Weiser in einem babylonischen Mythus 601
Adapidae, Familie fossiler Halbaffen (Unteres Tertiär) 103
Adaption, in der Biologie Anpassung an die Umwelt 140
Adasi, König von Assyrien 584, 597
Adj-ib (Miebis), König von Ägypten 371

Adlerberg bei Worms 260
Adlerberg-Kultur (Bronzezeit) 260
Adlun im Libanon, Fundstätte 196
Adria (Adriatisches Meer) 285, 289, 295, 298
Ägäer 440, 516
Ägäis, Teil des Mittelmeers zwischen Griechenland und Kleinasien 256, 259, 268 f., 271, 285, 415, 480, 515, 528, 536
Ägypten 31 f., 187, 216, 238 f., 246, 248, 252, 323, 521, 528, 530 f., 536 ff., 540, 544, 566, 570, 582, **614—619**
—, Ächtungstexte 415 ff.
—, Altes Reich 334, 344, 356 ff., 363 f., 366, 368 f., 370, **374—379**, 381, **385—388**, 390 ff., 400, 403, 412, 439, 450, 504, 506, 510, 518, 615 f.
—, Athletik 441 ff.
—, Bauern, Leben der 366—369, 373
—, Bevölkerung 329 ff., 334 f.
—, Der Staat 370, 374, **425—428**, 436 f., 454
—, Dynastien, 1.—3. **349—363**; 4.—6. 363—390; 7.—10. 390 bis 399; 11. und 12. 399—414; 13.—17. **414—422**; 18., Anfänge **422—446**, Ausgang **446—466**; 19. und 20. **466—500**
—, Dynastienübersicht 371 ff.
—, Einfluß auf andere Länder **515—521**
—, Frau, Stellung der 385 f.
—, Geographie 323—331, *Abb. 328*
—, Gesetzgebung 466 f., 469 f.
—, Gott-Königtum 350—354, 364, 366, 368, 374, 376 f., 385 f.
—, Grabinschriften 376 f., 379 f., 385 f., 395 f., 409 f., 412 f., 422, 505, 615 f.
—, Grabplünderungen 489, **494 bis 499**, 619
—, Heeresorganisation 437 f.
—, Hieroglyphenschrift 343, 346 ff.
—, Hyksos, Herrschaft der **417** bis **425**, 617
—, Interregnum (Zwischenzeit), Erstes 378, **390—401**, 404, 419 f., 510, 616
—, Zweites 393, 399, 417, 420, 422, 477, 617
—, Kastensystem 367 ff., 436 f., 506, 513

# NAMEN- UND SACHREGISTER

Ägypten, Kultur 337, 355—363, 378, 398f., **411—414**, 417ff., 422, 428, 439f., 447, 449, 461, 466, 476ff., 480, 484, 504, 510, 512, **514—517**, 519, 525, 618
—, Kunst 349, 355f., 367, 369, 412f., 422, 440f., 447, 449, **451 bis 456**, 465f., 480, 488, 503ff., 506, 512, 514ff., 615, 617f., *Abb. 329, 344f., 356f., 360f., 364f., 408f., 420f., 428f., 432f., 436f., 444f., 448f., 468f., 476f., 504f., 516f.*
—, Literatur 349, 368f., 380f., 384, 391f., 412ff., 417, 422, 440, 447, 454, 456, 461, 466, **481 bis 484**, 503f., 514, 616f.
—, Medizin 357f.
—, Metallkrise 488f.
—, Mittleres Reich 374f., 387, 395f., 398, 402f., 406, 408, 410, 412, 414f., 417, 424, 436, 440, 451, 504, 511, 616f.
—, Neues Reich 347, 617
—, Pyramidentexte 385f., 395, 412f., 470, 615f.
—, Rechnen 365f.
—, Religion 338, 348, **358—363**, 369, 424f., 439f., 447f., 453f., **457—461**, 470, 505, **509—513**, 518
—, Streik 490ff.
—, Tempelbesitz 436, 478, **485 bis 488**
—, Tierkult 506, 512
—, Totenkult 330, 361ff., 376f., 395, 405, 408f., 457, 459, 504f., 509f., 513
—, Unterweisungsbücher (Weisheitsliteratur) 380f., 384, **393 bis 397**, 402f., 406, 410, 510, 615f.
—, Vorgeschichte **331—349**, *Abb. 240*
—, Weltreich und Verfallszeit 424, 427, 433, **436—439**, **443—447**, 461f., 468ff., 471f., **479—485**, 487ff., **501—521**, 617, 619, *Kartenskizze 431*
—, Wirtschaftsleben 374ff.
—, Zeittafel »Ägyptische Spätzeit« **506—509**
Ägypter, vordynastischer **328** bis **331**, 334ff.
—, Humor der **411—414**, 483
Änigmatische Schrift (Geheimschrift) 348
Äquatorialafrika 325
Äthiopien (Abessinien) 297, 325, 421, 425, 462, 503, 506ff., *Kartenskizze 382*
Affenlücke, siehe Diastema
Affenplatte 112
Afghanistan 189, 216, 240
Africanthropus, altsteinzeitlicher Mensch 146

Afrika 165, 172f., 176ff., 180, 190f., 193, 234, 285, 320, 329, 332, 334, 337, 342, 415, 422, 457, 463, 537, 613f.
—, Altpaläolithikum 176f.
—, Jungpaläolithikum 216f.
—, Mesolithikum 223ff.
—, Mittelpaläolithikum 187
—, Neolithikum 236, 239f., 242, 245, 247, 252
—, Umseglung durch Phönikier 507
Agga, König von Kisch 541, 585
Agglutinierende Sprache, bildet ihre Formen durch Anfügen selbständiger Silben an den unveränderten Wortstamm 535, 567
Agnatha (Kieferlose) 93, 97
Agnostizismus, Lehre von der Unerkennbarkeit des übersinnlichen Seins 394, 425
Agrab, Tell (Babylonien) 542
Agram (Zagreb), Kroatien 280, *Abb. 245*
Aguschaja, babylonische Göttin 600
Aha (Atothis), König von Ägypten 371
Ahmose Nebpehtirê, König von Ägypten 372, 423f., 617
—, Sohn der Eben 422, *Abb. 420*
Ahrensburg, nahe Hamburg 193, 200, 202f., 207, *Abb. 200*
Ahrensburger Kultur (Jungpaläolithikum) 25, 206ff., 214f., 216, 221, *Abb. 208, 209*
Aïn Mallaha, westlich von Jerusalem, Fundstätte 238
Ajja, semitische Göttin 599
Ajjul, Tell el- (Palästina) 423
Akka (Palästina) 435, 472, *Kartenskizze 383*
Akkad (sumerisch: Agade), Babylonien 530, 541, 548ff., 553, 556, 563, 566, 580, 584, 594, 601, 605, 607, 615, 617
—, Gesetzessammlung 578
—, Großreich von **547—552**, 615, *Abb. 552, Kartenskizze 551*
Akkader, Bewohner Nordbabyloniens 433, 529, 532, 538, 542, 550, 552, 568f.
Akropontie 348
Akschak (später Opis), Babylonien 541
Aktualismus, geologische Lehrmeinung: alle historischen geologischen Vorgänge haben sich nie anders abgespielt als die gegenwärtigen 89
Aladscha Hüyük (Anatolien), Fundstätte 567, 616f., *Abb. 570, 596*
Alalach am Orontes (Syrien) 582, 586, 592, 606

Alaschia (Cypern), Mittelmeerinsel 232, 259, 420, 479, *Kartenskizze 383*
Albaner Berge, vulkanisches Gebirge südöstlich Roms 295
Aleppo (Halab), Syrien 435, 471, 483, 528, 579, 581ff., 586f., 596, 606f., *Kartenskizze 383*
Alexander der Große, König von Makedonien 508
Alexandria (Nildelta) 508f., *Kartenskizze 382*
Algen, große Gruppe niederer Pflanzen ohne Gliederung in Sproß und Wurzel 91, 613
Algonkin, große indianische Sprachfamilie Nordamerikas 93
Algonkium (Proterozoikum), zweitälteste Formationsgruppe 93
Alif-bêt, Alphabet 439
Alischar Hüyük (Ankuwa?), Anatolien, Fundstätte 567, 571
Alleröd (dänische Insel Seeland) 203
Alleröd-Interstadial 203, 218f., 231
Alluvium (»das Angeschwemmte«), veraltet für Holozän 325, 330, 332
Alpen 177, 184f., 231, 260, 269ff., 273f., 277, 281f., 285ff., 289ff., 293, 297, 300, 305f., 311, 313
—, Bevölkerung 313f., 316
Alphabet, griechisches 348
—, hieroglyphisches 348, 439
—, koptisches 348
—, phönikisches 348, 529, 619
Alsberg, Paul, Naturwissenschaftler 61
Altamira, Höhle nahe Santander (Pyrenäen) 213
Alt-Aurignacien 196f., 204
Altes Testament 528
Altheim, Franz, Althistoriker 303
Altheim bei Ulm (Württemberg) 255, *Kartenskizze 245*
Altheim-Mondsee-Kultur (Neolithikum) 255
Altmenschen (Palaeanthropinae) 134ff., 142, 145, **147—151**, 161, 168, 172f.
Altona 166f.
Altonaer Kultur (Altpaläolithikum) 166, 175, 184
Altpaläolithikum (Alt-Altsteinzeit) 28, 160, **163—180**, 207, 221, 225
— in Afrika 176f.
— in Asien 177ff.
— in Amerika 179
— in Australien 179
Altstammeskundliche Probleme Europas **276—283**, 302ff.
Altsteinzeit, siehe Paläolithikum
Amanus, Gebirge im südöstlichen Anatolien 549, 572

# NAMEN- UND SACHREGISTER

Amarna, Tell el- (Mittelägypten) 433, 438f., 447, 453, 455f., 458, 463f., 478, 616, *Abb. 448f., 464, Kartenskizze 382*
»Amarna-Briefe« (Tontafelarchiv) 462, 618
Amarna-Zeit (1375—1350 v.Chr.) 434, 438, 440, 444, **447—466**, 476, 499, 503, 505, 516, 618
Amarna-Religion 449ff.
Amarsuêna (akkadisch Bursuên), König von Ur 557, 585, 616, *Abb. 558*
Amasis Chnumibrê, König von Ägypten 373, 507
Amenemhab, ägyptischer General 442
Amenemhet Sobekhotep I., König von Ägypten 372
Amenemhet I. Sehetepibrê, König von Ägypten 369, 372, 390, 396, 400, **402—405**, 407f., 616
—, »Mauern A., des Gerechten« bei Kerma 407f.
—, »Mauern des Herrschers« (Nildelta) 616
Amenemhet II. Nubkaurê, König von Ägypten 372, 390, 402, 404, 617
Amenemhet III. Nimaatrê, König von Ägypten 372, 390, 402, 404, 410, 617
Amenemhet IV. Maacherurê, König von Ägypten 372, 390, 402, 404, 617
Amenemope, ägyptischer Beamter 381
Amenemopet, ägyptischer Schreiber 483, 512
Amen-hotep (ägyptisch), siehe Amenophis 453
Amenirdis, Tochter Königs Kaschta 506
Amenmose Menmirê, König von Ägypten 372
Amenophis I. Djoserkarê, König von Ägypten 372, 390, 424, 617
Amenophis II. Aacheperurê, König von Ägypten 372, 390, 423, 433, 441f., 443, 445, 478, 618, *Abb. 436*
Amenophis III. Nebmaatrê, König von Ägypten 372, 390, 440ff., **444—447**, 450ff., **461—465**, 480, 618, *Abb. 444*
Amenophis IV. Neferchepurê (Echnaton), König von Ägypten 372, 390, 444, **447—453**, 455, **457—464**, 505, 518, 618, *Abb. 448f.*
Amenophis, Hoherpriester des Amun 487f., 493ff., 497, 499
Amerika, Altpaläolithikum 179
—, Jungpaläolithikum 217f.
—, Mesolithikum 225
—, Mittelpaläolithikum 193
—, Neolithikum 251

Ammiditana, König von Babylon 584, 595, 600
Ammissaduqa, König von Babylon 530, 584, 595
Ammoniten, versteinerte Gehäuse ausgestorbener Kopffüßer 92
Ammu, semitischer Gott 416
Ammunas, König der Hethiter 584, 607
Amoriter (Kanaaniter) 548, 566, 568, 615
Amphibien, Lurche 94ff., 613
Amphitherium, echtes Säugetier aus dem Jura 93, *Abb. 98*
Ampurias (Ostpyrenäen) 294, *Abb. 245*
Amra, El, bei Abydos, Oberägypten 334, 614
Amratien, Kulturstufe des Neolithikums 334, 614
Amr ibn al-As, arabischer Feldherr 509
Amselfeld (Kosovo Polje), Jugoslawien 280, *Abb. 245*
Amun (Amun-Re, Amon) ägyptischer Gott 399, 402f., **422** bis **426**, 428, 430, 434ff., 439, 441, 443, 445, **447—454**, 457ff., 461, 464f., 467f., 471f., 477ff., **484** bis **488**, 496, 500ff., 506, 510, 617f., *Abb. 421, 432f.*
—, Gottesgemahlin des 496, 502f., 506
—, Priesterschaft des Amun von Karnak 436
—, Priesterschaft des Amun von Theben 447f., 454, 487
Amunpanefer, ägyptischer Steinmetz 495, 498
Amurru, akkadisch für »Westländer«
Amutpi'el, Fürst von Qatna 582
Amyrtaios I., Fürst von Libyen 507
Amyrtaios II., König von Ägypten 373, 507
An, Himmelsgott von Uruk 561, 563, 588
Anamnesis, »Wiedererinnerung« bei Platon 46
Anaptomorphidae, Familie fossiler Halbaffen (Unteres Tertiär) 103
Anath, semitische Göttin 440
Anatolien (Kleinasien) 166, 178, 191, 216, 224, 285, 308, 444, 471, 473, 479, 515, 525, 528ff., 532, **536**ff., **570—574**, 579, 582, 584, 605ff., 609, 615ff., 619
Anatolier 328
Anchcheprurê Semenchkarê, König von Ägypten 372
Anchesenamun (Anchesenpaaton), Gemahlin Tutanchamuns (Tutanchatons) 464
Anchhaf, ägyptischer Prinz 356, *Abb. 360*
Anchkaenrê Psammetich III., König von Ägypten 373

Ancient member, »altes Glied« 101, 105f., **108—111**
Ancient member of the anthropomorphous subgroup 108
Ancona (Italien) 271, 274, *Kartenskizze 245*
Angaratal (Ostsibirien) 202
Angiospermen, bedecktsamige Blütenpflanzen 97
Anhui, chinesische Provinz 241
Anitta, Großkönig von Kuschschar und Ankuwa 574, 584, 605, 618
Ankuwa (Alischar Hüyük?), Anatolien 567, 571
Annunitum oder Ischtar (Venus), Göttin der Akkader 550
Anschan, Landschaft in Westpersien 554, 569
Antagonismus, Gegensatz, Widerstreit 55
Antarktis 177
Antelias am Nahr el Kelb (Phönikien), Fundstätte 216
Anthropoide, Menschenähnliche 23, 38, 46, **53—57**, 59, 62
anthropoklin, auf den Menschen gerichtet 47
Anthropologie, Lehre vom Menschen 20, 22, 42f., 64, 334
Anthropomorphismus, Vermenschlichung, Übertragen menschlicher Maßstäbe auf andere Wesen 52, 59, 74, 455
Antilibanon, Gebirge in Syrien 405, 423, 528, *Kartenskizze 383*
Antimon 256f.
Antiochia am Orontes *Kartenskizze 383*
Antonius der Große, »Vater der Mönche«, koptischer Einsiedler 509
Antonius, Marcus, römischer Konsul 508
Anu, babylonischer Gott 602
Anubis, ägyptischer Gott 451, 457
Anumchirpi, Fürst von Mamâ 573f.
Anummuttabbil, Herrscher in Der 575
Anyath-Kultur (Altpaläolithikum, Irrawaddi-Tal, Oberburma) 178
Anzu, Sturmvogeldämon der Sumerer 562
Apennin, Fortsetzung der Alpen durch Italien 265, 271, 274, 283, 289, **295—298**, 303, 305, 308
Apenninen-Halbinsel, siehe Italien
Apenninische Bronzezeit 296
Aplachanda, Fürst von Karkemisch 581
Apokalypse, Offenbarung des Johannes, Schrift über das Weltende 429, 513

Apophis Nebchepeschrê, König der Hyksos 418, 482
apperzipieren, innere und äußere Eindrücke bewußt erfassen 19
Apries Haaibrê, König von Ägypten 373, 507
Apriorismus, Inbegriff der Erkenntnis, die unabhängig von der Erfahrung oder Wahrnehmung gewonnen wird 44, 48, 233
Apulien, Landschaft in Südostitalien 271
Aquae Sextiae (Aix-en-Provence), Schlacht bei, 102 v. Chr. 316, *Abb. 245*
Aquileia, südlich Udine (Oberitalien) 313, *Kartenskizze 245*
Aquitanier, vorindogermanisches Volk in Südwestfrankreich 304
Araber 518, 603
Arabische Halbinsel 166, 176 ff., 188 ff., 192, 196 f., 199, 216, 224, 526, 537 f., 548 f., 554 f., 568, 615
Aramäer, semitisches Nomadenvolk Vorderasiens 529, 618 f.

Aratta (Nordwestpersien) 541,

Arcadius, oströmischer Kaiser 509
Archäologie, Altertumskunde 238, 334, 336, 344, 528
—, linguistische 254
Archaeopteryx lithographica, Urvogel 92, 94, 97, *Abb. 97*
Archaikum (Azoikum, Urzeit) 15, 93
Archaismus, Gebrauch von Altertümlichem, nicht mehr Üblichem 506, 592
Architrav, unmittelbar auf Säulen ruhender Tragbalken 441
Archanthropinae (Urmenschen) 134 ff., 140, 142 ff., 146 f., 150, 157, 613, *Abb. 151*
Arene Candide, Höhlen (Ligurien, Italien), Fundstätte 233
Argar, El- (Südostspanien) 263
Argesilaos, König von Sparta 507
Argonauten, sagenhafte Griechen, die unter Jason mit dem Schiff Argo nach Kolchis am Schwarzen Meer fuhren 471
argumenta e silentio, Folgerungen aus dem Schweigen 560
Arier, Völker des indo-iranischen Zweiges der indogermanischen Sprachfamilie 241, 279
Arisch, el (Unterägypten) *Kartenskizze 382*
Aristoteles, griechischer Philosoph 46
Arithmetik (elementares Zahlenrechnen) in Ägypten 365 f.
— in Babylon 603 f.
Armageddon (Megiddo-Paß), Palästina 429

Armas, anatolischer Mondgott 573
Armenien 528 f., 550, 597
Arsen 256 f.
Arsinoë II., Schwester und Gemahlin von Ptolemäus II. 508
Artatama, König von Mitanni 444
Artaxerxes III., König von Persien 508
Artefakte, mesolithische 219 ff., *Abb. 220*
—, paläolithische 27, 129, 159, **162** bis 170, 173, 175 f., 179 ff., **184** bis 188, 192, 196, 199 f., 202 f., 217, 613, *Abb. 189, 199*
Arthropoden, Gliederfüßer 18, 46, 98 f.
Articulare, Unterkiefergelenksknochen der Reptilien 96 f.
Aruna-Straße (Palästina) 430
Arzawa, Landschaft (etwa Pisidien-Pamphylien) 471, 606, *Kartenskizze 383*
Asariluchi, Gott der Sumerer 564, 600, 602
Ascribed status, zugeschriebener Status 73, 75, 77
Aserbeidschan, Landschaft südöstlich des Kaspischen Meeres 553, 596
Aschduni'erim, König von Kisch 576
Aschnan, Korngöttin der Sumerer 561 f.
Asiaten 391 f., 394, 401, 405 f., 409, 417, 421, 423, **430—433**, 435 f., 438, 443
Asien 166 f., 175, 196, 327, 329 f., 334, 343, 374 f., 388 f., 399, 404 ff., 415, 418 f., 422, 424, 426 f., 429, 433, 438, 461 f., 467, 475 f., 488, 501, 503, 613, 617 f.
—, Altpaläolithikum 177 ff.
—, Jungpaläolithikum 216 f.
—, Mesolithikum 223 ff.
—, Mittelpaläolithikum 188 ff.
—, Neolithikum 247
Asinum, König von Assyrien 597
Askalon (Palästina) 439, 472, *Kartenskizze 383*
Asosis (Isesi), König von Ägypten 371, 615
Assarhaddon, König von Assyrien 506
Asseler am Niger (Westafrika), Fundstätte 146
Assiut (Mittelägypten) 331, 391 f., 399, 408, *Kartenskizze 382*
Assoziation, psychologisch: unwillkürliche Verknüpfung von Vorstellungen, soziologisch: Zusammenschluß 24, 31
Assuan-Staudamm 187, 327, *Kartenskizze 382*
Assur, assyrischer Gott 569, 573, 617
Assur (Nordbabylonien) 542, 557, 569, 571 f., 578 ff., 584, 587, 597

Assurnassirpal I., König von Assyrien 619
Assurreschischi I., König von Assyrien 619
Assuruballit I., König von Assyrien 618
Assyrer (Subaräer), semitisches Volk 434, 502 f., 506, 536, 570, 573
Assyrien 434, 471, 506 f., 525, 527, 529 f., 532 f., 538, 547, 549, 553, 556, **569—574**, 576, 586 f., 594 f., 602, 608, 617 ff.
—, Handelskolonien in Anatolien 571 ff., 605, 617, *Abb. 571, 604*
—, Kunst 586
—, Schamschiadads I. Reich 579 bis **583**, 617
Astarte (griechisch, babylonisch Ischtar), semitische Göttin 439 f., 481, 550
Atérien, Kulturstufe des Mittelpaläolithikums (nach Birel Ater bei Constantine, Algerien) 187
Athen (Griechenland) 420
Athlit am Karmel (Palästina), Fundstätte 188, 191 f., 196, 216, 224 f., *Abb. 225*
Atkinson, R. J. C., englischer Vorgeschichtsforscher 262
Atlanthropus (Homo erectus mauretanicus) 135, 144, 146, *Abb. 153*
Atlantikum, nacheiszeitliches Klimaoptimum 231 ff., 239, 250
Atlantosaurus (Sauropode) 97
Atlas, Gebirge in Nordwestafrika 223, 239
Aton (ägyptisch Sonnenscheibe), von Amenophis zur einzigen Gottheit der Ägypter erklärt **449—454, 457—461**, 505, 518, 618
Atonismus (Aton-Kult) 449, 452, 460 f., 465, 469
Atothis (Aha), König von Ägypten 370
Atrachasis, babylonischer Noah 600
Atum, ägyptischer Gott 358 f., 449, 459, 461
Auaris oder Tanis, heute Ramses (Nildelta) 417 ff., 421 f., 467 f., 475, 499, 501, 506 f., 617, 619, *Kartenskizze 382*
Aufrechtgang 99, 114 f., 117, 125 ff., 142, 158
Augentiere 114
Augustodunum (heute Autun) Frankreich 310
Augustus, ursprünglich Gaius Octavius, römischer Kaiser 3
Aunjetitz (Unětice) bei Prag (Böhmen) 260
Aunjetitzer Kultur (Frühmetallkum I) 260
Aurelianus, Domitius, römischer Kaiser 509

# NAMEN- UND SACHREGISTER

Aurelius, Marcus, römischer Kaiser 509
Aurignac (Haute Garonne, Südwestfrankreich) 159
Aurignacien, Kulturstufe des Jungpaläolithikums 81, 198, 203, 205, 216, 614, *Abb. 201*
Aurillac am Fuß des Cantal (Südfrankreich) 163
Australanthropus (Australopithecus A-Typus) 123–126f., 129, 133, 140, *Abb. 153*
— (Australopithecus transvaalensis) *Abb. 121 innen, 125*
— prometheus *Abb. 124*
Australide (Australier) 136, 144, 151, 614, *Abb. 153*
Australien, Altpaläolithikum 179
—, Jungpaläolithikum 217f.
—, Mesolithikum 225
—, Mittelpaläolithikum 193
Australopithecinae (Südaffenmenschen) 27, 117f., **120–134**, 138, 140, 142, 144, 146, 150, 177, 613, *Abb. 121f., 124f.*
Australopithecus africanus 19, 121
— transvaalensis *Abb. 121*
— A-Typus, siehe Australanthropus
— P-Typus, siehe Paranthropus
Autun (Département Saône-et-Loire), Frankreich 310, *Abb. 245*
Avebury (Grafschaft Wiltshire), England 247, 263, *Abb. 245*
Avon, Fluß in Südengland 263
Awaren, turktatarisches, den Hunnen verwandtes Volk 278f.
Awilninurta, Innenminister Hamurabis 592f.
Azilien (Asilien), Kulturstufe des Mesolithikums (nach Mas d'Azil, Département Ariège) 223
Aziru, syrischer Fürst 462
Azoikum (Urzeit), Ära der Erdgeschichte 93

## B

»ba« (ägyptisch), »Seele« 377, 394
Baal, semitischer Gott 439f.
Ba'alat, semitische Göttin 348
Baba, Muttergöttin in Lagasch 561
Babillu (Bab-ili »Gottestor«), Babylon 576
Babylon am Euphrat 577, 582, 587, 596, 599, 606, 616, *Karte 576*
Babylonien 343f., 410, 434, 504, 507, 525, 527, **529–535**, 537ff., 548f., 553f., 560, 562, 564, **566 bis 571**, 574–578, 580f., 583f., **614–619**
—, Dynastienübersicht 584f.
—, frühdynastische Zeit **540–547**
—, Gesetzsammlung **589–592**, 617
—, Hammurabis Reich **586–594**

Babylonien, Königsfriedhof von Ur 543ff.
—, Kultur 525, 543ff., 579, **596 bis 605**, 617f.
—, Kunst 541ff., 605, 617, *Abb. 572f.* *588f., 597*
—, Religion 599f., *Abb. 572, 597*
—, Sexagesimalsystem 603f.
Babylonier (Semiten) 345, 351, 434, 502f., 507, 517, 531, 601
Baccinello bei Grosseto (Toskana, Italien), Fundstätte 116
Bachelard, Gaston, französischer Philosoph 56
Bachofen, Johann Jakob, Rechtsgelehrter, Altertums- und Mythenforscher 50
Badâri (südlich Assiut) 334
Badâri-Kultur (Neolithikum), Oberägypten 239, 334, 614
Baden bei Wien 251, *Abb. 245*
Badener Kultur (Neolithikum) 251f., 255
Baden-Württemberg 270
Badtibira, Stadt des sumerischen Gottkönigs Dumuzi 537
Baenrê Merenptah, König von Ägypten 372, 471, 474, **476 bis** 479, 490
Baf-rê, König von Ägypten 371
Bagdad (Mesopotamien) 420, 527, 578
Bahrein (früher Tilmun), Inseln im Persischen Golf 549, 558, 575
Bahrie, Oase in Mittelägypten *Kartenskizze 382*
Baikalsee (Ostsibirien) 242
Bakarê Tanutamun, König von Ägypten 373, 506
Bakterien 41
Bakteriophagen (Bakterienfresser) 90
Balearen, Mittelmeerinseln 275
Balkåkra (Schonen, Schweden), Fundstätte 268
Balkanhalbinsel 255, 269, 273, 277, 279ff., 285, 290, 298, 308, 313
Baltikum, Landschaft in Nordosteuropa 197, 302
Bandkeramik (Neolithikum) 29, 233, 244, 249f., 254
Bandkeramisches Volkstum 253f.
Barachscha, Landschaft in Babylonien 569
Baratela (Provinz Padua) 299, *Abb. 289*
Barkal, Gebel (Berg), Äthiopien *Kartenskizze 382*
Basilides, syrischer Gnostiker 509
Basken, vorindogermanischer Volksstamm in den Pyrenäen 320
Basra am Schatt el Arab 527
Bastardhypothese 149
Bayern 171, 286, 290
Becker, Carl J., dänischer Vorgeschichtsforscher 248

Bedre (Osttigrisland) 575
Behbet el Hagar (Iseum), Ägypten 507
Beirut (Libanon) 178, 188, *Kartenskizze 383*
Beit-Mirsim, Tell (Palästina) 462, *Kartenskizze 383*
Belbani, König von Assyrien 584, 597
Belgien 186, 245, 252, 255, 269, 295, 318
Beludschistan, Landschaft in Pakistan 240
Belvedere-Cetona (Toskana) 296
Belvedere-Cetona-Kultur 296
Bemalte Keramik, chinesische 241
—, europäische 241
— in Mesopotamien **532–535**, 540
Benac, Alois, jugoslawischer Steinzeitforscher 233
Ben Anath, syrischer Kapitän 478
Benjaminiten, semitischer Volksstamm 581, 583, 617
Ben-Ozen, ägyptischer Würdenträger 478
Berber, alpine Stämme in Nordafrika 30
Bergbau zur Bronzezeit 257f.
Bergkristall 178
Bergson, Henri, französischer Philosoph 20, 22, 42–47, 49ff., 54
Bering-Straße, Meerenge zwischen Amerika und Asien 28, 251
Berlin 167
Berlin-Biesdorf 223, *Abb. 220*
Bernburg an der Saale 251, *Kartenskizze 245*
Bernstein 236, 256, 258, 268, 298, 567
Beryllium (Element 4) 198
Beskiden, Gebirgszug der Karpaten 204
Beth-Schan (Palästina) 435, 468f., 479, *Kartenskizze 383*
Beth-Schemesch (Palästina) 423, 435, *Kartenskizze 383*
Beth-Zur (Palästina) 423, *Kartenskizze 383*
Beuteltiere, siehe Marsupialia
Bevölkerungsdichte im Mittelpaläolithikum 191f.
— im Mesolithikum 221f.
— im Jungpaläolithikum 204
Béziers (Département Hérault), Südfrankreich 321, *Kartenskizze 245*
Bibel 583
Bibracte, antike Stadt nahe Autun 310
Biface-Kulturen **164–168**, 170, 172f., 177ff., 181ff., 185, 189, 195f., 205
Biface-Technik 187
Biface-Typ, zweiseitiger Faustkeil 163f.
Bichl bei Matrei (Tirol) 313
Bilalama, König von Eschnunna 578

# NAMEN- UND SACHREGISTER

Bildhauerkunst (Steinzeit) 204, 211f., 224, 243f., 246, 263, 265, 267, 274, 276, 299, 312f., 614, *Abb. 201*, *241*, *344*
Biohistorie, Geschichte des Lebens 90, 99
Biologie, Wissenschaft vom Lebendigen 17, 21ff., 42f., 51
Biosynthese, Urzeugung 90
Biotop (»Lebensstätte«), Ort mit einheitlichen äußeren Lebensbedingungen 152
Bipedie, Zweifüßigkeit 99, 109f., 114f., 125f., *Abb. 119*
Bischofshofen am Hochkönig 237
Biskupin (Westpolen) 293
Bison (Wisent) 193, 211, *Abb. 224*
Bituriger, keltischer Stamm in Gallien 304
Black Patch, Feuersteingrube (Südostengland) 236
Blattspitze (Steinwerkzeug) 162
Blattspitzen-Kultur 184, 186f., 189, 205
Blei 256f., 275, 572
Blemyer, Nomadenstamm in der Arabischen Wüste 509
Block- oder Clactonien-Technik 162, 165, 169
Blocksteinschmiede in Württemberg 181
blue stones, vulkanische Gesteine wie Diabas und Rhyolit 262
Bocchoris Wahkarê, König von Ägypten 297, 373, 426, 506
Bodenbach (Podmokly), Böhmen 319, *Kartenskizze 245*
Bodrog, rechter Nebenfluß der Theiß (Ungarn) *Kartenskizze 245*
Bodrog-Kultur (Neolithikum) 252
Böhm, Jaroslav, tschechischer Prähistoriker 268
Böhmen 249, 251, 268, 271, 306, 311f., 315, 319
Bolk, Louis, niederländischer Anatom 52
Bogenschaber (Steinwerkzeug) 164, 169, 172, 210, *Abb. 189*
Boghazköi (Hattusas der Hethiter), östlich Ankara (Türkei) 433
Bohuslän, südschwedische Küstenlandschaft *Abb. 269*
Boirebistas, König der Daker 319
Bojer, keltischer Volksstamm 311, 315, 319
Bologna (römisch Bononia, etruskisch Felsina) 298, *Abb. 300*
Bolzano (Bozen), Südtirol 301
Bootaxtkultur (Neolithikum) 249
Boreal-Zeit, Wärmeperiode der Nacheiszeit 218, 231, 235, 239f., 244, 250
Bos, echtes Rind 118
Boston (Massachusetts, USA) 356
Bottendorf an der Unstrut, Fundstätte 150, *Abb. 149*

Bozen (Bolzano), Südtirol 301
Brachiatoren (Hangelkletterer, Schwingkletterer) 104, **106** bis **109**, 111, 113f., 117, 143, *Abb. 109*, *119*
Brachiatoren-Hypothese 108, 115, *Abb. 109*
Braidwood, Robert J., amerikanischer Steinzeitforscher 232
Brak, Tell (Mesopotamien) 539, 550
Bramapithecus, fossiler Menschenaffe *Abb. 153*
Brandbeisetzung 268ff., 274f., 287, 293, **296–299**, 310, 317f., 320, *Abb. 288 innen*
Brandenburg, Mark 293, *Abb. 261*
Brea, Luigi Bernabò, italienischer Steinzeitforscher 233
Breasted, James Henry, englischer Historiker und Orientalist 509
Breitnasenaffen, Platyrrhinae 103
Bretagne, Halbinsel Nordwestfrankreichs 312
Britische Inseln, siehe England
Broken Hill (Rhodesia), Fundstätte 134ff., 145
Brontosaurus, Apantosaurier aus dem Jura (Länge rund 20 Meter) 97, *Abb. 96 innen*
Bronze 257, 308, 374, 404, 471, 550
Bronzegeräte, griechische 305, *Abb. 289*
Bronzezeit 237, 243, 246, 250, 252, **255–283**, 488f., 566, *Abb. 260*
—, atlantische 271, 275
—, chronologische Gliederung 259
Bructerer, westgermanischer Volksstamm 318
Brünn (Mähren), Fundstätte 150
Bubastiden, Name der 22. Dynastie in Ägypten 506
Bubastis (östliches Nildelta) 506
Buchstabenkeilschrift 348, 529, 619
Buckelkeramik (Früh-Metallikum II) 264f., 268, 270, *Abb. 261*
Budapest 252
Buffon, Georges Louis Leclerc, Comte de, französischer Naturforscher 89
—, »Histoire naturelle, générale et particulière (40 Bände, 1824–32) 89
Buff-Ware-Culture, Keramik des östlichen Irans 240
Buhen, Festung am zweiten Nilkatarakt 616, *Abb. 409*
Bujuwawa, Hoherpriester des Harsaphes 501
Bulgarien 186, 244, 301, 304, *Abb. 308*
bunodont, Zähne mit vielhöckrigen Kronen 116
Buntkeramischer Kulturkreis 532, 538, 566

Buret (Ostsibirien) 202
Burgenland, Bundesland Österreichs 272, 286, 319
Burgunder, ostgermanischer Volksstamm 317f.
Burgundische Pforte zwischen Vogesen und Schweizer Jura 271
Burma (Staat in Hinterindien) 178
Bursuën (Amarsuëna), König von Ur 557, 585, 616, *Abb. 558*
Buruschchatta (Anatolien) 574
Busch, Wilhelm, Zeichner und Dichter 76
Buschmann 174, *Abb. 124f.*
Butley-Kaltzeit (Donau-Kaltzeiten) 139
Buto (Nildelta) *Kartenskizze 382*
Buto, Göttin von Unterägypten 389
Buytendijk, Frederik Jacobus Johannes, niederländischer Psychologe 54f.
Byblos (Gubla), Phönikien 375, 388, 393, 432f., 439, 462, 500f., 506, 566, 615, 619, *Kartenskizze 383*, *431*
Byzantinisches Reich 509
Byzanz (später Konstantinopel), Stadt am Bosporus 509

## C

Caesar, Gaius Julius, römischer Staatsmann 304, 308, 310, 508
Cà Morta bei Como, Fundstätte 300
Caninus (Eckzahn) 106
Cantal, erloschener Vulkan, französisches Zentralmassiv in der Auvergne 163
Cantal-Gebiet 163, 169f., 177
Canope, etruskische Aschenurne in Menschengestalt 297

Capsa (heute Gafsa), Südtunesien 224
Capsien, Kulturstufe des Jungpaläolithikums 224
Cardium-(Herzmuschel-)Keramik (Neolithikum) 242, 248
Carnac (Bretagne), Frankreich 247, *Abb. 245*
Casablanca (Marokko) 135, 144
Cassius, Avidius, römischer Feldherr 509
Castellieri- oder Wallburgkultur 300
Castro- (spanisch »Lager«) Kultur (La-Tène-Zeit) 320
Catarrhinae, Schmalnasenaffen, Altweltaffen 103
Caton-Thompson, Gertrude, englische Prähistorikerin 239
Ceboidea (Kapuzineraffenähnliche) 103, *Abb. 101*
Cempsi, keltiberischer Volksstamm 320

# NAMEN- UND SACHREGISTER

Cenoman, unterste Stufe der oberen Kreideformation 286
Cercopithecoidea (Meerkatzenähnliche) 116, *Abb. 101*
Certosa di Bologna, Friedhof von Bologna 298 f., *Abb. 300*
Cerveteri (Caere), nordwestlich Roms 296
Chaanchrê Sobekhotep IV., König von Ägypten 372
Chabasch, nubischer Fürst 508
Chabrias, griechischer Feldherr 507
Chabur, linker Nebenfluß des Euphrats 527, 529, 572, 579, 582 f.
Chachchu am Euphrat 606
Chacheperrê Sesostris II., König von Ägypten 372, 390, 402, 404, 409, 617
Chaemma'at, Beiname Amenophis' III. 451
Chaemopet, ägyptischer Schreiber 498
Chaemwaset, ägyptischer Wesir **495—498**
Chafadschi, früher Tutub (Mesopotamien) 542
Chaheteprê Sobekhotep V., König von Ägypten 372
Chakaurê Sesostris III., König von Ägypten 372, 390, 402, 406, 416, 617, *Abb. 408, 517*
Chalcedon (Kalchedon) am Bosporus 509
Chalkolithikum (Kupfersteinzeit) 532 f., 566, 614
Chamassi, Landschaft in Kurdistan 541, 553
Chamberlain, Houston Stewart, englischer Schriftsteller 17
—, »Grundlagen des 19. Jahrhunderts« (1899—1901) 17
Champagne, französische Landschaft 306
Chana, Landschaft am Euphrat 595
Chancelade, La, bei Raymonden (Dordogne/Frankreich) 150
Chaneferrê Sobekhotep III., König von Ägypten 372
Charantien-Kultur (Mittelpaläolithikum) 186 ff.
Charge, Oase of (Oberägypten) 382, 507
Chaschabu (Palästina) 443, *Kartenskizze 383*
Chaschschu am Euphrat 606
Chasechem, König von Ägypten 371
Chasechemrê Neferhotep I., König von Ägypten 372
Chasechemui, König von Ägypten 371
Chatelperron im Périgord (Südwestfrankreich) 199
Chatelperron-Spitze (Klingenkultur) 199, 205

Châtillon-sur-Seine (Département Côte d'Or), Frankreich *Kartenskizze 245*
Chayan (Chian), König der Hyksos 420
Chelléen, siehe Abbevillien
Chemie 43, 51
Chentkaus, Tochter des Mykerinos, Königin von Ägypten 386, 444
Cheops (Chufu), König von Ägypten 364, 371, 379, 386, 494, 615, *Abb. 364*
Chepercheprurê Eje, König von Ägypten 372, 458, 618
Cheperkarê Sesostris I., König von Ägypten 372, 390, 402, 405 f., 616
Chepermaatrê Ramses X., König von Ägypten 373, 390, 491
Chephren (Re-chaf), König von Ägypten 356, 364, 369, 371, 379, 615, *Abb. 364*
Cheti (Achthoes) III., König von Ägypten 371
Cheti, ägyptischer Hofbeamter 403, 482
Chian (Chayan), König der Hyksos 420
Childe, V. Gordon, englischer Archäologe 340
China 126, 128, 139, 141, 201, 241, 613
»Chinamensch«, siehe Sinanthropus pekinensis
Chinesische Mauer 242
Chirbet Kerak (Palästina), *Kartenskizze 383*
Chiusi (Clusium), Toskana 297
Chnum, ägyptischer Gott 410, 492, 505, 507, *Abb. 516*
Chnumibrê Amasis, König von Ägypten 373, 507
Chondrichthys (Knorpelfische) 93, 97
Chonsumosis, ägyptischer Torhüter 492
Chopper-Kultur, siehe Haumesser-Kultur
Chosroës II. (Chosrau, Chosras), König von Persien 509
Chou Kou Tien, Dorf südwestlich Peking, Fundstätte 128, 131, 135, 142 ff., 178 f., *Abb. 133*
Chou Kou Tienium, Kulturstufe des Mittelpleistozäns 144, 174, 178, 613
Christentum 13, 50, 72, 459, 508 f.
Chromosomen, mikroskopische leicht färbbare Träger der Erbanlagen des Zellkerns 98
chthonisch (griechisch), erdhaft, unterirdisch, Bezeichnung unter der Erde waltender Gottheiten 50, 599
Chufu (Cheops), König von Ägypten 364, 371, 379, 386, 494, 615, *Abb. 364*

Chunefertumrê Taharka, König von Ägypten 373, 506
Churriter, Bewohner von Churrum (Churri) 419 f., 553, 596 f., 606 f., 618 f.
Churrum (etwa Aserbeidschan) 553
Chutauirê Ugaf, König von Ägypten 372
Chuwawa, Zederndämon der Sumerer 563
Cigarralejo, Heiligtum bei Murcia 321
Clacton on Sea (Südostengland) 159, 171
Clactonien- oder Block-Technik 162, 165, 169, 178, 182
Clactonien, Kulturstufe der Altsteinzeit 29, 159, 162, 165 f., 173, 177, 181, 184, *Abb. 171*
Clark, Wilfrid Edward Le Gros, englischer Anatom 101
Clovis (New Mexico, USA), Fundstätte 218
Coelacanthiden, fossile Gruppe der Wirbeltiere 119
Col di Tenda, Paß in den Seealpen (Frankreich) 263, *Kartenskizze 245*
Columella, Gehörknöchelchen der Reptilien 96
Combe-Capelle bei Montferrand (Dordogne/Frankreich) 148, 150, 614
Comer See (Oberitalien) 271, 295
Commodus, Lucius Älius Aurelius, römischer Kaiser 509
Comte, Auguste, französischer Philosoph 36
Conditio humana **31—86**, 102, 110
Conditio sine qua non, unerläßliche Vorbedingung 59
Connecting link, Verbindungsglied 92, 94, 96 f., 134, 143
contrat social, Le, Gesellschaftsvertrag (Titel des Hauptwerkes von Jean Jacques Rousseau) 61
Côte-d'Or, Kalkhöhenzug in Burgund und Département Frankreichs 289, 292, 301
Crista sterni, Knochenkamm auf dem Brustbein von Vögeln 107
Cromagnon, Abri bei Les Eyzies an der Vézère (Frankreich), Fundstätte 135, 150, 614
Cromagnon-Rasse 150, 152, *Abb. 153*
Cromer (Nord-Norfolk, England) 139
Cromer-Warmzeit (Günz-Mindel) 139, 144, 150
Crossopterygii (Quastenflosser) 93 f., 97, 119 f.
Crvena Stijena, Höhle (Jugoslawien), Fundstätte 233
Cucuteni bei Jassy (Moldau, Rumänien) 244

# NAMEN- UND SACHREGISTER

Cultural anthropology 39
Cumae bei Neapel 284, 295f., *Kartenskizze 245*
Cuvier, Georges Léopold Chrétien Frédéric Dagobert Baron (geboren als Georg Küfer), französischer Naturforscher 15, 89
Cynognathus (Hundskiefer) 93, 96f.
Cypern (Alaschia), Mittelmeerinsel 232, 259, 420, 479, *Kartenskizze 383, 431*

## D

Dachle, Oase el (Oberägypten) *Kartenskizze 382*
Dacqué, Edgar, Paläozoologe und Naturphilosoph 49f., 54
Daduscha, König von Eschnunna 578, 580, 585, 617
Dänemark 169, 221, 249, 253, 265f., 269, 315f., *Abb. 308*
Dagan, Hauptgott der Amoriter 548, 550
Dahschur, südlich Memphis 615
Daker, Stamm der indogermanischen Thraker 304, 308, 311, 319f.
Dalmatien, Küstenlandschaft Jugoslawiens 280
Damaskus, Syrien 188, 429, 435, 528, *Kartenskizze 383, Karte 576*
damgar (akkadisch-sumerisch), Kaufmann 558
Damiqilischu, König von Isin 577, 585
Danuna, vermutlich die altgriechischen Danaer 471, 479
Daphnae (Nildelta) 503, *Kartenskizze 382*
Darb al-Arbain, Wüstenstraße (Oberägypten) 408
Dardaner, antikes Volk von der Westküste Kleinasiens 471
Darius I. (Dareios), König von Persien 507
Darmbeine (Ilia) 125
Darmbeinschaufeln 116, *Abb. 125*
Dart, Raymond A., südafrikanischer Anatom und Anthropologe 120, 130f.
Darwin, Charles Robert, englischer Naturforscher 15f., 18, 38, 40, 44, 92, 98, 100f., 105f., 111, 128, 152, 162
—, »On the Origin of Species by Means of Natural Selection or the Preservation of Favoured Races in Struggle for Life« (»Über die Entstehung der Arten durch natürliche Auslese oder die Erhaltung begünstigter Rassen im Kampf ums Dasein«, 1859) 15f., 40, 92, 100

Darwin, Charles, Robert
—, »The Descent of Man and on Selection in Relation to Sex« (»Die Abstammung des Menschen und die natürliche Zuchtwahl«, 1871) 92, 100f.
Darwinismus 16f., 19, 20f., 23, 40ff., 92, 98
Datierungsmethoden prähistorischer Fundschichten 91, 130, 138, 197f., 205, 216, 218f., 231
David, König der Juden 480
Deben (91 Gramm Kupfer), ägyptischer Tauschwert 488f., 498, 500
Decius, Gaius Messius Quintus Trajanus, römischer Kaiser 509
Dehn, Wolfgang, Prähistoriker 292
Deir el Bahri, nahe Theben 400, 426, 428f., 616, 618, *Abb. 428f., Kartenskizze 382*
Deir el-Medine, Arbeiterstadt westlich von Theben 619
Deir Tasa (Oberägypten), Fundstätte 334, 342
Delphi, Heiligtum des Apollon (Griechenland) 307
Deltatheridium, Gattung ältester plazentaler Säugetiere (Kreidezeit) 93
Democracy, primitive 541
Demotische Schrift, volkstümliche Schrift der alten Ägypter 346, 348
Den (Udimu), König von Ägypten 371
Dendera (Oberägypten) 507f., *Kartenskizze 382*
Der (bei Bedre, Babylonien) 575,
Descartes, René (latinisiert Renatus Cartesius), französischer Philosoph und Mathematiker 47
Desoxyribonukleinsäure, in den Zellkernen vorkommende Verbindung der Phosphorsäure 98
Deszendenztheorie, Abstammungslehre 18, 20
Determinante, bestimmender Faktor 331
Determinativ, Deutzeichen in der ägyptischen und sumerischen Schrift 347, 565
Deutschland 165, 168f., 185f., 206, 216, 219, 223, 231, 242, 248f., 251, 256, 258, 261, 269, 274f., 277f., 281f., 290, 293f., 304f., 315, 317, 319
Devon, Periode des Paläozoikums 93
Diastema, Lücke zwischen Schneide- und Eckzahn (»Affenlücke«) 116, 142, *Abb. 105*
Dijala, linker Nebenfluß des Tigris 588
Dilbat (Babylonien) 576

Dilthey, Wilhelm, Philosoph 20, 22, 42f., 47f., 49, 51
Diluvium, Eiszeitalter 190
Dimini (Thessalien), Griechenland *Kartenskizze 245*
Dimini-Keramik (Neolithikum) 243, 253, 255
Dingler, Hugo, Philosoph 116
Diocletianus, Gaius Valerius Aurelius, römischer Kaiser 509
Diodoros, griechischer Geschichtsschreiber 503, 513f.
Diorit, Tiefengestein 549, 554
Disful am Karun (Elam) 527
Disziplin 511f.
Djahi, Landschaft in Palästina-Syrien 429, 474, 479f., *Kartenskizze 383*
Djedanchrê Montuemsaf, König von Ägypten 372
Djedheteprê Didumes II., König von Ägypten 372
Djedkaurê Schabataka, König von Ägypten 373
Djedneferrê Didumes I., König von Ägypten 372
Djefaihap, ägyptischer Offizier und Gutsbesitzer 408
Djer, König von Ägypten 371
Djet, König von Ägypten 371
Djoser, König von Ägypten 354, 364, 371, 379, *Abb. 356f.*
Djoserchepruê Haremhab (Haremheb), König von Ägypten 372, 438, 447f., 463, 465ff., 469, 618f., *Abb. 468*
Djoserkarê Amenophis I., König von Ägypten 372, 390, 424, 617
Djoser-teti, König von Ägypten 371
Dnjepr, Strom in Rußland 249
Dnjestr, Strom in Rußland 249
Docodonta, Säugetiergruppe aus der Jurazeit, vielleicht Vorfahren der Monotremata (eierlegende Säugetiere) 95
Dogma, Glaubenssatz, festgelegte Lehrmeinung 13, 29, 514, 520
Dolchzeit 261
Dolmen (keltisch Steintisch), aus Steinblöcken errichtetes Grab des Neolithikums 247f.
Dolomitfeuerstein 236
Domestikation von Wildpflanzen 28, 231ff., 235
— von Wildtieren 28, 230, 232, 248
Donau 169, 204, 252, 255, 285, 308, 319, *Kartenskizze 245*
Donau-Günz-Warmzeit *Abb. 171*
Donau-Kaltzeiten 139, 167, *Abb. 171*
Donauländische Kultur 236, 238, 242ff., 246f., 249, 251, 253, 256, 273, 276
Dor (Palästina) 500, *Kartenskizze 383*
Dordogne, Fluß und Département in Frankreich 204
Dorier, altgriechischer Volksstamm 279

## NAMEN- UND SACHREGISTER

Drachenloch bei Vättis in 2445 m Höhe (Schweiz), Fundstätte 184
»Drachenzähne« 126
Drau, rechter Nebenfluß der Donau 280, 316
Dravida, Sprachgruppe im mittleren und südlichen Indien 535
Drehem (im Altertum Puzurisch-Dagan) 556
Dreilappkrebse (Trilobiten) 98
Driesch, Hans, Naturforscher und Philosoph 42
Droop, John Percival, englischer Vorgeschichtsforscher 289
Droop-Keramik 289
Drosophila, Taufliege 98
Drusus, Nero Claudius Germanicus, römischer Feldherr 309
Dryas octopetala, Silberwurz 218
Dryas-Zeit, letzter Abschnitt der Würm-Vereisung 218f., 231
Dryopithecinae 105, 107, 111, 114, *Abb. 119*
Dryopithecus, fossiler Menschenaffe des Miozäns 93, 104, 113, *Abb. 105, 153*
Dschemdet-Nasr bei Kisch (Babylonien) 238, 538
Dschemdet-Nasr-Keramik 238
Dschemdet-Nasr-Kultur 538, 540, 566, 615
Dualismus von Körper und Geist 47
Dubois, Marie Eugène François Thomas, niederländischer Militärarzt 134, 142
Dudu, König von Akkade 550
Dumuzi, Gottkönig der Sumerer 537, 539, 544, 557, 562
Dürrnberg bei Hallein (Salzburg) 287, 308
Dura-Europos bei Mari 586
Dur-Jachdunlim, Festung nahe der Chaburmündung 579
Dur-Rimusch (heute Ischtschali), südlich von Tutub (Babylonien) *Abb. 597*
Dur-Samsuiluna, Festung in Babylonien 595
Dur-Untasch (Babylonien) 619
Duvensee, Wohnplatz um 7200 v. Chr. 222
Dux (Nordböhmen) 311
Dynastienübersicht (Ägypten) 371 ff.
— (Sumer, Babylon und Hethiter) 584f.

## E

Ea, semitisch für Enki von Eridu 599f., 602
Eannatum, König von Lagasch 545, 585, *Abb. 547*
»Early Iron Age A« (Keramik) 295
Ebers, Georg, Ägyptologe 357
Ebro, Fluß in Spanien *Kartenskizze 245*
Echnaton (Neferheprurê Amenophis IV.), König von Ägypten 372, 390, 444, **447—453**, 455, **457—464**, 505, 518, 618, *Abb. 448f.*
Echolalie, sinnloses Nachsprechen vorgesprochener Wörter 58
Eden-Scottsbluff (Nebraska, USA), Fundstätte 218
Edfu (Oberägypten) 399, 508, *Abb. 505, Kartenskizze 382*
Edom, Hochland in Palästina 479, *Kartenskizze 383*
Eem, Fluß in den Niederlanden 139
Eem-Warmzeit (Riß-Würm) 139, 147f., 151
Effigneux (Frankreich) 312
Eger, Westböhmen 271, *Kartenskizze 245*
Ehringsdorf bei Weimar, Fundstätte 135, 148, 183, 200, 614
Eibenholz-Jagdwaffen 173f.
Eifel, Nordwestteil des Rheinischen Schiefergebirges *Kartenskizze 245*
Einzelgrab-Kultur (Neolithikum) 249ff., 253, 261f., 277
Einzelgrab-Volkstum 253f.
Eisen 256, 283 ff., 294, 308, 465, 471, 480, 488f., 567
Eisenbergbau 285 ff., 313
Eisenerz (Steiermark) 285
Eisernes Tor, Durchbruchstal der Donau zwischen Südkarpaten und Serbischem Gebirge 204
Eisenzeit 488, 493
—, ältere 259, 280, **283—304**, *Abb. 288*
—, — Chronologie 284, 289
—, jüngere 259, 281, **304—321**
—, späte 281
Eiszeit 117f., 137ff., 157, 165, 230, *Kartenskizze 137*
Eiszeitliche Kulturen **160—163**, *Karte 168*
Eiszeitmensch, siehe Homo sapiens diluvialis
Eje Cheperheprurê, König von Ägypten 372, 458, 618
Ekallātum am Tigris 579f.,
Ekliptik, Ebene der Erdbahn 138
—, Schiefe der, Neigungswinkel zwischen Erdbahnebene und Himmelsäquator 138
El, semitischer Gott 416
Elam (Awan), Landschaft östlich des Tigris 527, 535, 538, 541, 545, 548ff., **556—569**, 575f., 582, 587f., 618f., *Kartenskizze 551*
Elamiter, Bewohner von Elam 535, 569, 616
El-Amra, siehe Amratien
El-Argar (Südostspanien) 263
El-Argar-Kultur (Früh-Metallikum I) 263
Elbe 221, 268f., 319, *Kartenskizze 245*
El Charge, Oase (Oberägypten) 382, 507, *Kartenskizze 382*
Elche bei Alicante (Spanien) 321, *Abb. 317, Kartenskizze 245*
El Dachle, Oase (Oberägypten), *Kartenskizze 382*
El-dschesire (»die Halbinsel«), das nördliche Mesopotamien 527
El Garcel (Südostspanien) 234
Elefant (Elephas) 118
Elektron (natürliche Gold-Silber-Legierung) 534, 567
Elementarorganismus 91
Elephantiden, Elefantenartige 102
Elephantine (heute Dschesire), Nilinsel bei Assuan 507, 509, *Kartenskizze 382*
Elfenbeinschnitzereien 211, *Abb. 201*
Elkab (Oberägypten) 422, *Abb. 420, Kartenskizze 382*
El-Obed bei Ur, Fundstätte 533, 542, 614, *Abb. 533*
El Omari, nahe Kairo 614
El Sotillo, nahe Madrid 195
Emmer, primitive Weizenart 333, 488f.
Empirie, Erfahrung im Gegensatz zu Theorie 47
en, sumerische Hohepriesterin 544, 577, 599
Enanedu, en-Priesterin in Ur 577
enantioplastisch 107f., 124
Engadin, oberes Inntal, Schweiz 271, 300
Engel, Isidor, Steiger in Hallstatt 288
Engis an der Maas (Belgien) 147
England 165f., 177, 223, 231, 245f., 252, 255f., 258, 261f., 270, 275, 283, 295, 308f., 312, 321
Eninu, Tempel in Lagasch 554
Enki, semitischer Gott 561f., 564, 588, 599f.
Enkidu, Diener von Gilgamesch 563, 600
Enlil, Gott von Nippur 547, 550, 557, 561 ff., 575, 579, 588, 594, 600
Enlilbani, König von Isin 576f., 585
Enmerkar, König von Uruk 541, 563, 585
Enschakuschanna, König des Landes (Sumer) 547
Ensérune bei Béziers 321
Ensi, Stadtfürsten der Sumerer 541
Entemena, König von Lagasch 545, 585
Entremont (Südfrankreich), Fundstätte 312
Entwicklungsphysiologie 42
Eolithen, vermeintliches vorgeschichtliches Werkzeug aus Feuerstein 162, 169
Eolithikum 162f.
Eozän (»Morgenröte der Neuzeit«), Epoche des Tertiärs 93, 103, *Abb. 101*

# NAMEN- UND SACHREGISTER

Ephraim, Landschaft in Palästina 435
Epona, keltische Göttin 312, 321
Eponymos (griechisch: den Namen gebend), Bezeichnung für Beamte oder Priester, nach denen das Jahr zum Zweck der Datierung benannt wurde 530
Equus, echtes Pferd 118
Erdgeschichte und allgemeine Evolution 89—100
Ergologie, Arbeits- und Gerätekunde 25, 28
Eridu (jetzt Abu-Scharein), Mesopotamien 527, 531, 533, 547, 555, 561f., 588, 599, 614f.
Ernstbrunn (Niederösterreich) 311
Erösd (Ariusd), Siebenbürgen, Fundstätte 244
Erösd-Cucuteni-Keramik (Neolithikum) 244
Erra'imitti, König von Isin 576f., 585
Ertebölle (Jütland, Dänemark), Fundstätte 233, *Kartenskizze 245*
Ertebölle-Kultur (Trichterbecherkultur, Neolithikum) 233f., 242, 248ff.
Eschnunna (Babylonien) 540, 542, 550, 558, 569f., 575—580, 582, 585, 587f., 592, 595, 616f., *Abb. 546*
Eskimo 200f., 210
—, mittelpaläolithischer 185
Esne (Esna), Ägypten 492, *Abb. 516, Kartenskizze 382*
Este (Provinz Padua), Italien 295, 304, 313, *Kartenskizze 245*
Este-Kultur 295, 298ff., 302, 314, *Abb. 289*
Estland (Baltikum) 250
Esus, keltischer Gott 312
Etana, König von Kisch 538, 552, 601, 616
Ethnographie, beschreibende Völkerkunde 159
Ethnologie, Völkerkunde 26, 39, 41, 68, 85
Ethos 32, 411, 460, 518
Etrurien (heute Toskana) 287
Etrusker (auch Tyrsener), antikes Volk in Etrurien 283, 285, 289, 295f., 303ff., 308, 471, 476
Etruskische Kultur 314
Euanthropinae (echte Menschen) 135
Euhominidae, echte Menschenartige 128
Euhomininae, echte Menschen, Unterfamilie der Hominiden 22, 132—153, 613, *Abb. 119, 151*

Euneandertaler 148
Euphrat 31, 423, 432, 435, 438, 525, 527, 537, 541, 547, 572, 576, 578f., 581, 586f., 606, 617f., *Kartenskizze 383, 431, 551*

Eurasien 197, 217
Europa 13, 161f., 165ff., 169f., 172f., 175ff., 180f., 183, 187f., 189f., 192, 195ff., 199f., 202ff., 211, 216—219, 222f., 232f., 235 bis 238, 240, 242f., 245—253, 256f., 259—265, 267, 269, 272, 276f., 279f., 282ff., 286ff., 290, 304, 306, 308f., 321, 329, 470, 614
Europide, Rassenkreis, der Europa und das westliche Asien umfaßt 136, 151, 614, *Abb. 153*
Eusapiensus von Homo sapiens 136, 148, 150
Eutheria, echte Säugetiere 93, 95, 97, *Abb. 95*
Evidenz, unmittelbare Beweiskraft 20f,
Evolution, in der Biologie Lehre von der Entwicklung des Lebens während der Erdgeschichte 16, 19, 99, 613
Evolutionismus, naturphilosophische Richtung des 19. Jahrhunderts 16, 39, 99
Evolutionstheorie 23, 100f., 115
Exobiologie 90
Expansion, Ausdehnung 447, 548, 556
extrauterin, außerhalb der Gebärmutter (uterus) 23, 54
Eyasi-See, Tanganjika (Ostafrika), Fundstätte 146

## F

Failaka, Insel im Persischen Golf 558
Fajûmo-Merimdean, Kulturstufe des Neolithikums in Ägypten 239, *Abb. 240*
Falisker, altitalischer Volksstamm um Falerii (heute Cività Castellana) 303
Farce, Schwank, toller Streich 484
Fatjanowo-Kultur (zwischen Oka und Wolga), Neolithikum 249
Fauna, Tierwelt 15, 28, 169, 177, 196
Fauresmith (Oranje-Freistaat, Südafrika), Fundstätte 187
Fauresmith-Kultur (Mittelpaläolithikum) 187
Faustkeile 25, 162—166, 169, 176, 178, 195, *Abb. 160f., 184*
—, Biface-Typ, Zweiseiter 163f.
Faustkeilkulturen (Abbevillien-Acheuléen) 146, 163—166, 179, 184ff., 187, 613, *Abb. 171*
Fayencen (nach der Stadt Faenza benannte Tonware besonderer Art), ägyptische (Abydos)
Fayûm, Oase in der Libyschen Wüste 103, 239, 333, 391, 399, 404, 501, 508, 617, *Kartenskizze 382*

Federmesser-Kultur (Jungpaläolithikum) 199, 203, 216, 221
Felsbilder 211f., 223, 239, 245, 250, 263, 266f., 269, 274, 294, 615, *Abb. 224*
Felsbildzone, südskandinavische 263, *Abb. 269*
Felsgestein, Werkzeuge aus (Kristalline Gruppe) 168, 175, 178f., 182f., 185, 206, 235, *Abb. 177, 184*
Felsschutzdach mit natürlicher Halbgrotte (Abri) 181, 186, 203ff., 222ff.
Fenchu (Phönikier) 423
Felsina (römisch Bononia, heute Bologna) 298, *Kartenskizze 245*
Feuerbach, Ludwig, Philosoph 83
Feuergebrauch im Altpaläolithikum 128, 174f., 178, 194, 202f., 613
Feuerstein, Flint 160ff., 167f., 170, 172, 175, 187, 190f., 202, 210, 215f., 220, 236, 248, 331—335, 339, 532, 614, *Abb. 160, 161, 200 innen*
Feuersteinbergbau 235f., 246, 262, *Abb. 232*
Feuerzeug, Schlag- 222
Fibel, Sicherheitsnadel der Bronzezeit 266, 272f., 290, 293, 297, 311, 314f., 318
Filip, Jan, tschechischer Prähistoriker 268
Fingnoi-Kultur (Altpaläolithikum) 178
Finnland 249f., 276
Finno-Ugrier, sprachverwandte Völkergruppe 255
Firdusi (Firdausi), eigentlich Abul Kasim Mansur, persischer Dichter 541
Flachgräber-Kultur, siehe Hockergräber-Kultur
Flachs 333
Flint, siehe Feuerstein
Flora, Pflanzenwelt 28
Florisbad im Oranje-Freistaat, Fundstätte 150, 614
Fluor (Element 19) 138
Fluortest, Altersbestimmung geologischer Schichten 138, 198
Fokoru (Ungarn) 301, 304
Folsom (New Mexico, USA) 225
Folsom-Kultur (Mesolithikum) 225
Fontéchevade, Höhle von (Charente/Frankreich), Fundstätte 135, 148, 182, *Abb. 153*
—, Schädel von *Abb. 149*
Font-de Gaume, Höhle bei Les Eyzies, Fundstätte 209
Font-Yves (Südfrankreich), Fundstätte 199, 217
Foramen magnum, Hinterhauptsloch 125
Foraminiferen, schalentragende Einzeller 98
Fortschrittsgedanke 19, 33—41

# NAMEN- UND SACHREGISTER

Fossilien, versteinerte und sonstige Reste von Pflanzen und Tieren 18, 27, 92f., 613
Fossiliengrenze 92, 613
Franken, Flußgebiet von Main, Kocher und Jagst 184, 271
Frankfurt am Main 167, 183
Frankreich 165f., 169, 182, 187, 191ff., 195, 197, 200, 203f., 206, 211, 213, 245, 252, 255f., 269, 275, 282f., 290, 294f., 304, 308, 310f., 320
Fratriarchat, Bruderherrschaft 569
Freskomalerei, Wandmalerei au frischem, noch nassem Mörtelgrund mit Wasserfarben 529, 586
Freud, Sigmund, Neuropathologe 50, 70f.
Fritzens, östlich Hall (Tirol) 300ff., *Kartenskizze 245*
Fron, den Göttern, dem Staat, dem Herrn gehörig 487, 541
Fruchtbarkeitskult 214f., 232, 246, 263, 265, 267, 274, 276, 299, 312f., 338, *Abb. 201, 241*
Frühhelladikum, frühe ägäische Kulturperiode auf dem griechischen Festland 243, 255
Frühmenschen (Praehomininae) 130f., 137–140, 142f., 146, 150, 161, 163, 180
Frühmesolithikum 220
Früh-Mallikum (Bronzezeit) 259 bis 283
— I 259–263, 265, 268, *Abb. 260*
— II 262, 264–267, *Abb. 261, 264, 268f.*
— III 260, 262, 267–283, *Abb. 261, 269, 288*
Fuchsstadt am Main 273, *Kartenskizze 245*
Fuencaliente, Provinz Ciudad Real, Südspanien *Abb. 248*
Fuhlrott, Johann Carl, Gymnasiallehrer 133, 147
Funktionalismus, in der Architektur ausschließliche Berücksichtigung des Gebrauchzusammenhanges und Verzicht auf jede zweckfremde Form 39
»Fuß-Hand-Tier« 116

## G

Galater, keltische Volksstämme in Kleinasien, 25 v. Chr. von Rom unterworfen 307
Galiläa, Landschaft in Palästina 419, 435, 469, 473
Galizien, ehemaliges österreichisches Kronland 301
Gallia Narbonensis (Südfrankreich) 309
Gallia cis- und transpadana (diesseits und jenseits des Po) 314
Gallien 309f., 312, 321

Gandasch, König der Kassiten 596
Ganges, Fluß in Vorderindien 31
Ganggrab (Neolithikum) 247ff., 261
Garcel, El (Südostspanien), Fundstätte 234
Gardasee (Oberitalien) 272
Garusi, Oldoway-Schlucht (Ostafrika) 121
Gaschur (später Nuzi) am Tigris 548, 618
Gaza (Palästina) 429f., 433, 462, 506, *Kartenskizze 382f., 431*
Geb, ägyptischer Gott 426
Gebelên (Oberägypten) 420, *Kartenskizze 382*
Gehlen, Arnold, Philosoph und Soziologe 64
Gemeinlebarn (Niederösterreich), Fundstätte 290, *Abb. 288 innen*
Gene, Erbfaktoren, Erbanlagen, die in den Chromosomen aufgereiht sind 16, 98, 115
Genesis (Entstehung), das erste Buch Mosis mit der Schöpfungsgeschichte 19, 83, 582, 605
Genezareth, See (Palästina) 469, *Kartenskizze 383*
genuin, angeboren, echt 14
George, Stefan, Dichter 50
Gerätebenutzer (Tool-user) 129
Gerätehersteller (Tool-maker) 129, 131, 140, 158
Germanen 29f., 254, 278f., 281f., 310f., 315–318
Germani cisrhenani (diesseits des Rheins) 318
Germanien 309
Germanische Völkerwanderung 278
Geröllgeräte (Pebble-tools) 131ff., 176, 613
Geröllkulturen 198
Gerste 333, 489
Geruchsirre 114
Gerze (nördlich Herakleopolis), Fundstätte 334
Gerzeen, Kulturstufe des Neolithikums 334, 614
Gesäßmuskel (Glutaeus) 125
Gesetzsammlungen, hethitische 608
—, mesopotamische 426, 555, 575, 578, 589–592, 616ff.
Gesichtsschädel (Neurocranium) 120, 122
Getreideanbau (Mesolithikum) 224, 614
— (Neolithikum) 230ff., 234f., 237, 239, 244, 248, 333
Gezer (Palästina) 420, 438, *Kartenskizze 383*
Ghassulian, Kulturstufe des Neolithikums in Palästina 238
Gibbons, siehe Hylobatidae
Gibraltar, Felsen von, Fundstätte 147
Gigantenproblem 126
Gigantomanie 445

Gigantopithecus, Riesenmenschenaffe 126
Gilgamesch, König von Uruk 238, 541, 555, 563, 585, 615
Gilgamesch-Epos 238, 556, 600f., 617, 619
Giluchepa, Gemahlin des Königs Amenophis III. 444, 461
Gise (Ägypten) 363f., 386, 615, *Abb. 356, 364, Kartenskizze 382*
Glacial, Eiszeit, Kaltzeit 137
Glasinac (Jugoslawien) 281, *Kartenskizze 245*
Glasperlen (Bronzezeit) 273f.
Glatz an der Neiße (Schlesien), *Kartenskizze 245*
Glatzer Senke, zwischen Schneeberg und Adlergebirge 268
Gliederfüßler (Arthropoden) 18, 46, 98f.
Glockenbecherkultur (Neolithikum) 29, 252f., 260, 262, 276
Glutaeus (Gesäßmuskel) 125
Gnosis 509
Goethe, Johann Wolfgang von, Dichter 89, 127
Golasecca südlich des Lago Maggiore (Italien) 295, *Kartenskizze 245*
Golasecca-Kultur 295, 299ff., 305, 314
Gold 252, 256, 264, 275, 301, 313, 320, 336, 339, 374, 415, 424f., 428, 435, 463f., 474, 488f., 494, 496, 498, 500f., 534, 544, 567, 572, *Abb. 292, 301, 544f.*
Gold-Silber-Legierung, natürliche (Elektron) 534, 567
Gorilla, Menschenaffe 106, 112, 121, 128f., *Abb. 119, 153*
Gorilla-Schimpanse-Mensch-Gruppe 112, 128
Goten, ostgermanische Völkerschaft 279, 317f.
Gotland, schwedische Ostseeinsel 315
Gottesbriefe der Sumerer 564, 578
Gottesgemahlin des Amun 496, 502f., 506
Gott-Königtum (Ägypten) 350 bis 345, 364, 366, 368, 374, 376f., 385f., 395, 398, 414, 425f., 435, 442, 455f., 458f., 464f., 469, 473, 485, 492, 499, 513, 520, 557, 578
— (Sumer) 544, 550, 575f., 594, 599, 616
Grabbauten (Neolithikum) 246ff.
Grabinschriften (Ägypten) 376f., 379f., 385f., 395f., 409f., 412f., 422, 505, 615
Grand-Préssigny, le, (Touraine, Frankreich) 236
Graubünden, Schweizer Kanton 300, 313f.
Gravette-Spitze (Klingenkultur) 199, 205, 217

# NAMEN- UND SACHREGISTER

Gravettien (jüngstes Périgordien) 205, 216
Greifkletterer 115
Griechen 13, 39, 82, 254, 278, 282, 284f., 292, 294ff., 301, 330, 334, 357, 360, 439, 470f., 503, 506, 512, 514, **516—520**, 603
Griechenland 31, 272, 276, 279f., 286, 288, 290, 300, 506f., 515f., 520, 541
Griechische Inseln 236
Griechische Kolonisation 284f., 295, 320f., 507, 518
Griechischer Städtebund 303
Griechisches Alphabet 348
Griechische Vasenmalerei 289
Grimaldigrotten, nahe Mentone auf italienischem Boden, Fundstätte 142, 210
Grimaldi-Schädel *Abb. 141*
Grimes' Graves (Norfolk, England) 236
Grönland 177
Grosseto, Lignitgruben bei (Toskana) 116, *Abb. 120 innen*
Großsteinbau 246ff., *Abb. 288*
Grotefend, Georg Friedrich, klassischer Philologe 525
Grottaferrata bei Rom (Italien) 296, *Kartenskizze 245*
Grottaferrata-Kultur 296, 303
Grünstein (Felsgestein) 235, 237, 241, 249
Guben an der Lausitzer Neiße 293, *Abb. 292*
Gubla (Byblos), Phönikien 375, 388, 393, 432—., 439, 462, 500f., 506, 566, 619, *Kartenskizze 551*

Gudea, Stadtfürst von Lagasch 554ff., 560, 585, 616, *Abb. 553*
Günz, Nebenfluß der Donau 139
Günz-Kaltzeit 139f., 167, *Abb. 171*
Günz-Mindel-Warmzeit 139, 164f., *Abb. 171*
Gulkischar, König des Meerlandes 585, 607
Gumelnitza (Bulgarien) 244
Gumelnitza-Keramik (Neolithikum) 244
Gundestrup (Jütland, Dänemark) 312, 316, *Abb. 308, Kartenskizze 245*
Gungunum, König von Larsam 575, 585, 616
Gunn, Battiscombe George, englischer Ägyptologe 509
Gutäer 53c, 550, 553, 555, 568, 584, 594f., 616
Gutium, Landschaft in Luristan (Westpersien) 553
Guzana (Tell Halaf), Mesopotamien 532f., 566, 614
Gyges, König von Lydien 506
Gymnospermen, nacktsamige Pflanzen 97
Gyttja, organisches Schlammsediment 207

## H

Haaibrê Apries, König von Ägypten 373, 507
Hadad, semitischer Gott 416
Hadrianus, Publius Aelius, römischer Kaiser 509
Haeckel, Ernst, Naturforscher 17, 92, 100f., 104
—, »Generelle Morphologie der Organismen (1866)«*Abb. 104*
—, »Systematische Phylogenie (3 Bde. 1894—1896)« *Abb. 104*
Hagener Kultur (Mittelpaläolithikum) 185, 200
Hakoris, König von Ägypten 373, 507
Halab (jetzt Aleppo), Syrien 435, 471, 483, 528, 579, 581ff., 586f., 586f., 596, 606f., *Kartenskizze 383*
Halaf, Tell (Guzana), Mesopotamien 238, 532f., 566, 614,
Halaf-Keramik 238, 240
Halbaffen (Prosimiae) 102f., 613, *Abb. 101*
Hall (Tirol) 288
Halle (Saale) 288
Hallein (Salzburg) 287f., 308, *Kartenskizze 245*
Hallstatt (Salzkammergut, Oberösterreich) 287f., 299, 305, 308f., *Kartenskizze 245*
Hallstatt-Kultur 275, 280ff., 285, **290—294, 298—302**, 304ff.,308, 310, 313, *Abb. 288 innen*
Hallstatt, Urnenfriedhof 287f.,291
Hal Saflieni, Megalithbauten auf Malta 276
Hal Tarxien, Megalithbauten auf Malta 276
Halys (Kisil Irmak), größter Fluß Anatoliens, *Kartenskizze 551*

Hamath (Palästina) 468f., *Kartenskizze 383*
Hamburg 25, 166f., 193, 202, *Kartenskizze 245*
Hamburger Kultur 159, 191, 201, 205ff., 214ff., 219, 221, *Abb. 200*
Hamiten, Sprachfamilie, der alle nichtsemitischen Völker Nord- und Nordostafrikas angehören 255, 320, 330, 335, 406f., 537
Hammamat, Wadi (Trockental), Oberägypten 327, 345, 399ff., *Kartenskizze 382*
Hammurabi, Fürst von Qattunan 582
—, König von Babylon 404, 530, 540, 575, 577f., 580, 582ff., **586—594, 597—600**, 605, 608, 616, *Karte 576, Abb. 589*
—, Gesetzsammlung **580—592**, 616
—, König von Halab, Vorgänger von Jarimlim 582

Hamsun, Knut, norwegischer Dichter 78
Handspitze (Steinwerkzeug) 149, 162, 164, 169, 185
Handspitzenkultur (Mittelpaläolithikum) 185, 614
Hangelkletterer, siehe Brachiatoren
Hannibal, karthagischer Feldherr und Politiker 311, 321
Hanno, Fürst von Gaza 506
Hannover 166ff., 183, 185, *Kartenskizze 245*
Hantilis, König der Hethiter 584, 607, 609
Hapiru (Habiru) 443, 462, 476, 478
Hapuseneb, Wesir und Hoherpriester in Oberägypten 428
Harachte, ägyptischer Gott 459, 461
Harappa- oder Induskultur (Neolithikum) 240
Hardjedef, ägyptischer Gelehrter 615
Haremhab (Haremheb) Djoserchepruré, König von Ägypten 372, 438, 447f., 463, 465ff., 469, 618f., *Abb. 468*
Harigasti-Helm von Negau 316f., *Abb. 316*
Harmal,Tell (früher Schaduppun) bei Bagdad 578
Harpunen 207, 217, *Abb. 209*
Harran (Mesopotamien) 581

Harsaphes, Gott in Herakleopolis 501
Harsiêse, ägyptischer König 508
Haselgebirge, Gesteinsschichten des Salzkammergutes 287
Hassuna, Tell, bei Mosul (Mesopotamien) 236f., 240, 532, 614, *Abb. 532*
Hathor, ägyptische Göttin 439, 451, 484
Hatschepsut, Maatkarê Königin von Ägypten 418, 422, 424, **426—429**, 440f., 444, 447, 480, 617f., *Abb. 421, 428f.*
Hatti, Reich der Hethiter 608
Hattisch, Sprache der Protohattier 567
Hattusas (assyrisch Hattusch, heute Boghazköi), Anatolien 567, 571, 574, 605, 609, 618f., *Abb. 604f.*
Hattusilis I. — Labarnas II., König der Hethiter 472ff., 479, 584, 618
Hattusilis III., König der Hethiter 285, 606f., 619
Haumesser-(Chopper-)Kultur 144, 178, 613
Hausbau im Jungpaläolithikum **200—204**, 293, 333, 335
— im Mesolithikum 222

# NAMEN- UND SACHREGISTER

Hausbau im Neolithikum 232, 237, 244, 246
Haustiere 230, 232, 235, 237, 243f., 246, 249, 332, 334f., 614
Hawâra, nördlich Herakleopolis 617
Hayes, Catherine, amerikanische Psychologin 57, 59
—, »The Ape in our house« (New York 1951)
Hazor (Nordgaliläa) 419, 435, 582, *Kartenskizze 383*
Hebereth, Brunnen von 468
Hebräer 351, 360, 414, 443, 459f., 476f., 517—520
Hedjcheperrê Scheschonk I., König von Ägypten 373, 501, 506
Hedjcheperrê Smendes, König von Ägypten 373
Hedjcheperrê Takelothis II., König von Ägypten 373
Hedjhekarê Psusennes II., König von Ägypten 373
Hedonismus, Lehre von der Sinnenlust als dem höchsten Ziel allen Strebens 394
Hedschra, Auswanderung Mohammeds 509
Hegau, Landschaft westlich vom Bodensee *Kartenskizze 245*
Hegel, Georg Wilhelm Friedrich, Philosoph 36, 39, 48
Heidelberger Kultur (Heidelbergien) 144, 159, 167—170, 172, 175, 177, 179, 181f., 221, 225, *Abb. 171, 177*
Heidelberger Unterkiefer 144, 168, 177, *Abb. 144*
Heidelberg-Mensch 135f., 145, 150, 158f., 168f., 173, 197, *Abb. 153*
Heidengebirge, abgebautes salzhaltiges Gebirge mit organischen Einschlüssen 287
Hekamaarê Ramses IV., König von Ägypten 372, 390, 478, 486f.
Hekanacht, ägyptischer Grundbesitzer 401 f.
Hekate, Fruchtbarkeitsgöttin in Este, Venetien 299
Hekau chasut (ägyptisch), Häuptlinge der Fremdländer (Hyksos) 405, 423
Heliopolis (Unterägypten) 379, 436, 449, 457f., 461, 485, 509
—, Priesterschaft des Re von 379, 436, 448
Helenenberg (Magdalensberg, Kärnten), Fundstätte 313
Helium (Element 2) 91
Helvetier, keltischer Volksstamm (Schweiz) 311
Hemôn, ägyptischer Prinz 356
Herakleopolis (Mittelägypten) 370, 391—395, 397, 399f., 501, 615, *Kartenskizze 382, 431*
Herakles, griechischer Halbgott 552

Heraklios (Herakleios), byzantinischer Kaiser 509
Herder, Johann Gottfried, Dichter und Philosoph 58, 64, 69, 89
Herihor, König von Oberägypten 438, 499f., 501, 619
Hermeneutik, Auslegung von überlieferten Schriften und Kunstwerken 47 ff.
Hermonthis (Oberägypten) 426, 461, *Kartenskizze 382*
Hermopolis (Mittelägypten) 421 f., 461, 508, *Kartenskizze 382, 431*
Herodot, griechischer Geschichtsschreiber 325, 503, 507, 513, 519, 528
Herzsprung, Kreis Ostpriegnitz, Brandenburg, Fundstätte 270, 272
Hessische Senke, reicht von der Wetterau über Kassel nach Norden 167f., 183
Hetepheres II., Tochter des Cheops 386, 615
Hetepibrê Siamun Hornedjheriotef, König von Ägypten 372
Hetepsechemui, König von Ägypten 371
Heterochronie, ungleiche Evolutions-Geschwindigkeit 125 f.
heterogen 420
heteronom 21
Hethiter, indogermanisches Volk 254f., 285, 434f., 444, 462, 465, 467, 469—474, 476, 480, 487f., 529, 567f., 570, 573f., 585, 596, 617ff., *Abb. 477*
Hethiterreich, älteres 605—609, 617f., *Abb. 570, 596*
—, Dynastieübersicht 584
—, Gesetzsammlung 608
—, jüngeres 619, *Abb. 604f.*
Heuneburg bei Riedlingen, Ringwall (Württemberg-Baden) 292 *Kartenskizze 245*
Heuristik, Methode zur Gewinnung neuer wissenschaftlicher Erkenntnisse 276
Hierakonpolis (Oberägypten) 399, *Abb. 345, Kartenskizze 382*
Hierarchie, Herrschaft des Priestertums 481
Hieratische Schrift, Schrift der altägyptischen Priester 346
Hieroglyphenschrift, ägyptische 343, 346ff., 368, 413, 439, 471f., 508, 615, *Abb. 420*
—, demotische 346, 348
—, hethitische 529
—, hieratische 346
—, syllabische 347
Higle Lodge (England) 184
Hildebrand, Hans, Prähistoriker 290
Hildesheim (Niedersachsen) 356
Himalaja, Bergkette in Zentralasien 166
Hinterindien 241

Hirnschädel (Neurocranium) 120, 122f.
Historiographie, Geschichtsschreibung 253
Historismus, Betrachtungsweise, die alle kulturellen Formen und Prozesse aus geschichtlichen Bedingungen zu erklären sucht 33, 36, 40, 42
Hjortspring (Hirschsprung, Dänemark), Fundstätte 316, *Kartenskizze 245*
Hluboké Mašůvky, Mähren, Fundstätte *Abb. 241*
Hoabinien, hinterindische Kulturform 241
Hoang-ho, Fluß in Nordchina 31
Hochkultur 30 ff.
—, frühsumerische 534—540
Hockergräber- oder Flachgräber-Kultur 261, *Abb. 225*
Höhlenbärenjäger-Kulturen (Mittelpaläolithikum) 184f.
Höhlenbärenkult 184f., 191
Höhlenmalereien (Eiszeit) 28, 209, 211—214, 217, 263, 614
Höhlenlöwe 168, 193, 211, *Abb. 201*
Hoernes, Moritz, österreichischer Prähistoriker 281
Hoff, Karl Ernst von, Geologe 89
Hoggar-Gebirge (Ahaggar), Gebirge in der Sahara 239
Holland 244
Holozän, Epoche des Quartärs, jüngste geologische Vergangenheit *Abb. 101, 153*
Holstein-See 167
Holstein-Warmzeit (Mindel-Riß) 139, 145, 148—151, *Abb. 171*
Holzkulturen, altpaläolithische 179f.
—, jungpaläolithische 206, 211
—, neolithische 246
Homer, altgriechischer Dichter 541
Hominidae, Menschenartige 15, 94, 97, 99, 101—106, 177, 613, *Abb. 101, 119, 153*
—, humane Evolutionsphase 127 bis 153
—, humane Phase 110, 117—126, 153
—, subhumane Phase 108ff., 111 bis 117, 127 ff.
Homininae, Menschen 93, 132 bis 153, *Abb. 151*
Hominisation (Menschwerdung) 102, 127, 140, 177, *Abb. 119, 153*
Hominoidea, Menschenähnliche 97, 104, 117, 613, *Abb. 101, 119, 153*
Homo, Mensch, Mann 99 f.
Homo erectus erectus 136, 613, *Abb. 141*
Homo erectus heidelbergensis 135f., 145, 150, 158f., 168f., 173, 189f., 613
Homo erectus mauritanicus (Atlanthropus) 135f., 144, 146, 613

Homo erectus modjokertensis 142
Homo erectus Oldoway (H. nova species 1960) 136, 146, 613
Homo erectus pekinensis (Sinanthropus) 19, 128, 131, 134f., 142f., 613, *Abb. 133, 141, 153*
Homo erectus Sangiran (»Javamensch«) 128
— (Pithecanthropus II) *Abb. 133*
— (Pithecanthropus IV) *Abb. 141*
Homo erectus soloensis (»Javamensch«) 135f., 143, 145, 613, *Abb. 141*
Homo divinans, der vergöttlichende Mensch 85
Homo faber, der technisch begabte Mensch 47, 85
Homo ludens, der spielende Mensch 85
Homo neanderthalensis **133—136**, 142f., 145, 147f., 150, 158ff., 163, 177, 185f., 188, *Abb. 141, 149*
— —, (eu) neanderthalensis 135f., 148
— —, praeneanderthalensis 135f., 148, *Abb. 147*
Homo rhodesiensis 136, 613

Homo sapiens, der vernunftbegabte Mensch, Jetztmensch 19, 28, 38, 85, 127f., 130, 134, 136, 148f., 158, 160, 177, 187, **195—200**, 208, 614, *Abb. 119, 141, 149, 153*
— eusapiens 136, 148, 150f
— praesapiens 136, 148, *Abb. 148, 149*
Homo sapiens diluvialis, Eiszeitmensch 190, **195—200**, 210, 216f., 221
Homo stupidus (Haeckel)
Homogenität, Gleichartigkeit 32, 446
Homs (Syrien) *Karte 576*
Honan, chinesische Provinz 241
Hopei, chinesische Provinz 241
Hordedef, ägyptischer Schreiber 482
Hori, Schreiber des Satirischen Briefes 483f.
Horiten, ägyptischer Name der Syrer 478
Hornstein, feinkristalliner Quarz 168, 236
Horus, ägyptischer Gott 350f., 362, 389, 394, 430, 457, 468, 470, 477, 484, 508, *Abb. 505*
Horus, ägyptischer Baumeister 450
Hostomitz, nördlich von Příbram, Nordwestböhmen 273
Hradisht bei Stradonitz (Böhmen) 311
„hu" (ägyptisch), autoritative Äußerung, schöpferischer Befehl 390, 426
Hügelgräberkultur (Bronzezeit) 265f., 268f., 271, 277, 290, 292, 319

Hünengräber 246ff.
Hürzeler, Johannes, schweizerischer Paläontologe 116
Hüttenbau im Jungpaläolithikum **200—204**
Hüttenberg (Kärnten) 285
Hule-See (Galiläa) 469, *Kartenskizze 383*
Humane Evolutionsphase der Hominiden **127—153**
Humane Phase der Hominiden 19, 110, **117—126**, 128, 613, *Abb. 109*
Humanismus 50
Humboldt, Karl Wilhelm Freiherr von, Gelehrter und Staatsmann 24
Humor 80, **411—414**, 483
Hund, Friedrich, Physiker 15
Hundskiefer, siehe Cynognathus
Huni, König von Ägypten 371
Hunnen, turanisches Reitervolk 278f.
Hunsrück, Südwestteil des Rheinischen Schiefergebirges 306
Hunsrück-Eifel-Kultur 306f.
Hunsrück-Eifel-(Marne-)Keramik 306
Huxley, Aldous L., englischer Schriftsteller 100
—, Julian S., englischer Zoologe und Biologe 22, 100, 105, 111
—, Thomas Henry, englischer Zoologe, Anatom und Physiologe 100
—, »Evidence as to mans place in nature« (»Zeugnisse für die Stellung des Menschen in der Natur«, 1863) 100
Huzzijas, König der Hethiter 607
Hvar (Lesina), jugoslawische Insel *Kartenskizze 245*
Hybris (griechisch), verhängnisvolle Überheblichkeit 541, 550
Hydra (griechisch), Wasserschlange 552
Hyksos, asiatisches Volk 328, 348, 370, 393, 405, 407, 415, **417** bis **425**, 428, 435f., 454, 469, 476, 482, 511, 518, 617
Hyksos-Kultur 415, 419f.
Hylobatidae, Gibbons 104, 107, *Abb. 153*
Hymnus 460, 482, 505, 554f., 557, 559, 563f., 594, 600f., 616f.
Hypostyl, Raum mit von Säulen getragener Decke 441, 475
Hypothese, unbewiesene Annahme, durch die Tatsachen erklärt werden sollen 16f.

## I

Ibalpi'el II., König von Eschnunna 578, 582, 585
Ibbisuēn, König von Ur 530, 557, 568f., 571, 575, 585, 616

Iberer, vorindogermanische Bevölkerung Spaniens 30, 255, 304, 320
Iberische Halbinsel 262, 294, 320f.
Ichthyostega (Urlurch) 93f., 97
Ictidosauria (Mardersaurier) 93, 96f.
Iddindagan, König von Isin 575, 585
Idealismus 17
Identifikation, Gleichsetzung 83
Ideogramm, Schriftzeichen, das einen Begriff darstellt 346
Ikūnum, König von Assyrien 571, 584
Ilakabkabu, König von Terqa 579
Ilia (Darmbeine) 125
Illahûn, nördlich von Herakleopolis 617
illegitim 545
Illyrer, indogermanische Volksgruppe 29f., 279f., 282, 285, 302, 305
Ilm, linker Nebenfluß der Saale 183
Ilschuilia, Stadtfürst von Eschnunna 575
Iluma'ilu, König im Meerland Babyloniens 595
Iluschumma, König von Assyrien 571, 576, 584, 617
Imagination, Einbildungskraft 83
Imhotep, ägyptischer Baumeister, Arzt und Weiser 482, 615
Imitation 58ff., 62, 74
Immanenz, der Erfahrung zugänglicher Bereich 61
Imperialismus 17
Inanna, Muttergöttin von Uruk 533, 539, 544, 550, 557, 561ff.
Inaros, Fürst von Libyen 507
Incus (Ambos), Gehörknöchelchen der Säugetiere 96
Indianer 200
Individuum ineffabile, unaussprechliches Einzelwesen 75
Inder 603
Indien 178, 193, 217, 279, 554, 558, 616
Indogermanenfrage 29f., 254f., **276—283**, 302ff., 570, 574, 596, 609
Indonesien 613
Indusgebiet (früher Meluchcha) 537, 549
Indus- oder Harappa-Kultur (Neolithikum) 240, 552
Inn, Nebenfluß der Donau 271
Insektenfresser (Insectivora) 102, 613
in situ, in der (ursprünglichen) Lage 176, 181
Instinkt 22
intellektuell 20, 22, 460, 520
Intention 23
Interglacial, Zwischeneiszeit mit Anstieg der Temperatur (Warmzeit) 137, 167, 177, 182

# NAMEN- UND SACHREGISTER

Interpluvial (Trockenperiode) 176, 187f., 195, 197
Interstadial, kurzfristiger Wärmeabschnitt während eines Glacials 167
Ionier, griechischer Volksstamm, Bewohner der Ägäis 502
Ipiqadad II., König von Eschnunna 578, 585
Ipuwêr, ägyptischer Prophet 392f., 616
Iqen (Oberägypten) 406
Irak 136, 148, 240
Iran, siehe Persien
Irischum I., König von Assyrien 571, 584, 617
Irischum II., König von Assyrien 579
Irkutsk (Sibirien) 217
Irland 312f., 329
iron (englisch), Eisen 285
Irrationalismus, philosophische Richtung, die behauptet, das Wesen der Welt sei vom Verstand nicht zu begreifen 50
Irsu (ein Syrer), Regent Ägyptens 477 ff.
Irwen, antikes Volk 471
isarnon (illyrisch), Eisen 285
Ischbi'erra, König von Isin 568ff., 575, 579, 585, 616
Ischchi'addu, König von Qatna 581
Ischkibal, König im Meerland Babyloniens 595
Ischmedagan I., König von Assyrien 580, 582, 584, 587, 597, 617
Ischmedagan, König von Isin 575, 585, 596
Ischtar (babylonisch; griechisch Astarte), semitische Göttin 439f., 481, 550, 561, 586, 599f., 605
Isesi (Asosis), König von Ägypten 371, 615
Iseum (Isis-Heiligtum) in Behbet el Hagar 507
Isin (Babylonien) 544, 563, **568 bis 571**, 575–579, 585f., 588, 594, 598, 616, 619
Isin-Larsam-Zeit 578, 598, 605
Isis, ägyptische Göttin 470, 484, 507 ff.
Islam 459, 552, 588
Isolationismus 427, 438, 447
Israel 330, 348, 418, 476f., 528f., 568, 573, 589, 594, 619
Israeliten 460, 471, 475, 478 ff., 583
Istállóskü-Höhle (Ungarn), Fundstätte 204
Italien 165, 186, 192, 204, 218, 236, 245, 252, 255, 259, 265, 269, 272ff., 277, 283ff., 288f., 291, 295, 297, 300, 306, 308, 311, 313, 316
Italiker 254, 278, 302f., 570
Ituria, Stadtfürst von Eschnunna 557f., 569
Jus primae noctis 541

## J

Jabrud (nahe Damaskus, Syrien), Fundstätte 25, 178, **188–191**, 195f., 200, 203, 216, 614
Jabrudien, Kulturstufe des Altpaläolithikums 178, 184, 187ff., 195
Jachdunlim, König von Mari 579, 582, 584, 617
Jadeït (Nephrit), der Hornblende verwandtes Mineral 235
Jäger- und Fischerkultur (Neolithikum) 242, 250ff., 263, 267, 276, 332, 614
Jaffa (Joppe), Palästina 383, 482
Jagdtier 52, 55
Jagdwaffen, altpaläolithische 173f.
—, jungpaläolithische **206–209**
—, mesolithische 219
—, mittelpaläolithische 193f.
Jagdzauber 214f., *Abb. 208*
Jaggidlim, König von Mari 579, 584, 616
Jahreseponymen, siehe Eponymos
Jahve, Eigenname Gottes im Alten Testament 476f., 507
Jam, Landschaft in Oberägypten *Kartenskizze 382*
Jamchad, Landschaft in Syrien 581
Jamutbal (Osttigrisland) 577,
Japan 242, 251
Jarichäer, Unterstamm der Benjaminiten 583
Jarimlim, König von Halab 582, 586
Jasmachadad, König von Mari 579f., 582, 617
Jason, Thronerbe in Thessalien 471
Jaspers, Karl, Philosoph 110
Jastorf (Kreis Uelzen, Niedersachsen), Fundstätte 315
Java 121, 126, 134, **141–144**, 178, 613
»Javamensch«, siehe Pithecanthropus homo erectus, Homo erectus soloensis und modjokertensis
Jenoam (Palästina) 648f., *Kartenskizze 383*
Jericho (Palästina), Fundstätte 152, 232, 236, 238, 462, 533, 583, 614, *Abb. 232, Kartenskizze 383*
Jerusalem 178, 188, 418, 462, 503, 506f., *Kartenskizze 383*
Jesreel, Ebene von (Palästina) 429, 435, *Kartenskizze 383*
Johannes-Offenbarung 429, 513
Jomon-Keramik (Neolithikum) 242, 251
Joppe (Jaffa), Palästina 383, 482
Jordan, Fluß (Palästina) 468, 476, *Kartenskizze 383*
Jordanien 216
Josephus, Flavius, jüdischer Historiker 418

Josia(s), König von Juda 507
Judäa, Landschaft im Süden Palästinas 418, 435
Juden 13, 82, 506, 603
Jüdischer Glaube 459
Jütland (Dänemark) 246, 248, 275, 315
Jufenamun, ägyptischer Schreiber 492
Jugoslawien 186, 200, 232, 242f., 251, 255f., 269, 272, 290f.
Jungpaläolithikum (Jung-Altsteinzeit) 25, 28, 160, 175, 177, 190f., **194–218**, 224, **230–235**, *Abb. 171, 200*
Junker, Hermann, österreichischer Prähistoriker 239
Jura, Periode des Mesozoikums 92f., 95, 97f., 613, *Abb. 96, f.*
Justinian, oströmischer Kaiser 509

## K

»ka« (ägyptisch), Führungs- und Schutzkraft in Leben und Tod 377, 384, 458, 505, 509
Ka-a, König von Ägypten 371
Kadesch am Orontes 423, 429f., 432, 435, 442, **469–472**, 475, 483, 619, *Kartenskizze 383*, **431**
Känozoikum (Neuzeit), Ära der Erdgeschichte 91, 93
Kärnten, Bundesland Österreichs 285, 313, 316
Kafu, Fluß in Uganda 172
Kafuan-Kultur (Altpaläolithikum) 172, 176f., *Abb. 171*
Kafzeh, Berg bei Nazareth, Fundstätte 135, 148
Kai, ägyptischer Befehlshaber 409
Kairo 356, 445, *Kartenskizze 382*
Kakovatos in Elis (Peloponnes), Fundstätte 268
Kalabrien, Landschaft in Süditalien 295f.
Kalender, 339, 360, 517
Kalif, geistlicher und weltlicher Führer des Islams 509
Kalkbank, nahe Makapan (Transvaal) 130
Kambrium, Periode des Paläozoikums 93
Kambyses, König von Persien 503, 507
Kammkeramik (Neolithikum) 237, 242, 250f., 253, 255
Kammkeramische Kultur 250, 263
Kammkeramisches Volkstum 253
Kamose Wadjcheperrê, König von Ägypten 372, 421f., 617
Kampanien, Landschaft in Süditalien 296
Kanaan, Küstentiefland von Palästina 439, 468, 471, 476, 478, 481, 516, *Kartenskizze 383*
Kanaaniter 439, **568**, 570, 574, 576, 578, 592, 598, 616

# NAMEN- UND SACHREGISTER

Kanesch (heute Kültepe) bei Kayseri 571–574, 617, *Abb. 571*
Kanjera (Viktoria-See, Ostafrika), Fundstätte 135, 148
Kannelürdekoration 270
Kannibalismus 131, 175, 178, 194, 241
Kansu, chinesische Provinz 241
Kant, Immanuel, Philosoph 21 f., 43 f., 48
—, »Kritik der reinen Vernunft« (1781) 48
Kapernaum (Galiläa) 435, *Kartenskizze 383*
Kapitell (Kopf der Säule) 515 f., *Abb. 516*
Kapp, Ernst K., Geograph und Philosoph 57
Kappadokien, Landschaft in Anatolien 568 ff., 572
Kaptar (assyrisch für Kreta) 582
Kapuzineraffenähnliche, siehe Ceboidea
Karbon, Periode des Paläozoikums 93, 97
Karien, antike Landschaft in Südwestkleinasien 503
Karim Shahir (Irak), 237
Karkemisch am Euphrat 507, 581 f., 606, 619, *Kartenskizze 383, 431*
Karmel, Gebirgszug (Palästina) 135, 178, 190 f., 429 f., 614
—, Höhlen von Athlit, 188, 191 f.
—, Höhle von Natuf, 224
—, Höhle von Skhul, 148
—, Höhle von Tabun, Fundstätte 135, 148, 190, *Abb. 147*
Karmel-Mensch 196
Karnak (Oberägypten) 402, 424 ff., 428, 434 f., 441, 449 f., 452, 468, 472, 475, 488, 506 f., 617 ff., *Abb. 421, 432 f., 436, 517, Kartenskizze 382*
Karneol, Halbedelstein 567
Karpaten, Gebirge, umfaßt die Ungarische Tiefebene 204, 244
Karthago, phönikische Siedlung nahe Tunis 321
Karum, assyrisches Handelsamt in Kanesch 572

Kaschta, König von Ägypten 373, 506
Kaschtiliasch I., König der Kassiten 596
Kaspisches Meer 197, *Kartenskizze 551*
Kassiten (Kossäer), turanides Gebirgsvolk 415, 594 ff., 607, 617 f.

Katalonien, Landschaft in Nordostspanien 271, 275
Kaukasien 567
Kaukasus, Gebirgszug zwischen Schwarzem und Kaspischem Meer 415, 419, 570

Kausalität, 16
Kautsky, Karl, sozialistischer Schriftsteller 42
Kavirondogolf des Viktoria-Sees, Ostafrika 111
Kayseri (Mittelanatolien) 567, 571
Kazallum (Babylonien) 577
Keftiu (ägyptisch für Kreta) 393
Keilschrift 348, 462, 465, 471 f., 525, 543, 548, 567, 589, 618
—, akkadische 433
—, babylonische 529, 570, 597
—, sumerische 548
—, ugaritische 529, 597
Kelchalm bei Kitzbühel (Tirol) 258
Kelheim an der Donau (Bayern) 285, *Kartenskizze 245*
Kelten, indogermanische Völkergruppe Westeuropas 29 f., 254, 278 ff., 281–284, 288, 304–320, 570
—, Wanderung der 278 f., 283 f., 288, 294, 304 f., 307 ff., 313 ff., 317
Keltische Kultur, siehe La-Tène-Kultur
Keltiberer, Bevölkerung der Pyrenäenhalbinsel 320
Kengi(r), sumerische Bezeichnung für Südbabylonien 534
Kenia 118, 122, 187, *Abb. 123*
Kenyon, Kathleen M., englische Steinzeitforscherin 232
Keramik 28, 236–246, 248–251, 253, 261–265, 268 ff., 272, 274 f., 290, 306, 315, 318, 320, 342, 614 f.
—, Band- 29, 233, 244, 249 f., 254
—, bemalte 241, 532–535, 540
—, Buckel- 264 f., 268, 270, *Abb. 261*
—, Bunt- 532, 538, 566 f.
—, griechische 292, 294 ff., 301, 305 f.
— (Mesopotamien) 532–535, 538, 540, *Abb. 532, 571 ff*
— (Persien) 240
Keramikum (Keramolithikum), Name für Neolithikum 237

Kerkuk, Stadt in Mesopotamien 232, 531, 548, 575
Kerma (Sudan) 407 ff., 417, *Kartenskizze 382*
Kern, Fritz, Historiker 26, 254
Kernkulturen (Faustkeilkulturen) 198
Kernunnos, keltischer Gott 312
Kesch (Babylonien) 561
Keschkesch, antikes Volk 471
Khirokiti (Cypern), 232 f.
Kiangsu, chinesische Provinz 242
Kieferschädel (Viszerocranium) 120, 122 f.
Kieselschiefer, Geräte aus 178
Kiik-Koba (Höhle), Krim-Halbinsel, Fundstätte 187, 189, 217

Kikia, Fürst von Assur 569, 571, 584
Kilikien (im Altertum Kizwatna) 471, 479, 528, 581, 607, *Kartenskizze 383*
Kimbern (Cimbern), westgermanisches Volk 315 f.
Kimmerier, iranischer Volksstamm 304
Kirkendrup (Dänemark) 273
Kisapostag, nahe dem Plattensee (Balaton), Ungarn 260
Kisch (Mesopotamien) 531, 538, 541 ff., 546–550, 561, 576, 585, 615, *Kartenskizze 551*
Kischschratum, »König von Kisch« 580
Kisil Irmak, Fluß in Anatolien *Kartenskizze 551*
Kitzbühel (Nordosttirol) 258
Kizwatna (jetzt Kilikien) 471, 479, 528, 581, 607, *Kartenskizze 383*
Klaatsch, Hermann, Anthropologe 53
Klages, Ludwig, Philosoph und Psychologe 50
Kleinasien, siehe Anatolien
Kleopatra VII., Königin von Ägypten 508
Klima, Bohuslav, tschechoslowakischer Steinzeitforscher 229
Klingenkulturen 25, 149, 184, 190, 193, 195 f., 198 f., 204 f., 224, 614, *Abb. 160, 171, 184, 199*
Knochenbreccie (-brekzie), Trümmergestein, enthält Knochenbruchstücke, Zähne von Säugetieren, Muschelschalen, Schneckengehäuse 130 f.
Knochenfische (Teleostei) 94, 613
Knochengeräte, jungpaläolithische 206, 210, 216 f.
—, mesolithische 224
—, mittelpaläolithische 178 ff., 184 f., 205, 532, 613, *Abb. 185*
—, neolithische 243
Knochenkamm (Crista) der Menschenaffen 107 f., 142
Knochen-Zahn-Horn-Kultur (Osteodontokeratische Kultur) 130 f.
Knorpelfische, siehe Chondrichthys
Knossos auf Kreta 420
Knoviz (Knobiz), Böhmen, Fundort 271 f., *Kartenskizze 245*
Kobalt (Co, Element 27) 256
Koboldmaki (Tarsius tarsius) 103, 613
Köhler, Wolfgang, Psychologe 57, 129
Koenigswald, Gustav H. R. von, Paläontologe 126, 134
Körös (Kreisch), Nebenfluß der Theiß *Kartenskizze 245*
Körös-Keramik 242 ff., 255

## NAMEN- UND SACHREGISTER 637

Körös-Starčevo-Volkstum 253
Kohlenstoff (C, Element 6) 138
—, C 14-Methode, Altersbestimmung geologischer Schichten 138, 198
Kohts, Nadja, russische Psychologin 59
Koine (griechisch »die allgemeine Sprache«) 268
Kolonisation, ägyptische 518
—, griechische 284 f., 295, 320 f., 507, 518
—, phönikische 619
Komplexität, Vielfältigkeit 14, 24, 411, 515
Konstantin (Flavius Valerius Constantius) der Große, römischer Kaiser 509
Koppers, Wilhelm, Völkerkundler 24
Kopten, christliche Nachkommen der alten Ägypter 509
Koptisches Alphabet 348
Koptos (Oberägypten) 388, 391, 400, 469, *Kartenskizze 382*
Korrelation, Wechselbeziehung 127, 151
Korsika, Mittelmeerinsel 275
Kosmopolitismus, Weltbürgertum 447
Kosmos, Weltall 560 f., 564
Kossäer (Kassiten), turanides Gebirgsvolk 415, 594 ff., 607, 
Kosseir am Roten Meer 345, 400 f., *Kartenskizze 382*
Kostienki (Ukraine), 200 f., 230
Krahe, Hans, Indogermanist 277 f., 302
Krain, Landschaft in Jugoslawien 280 f., 285, 290 f., 299, *Kartenskizze 245*
Krapina (Kroatien), 135, 184
Kreativität, das Schöpferische in der Natur 45 f.
Kredo, Glaubensbekenntnis 460, 511
Kreide, Periode des Mesozoikums 93, 95, 119, 613
Krems an der Donau (Niederösterreich), Fundstätte 199, 204
Kremser Spitzen Steinwerkzeuge 217
Kreta (Kaptar, Keftiu), Mittelmeerinsel 269, 276, 279, 327, 439, 582, *Kartenskizze 431*
Kretisch-mykenische Kultur (Frühmetallikum II) 265, 268
Kretschmer, Paul, Indogermanist 254
Krim, Halbinsel im Schwarzen Meer 166, 186, 217
Kroatien, Bundesland Jugoslawiens 135, 184, 280
Kryptogamen, blütenlose Pflanzen 97
Kubaba, Königin von Kisch 547, 585

Kuban, Fluß zum Schwarzen Meer im Nordkaukasus 567
Kubna, ägyptischer Name für Byblos 566
Kudurmabuk, Scheich von Jamutbal 577
Kültepe (Kanesch) bei Kayseri 571–574, 617, *Abb. 571*

Kulte, Altpaläolithikum 175
—, Bronzezeit 262 f., 265 ff., 274, 276
—, Eisenzeit 299, 301, 311 ff., 321
—, Jungpaläolithikum 213–216
—, Mesolithikum 223, 232
—, Mittelpaläolithikum 184 f., 191, 193 f.
—, Neolithikum 246
Kultprophetentum, phönikisches 583, 617
Kulturanthropologie 68
Kulturareale (Kulturkreise) des Neolithikums 234 f., 242, 295
Kulturen 66, 68, 70, 72 f., 84
Kulturgüter der Eiszeitmenschen 185
Kulturkreislehre, betrachtet die verschiedenen Kulturen als geistig-gesellschaftliche Ganzheiten 26, 39
Kulturmorphologie begreift jeden Kulturkreis als Lebenseinheit, die den organischen Gesetzlichkeit (Jugend, Blüte, Alter, Tod) unterworfen ist 68
Kunda am Finnischen Meerbusen (Estland) 250
Kunda-Kultur (Neolithikum) 250
Kunst im Altpaläolithikum 175
— im Jungpaläolithikum 209, **211–214**, 217, *Abb. 201*
— im Mesolithikum 223
Kunststoff, erste Verwendung (Neolithikum) 229 f.
Kupfer 236, 252, 256 ff., 260 f., 294, 335 f., 339, 374, 388, 401, 404, 415, 439, 488, 532, 566 f., 572, 614 f.
—, Lagerstätten 256 ff., 262 f., 270, 275, 301
—, Produktion 258, 260, 264, 271, 275, 285
Kupfersteinzeit (Chalkolithikum) 532, 566, 614
Kuppelgrab 297

Kurd (Westungarn), Fundstätte 273, 291, 300
Kurdistan, Landschaft in Vorderasien 541, 547, 553, 557
Kusch, Landschaft in Nubien 425, *Kartenskizze 382, 431*
Kuschschar (Anatolien) 574, 584, 618
Kuweit, arabisches Fürstentum am Persischen Golf 558

Kyrenaika, östlicher Teil von Libyen 476, 507
Kyros, der Jüngere, persischer Prinz 507

## L

Labarnas I., König der Hethiter 584, 605, 607
Labarnas, Neffe von Hattusilis I. 606
Labaya, Handelsfürst in Palästina 462
Labnanum, alter Name für Libanon 566
La Chancelade bei Raymonden (Dordogne/Frankreich), 150
La Chapelle aux Saints, in einem Seitental der Dordogne (Corrèze/Frankreich), 135, 147
—, Schädel von *Abb. 141*
Lachar, Schafgöttin der Sumerer 562
Lachen 25, 78–81
Lachisch (Palästina) 435, 462, *Kartenskizze 383*
Lächeln 78, 80 f.
La Ferassie, Höhle in der Dordogne (Frankreich), 135
Lagasch (Babylonien) 545 ff., 554 ff., 561, 585, 615 f., *Abb. 547, 553, 559*
Lago Maggiore (Oberitalien) 295
Laibach (Ljubljana), Krain *Kartenskizze 245*
Lamarck, Jean Baptiste Pierre Antoine de Monet, Chevalier de französischer Naturforscher 89, 100, 115
—, »Philosophie zoologique« (2 Bände, 1809) 89
Lamaschtum, babylonische Göttin 602
Lambrechts, Pierre, belgischer Vorgeschichtsforscher 312
La Micoque (Abri bei Tayac, Dordogne/Frankreich), Fundstätte 181
La Mouthe, Höhle bei Les Eyzies, Fundstätte 209
Landsberger, Benno, Archäologe 568
Lapislazuli (Lazurstein) 336, 388, 401, 405, 432, 464, 544, *Abb. 545*
La Quina (Südfrankreich), Fundstätte 186, 205
La Quina-Moustérien 186
Larsam (Babylonien) 547, 557, 561, 563, 575 ff., 582, 585 ff., 592 f., 595, 598, 605, 616 f.
Lascaux, Höhle bei Montignac (Dordogne) 213
La Tène am Neuenburger See (Schweiz) 311, *Kartenskizze 245*
La-Tène-Kultur (Eisenzeit) 208, 286, 305, **307–313**, 315, 317 ff., *Abb. 309*

Latimer, M. Courtenay-, englische Zoologin 120
Latimeria chalumnae, lebender Quastenflosser 120
Latiner, Bewohner von Latium 303
Latino-faliskische Volksgruppe 303
Latium, Landschaft in Mittelitalien 295, 297
Lauertier 52, 55
Laugerie-Haute im Vézèretal (Dordogne), Fundstätte 205
Lausitz, mitteldeutsche Landschaft 265, 268, 270, *Kartenskizze 245*
Lausitzer Kultur (Bronzezeit) 268 ff., 273, 276—279, 281 f., 293, 302, 306, *Abb. 261*
Lautsch (Mladeč Nordmähren), Fundstätte 150, 614
Leakey, Louis Seymour B., englischer Anthropologe in Nairobi (Kenia) 131 f.
Leben, Entwicklung *Abb. 91*
Lebewesen, Stammesgeschichte der (Tabelle) 93
Lehringen, nahe Verden/Aller (Hannover) 175 ff., 209
Leibniz, Gottfried Wilhelm, Philosoph, Mathematiker, Physiker, Jurist, Historiker, Schriftsteller 52
Leiden (Niederlande) 460
Leipzig 167 f., 183, 195
Lengyel (Komitat Tolna, Ungarn) 244
Lengyel-Keramik (Neolithikum) 244
Lepidodendron (Schuppenbaum) *Abb. 96*
Les Eyzies an der Vézère 204, 209
Levalloisien, Kulturstufe der Altsteinzeit 159, 162, 164 f., 166 f., 170, 173 f., 177 f., 182 f., 186 ff., 190, 195, 332, 613, *Abb. 171*
Levalloisien-Technik 162, 174, 182, 187
Levallois-Perret, Vorstadt von Paris, Fundstätte 159
Levi, einer der zwölf Stämme Israels 477
Lhote, Henri, französischer Prähistoriker 239
Libanon (Labnanum), Gebirge in Syrien 216, 405, 423, 528, 566, 579 f., *Kartenskizze 383*
Libyen, Landschaft an der nordafrikanischen Küste 327 f., 330, 374, 406 f., 615, *Kartenskizze 382, 431*
Libyer, hamitisches Volk 328, 330, 407, 416, 435, 471, 476, 479, 485, 487, 493, 501, 619
Libysche Wüste 325
Liguren, altmediterranes Volk 30, 303 f.
Liguria, Land der Ligurer 283, 295, 300 f.
Ligurische Alpen (am Golf von Genua) 263, 267

Limburg, westeuropäische Landschaft 243, 253
Limburgische Lößzone 243 *Kartenskizze 137*
Limnopithecus, fossiler menschenähnlicher Affe *Abb. 153*
Linearbandkeramik (Neolithikum) 244, 251, 253
Linné, Karl von, schwedischer Naturforscher 100
Liptau, Landschaft in den Karpaten (Tschechoslowakei) 272
Lipitischtar, König von Isin 563, 575 f., 616
Lischt (Provinz Fayûm) 404, 616, *Kartenskizze 382*
Livius, Titus, römischer Geschichtsschreiber 304
Locarno am Lago Maggiore (Schweiz) 271, *Kartenskizze 245*
Lößbauerntum Mitteleuropas 243 f.
Lößgebiete 200 ff., 211, 215, 241, 243, 247, 249, *Kartenskizze 137*
London 166, *Kartenskizze 245*
Lonetal (Württemberg,) *Abb. 184*
Lothen bei St. Lorenzen (Pustertal, Tirol) 314
Louzera, Fruchtbarkeitsgöttin in Este, Venetien 299
Lugalanda, König von Lagasch 546
Lugalannemundu von Adab 541
Lugalbanda, König von Uruk 541, 563, 585
Lugalzaggesi, König von Uruk 546, 548, 566, 585, 615
Lung-Shan, westlich von Hankou (China) 241
Lung-Shan-Kultur (chinesische Schwarze Keramik) 241
Lure, Blasinstrument der Bronzezeit 274 f.
Luristan, Landschaft in Südwest-Persien 553
Luvier, indogermanischer Volksstamm 567, 570, 573, 609
Luxemburg 244
Luxor (Oberägypten) 426, 464, 472, 507, 619, *Kartenskizze 382*
Lydien, antike Landschaft am Hermos (heute Gediz), Kleinasien 503, 507, 570
Lyell, Sir Charles, englischer Geologe 89
Lykien, antike Küstenlandschaft Kleinasiens 471, 476, 478, 570
Lyngby, Nörre (Jütland) 220

## M

ma'a (ägyptisch), wahr oder gerecht 404
Maacherurê Amenemhet IV., König von Ägypten 372, 390, 402, 404
Ma'âdi bei Kairo, Fundstätte 614
Maadian, Kulturstufe des Spätneolithikums (Kairo) 239

Ma'at ägyptische Göttin der Wahrheit und Gerechtigkeit 352 ff., 384, 390 f., 397 f., 404, 410, 426, 451, 453 ff., 458, 460 f., 492, 499
Maatkarê Hatschepsut, Königin von Ägypten 372
Madagaskar, afrikanische Insel 103, *Abb. 101*
Madrid 195
Mähren (Landesteil der Tschechoslowakei) 201, 206, 211, 230, 250 f., 268, 272, 319
Mährische Pforte, zwischen Sudeten und Karpaten 268, 272
»Mängelwesen« 69, 127
Magdalenenberg (Krain) 299
Magdalénien, Kulturstufe des Jungpaläolithikums, nach der Höhle La Madeleine (Dordogne) 203, 205 f., 209, 216, 230, *Abb. 200*
Maglemose, Moor auf der Insel Seeland (Dänemark) 223
Maglemose-Mullerup-Kultur (Mesolithikum) 223
Maglemosian, Kulturstufe des Jungpaläolithikums 230, 248
Magos (Portugal), Fundstätte 131
Magyaren (Ungarn), Mischvolk turanider Herkunft 278 f.
Mahar Baal, ägyptischer Würdenträger 478
Mahlzähne, siehe Molaren
Main, Nebenfluß des Rheins 270, 318 f.
Mainz 318, *Kartenskizze 245*
Makan (Oman), Ostarabien 549, *Kartenskizze 551*
Makapan (Limewerk, Kalkwerk), Transvaal (Südafrika) 130—133
Makedonien, Landschaft der Balkanhalbinsel 272, 290
Makedonier, griechischer Volksstamm 502
Makromutation 100
Malatia am Euphrat (Anatolien) 619
Malaya, Halbinsel von Hinterindien 178
Malgûm am Tigris 587
Malleus (Hammer), Gehörknöchelchen der Säugetiere 96
Maloja-Paß (Graubünden, Schweiz) 271
Malta, Insel im Mittelmeer 275 f., *Kartenskizze 245*
Maltá bei Irkutsk (Sibirien) 217
Mama, Muttergöttin von Kesch 561
Mamâ (Anatolien) 574
Mammut 193, 211, 215, *Abb. 185, 201*
Manahbirja (asiatisch für Mencheperrê Thutmosis III.) 433
Manchestertum, wirtschaftspolitische Lehre, die den Egoismus des Einzelnen als alleinige treibende Kraft in der Wirtschaft anerkennt 41

# NAMEN- UND SACHREGISTER

Manetho, ägyptischer Priester 370, 508
Manischtuschu, König von Akkade 549, 552, 584
Mannbarwerdung (Eiszeit) 215
Mapa (China), Fundstätte 139
Marbod, König der Markomannen 315
Marburg an der Drau (Maribor), Jugoslawien 280, *Kartenskizze 245*
March (Morava), linker Nebenfluß der Donau 272, 316
Mardersaurier, siehe Ictidosauria
Marduk, Gott von Babylon 588f., 594, 599f., 602, 616
Mari (Nordbabylonien) 530, 541f., 545, 549, 568, 570, 575, 579 bis 584, 586ff., 592, 596, 599, 605f., 616f.
—, Palast des Zimrilim 583, 586, 617, *Abb. 588*
Maria-Rastei-Kultur (Bronzezeit), Draugebiet 280
Marken (Marche), Landschaft in Mittelitalien 295, 297
Markkleeberg bei Leipzig 167
Markkleeberg-Kultur (Altpaläolithikum) 167, 195, *Abb. 171*
Markomannen, suebischer Volksstamm 315, 319
Marne, Fluß (Frankreich) 306, *Kartenskizze 245*
Marne-Becken (Champagne) 306
Marne-Keramik 306, 309
Marne-Saar-Mosel-Mittelrhein-Zone 307
Marokko 224
Marstrander, Carl J. S., norwegischer Archäologe 317
Marsupialia (Beuteltiere) 95
Martu, sumerisch für »Westländer« 568
Marx, Karl Heinrich, Begründer des materialistischen Sozialismus 36, 42, 50, 69f.
Marz bei Ödenburg (Ungarn) 290
Marzabotto, etruskische Siedlung westlich von Bologna 298
Massilia (Marseille), Frankreich 294, *Kartenskizze 245*
Mastaba, rechteckiger, flacher, schräg abgeböschter Grabbau im alten Ägypten 354, 362, 615
Mathematik, ägyptische 365f.
—, altbabylonische 603f., 617
Matrei, südlich Innsbruck (Tirol) 313
Matres, keltische Fruchtbarkeitsgöttinnen 312
Matriarchat, Mutterherrschaft, Mutterrecht 386
Matronae, keltische Fruchtbarkeitsgöttinnen 312
Mauer bei Heidelberg, Fundstätte 135, 144, 159, 168ff., 197, *Abb. 153, 171, 177*
—, Unterkiefer von 144, 613, *Abb. 144*

Mawali, Freigelassene der frühislamischen Araber 592
Mayer, Julius Robert von, Arzt und Physiker 16
»me«, göttliche Seinskraft (Sumer) 561ff.
Mechanik, klassische 43
Mechel (Meclo) am Nonsberg, Südtirol, Fundstätte 313
Mecklenburg, 293
Medina, Stadt in Hedschas 509
Medinet Habu (Oberägypten) 428, 441, 619, *Kartenskizze 382*
Medjai, sudanesischer Volksstamm 407, 437, 450
Medum, nahe Lischt 615
Meerkatzenähnliche, siehe Cercopithecoidea
Meerland Babyloniens 585, 595, 607, 617
Megalithkultur, (Neolithikum) 247, 262f., 275f.
Meganthropus palaeojavanicus, altjavanischer Großmensch 126
Megaron, Hauptraum des mykenischen und homerischen Palastes 480
Megiddo (Palästina) 429f., 433f., 435, 447, 472, 479, 483, 507, 618, *Kartenskizze 383*
Megiddo-Paß (Armageddon) 429, 435, *Kartenskizze 431*
Meiendorf bei Hamburg, Fundstätte 207, 216, 221
Mekka, Hauptstadt von Hedschas 509
Meketre, ägyptischer Hofbeamter *Abb. 365*
Melaun, Gemeinde St. Andrä bei Brixen (Südtirol), Fundstätte 300, *Kartenskizze 245*
Melauner oder Melaun-Fritzener Kultur 300ff., 305, 313f.
Meluchcha (Indusgebiet) 549
Memnon-Kolosse (Theben) 441, 445, 618, *Abb. 444*
Memphis (Unterägypten) 349, 358f., 363, 370, 385, 391, 399f., 461, 485, 506, 615f., 618, *Kartenskizze 382, 431*
—, Priesterschaft des Ptah von 436
Memphitische Theologie 358ff., 506
Menchaurê Seschib, König von Ägypten 372
Mencheperrê Thutmosis III., König von Ägypten 372, 390, 423—435, 437, 439ff., 444ff., 472, 483, 490, 500, 504, 617f., *Abb. 432f., Kartenskizze 431*
Mencheperurê Thutmosis IV., König von Ägypten 372, 390, 424, 433, 440, 442, 444, 450, 618
Mendel, Gregor Johann, Begründer der Vererbungsforschung 16
Mendes (Nildelta) 507
Menena, ägyptischer Beamter 618
Menes (Narmer), König von Ägypten 239, 346, 349, 371, 615

Menghin, Oswald, österreichischer Prähistoriker 26, 239
Menhir (keltisch), aufrecht stehender Felsstein 247f., 311
Menkauhor, König von Ägypten 371
Menkaurê (Mykerinos), König von Ägypten 369, 371, 379, 386, 615, *Abb. 364*
Menmaatrê Ramses XI., König von Ägypten 373, 390, 492f., 499, 619
Menmaatrê Sethos I., König von Ägypten 372, 438, 467—470, 476, 619, *Abb. 469*
Menmirê Amenmose, König von Ägypten 372
Menpehtirê Ramses I., König von Ägypten 372, 390, 438, 467, 619
Mensch, Auge-Hand-Feld 56f., 63, 68
—, —, Überhöhung durch die Sprache 58ff.
— als Kulturwesen 65—68
— als Vitalwesen 65
—, aufrechte Haltung 54, 56f., 60, 63
—, Bauplan 49—68
—, Doppelgängertum 74—78
—, Entkörperung 25, 81—84
—, extrauterines Frühjahr 23, 54, 69
—, Geschichtlichkeit 84ff.
—, Geschlechtsreife 55
—, Individualentwicklung des Kindes 63
—, »Invalide« 69, 71
—, Jugendphase 53ff.
—, »Mängelwesen« 69, 127
—, Personalität 72ff.
—, Privatexistenz 75ff.
—, Selbstentfremdung 78
—, Spielfähigkeit 53ff.
—, Sprache 58—63
—, Stimme 62f.
—, Triebüberschuß 23, 53ff.
—, Verdinglichung 68f.
—, Verdrängung 68, 70
—, Verhaltensweise 68—72
—, Verkörperung I: Rolle und Darstellung 25, 72—78, 84
—, Verkörperung II: Lachen, Weinen, Lächeln 25, 78—81
—, Weltoffenheit 63—70, 82
—, Welt-Umwelt-Verhältnis 23, 62 bis 68
—, Werkzeug-(Geräte-)Erfindung 59, 85, 129, 131, 140, 158
—, Werkzeug-(Geräte-)Gebrauch 57, 129
Mensch, primitiver 155—226
—, Altpaläolithikum: Ernährung, Jagd und Hausgebrauch 173ff.
—, —, Kunst und Religion 175f.
—, Jungpaläolithikum: Bevölkerungsdichte 204
—, —, Ernährung und Kleidung 209ff.

## NAMEN- UND SACHREGISTER

Mensch, Jungpaläolithikum, Haus-, Hütten- und Zeltbau 200—204
—, —, Jagd und Jagdwaffen 206 bis 209
—, —, Klein- und Wandkunst 211 ff.
—, —, Schamanentum und Religion 213—216
—, Mittelpaläolithikum: Bevölkerungsdichte 191 f.
, —, Jagd, Kunst und Religion 193 ff.
—, —, Die Stammesfarben 190 ff.
—, Mesolithikum: Bevölkerung Nordeuropas 221 f.
—, —, Jagd, Hüttenbau, Kunst und Religion 222 f.
Menschen, siehe Homininae
Menschenähnliche, siehe Hominoidea
Menschenaffen, siehe Pongidae
Menschenartige, siehe Hominidae
Menschenopfer 408 f.
Menschheit, Die Herkunft der 87 bis 154
Mentalität, 411, 449
Mentuhotep I. Nebhepetrê, König von Ägypten 371, 400, 402, 422, 616, *Abb. 428*
Mentuhotep II. Sanchkarê, König von Ägypten 371, 616
Merenptah, Baenrê, König von Ägypten 372, 471, 474, **476 bis 479**, 490, 619
Mereruka, ägyptischer Wesir *Abb. 329*
Merhart, Gero von, Urgeschichtsforscher 273
Merheteprê, König von Ägypten 372
Meribarset, ägyptischer Beamter 487
Merienrê I., König von Ägypten 371
Merienrê II., König von Ägypten 371
Merikarê, König von Ägypten 371, 393, 395 ff., 399, 406, 510, 616
Merimde-Beni Salâme (Nildelta) 333, 614, *Kartenskizze 382*
Merirê Phiops I., König von Ägypten 371, 387
Meritaton, Gemahlin des Semenchkarê 463
Merkaurê Sobekhotep VI., König von Ägypten 372
Merkensteiner Höhle bei Bad Vöslau (Österreich), 230
Merneferrê Eje, König von Ägypten 372
Meroë, früher Napata (Äthiopien) 506
Mersechemrê Ined, König von Ägypten 372
Mersechemrê-Neferhotep II., König von Ägypten 372

Mesannepadda, König von Ur 543 f., 585, 615
Meschwesch, ägyptische Bezeichnung für Westlibyer 437, 479, 485, 493, 501 f.
Mesilim, König von Kisch 543, 585, 615
Meskalamdug, König von Ur (?) 543
Mesolithikum, Mittelsteinzeit 131, 146, 150, 162, 173, **217—226**, 230—235, 241 f., 244 f., 248, 250, 614, *Abb. 171*
Mesopotamien (Zweistromland) 31 f., **237—241**, 252 f., **342—345**, 350, 404, 415, 419 f., 432, 467, 511, 515, 519 f., 525, **527—538**, 547 ff., 553, 566 ff., 570, 573, **579—583**, 586, **594—597**, 606, 609, **615—619**
—, Gesellschaftsklassen 592
—, Kunst *Abb. 532 f., 540 f., 546*
Mesopotamier 328, 470, 517
Mesopotamische Gesetzsammlungen 426, 555, 578, **589—592**
Mesothorium, Zerfallsprodukt von Thorium (Element 90) 91
Mesozoikum (Mittelalter), Ära der Erdgeschichte 15, 91, 93, 96 f., 102, 613
Metallbearbeitung 260, 272, 335, 343, 532 f., 616
Metallikum, siehe Früh-, Mittel- und Spätmetallikum
Metall-Lagerstätten 256 ff., 262 f., 270, 275, 301
Metapher, gleichnishafter Ausdruck 61
Metempsychose, Seelenwanderung 513
Meteoreisen 572
Michalkov (Galizien), 301, 304
Micoque, La (Abri bei Tayac, Dordogne/Frankreich), Fundstätte 181
Micoquien, Kulturstufe des Mittelpaläolithikums 181 f., 188, 195, *Abb. 184*
Miebis (Adj-ib), König von Ägypten 371
Migdol, asiatischer Festungsturm 433, 462, 468
Mikro-Aurignacien 224
Mikrolithe, in der Vorgeschichte sehr kleine Steinwerkzeuge 219 ff., 224, 244, 333
Mikro-Mousterien 186, 190
Mikropaläontologie, Paläontologie der Kleinlebewesen 98
Milankovich, Milutin, jugoslawischer Astronom 138
Milieu externe, äußere Umwelt 62
— interne, innere Umwelt 54
Millarische Stufe (Millares oder Mizares, Fluß in Spanien) 178
Milojčić, Vladimir, jugoslawischer Steinzeitforscher 233
Min, ägyptischer Gott 388, 459

Mindel, rechter Nebenfluß der Donau 139
Mindel-Kaltzeit 139, 144, 150, 167, 613, *Abb. 171*
Mindel-Riß-Warmzeit 139, 147, 150, 167, 178 f., 181, 183, 188, *Abb. 171*
Minoer (Minos, sagenhafter König von Kreta), Kreter 440
Minoische Kultur, frühe Periode der kretisch-mykenischen Kultur 330
Minotaurus (Minosstier), nach der griechischen Sage Sohn der Pasiphaë, Gattin des Königs Minos von Kreta 471
Miozän, Epoche des Tertiärs 93, **104—107**, 109 ff., 114, 117, 331, 613, *Abb. 101, 109, 119, 153*
Misch, Georg, Philosoph 49
Missing link, 101, 133, 142 f.
Mitanni, Königreich in Mesopotamien 432, 434 f., 443, 461 f., 470, 474, 597, 608, 618 f., *Kartenskizze 383, 431*
Mittelägypten 391, 399, 506
Mittelägyptisch, Sprache des Alten Reiches 368
Mittel-Dnjepr-Kultur (Neolithikum) 249
Mittelmeer 178, 216, 231, 252, 330, 334, 374, 399, 415, 424, 467, 470, 475, 547, 549, 579, 615, 618, *Kartenskizze 382, 431, 551*
Mittelmeervölker 335
Mittel-Metallikum, siehe Eisenzeit, ältere
Mittelohrblase 103
Mittelpaläolithikum (Mittel-Altsteinzeit) **175—178**, **181—194**, 204, 207, 216, 221, 614, *Abb. 185*
— in Afrika 187 f.
— in Amerika 193
— in Asien 188 ff.
— in Australien 193
— in Ostasien 193
Mitterberg bei Bischofshofen am Hochkönig (Salzburg) 257 f., *Kartenskizze 245*
Modjokerto (Ostjava), Fundstätte 135, 142
Möller, schlackenbildende Zuschlagstoffe bei der Eisengewinnung 256
Mohammed, Begründer des Islams 509
Mohammedanischer Glaube (Islam) 459
Mohendscho-Daro am Indus 552
Molaren (Mahlzähne) 104 ff.
Moldau (Moldava), Landschaft in Rumänien 244
Monaden, letzte, in sich geschlossene, vollendete einheitliche Wesen, aus denen die Weltsubstanz besteht (Leibniz) 52

## NAMEN- UND SACHREGISTER 641

Monastirische Stufe (Monastir jetzt Bitolj, Mazedonien) 178
Mondfinsternisse, historische Datierungshilfen 530
Mondgott (Mesopotamien) 533, 539, 555
Mondidol, vorgeschichtliches Gerät 291
Mondsee, Salzkammergut, Oberösterreich 255, *Kartenskizze 245*
Mongolei 242
Mongolide, in Ostasien beheimateter Rassenkreis 144, 151
Mongoloide, Mongolenähnliche 136, 150, 614, *Abb. 153*
Monismus, philosophischer Standpunkt, der alle Erscheinungen auf ein einziges Prinzip zurückführt 21, 23
monophyletisch, von einer Urform abstammend 137, 235
Monophysitismus, Lehre von der allein göttlichen Natur Christi 509
Monotheismus, Glaube an einen einzigen Gott 449, 459 ff., 518
Monotremata (eierlegende Säugetiere) 95
Monte Circeo bei San Felice (Mittelitalien) 135, 186, 194
Monthu, ägyptischer Gott 426, 430, 442, *Abb. 517*
Mont Lassois bei Châtillon-sur-Seine (Côte d'Or) 292
Montmaurin (Frankreich), 145
Moortgat, Anton, Archäologe 545
Moritzing bei Bozen (Südtirol) 301, *Kartenskizze 245*
Morphologie, Gestalt-, Formenlehre 23, 28
Mosaike, (Mesopotamien) 538
Mosel, linker Nebenfluß des Rheins 306, *Kartenskizze 245*
Mosel-Saar-Mittelrhein-Zone 306
Moses, jüdischer Gesetzgeber 459, 477, 479, 518, 547
Mossul am Tigris 527
Moustier, Le, im Vézèretal (Dordogne, Frankreich) 159
Moustérien, Kulturstufe des Mittelpaläolithikums 159, 184 bis 187, 189 ff., 196, 200, 332, 614, *Abb. 171*
Moustérien-Prä-Aurignacien 196, 200
Mouthe, La, Höhle bei Les Eyzies 209
Mühlhofer, Franz, österreichischer Steinzeitforscher 230
Münzprägung 310, 507
Mugo (Portugal), Fundstätte 131
Multituberculata (Vielhöckerzähner) 95
Murcia (Südostspanien) 321
Mursilis I., König der Hethiter 584, 606 f., 618
Mursilis III., König der Hethiter 465, 467, 619

Musculus temporalis, Schläfenmuskel 123 f.
Mut, ägyptische Göttin 426, 451, 618
Mutabilität, Veränderlichkeit 98, 110
Mutationen, sprunghafte Veränderungen der Erbmasse 18, 42, 98, 111, 115, 151, 197
Mutationstheorie 40
Muthis, König von Ägypten 373
Muttergöttin (Inanna), Mesopotamien 533, 539, 544, 550, 561, 599 f., 614
Muu-Tanz (Totenkult) 405
Muwatallis, König der Hethiter 619
Mykenai (Mykene), Peloponnes 264 f., 271, 439, 480
mykenische Kultur 265, 269, 273
Mykerinos (Menkaurê), König von Ägypten 369, 371, 379, 386, 615, *Abb. 364*
Mysien, antike Landschaft im nordwestlichen Kleinasien 471
Mystizismus, schwärmerischer Wunderglaube 513
Mythus (Mythos), Götter-, Helden- und Weltschöpfungssage 14, 19, 32, 50, 484, 552, **559—565**, 600, 616 f.

## N

Nabium/Nabû, babylonischer Gott 600
Nabonidus, König von Babylon 504
Nacht, Schreiber im Tempel des Amun 618, *Abb. 437*
Nagyrev, Donau-Theiß-Gebiet, Ungarn, Fundstätte 266
Naharina, Land am Euphrat 423, 432, *Kartenskizze 383*
Naher Osten 148 f., 177, **188—192**, 195, 200, 203, 216 f., 224, **232** bis **237**, 243, 246, 260, 296 f., 303, 405, 470
Nahr el Asi (Orontes), Fluß in Syrien 442, 483, 586, *Kartenskizze 383*
Nahr el Kelb, Fluß bei Byblos (Phönikien) 216
Nam, Schicksal (Sumer) 561
Nammachani, Stadtfürst von Lagasch 555
Nanna (akkadisch Suēn), Mondgott von Ur 550, 561, *Abb. 559*
Nansche, Göttin von Lagasch 554
Napata, später Meroë (Äthiopien) 506, 508, *Kartenskizze 382, 431*
Napirasu, Königin von Babylonien 619
Naplanum, König von Larsam 569, 585
Naramsin, König von Eschnunna und Assyrien 578 f., 584 f., 617

Naramsuēn (später Naramsin), König von Akkade **549—552**, 556, 566, 584, 615, *Abb. 552*
Narbonensis, Provincia (Gallia N.) 309
Narmer (Menes), ägyptischer König 239, 346, 349, 371, 615
Nasenschaber (Steinwerkzeug) 169 f., 225
Nationalsozialismus 17
Natuf am Karmel, Höhle bei, Fundstätte 224
Natufian, Kulturstufe des Mesolithikums 224 f., 230 f., *Abb. 225*
Natura hominis, die menschliche Natur 52
Naturalismus, Stilbegriff der Ästhetik 440, 451 f., 455 f.
Natura naturans, die schöpferische Natur 45
Nauheim, Bad, Hessen 318, *Abb. 245*
Naukratis (Nildelta) 503, 507, *Kartenskizze 382*
Navetas, Riesensteingräber, **275**
Nawar (Persien) 587
Neandertaler (Handspitzen-) Kultur 149, 185
Neandertalhöhle bei Düsseldorf, Fundstätte 133, 135, *Abb. 149, 153*
Neandertalmensch (Homo neanderthalensis) 28, **133—136**, 142 f., 145, 147 f., 150, 158 ff., 163, 177, 185 f., 188, 191, 193 f., 196, 199 f., 210, 614, *Abb. 141, 147*
—, Kleidung und Wohnung 193 f.
Neandertaloide, Neandertalähnliche 181, 185 f., 190 f., 200, 208
Neanthropinae (Jetztmenschen) 134 ff., 145, **147—151**, 613 f., *Abb. 151*
— präsapiens 134 ff.
— sapiens 134 ff.
Nebchepescherê Apophis I., König von Ägypten 372, 482
NebchepruréTutanchamun, König von Ägypten 372, 464 f.
Nebek (Syrien) 178
Nebhepetrê Mentuhotep I., König von Ägypten 371, 400, 402, 422, 616
Nebka, König von Ägypten 371
Nebmaatrê Amenophis III., König von Ägypten 372, 390, 440 ff., **444—447**, 451
Nebmaatrê Ramses VI., König von Ägypten 373, 390, 480, 487
Nebpehtirê Ahmose, König von Ägypten 372, 423 f., 617
Nebre, ägyptischer Zeichner 510
Nebtauirê Mentuhotep III., König von Ägypten 371
Nebtepnefer Antef III., König von Ägypten 371
Nebukadnezar II., König von Babylonien 507

## NAMEN- UND SACHREGISTER

Nebukadnezar (Nabukudurri-ussur) I., König von Babylonien 619
Nechbet, Göttin von Oberägypten 389
Nechebu, ägyptischer Baumeister 380
Necho Uhemibrê, König von Ägypten 373, 503, 506
Neferchepurê Amenophis IV. (Echnaton), König von Ägypten 372, 390, 444, 447–453, 455, 457–464, 505, *Abb. 448f.*
Neferefrê, König von Ägypten 371
Neferibrê Psammetich II., König von Ägypten 373
Neferirkarê, König von Ägypten 371
Neferkarê Amenmose, König von Ägypten 373
Neferkarê Phiops II., König von Ägypten 371, 386, 388, 391
Neferkarê Ramses IX., König von Ägypten 373, 390f., 487ff., 491, 493f., 619
Neferkarê Schabaka, König von Ägypten 373, 506
Neferkasokar, König von Unterägypten 379
Neferneferuaton, Thronname Nofretetes 463
Nefertiti, siehe Nofretete
Nefertari, Königin von Ägypten 619
Nefrurê, ägyptische Prinzessin 426
Negade, nördlich Theben (Oberägypten), Fundstätte 239, 614f.
Negau (Nordwestjugoslawien) 316f., *Abb. 316*
Neger 146, 406f., 415, 421, 478, *Abb. 144*
Negride, zur schwarzen Rassengruppe gehörend 136, 145f., 151, 614, *Abb. 153*
Nehsiu (Einzahl Nehsi), ägyptischer Name für die nubischen Völker 406, 416, 437, *Kartenskizze 431*
Nekropole (Totenstadt), Begräbnisstätte im Altertum 295f., 445, 489–498, 506, 510, 617
Nektanebos I., König von Ägypten 373, 507
Nektanebos II., König von Ägypten 373, 507f.
Nemeter, westgermanischer Volksstamm 318
Neolithikum, Jungsteinzeit 28f., 31, 218, 229–255, 258f., 260ff., 265, 276, 287, 320, 532, 566, 614, *Abb. 232, 233*
Nepherites I., König von Ägypten 373, 507
Nepherites II., König von Ägypten 373
Nephrit (Jade), der Hornblende verwandtes Mineral 235

Nergal, Gott der Sumerer 563
Nero Claudius Caesar, römischer Kaiser 508
Nesamun, ägyptischer Hofbeamter 497f.
—, Hoherpriester des Amun 487
Nescha (Anatolien) 574
Nestflüchter, Jungtiere, die sofort ihre Nahrung selbst suchen 53
Nesthocker, hilflose Jungtiere, die auf die Ernährung durch die Eltern angewiesen sind 53
Netjercheperrê Siamun, König von Ägypten 373
Neukantianismus, verschiedene an Kant wiederanknüpfende philosophische Richtungen 43
Neurocranium (Hirnschädel) 120, 122f.
Newton, Sir Isaac, englischer Physiker, Mathematiker und Philosoph 46
New York 423
Ngandong am Solofluß (Ostjava), 135, 143, 145, *Abb. 153*
Nickel 256
Niederlande 244, 252, 269f., 295, 318
Niederösterreich, 251, 272, 290, *Abb. 288*
Nietzsche, Friedrich Wilhelm, Philosoph 17, 37, 43, 50
Nikolsburg (Südmähren) 229
Nidaba, Stadtgöttin von Umma 546
Nil 31, 325–334, 360f., 404, 408, 422, 446, 473, 480, 493, 507f., *Abb. 328f., Kartenskizze 382, 431*
Nildelta 239, 329f., 417, 479f., 492, 501ff., 615f., *Kartenskizze 382*
Nilkatarakte 328, 404, 406ff., 416f., 420, 424, 428, 438, 462, 492, 502, 506, 618
Nilterrassen 331f.
Nimaatrê Amenemhet III., König von Ägypten 371, 390, 402, 404, 617
Ninchursang, Muttergöttin von Kisch 561
Ninetjer, König von Ägypten 370
Ningirsu, Stadtgott von Lagasch 545f., 554, 561, *Abb. 547*
Ninive, Hauptstadt Assyriens 506, 527, 572, 588, 597
Ninlil, sumerischer Gott 562
Ninmach, Muttergöttin der Sumerer 562
Ninschubura, Botin der Inanna 562
Ninsun, Mutter des Gilgamesch 555
Ninurta, Kriegsgott der Sumerer 556, 561ff.
Nippur (Babylonien) 547, 550, 555ff., 561, 563, 568, 571, 575f., 579, 595, *Kartenskizze 551*

Nissibin (Assyrien) 579,
Nitokris, Tochter von Psammetich I. 506
Niuserrê, König von Ägypten 371, 378f.
Nobaden, Nomadenstamm in Nubien 509
Nörre Lyngby (Jütland), Fundstätte 220
Nofretete (Nefertiti), Gemahlin Echnatons 444, 451f., 455, 458, 463ff., 618, *Abb. 449*
»Nordleute« 166f.
Noreia, norische Fruchtbarkeitsgöttin 299, 313
Noreia, Schlacht bei (Kärnten, 113 v. Chr.) 316f.
Noricum, römische Provinz 285, 313f., 316, 319, *Kartenskizze 245*
Norwegen 248, 250, 263, 266
Nosce te ipsum, ursprünglich griechisch: gnothi seauton, Inschrift am Apollotempel zu Delphi 100
Noßwitz (Kreis Glogau, Niederschlesien) 251
Noßwitzer Kultur (Neolithikum) 251
Notenkopf-Keramik (Neolithikum) 253
Novak, Georg, jugoslawischer Prähistoriker 280
Novilara bei Pesaro (Italien) 295, *Kartenskizze 245*
Novilara-Kultur 295, 297
Nubchas, ägyptische Königin 496
Nubien, Landschaft in Mittelägypten 332, 374f., 388, 401, 406, 417, 424f., 435, 441, 445, 463, 487f., 499, 502, 615ff., 619, *Abb. 409, Kartenskizze 382*
Nubier 408, 416
Nubische Wüste 328
Nubkaurê Amenemhet II., König von Ägypten 372, 390, 402, 404, 617
Numantia (Numancia), Ruinenstätte bei Soria (Spanien) 320f., *Kartenskizze 245*
Numen, göttliches Walten, auch die Gottheit selbst 267, 276
Numinose, das, Bezeichnung für das Heilige in seinem unbegreiflichen, den Menschen erschreckenden und zugleich anziehenden Wesen 83
Nun (ägyptisch), Urgewässer, dem die Sonne entstieg 461
Nurachum, König von Eschnunna 570
Nuradad, König von Larsam 576–585
Nuraghen, kegelförmige Steinbauten auf Sardinien 276, *Abb. 28*
Nuzi (früher Gaschur) am Tigr 548, 618
Nydam auf der Halbinsel Sundewitt (Dänemark), 316

## O

Obed, el-, bei Ur (Mesopotamien), 238, 533, 542, 614
Obed-Kulturen 238, 533 ff., 614, *Abb. 533*
Obelisk, hoher vierkantiger pyramidenförmig zugespitzter Stein 428, 618, *Abb. 421*
Oberleiserberg bei Ernstbrunn (Niederösterreich) 311
Oberägypten (südlich Kairo) 329 f., 332, 346, 349 ff., 388 f., 390, 421 f., 425 f., 467, 499, 503, 507, 509
Oberösterreich 287
Oberschlesien 272
Obsidian, tertiäres Erdgußgestein (natürliches Glas) 161, 236, 256, 336
Obskurantismus, Neigung, jede Aufklärung zu unterdrücken 17
Octavius, Gaius (später Kaiser Augustus) 508
Oder, deutscher Strom 293, 316 ff.
Ödenburg (ungarisch Sopron) 268, 290, *Kartenskizze 245*
Ökumene, der bewohnte Teil der Erde 240, 260, 321
Ökumenisches Konzil zu Chalcedon, Viertes 451 n. Chr. 509
Österreich 186, 244, 256, 269, 272
Oinochoë, griechische Henkelkanne 305
Oken (eigentlich Ockenfuß), Lorenz, Naturforscher 40
Oldoway, Schlucht, Tanganjika (Ostafrika), Fundstätte 121 ff., 131 f., 135, 140, 146, 613
Oldoway-Kultur 177, 613
Oldoway-Mensch (1960) 136
Oligarchie, Adelsherrschaft 488, 505
Oligozän, Epoche des Tertiärs 93, 104, 108, 331, 613, *Abb. 101, 119, 153*
Oman (Makan), Ostarabien 549, *Kartenskizze 551*
Omar I. (O. ibn al Chattah), Kalif 509
Omen, Vorzeichen, Vorbedeutung 513, 577, 602 f., 616, 618
Ontogenese, Entwicklung des Einzelwesens von der Eizelle bis zur Geschlechtsreife 23
Opfertod in Sumer 544, 615
Opis (früher Akschak), Mesopotamien 541
Oppidum, befestigte Großsiedlung (nach Julius Caesar) 310 f.
Orakel, Weissagung 513, 602 f.
Orang-Utan (Pongo pygmaeus), Menschenaffe 106, 112, 121, 128, *Abb. 119 f., 153*
Ordovicium, Epoche des Paläozoikums 93, 97, 613
Oreopithecidae 116

Oreopithecus bambolii, fossiler Hominide 38, 116 f., *Abb. 120 innen, 153*
Oreopithecidae 116
Orient, alter 31, 470, 517, 555
Orontes (Nahr el Asi), Fluß in Syrien 442, 483, 586, *Kartenskizze 383, 431*
Orthia, griechische Fruchtbarkeitsgöttin 299
Orthodoxie, Rechtgläubigkeit, Strenggläubigkeit 506
Orthogenese, Anschauung, daß die Stammesentwicklung jeweils in einer von Anbeginn vorgezeichneten Richtung fortschreitet 98 f., 140
Orthoselektion, zweckmäßige, auf ein Ziel gerichtete Auslese 140
Osiris, ägyptischer Gott 362 f., 377, 389, 395, 397, 450 f., **457—460**, 468, 470, 484, 504, 510, 615 f.
Osorkon I. Sechemcheperrê, König von Ägypten 373, 506
Ossuarium (Beinhaus) 296
Ostafrika 111, 118, 121 f., 146, 148
Ostasien, Jungpaläolithikum 217
—, Mittelpaläolithikum 193
Osteodontokeratische Kultur (Knochen-Zahn-Horn-Kultur) **130—133**, 613
Ostpreußen 302
Ostsee 517
Ostspanischer Kunststil (Mesolithikum) 223
Osttigrisland 537, 540, 553, 556 f., 568, 571, 575 ff., 580, 594 ff., 607
Os tympanicum (Knochen der Paukenhöhle des Ohres) 103
Overton Hill bei Avebury (England) 248, 263
Ozymandias, Beiname von Ramses II. 475

## P

Pachomius, ägyptischer Mönch 509
Padana, Pogebiet (von Padus, Po) 308, 314
Paicharu, ägyptischer Kupferschmied 495 f.
Packwerkbau (Neolithikum) 246, 265, 283
Pakistan, Staat in Vorderindien 240
Palaeanthropinae (Altmenschen) 134 ff., 142, 145, **147—151**, 161, 168, 173, 613 f., *Abb. 151*
Paläanthropologie, Wissenschaft von den Menschen der Vorzeit 129, 133 f., 147
Paläethnologie, völkerkundliche Auswertung vorgeschichtlicher Funde 253 ff.
Paläographie, Lehre von den alten Schriftformen 368

Paläolithikum, Altsteinzeit 28, 31, 38, 130, **160—218**, 229, 236, 320, 532, 613 f.
—, Bevölkerungsdichte 191 f.
Paläontologie, Wissenschaft von den Lebewesen vergangener Erdzeitalter 18 f., 38, 42, 97 ff., 102
—, linguistische 254
Paläozoikum (Altertum), Ära der Erdgeschichte 91, 93, 98
Palaer, indogermanischer Volksstamm 570
Palästina, 148, 188, 216, 230, 238, 327, 336 f., 342, 348, 375, 379, 388, 404 f., 415 f., 419, 422 f., 431, 433, 435, 438, 462, 468, 472 f., 476, 479 f., 500 f., 506 f., 515, 518, 526, 533, 568, 582, 605, 615, 617 ff., *Kartenskizze 383*
Palästina-Syrien 224, 429, 432, 443
Palasthörige (Halbfreie) 578, 591 f.
Paleozän, Epoche des Tertiärs 93, 97, 102, 613, *Abb. 101*
Palmyra (Tadmor), Oasenstadt in der Syrischen Wüste 509

Pamphylien, antike Landschaft Anatoliens 471, 606
Panbabylonismus 526
Paneshi, Vizekönig von Oberägypten 494
Pankus, Adelsversammlung der Hethiter 606
Panspermie, Lehre von der Übertragbarkeit d. Lebenskeime von einem Himmelskörper auf den anderen (Svante Arrhenius) 90
Pantheon, Gesamtheit aller Götter 560, 588, 600, 616
Panther 168, *Abb. 201 innen*
Pantotheria, beuteltierähnliche Säugetiere 93, 97, 613
Papyrus (Papyri), Blätter aus dem Mark der Papyrusstaude 346, 379, 460, 487, 529
— Ebers 357
— Harris 485 ff., 619
— Edwin Smith 357 f.
— von Turin 490
— Westcar 617
Paranthropus (Australopithecus P-Typus) 123, 126, 128 f., 132 f., *Abb. 153*
— crassidens *Abb. 121*
Parapithecus fraasi, fossiler Affe des Oligozäns 93, 104, *Abb. 103*
Parietalauge, Scheitelauge 50
Paser, Stadttester von Theben **495—498**
Passek, Tatjana Sophia, russische Vorgeschichtsforscherin 249
Patjitan (Ostjava) 178
Patjitan-Kultur (Altpaläolithikum) 178
Pattern (englisch), Muster, Modell, Schablone 39, 68

## NAMEN- UND SACHREGISTER

Paviane 130
Paweraa, Stadtältester der Nekropole von Theben 495—498
Pebble-tools, Steingeräte, Geröllgeräte 131 ff., 176, 613
Pectorale, Brustschmuck 297
Peking (China) 135, 142f., 144, 174
»Pekingmensch«, siehe Sinanthropus pekinensis
Peloponnes, südgriechische Halbinsel 255
Pella (Palästina) 469, *Kartenskizze 383*
Pelusium (Nildelta) 507, 509
Penbui, ägyptischer Schreiber 450
Pentawer, ägyptischer Prinz 485
per analogiam, auf Grund gleichartiger Verhältnisse 278
Peribsen, König von Ägypten 371
periglazial, Umgebung vergletscherter Gebiete 139
Périgord, Landschaft an der Dordogne 205
Perigordien I, Kulturstufe des Jungpaläolithikums 205, 216
Perihel (Sonnennähe), Punkt einer Planeten- oder Kometenbahn, der der Sonne am nächsten ist 138
Peristyl, einen Platz umrahmende Säulenhalle 441
Perm, Periode des Paläozoikums 93, 95
Perser 354, 502f., 525
Perserkönige in Ägypten 372, 507f.
Persien 189, 216, 240, 338, 419, 526f., 530, 533f., 549f., 553f., 569, 596, 615, 618
Persischer Golf 345, 527, 547, 549, 575, *Kartenskizze 551*
Peschiera am Gardasee (Italien) 272, *Kartenskizze 245*
Petaminophis, ägyptischer Priester *Abb. 504*
Petitio principii, Notwendigkeit eines schlüssigen Beweisganges 44
Petosiris, Hoherpriester des Thot 508
Petronius, Gaius, römischer Präfekt in Ägypten 508
Petubastis Usermaatrê, König von Ägypten 506
Pfahlbau (Neolithikum) 246, 265, 283
Pferd, echtes (Equus) 118, *Abb. 201*
Pferdetypus 98
Pflanzenwelt (Flora) 28, 97
Phänomen, 21, 23f., 28f., 32, 51, 517, 604
Phalanx, dichtgeschlossene, mehrere Glieder tiefe Schlachtordnung der Griechen 545, 548
Pharao, Namengebung 378f., 389f.
Philae, Nilinsel südlich Assuan 507ff.

Philister, Volksstamm in Südwestpalästina 429, 435, 471, 479f.,
Phiops I., Merirê, König von Ägypten 371, 387
Phiops II., Neferkarê, König von Ägypten 371, 386, 388, 391
Phönikien (Phönizien), antike Küstenlandschaft Syriens 289, 327, 336, 348, 374f., 432, 434f., 462, 471, 473, 479f., 500, 516, 518, 528f., 568, 571
Phönikier (Fenchu) 423, 506, 516
— umsegeln Afrika 507
Phönikisches Alphabet 348, 529, 619
Phönikisches Kultprophetentum 583
Phonogramm, Lautzeichen 346
phyletisch, die Abstammung betreffend 140
Phylogenese, Stammesentwicklung 95, 97f., 100
— der Tiere 119
Phylogenie (Phylogenetik), Stammesgeschichte der Lebewesen 23, 92, 101, 109
Pianchi, Usermaatrê, König von Ägypten 502
Pianello bei Ancona (Italien), 274
Piemont, Oberitalien 295
Pijuschti, Fürst von Hattusas 574
Pikten, alter nordschottischer Volksstamm 304
Pillijas, König von Kizwatna (Kilikien) 607
Pinodjem I., Hoherpriester von Theben 506
Pisidien, antike Berglandschaft in Kleinasien 471, 606
Pitchana, König von Kuschschar 574, 584
Pithecanthropus homo erectus, aufrecht gehender Affenmensch 133ff., 142, 146, *Abb. 153*

— (Sangiran) II *Abb. 133*
— (Sangiran) IV *Abb. 141*
Pithecanthropus modjokertensis 142
Pithecinen, Affenmenschen 131
Pithecoidea (Affenähnliche) 103
Pithecometrasatz von Haeckel 100
Pithom (Nildelta) 475, *Kartenskizze 382*
Placenta (lateinisch), Mutterkuchen 97, *Abb. 95*
Plateau Central, Frankreich 204
Platon (Plato), griechischer Philosoph 46
Platyrrhinae, Breitnasenaffen, Neuweltaffen 103
Pleistozän, Epoche des Quartärs 93, 110, 133, 136—140, 146, 150, 152f., 166, 169f., 176, 179, 181, 192, 197, 613f., *Abb. 101*, *119, 123, 151, 153, 176*
—, Ältest- 139
—, Alt- 139

Pleistozän, Jung- 139
—, Mittel- 117f., 120, 126, 135f., 139ff., 144ff., 150, 166, 170, 177, 184, 192, 613, *Abb. 121, 133, 148, 151*
—, Ober- 135f., 139, 142f., 145, 150, 173, *Abb. 149, 151*
—, Unter- 135, 139, 142, 170, 173, 177, 197f., *Abb. 151*
Plessner, Helmuth, Philosoph, Anthropologe und Soziologe 110
Plinius d. Ä. (Gaius P. Secundus), römischer Schriftsteller 300
Pliozän, Epoche des Tertiärs 93, 104, 108ff., 116ff., 120, 136, 139, 157, 163, 169, 177, 179, 192, 331, 613, *Abb. 101, 109, 119, 121 innen, 153, 171*
Pluralismus, philosophischer Standpunkt, der alle Erscheinungen auf mehrere Prinzipien zurückführt 49, 51
Pluvialzeit (Regenzeit) 138
Po (Padus), Fluß in Norditalien 265, 271, 295, 297f., 300, 305, 308, *Kartenskizze 245*
Poggenwisch, Fundstätte 216
Pointillismus-Technik in der Eiszeit 213
Polen 186, 249ff., 269, 293
Pollenanalyse, Blütenstaubuntersuchung 219, 231
polyphyletisch, von mehreren Urformen abstammend 137, 235
Polytheismus 457, 560
Pollau (Pavlov,Südmähren), Fundstätte 204, 212, 229, 232, *Kartenskizze 245*
Pompeius, Gnäus, römischer Staatsmann 508
Pongidae, Menschenaffen 27, 94, 97, 100f., 103—114, 116f., 120 bis 129, 133, 142f., 157, 613, *Abb. 101, 113, 119, 121, 151*
—, Gebißstruktur 106f., *Abb. 113*
pongoid (menschenaffenähnlich) 124
Popaius, römischer Senator 313
Population, in der Biologie die Gesamtheit der in einem begrenzten Bereich lebenden Einzelwesen einer Art 98, 108, 110, 115, 140, 145, 149, 166, 169, 186, 193, 195, 204, 220
Populationsgenetik 98
Populina, etruskische Siedlung 296
Portmann, Adolf, schweizerischer Zoologe und Anthropologe 21, 53f.
Poseidonios, Philosoph der mittleren Stoa 20
Positivismus, philosophische Richtung, die im unmittelbar Wahrnehmbaren die einzige Grundlage des Erkennens sieht 17, 26, 43
postglazial, nacheiszeitlich 150, 231, 614, *Abb. 171*

# NAMEN- UND SACHREGISTER

Pottenstein, Fränkische Schweiz (Bayern) 230, *Kartenskizze 245*
Präabbevillien, Vorfaustkeilstufe 131f., 140, 164f., 613
Praeanthropinae (Frühmenschen) 135, *Abb. 151*
Prä-Aurignacien, Kulturstufe des Paläolithikums 188, 195 ff., 614, *Abb. 171*
Prä-Aurignacien-Mensch 196, 208
Präbiohistorie, Vorgeschichte des Lebens 91
Prä-Boreal, Frühboreal 221, 231, 244, 250
Präbrachiatoren 107, 109, 117, *Abb. 109*
Präbrachiatorenhypothese 108, 110f., 114, 118, *Abb. 109*
Prähistorie 26f., 29, 83, 159
Praehomininae (Frühmenschen) 133f., **137–140**, 142f., 146, 150, 161, 163, 180, 613, *Abb. 119, 151*
Präjudiz, Vorentscheidung, Vorurteil 27
Präkambrium (Vorkambrium), Epoche des Proterozoikums 98
Präneandertaler 148, 614, *Abb. 147, 153*
Präneandertal-Hypothese 148
Praepongidae (Frühmenschenaffen) 108, 112, *Abb. 119*
Prärogative, Vorrechte 410, 518
Präsapienstypus von Homo sapiens 136, 148f.
Präsapiens-Hypothese 148
Prävalenz, Übergewicht, Vorrang 23
Pragmatismus, philosophische Richtung, die Tun und Handeln über Denken und Erkenntnis stellt 20, 23, 43, 45f., 360, 390, 449, 454, 517, 520f.
Předmost (Mähren), Fundstätte 135, 150, 204, 215, 230, 614, *Kartenskizze 245*
Preuschen, Ernst, Bergbauhistoriker 257f.
Primates (Herrentiere), höchste Säugetiergruppe 18, 23, 53, 93, 97, **100–111**, 115, 152, 613, *Abb. 101, 104*
primitive democracy 541
Proconsul africanus, fossiler Menschenaffe 93, 112ff., 116, *Abb. 112f., 119, 153*
Proconsulinae **111–114**, 613
Proconsul major 114
profan 82
Prognathie, schnauzenartige Form der Kiefer 106, 121, 142
proleptisch, vorgreifend, vorwegnehmend 46
Propliopithecus haeckeli, fossiler menschenähnlicher Affe 93, 104, 613, *Abb. 104, 153*
Prosimiae (Halbaffen) 102f., 316, *Abb. 101*

Proterozoikum (Frühzeit), Ära der Erdgeschichte 93
Prothylobates (Urgibbons) 104, 108f.
Protoaustralide, Uraustralier 143
Protocatarrhini (Urschmalnasenaffen) 108
Protocatarrhinenhypothese *Abb. 109*
Protoelamische Schrift 538
Protohattier 567, 573, 617
Protoplasma, lebende Substanz aller organischen Zellen 90
Proto-Sesklo-Keramik (Neolithikum) 242f.
Proto-Sinaitische Schrift 348
Protozoen, einzellige Tiere 41
Provence, südfranzösische Landschaft 271, 294
Psalm 104, Hymnus auf Jahve 461
Psammetich I., Wahibrê, König von Ägypten 373, 506f.
Psammuthis, König v. Ägypten 373
Psusennes I., Aacheperrê, König von Ägypten 373, 506
Psyche, humane 111
Psychologie 42f.
Ptah, ägyptischer Gott 358f., 436, 439, 461, 467f., 478, 485f., 488, 510
Ptahdjedef, König von Ägypten 371
Ptahhotep, ägyptischer Wesir 381f., 384ff., 482, 615
Ptahmosis, Hoherpriester zu Memphis 426
—, Vogelfänger 413
Ptolemäus I., König von Ägypten 508
Ptolemäus II., König von Ägypten 508
Ptolemäus IV., König von Ägypten 508
Ptolemäus V., König von Ägypten 508
Ptolemäus IX., König von Ägypten 508
Ptolemäus XII., König von Ägypten 508
Punt, Landschaft an der Somaliküste 401, 424, 428, 451, 615f., *Abb. 429*
Puritanismus 506
Pûskari, Mammutjägerplatz in Südwestrußland 200
Putuchepa, Gemahlin des Hethiterkönigs Hattusilis 474
Puzurisch-Dagan (heute Drehem), Staatsgut bei Nippur 556
Puzursin, König von Assyrien 584, 597
Pygmoide, Pygmäenähnliche 190
Pylon, Torgebäude mit zwei hohen Türmen 441, 506, 515, 618f., *Abb. 505*
Pyramiden 340, 355, 356f., **362** bis **366**, 378, 441, 506, 615, 617, *Abb. 356, 364*

Pyramidenbau 364f., 375f., 379
Pyramidentexte (Ägypten) 385f., 395, 412f., 470, 615f.
Pyrenäen, französisch-spanisches Grenzgebirge 271, 294, 320
Pyrenäen-Halbinsel 188, 216f., 222
Pyrit (Schwefelkies) 222
Pythagoras, griechischer Philosoph 604

## Q

Qalat Jarmo (Gebiet Suleimanija-Kerkuk, Irak), Fundstätte 232, 235ff., 614
Qatna (Nordsyrien) 419, 423, 462, 581f., *Kartenskizze 383*
Qattunan am Chabur 582

Qedesch, semitische Göttin 440
Quadratum (Quadratbein), Unterkiefergelenksknochen der Reptilien 96f.
Quartär, Periode des Känozoikums 38, 173, 177
Quarz 168, 178
Quarzit, fast ausschließlich aus Quarz bestehender Sandstein 168, 183, 185, *Abb. 177*
Quastenflosser (Crossopterygier) 93f., 119f.
Quell-Kult 299, 301, 311
Querhobel (Steinwerkzeug) 169f.
Quina, La (Südfrankreich), Fundstätte 186, 205

## R

Rabat, Marokko, Fundstätte 144
Rachmani (Thessalien) 243
Radio-Karbon-Datierung von Fundschichten 130, 138, 197f., 205, 216, 218, **230–234**, 239, 249, 252, 531
Radiolarit, Skelette von Radiolarien (Strahlentierchen) führender Hornstein 236
Radium (Element 88) 91
Raeter, Bewohner der römischen Provinz Raetia 302, 320
Raetische Sprache 313
Raeto-tyrrhenischer Sprachkreis 254
Raison d'être, Daseinsberechtigung 454
Ramapithecus brevirostris, fossiler Affe des Miozäns 111, *Abb. 153*
Ramesseum bei Luxor 475, 490, 619
Ramessiden, Nachfolger Ramses III. 348, 499
Ramose, ägyptischer Priester, später Wesir 450, *Abb. 445*
Ramsauer, Josef, Bergmeister in Hallstatt 288
Ramses I., Menpehtirê, König von Ägypten 372, 390, 438, 467, 619

Ramses II., Usermaatrê, König von Ägypten 285, 372, 390, 467, 470, 472, 474ff., 478f., 481, 483, 490, 619, *Abb. 476f.*
—, Defensivbündnis mit den Hethitern 472f., 479
Ramses III., Usermaatrê, König von Ägypten 373, 390, 439, 441, 478ff., 484ff., 488, 490, 493, 619
Ramses IV., Hekamaatrê, König von Ägypten 373, 390, 478, 486f.
Ramses V., Usermaatrê, König von Ägypten 373, 390, 487, 493
Ramses VI., Nebmaatrê, König von Ägypten 373, 390, 480, 487
Ramses VII., Usermaatrê, König von Ägypten 373, 390, 487
Ramses VIII., Usermaatrê, König von Ägypten 373, 390, 487
Ramses IX., Neferkarê, König von Ägypten 373, 390, 487ff., 491, 493f., 619
Ramses X., Chepermaatrê, König von Ägypten 373, 390, 491
Ramses XI., Menmaatrê, König von Ägypten 373, 390, 492f., 499, 619
Ramsesnacht, Hoherpriester des Amun 487, 499
Ramses (Auaris, Tanis) 475, 619, *Kartenskizze 382*
Ra-neb, König von Ägypten 371
Rania am Unteren Zab 580
Ranofer, Oberpriester von Memphis 615
Raphia (Palästina) 468, 506, *Kartenskizze 382f.*
Rapiqum am Euphrat 578, 587
Ras el Kelb (Libanon), 190
Ras Schamra, Vorgebirge an der syrischen Küste 348
Ratio, 39, 50
Rationalität, Eigenschaft und Bereich des Rationalen 39, 46, 82
Re (Ra), ägyptischer Gott 351, 363, 377ff., 386, 390, 397, 400, 436, 439, 448f., 454, 457, 459, 461, 467f., 477f., 484ff., 488, 615
reaktiv, durch Umweltreize bedingtes psychisches Verhalten 21
Re-Atum, ägyptischer Gott 449
Rebu (Libyer) 493
Rebus, Bilderrätsel 343
Re-chaf (Chephren), König von Ägypten 356, 364, 369, 371, 379, 615, *Abb. 364*
Rechmirê, Wesir für Oberägypten 426, 618
rectilinear, geradlinig 140
Redfield, Robert, Anthropologe 341
Re-djedef, König von Ägypten 371
Red-Ware-Culture, bemalte Keramik des Zweistromlandes 240

Re-Harachte, anfänglich Name für Aton 457
Rehob (Palästina) 469, *Kartenskizze 383*
Reichert, Karl Bogislaus, Anatom 96
Reinecke, Paul, Prähistoriker 290
Reitia, Fruchtbarkeitsgöttin in Este, Venetien 299, 313, 321
Reliefskulptur, ägyptische Kunstform 336, 346, 354, 355, 504, *Abb. 329, 345, 361, 421, 429, 445, 449, 468f., 517*
Religion, Ägypten 336
—, Altpaläolithikum 175
—, Bronzezeit 262f., 265ff., 274, 276
—, Eisenzeit 299, 301, 311ff., 321
—, Jungpaläolithikum 213—216
—, Mesolithikum 223, 232
—, Mittelpaläolithikum 184f., 191, 193f.
—, Neolithikum 246
—, Sumer 558—565
Ren 193, 211, 214f., *Abb. 208*
Renne, Grotte du 205
Rennfeueröfen, primitive Öfen zur Eisengewinnung 286f.
Reptilien (Kriechtiere) 95ff., 102, 613
Reschpu, semitischer Gott 440
Resignation 510, 601
Retenu, Landschaft in Palästina 423, *Kartenskizze 431*
Rethen an der Leine bei Hannover, Fundstätte *Abb. 161*
Revolution, städtische 340f., 345, 446
Reygasse, Maurice, französischer Vorgeschichtsforscher 247
Reziprozität, Wechselseitigkeit 24, 59, 61f.
Rhein 183, 244, 250, 252, 260, 270, 277, 306, 318, *Kartenskizze 245*
Rhodesia, Schädel von 145f., 613, *Abb. 145, 153*
Rhodopis, ägyptische Kurtisane 387
Rhône, Fluß in Frankreich 271, 275, 294, *Kartenskizze 245*
Rib-Addi, Fürst von Byblos 462
Rickert, Heinrich, Philosoph 36
Rimsin, König von Larsam 557, 577, 582, 585, 587, 598, 616f.
Rimsin II., Usurpator in Südbabylonien 595
Rimusch, König von Akkade 549, 584
Rished, Bohuslän/Schweden, *Abb. 269*
Riß, Nebenfluß der Donau 139
Riß-Interstadial 195
Riß-Kaltzeit 139, 149, 166, 167, 181f., 187ff., *Abb. 171*
Riß-Würm-Warmzeit 139, 167, 182, 184f., 188, *Abb. 171*
Riten, festgelegte kultische Bräuche 505, 513, 559

Ritual, gottesdienstliches Brauchtum 502, 513, 559
Robinson, John T., südafrikanischer Paläontologe 132
Rollsiegel 536, 538, 540, 542, 615, *Abb. 559*
Rom 13, 31, 279, 284f., 307ff., 313, 316, 320f., 470, 509, 520, *Kartenskizze 245*
—, Esquilin-Nekropole 296
—, Forum-Nekropole 296
Romanen, Sprachfamilie europäischer Völker 281
Roquepertuse (Südfrankreich), Fundstätte 312, *Abb. 309*
Rosette (antik Bolbitine, arabisch Raschid), Nildelta 508
Rotes Meer 327, 345, 400f., 507f., *Kartenskizze 431, 551*
Rothacker, Erich, Philosoph 65f.
Rotteck, Karl Wenzeslaus von, Geschichtsschreiber und Politiker 17
Rousseau, Jean Jacques, philosophischer Schriftsteller 70
—, »Le contrat social« (Der Gesellschaftsvertrag, 1762) 61
Roux, Wilhelm, Anatom 42
Royal Society of London for Improving Natural Knowledge, The, englische Akademie der Wissenschaften, gegründet 1660 100
Rumänien 186, 243f., 253, 256, 265, 272, 277f., 301, 304, 319
Runenalphabet 317
Rusinga-Insel im Viktoria-See, Fundstätte 111, 113
Rußland 166, 189, 195f., 200, 202, 211, 244, 250f.
Rust, Alfred, Prähistoriker 129, 144, 149

# S

Saalfeld in Thüringen 203
Saar, rechter Nebenfluß der Mosel 306, *Kartenskizze 245*
Sabbat, jüdischer Ruhetag 573
Sabeller, antike mittelitalische Stämme 303
Saccopastore bei Rom, Fundstätte 135, 148, 184, 614
—, Schädel von *Abb. 147*
Säbeltiger 168, *Abb. 176*
Saefes, keltiberischer Volksstamm 320
Säugetiere (Mammalia) 95ff., 102, 613
Sagaratum am Chabur 583
Sahara 176, 187, 239, 337, 388, 407
Sahurê, König von Ägypten 371, 379
Saïs (Unterägypten) 369, 506, *Kartenskizze 382*
Saïten, Name der 26. Dynastie 506

Sakkara bei Memphis (Unterägypten) 354, 374, 385, 416, 615, *Abb. 329, 356, 361, 468, Kartenskizze 382*
Sakrileg, Vergehen gegen das Heilige 489
Saktsche Gözü (Vorderasien) 614
Saldanha (Hopefield bei Kapstadt), Fundstätte 134 ff., 145, 613
—, Schädel von *Abb. 145*
Salisbury am Avon (Südengland) *Abb. 260*
Salmanassar I., König von Mitanni 618
Salomo, König von Israel 379
Salomonischer Tempel 506
Salutré bei Mâcon an der Saône (Frankreich), Fundstätte 162
Salzbergbau 287 f.
Salzburg, Stadt und österreichisches Bundesland 256, 287, 300, *Kartenskizze 245*
Salzgitter-Lebenstedt nahe Hannover 185 f., 193, 200, *Abb. 185*
Salzofenhöhle (Mähren), Fundstätte 204
Samarra am Tigris 238, 527, 532, 614
Samarra-Keramik 238, 533, *Abb. 532*
Samsuditana, König von Babylon 584, 596, 607, 617
Samsuiluna, König von Babylon 584, 595, 617
Sanchibrê Ameni Antef Amenemhet, König von Ägypten 372
Sanchkarê Mentuhotep II., König von Ägypten 371, 616
Sanchtaui Sechemkarê, König von Ägypten 372
Sandia nahe Albuquerque (New Mexico, USA), Fundstätte 218
Sandstein, Geräte aus 168, 178, 206
Sangiran bei Surakarta (Ostjava), Fundstätte 135, 141 ff.
S. Arline bei Torralba, Sardinien *Abb. 288*
St. Benedikten (Nordwestjugoslawien), Fundstätte 316
St. Bernhard, Großer, Paß in den Walliser Alpen 306
St. Lorenzen, Pustertal (Tirol) 314
St. Moritz (Engadin, Schweiz) 271
Santander (Pyrenäen) 213
Sanzeno am Nonsberg, Südtirol, Fundstätte 313
Sapiens (Klingen)-Kultur 149
Sapienstypus von Homo erectus 143, 148, 150
Sarbût el Châdim (Sinai) 439, *Kartenskizze 382*
Sarden (Sardinier) 471, 476, 493, *Abb. 288*
Sardinien, Mittelmeerinsel 275 f., 471
sarens (mykenisch), Tyrann 480

Sargon (Scharrukin), König von Akkade 530, 541, **547 ff.**, 552, 566 f., 584, 601, 615
Sargon (Scharrukin) I., König von Assyrien 547, 571
Sargtexte (Ägypten) 396, 616
Sariqum, Statthalter in Assur 557
Sarlat (Dordogne, Frankreich) 205
Saron, Ebene (Palästina) 429, 435, *Kartenskizze 383*
sarsen stone, eine Art Sandstein 262
Satrê Tausret, König von Ägypten 372
Saul, König der Juden 480
Sauropoden, Gruppe der Dinosaurier 97
Sauschschatar, König von Mitanni 618
Schabaka, Neferkarê, König von Ägypten 373, 506
Schachtgrabzeit (Frühmetallikum) 268
Schaduppum (Tell Harmal) bei Bagdad 578
Schädelbestattung 184, 194
Schädelkult 232, 312
Schai (Schicksal), Gott, Beiname Echnatons 458
Schamanentum (Eiszeit) 213 f., 223
Schamasch, semitischer Gott 416, 439, 550, 561, 588, 594, 599 f., *Abb. 589*
Schamaschchazir, Kommissar in Larsam 592 f.
Schamschiadad I., König von Assyrien 571, **578–584**, 587, 589, 592, 594, 596 f., 617
Scharkalischarri, König von Akkade 550, 584
Scharuhen, Stadt in Palästina 422, *Kartenskizze 383*
Scharrukin (Sargon), König von Akkade 530, 541, **547 ff.**, 552, 566 f., 584
Scharrukin (Sargon) I., König von Assyrien 547, 571, 578, 584
Schasu, Volksstamm 437
schawabti, Diener von Osiris 457
Schechem (Palästina) *Kartenskizze 383*
Scheitelkamm (Crista) der Menschenaffen 107 f., 124, 142
Schekelesch (vermutlich Sizilianer) 471, 475
Scheler, Max, Philosph 64
Schelling, Friedrich Wilhelm Joseph von, Philosoph 40, 43, 46
Schepenupet II., äthiopische Gottesgemahlin 506
Schepseskaf, König von Ägypten 371
Schepseskarê, König von Ägypten 371
Schepsesrê Tefnacht, König von Ägypten 373, 506
Scherden (vermutlich Sarden auf Sardinien) 437, 471, 476

Scheschonk I., Hedjcheperrê, König von Ägypten 373, 501, 506
Schilo (Palästina) 423, *Kartenskizze 383*
Schiller, Johann Christoph Friedrich von, Dichter 36 f.
—, »Was heißt und zu welchem Ende studiert man Universalgeschichte« (Rede vom 26. 5. 1789) 36
Schimpanse, Menschenaffe 57, 59, 63, 105 f., 112, 114, 122, 128, *Abb. 113, 119, 121, 124 f., 153*
Schläfenmuskel (Musculus temporalis) 123 f.
Schlesien 293
Schleswig-Holstein 167, 183, 185, 315, 318
Schlosser, Max, Paläontologe 104
Schmalnasenaffen, Catarrhiniae 103
Schmidt, Wilhelm, Völkerkundler und Sprachforscher 24
Schnur-Keramik (Neolithikum) 249, 254
Schonen, Landschaft in Schweden 268
Schopenhauer, Arthur, Philosoph 43, 46
Schreiber (Schriftkundiger), ägyptischer 380, 483
Schrift, Erfindung der (Sumerer) 536, 564 f.
—, Listen der Bildzeichen 564 f., 616, 618
—, proto-elamische 538
—, proto-sinaitische 348
Schu, ägyptischer Gott 457
Schubartum (bis etwa 1350 Name von Assyrien) 549
Schubat-Enlil bei Nissibin 579
Schudurul, König von Akkade 550
Schuldhaft in Mesopotamien 589, 590
Schuler, Alfred, Archäologe und Mysterienforscher 50
Schulgi, König von Ur 554, 556 ff., 563, 568, 585, 598, 616
Schumer, akkadischer Name für Südbabylonien 534
Schuppenbaum (Lepidodendron), Stück der Rinde *Abb. 96*
Schuruppak (Babylonien) 542
Schuscharra (heute Schimschara bei Rania am Unteren Zab) 580
Schusuēn, König von Ur 557, 568, 585, 616
Schutruknachunte, König von Susa 588
Schuttarna, König von Mitanni 444
Schwabedissen, Hermann, Prähistoriker 234
Schwäbische Alb 204
Schwarze Keramik, chinesische 241

Schwarzes Meer *Kartenskizze 551*
Schweden 221, 248ff., 263, 266, 269, 286, 315, 317
Schwefel 256
Schwefelkies (Pyrit) 222
Schweiz 184, 245f., 265, 271, 300
Schwingkletterer, siehe Brachiatoren
Schwirrholz (Eiszeit) 214, 223
Scoglio del Tonno, Klippe bei Tarent (Süditalien) 271
Scottsbluff (Nebraska, USA), Fundstätte 225
Seccomalerei, Wandmalerei auf trockenem Untergrund 529, 539, 586
Sechemcheperrê Osorkon I., König von Ägypten. 373, 506
Sechem-chet, König von Ägypten 371, 615
Sechemkarê Amenemhet Senbuf, König von Ägypten 372
Sechemrê Chutaui Penten, König von Ägypten 372
Sechemrê SuadjtauiSobekhotepII., König von Ägypten 372
Sechmet, ägyptische Göttin 410
Sediment, Ablagerung 17
Sedjefakarê Kai Amenemhet, König von Ägypten 372
»Seevölker« 328, 435, 471, 479f., 487f., 493, 619
Sehertaui Antef I., König von Ägypten 371
Sehetepibrê Amenemhet I., König von Ägypten 372, 390, **402** bis 405, 407f., 616
—, »Mauern A., des Gerechtfertigten« bei Kerma 407f.
—, »Mauern des Herrschers« (Nildelta) 616
Seine, Fluß in Frankreich *Kartenskizze 245*
Sekenenrê Ta-â II., König von Ägypten 372, 421, 482, 617
Selbstdomestikation 71, 159
Selbstironie 80
Selektion, Auslese, Zuchtwahl 40, 98, 110, 115, 140
Selima, Oase (Nubien) 408, *Kartenskizze 382*
Semenchkarê Anchcheprurê,König von Ägypten 372, 463f., 618
Semerchet,König von Ägypten,371
Semiten, Sprachfamilie, der Völker aus Nordostafrika und dem Nahen Osten angehören 330, 335, 419, 537f., 548, 566, 573, 578, 588, 594, 599, 604f., 615, 619
Semne (Nubien) 406, *Kartenskizze 382*
Senachtenrê Ta-â I., König von Ägypten 372
Senedj, König von Ägypten 371
Seneferibrê Sesostris IV., König von Ägypten 372
Senmut, ägyptischer Hofbeamter 426, 428, 618

Sennefer, ägyptischer Schatzmeister 439

Separatismus in Ägypten 399f., 415, 462, 502
Serapis, ägyptischer Gott 508
Serbien, Bundesland Jugoslawiens 265, 272
Serengeti, ostafrikanischer Nationalpark 132
Sesebi (Sudan) 462, *Kartenskizze 382*
Sesklo, Thessalien (Griechenland) *Kartenskizze 245*
Sesklo-Dimini-Volkstum 253
Sesklo-Keramik (Neolithikum) 243, 253, 255
Sesostris I., Cheperkarê, König von Ägypten 372, 390, 402, 405f., 616
Sesostris II., Chacheperrê, König von Ägypten 372, 390, 402, 404, 409, 617
Sesostris III., Chakaurê, König von Ägypten 372, 390, 402, 406, 416, 617, *Abb. 408, 517*
Sesto Calende am Lago Maggiore (Italien) 300
Seth, ägyptischer Gott 362, 417ff., 436, 439, 467f., 474, 484
—, ägyptischer Baumeister 450
Sethnacht, Userchaurê, König von Ägypten 373, 478, 619
Sethos I., Menmaatrê, König von Ägypten 372, 438, **467—470**, 476, 619, *Abb. 469*
Sethos II., Userchepruê, König von Ägypten 372
Sewoserenrê Chian, König von Ägypten 372
Seymouria baylorensis, ältestes Reptil (Perm) 93, 97
Seymouriomorpha,Gruppe ältester Reptile 97
Sexagesimalsystem, Zahlensystem mit 60 als wichtigster Einheit 565, 603f.
Shanidar am Oberen Zab (Irak), Fundstätte 135f., 148, 614
Shansi, chinesische Provinz 241
Shantung, chinesische Provinz 241
Shensi, chinesische Provinz 241
»sia« (ägyptisch), Wahrnehmen, Verstehen 390, 426
Sibirien 197, 202, 211, 217, 219, 242, 250, 253
Sichel (Mesolithikum) 224, 231, 236
Sidon (Saida), Phönikien 619, *Kartenskizze 383*
Siebenbürgen 244, 252, 256, 258, 260, 264f., 272, 278, 301, 304, 311, 319f.
Siegelkunst 535f., 538, 552, 560f., 566, 573, 605, 614f.
Siegerland, Landschaft am Oberlauf der Sieg (rechter Nebenfluß des Rheins) 286

Sikuler, antikes Volk in Ostsizilien 471
Silber 257, 388, 464, 474, 488f., 494, 496, 498, 500f., 567, 572, *Abb. 308*
Silur, Periode des Paläozoikums 93, 97
Simasch, Landschaft in Babylonien 569
Simatinanna, Königin von Larsam 577f.
Simtischilchak, Scheich von Jamutbal 577
Sin, semitischer Mondgott 599
Sinai, ägyptische Halbinsel 327f., 330, 348, 374, 401, 404, 406, 428, 438f., 468, 477, 479f., 488, 615, *Kartenskizze 382f.*
Sinanthropus pekinensis(»China-«, »Pekingmensch«) 128, 131, 134ff., 142f., 159, 178, *Abb. 133, 141, 153*
Sinidinnam, König von Larsam 576f., 585
—, Statthalter in Larsam 592f.
Sinkaschid, König von Uruk 577
Sinmuballit, König von Babylon 577, 584
Sintflut 531, 538, 562, 600f.
Sinuhe, ägyptischer Hofbeamter 404ff., 409, 423, 616
Sippar (Babylonien) 549, 561, 576, 580, 596, 598, *Abb. 552*
Sirius im Sternbild Großer Hund, hellster Fixstern 360
Situla (Eimer) 291, 295, 298, *Abb. 300*
Situlen-Stil **298—301**, 314, 320
Sivapithecus, fossiler Menschenaffe des Miozäns 106, 111, 122, *Abb. 105, 153*
Siwa, Oase (LibyscheWüste) 507f.
Sizilianer (Schekelesch) 471, 476, 479
Sizilien, Mittelmeerinsel 252, 471
Sizilische Stufe (Sizilien) 178
Skandinavien 166f., 185, 230f., 237, 242, 246, 248, 250f., 255, 259, **261—267**, 274ff., 277f., 282, 293f., 304f., 315, 317
Skhul am Karmel, Höhle von, 148
Sklaverei in Ägypten 437, 460, **475** bis **479**, 486f., 519, 575
— in Hatti 608
— in Mesopotamien 559, 591f.
Skordisker, im 2.Jahrhundert an der Save lebendes Volk 316
Skorpion, sagenhafter ägyptischer König 239, 615, *Abb. 345*
Skoten, alter irischer Volksstamm 304
Skrydstrup (Dänemark) *Abb. 268*
Skyphos (Plural Skyphoi), altgriechisches Trinkgefäß 296
Skythen, antikes Nomadenvolk 293, 297, 301f., 304
Slawen 281, 302

## NAMEN- UND SACHREGISTER 649

Slowakei, Landschaft im Osten der Tschechoslowakei 256, 258, 272
Slowenien (Sloveniza), Bundesland Jugoslawiens 316
Smendes, Hedjcheperrê, König von Ägypten 373, 500
Smith, James L. B., südafrikanischer Zoologe 119
Snefru, König von Ägypten 364, 371, 379, 387, 615
Soan, Fluß in Nordwestindien 178
Soan-Kultur (Altpaläolithikum) 178
Sobekkarê Sobeknofru, König von Ägypten 372
Sodomie (nach der biblischen Stadt Sodom), widernatürliche Unzucht mit Tieren 608
Sokrates, griechischer Philosoph 20
Solana de Cabaña (Spanien), Fundstätte 271
Solo, Fluß in Ostjava, Fundstätte 143
solus ipse, isoliertes Selbst 61
Solutréen 162, 205, 216
Soma, Leib, Körper 19, 28
Sonnenwagen von Trundholm 267

Sozialismus 17
Soziologie, Gesellschaftslehre 41, 85
Spätmetallikum, siehe Eisenzeit, jüngere
Spanien 165, 186ff., 192, 204, 211ff., 216ff., 234, 245f., 252, 255f., 258, 262f., 269ff., 275, 283, 294, 304, 308, 319, 321
Sparta, antike Stadt und Königreich auf dem Peloponnes 507
Spektralanalyse 257, 259, 285
Spencer, Herbert, englischer Philosoph 17, 36, 41, 44, 46f.
Spengler, Oswald, Geschichtsphilosoph 36, 38f., 66
Sphinx 424, 442, 507, 516, 615
Spiennes (Belgien) 236, *Abb. 233*
Spina, nahe der Pomündung (Italien) 289, 298, *Kartenskizze 245*
Spindlersfeld, Vorstadt von Berlin-Köpenick, Fundstätte 273
Spitzbodige Keramik (Neolithikum) 246, 248
Spitzhörnchen, siehe Tupaioidea
Spondylus, Klappmuschel 256, 258
Ssillisin, König von Eschnunna 578
Ssrefen (arabisch), Schilfhütte 535
Stadtkultur 252, 287, 290, 295, 297f., 310
»Städtische Revolution« 340f., 345, 446
Stammesgeschichte der Lebewesen 49, 93
Stamnos (Plural Stamnoi), griechischer Mischkrug 305
Stapes (Steigbügel), Gehörknöchelchen der Säugetiere 96
Shar Carr, England 223
Starčevo, östlich Belgrad, Jugoslawien *Kartenskizze 245*

Starčevo-Keramik (Neolithikum) 243f., 255
Statik 356, 365, 515
Stegocephalia (Panzerlurche) 93
Steiermark, Bundesland Österreichs 285, 292, 313, 316
Steingeräte, siehe Pebble-tools
Steinheim an der Murr (Baden-Württemberg), Fundstätte 135 f., 149ff., 176
—, Schädel von 149, 177, 197, *Abb. 148, 149, 153*
Steinkistenperiode (Neolithikum) 250, 261
Steinkohlenflora 97, *Abb. 96*
Steinkohlenformation *Abb. 96*
Steinschliff (Neolithikum) 230, 235
Steinsetzungen (Neolithikum) 246 f., 262 f., *Abb. 260*
— (Paläolithikum) 203
Steinwerkzeuge, Herstellung 161 f., 172 f.
—, kristalline Gruppe, siehe Felsgestein
Steinzeit (Paläolithikum), Zeitalter der Urkulturen 83
Stele, freistehende Steinplatte 311 f., 417, 432, 449, 451, 457, 467, 469, 472, 505, 545, 551 f., 578, 588 f. 592, *Abb. 547, 552, 559, 589*
Stellenbosch (Kapland, Südafrika) 177
Stellenbosch-Kultur (Altpaläolithikum) 177
Stellmoor bei Ahrensburg, Fundstätte 207 f., 214, 216, *Abb. 208*
Stemmgreifkletterer 107, 113
Stempelsiegel 536, 539, 614
Steppenläufer 114 f.
Sterkfontein bei Krügersdorp (Transvaal), 132 f., *Abb. 121*
Stetten ob Lontal, Württemberg, *Abb. 201*
Stichel (Steinwerkzeug) 164, 172, 198, 205
Stillfried, Bezirk Leitomischl, Ostböhmen, Fundstätte 273
Stillbay (Kapland, Südafrika) 187
Stillbay-Kultur (Mittelpaläolithikum) 187
Stoa (Säulenhalle in Athen), von Zeno von Kilion gegründete Philosophenschule 20
Stonehenge, nördlich Salisbury (Südengland) 246, 262 f., *Abb. 260, Kartenskizze 245*
Stradonitz (Stradonice), Böhmen 311, *Kartenskizze 245*
Straten, Erdschichten 118, 200
Stratigraphie, Lehre von der senkrechten und damit auch zeitlichen Aufeinanderfolge der Schichtgesteine 118, 120, 138, 230, 242
Straubing an der Donau (Niederbayern) 260

Straubinger Kultur (Frühmetallikum I) 260
Straus, Erwin, Psychiater 56
Streitaxt 249, 251
Stufenpyramide des Königs Djoser 354, 364, 615, *Abb. 356*
Suahenrê Senebmiu, König von Ägypten 372
Subaräer (alt für Assyrer) 570
Subhumane Phase der Hominiden 19, 108ff., **111—120**, 127 f., 152, 613, *Abb. 109*
Substrat, Grundschicht, Urbevölkerung 282, 532, 567, 609
Sudan, Landschaft in Nordafrika 326, 332, 340, 374, 388, 406, 424, 435, 445, 463, 488, 502, 506, 617, *Kartenskizze 382*
Sudanesen 407, 416
Sudeten, Bergswall von der Spreequelle bis zur Mährischen Pforte 204, 244, 249, 251, 265, 268, 271, 290, 293, 315 f.
Sueben (Sueven), germanische Völkergruppe 315, 318
Südafrika 118, 150, 187
Sülzfeld (Thüringen), Fundstätte 169f., 177, *Abb. 171*
Suën (sumerisch Nanna), Mondgott von Ur 550, 561, *Abb. 559*
Suezkanal 224
Suez-Grenze 328, 345, 409, 429, 467, 479, *Kartenskizze 382*
Suffinet Nuh, Tell es- (Syrien) 423
Suleimanija (Irak) 232
Sulm, rechter Nebenfluß der Mur (Steiermark) 292
Sultan, Tell es-, bei Jericho 232
Sumer (Schumer, Kengi(r)), Name des südlichen Babyloniens 547, 555
Sumerer, Volk unbekannter Herkunft 346, 526, 529, 531 f., 548, 550, 552 f., 557, 568, 571, 573, 588, 594 f., 599 ff., 604 f., 615
—, Dynastienübersicht 584 f.
—, frühsumerische Hochkultur **534—540**, 542, 544 f., 566
—, Gesetzsammlung 555, 575, 616
—, Kultur: Religion und Literatur **558—565**, 595, 616
—, Kunst 532 f., 538 f., 616, *Abb. 544f., 547, 553, 558f.*
—, neusumerisches Reich **553—558**, 568, 616
—, Tempelstädte 536, 539, 588 f., 576, 615 f.
Sumuabum, König von Babylon 571, 576, 584, 616
Sumu'el, König v. Larsam 576, 585
Sumula'el, König von Babylon 576, 584, 616
Sunda-Archipel (-Inseln) 144
Superstrat, bodenständige Sprachgrundlage eines Siegervolkes und ihr Einfluß auf die Sprache des besiegten Volkes 271

# NAMEN- UND SACHREGISTER

Suppiluliumas, König der Hethiter 462, 465, 619
Susa (heute Schusch) an der Kercha 240, 527, 535, 551, 569, 588, 592, *Abb. 589*
Sut-Pflanze 389f.
Swanscombe an der Themse, Fundstätte 135ff., 149f., 177, *Abb. 155*
Swanscombe-Mensch 176, 197
Swartkrans nahe Sterkfontein (Transvaal), Fundstätte 132, 144, 613, *Abb. 121*
Sykophant, Verleumder, Denunziant 453
Syllabische Schrift (Silbenschrift) 347
Sylt, nordfriesische Insel 167
Symmetrodonta, Gruppe mesozoischer Säugetiere (Jura-Kreide) 95
Synkretismus, Vereinigung gegensätzlicher Ansichten zu einer neuen 449, 460, 465
Syntax, 368
Syrer (ägyptisch Horiter) 470, 478f., 487
Syrien 25, 178, 184, 188, 195, 216, 224, 229, 348, 388, 404f., 415f., 419, 423, 429, 432, 435, 443f., 462, 465, 467, 469, 471ff., 481, 506f., 525, 529f., 536f., 549, 556, 566ff., 570, 586, 588, 590, 606, 615, 618f.
Syrien-Palästina 525, 568
Syro-Palästinenser 328
Szarpanitum, babylonische Göttin 600
Szelettien, Kulturstufe des Jungpaläolithikums in Ungarn 200

# T

Ta-â I., Senachtenrê, König von Ägypten 372
Ta-â II., Sekenenrê, König von Ägypten 372, 421, 482, 617
Tabu (Maorisprache), Gebote und Verbote bei Naturvölkern 176, 214f., 488
Tabun, Höhle von, am Karmel (Palästina), 135, 148, 190
—, Schädel von *Abb. 147*
Tachos, König von Ägypten 373, 507
Tadmor (Palmyra), Oasenstadt in der Syrischen Wüste 509
Taduchepa, Tochter des Königs Tuschratta von Mitanni 461
Taharka, Chunefertumrê, König von Ägypten 373, 506
Taiga, Waldzone in Sibirien 197
Taischama (Anatolien) 574
Tait, ägyptische Göttin 405
Tajo, Fluß in Spanien 271, *Kartenskizze 245*

Talayot, viereckiger steinerner Turm auf den Balearen 276
Talion, Vergeltung (»Auge um Auge«) 578, 589
Tampa-Kultur (Altpaläolithikum) 178
Tanis (Auaris, Ramses) Nildelta 417, 467f., 475, 499, 501, 506f., *Kartenskizze 382*
Tanutamun, Bakarê, König von Ägypten 373, 506
Tanzmasken (Mesolithikum) 223, 
Taranis, keltischer Kriegsgott 311f.
Tarchunt, anatolischer Wettergott 573
Tardenoisien, Kulturstufe des Mesolithikums (nach Fère-en-Tardenois, Département Aisne) 223
Tarquinia, Etrurien (Italien) 295, *Kartenskizze 245*
Tarquinia-Kultur 296
Tarsioidea (koboldmakiähnliche Halbaffen) 103
Tarsius tarsius (Koboldmaki) 103, 613
Tasa, Deir (südlich Assiut) 334
Tasa-Kultur (Neolithikum) 334, 614
Taschmetum, babylonische Göttin 600
Tasian, Kulturstufe des Neolithikums in Oberägypten 239
Tasmanien 225
Ta-tenen, Beiname Atons 461
Tattas, anatolischer Wettergott 573
Taubach bei Weimar, 183
Taurisker, keltischer (?) Volksstamm in Noricum 313
Taurus, Gebirgszug an der Südküste Anatoliens 166, 178, 549, 567, 572, 605
Tausret, König von Ägypten 619
Tausret, Satrê, König von Ägypten 372
Tawananna, Titel hethitischer Königinnen 606, 618
Tayac (Dordogne, Frankreich) 182
Tayacien, Kulturstufe des Mittelpaläolithikums 182
Tefnacht, Schepsesrê, König von Ägypten 373, 506
Tegelen (Provinz Limburg, Niederlande) 139
Tegelen-Warmzeit 139f.
Tehenu, Volksstamm, *Kartenskizze 431*
Teilhard de Chardin, Pierre-Marie Joseph, S. J., französischer Anthropologe 99
Teje (Tiy), Gemahlin Amenhoteps III. 444ff., 450, 452, 463, 618
—, ägyptische Königin 484
Tekrit am Tigris 579

Telamon (heute Talamone), Schlacht bei, 225 vor Chr. 309, 313, *Kartenskizze 245*
Telanthropus capensis, (Eu) hominine 132f., 144, 613
Telêlât Ghassul (Palästina) 533
Teleologie, Lehre von der Zielgerichtetheit des Geschehens in der Natur 46, 98
Telepinus, König der Hethiter 584, 605, 607f., 618
Tell Agrab (Babylonien), Fundstätte 542
Tell Beit-Mirsim (Palästina) 462, *Kartenskizze 383*
Tell Brak (Mesopotamien), Fundstätte 539, 550
Tell el Ajjul (Palästina) 423
Tell el-Amarna (Achetaton), Mittelägypten 433, 438f., 447, 453, 455f., 458, 463f., 478, 618, *Abb. 448f.*, *Kartenskizze 382*
Tell el-Yahudiye (Nildelta) 419f., *Kartenskizze 382*
Tell es-Suffinet Nuh (Syrien) 423
Tell es-Sultan, bei Jericho 232
Tell Halaf (Guzana), Mesopotamien, Fundstätte 532f., 566, 614,
Tell Harmal (früher Schaduppum) bei Bagdad 578
Tell Hassuna bei Mosul 236f., 532, 614, *Abb. 532*
Tell Uqair (Mesopotamien), Fundstätte 539
Tenkteer, westgermanischer Volksstamm 318
Tepe Gaura (Mesopotamien), Fundstätte 533f., 615
Tepe Sialk bei Kasan an der Wolga, Fundstätte 240
Ternifine bei Oran (Algerien), Fundstätte 135, 144, 146
Terqa am Euphrat 578, 617
Terrakotta (italienisch gebrannte Erde), unglasierte keramische Erzeugnisse 566, *Abb. 572f.*
Terramare (»bittere Erde«), Siedlungen von Landpfahlbauten in der Poebene 265, 270, 283
Terramare-Kultur 295
Tertiär, Periode des Känozoikums 27, 93, 95, 97, 102, 106f., 110, 117f., 122, 128, 136, 157, 163, 166, 169f., 172f., 177, 179, 198, 225f., 613, *Abb. 101*
Teschub, hethitischer Gott 453
Tessin, Kanton der Schweiz 271, 300, 314
Teti, König von Ägypten 371
Tetonius homunculus, koboldmakiähnlicher Halbaffe 93, *Abb. 103*
Teukrer, antiker Name der Trojaner 471, 479f.
Teutonen, westgermanischer Volksstamm 315f.
Theatrum mundi, Welttheater 75

# NAMEN- UND SACHREGISTER

Theben (Oberägypten) 187, 370f., 391f., 399ff., 404, 415, 417, 419f., 424f., 433, 445, 447, 450, 452f., 463f., 468, 472, 485, 488f., 491f., 494f., 500ff., 506, 615, 617ff., *Abb. 328, 408, 437, 444, 512, Kartenskizze 382*
—, Nekropole von 445, **489—498**, 506, 510, 617
Theologie, ägyptische 358ff., 506, **509—513**
—, babylonische 599f., 604
—, sumerische **559—562**
Theomorphie 82f.
Therapsida, säugetierähnliche Reptilien 95, 97
theriomorph, tiergestaltig 142
Theseus, Sohn des sagenhaften Königs Ägeus von Attika 471
Thessalien, Landschaft Griechenlands 233, 235, 242f., 272
Thinis (Oberägypten) 395, *Kartenskizze 382*
Thinitenzeit (I. und II. Dynastie) 349—363, 615
Thorium (Element) 90) 198
Thot, ägyptischer Gott 397, 421, 467,
Thraker, indogermanische Volksgruppe 304, 308
Thüringen 203
Thule, ultima, Inbegriff einer fernen glücklichen Insel 309
Thutmosis I., Aacheperkarê, König von Ägypten 372, 390, 423f., 617
Thutmosis II., Aacheperenrê, König von Ägypten 372, 390, 424, 427, 617
Thutmosis III. Mencheperrê, König von Ägypten 372, 390, **423—435**, 437, 439ff., 444ff., 472, 483, 490, 500, 504, 617f., *Abb. 432f., Kartenskizze 431*
Thutmosis IV. Mencheperurê, König von Ägypten 372, 390, 424, 438, 440, 442, 444, 450, 453, 618
Thutmosis, ägyptischer Schreiber 492
—, ägyptischer Torhüter 492
—, Wesir für Unterägypten 426
Thytesyssel (Jütland) 315
Ti, hoher Beamter in Ägypten 615
Tiberius Claudius Nero, römischer Kaiser 308
Tid'al (Tudhalijas I.), König der Hethiter 584, 605
Tier-Mensch-Übergangsfeld 15, 109f., 115, **117—120**, **126—134**, 137, 139f., 152, 157, 613, *Abb. 109, 119, 153*
Tierpsychologie (Verhaltensforschung) 22f., 27
Tiglatpilesar I., König von Assyrien 619
Tigris 525, 527, 537, 540, 547f., 557, 576, 587, 595, *Kartenskizze 431, 551*

Tilbarsip am Euphrat, *Karte 576*
Tilmun (Bahrein) 549, 558, 575
Timonowa, Mammutjägerplatz in Südmußland 200
Tiout, Nordafrika, *Abb. 224*
Tirol 256, 274, 300, 313f.
Tischari, König von Urkisch 553
Tischpak, Gott von Eschnunna 575
Titanotherien, fossile Huftiere 102
Tjaru, Festung an der Suez-Grenze 467f., *Kartenskizze 382*
Tjemeh-Libyer, Volksstamm 386, 388
Tocharer, indogermanisches Volk 570
Töpferei 175, 222, 232, 237, 239, 261, 290, 334, 339, 343
Töpferscheibe 533, 567, 614
Toleranz 411, 520f.
Tomba del duce, etruskisches Grab in Vetulonia (heute Colonna bei Grosseto) 297
Tomba del guerriero, etruskisches Grab in Vetulonia 296
Tomba della Pania, etruskisches Grab in Clusium (heute Chiusi, Toskana) 298
Tomba Regolini-Galassi, etruskisches Grab in Caere (heute Cerveteri) 297
Tombe dei giganti, Riesensteingräber 275
Tonfiguren (Mesopotamien) 533
Tongefäße 232, 236, 243, 260, 264, 270, 334, 336f., 532, 536, 614
Tool-maker, Werkzeug-(Geräte-)Hersteller 129, 131, 140, 158
Tool-user, Werkzeug-(Geräte-)Benutzer 129
Tori supraorbitales (Überaugenwülste) 112, 121, 142f., 146, 148
Torralba (Sardinien) *Abb. 288*
Toskana, Landschaft in Italien 116, 285f., 295, 297
Totem (Ojibwawort), bei Naturvölkern das Wahrzeichen einer Gruppe blutsverwandter Menschen 176, 185, 194, 223
Totemfarben 191f.
Totenbestattung 184, 194, 216, 225, 247f., 261, 265, 268ff., 274f., 287, 293, **296—299**, 310, **317—320**, 329, 336f., 361f. 543f., 566, 614, *Abb. 225, 288*
Totenbuch (Ägypten) 509, 513

Totengericht (Ägypten) 396f., 504f.
Totenkult (Ägypten) 330, 361ff., 376f., 395, 405, 408f., 457, 459, 504f., 509f., 513, 614, *Kartenskizze 383*
Totes Meer (Palästina), *Kartenskizze 383*
Toynbee, Arnold Joseph, englischer Historiker 38, 340, 515
Tradition 130
Trajanus, Marcus Ulpius, römischer Kaiser 508

Transjordanien 443, 476
Transvaal 118, 121, 130, 144
Trapa natans (Wassernuß) 231
Traventin (Kalktuff, Kalksinter) 183
Trento, italienische Provinz Trient 300
Trias, Periode des Mesozoikums 93, 95
Trichterbecher-(Ertebölle-)Kultur, Neolithikum 233f., 242, **248** bis 251, 253f., 260f., 276f.
Trichterbecher-Volkstum 253f.
Triconodonta, Gruppe mesozoischer Säugetiere (Jura-Kreide) 95
Trilithen, zu dritt in einer Reihe stehende Steinblöcke (Stonehenge, England) 262
Trilobiten (Dreilappkrebse) 98
Trinil am Solofluß, Ostjava, 135
Tripolje am Dnjepr (Ukraine) 244
Tripolje-Keramik (Neolithikum) 244
Trockenmauern (Paläolithikum) 203
Troja (Ilion), Hauptstadt der antiken Landschaft Troas (Kleinasien) 471, 480, 567
Trundholm (dänische Insel Seeland) 267, *Kartenskizze 245*

Tschechoslowakei 186, 198, 200, 269
Tudhalijas I. (semitisch Tid'al), König der Hethiter 584, 605
Tudhalijas IV., König der Hethiter 619
Türkei 329
Türkis, himmelblauer bis grüner Schmuckstein 401, 464
Tukulininurta I., König von Mitanni 618
Tundra, arktisches Sumpfland 185, 197, 203
Tunip (Nordsyrien) 433, 472, *Kartenskizze 383*
Tupaioidea, Spitzhörnchen 102f.
Tura (Nildelta) 382, 393
Turukkäer (wahrscheinlich die Churriter) 580, 596
Tuschratta, König von Mitanni 461, 618
Tutanchamun Nebcheprurê, König von Ägypten 372, 464f., 618
Tutanchaton, später Tutanchamun, König von Ägypten 453f., 464
Tutub (heute Chafadschi), Babylonien 542, 561
Tyros (Tyrus, Sor), Phönikien 619, *Kartenskizze 383*
Tyrrhenische Stufe (Tyrrhenisches Meer) 178, 286
Tyrsener (Etrusker) 471, 476

# U

Ubiquität, Allgegenwart 31
Uchna, Fürst von Zalpuwa 574
Udimu (Den), König von Ägypten 371, 379
Überaugenwülste (Tori supraorbitales) 112, 121, 142f., 146, 148
Uexküll, Jakob Johann Baron von, Biologe 42, 49, 51f., 62, 65, 67
Ugarit am Vorgebirge Ras Schamra (Phönikien) 348, 471, 529, 566, 582, 619, *Kartenskizze 383*

Ugaritische Buchstabenkeilschrift 348, 529
Uhemibrê Necho, König von Ägypten 373, 503, 506
Ukraine, Landschaft im südlichen Osteuropa 230, 241, 243 f.
Umbrien, Landschaft in Mittelitalien 303
Umbro-sabellische Völkergruppe 303
Umma (Babylonien) 545 f.

ummea (sumerisch), Handwerksmeister 558
Um Quatafa, Höhlen südöstlich Jerusalem, Fundstätte 188
Umweltbindung des Menschen 23 f., 62—68, 72
Umwelttheorie von Uexküll besagt, daß die gleiche Umwelt sich für verschiedene Lebewesen ganz unterschiedlich darstellt und auswirkt 40, 52, 65
Unas, König von Ägypten 371, 615
Ungarn 198, 200, 204, 236, 243f., 251f., 256, 258, 260, 264f., 269, 272, 277f., 286, 290, 293, 301, 304, 311
Uni, Statthalter von Oberägypten 379 f.
Universalismus (Allseitigkeit) 447, 449f., 460, 465, 519
Unterägypten (Nildelta) 329f., 350f., 389, 399, 425f., 499, 503, 507, 509, *Kartenskizze 382*
Unterkiefer von Mauer, siehe Heidelberger Unterkiefer
Unter-Wisternitz (Dolní Věstonice, Südmähren), Fundstätte 204, 212, 229, *Kartenskizze 245*
Uqair, Tell (Mesopotamien) 539

Ur (heute el Mugier), Mesopotamien 527, 530, 533, 541 ff., **544—547**, 555, 557f., 561, 563f., 567ff., 571, 575, 577, 585, 595, 597f., 605, 616, *Abb. 533, 544 innen, 558f.*
—, Königsgräber von 543 ff., 552, 557, 567, 615, *Abb. 544f., 558*
Urabba, Stadtfürst von Lagasch 555
Ural, Gebirge zwischen Asien und Europa 197, 263, 276

Ur-Australide, Ur-Australier 143
Urartäer (Chalder), Bewohner Armeniens 597
Urbanisierung, Verstädterung 360
Urgeschichtlicher Horizont der historischen Zeit **225—321**, *Kartenskizze 245*
Urgibbons, siehe Prothylobates
Urkisch (Nordmesopotamien) 553
Urmenschen, siehe Archanthropinen

Urnammu, König von Ur **554** bis **557**, 560, 585, 616, *Abb. 559*
—, Gesetzsammlung von 555
Urnansche, König von Lagasch 545, 585
Urnenfelderkultur (Frühmetallikum) 269ff., **272—275**, 278 bis **283**, 285, 287, 290f., **293—296**, **298—306**
Urnenfelderwanderung **269—273**, 279f., 284, 290, 295, 298, 300, 303f., 317
Urnenfriedhöfe 268 f.
Urningirsu, Stadtfürst in Lagasch 556
Urninurta, König von Isin 571, 578, 584
Urschmalnasenaffen, siehe Protocatarrhini
Urschu (Nordsyrien) 606
Uruk am Euphrat (heute Warka) 238, 527, 531, 534f., **537—541**, 545 ff., 553, 555, 561 ff., 576f., 585, 595, 615f., 618, *Abb. 540f.*, *Kartenskizze 551*
Uruk/Warka-Keramik 238, *Abb. 541*
Urukagina, König von Lagasch 545f., 561, 585, 615
Uruwanda, anatolischer Hirschgott 573
Urzababa, König von Kisch 547
Urzeugungsprozeß 90
uschebti, Diener von Osiris 457
Uschpia, Fürst von Assur 569, 571, 584
Userchaurê Sethnacht, König von Ägypten 373, 478, 619
Usercheprurê Sethos II., König von Ägypten 372
Userkaf, König von Ägypten 371
Userkarê, König von Ägypten 371
Usermaatrê Amenemope, König von Ägypten 373
Usermaatrê Amunrud, König von Ägypten 373
Usermaatrê Osorkon II., König von Ägypten 373
Usermaatrê Osorkon III., König von Ägypten 373
Usermaatrê Petubastis, König von Ägypten 373, 506
Usermaatrê Pianchi, König von Ägypten 373, 502
Usermaatrê Pimai, König von Ägypten 373

Usermaatrê Ramses II., König von Ägypten 285, 372, 390, 467, 470, 472, 474ff., 478f., 481, 483, 490, 619, *Abb. 476f.*
Usermaatrê Ramses III., König von Ägypten 373, 390, 439, 441, 478 ff., 484 ff., 488, 490, 493, 619
Usermaatrê Ramses V., König von Ägypten 373, 390, 487, 493
Usermaatrê Ramses VII., König von Ägypten 373, 390, 487
Usermaatrê Ramses VIII., König von Ägypten 373, 390, 487
Userma'at Renacht, ägyptischer Beamter 487
Usermaatrê Scheschonk III., König von Ägypten 373
Usermaatrê Takelothis I., König von Ägypten 373
Usermaatrê Takelothis III., König von Ägypten 373
Ussipeter, westgermanischer Volksstamm 318
Utana'ischtim, babylonischer Noah im Gilgamesch-Epos 601
Utilitarismus, philosophischer Standpunkt, der die Nützlichkeit zum sittlichen Prinzip erhebt 21
Utu, Sonnengott von Larsam 561
Utuchengal, König von Uruk 553ff., 584, 616

# V

Vakuum, 513
Valci Tran (Bulgarien), Fundstätte 301, 304, *Abb. 301*
Valentinus, Gnostiker aus Ägypten 509
Vallois, Henri V., französischer Anthropologe 149
Variation, Abwandlung 27
Vasenmalerei, griechische 289
Vendsyssel (Dänemark) 317
Veneter, Bewohner v. Venetien 302
Venetien, Landschaft in Norditalien 298f., 314
Venusaufgänge, historische Datierungshilfen 530
Venus von Willendorf 28, 204, 614, *Abb. 201*
Vererbungslehre 40, 42
Veribraces, keltiberischer Volksstamm 320
Verhalten, das, Reaktion von Mensch und Tier in einer Situation **68—72**
Verhaltensforschung 22, 42f., 71
Vertebrata (Wirbeltiere) 93f., 97, 99, 613
Vettersfelde, südlich Guben (Brandenburg) 293, *Kartenskizze 245*
Vetulonia (heute Colonna), Etrurien (Italien) 296f., *Kartenskizze 245*

## NAMEN- UND SACHREGISTER 653

Vézère, Nebenfluß der Dordogne 204
Viktoria-Nyanza-Becken 111
Viktoria-See (Ostafrika) 111
Viehzucht im Neolithikum 235, 614
Villafranca d'Asti (Poebene, Italien) 118
Villafranchium, Abschnitt des ältesten Pleistozäns 118, 135, 139f., *Abb. 151*
Villanova, Dorf östlich Bologna (Italien) 295, *Kartenskizze 245*
Villanova-Kultur 295f., 298ff., 303, 314
Vinča an der Donau, nahe Belgrad (Jugoslawien) 233, 243, *Kartenskizze 245*
Vinča-Keramik (Neolithikum) 233, 243f., 255
Vinski, Zdenko, jugoslawischer Prähistoriker 280
Viszeralcranium (Gesichts- oder Kiefernschädel) 120, 122f.
Vix (Côte-d'Or), Frankreich 289, 292, 301, 305, *Abb. 289 innen*
Völkerwanderung, germanische 278, 309
Vösslau, Bad (Niederösterreich) 230
Vogelherdhöhle (Schwäbische Alb) Fundstätte 204
Vogt, Carl, Naturforscher und Politiker 100
Volkstumsgesellschaft (folk society) 341f., 446
Vorarlberg, Bundesland Österreichs 300, 313f.
Vorderasien 32, 391, 525f., 528f., 531, 534, 547f., 568, 582, 586, 596, 614f., **614—619**
—, Kultur 525
—, Wocheneinteilung 573
Vorderindien 240f.
Vorfaustkeilstufe, siehe Präabbevillien
Vor-Menschenaffen, *Abb. 119*
Vorzeichenlisten 602f., 617f.
Vouga, Paul, schweizerischer Vorgeschichtsforscher 311
Vries, Hassel de, niederländischer Physiker 233
—, Hugo de, niederländischer Pflanzenphysiologe 42
Vucedol, Nordjugoslawien 251
Vucedol-Kultur (Neolithikum) 251, 255
Vulci (Latium) 296
Vulgarisierung (vulgär: gewöhnlich, volkstümlich) 440, 503

## W

Wachau, Engtal der Donau (Niederösterreich) 204, 230
Wadi Hammamat (Trockental), Oberägypten 327, 345, 399ff., *Kartenskizze 382*
Wadjak (Mitteljava) 143
Wahanch Antef II., König von Ägypten 371
Wahibrê Iaib, König von Ägypten 372
Wahibrê Psammetich I., König von Ägypten 373, 506
Wadjcheperrê Kamose, König von Ägypten 372, 421f., 617
Wahkarê Bocchoris, König von Ägypten 297, 373, 426, 506
Wahrsagung in Babylon 602f.
Wales, Landschaft Englands 275, 312
Wallace, Alfred Russel, englischer Biologe 100
Wallburg-Kultur (ältere Eisenzeit) 300
Walternienburg (Kreis Jerichow, Provinz Sachsen) 251, *Kartenskizze 245*
Walternienburg-Bernburger Kultur (Neolithikum) 251
Wandalen (Vandalen), germanisches Volk 317f.
Wandmalereien
— (Mesopotamien) 538ff.
— (Steinzeit) 209, **211—214**, 217, 223, 225
Wangionen, westgermanischer Volksstamm 318
Waradsin, König von Larsam 577, 585
Warschama, Fürst von Kanesch 574
Warschau 166
Wassernuß (Trapa natans) 231
Watsch (Vača), nordöstlich von Laibach 299
Wawat, nubische Landschaft, *Kartenskizze 382*
Weber, Alfred, Soziologe und Volkswirtschaftler 66
—, Max, Soziologe und Volkswirtschaftler 66
Webetechnik in der Bronzezeit 266
Weichsel, Hauptstrom Polens 317
Weidenreich, Franz, Anthropologe 126, 143, *Abb. 141*
Weidetier 55
Weihefunde von Baratela *Abb. 289*
Weimar an der Ilm 183, 200
Weimar-Mensch 183f.
Weinen 25, **78—81**
Weisheitsliteratur, ägyptische 380f., 384, **393—397**, 402f., 406, 410, 510, 615f.
Wenamun, ägyptischer Beamter 500f., 506
Werkzeuggebrauch 27, 129
Weser, westdeutscher Strom 318
Wescheschi, antikes Volk 479
Westergötland (Västergötland), Landschaft zwischen Vätter- und Vänersee in Schweden 317
Westeuropäisches Volkstum (Neolithikum) 253f.
West Kennet Avenue bei Avebury (England) 263
»Westländer« (sumerisch: Martu, akkadisch: Amurru) 568
Westlibyer (ägyptisch Meschwesch) 437, 479, 485, 501
Westsemitische Sprache 348
Wiedersheim, Robert Ernst, Anatom 42
—, »Der Bau des Menschen als Zeugnis seiner Vergangenheit« (1887) 42
Wien 169f., *Kartenskizze 245*
Wieselburg (Moson-Magyarósvár) 260
Wieselburger Kultur (Bronzezeit I) 260
Wilberforce, Samuel, englischer Bischof 100
Wildkirchlihöhle am Säntis (Schweiz), Fundstätte 184
Wildmannlisloch im Churfürsten (Schweiz), Fundstätte 184
Wildpferd, *Abb. 201*
Willendorf in der Wachau, Fundstätte 204, 230, 614, *Kartenskizze 245*
Windische Bühel, Hügelland zwischen Mur und Drau 316
Windmill-Hill- oder Brixham-Höhle nahe Crawly (Südostengland) 246
Windmill-Hill-Kultur (Neolithikum) 246
Winkelschaber (Steinwerkzeug) 187f., *Abb. 189*
Winkler, Hugo, Assyrologe 526
Wirbeltiere (Vertebrata) 93f., 97, 99, 613
Wisconsin-Vereisung, siehe Würm-Kaltzeit
Wisent (Bison) 193, 211, *Abb. 224*
Wismut 256f.
Wittenbergen bei Hamburg 166, *Abb. 171*
Witz 79
Wocheneinteilung in Vorderasien 573
Wohnplatz-Kultur (Neolithikum) 242, 250
Woodhenge, Vorläufer der Steinsetzungen (aus Holz) 246
Woolley, Sir Charles Leonard, englischer Archäologe 543
Würm, Abfluß des Starnberger oder Würm-Sees 139
Würm-I-II Interstadial 195, 197f., 200, 218, 230
Würm-Moränengebiet, nördliches 221
Würm-I-Pluvial 189f., 216f.
Würm-(Wisconsin-)Kaltzeit 139, 147f., 150f., 167, 181f., 185f., 189, 193f., 196, 199f., 204, 217f., 230, 614, *Abb. 171*

## X

Xerxes I., König von Persien 507
Xois (Nildelta) 372, 417, *Kartenskizze 382*

## Y

Yahudiye, Tell el- (Nildelta) 419f., *Kartenskizze 382*
Yang-Shao-Kultur (chinesische bemalte Keramik) des Neolithikums 241
Yenini (Libyen), ägyptischer Würdenträger 478
Yerkes, Robert M., amerikanischer Psychologe 129

## Z

Zab, Unterer (Kleiner), linker Nebenfluß des Tigris 580
Zababa, Kriegsgott von Kisch 550, 561
Zagros, Hochgebirge in Westpersien 549ff., 580, 618
Zakar-Baal, Fürst von Byblos 500f.
Zalpuwa (Anatolien) 574
Zelle, niederste Lebenseinheit 91
Zeltbau im Jungpaläolithikum 200, 202ff., *Abb. 200*
Zenobia, Septimia Augusta, Königin von Palmyra 509
zentrifugal, vom Mittelpunkt fliehend 409
zentripetal, zum Mittelpunkt führend 353
Zeribralisationsstufe (Gehirngröße) 128f.
Zerebralisierung, Gehirnbildung 40f., 46, 50, 54, 130, 140, 613
Zidantas, König der Hethiter 584, 607
Ziegenhain an der Schwalm (Hessische Senke) 183
Zikkurat (akkadisch Götterburg), Tempelhochterrasse 555
Zimrilim, König von Mari 579, 582ff., 586f., 617
Zinjanthropus boisei, Australopithecine 122f., 132, 140, *Abb. 122f., 132, 153*
Zink 256
Zinken (Klingenkultur) 205f.
Zinn 256f., 388, 404, 572
Zitruskultur (Mittelpaläolithikum) 170, 181, 184, 186, 188, 200
Ziusudra, sumerischer Held 563
Zivilisation, Prozeß der 70f.
Zonenbecher, eine Art Glockenbecher 252
Zoomorph, tiergestaltig 74
Zschocke, Karl, Bergbauhistoriker 257
Zweistromland, siehe Mesopotamien
Zwischeneiszeiten (Interglaziale) 137
Zynismus, Verachtung allgemein anerkannter Sittenregeln 395

# QUELLENVERZEICHNIS DER ABBILDUNGEN

Die Aufnahmen stammen von: A. C. L., Bruxelles (233) – Aerofilms and Aero Pictorial Limited, London (260) – Archives Photographiques, Paris (547, 552, 589) – Arkeologiska Museet, Göteborg (269) – Bartlett-Armand Denis Productions über Frank Stuart Viner Agency, London (132) – Bildarchiv Foto Marburg (361, 420, 429, 437, 448, 449, 476, 477, 516) – British Museum, London (558) – Deutsches Archäologisches Institut, Abteilung Istanbul, mit Erlaubnis zur Erstveröffentlichung des Grabungsbildes durch Prof. Dr. Naumann (604) – Walter Dräyer, Zürich (344, 408) – Eidenbenz, Basel (504) – Walter Fanger, Braunschweig, mit Erlaubnis zur Erstveröffentlichung der Knochengeräte durch Dr. A. Tode, Braunschweig (185) – Andreas Feininger, New York, mit Genehmigung des Verlages M. DuMont Schauberg, Köln (201) – Studi Fotofast, Bologna (300) – Prof. Dr. Dorothy Garrod, Le Peyrot Villebois-Lavalette/Charente (225) – Giuseppe Grandis, Padova (289) – Kurt Haase, Bergen bei Frankfurt a. M. (176) – S. Hahn, Berlin (209, 261) – Prof. Dr. Gerhard Heberer, Göttingen (120, 121 innen, 121, 133, 148, 149) – Konrad Helbig, Weinheim/B. (288) – Dr. Hellmut Hell, Reutlingen (201 innen; 200 innen nach dem Buch »Vorzeit an Rhein und Donau«, 1958, von Prof. Kimmig und Dr. Hell) – Prof. Dr. Fl. Heller, Erlangen, nach Erlanger Geologische Abhandlungen Heft 31, 1959 (97) – Hirmer Verlag, München (329, 357, 421, 433, 436, 444, 445, 468, 505, 517, 570, 596, 605) – Kurt Julius, Hannover (161) – Dr. Kathleen M. Kenyon, London, Jericho Excavation Fund (232) – Ralph Kleinhempel, Hamburg (160, 177) – Kurt Lange, Oberstdorf/Allgäu (356, 432, 469) – Oriental Institute of the University, Chicago (328, 546, 573, 597) – Gottfried Planck, Stuttgart, mit Erlaubnis zur Erstveröffentlichung der Werkzeuge durch Prof. Dr. med. Robert Wetzel, Tübingen (184) – Museo del Prado, Madrid (317) – Hanns Reich Verlag, München, nach dem TERRA MAGICA-Bildband »Nordafrika« (224) – H. Roger-Viollet, Paris (428) – Adolf Rossi, Brno (241) – Jean Roubier, Paris (289 innen, 309) – Dr. Alfred Rust, Ahrensburg (200, 208) – Dr. Wolfgang Salchow, Köln-Bayenthal, aus »Kunst und Kultur der Hethiter«, Deutscher Kunstrat, Köln 1960 (571) – Sandoz AG., Basel (120 innen) – Robert Schmitt, Darmstadt (96) – Schneider-Lengyel, Paris, mit Genehmigung von Librairie Gallimard, Paris (532, 533, 540, 541, 559, 588) – E. Schwenk, Wien (316) – Gertrude Caton Thompson, Broadway/Worcestershire (240) – Warburg Institute, London (572) – Alle anderen Fotos verdanken wir den in den Bildunterschriften genannten Museen und Archiven.

# Deutsche Geschichte
# im Ullstein Taschenbuch

Ein Gesamtbild deutscher Geschichte vom Mittelalter bis in unsere Zeit
in Einzeldarstellungen und thematischen Ergänzungsbänden

Herausgegeben von Walther Hubatsch

## Theodor Schieffer
## Die deutsche Kaiserzeit
(900–1250)

Deutsche Geschichte Band 1/1

1. Vom Ostfränkischen zum Deutschen Reich / 2. Reich und Reichskirche der Ottonen und frühen Salier / 3. Investiturstreit und Reichskrise / 4. Umschwung und neue Konzentration / 5. Staufisch-welfische Neuordnung / 6. Gipfel und Absturz / 7. Aufwallung und Ausklang / Die Herzöge und Metropoliten des Zeitraumes 900–1250

## Walther Hubatsch
## Deutschland zwischen dem
## Dreißigjährigen Krieg und der
## Französischen Revolution

Deutsche Geschichte Band 2/3

Kennzeichnung des Zeitalters / Am Vorabend der Katastrophe / Der Dreißigjährige Krieg und der Abschied vom Mittelalter / Der Westfälische Friede von 1648 als Reichsverfassung / Der Wiederaufbau / Die Lage im Norden und Nordosten / Die Lage im Westen / Die Lage im Süden und Südosten / Zwischen Spanien und Skandinavien / Orthodoxie, Pietismus, Aufklärung / Merkantilismus und Manufakturen / Die Pragmatische Sanktion und der Riß im Reich / Aufgeklärter Absolutismus / Fürstenbund und Nationalstaat